Springer-Lehrbuch

Springer
*Berlin
Heidelberg
New York
Barcelona
Budapest
Hongkong
London
Mailand
Paris
Santa Clara
Singapur
Tokio*

Hans-Jürgen Andreß
Jacques A. Hagenaars
Steffen Kühnel

Analyse von Tabellen und kategorialen Daten

Log-lineare Modelle, latente Klassenanalyse,
logistische Regression und GSK-Ansatz

Mit 32 Abbildungen
und 67 Tabellen

Springer

Prof. Dr. Hans-Jürgen Andreß
Universität Bielefeld
Fakultät für Soziologie
Postfach 10 01 31
D-33501 Bielefeld

Prof. Dr. Jacques A. Hagenaars
Tilburg University
Faculty of Social Sciences
P.O. Box 90153
NL-5000 LE Tilburg
The Netherlands

Prof. Dr. Steffen Kühnel
Universität Gießen
Institut für Politikwissenschaft
Karl-Glöckner-Str. 21E
D-35394 Gießen

ISBN 3-540-62515-1 Springer-Verlag Berlin Heidelberg New York

Die Deutsche Bibliothek – CIP-Einheitsaufnahme
Andress, Hans-Jürgen: Analyse von Tabellen und kategorialen Daten: log-lineare Modelle, latente Klassenanalyse, logistische Regression und GSK-Ansatz; mit 67 Tabellen / Hans-Jürgen Andress; Jacques A. Hagenaars; Steffen Kühnel. – Berlin; Heidelberg; New York; Barcelona; Budapest; Hongkong; London; Mailand; Paris; Santa Clara; Singapur; Tokio: Springer, 1997
   (Springer-Lehrbuch)
   ISBN 3-540-62515-1
NE: Hagenaars, Jacques A.; Kühnel, Steffen:

Dieses Werk ist urheberrechtlich geschützt. Die dadurch begründeten Rechte, insbesondere die der Übersetzung, des Nachdrucks, des Vortrags, der Entnahme von Abbildungen und Tabellen, der Funksendung, der Mikroverfilmung oder der Vervielfältigung auf anderen Wegen und der Speicherung in Datenverarbeitungsanlagen, bleiben, auch bei nur auszugsweiser Verwertung, vorbehalten. Eine Vervielfältigung dieses Werkes oder von Teilen dieses Werkes ist auch im Einzelfall nur in den Grenzen der gesetzlichen Bestimmungen des Urheberrechtsgesetzes der Bundesrepublik Deutschland vom 9. September 1965 in der jeweils geltenden Fassung zulässig. Sie ist grundsätzlich vergütungspflichtig. Zuwiderhandlungen unterliegen den Strafbestimmungen des Urheberrechtsgesetzes.

© Springer-Verlag Berlin Heidelberg 1997
Printed in Germany

Die Wiedergabe von Gebrauchsnamen, Handelsnamen, Warenbezeichnungen usw. in diesem Werk berechtigt auch ohne besondere Kennzeichnung nicht zu der Annahme, daß solche Namen im Sinne der Warenzeichen- und Markenschutz-Gesetzgebung als frei zu betrachten wären und daher von jedermann benutzt werden dürften.

SPIN 10568026   42/2202-5 4 3 2 1 0 – Gedruckt auf säurefreiem Papier

Vorwort

Multivariate Analyseverfahren für kontinuierliche Variablen gehören mittlerweile zum Standardinstrumentarium sozialwissenschaftlicher Datenanalyse. Daneben haben sich in den letzten Jahren Methoden zur Analyse kategorialer Daten etabliert, die im Gegensatz dazu nur eine begrenzte Anzahl von Ausprägungen (Kategorien) aufweisen. Zu nennen wären hier beispielsweise die logistische Regression, log-lineare Modelle, aber auch der von Grizzle, Starmer und Koch (1969) vorgeschlagene (GSK-)Ansatz zur Analyse von Tabellen. Als wir 1991 als Dozenten des Frühjahrsseminars des Zentralarchivs für empirische Sozialforschung (Köln) über diese Methoden lehren mußten, stellten wir mit Bedauern fest, daß für den deutschsprachigen Raum – abgesehen von einer Vielzahl vor allem englischsprachiger Einzelmonographien – immer noch eine anwendungsorientierte Einführung fehlt, die die Gemeinsamkeiten und Unterschiede dieser drei Ansätze inkl. ihrer Weiterentwicklungen in kompakter Form darstellt. Aus diesem Mangel heraus ist das vorliegende Buch entstanden.

Die folgenden Kapitel gliedern sich in einen Grundlagen- und einen Anwendungsteil. In den Kapiteln 2–5 des *Grundlagenteils* wird jeweils in einem Kapitel der GSK-Ansatz, die log-linearen Modelle, die Analyse latenter Klassen sowie die logistische Regression vorgestellt. Jedes Kapitel kann für sich allein bearbeitet werden, lediglich die Analyse latenter Klassen (Kapitel 4) setzt die Kenntnis log-linearer Modelle (Kapitel 3) voraus. Ziel jedes Kapitels ist es, ein Grundverständnis der jeweiligen Methode zu vermitteln, so daß der Leser oder die Leserin sich selbständig in weiterführende Literatur einarbeiten kann bzw. die grundlegenden Kenntnisse besitzt, um entsprechende Programme zur Analyse kategorialer Daten anzuwenden.

Wir sind der Auffassung, daß sozialwissenschaftliche Methoden kein Selbstzweck sind, sondern daß sie dazu dienen sollen, inhaltliche Forschungsprobleme besser lösen zu können. Aus diesem Grund demonstrieren wir in den vier Kapiteln des *Anwendungsteils*, wie die vier Ansätze kategorialer Datenanalyse für inhaltliche Fragestellungen verwendet werden können. Wiederum kann jedes der Kapitel 6–9 für sich allein bearbeitet werden, jedoch sollte man Kenntnisse des jeweiligen Ansatzes aus dem Grundlagenteil haben. Diese anwendungsorientierten Kapitel dienen auch gleichzeitig dazu, einige weiterführende Techniken des jeweiligen Ansatzes zu verdeutlichen, die auf Grund der Platzbeschränkungen des Grundlagenteils nicht in den Kapiteln 2–5 abgehandelt werden konnten.

Obwohl dieses Buch ein anwendungsorientiertes Buch ist, haben wir davon abgesehen, Programmlistings und Programmbeschreibungen in den Text zu integrieren. Es gibt mehrere solche "erweiterte" Programmanuals auf dem Buchmarkt – auch für kategoriale Datenanalyse. Unserer Ansicht nach kommt jedoch die methodische Fundierung und die Interpretation der statistischen Ergebnisse in diesen Büchern etwas zu kurz. Dazu kommt, daß jede Programmbeschreibung angesichts der rasanten Entwicklung auf dem Software-Markt spätestens nach zwei Jahren bereits veraltet ist. Wir wollen uns statt dessen auf das Verständnis und die Interpretation der verschiedenen Methoden konzentrieren. Am Schluß jedes Kapitels geben wir dann jeweils ein paar Hinweise auf *Computerprogramme*, mit denen die besprochenen Modelle berechnet werden können.

Entsprechende Routinen zur Analyse kategorialer Daten sind mittlerweile in allen großen Programmpaketen (z.B. SPSS, SAS, BMDP) enthalten. Darüber hinaus existiert eine Vielzahl von Einzelprogrammen, die zum Teil kostenlos vertrieben werden. Wir haben alle Beispiele dieses Buches mit unterschiedlichen Programmen nachgerechnet und vertreiben den Programmkode auf einer gesondert anzufordernden *Beispieldiskette*, deren Inhalt in Anhang 5 kurz beschrieben ist. Diese Diskette enthält auch drei Einzelprogramme (NONMET II, ℓEM, TDA-QR), mit denen alle Modelle dieses Buches (und noch einige mehr) geschätzt werden können.

Für das Verständnis der in diesem Buch dargestellten Methoden setzen wir grundlegende Kenntnisse der dreidimensionalen Tabellenanalyse (nach Lazarsfeld) und der Regression mit zwei unabhängigen Variablen voraus. Darüber hinaus sollte der Chi-Quadrat-Unabhängigkeitstest für Tabellen und der t-Test für Regressionskoeffizienten bekannt sein. Einige mathematische Voraussetzungen, wie das Rechnen mit Matrizen, Logarithmen und der Exponentialfunktion, werden in den Anhängen 1–2 erläutert. Jedes der folgenden Kapitel endet im übrigen mit einigen weiterführenden Literaturhinweisen.

Seit unserer ersten Diskussion über dieses Buchprojekt im Restaurant des Kölner Hauptbahnhofs im Jahre 1991 sind mehrere Jahre vergangen. Viele Personen und Institutionen haben seitdem zu seinem Gelingen beigetragen. An erster Stelle seien hier unsere Heimatinstitutionen genannt, die uns mit Sach- und Personalmitteln tatkräftig unterstützt haben: die Fakultät für Soziologie der Universität Bielefeld, das Work and Organization Research Centre

(WORC) und die Abteilung Methoden der Fakultät für Sozialwissenschaften der Universität Tilburg, das Zentralarchiv und das Institut für angewandte Sozialforschung der Universität Köln sowie das Institut für Politikwissenschaft der Universität Gießen. Wir bedanken uns auch bei Prof. Dr. H.M. Kritzer, Prof. Dr. G. Rohwer und Dr. J. Vermunt für die Erlaubnis, ihre Programme NONMET II, TDA-QR und ℓEM nutzen und auf der Beispieldiskette vertreiben zu dürfen. Die Geschäftsstelle für die Pflege und Förderung der Beziehungen zwischen den Hochschulen des Landes Nordrhein-Westfalen und den Hochschulen der Benelux-Staaten hat 1993 einen zweimonatigen Forschungsaufenthalt von Jacques Hagenaars an der Universität Bielefeld finanziert. Dem Beauftragten des Landes Nordrhein-Westfalen, Herrn Prof. Dr. G. Rouvé, sei für seine unbürokratische Hilfe gedankt. Hans-Jürgen Andreß befand sich 1995 auf Einladung und mit finanzieller Unterstützung von WORC einen Monat an der Universität Tilburg. Das nordrhein-westfälische Wissenschaftsministerium hat Hilfskraftmittel für die Übersetzung der ersten (englischen) Rohfassungen der Kapitel 3, 4, 7 und 8 bereitgestellt, die von Eckhart Burkatzki durchgeführt wurden. Doris Arriens und Volker Verrel haben unzählige Versionen des Textes erfaßt und korrigiert. Josette Gevers hat einen Teil der Abbildungen erstellt. Das endgültige Layout besorgte Peter von Ahsen, dessen Arbeit durch eine großzügige Finanzierung von WORC ermöglicht wurde. Schließlich danken wir Dr. Hilde Schaeper, Dr. Johann Handl und Dr. Ton Heinen für die kritische Durchsicht einzelner Kapitel, sowie den Studierenden mehrerer Lehrveranstaltungen in Bielefeld und Gießen, in denen Teile des Textes erprobt wurden.

Insgeheim hat sicher jeder von uns einmal gedacht, daß er allein das ganze Buch natürlich hätte sehr viel schneller schreiben können, insbesondere dann, wenn die Anderen zum x-ten Mal noch eine Überarbeitung des Textes verlangten, der doch eigentlich schon fertig war. Obwohl dieser Prozeß arbeitsaufwendig und stellenweise frustrierend war, glauben wir jedoch, daß der Text dadurch wesentlich gewonnen hat. Trotz aller Diskussionen und Überarbeitungen haben wir jedenfalls viel Spaß miteinander gehabt, haben eine Menge voneinander gelernt und hoffen, daß ein Teil davon bei der Lektüre dieses Buches deutlich wird. Betrachtet man die vielen Orte, an denen dieses Buch entstanden ist (Bielefeld, Sandsjö, St. Petersburg, Tilburg, Goirle, Köln, Gießen, Heiligenhafen), dann handelt es sich schon fast um ein europäisches Projekt, mindestens aber um den Beginn einer wunderbaren deutsch-niederländischen Freundschaft.

Bielefeld, Tilburg und Gießen, im November 1996

Inhaltsverzeichnis

Vorwort V
Inhaltsverzeichnis IX
Abbildungsverzeichnis XV
Tabellenverzeichnis XVII

1	**Einleitung**	1
1.1	Was sind kategoriale Daten?	1
1.1.1	Einige Beispiele	2
1.1.2	Andere Abgrenzungskriterien	12
1.1.3	Tabellen versus Individualdaten	18
1.1.4	Modelle für kategoriale Daten im Überblick	19
1.1.5	Notation	22
1.2	Analyse kategorialer Daten	23
1.2.1	Einfache deskriptive Techniken	23
1.2.2	Spezifikation: Übersetzung der Untersuchungsfragen in statistische Modelle	29
1.2.3	Datenerhebung: Die Unsicherheit möglicher Stichproben ...	33
1.2.4	Schätzung und Modelltests: Überprüfung statistischer Modelle mit Hilfe empirischer Daten	35
1.2.5	Einige Anwendungsprobleme	49
1.3	Weitere Literaturhinweise	53
2	**Tabellenanalyse mit gewichteter Regression: Der GSK-Ansatz**	55
2.1	Ein einführendes Beispiel	57
2.1.1	Grundlegende Konzepte und Notation	57
2.1.2	Saturierte Modelle	68

2.1.3	Die Spezifikation von Haupteffekten, Interaktionseffekten und konditionalen Haupteffekten mit Design-Matrizen	78
2.1.4	Nicht-saturierte Modelle	84
2.1.5	Test und Anpassung nicht-saturierter Modelle	95
2.2	Komplexere Datenkonstellationen	112
2.2.1	Logistische Regressionsmodelle	113
2.2.2	Polytome unabhängige Variablen	117
2.2.3	Polytome abhängige Variablen	123
2.2.4	Ordinale und metrische Variablen	127
2.2.5	Kleine Stichproben und Nullzellen	127
2.3	Weitere Möglichkeiten	129
2.3.1	Pfadmodelle	129
2.3.2	Komplizierte Funktionen der Anteilswerte	130
2.3.3	Fehlende Werte, schrittweise Variablenauswahl und komplexe Auswahlverfahren	132
2.4	Anwendungsvoraussetzungen	133
2.5	Literatur- und Programmhinweise	135
3	**Log-lineare Analyse kategorialer Daten**	**137**
3.1	Einleitung	137
3.2	Grundlegende Konzepte	139
3.3	Das saturierte Häufigkeitsmodell	146
3.4	Nicht-saturierte Häufigkeitsmodelle	159
3.5	Test und Anpassung nicht-saturierter Modelle	169
3.6	Das Aggregierungstheorem	180
3.7	Das Logitmodell	182
3.7.1	Der modifizierte Regressionsansatz: Logitmodelle mit einer dichotomen abhängigen Variable	183
3.7.2	Der modifizierte Regressionsansatz: Logitmodelle mit einer polytomen abhängigen Variable	187
3.7.3	Modifizierte Pfadanalyse	189
3.8	Ordinale kategoriale Variablen	197
3.9	Einige Probleme: Kleiner Stichprobenumfang und polytome Variablen	204
3.10	Literatur- und Programmhinweise	207
4	**Latente Klassenanalyse und log-lineare Modelle mit latenten Variablen**	**209**
4.1	Einleitung	209
4.2	Latente Klassenanalyse: Log-lineare Modelle mit einer latenten Variable	211

4.2.1	Das Basismodell	211
4.2.2	Ermittlung der Maximum-Likelihood-Schätzer: Der EM-Algorithmus	218
4.2.3	Restringierte Modelle	223
4.2.4	Identifizierbarkeit und Tests der Modellanpassung	226
4.3	Assoziationen zwischen latenten und externen Variablen: Latente Klassenwerte und „interne" Variablen	227
4.4	Modelle mit zwei oder mehr latenten Variablen	233
4.4.1	Saturierte Modelle für latente Variablen	233
4.4.2	Nicht-saturierte Modelle und modifizierte Pfadanalysemodelle für latente Variablen: Der modifizierte LISREL-Ansatz	238
4.5	Lokale Abhängigkeitsmodelle: Direkte Effekte zwischen Indikatoren und korrelierte Meßfehler	240
4.6	Simultane Analyse in verschiedenen Gruppen	242
4.7	Kausale Modelle mit latenten Variablen	251
4.8	Ordinale latente Variablen	256
4.9	Literatur- und Programmhinweise	258
5	**Logistische Modelle für Individualdaten**	**261**
5.1	Ausgangspunkt: Lineare Regression	262
5.2	Das binäre Logitmodell	265
5.2.1	Die Interpretation der Regressionskoeffizienten	267
5.2.2	Das Logitmodell mit mehreren erklärenden Variablen	272
5.2.3	Die Spezifikation nominalskalierter unabhängiger Variablen	276
5.2.4	Statistische Absicherungen der Modellschätzung	280
5.2.5	Die Erklärungskraft eines Logitmodells	287
5.2.6	Modellmodifikation	294
5.3	Logitmodelle für polytome abhängige Variablen	299
5.3.1	Das multinomiale Logitmodell	299
5.3.2	Das konditionale Logitmodell	306
5.3.3	Logitmodelle für ordinale abhängige Variablen	315
5.4	Alternative Modelle	320
5.4.1	Weitere Modelle	321
5.4.2	Alternativen zu logistischen Modellen	322
5.5	Literatur- und Programmhinweise	324
6	**Eine GSK-Analyse zum Zusammenhang von objektiven Lebensbedingungen und subjektivem Wohlbefinden**	**327**
6.1	Daten und Modell	328
6.2	Warum ist das ein Beispiel für kategoriale Datenanalyse	331

6.3	Auswahl und Operationalisierung der untersuchten Variablen	333
6.4	Determinanten der Beurteilung der wirtschaftlichen Lage	335
6.4.1	Ein einfaches Haupteffektmodell	336
6.4.2	Ein Modell mit konditionalen Effekten	340
6.4.3	Ein Modell mit zwei Subgruppen	342
6.5	Einige Erweiterungen	344
6.5.1	Ordinale abhängige Variablen	344
6.5.2	Metrische unabhängige Variablen	352
6.6	Literaturhinweise	356
7	**Eine log-lineare Kohortenanalyse der Religiosität**	**357**
7.1	Das Problem	357
7.2	Kohortenanalyse	359
7.3	Das Alter×Periode-Design	364
7.4	Das Alter×Kohorte-Design	368
7.5	Das Periode×Kohorte-Design	371
7.6	Das Drei-Faktor-Design: Alter×Periode×Kohorte	372
7.7	Ein Vergleich additiver und multiplikativer Modelle	376
7.8	Literaturhinweise	378
8	**Eine log-lineare Panelanalyse politischer Präferenzen**	**379**
8.1	Einleitung	379
8.2	Analysen auf der manifesten Ebene	381
8.2.1	Veränderungen des Zusammenhangs zwischen Partei- und Kandidatenpräferenz	381
8.2.2	Veränderungen der Partei- und der Kandidatenpräferenz im Zeitablauf	387
8.2.3	Modifizierte Pfadmodelle für Veränderungen der Partei- und Kandidatenpräferenz im Zeitablauf	389
8.3	Modelle mit latenten Variablen	394
8.3.1	Meßmodelle	394
8.3.2	Meßfehler und Veränderungen	396
8.4	Literaturhinweise	401
9	**Gibt es den rationalen Wähler? Eine Logitanalyse zur Erklärungskraft des Rational-Choice-Ansatzes in der empirischen Wahlforschung**	**403**
9.1	Die Determinanten des Wahlverhaltens nach der Theorie des rationalen Wählers	404
9.2	Operationalisierung der Konzepte	407
9.3	Logitanalysen von Wahlbeteiligung und Nichtwahl	410

9.4	Simultane Analyse von Wahlbeteiligung und Parteienwahl mit konditionalen Logitmodellen	416
9.5	Mehrstufige Logitmodelle zur Analyse von Wahlbeteiligung und Wahlverhalten	424
9.6	Diskussion	427
9.7	Literatur- und Programmhinweise	428

Anhänge

A1	Elementare Matrixalgebra	431
A1.1	Was ist eine Matrix?	431
A1.2	Was ist Matrixalgebra?	432
A2	Logarithmus und Exponentialfunktion	435
A3	Chi-Quadrat- und Standardnormalverteilung	438
A4	Datenliste	439
A5	Diskette zum Buch	445

Literaturverzeichnis 447

Abbildungsverzeichnis

Abbildung 1.1:	Modelle zur Analyse kategorialer Daten	20
Abbildung 1.2:	Lineare Regression der Wahlbeteiligung auf das Alter	26
Abbildung 1.3a:	Log-Likelihood-Fläche (unterschiedliche Anteile in Ost und West)	43
Abbildung 1.3b:	Log-Likelihood-Fläche (gleiche Anteile in Ost und West)	44
Abbildung 2.1:	Baumdiagramm mit den Parametereinschätzungen des Modells [1,B,A|B]	84
Abbildung 2.2:	Regression der Wähleranteile (P1) auf das Alter (X2)	91
Abbildung 3.1:	Das Aggregierungstheorem	181
Abbildung 3.2:	Pfaddiagramm für die Daten in Tabelle 1.2	189
Abbildung 4.1:	Das Basismodell latenter Klassen mit einer latenten Variablen X und vier manifesten Variablen A, B, C und D	213
Abbildung 4.2:	Log-lineare Effekte des Basismodells latenter Klassen	219
Abbildung 4.3:	Ein Modell latenter Klassen mit einer „externen" Variable Generation (G)	231
Abbildung 4.4:	Ein Modell latenter Klassen mit zwei latenten Variablen Y und Z und vier manifesten Variablen A, B, C und D	234
Abbildung 4.5:	Log-lineare Effekte des Basismodells latenter Klassen mit zwei latenten Variablen	237
Abbildung 4.6:	Ein Basismodell latenter Klassen mit direkten Effekten zwischen den Indikatoren	241

Abbildung 4.7:	Verschiedene Beziehungen zwischen den latenten Variablen (X), den manifesten Variablen (M) und der Gruppierungsvariablen (S)	245
Abbildung 4.8:	Log-Lineare Effekte des modifizierten Pfadmodells {YZ,S}, {SYZ,YA,YD,ZB,ZC,SA,SB,SC,SD}	249
Abbildung 4.9:	Pfadmodell zur Analyse der Parteipräferenz mit einer latenten Variable und zwei Hintergrundmerkmalen	254
Abbildung 5.1:	Regressionskurve des Logitmodells ($\beta_0 = 0$, $\beta_1 = 1$)	265
Abbildung 5.2:	Logistische Regression der Wahlbeteiligung auf das Alter	266
Abbildung 5.3:	Auswirkungen unterschiedlicher Regressionsgewichte	268
Abbildung 5.4:	Auswirkungen unterschiedlicher Regressionskonstanten	269
Abbildung 5.5:	Regressionskurven der Logitmodelle aus Tabelle 5.2	275
Abbildung 5.6:	Beobachtete und geschätzte Wählerhäufigkeiten der Modelle M_2 und M_8	297
Abbildung 6.1:	Determinaten der subjektiven Wahrnehmung der eigenen wirtschaftliche Lage	330
Abbildung 7.1:	Log-lineare Effekte (β) auf die Religiosität im (A)lter×(P)eriode-, (A)lter×(K)ohorte- und (P)eriode×(K)ohorte-Design	366
Abbildung 7.2:	Log-lineare Effekte (β) auf die Religiosität im (A)lter×(P)eriode×(K)ohorte-Design	375
Abbildung 7.3:	Vergleich multiplikativer (log-linearer) und additiver Effekte der Kohorte auf die Religiosität im Periode×Kohorte-Design	377
Abbildung 8.1:	Modelle mit kreuzverzögerten Panelkorrelationen	390
Abbildung 8.2:	Verschiedene Meßmodelle	395
Abbildung 8.3:	Log-lineares Kovarianzmodell für die Daten aus Tabelle 8.4	398
Abbildung 8.4:	Kausaldiagramm für die Daten aus Tabelle 8.4	399
Abbildung A2.1:	Graph der Funktionen exp(x) und ln(x)	435

Tabellenverzeichnis

Tabelle 1.1:	Wertorientierungen in West- und Ostdeutschland 1990	3
Tabelle 1.2:	Sozio-demographische Struktur von Wählern und Nicht-Wählern	5
Tabelle 1.3:	Wahlbeteiligung und Alter der FDP-Anhänger mit Konfession	6
Tabelle 1.4:	Aufgaben eines modernen Wohlfahrtsstaates (Niederlande 1974)	7
Tabelle 1.5:	Anzahl Selbstmorde pro 1 Mio. Einwohner in Frankreich 1889-1891 (Männer über 20 Jahre)	9
Tabelle 1.6:	Beobachtete und (geschätzte) erwartete Häufigkeiten	36
Tabelle 2.1:	Wahlbeteiligung nach Alter	64
Tabelle 2.2.	Wahlbeteiligung nach Alter unter Kontrolle der Konfession	67
Tabelle 2.3:	Wahlbeteiligung nach Alter und Konfession	69
Tabelle 2.4:	Schätzwerte des saturierten Modells	77
Tabelle 2.5:	Test der Modellanpassung und lineare Kontraste	100
Tabelle 2.6:	Schätzwerte des Modells [1,B,A|B=1,C]	120
Tabelle 2.7:	Schätzwerte des Modells [1,B] mit der Parteipräferenz als abhängiger Variablen	125
Tabelle 3.1:	Alter und Konfession	142
Tabelle 3.2:	Zusammenhänge zwischen drei Variablen	147
Tabelle 3.3:	Schätzwerte für das saturierte Modell	152
Tabelle 3.4:	Modifizierte Pfadanalyse für das Modell in Abbildung 3.2	191
Tabelle 3.5:	Bildungsniveau und Präferenz für eine „linke" Partei	199
Tabelle 4.1:	Ein Modell mit einer latenten Variable und zwei latenten Klassen für die Daten über notwendige Staatsaufgaben (Niederlande)	217

Tabelle 4.2:	Ein Modell mit zwei latenten Variablen für die Daten über notwendige Staatsaufgaben (Niederlande)	235
Tabelle 4.3:	Aufgaben eines modernen Wohlfahrtsstaates (Deutschland und Schweiz)	243
Tabelle 4.4:	Ein Modell mit zwei latenten Variablen für die Daten über notwendige Staatsaufgaben (Deutschland und Schweiz)	246
Tabelle 4.5:	Religiosität, Einkommen, Parteipräferenz und notwendige Staatsaufgaben (Deutschland)	250
Tabelle 4.6:	Ein Modell mit zwei latenten Variablen für die Daten über notwendige Staatsaufgaben (Deutschland)	251
Tabelle 4.7:	Ein lineares Modell mit einer latenten Variable und drei latenten Klassen für die Daten über notwendige Staatsaufgaben (Niederlande)	257
Tabelle 5.1:	Wahrscheinlichkeiten, Logits und Odds des Logitmodells aus Abbildung 5.2	270
Tabelle 5.2:	Analyse der Wahlbeteiligung mit den unabhängigen Variablen Alter und Konfession	273
Tabelle 5.3:	Analyse der Wahlbeteiligung mit den unabhängigen Variablen Alter und Konfession: Logitmodell mit Interaktionseffekt	276
Tabelle 5.4:	Bildung von Designvariablen für die Parteipräferenz	277
Tabelle 5.5:	Analyse der Wahlbeteiligung mit der unabhängigen Variablen Parteipräferenz	278
Tabelle 5.6:	Die Bedeutung der Koeffizienten bei der Dummy- und der Effektkodierung	279
Tabelle 5.7:	Analyse der Wahlbeteiligung mit den unabhängigen Variablen Alter, Konfession und Parteipräferenz	280
Tabelle 5.8:	Regressionskoeffizienten, Standardschätzfehler, Effekte und 95%-Konfidenzintervalle für Modell M_6	282
Tabelle 5.9:	Varianzen und Kovarianzen der Regressionskoeffizienten von Modell M_6	284
Tabelle 5.10:	Vergleich verschiedener Logitmodelle	290
Tabelle 5.11:	Klassifikationstabelle für das Logitmodell M_6	292
Tabelle 5.12:	Vorhersageerfolgstabelle und Wahrscheinlichkeitsprofile für Modell M_6	293
Tabelle 5.13:	Regressionskoeffizienten, Standardschätzfehler, Effekte und deren 95%-Konfidenzintervalle für Modell M_8	295
Tabelle 5.14:	Analyse der Parteipräferenz durch ein multinomiales Logitmodell mit der unabhängigen Variablen Alter	303

Tabelle 5.15:	Umrechnung von der Referenzkategorie CDU auf andere Referenzkategorien	305
Tabelle 5.16:	Der Einfluß von Alter, Konfession und Bildung auf die Parteipräferenz	307
Tabelle 5.17:	Der Einfluß der Parteipräferenz auf die Wahlabsicht (Spezifikation als generische Variable)	311
Tabelle 5.18:	Der Einfluß der Parteipräferenz auf die Wahlabsicht (Spezifikation über alternativenspezifische Variablen)	313
Tabelle 5.19:	Der Einfluß von Konfession und Bildung auf die Parteipräferenz	314
Tabelle 5.20:	Der Einfuß von Alter auf den Bildungsabschluß im multinomialen Logitmodell	316
Tabelle 5.21:	Der Einfluß von Alter auf den Bildungsabschluß im kumulierten Logitmodell	318
Tabelle 5.22:	Programme zur Schätzung von Logitmodellen	325
Tabelle 6.1:	Wirtschaftliche Lage nach Einkommen, Vergleich mit Vorjahr und Befragungsort	336
Tabelle 6.2:	Durchschnittliche Beurteilung nach Einkommen, Vergleich mit Vorjahr und Befragungsort	345
Tabelle 6.3:	Kumulative Logits nach Einkommen, Vergleich mit Vorjahr und Befragungsort	349
Tabelle 6.4:	WLS-Schätzung für Modell M_6	351
Tabelle 6.5:	Wirtschaftliche Lage nach Einkommensquartil und Befragungsort	353
Tabelle 7.1:	Geschätzte Anteile (in Prozent) der Frauen ohne Konfession (N) nach Alter (A), Periode (P) und Kohorte (K) für die Niederlande	360
Tabelle 7.2:	Mitgliedschaft in einer Konfession nach Periode, Alter und Kohorte	362
Tabelle 7.3:	Teststatistiken des Alter×Periode-Designs	365
Tabelle 7.4:	Teststatistiken des Alter×Kohorte-Designs	369
Tabelle 7.5:	Teststatistiken des Periode×Kohorte-Designs	371
Tabelle 8.1:	Partei- und Kandidatenpräferenz in Deutschland zum Zeitpunkt T_1 (Nov./Dez. 1989) und T_2 (Mai/Juni 1990)	380
Tabelle 8.2:	Der Zusammenhang zwischen Partei- und Kandidatenpräferenz	382
Tabelle 8.3:	Veränderungen der Partei- und der Kandidatenpräferenz im Zeitablauf	388
Tabelle 8.4:	Auswirkungen der Fernseh-Dokumentationsserie auf die Sympathien für neofaschistische Parteien	396

Tabelle 8.5:	Veränderungen der Sympathien für neofaschistische Parteien unter den regelmäßigen Zuschauern der Dokumentationsserie	397
Tabelle 8.6:	Ein Modell latenter Klassen für die Wirkungen der Fernsehserie	400
Tabelle 9.1:	Binäre Logitmodelle zur Prognose der Wahlbeteiligung	413
Tabelle 9.2:	Ergebnisse des binären und des ordinalen Logitmodells	415
Tabelle 9.3:	Ergebnisse der konditionalen und mehrstufigen Logitanalysen	421
Tabelle A2.1:	exp(x) und ln(x) für einige ausgewählte Werte	436

1 Einleitung

1.1 Was sind kategoriale Daten?

Dieses Buch behandelt Modelle zur Analyse kategorialer Daten. Kategoriale Daten sind Variablen, die eine begrenzte Anzahl von Ausprägungen (Kategorien) haben. Beispiele wären etwa das Geschlecht einer Befragungsperson mit den Ausprägungen „männlich" und „weiblich"; ihre Parteipräferenz unterschieden nach „SPD", „CDU/CSU", „FDP", „Bündnis 90/Die Grünen", „Republikaner" und „sonstige Parteien"; die Anzahl der Mitbewohner im Haushalt dieser Person (0, 1, 2, 3 und mehr); die soziale Schicht, der sich die Person zuordnet (Unterschicht, Mittelschicht, Oberschicht) oder ihr Einkommen, wenn dieses in Klassen wie z.B. „unter 1000 DM", „1000–2000 DM", „2000–3000 DM", „3000 und mehr DM" erhoben wird. Variablen mit sehr vielen Ausprägungen, wie etwa das Einkommen in genauen DM-Beträgen oder das Lebensalter in Jahren, zählen nicht zu den kategorialen Variablen. Sie haben so viele Ausprägungen, daß ihre statistische Modellierung (als abhängige Variable) mit den hier vorzustellenden Methoden zu unübersichtlich und ineffizient wäre. Sie können aber als unabhängige Variable(n) in Modellen für kategoriale Daten verwendet werden.

Konkret werden in diesem Buch vier Ansätze zur Analyse kategorialer Daten vorgestellt: die gewichtete Regression nach Grizzle, Starmer und Koch (kurz: der GSK-Ansatz), die Klasse der log-linearen Modelle, die logistische Regression und die Analyse latenter Klassen. Jedem dieser vier Ansätze ist ein Kapitel des Grundlagenteils dieses Buches gewidmet. In dieser Einleitung wollen wir zunächst die vier Ansätze kurz charakterisieren und gegenüber anderen statistischen Analyseverfahren abgrenzen (Abschnitt 1.1). Gleichzeitig wollen wir darlegen, welche wesentlichen Auswertungsschritte im Rahmen einer Analyse kategorialer Daten anfallen (Abschnitt 1.2). Bevor wir das tun können, ist es jedoch sinnvoll, ein etwas konkreteres Bild von kategorialen Daten zu haben. Schauen wir uns dazu ein paar Beispiele an. Das erste werden wir relativ ausführlich darstellen, da es im folgenden dazu dienen soll, grundlegende Fragestellungen kategorialer Datenanalyse zu verdeutlichen. Die anderen Beispiele zeigen Variationen dieses Grundmodells.

1.1.1 Einige Beispiele

Beispiel 1: Wertorientierungen in West- und Ostdeutschland 1990
Ein Konstrukt, das kontrovers diskutiert, aber in Forschungen zum Wertewandel häufig verwendet wird, ist Inglehart's Postmaterialismus-Index (Inglehart 1971, 1977, 1990). Der Grundgedanke der Inglehart'schen Theorie wird sehr schön von Terwey zusammengefaßt: „Inglehart ging einerseits von einer Bedürfnishierarchie aus, die er in vereinfachter Form von Maslov ableitete. Danach versuchen Individuen zunächst, physisch-materielle Bedürfnisse (z.B. nach Ernährung, Sexualität, Stabilität u.ä.) zu befriedigen. Erst wenn hinsichtlich dieser materiellen Bedürfnisse ein gewisser Sättigungsgrad erreicht sei, würden sich die Individuen verstärkt postmateriellen, psychisch-sozialen Bedürfnissen zuwenden (z.B. nach Liebe, Selbstverwirklichung oder politischer Partizipation). Je nachdem, welche Bedürfnisse, subjektiv empfunden, weniger befriedigt sind, entwickeln sich bei den Individuen differierende Wertprioritäten (Knappheitshypothese). Hinzu kommt Inglehart's Sozialisationshypothese, die besagt, daß in lebensgeschichtlich frühen Sozialisationsphasen verinnerlichte Orientierungen die Persönlichkeit stärker prägen als die später erworbenen Wertorientierungen. Die lebensgeschichtlich früh verinnerlichten seien zudem gegenüber späteren Erfahrungen, wie z.B. wirtschaftlichen Rezessionen, stärker resistent. Zusammen genommen resultiert aus dieser Knappheitshypothese und der Sozialisationshypothese eine Theorie des Wertewandels: In Wohlstandgesellschaften lebende Menschen neigen häufiger zu postmaterialistischen Werten als in armen Gesellschaften lebende, und dies gilt verstärkt, wenn bereits die frühen Lebensphasen unter dem Eindruck materieller Prosperität gestanden haben" (1989: 42). Wenn man so will, könnte man den Inglehart'schen Ansatz auch als eine generationsspezifische Variante von Modernisierungstheorie bezeichnen, die ein generell abnehmendes Niveau materialistischer Wertorientierungen mit zunehmendem Entwicklungsgrad der Gesellschaft vorhersagt, wobei in Abhängigkeit von den jeweiligen Sozialisationserfahrungen die Wertorientierungen zwischen den Generationen variieren.

Inglehart und mit ihm viele andere Forscher haben materialistische und postmaterialistische Wertorientierungen mittels repräsentativer Umfragen untersucht. In der allgemeinen Bevölkerungsumfrage (ALLBUS) für die Bundesrepublik Deutschland – eine seit 1980 im zweijährigen Turnus durchgeführte Repräsentativbefragung mit vor allem sozialwissenschaftlichen Themenschwerpunkten – wurden die Inglehart'schen Fragen wie folgt übernommen:
„Auch in der Politik kann man nicht alles auf einmal haben. Auf dieser Liste finden Sie einige Ziele, die man in der Politik verfolgen kann. Wenn Sie zwischen diesen verschiedenen Zielen wählen müßten, welches Ziel erschiene Ihnen persönlich am wichtigsten?
a) Aufrechterhaltung von Ruhe und Ordnung in diesem Lande
b) Mehr Einfluß der Bürger auf die Entscheidungen der Regierung

Tabelle 1.1: Wertorientierungen in West- und Ostdeutschland 1990

Wertorientierung	West	Ost
postmaterialistisch	943 (31,5%)	142 (14,6%)
materialistisch	456 (15,2%)	264 (27,1%)
Mischtypen	1597 (53,3%)	569 (58,4%)
Personen insgesamt	2996 (100%)	975 (100%)

Quelle: ALLBUS (West), ISSP (Ost), vgl. Datenreport (1992: 632).

c) Kampf gegen die steigenden Preise
d) Schutz des Rechts auf freie Meinungsäußerung
Und welches Ziel erschiene Ihnen am zweitwichtigsten?"

Als materialistische Ziele werden a und c eingestuft – als postmaterialistische b und d. Dementsprechend kann man die Befragten, die a und c als wichtigste Ziele angeben, als „Materialisten" bezeichnen, während die „Postmaterialisten" den Personen entsprechen, die b und d als wichtigste Ziele nennen. Alle anderen Antwortkombinationen (ab, ad, bc, cd) sind nicht eindeutig diesen beiden Gruppen zuzuordnen und werden als „Mischtypen" bezeichnet.

Der ALLBUS wurde in Westdeutschland u.a. im Jahr der Wiedervereinigung 1990 erhoben. Vergleichsdaten über Ostdeutschland liefert eine Erhebung des jährlich stattfindenden internationalen Social Survey Programms (ISSP), das in einem engen organisatorischen und inhaltlichen Zusammenhang mit dem ALLBUS steht. Die entsprechenden Zahlen wurden dem Datenreport 1992 entnommen (vgl. Tabelle 1.1). Der Anteil postmaterialistischer Orientierungen ist nach diesen Umfrageergebnissen im Westen etwa doppelt so groß wie im Osten (31,5% versus 14,6%).

Tabelle 1.1 ist ein typisches Beispiel für kategoriale Daten, wie man es entweder in statistischen Tabellenwerken findet oder als Ergebnis einer sozialwissenschaftlichen Umfrage erhält. Es enthält zwei Variablen, Wertorientierung und Region, die jeweils nur eine begrenzte Anzahl von Ausprägungen haben. Die Variable Wertorientierung hat drei Ausprägungen: „postmaterialistisch", „materialistisch" und „Mischtypen". Die Variable Region hat zwei Ausprägungen: „West" und „Ost". Betrachtet man Ost- und Westdeutschland zum Zeitpunkt der Wiedervereinigung als zwei Gesellschaften unterschiedlichen Modernisierungsgrades, dann sind diese Daten ein erster Schritt hin zu einer empirischen Überprüfung der Inglehart'schen Theorie. Im Datenreport 1992 liest sich der Gedankengang etwa so: „In Westdeutschland hat sich wie in anderen westlichen Industrienationen seit den 70er Jahren ein Wertewandel vollzogen. Während die Mehrheit der Bürger bis dahin vor allem materialistische Ziele wie Wohlstand und Sicherheit präferierte, ist der Anteil der Bürger immer größer geworden, der stattdessen postmaterialistische Ziele wie Gleichberechtigung, Umweltschutz und persönliche Entfaltung für wichtig hält. Voraussetzung dieses Wertewandels waren gesellschaftliche Entwicklungsprozesse wie beispielsweise die Steigerung des Wohlstandes und der technische Fortschritt. Da diese in der ehemaligen DDR nicht im gleichen Maße stattfanden und zudem der Zusammenbruch der DDR zu gravierenden wirtschaftlichen Problemen für die ostdeutschen Bürger führte, kann erwartet werden, daß die Ostdeutschen im Vergleich zu den Westdeutschen stärker materialistisch orientiert sind" (Datenreport 1992: 631f.).

Beispiel 2: Sozio-demographische Merkmale von Wählern
In allen westlichen Demokratien ist ein Rückgang der Wahlbeteiligung zu beobachten. Auch in der Bundesrepublik war gerade im Superwahljahr 1994 mit insgesamt 7 Landtags- und 9 Kommunalwahlen sowie je einer Wahl für den Bundestag und das Europa-Parlament in einigen Bundesländern eine erheblich geringere Wahlbeteiligung zu beobachten. Genauere Informationen über die soziodemographische Struktur der Wähler und Nicht-Wähler liefert die amtliche Wahlstatistik des Statistischen Bundesamtes, die jedoch nur nach Alter und Geschlecht differenziert (vgl. die Fachserie 1 „Bevölkerung und Erwerbstätigkeit" hrsg. vom Statistischen Bundesamt). Möchte man weitere Informationen über die Wähler und Nicht-Wähler haben, dann müßte man eine eigene Umfrage mit einer Stichprobe von Wahlberechtigten durchführen.

Tabelle 1.2 zeigt ein mögliches Ergebnis einer solchen Befragung. 750 Personen wurden danach gefragt, ob sie sich an der letzten Wahl beteiligt haben. Insgesamt war das bei 504 Befragten der Fall, während sich 246 der Stimme enthielten. Die Wahlbeteiligung lag also in dieser Stichprobe bei 67,2%. Gleichzeitig wurden die Personen danach befragt, wie alt sie sind, ob sie einer Konfession angehören und welche der vier Parteien SPD, FDP, CDU und CSU sie präferieren. Wie aus der Tabelle zu erkennen ist, variiert die Wahlbeteiligung je nach den Merkmalen der befragten Wahlberechtigten ganz erheblich. Prozentual gesehen ist sie mit 42,4% bei den jungen, konfessionslosen CDU/CSU-Anhängern am geringsten, während sie bei den älteren FDP-Anhängern mit Konfession mit 95,2% am höchsten ist.

Auch diese Tabelle ist ein typisches Beispiel mit kategorialen Daten, das sich von dem vorhergehenden Beispiel nur dadurch unterscheidet, daß jetzt mehr als zwei (kategoriale) Variablen betrachtet werden: Alter mit zwei Ausprägungen („jung" und „alt"), Konfession ebenfalls mit zwei Ausprägungen („mit" und „ohne"), Parteipräferenz mit drei Ausprägungen („SPD", „FDP", „CDU/CSU") sowie die Wahlbeteiligung mit den zwei Ausprägungen „ja" und „nein". Die Tabelle wurde so angeordnet, daß die Höhe der Wahlbeteiligung direkt ersichtlich ist. Man beachte jedoch, daß durch Umgruppierung und Zusammenfassung von Tabellenzellen mit den gleichen Daten auch andere Fragestellungen bearbeitet werden können: z.B. die Frage, wie die Zugehörigkeit zu einer Konfession mit dem Lebensalter variiert, oder die Frage, ob die Präferenz für bestimmte Parteien (z.B. für die CDU/CSU) mit

Tabelle 1.2: Sozio-demographische Struktur von Wählern und Nicht-Wählern

			D. Wahlbeteiligung			
A. Alter	B. Konfession	C. Parteipräferenz	1. ja	2. nein	Insgesamt	Davon: ja
1. jung	1. mit	1. SPD	38	13	51	74,5%
		2. FDP	7	3	10	70,0%
		3. CDU/CSU	60	20	80	75,0%
	2. ohne	1. SPD	37	41	78	47,4%
		2. FDP	35	25	60	58,3%
		3. CDU/CSU	25	34	59	42,4%
2. alt	1. mit	1. SPD	81	11	92	88,0%
		2. FDP	20	1	21	95,2%
		3. CDU/CSU	127	23	150	84,7%
	2. ohne	1. SPD	31	34	65	47,7%
		2. FDP	24	16	40	60,0%
		3. CDU/CSU	19	25	44	43,2%
Insgesamt			504	246	750	67,2%

Quelle: Anhang 4.

der Konfession der Befragten zusammenhängt. Tabelle 1.2 erlaubt also multivariate Analysen im weitestgehenden Sinne, nicht nur Analysen der Wahlbeteiligung nach mehreren soziodemographischen Variablen gleichzeitig, sondern auch Analysen zwischen die sen Variablen. Wir haben diesen Datensatz extra für dieses Lehrbuch entwickelt, um daran möglichst viele unterschiedliche Auswertungsstrategien für kategoriale Daten demonstrieren zu können.

Beispiel 3: Wahlbeteiligung und Alter
Natürlich würde man in dem vorherigen Beispiel die ausgewählten Personen nicht danach befragen, ob sie alt oder jung sind. In aller Regel erfragt man das genaue Lebensalter in Jahren und die Originaldaten sahen so aus, wie in Tabelle 1.3 ausschnittweise zu erkennen ist. Da die Variable Alter jetzt sehr viele Ausprägungen hat, können die Daten nicht mehr in Form einer Tabelle dargestellt werden, sondern müssen als einzelne Fälle in Form einer Datenliste präsentiert werden. Aus Platzgründen haben wir nur die FDP-Anhänger mit Konfession (N = 10+21 = 31, vgl. auch Tabelle 1.2) und auch nur die Variablen Alter und Wahlbeteiligung aufgeführt (eine vollständige Datenliste findet sich in Anhang 4).

Die Datenliste in Tabelle 1.3 enthält die Variable Wahlbeteiligung mit (nur) zwei Ausprägungen und die Variable Alter mit sehr vielen Ausprägungen. Die Variable Wahlbeteiligung ist eindeutig eine kategoriale Variable, während die Variable Alter so viele Ausprägungen hat, daß es nicht effizient ist, sie als

Tabelle 1.3: Wahlbeteiligung und Alter der FDP-Anhänger mit Konfession

Fall-nummer	Alter	Wahlbe-teiligung	Fall-nummer	Alter	Wahlbe-teiligung
15	20	ja	714	52	ja
96	23	nein	630	54	ja
19	27	nein	689	54	ja
585	27	ja	45	56	ja
13	29	ja	1	57	ja
428	29	ja	129	58	ja
80	31	ja	694	59	ja
554	31	ja	3	60	ja
556	33	nein	589	62	ja
598	36	ja	192	63	ja
676	41	ja	293	63	ja
508	42	ja	182	65	ja
728	45	ja	747	66	ja
564	49	nein	435	67	ja
668	49	ja	115	70	ja
167	50	ja			

Quelle: Auszug aus Anhang 4.

kategoriale Variable zu behandeln. Eine Variable mit wenigen Ausprägungen ergibt sich erst dann, wenn man die (vielen) Ausprägungen der Altersvariablen in Altersklassen zusammenfaßt. Für Tabelle 1.2 haben wir beispielsweise das Lebensalter nachträglich klassifiziert, indem wir Personen bis 40 Jahre als jung und Personen über 40 Jahre als alt bezeichnet haben.

Einige Forscher empfinden diese Zusammenfassung von Ausprägungen zu Klassen als Informationsverlust. Letztlich ist es jedoch vor allem eine inhaltliche Frage, in welcher Form das zugrundeliegende theoretische Konstrukt operationalisiert wird. Die Wahlbeteiligung ändert sich ja nicht in erster Linie, weil Menschen biologisch altern, sondern weil sie je nach Lebensabschnitt bestimmte soziale Rollen einnehmen und sich dementsprechend in unterschiedlichem Maße für Politik interessieren und an Wahlen beteiligen. Ob es sich hierbei eher um eine kontinuierliche oder eher um eine in Phasen ablaufende Veränderung der Wahlbeteiligung handelt, wäre erst näher theoretisch zu begründen. Dementsprechend wäre dann entweder das Alter in Jahren als kontinuierliche Variable oder das Alter klassifiziert in Lebensabschnitte als kategoriale Variable zu verwenden.

Tabelle 1.4: Aufgaben eines modernen Wohlfahrtsstaates (Niederlande 1974)

A. Gleichberechtigung für Männer und Frauen	B. Gute Bildungsversorgung	C. Gute medizinische Versorgung	D. Gleichberechtigung für Gastarbeiter		Insgesamt
			1. ja	2. nein	
1. ja	1. ja	1. ja	59	56	115
		2. nein	14	36	50
	2. nein	1. ja	7	15	22
		2. nein	4	23	27
2. nein	1. ja	1. ja	75	161	236
		2. nein	22	115	137
	2. nein	1. ja	8	68	76
		2. nein	22	123	145
		Insgesamt	211	597	808

Quelle: „Political Action" Studie (ZA-Nr. 765).

Beispiel 4: Notwendige Staatsaufgaben

Das vierte Beispiel stammt aus der „Political Action" Studie von Barnes und Kaase (1979), einer international vergleichenden Umfrage, die 1973–76 in acht verschiedenen Ländern durchgeführt wurde und sich u.a. mit der Frage beschäftigte, welche Aufgaben ein moderner Wohlfahrtsstaat nach Meinung seiner Bürger haben sollte (die Daten können über das Zentralarchiv für empirische Sozialforschung in Köln für Sekundäranalysen angefordert werden: ZA-Nr. 765). Die Befragten wurden anhand einer Liste von zehn Items gefragt, für welche Aufgaben der Staat verantwortlich sein sollte. Für unser Beispiel haben wir die folgenden vier Items ausgewählt: Gleichberechtigung von Männern und Frauen (A), Bildungsversorgung (B), medizinische Versorgung (C) und Gleichberechtigung für ausländische (Gast-)Arbeiter (D). Tabelle 1.4 zeigt, wieviele der holländischen Befragten der Meinung waren, daß der Staat für den jeweiligen Aufgabenbereich eine wesentliche Verantwortung hat (entsprechende Daten für Deutschland finden sich in Tabelle 4.3).

Man könnte die Befragten jetzt nach weiteren sozio-demographischen Merkmalen unterscheiden, das würde dieses einführende Beispiel jedoch unnötig komplizieren und von dem Punkt ablenken, um den es uns hier vor allem geht. Zunächst stellen wir fest, daß es sich auch hierbei um kategoriale Daten handelt – genauer gesagt um vier kategoriale Variablen mit jeweils zwei Ausprägungen. Weiterhin handelt es sich ähnlich wie bei dem Ingelhart-Index um eine Anzahl von Indikatoren, die Aufschluß über nicht direkt beobachtbare Eigenschaften der Befragten geben sollen – in diesem Fall also über die Einstellungen der Bürger gegenüber ihrem Staat. Unter Bezug auf Inglehart's Modernisierungstheorie könnte man die Items B und C als „materialistische"

Aufgaben bezeichnen, die allgemein als selbstverständlicher Bestandteil moderner wohlfahrtsstaatlicher Politik akzeptiert werden. Die Items A und D beschreiben dagegen eher „post-materialistische" Aufgabenbereiche, die Ergebnis eines eher post-modernen Staatsverständnisses sind und wahrscheinlich vor allem von der jüngeren Generation unterstützt werden.

Im Gegensatz zu Tabelle 1.1, in der die Befragten bereits anhand ihrer Antworten verschiedenen Wertorientierungen zugeordnet wurden, stehen uns jetzt die Antworten auf die einzelnen Items zur Verfügung und wir können sie dazu benutzen, die zugrundeliegenden Einstellungen genauer zu untersuchen. Im Rahmen dieses Lehrbuches können wir natürlich keine Einführung in politologische Theorien der Entwicklung von Wohlfahrtsansprüchen geben. Daher sei nur ganz oberflächlich eine mögliche Erklärung der Antwortverteilungen in Tabelle 1.4 angedeutet. Sie geht davon aus, daß sich die Befragten mehr oder weniger in zwei Gruppen einteilen lassen. Die eine Gruppe wünscht sich einen Staat, der sich auf die Bereitstellung einer materiellen Grundversorgung seiner Bürger mit Bildung, Gesundheit, Sicherheit usw. beschränkt. Die andere Gruppe wünscht sich dagegen einen Staat mit weitergehenden Aufgaben, wo sich der Staat beispielsweise auch um die Freiheitsrechte von unterpriviligierten Gruppen kümmert. Mitglieder der ersten Gruppe werden wahrscheinlich nur die Items B und C für unverzichtbar halten und nur in Ausnahmefällen die Items A und D angeben. Mitglieder der zweiten Gruppe werden wahrscheinlich alle vier Items angeben. Allerdings wird es individuelle Abweichungen von diesen vermuteten Anwortmustern geben, so daß die vier Items keine 100% richtigen Rückschlüsse auf die zugrundeliegenden zwei Gruppen geben.

Unter methodischen Gesichtspunkten handelt es sich also um vier Indikatoren einer nicht direkt beobachtbaren dichotomen Variablen. Diese nicht direkt beobachtbare Variable bezeichnet man als *latente* Variable, und da sie ebenfalls eine begrenzte Anzahl von Ausprägungen hat (in diesem Beispiel zwei), handelt es sich um eine *latente kategoriale* Variable. Sie unterscheidet zwei nicht direkt beobachtbare Gruppen von Befragten, die man auch als *latente Klassen* bezeichnet. Je nachdem, welcher der beiden Gruppen ein Befragter angehört, ist ein bestimmtes Antwortmuster für die vier Items A-D erwartbar, wenn auch nicht mit 100%iger Sicherheit. Man möchte daher das oben vorgeschlagene Meßmodell empirisch überprüfen und dabei die unterschiedliche Validität und Reliabilität der vier Indikatoren kontrollieren.

Beispiel 5: Durkheim's Analyse des Selbstmordes
Einige Sozialwissenschaftler denken, daß moderne Datenanalyseverfahren nur im Rahmen der Umfrageforschung eine Rolle spielen. Das folgende Beispiel aus der Studie von Durkheim über den Selbstmord zeigt, daß kategoriale Daten auch bei den sogenannten Klassikern der Sozialwissenschaft vorkommen können. In Tabelle 1.5 betrachtet Durkheim die Häufigkeit von Selbst-

Tabelle 1.5: Anzahl Selbstmorde pro 1 Mio. Einwohner in Frankreich 1889-1891 (Männer über 20 Jahre)

Alter	Verwitwet	Verheiratet	Ledig	d%	ω_v	ω_t	$\alpha_{t/v}$
20-25	142	97	237	0,01	0,0000970	0,0002371	2,44
25-30	412	122	394	0,03	0,0001220	0,0003942	3,23
30-40	560	226	627	0,04	0,0002261	0,0006274	2,78
40-50	721	340	975	0,06	0,0003401	0,0009760	2,87
50-60	979	520	1434	0,09	0,0005203	0,0014361	2,76
60-70	1166	635	1768	0,11	0,0006354	0,0017711	2,79
70-80	1288	704	1983	0,13	0,0007045	0,0019869	2,82
über 80	1154	770	1571	0,08	0,0007706	0,0015735	2,04

Zu den Symbolen d%, ω_v, ω_t, $\alpha_{t/v}$ s. die folgenden Beispiele 6–7 (Abschnitt 1.2).

Quelle: Durkheim (1960: 183, Auszug aus Tabelle 21).

morden bei Männern in Frankreich von 1889 bis 1891, wobei er nach Familienstand und Alter unterscheidet. Gemäß seiner Theorie sozialer Integration ist die Selbstmordrate bei Verheirateten – hier gemessen als Anzahl der Selbstmorde pro 1 Mio. Einwohner – sehr viel niedriger als bei Ledigen und Verwitweten.

Auch hierbei handelt es sich um ein Beispiel mit kategorialen Daten, auch wenn die Tabelle etwas anders aufgebaut ist als die anderen Beispieltabellen. Die Tabelle enthält drei kategoriale Variablen – Todesursache, Alter und Familienstatus – mit zwei Todesursachen (Selbstmord, Rest inkl. Überlebende), neun Altersklassen und drei Familienstati als Ausprägungen. Da sich Durkheim nur für den Selbstmord interessierte, werden die anderen Todesursachen nicht näher aufgeführt, sondern lediglich die Anzahl der Selbstmorde pro 1 Mio. Einwohner ausgewiesen. Das unterscheidet Tabelle 5 von den anderen Beispieltabellen. Ohne Kenntnis der Bevölkerungszahlen in den Jahren 1889-90 kann man die absolute Anzahl der Selbstmorde nicht angeben. Gleichwohl kann man die Wahrscheinlichkeit eines Selbstmordes quantifizieren, wie auch die (Gegen-)Wahrscheinlichkeit, nicht an einem Selbstmord zu sterben – und das reicht für unsere Zwecke aus.

Das Beispiel ist aus verschiedenen Gründen interessant, nicht nur weil es aus einer klassischen Studie stammt: Zum einen zeigt es, daß kategoriale Daten nicht nur durch Umfragen gewonnen werden, sondern genausogut archivierten Unterlagen (z.B. der Standesämter) entnommen werden können. Zweitens unterscheidet sich die Variable Todesursache von den bisher betrachteten kategorialen Variablen dadurch, daß die eine Ausprägung (Selbstmord), für die sich Durkheim interessierte, sehr selten auftritt. Nicht alle Methoden kategorialer Datenanalyse sind für solche schief verteilten kategorialen Variablen geeignet. Schließlich ist dieses Beispiel, wie wir in Abschnitt 1.2.1 sehen werden, auch eine besonders interessante Anwendung multivariater Analyseverfahren, bei denen man den Einfluß mehrerer Variablen gleichzeitig überprüft.

Ausblick auf andere Fachgebiete
Beispiele für kategoriale Variablen findet man natürlich nicht nur in der Soziologie und der Politologie, sondern auch in der Medizin, der Psychologie, der Pädagogik, der Demographie, den Wirtschaftswissenschaften und sogar in den Natur- und Ingenieurwissenschaften. Stellvertretend für viele andere empirische Studien seien daher hier sechs Untersuchungen aus anderen Fachgebieten zitiert, deren Daten in der entsprechenden Originalliteratur dokumentiert sind und ggf. für Übungszwecke genutzt werden können.

Luftverschmutzung und Gesundheitszustand: Viele medizinische Studien beschäftigen sich mit den Auswirkungen der Luftverschmutzung auf den allgemeinen Gesundheitszustand des Menschen und insbesondere auf dessen Atemorgane. Es ist jedoch schwierig, diesen Effekt schlüssig nachzuweisen, da der Gesundheitszustand einer Person darüber hinaus von vielen anderen Ursachen beeinflußt wird. Neben den üblichen sozio-demographischen Variablen, wie z.B. Alter, Geschlecht und berufliche Tätigkeit, wäre bei der Analyse der Atemorgane insbesondere die Frage zu prüfen, ob es sich bei der jeweiligen Person um einen Raucher handelt oder nicht. Forthofer und Lehnen (1981: 98ff.) verwenden die Daten von 3006 Beschäftigten aus neun verschiedenen Betrieben im Gebiet von Houston, Texas (USA), die durch eine lokale Gesundheitsorganisation 1974–75 erhoben wurden. Die Lunge der Untersuchungspersonen wurde dabei mit Hilfe eines Lungenfunktionstestes überprüft. Gleichzeitig wurde der Grad der Luftverschmutzung mit Blei am Wohnort der Person aufgrund der Meßergebnisse von 41 Luftmeßstationen in Houston bestimmt. Forthofer und Lehnen untersuchen nun, wie das Testergebnis mit der Bleibelastung am Wohnort zusammenhängt, wobei sie den Raucherstatus und das Alter der Person kontrollieren. Die Variable Testergebnis hat zwei Ausprägungen (normal, abnormal), ebenfalls die Variable Bleibelastung (hoch, niedrig), die Variable Raucherstatus hat vier Ausprägungen (kein, früherer, leichter, schwerer Raucher) und die Variable Alter drei (<40, 40–59, >59 Jahre). Damit handelt es sich um ein typisches Beispiel kategorialer Datenanalyse.

Diagnose psychiatrischer Erkrankungen: Tennant (1977) fragt, ob der General Health Questionaire (GHQ, Goldberg 1972) – ein standardisiertes Instrument zur Erfassung des Gesundheitszustandes – geeignet ist, psychologische Auffälligkeiten zu diagnostizieren. Er verwendet dazu die Daten von 120 Patienten einer Allgemeinpraxis. Jeder von ihnen mußte den GHQ-Fragebogen ausfüllen und erhielt je nach Testergebnis einen Punktwert zwischen 0 und 12. Anschließend wurden die Patienten durch einen Psychiater untersucht, der die Testergebnisse nicht kannte. Er diagnostizierte, ob die Patienten weiterer psychiatrischer Behandlung bedurften oder nicht. Die Frage war schließlich, ob das Urteil des Psychiaters durch das Testergebnis des GHQ vorhergesagt werden kann. Das würde die Möglichkeit eröffnen, relativ schnell zu psychiatrischen Diagnosen zu gelangen, ohne daß entsprechendes Fachpersonal eingeschaltet werden muß. Es handelt sich dabei um einen Fall kategorialer Datenanalyse mit einer dichotomen abhängigen Variablen (Diagnose) und einer metrischen unabhängigen Variablen (GHQ-Testwert). Die Daten, die auch bei Silvapulle (1981) publiziert sind, unterscheiden darüber hinaus noch nach dem Geschlecht der Untersuchungsperson.

Soziale Schicht und Bildungsbeteiligung: In einer 1973 erschienenen Arbeit untersuchen Schorb und Schmidbauer die Entwicklung und Hintergründe unterschiedlicher Bildungsbeteiligung in Bayern. Aus diesem Forschungsbericht verwendet Bedall (1974) die Daten über Schüler der 6. und 7. Klassen bayrischer Hauptschulen aus den Jahren 1969/70. Es geht um die Frage, wie die Übertrittsquoten von der Haupt- in die Realschule mit verschiedenen sozio-demographischen Merkmalen der Hauptschüler variieren. Bedall betrachtet die Variablen Wohnortgröße (<20.000 Einw., 20.000-50.000 Einw., >50.000 Einw.), soziale Schicht der Eltern (Oberschicht und obere Mittelschicht, untere Mittelschicht, obere Unterschicht und untere Unterschicht) sowie die Religionszugehörigkeit (katholisch, evangelisch) und das Geschlecht (männlich, weiblich) der Schüler. Zusammen mit der abhängigen Variablen „Wechsel zur Realschule" (ja, nein) werden also insgesamt fünf Merkmale betrachtet, die jeweils eine begrenzte Zahl (max. 3) von Kategorien bzw. Ausprägungen haben.

Kinderwunsch und Familienzyklus: Abnehmende Kinderzahlen pro Familie sind ein allgemeiner Trend, der sich in allen entwickelten westlichen Gesellschaften beobachten läßt. Die Frage, wie sich Kinderwunsch und zunehmende Erwerbsbeteiligung von Frauen miteinander vereinbaren lassen, ist das Thema einer Vielzahl von Untersuchungen. Lee/Khan (1978) verwenden Daten der US-amerikanischen National Fertility Surveys aus den Jahren 1965 und 1970, um zu untersuchen, wie sich die Wünsche der Frauen nach einem weiteren Kind in Abhängigkeit von ihrer eigenen Erwerbstätigkeit einerseits und der Größe und Zusammensetzung ihrer Familie andererseits entwickeln. Konkret wird nach der Anzahl der bereits vorhandenen Kinder (max. 3) und dem Alter des jüngsten Kindes (unter 2 Jahre, 2 bis unter 5 Jahre, 5 und mehr Jahre) unterschieden. Darüber hinaus wird der Bildungsstatus des Mannes mit drei Ausprägungen kontrolliert. Es zeigt sich, daß die Familienmerkmale einen sehr viel größeren Einfluß auf den Wunsch nach weiteren Kindern haben als die sozio-ökonomischen Merkmale Erwerbsbeteiligung und Bildungsstatus. Da alle betrachteten Merkmale eine begrenzte Zahl von Ausprägungen haben, handelt es sich auch hierbei um ein Beispiel kategorialer Datenanalyse.

Ausfallrisiko von Konsumentenkrediten: Banken haben ein Interesse daran, daß die von ihnen vergebenen Kredite ordnungsgemäß zurückgezahlt werden. Dementsprechend versuchen sie, die Bonität eines potentiellen Kreditnehmers abzuschätzen, wobei sie sich u.a. auf die Erfahrungen aus ihren bisherigen Kreditabschlüssen stützen. Fahrmeier/Hamerle (1984: S. 334ff. und Anhang C) verwenden die Daten von 1000 Konsumentenkrediten einer süddeutschen Großbank, von denen 700 als problemlose („gute") Kredite und 300 als sogenannte Problemfälle („schlechte" Kredite) bezeichnet werden. Anhand der dem Kreditinstitut bekannten sonstigen Eigenschaften der Kreditnehmer versuchen sie nun, das Auftreten eines guten bzw. schlechten Kredites zu prognostizieren. Dabei handelt es sich um ein typisches kategoriales Merkmal. Als unabhängige Variablen stehen insgesamt 20 Merkmale zur Verfügung, die bis auf die Variablen Kreditlaufzeit und Lebensalter ebenfalls kategorialer Natur sind. Zum Teil handelt es sich dabei um nominale Merkmale (z.B. Familienstand, Beruf, Zahlungsmoral, Verwendungszweck des Krediktes), die Mehrzahl besteht jedoch aus nachträglich klassifizierten metrischen Variablen (z.B. Darlehenshöhe, Höhe der Spar- und Wertpapierkonten, Beschäftigungsdauer, Ratenhöhe in Prozent des verfügbaren Einkommens).

Analyse des Challenger-Absturzes: Am 28.1.1986 ereignete sich der tragische Absturz der US-Raumfähre Challenger, bei dem die gesamte Besatzung der Raumfähre ums Leben kam. Die durch Präsident Reagan eingesetzte Untersuchungskommission unter

Leitung des ehemaligen Staatssekretärs William Rogers kam zu dem Schluß, daß der Absturz durch ein Gasleck in einem der Verbindungsstücke der Antriebsraketen verursacht wurde, die die Fähre in eine Erdumlaufbahn bringen sollten. Das Verbindungsstück war mit einem Teil verschlossen, das in der Fachliteratur als „O-Ring" bezeichnet wird. Genau über das Verhalten dieses O-Ringes unter unterschiedlichen Starttemperaturen entspann sich in der Nacht vor dem Start eine kontroverse Diskussion unter den Experten vor Ort. Die Herstellerfirma der Raketenmotoren empfahl dann jedoch, den Start der Raumfähre nach dem vorgesehenen Zeitplan durchzuführen, weil nach ihrer Ansicht die bis dato gewonnenen Daten keine schlüssigen Hinweise auf Temperatureffekte lieferten. Nach den Analysen der Rogers-Kommission hatte die Herstellerfirma die vorliegenden Daten jedoch nur teilweise berücksichtigt: Flüge ohne Probleme mit den O-Ringen wurden ausgespart, weil sie angeblich keine Informationen über mögliche Temperatureffekte lieferten. Dalal et al. (1989) zeigen dagegen an Hand der Daten über den Zustand der O-Ringe aus allen 23 vorhergehenden Challenger-Flügen, daß ein Zusammenhang zwischen dem Versagen des O-Ringes und den Starttemperaturen besteht. Da es sich bei der abhängigen Variablen (Versagen des O-Ringes: ja, nein) um ein dichotomes Merkmal handelt, ist auch dies ein Beispiel kategorialer Datenanalyse.

1.1.2 Andere Abgrenzungskriterien

Die Unterscheidung in Variablen mit wenigen und vielen Ausprägungen ist nicht die einzige Möglichkeit, sozialwissenschaftliche Daten zu klassifizieren. Im folgenden werden daher einige andere, häufig verwendete Abgrenzungen angesprochen und ihr Verhältnis zu kategorialen Daten diskutiert.

Abhängige versus unabhängige Variablen

Die Inglehart'sche Theorie erklärt den Wertewandel mit Modernisierungsunterschieden und unterschiedlichen Sozialisationserfahrungen. In unserem ersten Beispiel bezeichnet man daher die Variable Region als *erklärende* Variable und die gemessene Wertorientierung als *zu erklärende* Variable. Wie wir gleich sehen werden, kann man den Zusammenhang zwischen diesen beiden Variablen auch in Form einer Gleichung der Art $y = \beta_0 + \beta_1 x$ zusammenfassen. Bei einer solchen mathematischen Abhängigkeitsbeziehung wird eine Variable (y) als Funktion der anderen (x) betrachtet, so daß ihre Werte bei Kenntnis der Werte der zweiten Variablen berechenbar sind. Dementsprechend spricht man von der *abhängigen* (y) und der *unabhängigen* Variablen (x). Anders ausgedrückt, man kann die y-Werte auf die Werte der zweiten Variablen (x) zurückführen. Daher wird eine solche Gleichung auch häufig als *Regressionsmodell* bezeichnet (lat. regredior, zurückgehen).

Regressionsmodelle setzen nicht voraus, daß die beiden betrachteten Variablen kausal verknüpft sind. Wenn man so will, sind Regressionsmodelle ein notwendiger, aber keineswegs ein hinreichender Schritt zur Aufdeckung von Kausalitäten. Bei der Formulierung eines Regressionsmodells geht es zunächst nur um die mathematische Beschreibung eines *statistischen* Zusammenhangs zweier Variablen. Um von „Erklärung" sprechen zu können, müssen diese Zusammenhänge theoretisch begründet und gegen mögliche Drittvariableneffekte abgesichert werden. Wir verwenden daher im folgenden häufig die vorsichtigere Bezeichnung mit den Begriffen „abhängige" und „unabhängige Variable". Damit sind also Variablen gemeint, die auf der linken (abhängige) bzw. rechten Seite (unabhängige) einer Regressionsgleichung stehen.

Dieses Buch beschäftigt sich mit Modellen für *kategoriale abhängige* Variablen. Für einige dieser Modelle müssen die *unabhängigen* Variablen ebenfalls kategorial sein, für andere können sie beliebig viele Kategorien haben. Wenn eine solche klare Trennung zwischen abhängiger Variable und unabhängigen Variablen existiert, dann spricht man von einer *asymmetrischen* Fragestellung. Diese Asymmetrie ist jedoch nicht bei allen Modellen für den Anwender oder die Anwenderin direkt erkennbar. Bei log-linearen Modellen werden beispielsweise ähnlich wie bei einem Chi-Quadrat-Unabhängigkeitstest alle untersuchten Variablen gleichberechtigt behandelt, um herauszufinden, welche Assoziationen zwischen ihnen berücksichtigt werden müssen, um die Verteilung der Häufigkeiten in der untersuchten Tabelle zu verstehen. Aus der Perspektive der Benutzer gibt es hier keine Trennung zwischen abhängiger Variable und unabhängigen Variablen. Für den Benutzer handelt es sich also um eine *symmetrische Fragestellung*. Log-lineare Modelle können jedoch problemlos in asymmetrische Modelle transformiert werden (sogenannte Effekt- oder Logitmodelle).

Die Unterscheidung nach Meßniveaus
Häufig werden sozialwissenschaftliche Daten nach dem Meßniveau der betrachteten Variablen unterschieden. Variablen, deren Ausprägungen keine theoretisch oder empirisch begründete Ordnung haben, deren Ausprägungen also lediglich verschiedenartige Untersuchungspersonen identifizieren sollen, bezeichnet man als *nominale* Variablen. Beispiele wären etwa das Geschlecht einer Person, der Wohnort, die Konfession oder die Parteizugehörigkeit. Anhand der Ausprägungen dieser Variablen kann man die Untersuchungspersonen zwar klassifizieren, nicht aber in eine Rangordnung bringen. Die numerische Größe der Zahlen, die man zur Kodierung der Ausprägungen verwenden kann, ist daher vollkommen nebensächlich, solange sichergestellt ist, daß jede Ausprägung einen anderen Zahlenkode erhält.

Viele Variablen haben geordnete Ausprägungen. Beispiele wären der Schulabschluß (Hauptschulabschluß, mittlere Reife, Hochschulreife), die Schichtzugehörigkeit (Unterschicht, Mittelschicht, Oberschicht), der Grad der Zustimmung zu einer Meinungsfrage (stimme voll und ganz zu, stimme eher zu, lehne eher ab, lehne voll und ganz ab) oder das Ausmaß finanzieller Einschränkungen (nie, etwas, sehr). Diese Variablen bezeichnet man als *ordinale* Variablen. Anhand der Ausprägungen kann man die Untersuchungspersonen ordnen – beispielsweise in Personen, die sich mehr einschränken als andere. Es ist jedoch unmöglich anzugeben, um wieviel diese Personen sich mehr einschränken als andere. Dementsprechend sollte auch die Kodierung gewählt werden: Die Zahlenkodes für die verschiedenen Ausprägungen sollten nicht nur verschieden sein, sondern auch die zugrundeliegende Rangordnung widerspiegeln. Allerdings sind ihre numerischen Abstände frei wählbar. Die drei Ausprägungen „nie", „etwas", „sehr" können also mit den Zahlen 1, 2 und 3, aber auch mit den Zahlen 0, 10 und 11 kodiert werden, weil beide Kodierungen die zugrundeliegende Rangordnung richtig wiedergeben.

Wenn man die numerischen Abstände zwischen den einzelnen Ausprägungen sinnvoll interpretieren kann, dann spricht man von einer *metrischen* Variablen. Einige der zugrundeliegenden Meßskalen haben einen absoluten Nullpunkt. Beispiele wären etwa das Einkommen in Mark und Pfennig, das Lebensalter in Jahren, die Beschäftigungsdauer in einem Job (gemessen in Tagen) usw. Bei anderen Meßskalen ist ein Nullpunkt nicht auf natürliche Weise gegeben, sondern definitorisch festgelegt. So z.B. bei den Temperaturskalen Celsius und Fahrenheit oder bei der Meßskala eines Intelligenztestes. Hat die Meßskala keinen absoluten Nullpunkt, spricht man von einer *Intervallskala*, ansonsten von einer *Verhältnisskala*. Wie die Namen andeuten, kann man im einen Fall lediglich Differenzen der Merkmalswerte analysieren, während man im anderen Fall auch zusätzlich ihren Quotienten betrachten kann. Diese Unterschiede können aber für unsere Zwecke vernachlässigt werden; sie beschränken lediglich den Umfang der zulässigen mathematischen Operationen. Wichtig ist die der jeweiligen Messung zugrundeliegende Metrik, die es uns erlaubt, das Ausmaß der gemessenen Eigenschaft zu quantifizieren. Dies ist bei nominalen und ordinalen Variablen nicht möglich, weshalb wir sie auch häufig als *nicht-metrische* Variablen bezeichnen (vgl. jedoch den übernächsten Abschnitt über quantitative und qualitative Variablen).

Wie bereits angedeutet, sind mit den Zahlenkodes je nach Meßniveau unterschiedliche mathematische Operationen möglich: vom Abzählen der Kategorien bei einer Nominalskala bis hin zur Berechnung von Quotienten bei Verhältnisskalen. Daraus ergibt sich eine Hierarchie der Meßniveaus mit Verhältnisskalen an oberster Stelle, gefolgt von Intervall-, Ordinal- und Nominalskalen. Statistische Methoden, die für ein Meßniveau geeignet sind, können auch für höhere Meßniveaus verwendet werden, nicht jedoch für niedrigere. Der Median ist beispielsweise für ordinale Variablen geeignet, kann aber auch bei intervallskalierten Variablen verwendet werden, indem man einfach nur die ordinale Information der Zahlenkodes benutzt und ihre Abstände vernachlässigt. Dagegen ist es nicht möglich, den Median für eine nominale Variable zu berechnen, weil in diesem Fall keine sinnvolle Rangordnung der Kodes existiert. Die Art und Weise, wie eine Eigenschaft gemessen wurde, bestimmt also die späteren Auswertungsmethoden.

Da sich dieses Buch mit Modellen für kategoriale abhängige Variablen beschäftigt, ist es im wesentlichen für die Analyse abhängiger Variablen mit nominalem oder ordinalem Meßniveau geeignet, weil Variablen mit nichtmetrischem Meßniveau in der Regel eine begrenzte Anzahl von Ausprägungen (Kategorien) haben. Metrische Variablen können nur dann als abhängige Variablen berücksichtigt werden, wenn sie ebenfalls nur wenige Ausprägungen besitzen. Das ist z.B. dann der Fall, wenn es sich um *Zählvariablen* handelt, die in der Praxis keine sehr hohen Werte annehmen können (z.B. Anzahl der Kinder, Anzahl der Mitbewohner, Anzahl der Wohnsitze usw.), oder wenn der Wertebereich der Variablen in eine begrenzte Anzahl von Intervallen zusammengefaßt wurde (*klassifizierte metrische* V.), wobei es keine Rolle spielt, ob die Klassifikation bereits bei der Datenerhebung (z.B. klassifizierte Einkommensangaben zur Wahrung des Datenschutzes) oder erst nachträglich nach Vorliegen der Daten vorgenommen wurde.

Für unabhängige Variablen gelten in unseren Modellen keinerlei Einschränkungen: Hier kann man nicht-metrische wie metrische Variablen gleichermaßen berücksichtigen.

Diskrete versus kontinuierliche Variablen
Die Unterscheidung zwischen diskreten und kontinuierlichen Variablen stammt aus der mathematischen Statistik, die sich mit der formalen Beschreibung (hypothetischer) Zufallsexperimente beschäftigt. Die Ergebnisse eines solchen Zufallsexperiments können quantifiziert und in einer sogenannten Zufallsvariablen zusammengefaßt werden (z.B. die Anzahl der Wappen beim zweimaligen Werfen einer Münze). Zufallsvariablen, die nur endlich viele oder abzählbar unendlich viele Ausprägungen haben, werden als *diskrete* Zufallsvariablen bezeichnet. Zur Benennung ihrer Ausprägungen genügt die Menge der natürlichen Zahlen. Im Gegensatz dazu spricht man von *kontinuierlichen* Zufallsvariablen, wenn zumindest in einem bestimmten Bereich der reellen Zahlen jeder beliebige Zahlenwert auftreten kann. Für diese (und andere) Zufallsvariablen hat die mathematische Statistik verschiedene Verteilungsmodelle entwickelt, die wir benutzen können, um den stochastischen Charakter realer Phänomene zu beschreiben (z.B. empirische Messungen im Rahmen einer Stichprobenerhebung).

Bei der Übertragung dieser Unterscheidung auf reale Daten ist auf den ersten Blick etwas irritierend, daß empirische Messungen kontinuierlicher Eigenschaften immer diskrete Meßwerte ergeben, auch wenn es im Einzelfall sehr viele unterschiedliche Meßwerte sind. Z.B. wird das Lebensalter häufig in Jahren gemessen; das ist aber eine diskrete Zeiteinheit. Daran würde auch eine feinere Messung – z.B. in Sekunden – nichts Prinzipielles ändern. Das gleiche gilt für Messungen der Körpergröße oder der Intelligenz. Die Maßeinheiten (Zentimeter, Testpunkte) sind ebenfalls diskreter Natur. Dennoch ist es unter theoretischen und statistischen Gesichtspunkten sinnvoll, diese (diskreten Meß-)Größen als kontinuierliche Zufallsvariablen zu modellieren. Immerhin ist jede Ausprägung der zugrundeliegenden (kontinuierlichen) Eigenschaft prinzipiell beobachtbar; daß wir sie nur in diskreten Maßeinheiten messen können, liegt lediglich an der Ungenauigkeit unserer Meßinstrumente. Außerdem ist es häufig sehr ineffizient, die Verteilung einer Variablen mit vielen Ausprägungen mit einem Verteilungsmodell für diskrete Zufallsvariablen zu beschreiben.

Dieses Buch beschäftigt sich mit kategorialen abhängigen Variablen: Variablen also, die eine begrenzte Anzahl von Ausprägungen haben. Mit Blick auf die zwei Klassen von Zufallsvariablen der mathematischen Statistik kann man nun auch sagen, daß das Buch die Analyse verschiedener, diskret gemessener abhängiger Variablen behandelt: a) nominale Variablen, b) ordinale Variablen, c) diskrete metrische Variablen mit begrenzter Anzahl von Ausprägungen (die o.g. Zählvariablen) und d) kontinuierliche metrische Variablen, deren Ausprägungen zu einer begrenzten Anzahl von Klassen zusammengefaßt wurden. Die Unterscheidung zwischen diskreten und kontinuierlichen Zufallsvariablen ist insofern von Bedeutung, als damit auch gleichzeitig festgelegt ist, auf welche Verteilungsmodelle wir hier im wesentlichen zurückgreifen werden. Es sind dies die Verteilungsmodelle für diskrete Zufallsvariablen: konkret die Binomial-, die (Produkt-)Multinomial- und die Poisson-Verteilung.

Quantitative versus qualitative Variablen
Die Unterscheidung zwischen quantitativen und qualitativen Variablen hat nichts mit der Unterscheidung zwischen quantitativer und qualitativer Sozialforschung zu tun. Wir wollen damit ausdrücken, ob eine Variable entweder qualitativ verschiedene Eigenschaften oder das Ausmaß einer Eigenschaft erfaßt. Nominale Variablen werden danach als *qualitative* Merkmale bezeichnet, weil ihre Ausprägungen qualitativ verschiedene Eigenschaften kennzeichnen. Metrische Variablen sind dagegen *quantitative* Merkmale, weil ihre Ausprägungen das Ausmaß (die Quantität) einer bestimmten Eigenschaft messen.

Bei dieser Unterscheidung ist die Einordnung ordinaler Variablen nicht ganz eindeutig. In vielen Fällen werden sie wie qualitative Variablen behandelt. Andererseits haben sie gewisse Ähnlichkeiten mit quantitativen Variablen, insofern die jeweils ranghöheren Ausprägungen darauf hinweisen, daß die gemessene Eigenschaft in größerem *Ausmaß* vorliegt. Für die statistische Modellierung wäre es notwendig, diese Größenunterschiede durch Ungleichheitsrelationen abzubilden. Hierzu gibt es aber zum augenblicklichen Zeitpunkt relativ wenige fertig ausgebildete Verfahren.

Man behilft sich daher häufig mit folgender Überlegung: Angenommen, es liegt der ordinalen Messung eine metrische Eigenschaft zugrunde, dann läßt sich die ordinale Variable als eine sehr grobe Messung dieser Eigenschaft interpretieren. Praktisch funktioniert dieses Verfahren entweder so, daß man zur Modellierung ordinaler Variablen eine kontinuierliche Verteilungsfunktion unterstellt (meistens die Normalverteilung) oder daß man den Ausprägungen ordinaler Variablen Zahlenkodes zuweist, die das Ausmaß der zugrundeliegenden Eigenschaft näherungsweise erfassen. Die Ergebnisse hängen natürlich stark von der verwendeten Verteilungsfunktion bzw. den gewählten Zahlenkodes ab. Ob die Annahme einer zugrundeliegenden metrischen Eigenschaft überhaupt angemessen ist, muß von Fall zu Fall begründet werden.

Dieses Buch behandelt kategoriale Daten. Dabei kann es sich um qualitative oder quantitative Variablen handeln, vorausgesetzt letztere haben, wenn sie als abhängige Variablen verwendet werden, nicht zu viele Ausprägungen. Die in den folgenden Kapiteln vorgestellten statistischen Verfahren können ohne Probleme sowohl qualitativ verschiedene Eigenschaften als auch Quantitäten modellieren, nur die Behandlung ordinaler Variablen ist, wie bereits angedeutet, zur Zeit noch nicht befriedigend gelöst.

Manifeste versus latente Variablen
Eine letzte Unterscheidung ist die zwischen manifesten und latenten Variablen. Erinnern wir uns dazu noch einmal an das vierte Beispiel mit den unterschiedlichen Aufgaben des Staates. Die vier ausgewählten Items fungierten als Indikatoren für nicht direkt beobachtbare Einstellungen (Wohlfahrtsansprüche) der Bürger gegenüber ihrem Staat. Im Gegensatz zur zugrundeliegenden Einstellung können sie mittels Befragung gemessen werden. Man bezeichnet solche direkt beobachteten Variablen als *manifeste* Variablen. Variablen, die nicht direkt beobachtet werden können, bezeichnet man dagegen als *latente* Variablen. Im Rahmen eines Meßmodells repräsentieren sie die zugrundeliegende Einstellung. Ein *Meßmodell* ist eine formale Beschreibung der Annahmen, die der Messung eines oder mehrerer theoretischer Konstrukte (z.B. verschiedener Einstellungen) zugrundeliegen. Die Anwortverteilungen für die manifesten Variablen werden dabei als Ergebnis der Verteilungen der latenten Variablen betrachtet, allerdings nicht im Sinne einer deterministischen Abhängigkeit, sondern im Sinne einer stochastischen Beziehung, die Raum für die unterschiedliche Zuverlässigkeit der Indikatoren läßt.

Eines der ältesten und meistverwendeten Meßmodelle ist das der Faktorenanalyse. Es setzt voraus, daß alle (latenten und manifesten) Variablen metrisches Skalenniveau haben. Im allgemeinen Fall können jedoch latente Variablen unterschiedliche Meßniveaus haben, und sie können mit manifesten Variablen unterschiedlichen Meßniveaus beliebig kombiniert werden. Da es sich hier um ein Buch über kategoriale Daten handelt, beschränken wir uns auf die Analyse latenter Variablen mit wenigen Ausprägungen. Wie zuvor die manifesten kategorialen Variablen können auch latente kategoriale Variablen nominales, ordinales oder metrisches Meßniveau haben, vorausgesetzt, im letzten Fall liegen nur wenige Ausprägungen vor. Anhand der (wenigen) Ausprägungen der latenten Variablen kann man die Untersuchungspopulation quasi in mehrere *latente Klassen* unterteilen (z.B. Befürworter und Gegner umfassender Staatsaufgaben oder Materialisten und Postmaterialisten). Handelt es sich bei den manifesten Variablen ebenfalls um kategoriale Variablen, ergibt sich das Meßmodell der latenten Klassenanalyse, das auf Lazarsfeld zurückgeht.

1.1.3 Tabellen versus Individualdaten

In den folgenden Kapiteln dieses Buches werden wir neben den o.g. Beispielen noch andere Daten aus sozialwissenschaftlichen Untersuchungen verwenden, um unsere Ausführungen zu illustrieren. Dadurch wird hoffentlich deutlich, daß die hier besprochenen Methoden bei der Überprüfung substantieller Forschungsfragen wertvolle Erkenntnisse liefern können. Allen Lesern und Leserinnen raten wir, ihr Wissen anhand eigener Datenanalysen auszuprobieren. Wie die obigen Beispiele zeigen, ist dazu nicht notwendigerweise ein eigener oder ein von einem Datenarchiv erworbener Datensatz notwendig, denn kategoriale Daten können aufgrund der begrenzten Anzahl von Ausprägungen häufig als *Tabellen* dargestellt werden und sind in dieser Form in vielen Quellen abgedruckt. Wir haben unsere Beispiele sowohl aus Archivdaten als auch aus statistischen Tabellenwerken und eigenen Untersuchungen entnommen. Häufig findet man auch Tabellen in sozialwissenschaftlichen Zeitschriften abgedruckt. Gerade die Sekundäranalyse solcher empirischer Aufsätze ist eine vorzügliche Gelegenheit, die Verbindung von theoretischen Fragestellungen und konkreten Datenanalysen besser kennenzulernen.

Ganz anders stellt sich die Situation dar, wenn mindestens eines der betrachteten Merkmale sehr viele Ausprägungen hat. Wie unser drittes Beispiel zeigt (vgl. Tabelle 1.3), kann man in diesem Fall nicht mehr mehrere Individuen in einer (Tabellen-) Zelle zusammenfassen, da aufgrund der vielen Ausprägungen allenfalls zwei oder drei gleiche Altersangaben auftreten. Natürlich könnte man die Daten in Form einer Tabelle darstellen, jedoch wird diese Tabelle so viele Zeilen haben, wie unterschiedliche Altersangaben auftreten, und diese Zahl entspricht im Extremfall dem Stichprobenumfang. Wir haben daher gleich die Form einer Daten*liste* als Darstellung gewählt. Zusammenfassend läßt sich also feststellen: Wenn alle untersuchten Merkmale wenige Ausprägungen haben, wenn es sich also ausschließlich um kategoriale Daten handelt, dann können die Daten ohne Informationsverlust in *aggregierter Form* als Tabellen dargestellt werden. Hat dagegen mindestens ein Merkmal viele Ausprägungen, ist es in der Regel notwendig, auf die entsprechenden *Individual-* oder *Mikrodaten* zurückzugreifen.

1.1.4 Modelle für kategoriale Daten im Überblick

Wie eingangs erwähnt, sollen in diesem Buch vier Ansätze zur Sprache kommen: der GSK-Ansatz, log-lineare Modelle, die Analyse latenter Klassen sowie die logistische Regression. Wir beschränken uns damit auf die in der Forschungspraxis am häufigsten vorkommenden Modelle und lassen beispielsweise den informationstheoretischen Ansatz von Gokhale und Kullback (1978) oder explorative Verfahren wie die Korrespondenzanalyse (Greenacre 1984, 1993) außer acht. Unter statistischen Gesichtspunkten unterscheiden sich unsere vier Ansätze zum einen durch das jeweils verwendete Schätzverfahren und zum anderen durch die funktionale Form des zugrundegelegten Regressionsmodells. Der GSK-Ansatz verwendet gewichtete Kleinste-Quadrate-Schätzungen (engl. weighted least squares, kurz: WLS), wobei die funktionale Form des Regressionsmodells relativ offen gehalten ist. Es sind additive, multiplikative und andere Abhängigkeiten zugelassen. Die drei anderen Ansätze verwenden Maximum-Likelihood-Schätzungen (kurz: ML) und setzen multiplikative Regressionsmodelle voraus. Im folgenden Abschnitt 1.2 werden wir versuchen, einen ersten Eindruck davon zu vermitteln, was man sich unter den verschiedenen Schätzverfahren und Regressionsmodellen vorzustellen hat. Für den Anwender ohne statistische Vorkenntnisse bietet diese Unterscheidung jedoch keine Orientierung. Welche anderen, eher anwendungsbezogenen Auswahlkriterien gibt es daher für die vier Ansätze? Wir greifen dazu auf die zuvor beschriebenen Abgrenzungskriterien zurück (vgl. auch Abbildung 1.1, in der die wesentlichen Auswahlkriterien in Form eines Entscheidungsbaums zusammengefaßt sind).

In der Statistik-Grundausbildung lernt man in der Regel, daß der Einsatz statistischer Methoden u.a. davon abhängt, welche mathematischen Operationen mit den kodierten Informationen sinnvoll sind. Das *Meßniveau* ist daher ein häufig verwendetes Einteilungskriterium multivariater Analyseverfahren. Die klassischen Regressionsverfahren (*multiple Regression, Varianz-, Kovarianzanalyse*) sind z.B. Methoden zur Analyse einer abhängigen metrischen Variablen. Hat diese metrische abhängige Variable nur wenige Ausprägungen, dann rechnen wir sie, wie beschrieben, zu den kategorialen Variablen. Kategoriale metrische Variablen sowie nominale und ordinale Variablen können mit allen vier Ansätzen gleichermaßen gut untersucht werden, wobei Modelle für ordinale Variablen nur unzureichend ausgearbeitet sind (und zwar in allen vier Ansätzen). Das Meßniveau liefert also keine weiteren Auswahlkriterien. Positiv ausgedrückt könnte man sagen, das Meßniveau ist keine wesentliche Beschränkung der hier diskutierten Ansätze.

Ein erstes Unterscheidungskriterium liefert aber die Frage, ob die Daten als Tabelle oder als Individualdaten vorliegen. Letzteres ist immer dann der Fall, wenn mindestens eine der betrachteten Variablen viele Ausprägungen hat, also keine kategoriale Variable ist. Solche Variablen können nur als unabhängige

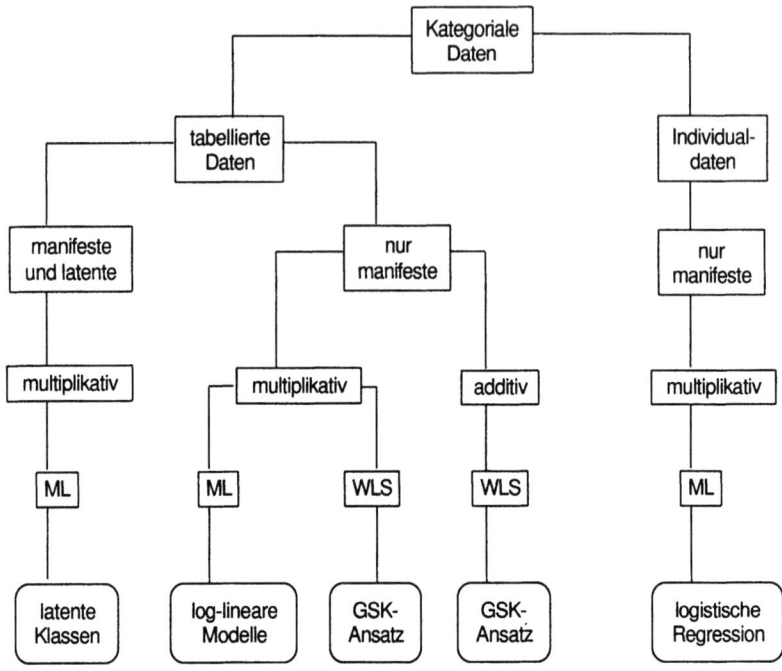

Abbildung 1.1: Modelle zur Analyse kategorialer Daten

metrische Variablen in der Analyse berücksichtigt werden (vgl. die Variable Alter in unserem dritten Beispiel). Immer dann, wenn man solche *Individualdaten* analysieren möchte bzw. wenn man eine oder mehrere unabhängige metrische Variablen mit vielen Ausprägungen berücksichtigen möchte, ist man auf *logistische Regressionsmodelle* angewiesen. Die anderen drei Ansätze sind dagegen eher für tabellierte Daten geeignet, also für Datenkonstellationen, in denen ausschließlich kategoriale Variablen vorliegen. Deshalb werden sie auch häufig als Modelle zur Analyse von *Kontingenztabellen* bezeichnet.

Natürlich können logistische Regressionsmodelle (kurz: Logitmodelle) auch zur Analyse tabellierter Daten verwendet werden. In diesem Fall ist jedoch das Logitmodell ein Spezialfall des log-linearen Modells. Konkret wird ein log-lineares Modell, das zunächst keine Trennung der Daten in abhängige und unabhängige Variablen kennt, so umgeformt, daß eine der analysierten Variablen als abhängige erscheint. Die Parameterschätzungen des Logitmodells lassen sich dann aus den Schätzungen des log-linearen Modells berechnen.

Sind alle betrachteten Variablen kategorial, hat man offensichtlich die breiteste Auswahl. Wie lassen sich also die drei Ansätze zur Analyse von Kontingenztabellen weiter differenzieren? Ein Unterscheidungsmerkmal, das auf der

Hand liegt, ist die Unterscheidung zwischen latenten und manifesten Variablen. Immer dann, wenn man *Meßmodelle* mit latenten und manifesten Variablen für kategoriale Daten überprüfen möchte, muß man auf das Lazarsfeld'sche Modell *latenter Klassen* zurückgreifen, welches sich im übrigen als Erweiterung eines log-lineares Modell mit latenten Variablen reformulieren läßt. Der GSK-Ansatz operiert dagegen wie auch einfache log-lineare Modelle ausschließlich auf der Ebene manifester Variablen.

Vorausgesetzt, man betrachtet also ausschließlich manifeste kategoriale Variablen, dann muß man sich zwischen *log-linearen Modellen* einerseits und dem *GSK-Ansatz* andererseits entscheiden. Unter praktischen Gesichtspunkten unterscheiden sich die beiden Ansätze nicht wesentlich. Die meisten Auswertungsprobleme lassen sich sowohl mit dem GSK-Ansatz als auch mit log-linearen Modellen lösen. Für den GSK-Ansatz wird häufig ins Feld geführt, daß er relativ beliebige Regressionsfunktionen mit einem numerisch sehr einfachen und robusten Schätzverfahren (WLS) analysieren kann. Dieses Schätzverfahren setzt allerdings voraus, daß die Daten einen gewissen Mindestumfang haben. Ähnlich strikte Mindestanforderungen an den Stichprobenumfang gibt es bei ML-Schätzungen, auf denen log-lineare Modelle aufbauen, jedoch nicht, und der Einwand, daß ML-Schätzungen in der Regel iterativ bestimmt werden müssen, ist heutzutage, wo leistungsfähige Computer allgemein zugänglich sind, nicht mehr relevant. Auf der anderen Seite wird aber gerade von Anwendern immer wieder beklagt, wie schwierig es sei, die multiplikativen Regressionsfunktionen log-linearer Modelle anschaulich zu interpretieren. Wir hoffen jedoch, mit diesem Buch zu zeigen, daß die Interpretation log-linearer Modelle keine besondere Schwierigkeit darstellt, wenn man bereit ist, in Größenverhältnissen statt in Größendifferenzen zu denken.

Unter statistischen Gesichtspunkten sind alle diese Unterschiede jedoch oberflächlicher Natur. Einige meinen sogar, daß sie mehr Verwirrung stiften, als daß sie die wirklichen Unterschiede zwischen beiden Ansätzen deutlich machen. Abschließend wollen wir daher noch einmal kurz auf die eingangs angesprochenen statistischen „Unterschiede" zu sprechen kommen. Offensichtlich kann man verschiedene Regressionsfunktionen (additive, multiplikative, andere) und Schätzverfahren (WLS, ML) verwenden. Die Wahl einer bestimmten funktionalen Form bzw. eines bestimmten Schätzverfahrens hat je nach Anwendung bestimmte Vor- und Nachteile. Beide Schätzverfahren liefern unter statistischen Gesichtspunkten bei großen Stichproben äquivalente Ergebnisse. Bei WLS-Schätzungen dürfen jedoch keine Nullzellen in der Tabelle vorkommen. Bei Verwendung einer additiven Regressionsfunktion sind weiterhin unzulässige Prognosen nicht ausgeschlossen (z.B. Wahrscheinlichkeiten kleiner 0 oder größer 1). Wenn zudem die abhängige Variable sehr schief verteilt ist, dann kommen Unterschiede in den einzelnen Subgruppen kaum zur Geltung. Da log-lineare Modelle multiplikative Regressionsfunktionen und ML-Schätzungen verwenden, treffen diese Nachteile hier nicht zu. Sie gelten jedoch für den GSK-Ansatz, der auf WLS-Schätzungen beruht, insbesondere wenn dort additive Regressionsfunktionen verwendet werden.

1.1.5 Notation

Wie immer bei statistischen Lehrbüchern ist eine bestimmte formale Schreibweise notwendig, um die wesentlichen Definitionen und Ableitungen darzustellen. Leider hat jeder der von uns ausgewählten Ansätze eine eigene Tradition und dabei jeweils eine ganz spezifische Notation entwickelt. Wir haben dennoch versucht, in diesem Buch eine möglichst einheitliche Notation zu verwenden, die sich weitgehend an der von Goodman für log-lineare Modelle verwendeten Schreibweise orientiert. Die Einzelheiten dieser Notation werden in den folgenden Kapiteln deutlich werden. Außerdem haben wir die wesentlichen Symbole in einem Glossar am Ende dieses Buches zusammengefaßt. Einige allgemeine Hinweise wollen wir jedoch schon vorab in diesem Einleitungskapitel geben.

In Gleichungen werden wir die untersuchten Variablen nicht mit ihrem Namen, sondern mit einem Symbol bezeichnen. Dabei werden wir die Buchstaben zu Beginn des Alphabets (A, B, C, D usw.) in Großschreibweise verwenden, um kategoriale Variablen zu bezeichnen. Für metrische Variablen mit vielen Ausprägungen verwenden wir die Buchstaben am Ende des Alphabets (x, y, z) in Kleinschreibweise. Dabei wird y in der Regel für die abhängige Variable und x und z für die unabhängigen Variablen verwendet. Treten mehr als zwei unabhängige Variablen auf, werden sie mit einem fortlaufenden Index versehen: x_1, x_2, x_3 usw. Eine kleine Abweichung von dieser Regel gilt für latente kategoriale Variablen, für die wir ebenfalls die Buchstaben am Ende des Alphabets verwenden. Zur besseren Unterscheidung werden wir in diesem Fall X, Y und Z groß schreiben.

Alle vier Ansätze kategorialer Datenanalyse modellieren entweder die Häufigkeit oder den Anteil, mit dem bestimmte Ausprägungen oder Kombinationen von Ausprägungen der kategorialen Variablen vorkommen. Häufigkeiten bezeichnen wir mit f (engl. frequency) und Anteile mit p. Handelt es sich um die Häufigkeit oder den Anteil einer bestimmten Ausprägungskombination, dann werden die entsprechenden Variablen mit ihren Ausprägungen als hoch- bzw. tiefgestellte Indizes hinter dem f oder p aufgeführt. Betrachten wir dazu als Beispiel die einzige dreistellige Häufigkeit in Tabelle 1.2: 127 Personen sind alt (A = 2), haben eine Konfession (B = 1), präferieren die CDU/CSU (C = 3) und gehen zur Wahl (D = 1). Diese Häufigkeit bezeichnen wir mit $f^{ABCD}_{2131} = 127$. Einen tiefgestellten Index bezeichnen wir der Kürze halber schlicht als *Index* (engl. subscript). Für einen hochgestellten Index verwenden wir mangels einer besseren deutschsprachigen Alternative den englischen Begriff *Superskript*.

1.2 Analyse kategorialer Daten

In diesem Abschnitt wollen wir zeigen, welche wesentlichen Auswertungsschritte in allen Analysen mit kategorialen Daten notwendig sind, unabhängig davon, ob man eine log-lineare Analyse, eine logistische Regression oder ein GSK-Modell verwenden möchte. Wie wir gesehen haben, liegen kategoriale Daten entweder in Form von Tabellen oder in Form einer Datenliste vor. In der statistischen Grundausbildung lernt man einfache Techniken der Tabellen- und Regressionsanalyse. Wahrscheinlich ist es am besten, wenn wir wieder mit ein paar Beispielen beginnen und diese grundlegenden Techniken auf unsere Daten anwenden, um zu sehen, wie sie für eine vollständige kategoriale Datenanalyse erweitert werden müssen.

1.2.1 Einfache deskriptive Techniken

Beispiel 6: Prozentsatzdifferenzen

Betrachten wir zunächst die Daten in Tabelle 1.1: Die Inglehart'sche Modernisierungshypothese läßt sich dadurch überprüfen, daß man den Anteil der Postmaterialisten in West- und Ostdeutschland miteinander vergleicht. Die Differenz der beiden Anteilswerte 0,315 und 0,146 beträgt 0,169. In Prozentpunkten ausgedrückt ($100 \times 0,169 = 16,9$) wird dieser Unterschied als *Prozentsatzdifferenz d%* bezeichnet (man beachte die Bezeichnung Prozent*punkte*, denn es wird die schlichte Differenz der prozentualen Anteile betrachtet und nicht der prozentuale Unterschied zwischen 0,315 und 0,146; letzteres entspräche dem *Verhältnis* der beiden Werte: $100 \times 0,315/0,146 = 216,1$). Die Prozentsatzdifferenz ist eine leicht zu berechnende Maßzahl, um den Effekt einer kategorialen unabhängigen Variablen, in diesem Fall den Effekt der Variablen Region, auf eine abhängige Variable, die Variable Wertorientierung, zu messen. Je mehr die Prozentsatzdifferenz von dem Wert Null abweicht, um so größer ist der statistische Zusammenhang zwischen den beiden Variablen. Umgekehrt bedeutet eine Prozentsatzdifferenz von null, daß beide Variablen statistisch voneinander unabhängig sind und daß Inglehart's Hypothese, zumindest in diesen Daten, nicht bestätigt wird.

Beispiel 7: Odds und Odds Ratios

Durkheim beschäftigte sich mit dem Problem sozialer Integration bzw. mit den Auswirkungen mangelnder sozialer Integration auf die Selbstmordraten innerhalb einer Gesellschaft und zwischen verschiedenen Gesellschaften. Nach seiner Theorie wirken gemeinschaftsfördernde Organisationen und Institutionen wie etwa die Religion oder die Familie diesen selbstzerstörerischen Bestrebungen des Menschen entgegen. Dementsprechend hat er die Selbstmordraten lediger und verheirateter Personen miteinander verglichen. Betrachten wir dazu die Daten in Tabelle 1.5: Berechnet man hier ähnlich wie für Beispiel 6 eine Prozentsatzdifferenz zwischen ledigen und verheirateten Männern (vorher Selbstmorde pro 1 Million umrechnen in Selbstmorde pro 100 Einwohner!), dann sind die Unterschiede nur marginal. Je nach Altersgruppe beträgt d% zwischen 0,01 und 0,13 Prozentpunkte. Der Grund für diese geringfügigen Unterschiede ist das relativ seltene Ereignis Selbstmord.

In diesem Fall, der beispielsweise in der Biomedizin, aber nicht nur dort, relativ häufig auftritt, gibt es mehrere Auswege: Einer besteht darin, daß man nicht in Prozent, sondern in Promille oder noch kleineren Einheiten rechnet (nicht ohne Grund sind die Selbstmordzahlen in der Tabelle pro 1 Million Einwohner ausgewiesen). Ein anderer Weg – und um den geht es uns hier – betrachtet Wahrscheinlichkeiten und *Verhältnisse* von Wahrscheinlichkeiten statt prozentuale Anteile und *Differenzen* von Anteilswerten. Die Wahrscheinlichkeit der 20–25jährigen, ledigen Männer, an einem Selbstmord zu sterben, beträgt $237/10^6$. Die (Gegen-)Wahrscheinlichkeit, nicht an einem Selbstmord zu sterben, beträgt umgekehrt $1 - 237/10^6 = 999763/10^6$. Offensichtlich ist die Wahrscheinlichkeit, eher durch einen Selbstmord als durch eine andere Ursache umzukommen, sehr gering: Das entsprechende Verhältnis der beiden Wahrscheinlichkeiten beträgt nur $(237/10^6)/(999763/10^6) = 237/999763 = 0,0002371$. Das *Verhältnis* zweier Wahrscheinlichkeiten bezeichnet man im Englischen als *Odds*. Dieser Ausdruck läßt sich nur schlecht übersetzen (odds, engl. Wette). Mangels eines guten deutschen Fachausdruckes werden wir ihn daher unübersetzt übernehmen, obwohl das Wort für deutsche Ohren vielleicht etwas kurios klingt. Odds kürzen wir mit dem Symbol ω ab.

$\omega_\ell = 0,0002371$ sind also die Odds der ledigen Männer (daher der Index ℓ) im Alter von 20 bis 25 Jahren. Die Odds der verheirateten Männer (Index v) der gleichen Altersgruppe betragen dagegen $\omega_v = 0,0000970$. Die schlichte Differenz dieser beiden Odds ist ebenfalls sehr gering, damit wäre also gegenüber Prozentsatzdifferenzen nichts gewonnen. Man betrachtet daher wieder das *Verhältnis der beiden Odds* (engl. odds ratio): $\alpha_{\ell/v} = \omega_\ell/\omega_v = 0,0002371/0,0000970 = (237/999763)/(97/999903) = 2,44$. Auch hier wollen wir mangels besserer Alternative den englischen Fachausdruck *Odds Ratio* übernehmen und das Ergebnis mit dem Symbol α bezeichnen (nicht zu verwechseln mit dem Signifikanzniveau, das wir ebenfalls mit α bezeichnen). Die Wahrscheinlichkeit, eher durch einen Selbstmord als durch eine andere Ursache umzukommen, ist also in der Altersgruppe 20–25 Jahre bei den ledigen Männern 2,44 mal größer als bei den verheirateten Männern. Ähnlich hohe Werte zwischen 2,04 und 3,23 zeigen sich auch für die anderen Altersgruppen (vgl. Tabelle 1.5). Durkheim's Hypothese wird damit durch die Daten gestützt. Wären die Odds lediger und verheirateter Männer in den verschiedenen Altersgruppen jeweils gleich, würden sich also die Selbstmordrisiken lediger und verheirateter Männer nicht unterscheiden, dann wären die Odds Ratios jeweils gleich eins. Je mehr die Odds Ratios von dem Wert Eins abweichen, um so größer ist der statistische Zusammenhang zwischen den beiden Variablen Familienstatus und Selbstmord.

Verhältnisse von Odds (Odds Ratios) sind besonders gut geeignet, wenn sehr seltene Ausprägungen miteinander verglichen werden – wie in diesem Fall, bei dem die Prozentsatz*differenzen* nur marginale Unterschiede zeigen. Natürlich können Odds und Odds Ratios auch bei weniger schief verteilten Datenkonstellationen verwendet werden: So ergibt sich z.B. für Beispiel 1, daß die Wahrscheinlichkeit, eher postmaterialistische als andere Einstellungen zu haben, in Westdeutschland 2,69 mal größer ist als in Ostdeutschland (2,69 = (943/2053)/(142/833), vgl. Tabelle 1.1). Aus dem Vergleich der mit d% und α überschriebenen Spalten in Tabelle 1.5 erkennt man aber auch, daß die beiden Konzepte – Differenzen einerseits und Verhältnisse andererseits – unterschiedliche Trends liefern: Während die Prozentsatzdifferenzen über alle Altersgruppen hin zunehmen (ausgenommen die letzte), sind die Odds Ratios zumindest für die mittleren Altersgruppen von 30 bis 80 Jahren weitgehend konstant. Das weist darauf hin, daß die Wahl des einen oder anderen Assoziationsmaßes durchaus inhaltliche Konsequenzen haben kann.

Beispiel 8: Bivariate Regression
Prozentsatzdifferenzen und Odds Ratios sind vorzügliche Assoziationsmaße für kategoriale Daten in Tabellenform. Bei Individualdaten wie in Tabelle 1.3 sind sie jedoch nicht besonders sinnvoll. Wenn wir den beiden Ausprägungen der Variablen Wahlbeteilung die Kodes 1 (ja) und 0 (nein) zuordnen, dann können wir den Zusammenhang zwischen Alter und Wahlbeteiligung wie in Abbildung 1.2 graphisch darstellen. Die (N = 4) Personen, die sich nicht an der Wahl beteiligen (y = 0), sind eher jüngeren Alters. Bei den Personen, die sich an der Wahl beteiligen (y = 1), gibt es dagegen neben jüngeren Personen vor allem viele ältere (20 von 27 sind älter als 40 Jahre). Anders ausgedrückt, die Abbildung legt die Annahme nahe, daß die Wahrscheinlichkeit der Wahlbeteiligung mit dem Alter zunimmt.

Wenn man der Auffassung ist, daß diese Wahrscheinlichkeit mit jedem Lebensjahr um den gleichen Betrag β_1 zunimmt (vgl. die Gerade in Abbildung 1.2), dann kann man diese Annahme mit einer einfachen (bivariaten) *Regression* $\hat{y} = \beta_0 + \beta_1 x$ quantifizieren. In dieser Regressionsgleichung ist $\hat{y}$ die vorhergesagte Wahlbeteiligung und x das Lebensalter in Jahren. Die Regressionskonstante β_0 und das Regressionsgewicht β_1 (allgemein: die Regressionskoeffizienten) können mit der Methode der kleinsten Quadrate berechnet werden:

$$\hat{\beta}_0 = \frac{\Sigma y_i}{N} - \hat{\beta}_1 \frac{\Sigma x_i}{N}, \qquad \hat{\beta}_1 = \frac{N\Sigma x_i y_i - \Sigma x_i \Sigma y_i}{N\Sigma x_i^2 - (\Sigma x_i)^2}, \qquad i = 1,\ldots,N$$

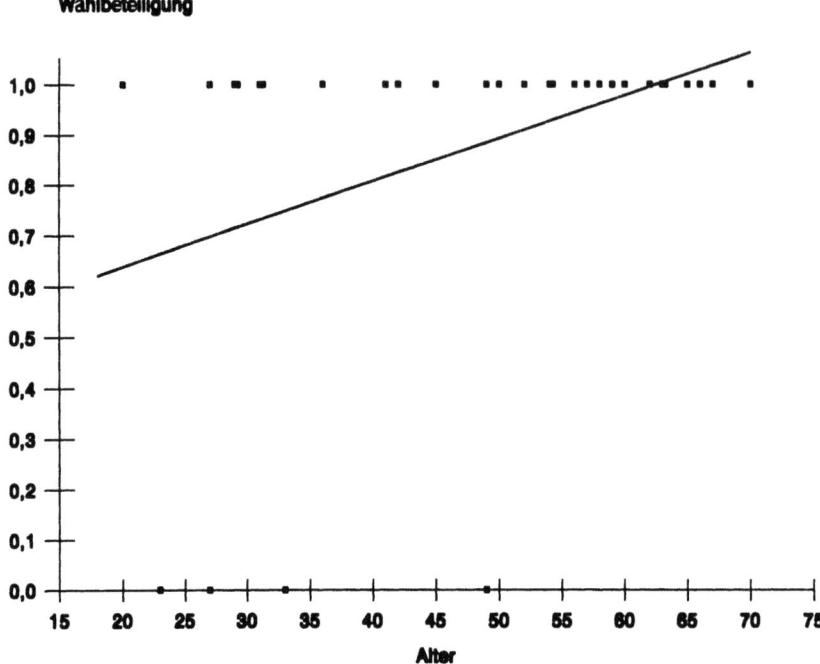

Quelle: Tabelle 1.3, OLS-Schätzung.

Abbildung 1.2: Lineare Regression der Wahlbeteiligung auf das Alter

Für die N = 31 FDP-Anhänger aus Tabelle 1.3 ergeben sich die Werte $\hat{\beta}_0$ = 0,4681 und $\hat{\beta}_1$ = 0,0085. Mit der Regressionsgleichung kann man nun Vorhersagen für beliebige Altersangaben machen. Für einen 30-jährigen FDP-Anhänger wird beispielsweise ein Wert von 0,7231 (= 0,4681 + 0,0085 × 30) vorhergesagt, d.h., die Wahrscheinlichkeit, daß sich ein 30-jähriger FDP-Anhänger unserer Stichprobe an der Wahl beteiligt, beträgt nach den Annahmen dieser linearen Regression ca. 72%. Mit jedem Lebensjahr nimmt diese Wahrscheinlichkeit um 0,0085 oder 0,85 Prozentpunkte zu. Ein 60-jähriger beteiligt sich danach mit fast 100%iger Wahrscheinlichkeit (genau: 97,81%).

Offene Fragen

Soweit ein paar einfache Techniken, die wahrscheinlich allen noch aus der statistischen Grundausbildung bekannt sind. Sie lassen sich leicht und ohne größeren mathematischen Aufwand anwenden, lassen aber eine ganze Menge von Fragen offen. Am wichtigsten ist vielleicht, daß es sich um *deskriptive Techniken* handelt, die nicht systematisch zwischen der vorliegenden Stichprobe und der Population unterscheiden, auf die sich die Aussagen der jeweiligen Theorie beziehen.

In den meisten Fällen wird man sich aus praktischen Gründen auf eine *Stichprobe* beschränken, nicht zuletzt, weil moderne sozialwissenschaftliche Umfragen die Erfassung von mehreren Hundert Variablen beinhalten, während eine Totalerhebung aus Zeit- und Kostengründen immer nur wenige Merkmale erfassen kann. Wenn eine solche Stichprobe nach einem Zufallsmechanismus ausgewählt wird, dann lassen sich mit den Mitteln der Inferenzstatistik Aussagen über die *Population* (Grundgesamtheit) insgesamt machen, aus der die Stichprobe ausgewählt wurde. Da sie nicht auf allen, sondern auf einer Auswahl von Untersuchungseinheiten beruht, sind diese Aussagen natürlich nicht 100%ig sicher, aber der (durchschnittliche) *Stichprobenfehler* läßt sich mit den Mitteln der Inferenzstatistik quantifizieren. Bezogen auf das Postmaterialismus-Beispiel (Beispiel 6) würde das bedeuten, daß man angibt, mit welcher Wahrscheinlichkeit postmaterialistische Orientierungen um 16,9 Prozentpunkte zwischen der West- und und Ost-Stichprobe differieren, wenn bestimmte Unterschiede in den Wertorientierungen der beiden Populationen (West- und Ostdeutschland insgesamt) angenommen werden können. Möglicherweise beträgt der *tatsächliche* Unterschied ja nur 5 Prozentpunkte, und der *beobachtete* Unterschied zwischen den beiden Stichproben ist nur *zufällig* 16,9 Prozentpunkte groß.

Die Differenzierung zwischen Stichprobe und Population, zwischen beobachteten und tatsächlichen Unterschieden verweist auf ein zweites Problem: Wir benötigen eine entsprechende *Fachsprache* und *Notation*, um zwischen diesen beiden Ebenen zu differenzieren. Deskriptive Techniken sind nicht in dem Maße formalisiert, um diese Unterscheidung vornehmen zu können.

Auch haben wir gesagt, daß alle Modelle zur Analyse kategorialer Daten mehr oder weniger Regressionsmodelle der Art $y = \beta_0 + \beta_1 x$ sind, also Spezialfälle eines ganz allgemeinen linear-additiven Modells. Daß unser einfaches Beispiel mit den FDP-Anhängern ein solches Regressionsmodell ist, daran besteht kein Zweifel. Wie läßt sich aber die Berechnung von Prozentsatzdifferenzen und Odds Ratios als Regressionsmodell begreifen? Und im übrigen wäre auch zu fragen, ob für die Analyse der Wahlbeteiligung der FDP-Anhänger das einfache linear-additive Regressionsmodell angemessen ist, denn wenn man beispielsweise die vorhergesagte Wahlbeteiligung für die 70-jährigen bestimmt, dann erhält man laut Modell eine Wahlbeteiligung von über 100% ($1,0631 = 0,4681 + 0,0085 \times 70$).

Schließlich sind die Beispiele 6 und 8 auch deshalb nur Beispiele für einfache deskriptive Techniken, weil sie jeweils nur zwei Variablen betrachten. Wer sagt denn, daß die beobachteten Unterschiede in den Wertorientierungen zwischen Ost und West, selbst wenn sie inferenzstatistisch abgesichert sind, wirklich auf Modernisierungsunterschiede zwischen Ost und West zurückzuführen sind. Inglehart's Sozialisationshypothese verweist z.B. auf den

Einfluß von Generationsunterschieden. Allerdings dürfte die Altersverteilung in Ost und West nicht so unterschiedlich sein, daß daraus der Unterschied von 16,9 Prozentpunkten erklärbar wäre. Denkbar wäre jedoch eine dritte Erklärung, die auf den wirtschaftlichen Umbruch nach der Wiedervereinigung Bezug nimmt: Personen, die persönlich von Einkommensverlusten oder Arbeitslosigkeit betroffen sind oder dieses erwarten, äußern in erheblich stärkerem Maße materialistische Wertorientierungen. Wenn diese Hypothese richtig ist und dieser Personenkreis 1990 in Ostdeutschland sehr viel größer ist, dann könnte das ebensogut die unterschiedlichen Wertorientierungen erklären.

Wie eine solche *multivariate Analyse* durchzuführen wäre, kann man sehr gut dem siebten Beispiel entnehmen: Hier wird eine dritte Variable, das Lebensalter, kontrolliert. Entgegen seinen Erwartungen stellte Durkheim nämlich zunächst fest, daß die Selbstmordrate insgesamt für verheiratete Männer höher war als für ledige (Durkheim 1960: 174ff.). Andere Autoren, die das auch bemerkt hatten, erklärten diese Beobachtung mit den größeren Verantwortlichkeiten und Belastungen der Verheirateten. Durkheim wies jedoch nach, daß diese einfache (bivariate) Betrachtung den Faktor Lebensalter vernachlässigt. Das Selbstmordrisiko ist nämlich um so größer, je älter eine Person ist, und da der Anteil der Verheirateten mit dem Alter zunimmt, „erscheint" es in der Gesamtpopulation aller Männer so, als hätten die Verheirateten eine höhere Selbstmordrate. Tatsächlich spiegelt diese Gruppe jedoch mehr den Effekt der selbstmordgefährdeten älteren Personen wieder. Betrachtet man dagegen wie in Tabelle 1.5 einzelne Altersgruppen, hält man also das Lebensalter konstant, dann zeigt sich das erwartete Ergebnis: verheiratete Männer, also die sozial integrierten Personen in Durkheim's Sprache, weisen eher weniger Selbstmorde auf (für ein ausführliches Zahlenbeispiel mit niederländischen Daten vgl. Segers/Hagenaars 1980: 132ff.; Durkheim's Zahlen für Frankreich sind leider unvollständig).

Solche einfachen Techniken multivariater Tabellenanalyse durch Konstanthaltung von Drittvariablen wurden erstmals von Lazarsfeld (1955) formalisiert. Multivariate Verfahren sind ein unverzichtbarer Bestandteil moderner Datenanalyse. Dafür sind im wesentlichen vier Gründe maßgeblich: Ganz allgemein erwartet man, daß man die Prognose der abhängigen Variablen dadurch verbessern kann, daß man weitere unabhängige Variablen hinzuzieht (*Prognose*). Zunächst möchte man aber sicherstellen, daß der ursprünglich festgestellte bivariate Zusammenhang auch dann bestehen bleibt, wenn andere Variablen berücksichtigt werden. Anders ausgedrückt, man möchte sichergehen, daß der ursprünglich vermutete Zusammenhang auch tatsächlich existiert und nicht durch andere Einflüsse hervorgerufen wird (sogenannte *scheinkausale Korrelationen*). Dann möchte man die Bedingungen genauer spezifizieren, unter denen ein theoretisch zu erwartender Effekt eintritt. Dazu zählt zum einen die Frage, ob der Effekt einer Variablen x auf die Variable y von

Werten dritter Variablen abhängt (*Interaktion*), und zum anderen die Frage, ob der Effekt über intervenierende dritte Variablen vermittelt wird (*Intervention*). In dem Maße, indem es auf diese Weise gelingt, jeden bivariaten Zusammenhang zwischen einer unabhängigen Variablen und der abhängigen Variablen gegen alternative Erklärungen zu verteidigen, in dem Maße steigt auch unser Vertrauen in eine mögliche *kausale* Wirkung der untersuchten unabhängigen Variablen.

Es ist jedoch klar, daß einfache Techniken der Tabellenanalyse wie die von Lazarsfeld sehr schnell unübersichtlich werden, wenn mehr als drei Variablen berücksichtigt werden sollen. Das ist vor allem die Stärke der in diesem Buch vorgestellten Methoden. Wie aus den folgenden Kapiteln deutlich wird, kann man mit dem GSK-Ansatz, den log-linearen Modellen oder der logistischen Regression sehr einfach multivariate Hypothesen testen, ohne wie im Lazarsfeld-Ansatz auf komplizierte und wenig systematische Art und Weise viele Partialtabellen miteinander vergleichen zu müssen. Einige allgemeine Gesichtspunkte dieser Methoden sollen in den restlichen Abschnitten dieser Einleitung vorgestellt werden: Wie übersetzt man erstens sozialwissenschaftliche Hypothesen in statistische Modelle (*Spezifikation*), und wie kann man zweitens mit Hilfe empirischer Daten Aussagen über die Gültigkeit des Modells machen (*Schätzen* und *Testen*)?

1.2.2 Spezifikation: Übersetzung der Untersuchungsfragen in statistische Modelle

Jede gute empirische Untersuchung benötigt theoretische Vorstellungen über den zu untersuchenden Gegenstandsbereich. Aus diesem Grund haben wir die Theorie von Inglehart etwas ausführlicher dargestellt, um einmal an diesem Beispiel die Übersetzung sozialwissenschaftlicher Untersuchungsfragen in ein statistisches Modell zu demonstrieren. Aus unserer kurzen Skizze des Inglehart'schen Ansatzes lassen sich konkret folgende Aussagen ableiten:

1. Die Wertorientierungen der Mitglieder einer Gesellschaft sind unterschiedlich ausgeprägt: die einen haben eher materialistische, die anderen eher postmaterialistische Orientierungen. Wenn man einmal von den sogenannten Mischtypen absieht, gilt vereinfachend: Die Mitglieder einer Gesellschaft lassen sich in Bezug auf ihre Wertorientierungen in zwei große Gruppen einteilen: Materialisten einerseits und Postmaterialisten andererseits.
2. Gesellschaften unterscheiden sich in ihrem Entwicklungsniveau bzw. dem Grad ihrer Modernisierung.

3. In Gesellschaften höheren Modernisierungsgrades ist die Gruppe der Postmaterialisten sehr viel größer als in Gesellschaften niedrigeren Modernisierungsgrades.
4. In Generationen, die unter entwickelteren („moderneren") Umweltbedingungen sozialisiert wurden, ist die Gruppe der Postmaterialisten sehr viel größer als in früheren Generationen.

Die Inglehart'sche Theorie des Wertewandels verwendet also ein theoretisches *Konstrukt*: die Wertorientierungen der Mitglieder einer Gesellschaft, unterschieden in materialistische und postmaterialistische Wertorientierungen. Aus Vereinfachungsgründen haben wir uns hier für ein dichotomes (kategoriales) Konstrukt entschieden. Weiterhin postuliert die Theorie zwei Faktoren, Modernisierungsgrad und Sozialisationsbedingungen, von denen das Ausmaß postmaterialistischer Wertorientierungen abhängen soll. Sie macht also Aussagen darüber, welche anderen Konstrukte mit dem eigentlich interessierenden Konstrukt „Wertorientierung" in Beziehung gesetzt werden müssen. Da nur die *Richtung* (höhere Modernisierung, mehr Postmaterialisten), aber nicht das *Ausmaß* (wieviel mehr) der Beziehungen beschrieben wird, bleibt die konkrete Form der Abhängigkeit offen.

Wenn wir diese Theorie überprüfen wollen, benötigen wir empirische *Indikatoren* für die drei Konstrukte Modernisierungsgrad, Sozialisationsbedingungen und Wertorientierungen. Die Modernisierungstheorie nennt verschiedene Indikatoren für den Entwicklungsgrad einer Gesellschaft, wie z.B. die ökonomische Leistungskraft (Bruttosozialprodukt pro Kopf), die Verbreitung „moderner" Institutionen und Organisationen (Bildungs- und Kommunikationssystem), die Stellung der Gesellschaft in der Weltökonomie und ähnliches mehr. Vorausgesetzt, man hat regionalisierte Messungen dieser Indikatoren, dann kann man Regionen, Nationalstaaten usw. mit unterschiedlichem Modernisierungsgrad identifizieren. In ähnlicher Weise kann man mit entsprechenden historischen Daten Zeiträume unterschiedlichen Modernisierungsgrades identifizieren. Auf der Basis dieser Daten kann man dann die Region, in der eine Person wohnt, als Indikator für den Modernisierungsgrad und das Geburtsjahr einer Person als Indikator für die Sozialisationsbedingungen verwenden. Unterschiedliche Wertorientierungen von Personen lassen sich schließlich auf unterschiedliche Art und Weise erfassen. Eine Möglichkeit ist die oben in Beispiel 1 dargestellte Umfragemethode.

Angenommen, wir kennen für eine gegebene Gesellschaft j den Anteil der Materialisten und den Anteil der Postmaterialisten. Nennen wir die beiden Anteile π_{jm} und π_{jp}. Da wir der Einfachheit halber von Mischtypen absehen, ergibt die Summe dieser beiden Anteile eins: $\pi_{jm}+\pi_{jp} = 1$. Wenn wir also aus der Gesellschaft j zufällig eine Person auswählen, dann ist sie mit Wahrscheinlichkeit π_{jm} ein Materialist und mit Wahrscheinlichkeit π_{jp} ein Postmaterialist. Nun können wir angeben, wie zwei Gesellschaften o und w aussehen müßten, die ein verschiedenes Ausmaß postmaterialistischer Orientierungen haben. Die Anteile der Postmaterialisten in beiden Gesellschaften müßten verschieden sein, ihre Differenz also entweder größer oder kleiner als null: $\pi_{wp} - \pi_{op} > 0$ oder $\pi_{wp} - \pi_{op} < 0$. Wenn die Gesellschaften o und w Ost- bzw. Westdeutschland entsprechen und es richtig ist, daß Westdeutschland einen höheren Modernisierungsgrad hat, dann erwartet die Inglehart'sche Theorie, daß das Ausmaß postmaterialistischer Orientierungen im Westen größer ist als im Osten:

$$\pi_{wp} - \pi_{op} > 0.$$

Dabei ist man nicht auf die Betrachtung von *Differenzen* festgelegt. Genausogut kann man das *Verhältnis* der Odds, eher postmaterialistisch als materialistisch zu sein, in Westdeutschland π_{wp}/π_{wm} zu den entsprechenden Odds in Ostdeutschland π_{op}/π_{om} betrachten:

$$(\pi_{wp}/\pi_{wm}) / (\pi_{op}/\pi_{om}) > 1.$$

Statt des Wertes Null ist jetzt der Wert 1 maßgeblich, um zu entscheiden, ob ein Unterschied zwischen Ost und West besteht oder nicht.

Bleiben wir jedoch der Einfachheit halber einmal bei dem Differenzenmodell: x_j sei eine Variable, die in Gesellschaft j = o den Wert 0 und in Gesellschaft j=w den Wert 1 hat. Dann kann man den gleichen Sachverhalt auch mit der folgenden Gleichung beschreiben:

$$\pi_{jp} = \beta_0 + \beta_1 x_j \qquad j = o,w \qquad (1.1)$$

In Gesellschaft o reduziert sich die Gleichung auf $\pi_{op} = \beta_0 + \beta_1 \times 0 = \beta_0$ und in Gesellschaft w auf $\pi_{wp} = \beta_0 + \beta_1 \times 1 = \beta_0 + \beta_1$. Die Differenz der beiden Anteilswerte ($\pi_{wp} - \pi_{op}$) läßt sich jetzt quantifizieren: der Differenzbetrag entspricht dem Parameter β_1 und die Wahrscheinlichkeit postmaterialistischer Orientierungen π_{op} in Gesellschaft o entspricht dem Parameter β_0. Die Wahrscheinlichkeit postmaterialistischer Orientierungen wäre in beiden Gesellschaften nur dann gleich (und zwar gleich β_0), wenn β_1 gleich null wäre. Gleichung (1.1) hat die gleiche Struktur wie unsere obige (bivariate) Regressionsgleichung $y = \beta_0 + \beta_1 x$. y entspricht jetzt π_{jp} und x entspricht x_j. Dabei handelt es sich um ein *additives* Modell, da die abhängige Variable π_{jp} eine additive Funktion der beiden Effekte β_0 und β_1 ist.

Von der *Regressionsgleichung* (1.1) ist es nicht weit zu folgender Verallgemeinerung: Dabei sei x_i das Geburtsjahr einer Person i. Dann kann man für alle i = 1,...,N Personen folgende funktionale Abhängigkeit zwischen der Wahrscheinlichkeit postmaterialistischer Orientierungen und dem Geburtsjahr unterstellen:

$$\pi_{ip} = \beta_0 + \beta_1 x_i \qquad i=1,...,N. \qquad (1.2)$$

Für die späteren Geburtsjahrgange (also die jüngeren Personen) ist x_i größer als für die älteren Geburtsjahrgange und dementsprechend wächst auch die Wahrscheinlichkeit π_{ip} – und zwar mit jeder Einheit von x_i um β_i Einheiten. Da die abhängige Variable π_{ip} mit jeder Einheit der unabhängigen Variable x_i um den gleichen Betrag β_1 zunimmt, handelt es sich jetzt um ein *linear*-additives Modell. Man müßte zwar einwenden, daß eine Wahrscheinlichkeit nicht beliebig zunehmen kann, dieses wäre jedoch eher ein statistisches Argument, denn die Inglehart'sche Theorie sagt nichts darüber aus, *wie* beide Konstrukte bzw. ihre Indikatoren miteinander zusammenhängen. Im übrigen lassen sich (nicht-lineare) funktionale Beziehungen zwischen π_{ip} und x_i angeben, die sicherstellen, daß bei beliebigen Werten für x_i die Wahrscheinlichkeit π_{ip} immer zwischen 0 und 1 liegt („wie es sich für eine ordentliche Wahrscheinlichkeit gehört").

Betrachten wir stattdessen einmal folgendes Regressionsmodell für die Odds, eher postmaterialistisch zu sein, wobei die Variable x_j wie zuvor als 1/0-Variable definiert ist:

$$(\pi_{jp}/\pi_{jm}) = \gamma_0 \times \gamma_1^{x_j} \quad j=o,w. \quad (1.3)$$

Es handelt sich jetzt um ein *multiplikatives Regressionsmodell*, da sich die abhängige Variable – die Odds – aus dem Produkt der Effekte γ_0 und γ_1 ergibt. In Gesellschaft o reduziert sich die Gleichung auf $(\pi_{op}/\pi_{om}) = \gamma_0 \times \gamma_1^0 = \gamma_0 \times 1 = \gamma_0$ und in Gesellschaft w auf $\pi_{wp}/\pi_{wm} = \gamma_0 \times \gamma_1^1 = \gamma_0 \gamma_1$. Das Verhältnis der beiden Odds $(\pi_{wp}/\pi_{wm})/(\pi_{op}/\pi_{om}) = \gamma_0 \gamma_1/\gamma_0 = \gamma_1$ entspricht dem Parameter γ_1 und die Odds, eher postmaterialistische als materialistische Orientierungen zu haben, entsprechen in Gesellschaft o dem Parameter γ_0. Die Odds wären in beiden Gesellschaften nur dann gleich (und zwar gleich γ_0), wenn γ_1 gleich eins wäre.

Zusammenfassend kann man also sagen, daß wir unsere theoretischen Überlegungen in ein Regressionsmodell fassen können, wenn wir bei kategorialen Daten als abhängige Variable entweder die Wahrscheinlichkeit bestimmter Ausprägungen verwenden oder die Odds, eher die eine als die andere Ausprägung zu beobachten. Unsere Hypothesen schlagen sich in bestimmten Erwartungen über die numerische Größe der Parameter des Regressionsmodells nieder (in diesem Fall β_0, β_1, γ_0 und γ_1). Für die Zwecke dieser Einleitung ist damit hoffentlich deutlich geworden, wie man die Aussagen Inglehart's in eine formale Sprache übersetzen kann, um damit Gesellschaften unterschiedlichen Modernisierungsgrades zu beschreiben.

Bei der empirischen Überprüfung einer Theorie möchte man dann einerseits die Annahmen der Theorie testen und andererseits möglichst präzise Schätzwerte der Parameter der Theorie berechnen. Dazu benötigt man entsprechende *Test*- und *Schätzverfahren*, auf die wir im folgenden kurz eingehen wollen.

Vorweggenommen sei lediglich, daß man zum Test der Modellannahmen häufig Vergleichsmodelle spezifiziert, die sich von dem eigentlich interessierenden Modell dadurch unterscheiden, daß die zu testende Annahme in ihnen *nicht* enthalten ist. Ein solches Vergleichsmodell für das hier diskutierte Modell unterschiedlicher Wertorientierungen in Ost und West wäre bei Verwendung der Differenzen ein Modell mit der Annahme

$$\pi_{wp} - \pi_{op} = 0$$

bzw. bei Verwendung der Odds ein Modell mit der Annahme

$$(\pi_{wp}/\pi_{wm}) / (\pi_{op}/\pi_{om}) = 1.$$

Wie bereits gesagt, wäre das identisch mit der Forderung, daß in Regressionsmodell (1.1) $\beta_1 = 0$ und in Modell (1.3) $\gamma_1 = 1$ wäre. Die beiden Modelle würden sich dann auf folgende Gleichungen reduzieren:

$$\pi_{jp} = \beta_0 \quad \text{bzw.} \quad (\pi_{jp}/\pi_{jm}) = \gamma_0 \qquad j = o, w.$$

Immer dann, wenn bestimmte Werte für die Parameter eines Modells vorgegeben werden, bezeichnet man die vorgegebenen Werte als *Restriktionen*. Dadurch ergeben sich Modelle, in denen weniger Parameter zu schätzen sind als im Ausgangsmodell. Wir bezeichnen diese (reduzierten) Modelle als *restringierte* Modelle im Gegensatz zu den *nicht-restringierten* (Ausgangs) Modellen, in denen die Restriktionen nicht gelten und die entsprechenden Parameter geschätzt werden müssen.

In der statistischen Grundausbildung lernt man üblicherweise, daß zur Durchführung eines Testes eine *Null-* und eine *Alternativhypothese* gehören (abgekürzt mit H_0 und H_1). Nichts anderes machen die soeben dargestellten Vergleichsmodelle. Betrachten wir nur einmal die beiden Modelle, die auf die Differenzen abheben: Sie testen die Nullhypothese $\pi_{wp} - \pi_{op} = 0$ (oder $\pi_{wp} = \pi_{op}$) versus die Alternativhypothese $\pi_{wp} - \pi_{op} \neq 0$ (oder $\pi_{wp} \neq \pi_{op}$) bzw. unter Verwendung der Regressionskoeffizienten $H_0: \beta_1 = 0$ versus $H_1: \beta_1 \neq 0$.

1.2.3 Datenerhebung: Die Unsicherheit möglicher Stichproben

Wir wollen uns nun der Frage zuwenden, welche Probleme bei der *Beobachtung* von Gesellschaften auftreten. Dabei wollen wir uns zunächst mit der Auswahl der Untersuchungseinheiten beschäftigen und die Meßprobleme des theoretischen Konstrukts Wertorientierung außer acht lassen. Dazu wollen wir vereinfachend annehmen, daß man es den Gesellschaftsmitgliedern direkt ansieht, ob sie Materialist oder Postmaterialist sind. Es liegt auf der Hand, daß man in der Regel nicht alle, sondern nur eine Auswahl oder *Stichprobe* erheben kann. Betrachten wir dazu einmal eine Zufallsstichprobe aus einer einzigen Gesellschaft j (und nicht aus zwei Gesellschaften o und w wie im vorherigen Abschnitt). Bei dieser Auswahl tritt das Problem auf, daß die Verteilung der Wertorientierungen in dieser Teilmenge aller Gesellschaftsmitglieder nicht notwendigerweise mit der Verteilung in der Gesellschaft insgesamt übereinstimmt. Es ist also nicht gesichert, daß man in der Stichprobe auch 50% Postmaterialisten beobachtet, wenn Materialisten und Postmaterialisten in der Gesellschaft gleich verteilt sind (d.h. $\pi_{jm}=\pi_{jp}$). Im Gegenteil – in einer Stichprobe von beispielsweise 10 Personen kann man 0, 1, 2, 3,..., 10 Postmaterialisten begegnen.

Wenn die Stichprobe ein exaktes Abbild der Gesellschaft wäre, müßte sie aus fünf Postmaterialisten und fünf Materialisten bestehen. Man bezeichnet die möglichen Abweichungen von dieser *erwarteten* Zahl von 5 Postmaterialisten als *Stichprobenfehler*, und nur wenn die Stichprobe *zufällig* ausgewählt wurde, kann man angeben, wie groß die Wahrscheinlichkeit ist, eine bestimmte Anzahl – z.B. 6 – zu beobachten. Die entsprechenden mathematischen Hilfsmittel liefern die theoretischen Verteilungsmodelle der mathematischen Statistik. Handelt es sich – wie hier unterstellt – um ein *dichotomes* Merkmal, und ist die Gundgesamtheit im Verhältnis zur Stichprobe sehr groß, dann ist die *Binomialverteilung* das geeignete Modell, um die Verteilung von Materialisten und Postmaterialisten in der Stichprobe zu beschreiben:

$$\Pr(f|\pi,N) = \binom{N}{f} \pi^f (1-\pi)^{N-f} \quad \text{mit} \quad \binom{N}{f} = \frac{N!}{f!\,(N-f)!} \quad (1.4)$$

Darin bezeichnet f die Anzahl oder Häufigkeit der Personen mit der einen der beiden interessierenden Eigenschaften und π die entsprechende Auftretenswahrscheinlichkeit in der Gesellschaft, aus der die Stichprobe ausgewählt wurde. Die Gleichung gibt dann die Wahrscheinlichkeit $\Pr(f|\pi,N)$ an, daß bei gegebenem Stichprobenumfang N und Wahrscheinlichkeit π eine bestimmte Anzahl f mit der interessierenden Eigenschaft beobachtet wird. Z.B. beträgt für $\pi = 0{,}5$ die Wahrscheinlichkeit einer Zufallsstichprobe von N = 10 Personen – davon f = 6 Postmaterialisten – 0,205. Die höchste Wahrscheinlichkeit (nämlich 0,246) haben Stichproben, in denen 5 Postmaterialisten vorkommen. Das ist exakt die Häufigkeit, die man erwarten würde, wenn die Stichprobe ein exaktes Abbild der Population wäre, aus der sie stammt.

Die mathematische Statistik erlaubt es uns also, eine erste Brücke zwischen unseren Annahmen und beobachtbaren Daten zu schlagen. Etwas formaler: Gleichung (1.4) beschreibt die Wahrscheinlichkeit empirischer Daten f unter bestimmten Modell*annahmen* M, daher die Bezeichnung $\Pr(f|M)$. Ein solches Modell besteht in der Regel aus einer Verteilungsannahme M' (hier: die Binomialverteilung) und einem oder mehreren Parametern (hier: π und N). Pr(f|M) läßt sich daher auch als Pr(f|π,N,M') schreiben, wobei dem Parameter π die größte Bedeutung zukommt, da er die Eigenschaft der Population beschreibt, die aus theoretischen Gründen interessiert (hier: der Anteil der Postmaterialisten). Der Parameter π kann wiederum eine Funktion der unabhängigen Variablen sein, wenn man die zuvor diskutierten Regressionsmodelle berücksichtigt. Würde man nicht ein dichotomes, sondern ein *polytomes* Merkmal betrachten, würde sich der wesentliche Gedankengang nicht ändern, man müßte lediglich ein anderes *Verteilungsmodell* – die *Multinomialverteilung* – verwenden. Kombiniert man Ergebnisse aus mehreren unabhängigen Stichproben wie bei dem Ost-West-Vergleich in Tabelle 1.1 – dort werden die Ergebnisse des ALLBUS und des ISSP verglichen –, dann müßte man wiederum eine andere Verteilungsfunktion – die *Produkt-Multinomialverteilung* – zugrunde legen.

1.2.4 Schätzung und Modelltests: Überprüfung statistischer Modelle mit Hilfe empirischer Daten

In den beiden vorherigen Abschnitten wurde gezeigt, wie man theoretische Annahmen in statistische Modelle umsetzt und wie man mit Hilfe dieser Modelle bestimmte Erwartungen über empirische Beobachtungen formuliert. Diesen Schluß von einem Modell auf empirische Daten – die Berechnung der Wahrscheinlichkeit Pr(f|M) – bezeichnet man als *Repräsentationsschluß*. Dabei handelt es sich wohlgemerkt „nur" um Annahmen. Welche konkreten Parameter für die Population gelten, ist damit noch nicht geklärt. In diesem Abschnitt geht es jetzt um den Rückschluß auf die Verhältnisse in der unbekannten Population anhand empirischer Informationen, d.h. um die Schätzung des zugrundeliegenden Modells M bei gegebenen Daten f. Da die Verteilungsannahme M' meistens unstrittig ist, müssen daher nur die Parameter des Modells bestimmt werden: bei kategorialen Daten also häufig der Anteil π. Diesen *Rückschluß* von einer Stichprobe auf das zugrundeliegende Modell bezeichnet man als *Induktionsschluß*, und die Verfahren zur Bestimmung der unbekannten Parameter heißen *Schätzverfahren*.

Im folgenden geht es um Maximum-Likelihood und gewichtete Kleinste-Quadrate-Schätzungen. Beide Schätzverfahren lassen sich für kategoriale Daten als Spezialfälle eines allgemeineren Ansatzes darstellen, der die Abweichungen der erwarteten von den beobachteten Häufigkeiten minimiert. Aus didaktischen Gründen beginnen wir mit diesem sogenannten Minimum-Distanz-Ansatz, um dann in einem zweiten Schritt den Maximum-Likelihood-Ansatz noch einmal aus einer anderen Perspektive zu demonstrieren.

Tabelle 1.6: Beobachtete und (geschätzte) erwartete Häufigkeiten

Stichprobe		Beobachtete Häufigkeiten in der Stichprobe	Geschätzte erwartete Häufigkeiten bei einer Wahrscheinlichkeit postmaterialistischer Orientierungen von ...				
			20%	25%	27%	28%	30%
West	Postmaterialisten	943	599	760	819	836	899
	Andere	2053	2397	2236	2177	2160	2097
Ost	Postmaterialisten	142	195	247	266	272	293
	Andere	833	780	728	709	703	683
	Neymann's Statistik		206,1	143,3	151,5	157,1	189,7
	Likelihood Statistik		238,9	123,9	116,0	116,7	129,8
	Pearson's Statistik		264,6	119,0	105,9	105,2	113,7

Quelle: Tabelle 1.1.

Minimum-Distanz-Schätzungen

Eine einfache, weniger formale Definition eines Schätzverfahrens könnte wie folgt lauten: Verwende die Werte als beste Schätzwerte für die untersuchten Parameter, die einerseits deine Annahmen erfüllen, andererseits aber möglichst wenig von den beobachteten Daten abweichen. Diese Methode läßt sich am besten anhand eines Beispiels verdeutlichen. Betrachten wir dazu noch einmal Beispiel 1 mit den ALLBUS- und ISSP-Daten aus dem Jahr 1990, die in Tabelle 1.6 noch einmal in etwas anders angeordneter Form dargestellt sind. In Westdeutschland wurden 943 von insgesamt 2996 Befragten als Postmaterialisten eingestuft, in Ostdeutschland waren es 142 von insgesamt 975 Befragten (Materialisten und Mischtypen wurden zu einer Gruppe „Andere" zusammengefaßt). Der beobachtete Anteil der Postmaterialisten betrug also (gerundet) in Westdeutschland $p_{wp} = 0{,}31$ und in Ostdeutschland $p_{op} = 0{,}15$.

Soweit die empirischen Daten bzw. die Stichproben – welche Bedingungen galten jedoch für West- bzw. Ostdeutschland insgesamt? Anders ausgedrückt: Welches Modell lag den beiden Populationen zugrunde? Angenommen, der Anteil der Postmaterialisten sei in beiden Teilen Deutschlands gleich groß: $\pi_{wp} - \pi_{op} = 0$ bzw. $\beta_1 = 0$ in Modell (1.1). Wenn er in beiden Teilen $\pi_{wp} = \pi_{op} = 0{,}20$ betragen würde, dann würde man in beiden Stichproben ebenfalls 20% Postmaterialisten erwarten, wenn sie ein exaktes Abbild der beiden Populationen wären. Konkret wären das in Westdeutschland 599 Befragte (0,2×2996, gerundet als ganze Zahl) und in Ostdeutschland 195 Befragte (0,2×975, ebenfalls gerundet). Je nachdem, welchen konkreten Anteilswert $\pi_{wp} = \pi_{op}$ man unterstellt, ergeben sich unterschiedliche Häufigkeiten: z.B. 300 Befragte West versus 98 Befragte Ost bei $\pi_{wp} = \pi_{op} = 0{,}10$, 899 versus 293 bei $\pi_{wp} = \pi_{op} =$

0,30, 1798 versus 585 bei $\pi_{wp} = \pi_{op} = 0{,}60$ usw. In jedem Fall ist der Anteil postmaterialistischer Orientierungen in beiden Stichproben gleich groß.

Wenn die Stichproben ein exaktes Abbild der beiden Populationen sind, dann bezeichnen wir diese Zahlen als *erwartete* Häufigkeiten und kürzen sie mit einem großen F ab. Tatsächlich handelt es sich jedoch um *geschätzte* erwartete Häufigkeiten $\hat{F}$, da erstens von einem gewissen Stichprobenfehler auszugehen ist und wir zweitens die tatsächlichen Verhältnisse in beiden Populationen nicht kennen. F kann daher nur unter Zugrundelegung von Annahmen berechnet (geschätzt) werden (z.B. $\pi_{wp} = \pi_{op} = 0{,}10$ und Stichprobe exaktes Abbild der Population). Schätzer werden immer mit einem Dach über dem jeweiligen Symbol gekennzeichnet.

Welches dieser Zahlenpaare paßt jedoch am besten zu den beobachteten Häufigkeiten von 943 Postmaterialisten im Westen und 142 im Osten? Zur besseren Unterscheidung bezeichnen wir die *beobachteten* Häufigkeiten mit einem kleinen f. Die Frage kann dadurch beantwortet werden, daß man die Abweichungen zwischen allen k = 1,...,4 beobachteten und (geschätzten) erwarteten Häufigkeiten mißt und in einem Abweichungs- oder *Anpassungsmaß* zusammenfaßt. Die Kombination von Häufigkeiten wird schließlich ausgewählt, bei der dieses Anpassungsmaß minimal ist. Dadurch wird sichergestellt, daß die Schätzungen sowohl mit den Beobachtungen als auch mit den Annahmen gleichermaßen optimal in Einklang stehen.

Dies ist übrigens ein Vorgehen, das in der Statistik relativ häufig angewandt wird. Man denke etwa an die bivariate Regression, in der ein linearer Zusammenhang zwischen zwei Variablen x und y bestimmt werden soll. Die Regressionsfunktion $\hat{y} = \hat{\beta}_0 + \hat{\beta}_1 x$ wird dabei so gewählt, daß die Summe der quadrierten Abweichungen der Datenpunkte y von den Modellprognosen $\hat{y}$ minimal ist. Oder aber eine Reihe von Zahlen – z.B. die Altersangaben aller Befragten – soll in einer einzigen Statistik zusammengefaßt werden, die stellvertretend für alle Einzelwerte die gesamte Verteilung charakterisiert. Dazu kann man das arithmetische Mittel verwenden, weil die Summe der quadrierten Abweichungen aller Beobachtungen von dieser Zahl minimal ist. Natürlich muß das Anpassungsmaß nicht immer der Summe der quadrierten Abweichungen entsprechen. Möchte man beispielsweise die Summe der absoluten Abweichungen minimieren, müßte man den Median als Maß zentraler Tendenz verwenden.

Kommen wir jedoch auf unsere Ausgangsfrage zurück: Was wäre ein geeignetes Anpassungsmaß für kategoriale Daten? In der Literatur sind dazu verschiedene GOF-Statistiken (engl. goodness of fit) vorgeschlagen worden, darunter Pearson's Chi-Quadrat X_P^2, das Log-Likelihood-Ratio Chi-Quadrat L^2 (kurz: das Likelihood Chi-Quadrat) und Neymann's modifiziertes Chi-Quadrat X_N^2:

$$X_P^2 = \sum_k \frac{(f_k - \hat{F}_k)^2}{\hat{F}_k} \qquad (1.5a)$$

$$L^2 = 2\sum_k f_k \ln\left(\frac{f_k}{\hat{F}_k}\right) \qquad (1.5b)$$

$$X_N^2 = \sum_k \frac{(f_k - \hat{F}_k)^2}{f_k} \qquad (1.5c)$$

Ihre traditionelle Bezeichnung mit dem Anhängsel Chi-Quadrat (z.B. Pearson's Chi-Quadrat) ist in gewisser Weise irreführend, weil sie suggeriert, daß die Verteilungen dieser drei Größen mit der theoretischen χ^2-Verteilung identisch sind, die den einschlägigen statistischen Tafeln entnommen werden kann (vgl. Anhang 3). X_P^2, X_N^2 und L^2 sind jedoch zunächst nichts anderes als ganz gewöhnliche Anpassungsmaße bzw. GOF-Statistiken. Aus diesem Grund bevorzugen wir auch das Anhängsel Statistik (z.B. Pearson's Statistik) statt Chi-Quadrat. Read und Cressie (1988) zeigen im übrigen, daß alle diese GOF-Statistiken Spezialfälle eines allgemeinen Anpassungsmaßes sind. In den folgenden Kapiteln wird die bekanntere GOF-Statistik von Pearson der Einfachheit halber mit X^2 bezeichnet (es gilt also $X^2 = X_P^2$). Neymann's Statistik wird dagegen immer mit X_N^2 bezeichnet.

Wir wollen nun das Vorgehen von Minimum-Distanz-Schätzungen anhand unseres Beispiels illustrieren. Tabelle 1.6 zeigt die geschätzten erwarteten Häufigkeiten für verschiedene Wahrscheinlichkeiten postmaterialistischer Orientierungen (20%, 25%, 27%, 28% und 30%), wobei jeweils angenommen wird, daß die Wertorientierungen in Ost und West gleich verteilt sind ($\pi_{wp} = \pi_{op}$). Gleichzeitig werden die geschätzten erwarteten mit den beobachteten Häufigkeiten verglichen und die Abweichungen in einer der genannten GOF-Statistiken zusammengefaßt. Man erkennt, daß die Likelihood-Statistik bei einer Wahrscheinlichkeit von 27% minimal ist. Sie weist an dieser Stelle den Wert $L^2 = 116{,}0$ auf: $116{,}0 = 2\times(943\times\ln(943/819) + 2053 \times \ln(2053/2177) + 142 \times \ln(142/266) + 833 \times \ln(833/709)$. Alle anderen Wahrscheinlichkeiten ergeben höhere L^2-Werte, auch wenn sie nicht vollständig in Tabelle 1.6 aufgeführt sind. Wir bezeichnen daher $\hat{\pi}_{wp} = \hat{\pi}_{op} = 0{,}27$ als Schätzwert des tatsächlichen Anteils postmaterialistischer Orientierungen, der unter der Annahme berechnet wurde, daß dieser Anteil in beiden Teilen Deutschlands gleich groß ist ($\pi_{wp} = \pi_{op}$). Für das äquivalente Regressionsmodell (1.1) mit der Restriktion $\beta_1 = 0$ ergibt sich dementsprechend der Schätzwert $\hat{\beta}_1 = 0{,}27$. Wie wir im nächsten Abschnitt sehen werden, ist $\hat{\pi}_{wp} = \hat{\pi}_{op} = 0{,}27$ identisch mit dem Schätzwert, der sich bei Verwendung der Maximum-Likelihood-Methode ergibt. Wir bezeichnen ihn daher als *ML-Schätzer*. ML-Schätzungen sind demnach äquivalent mit der Minimierung der Likelihood-Statistik $2\Sigma_k f_k \ln(f_k/\hat{F}_k)$. Daher auch der Name dieser GOF-Statistik. Das Problem der Bestimmung des minimalen Wertes kann man wie in Tabelle 1.6 durch Ausprobieren lösen oder – wie wir im nächsten Abschnitt sehen werden – durch analytische Methoden der Mathematik. Für die Annahme $\pi_{wp} = \pi_{op}$ ist es übrigens gar nicht weiter notwendig, verschiedene Werte auszuprobieren, denn 0,27 entspricht genau dem Anteil der Postmaterialisten in beiden Stichproben zusammen: $(943 + 142) / (943 + 2053 + 142 + 833) = 0{,}27$. Der ML-Schätzer für die Annahme $\pi_{wp} = \pi_{op}$ hat also eine intuitiv einleuchtende Interpretation: Er entspricht dem Anteil der Postmaterialisten, wenn man nicht nach Ost und West differenziert.

Leicht abweichende Schätzwerte ergeben sich bei Zugrundelegung der anderen beiden GOF-Statistiken. Beispielsweise ergibt sich für Pearson's Statistik bei $X_P^2 = 105{,}2$ ein Wert von 0,28 und für Neymann's Statistik bei $X_N^2 = 143{,}3$ der Wert 0,25. Hier interessiert vor allem der Schätzer, der sich bei Minimierung der GOF-Statistik von Neymann ergibt. Wie wir beim GSK-Ansatz (Kapitel 2) sehen werden, ist das der Wert, der sich bei Minimierung der gewichteten quadrierten Abweichungen zwischen beobachteten und erwarteten Anteilswerten ergibt. Auch er muß also nicht durch Probieren bestimmt werden, sondern kann ähnlich wie eine gewöhnliche Kleinste-Quadrate-Schätzung formelmäßig berechnet werden. Der GSK-Ansatz bzw. WLS-Schätzungen minimieren also Neymann's modifiziertes Chi-Quadrat, weshalb dieser Ansatz auch manchmal als *Minimum-Chi-Quadrat-Methode* bezeichnet wird. Wir bezeichnen daher $\bar{\pi}_{wp} = \bar{\pi}_{op} = 0{,}25$ als *WLS-Schätzer* des tatsächlichen Anteils postmaterialistischer Orientierungen, wenn dieser Anteil in beiden Teilen Deutschlands gleich groß ist, wenn also Annahme $\pi_{wp} = \pi_{op}$ bzw. die Restriktion $\beta_1 = 0$ zutrifft.

Aus der Tatsache, daß ML- und WLS-Schätzer nicht übereinstimmen, erkennt man, daß verschiedene Schätzverfahren nicht notwendigerweise zum gleichen Ergebnis führen (zur Verdeutlichung haben wir daher die WLS-Schätzer mit einem Balken und die ML-Schätzer mit einem Dach versehen: $\bar{\pi}_{wp} \neq \hat{\pi}_{wp}$). Je größer jedoch der Stichprobenumfang in den einzelnen Subgruppen (hier: Ost und West) ist, desto wahrscheinlicher ähneln sich jedoch ML- und WLS-Schätzungen für kategoriale Daten. Vom statistischen Standpunkt aus gesehen sind beide Verfahren *asymptotisch* („mit zunehmendem Stichprobenumfang") äquivalent. Auf die statistischen Eigenschaften werden wir jedoch weiter unten noch ausführlicher eingehen.

Abschließend wollen wir nur noch kurz feststellen, welche Schätzwerte sich für die Annahme unterschiedlicher Wertorientierungen in Ost und West ergeben: Wenn der Anteil der Postmaterialisten in beiden Teilgesellschaften verschieden sein kann, dann können wir den jeweiligen Schätzwert so wählen, daß (geschätzte) erwartete und beobachtete Häufigkeiten exakt übereinstimmen. In diesem Fall stimmen alle drei Schätzverfahren überein: Als Werte ergeben sich $\hat{\pi}_{wp} = 0,31$ und $\hat{\pi}_{op} = 0,15$, und alle drei GOF-Statistiken haben den Wert $L^2 = X_P^2 = X_N^2 = 0$. Für die Regressionskoeffizienten des Modells (1.1) ergeben sich dementsprechend die Schätzer $\hat{\beta}_0 = 0,15$ und $\hat{\beta}_1 = 0,16$.

Maximum Likelihood-Schätzungen

Der Likelihood-Ansatz ist unter Statistikern besonders beliebt – zum einen, weil ML- Schätzer häufig bessere statistische Eigenschaften haben als andere Schätzer, zum anderen, weil der Likelihood-Ansatz direkt an die diversen Verteilungsmodelle der mathematischen Statistik anknüpft. Einige betrachten ihn als *die* Lösung des Inferenzproblems, und aufgrund seiner Wichtigkeit für die Analyse kategorialer Daten wollen wir ihn noch einmal aus einem anderen Blickwinkel betrachten, um das Grundprinzip deutlich zu machen.

Beispiel 9: Aus welcher Gruppe kommt diese Stichprobe?

Zur Einführung ist vielleicht folgendes ganz simple Beispiel hilfreich: Angenommen, es gibt drei verschiedene Gruppen, in denen sich jeweils 10 Personen befinden. In der ersten Gruppe gibt es drei Postmaterialisten, in der zweiten fünf und in der dritten acht. Aus einer dieser drei Gruppen wurde eine Stichprobe von insgesamt drei Personen zufällig ausgewählt (mit Zurücklegen). Alle drei Personen dieser Stichprobe sind Postmaterialisten. Aus welcher der drei Gruppen stammt diese Stichprobe aller Voraussicht nach? Intuitiv wird jeder antworten, daß die Stichprobe wahrscheinlich aus der dritten Gruppe stammt, weil die Wahrscheinlichkeit, eine Stichprobe auszuwählen, in der alle Personen Postmaterialisten sind, für die dritte Gruppe am höchsten ist.

Das kann man übrigens mit der Binomialverteilung (1.4) leicht nachrechnen. N und f stehen fest (N = 3, f = 3), man muß lediglich den jeweiligen Anteil π von Postmaterialisten pro Gruppe einsetzen: Für $\pi = 0,3$ (erste Gruppe) ergibt sich eine Wahrscheinlichkeit von 0,03, für $\pi = 0,5$ (zweite Gruppe) eine Wahrscheinlichkeit von 0,13 und für $\pi = 0,8$ (dritte Gruppe) eine Wahrscheinlichkeit von 0,51. Schon hat man das Likelihood-Prinzip angewendet. Es besagt im Prinzip, daß man aus der Menge der möglichen Parameter der Population denjenigen auswählen sollte, bei dem es am wahrscheinlichsten ist, daß man die vorliegende Stichprobe beobachtet. Natürlich ist das keine Garantie, daß die Stichprobe tatsächlich aus der dritten Gruppe stammt, denn natürlich können Stichproben mit drei Postmaterialisten auch aus der ersten oder zweiten Gruppe ausgewählt werden. Deshalb nennen wir das Ganze ja auch ein Schätzverfahren, das aber eine rationale (berechenbare) Basis hat und auf lange Sicht, d.h. bei mehrmaliger Wiederholung des Auswahlverfahrens, im Mittel die besten Ergebnisse liefert.

Die Frage ist nun, wie man dieses Prinzip auf unser Beispiel 1 anwenden kann. Der entscheidende Trick ist dabei die Wahrscheinlichkeitsfunktion, die die möglichen Ergebnisse des Auswahlverfahrens beschreibt. In Beispiel 9 ist das die Binomialverteilung. In den vorherigen Abschnitten diente diese Verteilung dazu, die Wahrscheinlichkeit empirischer Daten f bei gegebenen Parameter π zu berechnen, daher die Bezeichnung $\Pr(f|\pi,N,M')$. Nun lesen wir sie quasi rückwärts und versuchen für gegebene Daten f plausible Parameter π des Modells zu finden (bei feststehendem Stichprobenumfang N und gegebener Verteilungsfunktion M'). π ist jetzt eine veränderliche Größe und f bzw. N haben feste Werte. So betrachtet, ist diese Funktion keine Wahrscheinlichkeitsfunktion mehr und wird daher als *Likelihood-Funktion* $L(\pi|f,N,M')$ bezeichnet.

Daß $L(\pi|f,N,M')$ keine Wahrscheinlichkeitsfunktion ist, will auf den ersten Blick nicht einleuchten, denn für den Anwender beruht sie auf einer solchen Funktion (in diesem Fall der Binomialverteilung) und außerdem wird bei der Beschreibung des Likelihood-Prinzips mit Wahrscheinlichkeiten argumentiert („wähle den Parameter, bei dem es am wahrscheinlichsten ist, daß ..."). Wahrscheinlichkeiten müssen jedoch bestimmten Axiomen gehorchen. Beispielsweise muß die Summe der Wahrscheinlichkeiten aller möglichen Realisationen eines Zufallsexperiments immer eins ergeben. Setzt man in diesem Sinne für unser Beispiel 9 nicht nur die drei Anteilswerte 0,3, 0,5 und 0,8 in die Likelihood-Funktion ein, sondern auch alle anderen möglichen Werte zwischen 0 und 1, dann ergibt die Summe aller elf „Wahrscheinlichkeiten" einen Wert von 3,03. $L(\pi|f,N,M')$ verletzt also eine der Voraussetzungen für Wahrscheinlichkeitsfunktionen. Wir wollen daher die Ergebnisse dieser Funktion (z.B. die Werte 0,03, 0,13 und 0,51 unseres vorherigen Beispiels 9) auch nicht Wahrscheinlichkeiten, sondern *Likelihoods* nennen. Gleichwohl ist diese Funktion ein mathematisches und damit exaktes Hilfsmittel, um die ML-Schätzer eindeutig zu bestimmen.

Betrachten wir dazu unsere Daten in Tabelle 1.6. Die beobachteten Häufigkeiten stammen aus zwei unabhängigen Stichproben (ALLBUS und ISSP, vgl. auch Tabelle 1.1), die wiederum aus zwei verschiedenen Gesellschaften ausgewählt wurden, die je nach Annahme entweder einen gleichen ($\pi_{wp} - \pi_{op} = 0$) oder einen unterschiedlichen Anteil postmaterialistischer Orientierungen haben ($\pi_{wp} - \pi_{op} \neq 0$). Die Verteilungsfunktion für zwei unabhängige Stichproben mit einem dichotomen Merkmal besteht aus einem Produkt zweier Binomialverteilungen (Produkt-Binomialverteilung). Wenn man die beobachteten Häufigkeiten aus Tabelle 1.6 als gegeben betrachtet, dann ergibt sich folgende Likelihood-Funktion:

$$L(\pi_{wp}, \pi_{op} | f_w, f_o, N_w, N_o) = \binom{N_w}{f_w} (\pi_{wp})^{f_w} (1-\pi_{wp})^{(N_w-f_w)}$$

$$\times \binom{N_o}{f_o} (\pi_{op})^{f_o} (1-\pi_{op})^{(N_o-f_o)} \quad (1.6)$$

$$= K (\pi_{wp})^{f_w} (1-\pi_{wp})^{(N_w-f_w)} (\pi_{op})^{f_o} (1-\pi_{op})^{(N_o-f_o)}$$

Gesucht sind die Werte für π_{wp} und π_{op}, die diese Funktion für die Annahme gleicher bzw. unterschiedlicher Wertorientierungen maximieren. Dabei kann man die beiden Binomialkoeffizienten $\binom{N_w}{f_w}$ bzw. $\binom{N_o}{f_o}$ zu einer Konstanten K zusammenfassen, die nicht von π_{wp} und π_{op} abhängt und die daher nur die absolute Höhe der Likelihood, nicht aber das Maximum der Funktion bestimmt. Eine eindeutige Bestimmung des Maximums der Funktion (1.6) ist mit den Mitteln der Differentialrechnung möglich. Dazu betrachtet man in der Regel den natürlichen Logarithmus dieser Funktion – die *Log-Likelihood* –, da diese einfacher zu maximieren ist. Da der natürliche Logarithmus eine monotone Transformation ist, hat die Log-Likelihood-Funktion an der gleichen Stelle ihr Maximum, an der auch die Likelihood-Funktion ihr Maximum hat:

$$\ln(L) = \ln(K) + f_w \ln(\pi_{wp}) + (N_w - f_w) \ln(1-\pi_{wp})$$
$$+ f_o \ln(\pi_{op}) + (N_o - f_o) \ln(1-\pi_{op}) \quad (1.7)$$

Durch die Verwendung von Logarithmen werden alle Produkte zu Summen. Das ist auch numerisch von Vorteil: Setzt man beispielsweise in (1.6) irgendeinen Anteilswert π ein, dann ist wegen der großen Zahlen in den Exponenten (943, 2053, 142, 833) der gesamte Ausdruck faktisch null. Dieses Problem tritt bei Verwendung der Logarithmen nicht auf. Wir arbeiten daher im folgenden nur noch mit der Log-Likelihood-Funktion.

Da wir in diesem Buch keine Kenntnisse der Differentialrechnung voraussetzen, wollen wir den Grundgedanken des Maximierungsproblems auf intuitive Weise graphisch illustrieren. π_{wp} und π_{op} können im Prinzip jeweils beliebige Werte zwischen null und eins annehmen. Für jedes Wertepaar kann man die Log-Likelihood-Funktion (1.7) berechnen, wobei wir die Konstante ln(K)

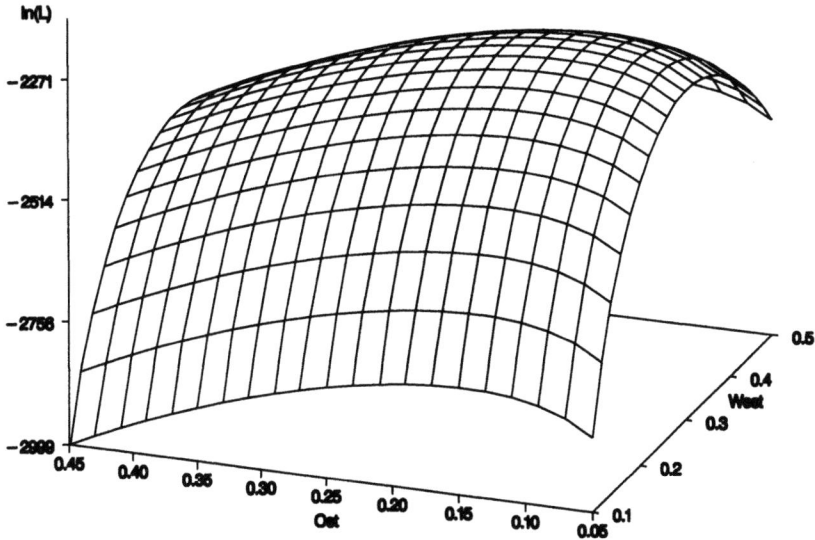

Abbildung 1.3a: Log-Likelihood-Fläche (unterschiedliche Anteile in Ost und West)

einmal außer acht lassen. Das haben wir mit dem Computer durchgerechnet und alle Wertepaare π_{wp} und π_{op} mit den entsprechenden Log-Likelihoods in ein dreidimensionales Achsenkreuz gezeichnet. Wie aus Abbildung 1.3a zu erkennen ist (dort werden π_{wp} und π_{op} mit „West" bzw. „Ost" abgekürzt), hat die Likelihood-Funktion einen eindeutigen Gipfel. Wenn wir genauer hinsehen könnten, würden wir erkennen, daß der höchste Punkt mit -2270,76 bei den Anteilswerten $\hat{\pi}_{wp} = 0{,}31$ und $\hat{\pi}_{op} = 0{,}15$ auftritt. Die beiden Werte sind dementsprechend ML-Schätzer für den Anteil postmaterialistischer Orientierungen, wenn angenommen wird, daß er in beiden Gesellschaften verschieden ist.

ML-Schätzer für das Modell mit der Annahme $\pi_{wp} = \pi_{op}$ lassen sich aus Abbildung 1.3b entnehmen. Alle Wertepaare von π_{wp} und π_{op}, die die Restriktion $\pi_{wp} = \pi_{op}$ erfüllen, liegen auf der Diagonalen der (horizontalen) π_{wp}-π_{op}-Fläche. Die entsprechenden Werte der Likelihood-Funktion sind in der Senkrechten darüber abgetragen. Möchte man also das Maximum der Log-Likelihood-Funktion unter der Annahme $\pi_{wp} = \pi_{op}$ bestimmen, dann muß man quasi einen diagonalen Schnitt durch die Likelihood-Fläche legen und das Maximum nur entlang dieses Schnittes suchen. Der maximale Wert -2328,78 befindet sich an der Stelle $\hat{\pi}_{wp} = \hat{\pi}_{op} = 0{,}27$. 0,27 ist also der ML-Schätzer für den Anteil postmaterialistischer Orientierungen, wenn angenommen wird, daß er in beiden Gesellschaften gleich ist.

Wie im vorherigen Abschnitt bereits angedeutet, ergeben sich für beide Annahmen die gleichen Schätzwerte wie bei Verwendung der Minimum-

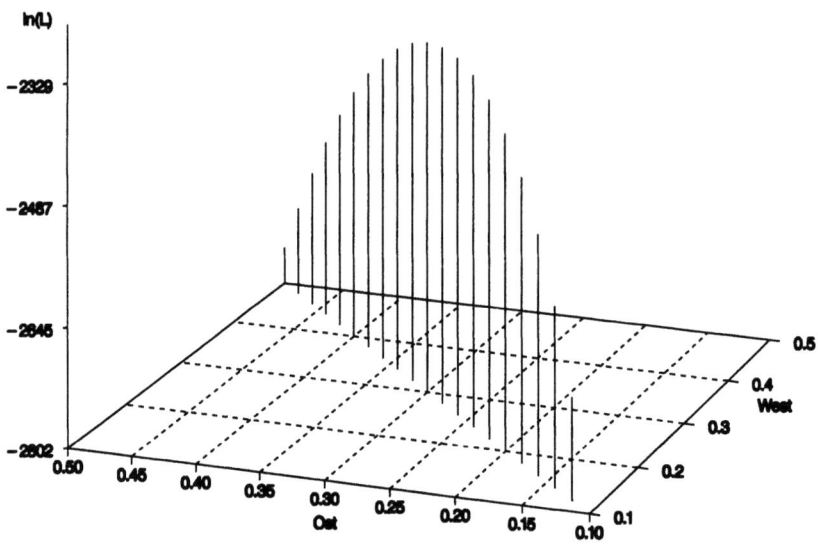

Abbildung 1.3b: Log-Likelihood-Fläche (gleiche Anteile in Ost und West)

Distanz-Methode unter Zugrundelegung der Likelihood-Statistik (1.5b) – und das ist immer so. Man beachte auch, daß das Maximum der Log-Likelihood-Funktion unter der Annahme unterschiedlicher Wertorientierungen größer (höher) ist als unter der Annahme gleicher Wertorientierungen. Wenn man die Konstante ln(K) wieder berücksichtigt, hat die Log-Likelihood im ersten Fall den Wert ln(L) = ln(K)-2270,76 und im zweiten Fall den Wert ln(L) = ln(K)-2328,78. Sie ist also unter der Annahme unterschiedlicher Wertorientierungen um den Betrag 58,02 größer als unter der Annahme gleicher Wertorientierungen. Man beachte, daß die Konstante ln(K) bei dieser Subtraktion fortfällt. Das Doppelte dieser Differenz entspricht im übrigen dem Wert der Likelihood-Statistik für $\hat{\pi}_{wp} = \hat{\pi}_{op} = 0{,}27$ in Tabelle 1.6 (2×58,02 = 116,04).

Dieser Vergleich läßt sich verallgemeinern und wird uns in diesem Buch an verschiedenen Stellen beim Vergleich von Modellen unterschiedlichen Komplexitätsgrades wieder begegnen: L_r sei die Likelihood eines Modells M_r, das ein Spezialfall eines komplexeren Modells ist (man spricht auch von *hierarchisch* angeordneten Modellen). Anders ausgedrückt, das restringierte Modell M_r (engl. *r*estricted model) ergibt sich, indem man in dem nicht-restringierten Modell M_u (engl. *u*nrestricted model) für einen oder mehrere Parameter Restriktionen einführt. Für den Vergleich der beiden Modelle ist dann der folgende Likelihood-Verhältnis-Test (engl. likelihood ratio) entscheidend:

$$LR = -2 \times \ln(L_r/L_u) = 2 \times [\ln(L_u) - \ln(L_r)] \quad (1.8a)$$

In unserem Beispiel entspricht M_r dem Modell gleicher postmaterialistischer Orientierungen in Ost und West und M_u dem Modell unterschiedlicher Orientierungen. M_r ergibt sich aus M_u, indem man die Restriktion $\pi_{wp} = \pi_{op}$ bzw. $\beta_1 = 0$ einführt.

Die zuvor eingeführte Likelihood-Statistik (1.5b) ist ein Spezialfall dieses (allgemeinen) Likelihood-Verhältnis-Testes (daher auch ihr Name). Konkret ergibt sie sich, wenn M_r ein restringiertes Modell ist und M_u einem Modell entspricht, das alle Unterschiede in der Stichprobe reproduziert (weiter unten als *saturiertes* Modell bezeichnet). Die Annahme unterschiedlicher Wertorientierungen in Ost und West ist z.B. ein saturiertes Modell. Setzt man seine Likelihood und die des restringierten Modells mit der Annahme $\pi_{wp} = \pi_{op}$ in (1.8a) ein, ergibt sich der Wert der Likelihood-Statistik: LR = 2 × [(ln(K) − 2270,76) − (ln(K) − 2328,78)] = 116,04 = L^2.

Abschließend sei noch kurz darauf hingewiesen, daß sich das Maximierungsproblem bei ML-Schätzungen numerisch auch als ein Minimierungsproblem formulieren läßt. Davon wird übrigens in vielen Computerprogrammen Gebrauch gemacht. Man betrachtet dann nicht die Log-Likelihood, sondern die *negative* Log-Likelihood. Das dreidimensionale Gebilde in Abbildung 1.3 wird quasi umgestülpt, und es geht darum, den untersten Talpunkt zu bestimmen und nicht den Gipfel. Wir kürzen die negative Log-Likelihood-Funktion mit dem Symbol $\mathfrak{L}$ ab:

$$\mathfrak{L} = -\ln(L) \qquad (1.9)$$

Unter Verwendung der negativen Log-Likelihood-Funktion $\mathfrak{L}$ lautet die Formel für den Likelihood-Verhältnis-Test:

$$LR = 2 \times (\mathfrak{L}_r - \mathfrak{L}_u) \qquad (1.8b)$$

Wie gut sind die Schätzungen?
Nachdem wir nun einen etwas konkreteren Eindruck von den beiden Schätzverfahren dieses Buches haben, können wir uns wieder allgemeineren Fragen zuwenden: Was weiß man über die Qualität dieser Schätzer und wie kann man zwischen verschiedenen Annahmen über die Population entscheiden? Zu der ersten Frage gehört u.a. das Problem, ob es immer ein einziges Maximum, einen einzigen Gipfel der Log-Likelihood-Fläche gibt, so daß die ML-Schätzer eindeutig berechnet werden können (wie etwa in unserem Beispiel). Die gleiche Frage muß man sich übrigens auch für die Minimum-Distanz-Methode stellen: Auch dort hätten wir eine dreidimensionale Darstellung wie in Abbildung 1.3 wählen können. Auf der senkrechten Achse wäre die entsprechende GOF-Statistik abzutragen und statt des Maximums müßte nun ein Mini-

mum, also der Tiefpunkt der Fläche bestimmt werden. Numerische Verfahren zur Bestimmung der Maxima bzw. Minima finden diese Punkte dadurch, daß sie quasi eine Wasserwaage auf bzw. (bei einem Minimum) unter die Fläche halten. Das Maximum bzw. Minimum liegt an der Stelle, an der diese Wasserwaage keine Neigung mehr hat. Existieren nun mehrere Gipfel bzw. Tiefpunkte oder gibt es Sattelpunkte, dann ist diese Bedingung an mehreren Stellen erfüllt. Wenn man die Suche bei der ersten „Fundstelle" abbricht, dann kann es passieren, daß man nicht den höchsten Gipfel bzw. tiefsten Talpunkt erreicht hat. Man hat stattdessen ein sogenanntes *lokales* Maximum bzw. Minimum gefunden. Glücklicherweise haben die meisten in diesem Buch betrachteten Log-Likelihood- bzw. Minimierungsfunktionen ein einziges Maximum resp. Minimum, so daß dieses Problem dort nicht auftreten kann. Eine wichtige Ausnahme bilden allerdings die latenten Klassenmodelle in Kapitel 4. Wir werden dort zu diskutieren haben, wie man sicherstellen kann, daß man ein *globales* und nicht nur ein lokales Maximum der Log-Likelihood-Funktion gefunden hat.

Eine andere Eigenschaft der Log-Likelihood-Fläche bestimmt, mit welcher *Genauigkeit* wir das Maximum bestimmen können: Wenn es sich bei der Fläche mehr oder weniger um eine flache „Ebene" handelt, dann ist der höchste Punkt, selbst wenn nur ein einziger existiert, kaum zu erkennen. Ragt dagegen ein Gipfel ähnlich wie ein Kirchenturm steil hervor, dann ist der Gipfel – die „Turmspitze" – leicht auszumachen. Analoge Überlegungen gelten entsprechend für das Minimum einer Minimierungsfunktion. Man kann zeigen, daß die „Steilheit" des Gipfels mit verschiedenen Eigenschaften der Stichprobe zusammenhängt, von denen man sich üblicherweise eine größere Präzision der Schätzung verspricht. Die Log-Likelihood-Funktion wird beispielsweise immer steiler, je größer der Stichprobenumfang ist. Mathematisch läßt sich die „Steilheit" exakt bestimmen (sie entspricht der 2. Ableitung der Log-Likelihood-Funktion) und man verwendet diesen Wert (genauer: die Inverse der 2. Ableitungen) als Schätzung für den *Standardfehler* der Schätzung.

Fassen wir also einmal zusammen: Bis auf einige wenige Ausnahmen ist es bei den hier betrachteten Modellen erstens möglich, einen einzigen maximalen bzw. minimalen Wert eindeutig zu bestimmen. Wir bezeichnen ihn als WLS- bzw. ML-Schätzer. Zweitens können wir genaue Angaben über die Präzision dieser Schätzung machen.

Ein prinzipielles Problem verbleibt jedoch: Wie bereits bei unserem einführenden 3-Gruppen-Beispiel (Beispiel 9) angedeutet, ist nicht sichergestellt, daß der berechnete Schätzwert auch mit dem tatsächlichen Parameterwert in der Population übereinstimmt. Um dieses Problem zu lösen, müssen wir uns der Hilfsmittel der Inferenzstatistik bedienen. Man kann damit zwar nicht mit 100%iger Sicherheit angeben, welche Wertorientierungen beispielsweise in Deutschland tatsächlich vorliegen, man kann aber feststellen, mit welchem der genannten Schätzverfahren man im Durchschnitt „richtig liegt". Dazu unterstellt man einfach einmal irgendeine Wahrscheinlichkeit postmaterialistischer Orientierungen und probiert in vielen verschiedenen Zufallsstichproben aus dieser vorgestellten Gesellschaft aus, welche Werte die jeweiligen Schätzverfahren ergeben. Man kann dann angeben, ob der Durchschnitt der Prognosen eines Schätzverfahrens mit dem vorgebenen Wert übereinstimmt und wie stark die einzelnen Prognosen um diesen Wert streuen.

Man nennt diese beiden Eigenschaften Erwartungstreue und Effizienz und natürlich begnügt man sich nicht mit dem Ausprobieren: Es läßt sich vielmehr (mathematisch) beweisen, daß WLS- und ML-Schätzungen für die in diesem Buch beschriebenen Modelle mit großen Stichproben (asymptotisch) *erwartungstreue* Schätzwerte liefern. Die Streuung der Schätzungen ist ebenfalls berechenbar: Sie entspricht den aus den 2. Ableitungen berechneten Standardfehlern (s. oben). Verglichen mit anderen Schätzverfahren haben diese Schätzer eine geringere Streuung, beide Ansätze sind also *effizienter* als andere. Wie unser Beispiel zeigt, liefern sie jedoch nicht notwendigerweise identische Schätzwerte. Das gilt insbesondere für kleine Stichproben. Mit zunehmendem Stichprobenumfang unterschieden sich jedoch die Ergebnisse beider Verfahren immer weniger. Man sagt daher, beide Ansätze sind *asymptotisch äquivalent.* Und weil die berechneten Schätzwerte beider Verfahren mit zunehmendem Stichprobenumfang im Durchschnitt auch immer mehr mit dem tatsächlichen Wert in der Population übereinstimmen, bezeichnet man sie schließlich als *konsistente* Schätzer. Wenn man also nicht auf sehr spezielle statistische Kriterien Wert legt, ist die Qualität beider Ansätze aus Anwendersicht mehr oder weniger gleich.

Das prinzipielle Problem ist damit jedoch nur teilweise gelöst: Die inferenzstatistischen Ableitungen sind eben nur im Durchschnitt richtig, was leider nicht ausschließt, daß eine einzelne Stichprobe zufällig „daneben liegen" kann. Aus genau diesem Grund ist es so wichtig, möglichst effiziente Schätzverfahren zu verwenden. Die Schätzwerte, die das gewählte Verfahren liefert, sollten möglichst wenig um den tatsächlichen Wert in der Population streuen.

Welches Modell paßt am besten zu den Daten?
Verbleibt schließlich die Frage, wie man anhand der Schätzergebnisse entscheiden kann, welche der beiden Annahmen gleicher oder unterschiedlicher Wertorientierungen tatsächlich auf die deutschen Verhältnisse im Jahr 1990 zutrifft. Unter Bezug auf die Minimum-Distanz-Methode läßt sich diese Frage auch noch etwas anders stellen: Welches der beiden Modelle paßt am besten zu den Daten? Auf den ersten Blick scheint das Modell mit unterschiedlichen Wertorientierungen in Ost und West am besten zu den Daten zu passen, weil hier die Abweichungen zwischen (geschätzten) erwarteten und beobachteten

Häufigkeiten am geringsten sind, nämlich null. Dagegen ist bei gleichen Wertorientierungen in Ost und West sowohl die Likelihood-Statistik ($L^2 = 116{,}0$) als auch Neymann's Statistik ($X_N^2 = 143{,}3$) größer als null. Weil das Modell unterschiedlicher Wertorientierungen alle in der Stichprobe beobachteten Unterschiede exakt reproduziert, bezeichnet man es auch als ein sogenanntes *saturiertes* Modell. Saturierte Modelle haben per definitionem immer einen perfekten Datenfit ($L^2 = X_N^2 = 0$). Soll man also immer nur saturierte Modelle als passende akzeptieren, weil sie die Daten exakt reproduzieren?

Saturierte Modelle haben den Nachteil, daß sie immer genausoviele Parameter beinhalten, wie Informationen vorliegen: in diesem Fall also zwei Anteilswerte oder Wahrscheinlichkeiten, die Parameter π_{wp} und π_{op}, und zwei Datenwerte, nämlich die (beobachteten) Anteile der Postmaterialisten p_{wp} und p_{op} in den beiden Regionen Ost und West (die Parameter π_{wm} und π_{om} bzw. die beobachteten Anteilswerte der Materialisten p_{wm} und p_{om} werden nicht extra gezählt, da sie sich aus den Parametern und Anteilswerten für die Postmaterialisten errechnen lassen: z.B. $\pi_{wm} = 1 - \pi_{wp}$). Auch wenn die Parameter saturierter Modelle möglicherweise die Struktur der Daten besser zum Ausdruck bringen, verwenden saturierte Modelle zur Beschreibung der Daten genausoviele Zahlenwerte, wie Datenwerte vorliegen. Saturierte Modelle führen daher zu keiner Informationsreduktion. Sie lassen sich daher auch nicht testen. Die Gefahr der *Überanpassung* an die vorliegenden Daten mit allen ihren Idiosynkrasien ist dabei sehr groß. Wir plädieren stattdessen für einfachere Modelle. Zumindest sollte in unserem Beispiel die Hypothese geprüft werden, daß die Wertorientierungen in Ost und West gleich sind. Die Abweichungen zwischen (geschätzten) erwarteten und beobachteten Häufigkeiten in Tabelle 1.6 – zusammengefaßt in den verschiedenen GOF-Statistiken – könnten doch auch zufälliger Natur sein, denn die Daten aus beiden Regionen sind ja „nur" Stichproben.

An dieser Stelle benötigen wir wiederum die Hilfsmittel der Inferenzstatistik. Wenn man weiß, welche unterschiedlichen Werte eine Statistik wie z.B. L^2 in Stichproben annehmen kann, wenn also ihre Verteilung bekannt ist, dann kann man entscheiden, ab wann eine Statistik „groß" ist. Man greift dazu auf die theoretischen Verteilungen der mathematischen Statistik zurück und bezeichnet die Werte als „groß", genauer gesagt als *signifikant*, die gemäß dem Verteilungsmodell sehr unwahrscheinlich sind. Wo die Grenze zwischen „wahrscheinlich" und eher „unwahrscheinlich" liegt, legt der Forscher mit dem Signifikanzniveau fest. Für die GOF-Statistiken (1.5) und die Likelihood-Verhältnis-Statistik (1.8) kann man zeigen, daß sie alle näherungsweise χ^2-verteilt sind (was u.a. zu ihrer irreführenden Namensgebung geführt hat). Diese Verteilung gilt wohlgemerkt nur *näherungsweise* (wären ihre Verteilungen mit der χ^2-Verteilung identisch, könnten sich nicht, wie in unserem Beispiel, unterschiedliche Werte für X_P^2, X_N^2 und L^2 ergeben). Der praktische Nutzen dieser Aussage besteht darin, daß man nunmehr für jedes gewünschte

Signifikanzniveau einen *kritischen Wert* angeben kann, ab dem man die gemessene Abweichung der Daten vom Modell als im statistischen Sinne bedeutend (signifikant) einschätzen würde. Die Anpassungsmaße können also wie eine Prüfgröße im Rahmen eines Hypothesentests verwendet werden. Wir bezeichnen sie in diesem Kontext auch als *Teststatistiken*.

Bei Verwendung der χ^2-Verteilung benötigt man dazu noch die Anzahl der Freiheitsgrade. Sie entspricht der Anzahl der Informationen abzüglich der Anzahl der geschätzten Parameter. Das Modell gleicher Wertorientierungen in Ost und West hat also einen Freiheitsgrad (*zwei* beobachtete Anteile von Postmaterialisten in Ost und West abzüglich *eines* geschätzten Parameters: den laut Modell in Ost und West identischen geschätzten Anteil der Postmaterialisten $\hat{\pi}_{wp} = \hat{\pi}_{op}$). Die Anzahl der Freiheitsgrade entspricht gleichzeitig der Anzahl der Restriktionen. Man sagt daher, mit Einführung der Restriktion $\pi_{wp} = \pi_{op}$ (bzw. $\beta_1 = 0$) gewinnt man einen Freiheitsgrad.

Nach der Bestimmung der Freiheitsgrade ist nur noch das gewünschte Signifikanzniveau festzulegen: z.B. 5% bzw. $\alpha = 0{,}05$. Bei einem Freiheitsgrad und einem Signifikanzniveau von $\alpha = 0{,}05$ beträgt der kritische Wert der χ^2-Verteilung 3,84 (s. die χ^2-Tabelle in Anhang 3). Beide Teststatistiken (L^2 = 116,0, $X_N^2 = 143{,}3$) sind erheblich größer, so daß die Abweichungen zwischen (geschätzten) erwarteten und beobachteten Daten nicht durch Stichprobenschankungen erklärt werden können. Aufgrund dieser überzufälligen Abweichungen müssen wir also die Hypothese verwerfen, daß 1990 in Ost- und Westdeutschland gleiche Wertorientierungen vorgelegen haben.

1.2.5 Einige Anwendungsprobleme

Nachdem wir nun die Grundprinzipien und die statistischen Eigenschaften der beiden Schätzverfahren etwas näher kennengelernt haben, wollen wir zum Schluß noch kurz ein paar Anwendungsprobleme ansprechen.

Notwendiger Stichprobenumfang

Aus unseren Beispielen sollte deutlich geworden sein, daß Methoden zur Analyse kategorialer Daten die Häufigkeiten einzelner Ausprägungen bzw. die Wahrscheinlichkeit des Auftretens dieser Ausprägungen modellieren. Das setzt voraus, daß alle Ausprägungen in hinreichender Anzahl beobachtet werden können. Dieses Problem verschärft sich, wenn man mehrere kategoriale Variablen gleichzeitig betrachtet. Dann müssen für jede Ausprägungs*kombination* hinreichend viele Daten vorliegen. Betrachten wir dazu einmal als Beispiel Tabelle 1.2: Sie enthält vier kategoriale Variablen, die bis auf die Parteipräferenz jeweils zwei Ausprägungen haben. Insgesamt enthält diese Tabelle also

2×2×3×2 = 24 Zellen. Bei einem Stichprobenumfang von 240 Fällen würde das bedeuten, daß bei Gleichverteilung auf alle Zellen pro Zelle 10 Fälle zu beobachten wären. Das gilt allerdings nur bei der (unwahrscheinlichen) Annahme einer Gleichverteilung. Z.B. würden wir bei einem Stichprobenumfang von 750 Fällen durchschnittlich 31,25 Fälle pro Zelle erwarten. Tatsächlich haben jedoch mehrere Zellen eine Häufigkeit kleiner als 10 und eine Zelle ist sogar nur mit einem Fall besetzt.

Warum sind kleine Fallzahlen ein Problem? Diese Frage kann leider nicht unabhängig von dem jeweiligen Modell und dem verwendeten Schätzverfahren beantwortet werden. Von daher bleibt die endgültige Beantwortung dieser Frage den Kapiteln 2-5 vorbehalten. Soviel kann jedoch schon vorab gesagt werden: Die Anforderungen an den notwendigen Stichprobenumfang sind bei WLS-Schätzungen in der Regel höher als bei ML-Schätzungen. Das hat damit zu tun, daß zur Optimierung der Neymann-Statistik (1.5c) die gewichteten quadrierten Abweichungen zwischen beobachteten und erwarteten Anteilswerten minimiert werden. In diese Gewichtung geht u.a. die Häufigkeit der einzelnen Ausprägungskombinationen ein, und damit das Schätzverfahren und die daraus abgeleiteten Teststatistiken ihre optimalen Eigenschaften behalten, müssen diese Häufigkeiten einen bestimmten Mindestumfang haben (zu den Einzelheiten s. Abschnitt 2.4).

Es gibt aber auch bei ML-Schätzungen Probleme (vgl. Abschnitt 3.4): Ein wesentlicher Grund ist die Teststatistik L^2, die man benötigt, um die Anpassung eines log-linearen oder logistischen Modells zu testen. Wenn viele der erwarteten Zellhäufigkeiten niedrige Werte haben (<5 oder sogar <1), dann ist die Annäherung der Teststatistik L^2 an die theoretische χ^2-Verteilung schlecht. L^2 unterschätzt bei kleinen Zellhäufigkeiten oft die Wahrscheinlichkeit des Fehlers erster Art, und dementsprechend ist die Gefahr groß, daß man bei dem Hypothesentest mit L^2 falsche Entscheidungen trifft. Ähnliches gilt im übrigen auch für Pearson's Statistik X_P^2, die häufig zu Vergleichszwecken herangezogen wird, und für Neymann's Statistik X_N^2. Wie wir allerdings in Abschnitt 3.4 zeigen werden, gibt es sogenannte konditionale Modelltests, die sehr viel geringere Anforderungen an den Mindeststichprobenumfang stellen. Im übrigen sind auch die eigentlichen ML-Schätzungen der Parameter sehr viele weniger negativ von kleinen Zellhäufigkeiten betroffen.

Um im Vorfeld einer Untersuchung abzuschätzen, ob es eventuell Probleme mit den Zellenbesetzungen gibt, kann man sich vorher überlegen, wieviele Variablen mit wievielen Ausprägungen gemeinsam betrachtet werden sollen. Teilt man den Stichprobenumfang durch die Anzahl der Zellen dieser maximal zu analysierenden Tabelle, dann erhält man eine Angabe darüber, wieviele Fälle pro Zelle bei einer Gleichverteilung zu erwarten sind. Soll also die umfangreichste multivariate Tabelle 30 Zellen haben, dann sind bei einem Stichprobenumfang von N = 300 zehn Fälle pro Zelle zu erwarten. In Einzelfällen können es natürlich auch sehr viele weniger sein, weil die Annahme einer Gleichverteilung in der Regel für empirische Verteilungen sehr unrealistisch ist. Relativ zur Komplexität des Analyseproblems (30 Zellen) kann der Stichprobenumfang in diesem Fall zu gering sein. Ein spezielles Problem sind dabei einzelne Zellen mit Häufigkeit Null, die im übrigen auch auftreten können, wenn der Stichprobenumfang sehr groß ist (eben weil die Daten nicht gleich verteilt sind).

Zellen mit der Häufigkeit Null
Zwei Arten von Zellhäufigkeiten werden dabei unterschieden: *strukturelle Nullen* und *Stichprobennullen*. Alle Ausprägungskombinationen, die in der Population nicht existieren, bezeichnet man als strukturelle Nullen. Beispiele wären Frauen mit Prostatakrebs, schwangere Männer usw. In diesem Fall kann eine konkrete Stichprobe auch noch so umfangreich sein, man wird diese Ausprägungskombinationen nicht beobachten können, weil es sie eben nicht gibt. Anders dagegen bei Stichprobennullen: Diese Ausprägungskombinationen gibt es in der Population, wenn auch sehr selten, so daß sie in kleinen Stichproben möglicherweise nicht vorkommen. Ein Beispiel wären etwa die jüngeren FDP-Anhänger mit Konfession unter den Wählern, die in Tabelle 1.2 nur mit einer Person vertreten sind. Wäre der Stichprobenumfang nicht 750, sondern nur 300 gewesen, hätte es durchaus vorkommen können, daß diese Zelle unbesetzt geblieben wäre.

Strukturelle Nullen können in der Regel durch geeignete Modelle berücksichtigt werden. Stichprobennullen sind dagegen insbesondere für WLS-Schätzungen ein Problem. Bei der Gewichtung kommt es einerseits zu numerischen Problemen (Division durch null), und andererseits würde eine Gewichtung mit null auch zu logischen Problemen führen. Um Stichprobennullen zu umgehen, wird häufig zu allen Häufigkeiten einer multivariaten Tabelle eine kleine Zahl größer als null und kleiner als 0,5 hinzuaddiert. Diese „Korrektur" der Daten bleibt jedoch nicht ohne Auswirkungen auf die Schätzergebnisse, und man sollte daher immer verschiedene Korrekturwerte ausprobieren – wie etwa 0,5, 0,1, 0,01 oder noch kleinere Zahlen –, um festzustellen, wie stark und an welchen Stellen das Schätzergebnis davon betroffen ist.

Für ML-Schätzungen können Stichprobennullen in sehr spezifischen Fällen auch ein Problem sein, in den meisten Fällen kann der Likelihood-Ansatz jedoch sehr viel besser mit ihnen umgehen als WLS-Schätzungen. Ganz allgemein benötigt man bei ML-Schätzungen für alle die Ausprägungen bzw. Ausprägungskombinationen Beobachtungen, für die man Effekte schätzen möchte (genauer gesagt benötigt man für ML-Schätzungen geschätzte Häufigkeiten $\hat{F}>0$, und viele beobachtete Häufigkeiten $f = 0$ führen zu $\hat{F} = 0$). In Abhängigkeit von der Art des Effektes kann dies bei geringen Fallzahlen zu Problemen führen oder auch nicht. Möchte man beispielsweise wissen, wie sich die Wahlbeteiligung der jungen FDP-Anhänger mit Konfession vom

Durchschnitt aller Wahlberechtigten unterscheidet, dann benötigt man natürlich entsprechende FDP-Anhänger mit den genannten Eigenschaften (jung, mit Konfession). Gerade diese Kombination kann aber in der Stichprobe fehlen. Dann läßt sich dieser spezifische Effekt nicht überprüfen, was aber nicht ausschließt, das es hinreichend viele FDP-Anhänger, jüngere Personen oder Personen mit Konfession gibt, um festzustellen, wie sich die FDP-Anhänger allgemein oder die Jüngeren oder die Personen mit Konfession vom Gesamtdurchschnitt unterscheiden. Ohne das jeweilige Modell genauer zu kennen, ist es daher schwierig zu sagen, wann die Schätzung einzelner Effekte von einer Stichprobennull betroffen ist.

Fehlende Werte

Gerade weil das Problem ausreichender Fallzahlen für kategoriale Daten so bedeutsam ist, sollte man möglichst alle verfügbaren Informationen nutzen. Ein besonders ärgerliches Problem sind in diesem Zusammenhang fehlende Werte bei einzelnen Variablen. Dabei ist es eine gängige Praxis, alle die Beobachtungen von der weiteren Analyse auszuschließen, die bei den Untersuchungsmerkmalen fehlende Werte aufweisen. Dieser fallweise Ausschluß fehlender Werte (engl. listwise deletion of missing data) kann bei multivariaten Fragestellungen sehr schnell zu einer erheblichen Reduktion der Fallzahl führen, weil jede Beobachtung ausgeschlossen wird, die bei irgendeiner der betrachteten Variablen einen fehlenden Wert aufweist. Sowohl für den GSK-Ansatz als auch für die log-linearen Modelle sind aber mittlerweile flexible Ansätze entwickelt worden, die von allen verfügbaren Informationen Gebrauch machen, also auch von den Beobachtungseinheiten, bei denen eine oder mehrere Variablen fehlende Werte aufweisen. Aus Platzgründen können wir in diesem Buch auf diese Techniken nicht eingehen und verweisen daher auf die einschlägige Literatur (Fay 1986, Hagenaars 1990, Winship/Mare 1989, Koch et al. 1972, Lehnen/Koch 1974).

Große Stichproben

Nachdem wir so viel über kleine Stichproben und Nullzellen gesagt haben, wollen wir auch kurz den umgekehrten Fall – große Stichproben – ansprechen. Das kommt vor allem dann vor, wenn man amtliche Daten mit sehr großem Stichprobenumfang oder Totalerhebungen betrachtet. Ganz abgesehen davon, daß man bei Totalerhebungen keine Inferenzstatistik benötigt, versagen bei großen Stichproben die Teststatistiken, weil aufgrund der hohen Fallzahlen alle Statistiken signifikant sind, seien die getesteten Unterschiede auch noch so klein. Es ist daher sehr schwierig, zwischen verschiedenen alternativen Modellen zu entscheiden, da jedes für sich einen signifikanten Erklärungszuwachs aufweist. In dieser Situation sollte man noch mehr als in allen anderen Fällen nicht nur auf die Signifikanz bestimmter Effekte, sondern auch auf die Größe der Effekte achten, um zu sehen, ob sie wirklich einen *bedeutsamen* Unterschied machen. Neben Teststatistiken werden wir aber auch verschiedene deskriptive Maße der Modellanpassung vorstellen, mit denen man alternative Modelle in Bezug auf ihre Prognosefähigkeiten miteinander vergleichen kann.

Auswahlverfahren

Implizit sind wir bei allen bisherigen Überlegungen von einfachen Zufallsstichproben ausgegangen, in denen jedes Element der Population die gleiche Auswahlchance hat. Das ist die übliche Lehrbuchannahme. In der Praxis sind jedoch die wenigsten sozialwissenschaftlichen Umfragen einfache Zufallsstichproben. Meistens handelt es sich um komplexe, mehrstufige Auswahlverfahren, in denen Klumpenstichproben mit geschichteten Auswahlen kombiniert werden. Dazu kommt das Problem der Interviewausfälle aufgrund von Antwortverweigerungen und Nichterreichbarkeit der Untersuchungspersonen, das dazu führen kann, daß bestimmte Personengruppen in der Stichprobe unter- und andere überrepräsentiert sind.

Üblicherweise werden diese Ausfallprozesse sowie die unterschiedlichen Auswahlwahrscheinlichkeiten im Rahmen komplexer Stichprobendesigns durch Gewichtungsverfahren korrigiert. Aufgrund dieser Gewichtung sind jedoch alle berechneten Standardfehler falsch und die Teststatistiken überschätzen die statistische Signifikanz der einzelnen Effekte. Lee et al. (1989) zeigen, wie man WLS- und ML-Schätzungen korrigieren kann, um solche komplexen Stichprobendesigns zu berücksichtigen. Wir gehen in allen folgenden Kapiteln vereinfachend von einfachen oder geschichteten Zufallsstichproben aus, so daß diese Korrektur in unserem Fall unnötig ist. Einfache Zufallsstichproben sind die Standardannahme. Geschichtete Zufallsstichproben ergeben sich, wenn man getrennt für verschiedene Schichten bzw. Gruppen der Population einfache Zufallsstichproben zieht (z.B. getrennt für Ost- und Westdeutsche). Geschichtete Zufallsstichproben kann man ebenfalls ohne Probleme verwenden, wenn man durch eine geeignete Modellspezifikation sicherstellt, daß die Verteilung der Schichtungsmerkmale durch die WLS- oder ML-Schätzung exakt reproduziert wird.

1.3 Weitere Literaturhinweise

Dieses Buch ist nicht die einzige Einführung in die Analyse kategorialer Daten. Allerdings konzentrieren sich andere Darstellungen häufig auf einen einzelnen Ansatz mit relativ wenigen Bezügen zu den anderen Methoden (s.

die Literaturempfehlungen am Ende der Kapitel 2–5). In diesem Sinne umfassendere Nachschlagewerke sind die Bücher von Bishop et al. (1975), Haberman (1978, 1979) und Agresti (1990), obwohl auch sie vor allem den Likelihood-Ansatz und multiplikative Modelle diskutieren. Das eher einführende Buch von Reynolds (1977) ist vor allen Dingen deshalb erwähnenswert, weil es eines der wenigen Lehrbücher ist, das log-lineare Modelle und GSK-Ansatz gemeinsam darstellt. Gute Einführungen in die klassische Tabellenanalyse sind immer noch die Bücher von Rosenberg (1968) und Anderson/ Zelditch (1975). Eliason (1993) und King (1989) geben einen Überblick über ML-Schätzungen, während Read und Cressie (1988) das Schätzproblem eher aus der Perspektive der Modellanpassung diskutieren.

2 Tabellenanalyse mit gewichteter Regression: Der GSK-Ansatz

In diesem Kapitel geht es um den Ansatz, der 1969 von Grizzle, Starmer und Koch vorgeschlagen wurde. Er ist seitdem unter dem Namen *GSK-Ansatz* bekannt. Andere Bezeichnungen wie etwa *Minimum-Chi-Quadrat-Methode* oder *gewichtete Regression* beziehen sich auf das verwendete Schätzverfahren. Ganz allgemein kann man sagen, der GSK-Ansatz basiert auf einer Anwendung des *allgemeinen linearen Modells* auf kategoriale Daten. Das allgemeine lineare Modell ist die methodische Basis der Regressions- und Varianzanalyse mit metrischen abhängigen Merkmalen.

Kennzeichnend für den GSK-Ansatz ist eine klare Unterscheidung der untersuchten Merkmale in abhängige und unabhängige Variablen (*asymmetrische* Fragestellung), was nicht ausschließt, daß mit dem GSK-Ansatz auch Daten analysiert werden können, ohne abhängige und unabhängige Variablen zu spezifizieren. Gegenstand der Untersuchung sind entweder die Anteile einzelner Ausprägungen der abhängigen kategorialen Variablen oder statistische Maßzahlen, die sich aus diesen Anteilswerten berechnen lassen. Annahmen über die den Daten zugrundeliegenden Strukturen werden in entsprechende Regressionsmodelle für die Anteilswerte bzw. die daraus abgeleiteten Maßzahlen übersetzt. Das Schwergewicht dieses Ansatzes liegt auf der Schätzung der Modellparameter inkl. entsprechender Hypothesentests über die Parameter.

Die folgende Einführung in den GSK-Ansatz erfolgt in mehreren Schritten. Anhand eines einfachen Beispiels mit ausschließlich dichotomen kategorialen Merkmalen werden in Abschnitt 2.1 zunächst die wesentlichen Grundlagen dargestellt. Ein gewisses Maß an Formalisierung ist dabei hilfreich. Abschnitt 2.1.1 erläutert dementsprechend grundlegende Konzepte sowie die verwendete Notation. Der folgende Abschnitt 2.1.2 demonstriert, wie man Regressionsmodelle für Anteilswerte in einer Kreuztabelle formulieren kann. Wir beginnen dabei mit sogenannten *saturierten Modellen*, die alle beobachteten Eigenschaften der Stichprobe reproduzieren. Abschnitt 2.1.3 faßt noch einmal die verschiedenen Effekte zusammen, die in einem saturierten Modell betrachtet werden, und zeigt, wie sie mit Hilfe von *Design-Matrizen* spezifiziert werden können.

Das Ziel einer Datenanalyse ist jedoch in der Regel nicht die exakte Reproduktion aller Details der Stichprobe, sondern eine Reduktion der Daten auf ihre wesentlichen Strukturen. Häufig hat man auch aufgrund theoretischer Überlegungen bestimmte Hypothesen über die Struktur der Daten. Aufgrund dieser theoretischen Vorstellungen wird man einen Teil aller denkbaren Effekte ausschließen können und dementsprechend *nicht-saturierte Modelle* spezifizieren, in denen die entsprechenden Parameter des saturierten Modells null gesetzt werden. Zwar werden diese restringierten Modelle die beobachteten Daten nicht mehr exakt reproduzieren können, jedoch kann man Abweichungen zwischen Daten und Modellprognosen als zufällig betrachten, wenn die Hypothesen richtig sind. Nicht-saturierte Modelle werden in Abschnitt 2.1.4 eingeführt.

Die Existenz solcher Zufallsfehler bedeutet gleichzeitig, daß Stichprobe und Population im allgemeinen nicht identisch sind. Damit entsteht das Problem, wie man die Parameter eines Modells bestimmen kann, wenn die Daten nicht unmittelbar Aufschluß über die tatsächlichen Verhältnisse in der Population geben. Den Rückschluß von einer Stichprobe auf die entsprechende Population bezeichnet man als *Schätzen*. Abschnitt 2.1.4 demonstriert, wie man mit einer gewichteten Kleinste-Quadrate-Schätzung die Parameter eines nicht-saturierten Modells bestimmen kann. Abschnitt 2.1.5 diskutiert schließlich verschiedene Strategien, wie man ein „passendes" Modell finden kann, das die Daten sowohl nach statistischen als auch nach inhaltlichen Kriterien angemessen beschreibt.

Nach diesem einfachen Beispiel mit ausschließlich dichotomen kategorialen Variablen wenden wir uns dann im folgenden Abschnitt 2.2 Anwendungsproblemen und komplexeren Datenkonstellationen mit (polytomen) nominalen, ordinalen und metrischen kategorialen Merkmalen zu. Dieser zweite Teil unserer Darstellung demonstriert, daß der GSK-Ansatz praktisch für jede Datenkonstellation geeignet ist, die im Rahmen sozialwissenschaftlicher Untersuchungen auftreten kann. Auch Logitmodelle, die im dritten Kapitel als Spezialfall des log-linearen Modells vorgestellt werden, kann man damit berechnen. Der GSK-Ansatz verwendet hier lediglich ein anderes Schätzverfahren. Danach gibt Abschnitt 2.3 einen Ausblick auf einige weiterführende Anwendungen, wie etwa Pfadanalysen oder Methoden für Längsschnittdaten und komplizierte Funktionen der Anteilswerte. Wie bereits in der Einleitung in Kapitel 1 angedeutet, hat der GSK-Ansatz gewisse Anwendungsvoraussetzungen, insbesondere was den notwendigen Stichprobenumfang anbetrifft. Da die Voraussetzungen je nach Datenkonstellation und GSK-Modell variieren, lassen sie sich erst dann präzise und verständlich darstellen, nachdem man einen Überblick über verschiedene GSK-Modelle gewonnen hat. Das passiert in Abschnitt 2.4. Zum Schluß folgen in Abschnitt 2.5 Hinweise zu Literatur und Programmen zum GSK-Ansatz.

2.1 Ein einführendes Beispiel

2.1.1 Grundlegende Konzepte und Notation

Als Beispiel verwenden wir Angaben über die Wahlbeteiligung von 750 wahlberechtigten Personen, die aus didaktischen Gründen eigens für diese Einführung generiert und bereits im einleitenden Kapitel 1 vorgestellt wurden (vgl. Beispiel 2, Tabelle 1.2). Der Datensatz wurde so erstellt, daß damit (fast) alle Aspekte einer GSK-Analyse demonstriert werden können. Wie Tabelle 1.2 zeigt, enthält er u.a. die vier Merkmale Alter, Konfession, Parteipräferenz und Wahlbeteiligung, die wir im folgenden mit den Großbuchstaben A, B, C und D abkürzen. Von den vier Merkmalen haben A, B und D zwei und C drei Ausprägungen, so daß wir es mit einer *vierdimensionalen* 2×2×3×2-Tabelle oder kurz mit einer *multivariaten Kreuztabelle* ABCD zu tun haben.

Obwohl nur vier Variablen betrachtet werden, enthält diese Tabelle eine Fülle von Informationen, die nicht unmittelbar evident sind. Betrachtet man z.B. die Mitgliedschaft in einer Konfession als einen groben Indikator für Religiosität, kann man mit den Daten untersuchen, ob ältere Menschen wirklich religiöser sind als jüngere, wie von manchen Generations- und Lebenslauftheorien behauptet wird. Im Rahmen einer wahlsoziologischen Untersuchung kann man weiterhin untersuchen, wie stark unterschiedliche soziale Gruppen – unterschieden beispielsweise nach Alter und parteipolitischer Orientierung – in das System einer repräsentativen Demokratie involviert sind, d.h., sich an Wahlen beteiligen. In diesem Abschnitt 2.1 werden wir uns auf die zweite, wahlsoziologische Fragestellung konzentrieren. Weitere Analyseschritte folgen in den anschließenden Abschnitten.

Die Notation, die wir zur Darstellung des GSK-Ansatzes verwenden, wurde mit den folgenden Kapiteln über log-lineare und logistische Modelle abgestimmt und ist daher nicht in allen Aspekten mit der üblicherweise verwendeten GSK-Notation (s. unten) identisch. Beobachtete Häufigkeiten werden mit f bezeichnet, wobei hochgestellte Buchstaben die Variablen und tiefgestellte Ziffern oder Buchstaben die Ausprägungen der Variablen kennzeichnen, auf die sich die jeweilige Häufigkeit bezieht. Die erste Zellhäufigkeit in Tabelle 1.2 beträgt beispielsweise 38 und wird mit f^{ABCD}_{1111} bezeichnet. Ganz allgemein ist mit $f^{ABCD}_{ijk\ell}$ die Anzahl der Personen gemeint, die Ausprägung i bei Variable A, Ausprägung j bei B, Ausprägung k bei C und Ausprägung ℓ bei D aufweisen.

Für die tabellarische Darstellung hätten die vier Merkmale übrigens auf ganz unterschiedliche Art und Weise angeordnet werden können: z.B. alle Kombinationen von Alter und Konfession in den Zeilen und die Kombinationen von Parteipräferenz und Wahlbeteiligung in den Spalten. In Tabelle 1.2 wird eine Anordnung gewählt, die für die *asymmetrischen Fragestellungen* des GSK-Ansatzes typisch ist: Eine Variable (Wahlbeteiligung), die das Ziel der Analyse ist, definiert die Spalten. Dabei interessiert, wie die Verteilung der Ausprägungen dieser *abhängigen Variablen* mit bestimmten anderen Merkmalen variiert. Wir bezeichnen letztere als *unabhängige Variablen*. Die Kombinationen aller Ausprägungen dieser unabhängigen Variablen definieren die Zeilen der Tabelle, so daß man zeilenweise die jeweilige Verteilung von Wählern und Nicht-Wählern ablesen kann.

Ganz allgemein gesprochen bestehen die Daten des GSK-Ansatzes also aus einer multivariaten Kreuztabelle, die wie folgt angeordnet ist:
Zeilen – Kombinationen der Ausprägungen der unabhängigen Variablen,
Spalten – Ausprägungen der abhängigen Variable.

Grizzle, Starmer und Koch bezeichnen die unabhängigen Variablen auch als *Faktoren* und die Kombination ihrer Ausprägungen als *Design*. Die abhängige Variable wird auch als *Response-Faktor* bezeichnet, ihre Ausprägungen als *Responses* (im folgenden auch manchmal als *Zielkategorien* bezeichnet). Durch das Design wird die gesamte Untersuchungsgruppe praktisch in mehrere Subgruppen oder – wie Grizzle, Starmer und Koch es nennen – in mehrere *Subpopulationen* untergliedert. Mit dieser Aufteilung hat eine GSK-Tabelle im allgemeinen Fall s Zeilen (*Subpopulationen*) und r Spalten (*Responses*), in unserem Fall also 2×2×3 = 12 Zeilen und 2 Spalten. Innerhalb des GSK-Ansatzes gibt es keine Beschränkungen bezüglich der Anzahl der analysierbaren Subpopulationen und der Anzahl der Ausprägungen der abhängigen Variablen, vorausgesetzt der Stichprobenumfang reicht aus, um hinreichend große Zellhäufigkeiten zu garantieren. Bei dichotomen abhängigen Variablen, die nicht zu schief verteilt sind, empfehlen Forthofer und Lehnen (1981) mindestens 25 Fälle pro Subpopulation. Diese Forderung darf nach dieser Faustregel bei einem Viertel der Subpopulationen verletzt werden, wenn keine Subpopulation weniger als 10 Fälle aufweist (ausführlich dazu Abschnitt 2.4). Da in Tabelle 1.2 nur zwei von zwölf Subpopulationen weniger als 25 Fälle aufweisen und keine der beiden weniger als 10 Fälle besitzt, ist diese Voraussetzung für eine Analyse von Tabelle 1.2 gegeben. Wie bei allen Faustregeln sollten diese Zahlen jedoch nur als grobe Orientierung gelten.

Die Aufteilung der betrachteten Merkmale in abhängige Variable einerseits und unabhängige Variablen andererseits erfolgt jedoch nicht nur aus Gründen der tabellarischen Darstellung oder weil die zugrundeliegende Fragestellung eine solche Differenzierung nahelegt. Mit ihr ist gleichzeitig eine bestimmte Annahme über die Verteilung der beobachteten Häufigkeiten verbunden, die für die folgende statistische Analyse von zentraler Bedeutung ist. Bezogen auf das Beispiel wird angenommen, daß die Verteilung der Wähler und Nicht-Wähler in einer Subpopulation nicht mit der entsprechenden Verteilung in anderen Subpopulationen zusammenhängt (*Annahme statistisch unabhängiger Subpopulationen*). Das ist immer dann der Fall, wenn die Personen einer Subpopulation weder mit den Personen einer anderen Subpopulation identisch sind, noch ihr Verhalten mit dem Verhalten von Personen in anderen Subpopulationen korreliert. Trifft die Unabhängigkeitsannahme zu, dann kann man die Gesamthäufigkeit jeder Subpopulation als *gegeben* betrachten und die Häufigkeiten innerhalb der Subpopulation unabhängig von den Häufigkeiten in den anderen Subpopulationen modellieren. Die einzelnen Häufigkeiten innerhalb der Subpopulationen sind *multinomial* verteilt. Wie bereits im ersten Kapitel erwähnt, ist die Multinomialverteilung eine Verallgemeinerung der Binomialverteilung für Zufallsexperimente, in denen die untersuchte Variable mehr als zwei Ausprägungen hat. In unserem Beispiel, in dem die abhängige Variable Wahlbeteiligung nur zwei Ausprägungen hat, reduziert sich diese allgemeine Verteilungsannahme auf die bekannte Binomialverteilung.

Diese Unabhängigkeitsannahme ist in unserem Beispiel gegeben. Keine der 750 befragten Personen kommt zweimal vor, so daß Personen einer Subpopulation mit Personen einer anderen Subpopulation identisch wären. Auch ist nicht anzunehmen, daß die Wahlbeteiligung von Personen einer bestimmten Altersgruppe, Konfessionszugehörigkeit und Parteipräferenz mit der Wahlbeteiligung einer anderen Altersgruppe, Konfession usw. korreliert. Hätte man jedoch die Wahlbeteiligung der gleichen Personen zu zwei verschiedenen Wahlzeitpunkten erhoben oder hätte man Ehemänner und ihre Ehefrauen befragt, dann betrachtet man im ersten Fall *identische* Personen und im zweiten Fall ein Verhalten, das innerhalb einer so engen Personengemeinschaft wie der Ehe wahrscheinlich hoch *korreliert*.

Sollte die Annahme statistisch unabhängiger Subpopulationen verletzt sein, dann müssen die Daten so in einer GSK-Tabelle angeordnet werden, daß die (statistisch) voneinander abhängigen Beobachtungen jeweils in einer Zeile der Tabelle stehen. In diesem Fall bestehen nicht nur die Subpopulationen aus einer Kombination verschiedener Variablen, sondern ebenso die Zielkategorien (Responses). Glücklicherweise kann man jedoch bei vielen einfacheren Fragestellungen – wie auch in Tabelle 1.2 – die eigentlich interessierende abhängige Variable unmittelbar als Response-Faktor verwenden. In vielen komplexeren Datenkonstellationen – wie z.B. bei Meßwiederholungen – ist es dagegen notwendig, zunächst kombinierte Response-Faktoren zu bilden und daraus die eigentlich interessierenden Größen zu berechnen (Beispiele mit Multi-Response-Faktoren finden sich bei Forthofer/Lehnen (1981), insbes. Kap. 8 und 9).

Unabhängig davon, wie viele Merkmale in welcher Aufteilung in die Analyse eingehen, bestehen die Ausgangsdaten des GSK-Ansatzes – rein datentechnisch gesehen – immer aus einer zweidimensionalen r×s-Tabelle.

Dies legt folgende Vereinfachung unserer Notation nahe: Anstatt in f_{ijkl}^{ABCD} die Ausprägung jeder Variablen zu notieren, kann man auch zwei Indizes i und j verwenden, um Zeile und Spalte zu kennzeichnen, in der sich die jeweilige Häufigkeit befindet. Die Häufigkeit $f_{1111}^{ABCD}=38$ in der ersten Zeile und ersten Spalte wird dann mit f_{11} bezeichnet. Die Gesamthäufigkeit einer Subpopulation i kann dann durch Summierung aller j = 1,...,r Häufigkeiten einer Zeile $f_i = \Sigma_j f_{ij}$ berechnet werden. Das '+'-Zeichen im Index soll dabei andeuten, daß über den entsprechenden Index summiert wurde. Immer dann, wenn es nicht notwendig ist, direkt auf die verwendeten Variablen (A, B, C, D) Bezug zu nehmen, werden wir von dieser *GSK-Notation* Gebrauch machen. Dabei beachte man aber, daß der Index i bei der GSK-Notation (z.B. f_{ij}) die Nummer der Subpopulation bezeichnet, während der Index i in der ausführlichen Notation (z.B. f_{ijkl}^{ABCD}) die Ausprägung der Variablen A bezeichnet. In einigen Formeln, in denen beide Schreibweisen benutzt werden, hat also i zwei verschiedene Bedeutungen.

Nach diesem Exkurs wollen wir uns wieder der Fragestellung unseres Beispiels zuwenden: Es liegt auf der Hand, daß ein Vergleich der *absoluten Häufigkeiten* der Wählenden relativ wenig darüber aussagt, in welchen Subpopulationen der Untersuchungsgruppe die Wahlbeteiligung besonders hoch ist, da die Besetzung der Subpopulationen ebenfalls sehr unterschiedlich ist. Betrachten wir beispielsweise die älteren Wahlberechtigten mit Konfession: In dieser Gruppe sind „nur" 81 der SPD-Sympathisanten, aber 127 der CDU/CSU-Symathisanten zur Wahl gegangen. Dabei ist jedoch zu berücksichtigen, daß die Anzahl der SPD-Sympathisanten mit insgesamt 92 um mehr als ein Drittel geringer ist als die Anzahl der CDU/CSU-Sympathisanten, welche 150 beträgt.

Es ist daher notwendig, die *relative Häufigkeit*, den Anteil der Wähler pro Subpopulation zu betrachten. Ein Blick in die entsprechende Spalte der Tabelle 1.2 zeigt, daß der Wähler-Anteil bei den SPD-Anhängern mit 88% sogar leicht höher ist als der entsprechende Anteil von 84,7% bei den CDU/CSU-Anhängern. Bei den Nicht-Wählern kehren sich die Verhältnisse entsprechend um. Die entsprechenden Anteile der Nicht-Wähler – 12% und 15,3% – ergeben sich als Differenz zu 100%. Diese *beobachteten Anteilswerte* p sind wie folgt definiert:

$$p_{ij} = \frac{f_{ij}}{f_{i+}} \qquad (2.1)$$

Die entsprechenden Prozentwerte $100 \times p_{ij}$ werden als *Zeilenprozente* der Kreuztabelle bezeichnet.

Basis der Prozentuierung resp. Anteilsberechnung ist der Umfang f_{i+} der jeweiligen Subpopulation und nicht der gesamte Stichprobenumfang N = 750 (bei log-linearen Modellen ist das genau umgekehrt: dort ist der Stichprobenumfang die Prozentuierungsbasis). Man betrachtet also die *bedingte* Verteilung der abhängigen Variablen Wahlbeteiligung (D). Bedingung ist, daß eine Person aus der jeweiligen Subpopulation stammt. Dies hängt wiederum damit zusammen, daß der GSK-Ansatz die Besetzungszahlen der Subpopulationen als gegeben betrachtet. Es handelt sich also um einen *bedingten* Anteilswert. Für einige der folgenden Ableitungen ist es hilfreich zu wissen, wie sich die jeweilige Subpopulation i zusammensetzt. In diesem Fall werden wir auf die ausführliche Notation zurückgreifen und die Bezeichnung $p_{ijk\ell}^{ABC\bar{D}}$ statt p_{ij} verwenden. $p_{ijk1}^{ABC\bar{D}}$ bezeichnet den Anteil der Zielkategorie D = 1 bezogen auf den Umfang f_{i+} der Subpopulation mit den Ausprägungen A = i, B = j und C = k. Da es sich um den *bedingten* Anteil der Zielkategorie D = 1 handelt, haben wir über das Symbol der entsprechenden Variable (D) einen Querstrich gezeichnet.

Neben einer r×s-Tabelle von Häufigkeiten f_{ij} gibt es also noch eine entsprechende r×s-Tabelle von Anteilswerten p_{ij}. Faktisch verwendet der GSK-Ansatz nur die Besetzungszahlen der Subpopulationen f_{i+}, alle anderen Häufigkeiten werden gemäß (2.1) in Anteilswerte umgewandelt. Man beachte dabei, daß sich die Anteilswerte einer Subpopulation notwendigerweise zu eins addieren

$$\sum_{j=1}^{r} p_{ij} = 1 \qquad (2.2)$$

so daß sich der letzte – der r-te – Anteilswert immer aus den anderen ergibt:

$$p_{ir} = 1 - \sum_{j=1}^{r-1} p_{ij} \qquad (2.3)$$

Anders ausgedrückt, von den r Anteilswerten einer Subpopulation sind (r-1) nicht redundant. In unserem Beispiel mit einer dichotomen abhängigen Variablen (r = 2) reicht es daher aus, den prozentualen Anteil der Wähler 100×p_{i1} pro Subpopulation zu notieren, die entsprechenden Prozentwerte der Nicht-Wähler 100 × p_{i2} = 100 × (1-p_{i1}) ergeben sich durch Subtraktion von 100.

Aus Tabelle 1.2 erkennen wir, daß die Wahlbeteiligung insgesamt bei 67,2% liegt, wobei die älteren FDP-Sympathisanten mit Konfession mit 95,2% den höchsten Wähleranteil und die jüngeren CDU/CSU-Sympathisanten ohne Konfession mit 42,4% den niedrigsten Wähleranteil haben. Durch Vergleich dieser *bedingten* Anteilswerte mit dem *marginalen* Anteilswert 67,2% kann man herausfinden, bei welchen Ausprägungen der drei unabhängigen Variablen Alter, Konfession und Parteipräferenz die Wahlbeteiligung über- bzw. unterdurchschnittlich ist. Durch eine sorgfältige Analyse der zwölf Anteilswerte läßt sich erkennen, daß die Wahlbeteiligung der älteren wie der religiösen Wahlberechtigten im Durchschnitt eher höher ist als die Wahlbeteiligung der jüngeren und nicht-religiösen Wahlberechtigten. Wie aber die Wahlbeteiligung mit der Parteipräferenz variiert, ist schon weniger offensichtlich, ganz abgesehen von der Frage, ob für eine Analyse der Wahlbeteiligung die Kombination bestimmter Ausprägungen beachtet werden muß. Berücksichtigt man weiterhin, daß es sich bei den vorliegenden Daten um eine Stichprobe handelt und die beobachteten Anteilswerte daher zufällig von den tatsächlichen Verhältnissen in der Population abweichen können, dann wird überdeutlich, daß man diese Datenanalyse nicht durch einfaches Vergleichen von Anteilswerten lösen kann – zumindest wäre ein solches Vorgehen nicht besonders effizient. Beide Probleme lassen sich mit dem GSK-Ansatz sehr viel besser in den Griff bekommen:

1. Die Komplexität der Daten kann man mit dem GSK-Ansatz reduzieren, indem man die Vereinbarkeit der Daten mit bestimmten vereinfachenden Annahmen testet: z.B. mit der Hypothese, daß sich die Wähleranteile nicht nach Parteipräferenz unterscheiden.
2. Dabei kann man die mit dem Stichprobenfehler verbundene Unsicherheit in den Daten berücksichtigen: Die überaus hohe Wahlbeteiligung von 95,2% in der achten Subpopulation ist z.B. ein unzuverlässigeres Datum als die Wahlbeteiligung von 42,4% in der sechsten Subpopulation, denn es gibt nur 21 ältere FDP-Sympathisanten mit Konfession, dagegen aber 59 jüngere CDU/CSU-Sympathisanten ohne Konfession.

Zur Beschreibung dieses Stichprobenproblems ist eine letzte Erweiterung unserer Notation notwendig.

Betrachten wir zu diesem Zweck zunächst die Grundgesamtheit oder Population, in unserem Fall also die Menge aller Wahlberechtigten: $\pi_{\iota j k l}^{ABC\bar{D}}$ sei die *bedingte* Wahrscheinlichkeit, daß eine Person aus der Grundgesamtheit zur Wahl geht (D = 1), vorausgesetzt sie hat die Eigenschaften $A = \iota$, $B = j$ und $C = k$ (Achtung: bei log-linearen Modellen sind die Wahrscheinlichkeiten π ähnlich wie die Anteilswerte p anders definiert). Da es sich um eine bedingte Wahrscheinlichkeit handelt, verwenden wir wieder einen Querstrich über dem D. In unserer Stichprobe gehören diese Personen zur Subpopulation mit der Merkmalskombination ($A = \iota$, $B = j$, $C = k$), und sie haben die Zielkategorie D = 1. Ist ($A = \iota$, $B = j$, $C = k$) die i-te Subpopulation, dann entspricht diese bedingte Wahrscheinlichkeit in GSK-Notation dem Ausdruck π_{i1}. Würden wir diese Wahrscheinlichkeit kennen, dann könnten wir durch Multiplikation mit dem Umfang f_{i+} der Subpopulation in der Stichprobe die *erwartete Häufigkeit* F

$$F_{\iota j k l}^{ABCD} = f_{i+}\pi_{\iota j k l}^{ABC\bar{D}} = f_{i+}\pi_{i1} \qquad (2.4)$$

berechnen, die sich ergeben würde, wenn unsere Stichprobe ein exaktes Abbild der Population wäre. Man beachte die Verwendung bedingter Wahrscheinlichkeiten. Dies ergibt sich aus dem Umstand, daß der GSK-Ansatz die Häufigkeiten der Subpopulationen als gegeben betrachtet. In (2.4) wird daher mit dem Umfang f_{i+} der Subpopulation und nicht mit dem Stichprobenumfang N multipliziert. Eine GSK-Analyse besteht dann im wesentlichen aus zwei Schritten:

1. Aufgrund theoretischer Annahmen über die untersuchte Population kann man Aussagen darüber machen, wie die bedingten Wahrscheinlichkeiten π_{ij} für jede Subpopulation und Zielkategorie aussehen müßten. Wir nennen dies ein *Modell* für die untersuchte Population. Man könnte z.B. unterstellen, daß sich die Wahlbeteiligung nicht nach Alter, Konfession und Parteipräferenz unterscheidet, so daß die bedingte Wahrscheinlichkeit π_{i1}, zur Wahl zu gehen, für alle Subpopulationen gleich einer Konstanten β sein müßte. Kompliziertere Annahmen sind natürlich auch möglich.
2. Mit Hilfe der vorliegenden Daten werden im zweiten Schritt diese unbekannten bedingten Wahrscheinlichkeiten geschätzt. Stichprobenfehler werden dabei kontrolliert. Konkret werden die Schätzwerte so gewählt, daß sie einerseits mit den Modellannahmen übereinstimmen und andererseits möglichst wenig von den beobachteten Daten abweichen (Minimum-Distanz-Schätzungen, vgl. Abschnitt 1.2.4).

Konkret werden bei dem hier verwendeten Schätzverfahren Beobachtungen mit geringerer Sicherheit nicht so stark berücksichtigt wie Beobachtungen mit höherer Sicherheit. Diese sogenannten gewichteten Kleinste-Quadrate-Schätzungen (engl. weighted least squares, kurz: WLS) führen zu identischen Ergebnissen wie die in Abschnitt 1.2.4 an einem Beispiel illustrierte Minimierung von Neymann's Statistik X_N^2.

Wenn $\hat{\pi}_{i1}$ der entsprechende Schätzwert für Subpopulation i ist, dann kann man durch Multiplikation mit f_{i+} ebenfalls die unter den Modellannahmen erwarteten Häufigkeiten schätzen:

$$\hat{F}^{ABCD}_{ijkl} = f_{i+} \hat{\pi}_{i1} \tag{2.5}$$

Weil es sich jetzt um eine Schätzung handelt, haben wir die entsprechenden Symbole mit einem Dach versehen. Ein Vergleich der geschätzten Häufigkeiten $\hat{F}$ mit den beobachteten Häufigkeiten f gibt schließlich Auskunft darüber, wie gut z.B. die Annahme bzw. das Modell $\pi_{i1} = β$ zu den Daten paßt. Da der GSK-Ansatz mit den Anteilswerten p rechnet, vergleicht er jedoch statt der Häufigkeiten geschätzte Wahrscheinlichkeiten $\hat{\pi}$ mit beobachteten Anteilen p, was zu identischen Schlußfolgerungen führt. Diese Information kann in einer entsprechenden *Anpassungsstatistik* zusammengefaßt werden. Natürlich ist die Annahme $\pi_{i1} = β$ ein sehr vereinfachendes Modell für das Wahl-

Tabelle 2.1: Wahlbeteiligung nach Alter

A. Alter	D. Wahlbeteiligung		Insgesamt
	1. ja	2. nein	
1. jung	202 (59,8%)	136 (40,2%)	338 (100%)
2. alt	302 (73,3%)	110 (26,7%)	412 (100%)
Insgesamt	504 (67,2%)	246 (32,8%)	750 (100%)

Quelle: Tabelle 1.2.

verhalten, das aller Voraussicht nach nicht für die Beispieldaten zutrifft. Differenziertere und damit wirklichkeitsnähere Annahmen führen wahrscheinlich zu einer besseren Modellanpassung. Durch einen Vergleich der jeweiligen Werte der Anpassungsstatistik kann man schließlich das „beste" dieser weitergehenden Modelle bestimmen.

Bevor wir nun im nächsten Abschnitt zeigen, wie man entsprechende Modelle spezifiziert, wollen wir zunächst auf die *Prozentsatzdifferenz* d% zurückkommen, die wir bereits in Kapitel 1 vorgestellt haben. Es zeigt sich nämlich, daß d% in mehr oder weniger direkter Beziehung zu den Parametern eines (additiven) GSK-Modells steht. Dies erlaubt uns eine besonders anschauliche Interpretation der Effekte unserer unabhängigen Variablen. Da die Prozentsatzdifferenz ein Assoziationsmaß für dichotome kategoriale Variablen ist, benötigen wir zunächst eine entsprechende 2×2-Tabelle.

Aus Tabelle 1.2 lassen sich verschiedene *Marginaltabellen* erzeugen. Marginaltabellen entstehen aus Tabellen höherer Dimensionierung durch Summierung über eine oder mehrere Variablen der Ausgangstabelle. Tabelle 2.1 (Tabelle AD) ist beispielsweise durch Summierung über Konfession (B) und Parteipräferenz (C) entstanden:

$$f_{i\,\ell}^{AD} = f_{i++\ell}^{ABCD} = \sum_j \sum_k f_{ijk\ell}^{ABCD}$$

Aus Tabelle AD erkennen wir den bivariaten Zusammenhang zwischen Wahlbeteiligung (D, abhängig) und Alter (A, unabhängig). Die Wahlbeteiligung der Jüngeren beträgt 59,8%, die der Älteren dagegen 73,2%. Die Wahlbeteiligung der Jüngeren ist also um 13,5 Prozentpunkte niedriger.

Zwischen beiden Merkmalen besteht offensichtlich ein statistischer Zusammenhang, denn ansonsten wären beide Prozentwerte gleich groß. Ein Maß für den statistischen Zusammenhang beider Merkmale ist die Prozentsatzdifferenz d%, die wie folgt definiert ist:

$$d\% = 100\times(p_{11}-p_{21}) = 100\times\left(\frac{f_{11}}{f_{1+}}-\frac{f_{21}}{f_{2+}}\right) \quad (2.6)$$

Wenn man die entsprechenden Anteilswerte bzw. Häufigkeiten einsetzt, erhält man den o.g. Wert, um den die Wahlbeteiligung der Jüngeren niedriger ist: $-13{,}5 = 100\times(202/338-302/412)$. Die Prozentsatzdifferenz kann Werte zwischen -100 (perfekte negative Assoziation) und $+100$ (perfekte positive Assoziation) annehmen, wobei ein Wert von null „keine Assoziation" bedeutet. Eine Interpretation des Vorzeichens setzt natürlich ordinale Merkmale voraus, deren Ausprägungen entsprechend mit aufsteigenden Zahlenwerten kodiert werden müssen. Wenn, wie in unserem Fall, mindestens eines der beiden Merkmale nominales Meßniveau hat, ist es allerdings sinnvoller, bei der Interpretation direkt an die Definition (2.6) anzuknüpfen: Danach mißt d% nichts anderes als die Differenz der Anteilswerte der jeweils ersten Zielkategorie zwischen der ersten und der zweiten Subpopulation. Die erste Zielkategorie sind in unserem Fall die Wähler. Also ist der Wähleranteil in der ersten Subpopulation (Jüngere) um $-13{,}5$ Prozentpunkte niedriger als in der zweiten Subpopulation (Ältere).

Neben der anschaulichen Interpretierbarkeit und der Normierung auf das Intervall $[-100,+100]$ mit dem Mittelpunkt 0 für „keine Assoziation" hat die Prozentsatzdifferenz eine weitere vorteilhafte Eigenschaft: Sie ist von der Rand- oder Marginalverteilung der Zeilenvariable (Alter) unabhängig. Würde man die Häufigkeiten einer oder beider Zeilen der Kreuztabelle mit einer Konstanten multiplizieren, würde der Wert von d% gleich bleiben. Angenommen, es wären beispielsweise doppelt so viele Jüngere (676) in der Stichprobe vertreten, die im gleichen Verhältnis wie in der ursprünglichen Tabelle zur Wahl (404) bzw. nicht zur Wahl (272) gegangen wären, dann würde d% immer noch $-13{,}5$ betragen. Im Gegensatz zum Odds Ratio α (vgl. Abschnitt 1.2 bzw. 3.2, Gleichung 3.5) ist sie jedoch nicht von der Randverteilung der Spaltenvariable (Wahlbeteiligung) unabhängig. Die Prozentsatzdifferenz ist außerdem ein asymmetrisches Maß, d.h., sie ändert ihren Wert, wenn man Spalten- und Zeilenvariable oder – wie wir es nennen – abhängige und unabhängige Variable vertauscht. Mit Wahlbeteiligung als Zeilenvariable und Alter als Spaltenvariable ergäbe sich ein d% von $100\times(202/504-136/246) = -15{,}2$. Da wir jedoch im Rahmen des GSK-Ansatzes ohnehin nur asymmetrische Fragestellungen bearbeiten, ist dies kein besonderer Nachteil. Die Prozentsatzdifferenz ist vor allem für 2×2-Tabellen geeignet. Für $r\times s$-Tabellen ($r>2$ und/oder $s>2$) müssen genauso viele Prozentsatzdifferenzen berechnet werden, wie 2×2-Subtabellen aus der Originaltabelle gebildet werden können. Die einzelnen d%-Werte messen dann jeweils die lokale Assoziation in Teilen der größeren Tabelle.

Kommen wir jedoch zurück zu Tabelle 2.1: Im Rahmen einfacher Techniken der Tabellenanalyse würde man sich nun fragen, ob die im bivariaten Zusammenhang festgestellte Assoziation zwischen Alter und Wahlbeteiligung auch bestehen bleibt, wenn man verschiedene Drittvariablen kontrolliert. Eine solche Drittvariable wäre z.B. die Konfession. Rein empirisch zeigt sich eine stark abweichende Wahlbeteiligung zwischen religiösen und nicht-religiösen Personen: Erstere beteiligen sich mit 82,4% und letztere mit 49,4%. Unter theoretischen Gesichtspunkten könnte man z.B. vermuten, daß Personen mit Konfession aufgrund ihrer konservativeren Werthaltung sehr viel stärker in das politische System integriert sind und sich mehr an Wahlen beteiligen. Die Wahlbeteiligung würde dann nur deshalb mit dem Alter variieren, weil ältere Menschen in weitaus höherem Maße einer Konfession angehören und dementsprechend häufiger zur Wahl gehen. Wenn man also das Merkmal Konfession kontrollieren würde, müßte die Assoziation zwischen Alter und Wahlbeteiligung verschwinden, wenn von dem Merkmal Alter kein eigenständiger Einfluß auf die Wahlbeteiligung ausgeht. Die *Tabellenanalyse* von P.F. Lazarsfeld beruht nun darauf, daß die Original- oder auch Marginaltabelle der beiden untersuchten Variablen A und D in mehrere Konditionaltabellen zerlegt wird, in denen die Werte einer oder mehrerer Drittvariablen konstant gehalten werden.

Gemäß unserer Vermutung haben wir daher unsere bivariate Tabelle Alter×Wahlbeteiligung nach der Variablen Konfession differenziert (vgl. Tabelle 2.2). Für beide Konditionaltabellen kann man wiederum Prozentsatzdifferenzen berechnen. Diese sogenannten *konditionalen d%-Werte* betragen $100\times(105/141-228/263) = -12,2$ für die Personen mit Konfession und $100\times(97/197-74/149) = -0,4$ für die Personen ohne Konfession. Unsere Vermutung trifft also nur zum Teil zu: Nur bei den Personen ohne Konfession verschwindet der Alterseffekt und die konditionale Prozentsatzdifferenz ist praktisch null. Bei den nicht-religiösen Personen ist die Wahlbeteiligung offenbar so niedrig, daß sich auch der Altersunterschied kaum noch bemerkbar macht. Es gibt aber weiterhin deutliche Unterschiede bei den religiösen Personen: Hier liegt der Wähleranteil der Jüngeren immer noch um 12,2 Prozentpunkte unter dem Wähleranteil der Älteren. Wir sprechen in diesem Zusammenhang von einem *Interaktionseffekt*. Das besagt, daß neben den oben beschriebenen globalen Unterschieden nach Alter und Konfession (weiter unten als *Haupteffekte* bezeichnet) zusätzliche Einflüsse zu berücksichtigen sind, die auf das Zusammenwirken mehrerer Variablen zurückzuführen sind, in diesem Fall auf das Zusammenwirken der Variablen Alter und Konfession. Der Einfluß des Alters variiert in Abhängigkeit von der Konfession: Für religiöse Personen ergibt sich ein starker (negativer) Effekt (Jüngere wählen weniger), für nicht-religiöse Personen ist der Effekt praktisch null. Wichtig ist dabei der

Tabelle 2.2 Wahlbeteiligung nach Alter unter Kontrolle der Konfession

1. mit Konfession	D. Wahlbeteiligung			
A. Alter	1. ja	2. nein	Insgesamt	Davon: ja
1. jung	105	36	141	74,5%
2. alt	228	35	263	86,7%
Insgesamt	333	71	404	82,4%
2. ohne Konfession	D. Wahlbeteiligung			
A. Alter	1. ja	2. nein	Insgesamt	Davon: ja
1. jung	97	100	197	49,2%
2. alt	74	75	149	49,7%
Insgesamt	171	175	346	49,4%

Quelle: Tabelle 1.2.

unterschiedliche Einfluß, nicht die Tatsache, daß der Effekt in einem Fall praktisch null ist, was ein Spezifikum dieser Beispieldaten ist.

Abschließend kann man noch die Ergebnisse aus beiden Konditionaltabellen in einer Maßzahl zusammenfassen. Dazu bildet man das arithmetische Mittel [(-12,2)+(-0,4)]/2 der beiden konditionalen d%-Werte: Das Ergebnis -6,3 bezeichnet man als *partielle Prozentsatzdifferenz*. Verglichen mit der *marginalen Prozentsatzdifferenz* von -13,5 ist dieser Wert um mehr als die Hälfte kleiner, was darauf hinweist, daß der Effekt des Alters bei Kontrolle der Konfession abnimmt, weil ein Teil der Effekte des Alters auf die Variable Konfession zurückzuführen ist.

Am Ende dieser einfachen Tabellenanalyse haben wir also eine Menge darüber gelernt, wie die Wahlbeteiligung in unserem Datensatz mit dem Alter und der Konfession der Befragten variiert. Für die Betrachtung von drei Variablen sind diese einfachen Techniken vollkommen ausreichend. Im nächsten Abschnitt wollen wir nun zeigen, wie man die aufgedeckten Effekte der beiden unabhängigen Variablen im Rahmen eines allgemeinen Modells für Anteilswerte spezifiziert und anhand der Daten überprüft. Der Vorteil dieses allgemeinen Modells besteht darin, daß es leicht auf höherdimensionierte Tabellen wie etwa Tabelle 1.2 übertragen werden kann. Hier wäre die einfache Tabellenanalyse sicherlich kein effizientes Verfahren, denn man müßte viele Konditionaltabellen miteinander vergleichen.

2.1.2 Saturierte Modelle

In diesem und in den folgenden Abschnitten geht es um additive Modelle für Anteilswerte. Wir haben dazu die beiden Konditionaltabellen in Tabelle 2.3 zusammengefaßt (man lasse sich nicht von der leicht abgewandelten Anordnung irritieren). Unser Modell soll die Wahlbeteiligung bzw. -enthaltung beschreiben, wobei es uns wohlgemerkt nicht um eine bloße Deskription der 750 Befragungspersonen, sondern um Aussagen über die Wahlberechtigten allgemein, also die Population geht. Wir modellieren daher die (bedingten) Wahrscheinlichkeiten π, die das Verhalten der untersuchten Population beschreiben (die Anteile in der Population), und gehen zunächst ganz allgemein davon aus, daß die Wahrscheinlichkeiten für jede Subpopulation $i = 1,...,s$ und Zielkategorie $j = 1,...,r$ verschieden sein können:

$$\pi_{ij} \tag{2.7}$$

Im Verlauf der folgenden Diskussion werden wir dann spezifischere Modelle testen.

Zuvor wollen wir jedoch (2.7) etwas vereinfachen: Im vorhergehenden Abschnitt haben wir festgestellt, daß von den r (beobachteten) Anteilswerten einer Subpopulation nur $(r-1)$ betrachtet werden müssen, da die Summe aller Anteilswerte 1 ergibt (vgl. Gleichung 2.2). In unserem Beispiel mit zwei Zielkategorien genügt es also vollends, den ersten Anteilswert (Wähleranteil) zu modellieren, der zweite Anteilswert (Anteil der Wahlenthaltungen) ergibt sich durch Subtraktion von 1 (vgl. Gleichung 2.3). Die gleichen Überlegungen gelten natürlich auch für die Population und die Wahrscheinlichkeiten π. Wir benutzen also für unsere Überlegungen folgende Konkretisierung von (2.7) und betrachten die (bedingte) Wahrscheinlichkeit der jeweils ersten Zielkategorie, die – so die Annahme – für jede Subpopulation $i = 1,...,s$ verschieden sein soll:

$$\pi_{i1} \tag{2.8}$$

Etwas allgemeiner formuliert könnte man sagen: Von den r Anteilswerten pro Subpopulation betrachten wir eine Auswahl, nämlich bei $r = 2$ Anteilswerten den jeweils ersten pro Subpopulation. Später werden wir dies als eine *Funktion der Anteilswerte* bezeichnen.

Man könnte (2.8) als allgemeine Modellgleichung für die Analyse von Anteilswerten einer dichotomen abhängigen Variablen bezeichnen. Über die Wahrscheinlichkeiten π kann man nun Annahmen unterschiedlichen Komplexitätsgrades machen. Denkbar sind Spezifikationen zwischen einem *Minimalmodell*, in dem eine für alle Gruppen gleiche Wahrscheinlichkeit $\pi_{i1} = \beta$ unterstellt wird, und dem eben skizzierten *Maximalmodell*, in dem alle be-

Tabelle 2.3: Wahlbeteiligung nach Alter und Konfession

		D. Wahlbeteiligung			
A. Alter	B. Konfession	1. ja	2. nein	Insgesamt	Davon : ja
1. jung	1. mit	105	36	141	74,5%
	1. ohne	97	100	197	49,2%
2. alt	1. mit	228	35	263	86,7%
	2. ohne	74	75	149	49,7%
Insgesamt		504	246	750	67,2%

Quelle: Tabelle 1.2.

obachteten Unterschiede zwischen den Gruppen exakt reproduziert werden. Aus didaktischen Gründen beginnen wir mit diesem Maximalmodell, obwohl ein solches Modell, das die Daten lediglich „nacherzählt", in den meisten Fällen keine Beschreibung der *wesentlichen* Datenstrukturen liefert. Man bezeichnet solche Maximalmodelle, in denen a priori keine Restriktionen für die Daten vorgegeben werden, als *saturierte Modelle*. Aufgrund unserer Analyse der Beziehungen zwischen Wahlbeteiligung, Alter und Konfession im letzten Abschnitt ist zwar anzunehmen, daß nicht alle Unterschiede relevant sind (ein Ergebnis war z.B., daß Altersunterschiede nur unter bestimmten Bedingungen von Bedeutung sind). Solche *nicht-saturierten Modelle* werden wir jedoch erst im übernächsten Abschnitt besprechen.

Tabelle 2.3 zeigt die Wahlbeteiligung nach Alter und Konfession. Wenn man unterstellt, daß die (bedingte) Wahrscheinlichkeit, zur Wahl zu gehen, für jede Kombination der Merkmale Alter und Konfession verschieden ist, dann werden alle beobachteten Unterschiede in der Tabelle erfaßt, und es handelt sich um ein saturiertes Modell. Insgesamt gibt es vier verschiedene Kombinationen und dementsprechend vier verschiedene Wahrscheinlichkeiten π. Wenn die Annahme richtig ist, erwartet man, daß die beobachteten Anteilswerte p ein Ergebnis dieser π sind. Für Tabelle 2.3 läßt sich dann die allgemeine Modellgleichung (2.8) so konkretisieren, daß man für jede Wahrscheinlichkeit π_{i1} der i = 1,...,4 ersten Zielkategorien angibt, wie sie mit den Kombinationen der unabhängigen Variablen Alter (A) und Konfession (B) variiert:

$$\pi_{11} = \pi_{111}^{AB\bar{D}} \qquad (2.9)$$
$$\pi_{21} = \pi_{121}^{AB\bar{D}}$$
$$\pi_{31} = \pi_{211}^{AB\bar{D}}$$

$$\pi_{41} = \pi_{221}^{AB\bar{D}}$$

Da wir nicht direkt an den Wahrscheinlichkeiten π interessiert sind, sondern an den Faktoren, von denen sie abhängen, ist diese Formulierung noch nicht besonders hilfreich. Betrachten wir stattdessen folgende Regressionsgleichung:

$$\pi_{ij1}^{AB\bar{D}} = \beta_1^{\bar{D}} + \beta_{i1}^{A\bar{D}} + \beta_{j1}^{B\bar{D}} + \beta_{ij1}^{AB\bar{D}} \qquad (2.10)$$

Die bedingten Wahrscheinlichkeiten werden hier als *Summe* mehrerer Parameter beschrieben. Man bezeichnet diese Spezifikation daher auch als ein *additives Modell*. Gemäß (2.10) hängen die Wahrscheinlichkeiten von mehreren Faktoren ab: vom Durchschnitt der Wahlbeteiligung (D = 1) insgesamt: $\beta_1^{\bar{D}}$, von der jeweiligen Altersgruppe (A = i), zu der eine Person gehört: $\beta_{i1}^{A\bar{D}}$, von der Konfession (B = j), der eine Person angehört oder nicht: $\beta_{j1}^{B\bar{D}}$ sowie von der jeweiligen Kombination (Interaktion) von Alter und Konfession (A = i, B = j): $\beta_{ij1}^{AB\bar{D}}$. Berücksichtigt man die verschiedenen Ausprägungen der beteiligten Merkmale, dann gibt es insgesamt neun verschiedene Parameter: einen Durchschnittseffekt ($\beta_1^{\bar{D}}$), zwei Alterseffekte ($\beta_{11}^{A\bar{D}}, \beta_{21}^{A\bar{D}}$), zwei Konfessionseffekte ($\beta_{11}^{B\bar{D}}, \beta_{21}^{B\bar{D}}$) sowie vier Interaktionseffekte ($\beta_{111}^{AB\bar{D}}, \beta_{121}^{AB\bar{D}}, \beta_{211}^{AB\bar{D}}, \beta_{221}^{AB\bar{D}}$). Eingesetzt in (2.10) kann man erkennen, wie sich die vier bedingten Wahrscheinlichkeiten zusammensetzen:

$$\pi_{111}^{AB\bar{D}} = \beta_1^{\bar{D}} + \beta_{11}^{A\bar{D}} + \beta_{11}^{B\bar{D}} + \beta_{111}^{AB\bar{D}} \qquad (2.11)$$
$$\pi_{121}^{AB\bar{D}} = \beta_1^{\bar{D}} + \beta_{11}^{A\bar{D}} + \beta_{21}^{B\bar{D}} + \beta_{121}^{AB\bar{D}}$$
$$\pi_{211}^{AB\bar{D}} = \beta_1^{\bar{D}} + \beta_{21}^{A\bar{D}} + \beta_{11}^{B\bar{D}} + \beta_{211}^{AB\bar{D}}$$
$$\pi_{221}^{AB\bar{D}} = \beta_1^{\bar{D}} + \beta_{21}^{A\bar{D}} + \beta_{21}^{B\bar{D}} + \beta_{221}^{AB\bar{D}}$$

Welche Werte haben jedoch die einzelnen Effekte?

Um diese Frage beantworten zu können, müßten die bedingten Wahrscheinlichkeiten $\pi_{ij1}^{AB\bar{D}}$ der Population bekannt sein. Da wir die Population nicht kennen, benötigen wir entsprechende Schätzwerte für die $\pi_{ij1}^{AB\bar{D}}$. Wenn die Annahme des saturierten Modells richtig ist, die für jede der vier Subpopulationen eine unterschiedliche Wahrscheinlichkeit, zur Wahl zu gehen, unterstellt, dann ist es die beste Wahl, wenn man die vier beobachteten Anteilswerte als Schätzer für die unbekannten Wahrscheinlichkeiten verwendet: $\hat{\pi}_{ij1}^{AB\bar{D}} = p_{ij1}^{AB\bar{D}}$. Wenn man die entsprechenden Anteilswerte jeweils auf der linken Seite von (2.11) einsetzt, erhält man vier Schätzgleichungen für die

Parameter β, die wir jetzt, da es sich um Schätzwerte handelt, mit $\hat{\beta}$ bezeichnen:

$$\hat{\pi}^{AB\bar{D}}_{111} = \hat{\beta}^{\bar{D}}_1 + \hat{\beta}^{A\bar{D}}_{11} + \hat{\beta}^{B\bar{D}}_{11} + \hat{\beta}^{AB\bar{D}}_{111} \quad (2.12)$$

$$\hat{\pi}^{AB\bar{D}}_{121} = \hat{\beta}^{\bar{D}}_1 + \hat{\beta}^{A\bar{D}}_{11} + \hat{\beta}^{B\bar{D}}_{21} + \hat{\beta}^{AB\bar{D}}_{121}$$

$$\hat{\pi}^{AB\bar{D}}_{211} = \hat{\beta}^{\bar{D}}_1 + \hat{\beta}^{A\bar{D}}_{21} + \hat{\beta}^{B\bar{D}}_{11} + \hat{\beta}^{AB\bar{D}}_{211}$$

$$\hat{\pi}^{AB\bar{D}}_{221} = \hat{\beta}^{\bar{D}}_1 + \hat{\beta}^{A\bar{D}}_{21} + \hat{\beta}^{B\bar{D}}_{21} + \hat{\beta}^{AB\bar{D}}_{221}$$

Dabei ergibt sich jedoch sofort ein neues Problem: Wie soll man neun verschiedene Parameter mit vier Gleichungen eindeutig *identifizieren*?

Beschäftigen wir uns daher einmal genauer mit der Frage, was die Parameter β messen sollen. Sie sollen doch beispielsweise den Einfluß (Effekt) des Alters auf die Wahlbeteiligung messen. Darunter versteht man üblicherweise, um wieviel höher oder niedriger die Wahlbeteiligung bei den Jüngeren gegenüber den Älteren ist, nicht jedoch, wie hoch die (absolute) Wahlbeteiligung bei den Jüngeren oder wie hoch die (absolute) Wahlbeteiligung bei den Älteren ist. Mit anderen Worten, unter einem Effekt versteht man nicht, welchen absoluten Wert das interessierende Merkmal in einzelnen Gruppen hat, sondern wie groß der relative Unterschied zwischen den Gruppen ist. Wenn Effekte durch Vergleiche gemessen werden (vgl. auch Prozentsatz*differenz*), dann ermöglicht das eine allgemeine Lösung des *Identifikationsproblems*. Entscheidend ist dabei die Wahl des Vergleichsmaßstabes. Hierzu gibt es im Prinzip eine Vielzahl von Möglichkeiten, zwei haben sich jedoch in der Forschungspraxis bewährt:

a) Man kann den Effekt jeweils einer Ausprägung – z.B. $\beta^{A\bar{D}}_{21}$ für die Älteren – gleich einer beliebigen Konstanten setzen (meistens null) und dann untersuchen, wie der Effekt der anderen Ausprägung – also $\beta^{A\bar{D}}_{11}$ für die Jüngeren – davon abweicht. Die Ausprägung, deren Parameter gleich null gesetzt wird, bezeichnet man als Vergleichsgruppe. Die anderen Effekte werden quasi als *Abweichungen von der Vergleichsgruppe* gemessen. In Bezug auf den Alterseffekt würde man also sagen: Die Wahlbeteiligung der Jüngeren liegt um x Prozentpunkte unter der Wahlbeteiligung der Vergleichsgruppe der Älteren. Man bezeichnet diese Effekte daher auch als *auf eine Kategorie* bezogene Effekte (engl. cornered effects). Dieses Vorgehen entspricht der 1/0-Kodierung dichotomer unabhängiger Variablen in Regressionsmodellen für metrische abhängige Variablen und ist dort als sogenannte *Dummy-Kodierung* bekannt.

b) Eine zweite Möglichkeit drückt die Effekte als *Abweichungen vom Gesamtdurchschnitt* aus. In Bezug auf den Alterseffekt würde man dann sagen: Die Wahlbeteiligung der Jüngeren liegt um x Prozentpunkte unter der durchschnittlichen Wahlbeteiligung, während die Wahlbeteiligung der Älteren um den gleichen Betrag darüber liegt. Man bezeichnet diese Effekte auch als *zentrierte Effekte* (engl. centered effects). Dieses Vorgehen entspricht der +1/-1-Kodierung dichotomer unabhängiger Variablen in Varianzanalysen mit orthogonalem Design und ist dort als sogenannte *Effekt-Kodierung* bekannt. Diese Art der Effektberechnung wird auch in der Tabellenanalyse am häufigsten verwendet.

Beide Varianten – Dummy- wie Effekt-Kodierung – implizieren bestimmte Restriktionen für die Parameter β, die zur Folge haben, daß sich die Anzahl der Unbekannten in Gleichung (2.12) reduziert und das Gleichungssystem lösbar ist. Wir bezeichnen sie daher als *Identifikationsrestriktionen*. Beide Varianten sind nur zwei Möglichkeiten einer im Prinzip unbegrenzten Anzahl von Reparametrisierungen des Gleichungssystems. Effekte, die sich bei der einen Variante ergeben, können jederzeit in Effekte der anderen Variante umgerechnet werden und umgekehrt. Beide Arten der Kodierung führen zu den gleichen inhaltlichen Schlußfolgerungen, nur die numerischen Werte der geschätzten Effekte sind von der gewählten Kodierung abhängig.

Wenn die zu analysierende Tabelle allerdings strukturelle Nullen enthält, so daß bestimmte Kombinationen der unabhängigen Variablen nicht vorkommen (man spricht von einem unvollständigen oder unbalancierten Design), dann wird die Formulierung der Identifikationsrestriktionen schwieriger. In einer Vielzahl von Fällen kann man jedoch bei der Tabellenanalyse von einem vollständigen oder balancierten Design ausgehen. Wir beschränken uns im folgenden auf zentrierte Effekte (auf eine Kategorie bezogene Effekte werden ausführlicher in Kapitel 3 und insbesondere in Kapitel 5 diskutiert; zur Behandlung struktureller Nullen vgl. Kapitel 7, insbesondere die Literaturhinweise in Abschnitt 7.8). Zunächst wollen wir demonstrieren, wie die Effektkodierung mathematisch umgesetzt wird und wieso uns das hilft, das Gleichungssystem (2.12) zu identifizieren.

Wenn zentrierte Effekte Abweichungen vom Gesamtdurchschnitt messen sollen, dann impliziert das, daß die Summe der Parameter eines Haupt- oder Interaktionseffektes null ergeben muß (positive und negative Abweichungen vom Gesamtdurchschnitt heben sich gegeneinander auf). Für unsere insgesamt neun Parameter (ausgenommen den Durchschnittseffekt) führen wir also die Restriktion ein, daß jeweils die Summe der Parameter über einen Index null ergeben soll:

$$\sum_i \beta_{i\,1}^{A\bar{D}} = 0, \quad \sum_j \beta_{j\,1}^{B\bar{D}} = 0, \quad \sum_i \beta_{i\,j\,1}^{AB\bar{D}} = 0 \text{ für } j=1,\ldots,J, \quad \sum_j \beta_{i\,j\,1}^{AB\bar{D}} = 0 \text{ für } i=1,\ldots,I \quad (2.13)$$

Eine Umformung dieser Summen erlaubt es, den Parameter der jeweils letzten Ausprägung von Alter bzw. Konfession als Funktion der Parameter der anderen Ausprägungen auszudrücken:

$$\beta_{21}^{A\tilde{D}} = -\beta_{11}^{A\tilde{D}}, \quad \beta_{21}^{B\tilde{D}} = -\beta_{11}^{B\tilde{D}} \tag{2.13a}$$

Die Interaktionsparameter lassen sich ebenfalls alle auf den ersten Interaktionseffekt zurückführen:

$$\beta_{121}^{AB\tilde{D}} = -\beta_{111}^{AB\tilde{D}}, \quad \beta_{211}^{AB\tilde{D}} = -\beta_{111}^{AB\tilde{D}}, \quad \beta_{221}^{AB\tilde{D}} = \beta_{111}^{AB\tilde{D}} \tag{2.13b}$$

Mit den Restriktionen (2.13) ist es also möglich, fünf der neun Parameter – nämlich $\beta_{21}^{A\tilde{D}}$, $\beta_{21}^{B\tilde{D}}$, $\beta_{121}^{AB\tilde{D}}$, $\beta_{211}^{AB\tilde{D}}$, $\beta_{221}^{AB\tilde{D}}$ – als Funktion der verbliebenen auszudrücken. Diese Restriktionen gelten analog für die Schätzer $\hat{\beta}$. Führt man die entsprechenden Ersetzungen in den Schätzgleichungen (2.12) durch:

$$0{,}745 = \beta_1^{\tilde{D}} + \beta_{11}^{A\tilde{D}} + \beta_{11}^{B\tilde{D}} + \beta_{111}^{AB\tilde{D}}$$

$$0{,}492 = \beta_1^{\tilde{D}} + \beta_{11}^{A\tilde{D}} - \beta_{11}^{B\tilde{D}} - \beta_{111}^{AB\tilde{D}}$$

$$0{,}867 = \beta_1^{\tilde{D}} - \beta_{11}^{A\tilde{D}} + \beta_{11}^{B\tilde{D}} - \beta_{111}^{AB\tilde{D}}$$

$$0{,}497 = \beta_1^{\tilde{D}} - \beta_{11}^{A\tilde{D}} - \beta_{11}^{B\tilde{D}} + \beta_{111}^{AB\tilde{D}}$$

verbleiben vier Schätzer, die nunmehr eindeutig berechenbar sind, wenn man – wie bereits geschehen – auf der linken Seite der Gleichungen jeweils die Anteilswerte aus Tabelle 2.3 einsetzt. Nach einigen Umformungen ergeben sich die vier Schätzwerte $\beta_1^{\tilde{D}} = 0{,}650$, $\beta_{11}^{A\tilde{D}} = -0{,}032$, $\beta_{11}^{B\tilde{D}} = 0{,}156$ und $\beta_{111}^{AB\tilde{D}} = -0{,}029$. Die Schätzwerte für die fünf ersetzten Parameter ergeben sich schließlich durch Einsetzen in die zuvor verwendeten Gleichungen (2.13a,b):

$$\beta_{21}^{A\tilde{D}} = 0{,}032, \quad \beta_{21}^{B\tilde{D}} = -0{,}156, \quad \beta_{121}^{AB\tilde{D}} = 0{,}029, \quad \beta_{211}^{AB\tilde{D}} = 0{,}029, \quad \beta_{221}^{AB\tilde{D}} = -0{,}029$$

Bevor wir diese Ergebnisse interpretieren, wollen wir jedoch einige allgemeine Resultate unseres Vorgehens zusammenfassen.

Zunächst mußte durch geeignete Parameterrestriktionen die Identifizierbarkeit der Schätzwerte sichergestellt werden (daher auch die Bezeichnung „Identifikationsrestriktionen"). Angenommen, die beiden unabhängigen Variablen A und B haben insgesamt I bzw. J Kategorien, dann gibt es im allgemeinen Fall mit einer dichotomen abhängigen Variablen D insgesamt I×J Anteilswerte. Unter Verwendung zentrierter Effekte kann jeweils der zur letzten Ausprägung gehörende Effekt als Funktion der anderen ausgedrückt werden. Das gilt auch im allgemeinen Fall mit polytomen unabhängigen Variablen, wie wir in Abschnitt 2.2.2 zeigen werden. Es verbleiben daher (I-1) Effekte der Variablen A, (J-1) Effekte der Variablen B und (I-1)×(J-1) Interaktionseffekte beider Variablen. Zusammen mit dem Durchschnittseffekt ergeben sich damit (I-1)+(J-1)+(I-1)×(J-1)+1 = I×J voneinander unabhängige Parameter, die mit den I×J Anteilswerten eindeutig identifiziert werden können.

Während das Gleichungssystem (2.12) unteridentifiziert war (Anzahl der Gleichungen bzw. Daten < Anzahl freier Parameter), ist es nunmehr genau identifiziert (Anzahl Daten = Anzahl freier Parameter). Ein Parameter wird dann als „frei" bezeichnet, wenn er keinen Restriktionen unterliegt (vgl. den übernächsten Abschnitt über nicht-saturierte Modelle). Für unsere augenblicklichen Zwecke kann man „Anzahl freier Parameter" mit „Anzahl zu schätzender Parameter nach Anwendung der Identifikationsrestriktionen" übersetzen. Da die Anzahl der zu schätzenden Parameter jedoch genau so groß ist wie die Anzahl der Daten, haben wir praktisch keine Möglichkeit, die Schätzer frei zu bestimmen. Sie sind eindeutig festgelegt oder – wie der Statistiker sagt – die Anzahl der *Freiheitsgrade* df ist gleich null (df = Anzahl Daten – Anzahl freier Parameter). Die entsprechenden Schätzwerte ergeben sich wie folgt:

$$\beta_1^{\bar{D}} = \frac{\sum_i \sum_j p_{ij1}^{AB\bar{D}}}{I \times J} \quad (2.14)$$

$$\beta_{i1}^{A\bar{D}} = \frac{\sum_j p_{ij1}^{AB\bar{D}}}{J} - \beta_1^{\bar{D}}$$

$$\beta_{j1}^{B\bar{D}} = \frac{\sum_i p_{ij1}^{AB\bar{D}}}{I} - \beta_1^{\bar{D}}$$

$$\beta_{ij1}^{AB\bar{D}} = p_{ij1}^{AB\bar{D}} - (\beta_1^{\bar{D}} + \beta_{i1}^{A\bar{D}} + \beta_{j1}^{B\bar{D}})$$

Danach entspricht der Durchschnittseffekt dem arithmetischen Mittel aller I×J Anteilswerte über alle Ausprägungen der beiden unabhängigen Variablen A und B – in unserem Beispiel also (0,745+0,492 +0,867+0,497)/4 = 0,650. Die durchschnittliche Wahlbeteiligung aller vier betrachteten Subgruppen beträgt danach 65%, wobei es sich wohlgemerkt um einen ungewichteten Durchschnitt handelt, der die Gesamthäufigkeiten der einzelnen Subpopulationen unberücksichtigt läßt. Dies erklärt, warum die hier berechnete durchschnittliche Wahlbeteiligung nicht mit dem Prozentsatz der Wähler insgesamt (67,2%, vgl. Tabelle 2.3) übereinstimmt.

Der Effekt der i-ten Ausprägung der unabhängigen Variablen A entspricht dem arithmetischen Mittel der J Anteilswerte dieser Gruppe abzüglich dem

Durchschnittseffekt – in unserem Beispiel für die erste Ausprägung (jung) also (0,745+0,492)/2-0,650=-0,032. Er mißt mit anderen Worten, um wieviel die Anteilswerte in der i-ten Ausprägung durchschnittlich größer oder kleiner sind als der Gesamtdurchschnitt. In bezug auf unser Beispiel heißt das, die Wahlbeteiligung der Jüngeren ist um durchschnittlich 3,2 Prozentpunkte geringer als der Gesamtdurchschnitt, während die Wahlbeteiligung der Älteren um durchschnittlich 3,2 Prozentpunkte über dem Durchschnitt liegt. Ähnlich läßt sich der Einfluß der zweiten unabhängigen Variablen Konfession beschreiben: Die Wahlbeteiligung der religiösen Wahlberechtigten liegt um durchschnittlich 15,6 Prozentpunkte über dem Gesamtdurchschnitt, während die Wahlbeteiligung der nicht-religiösen Wahlberechtigten um durchschnittlich 15,6 Prozentpunkte unter dem Gesamtdurchschnitt liegt.

Der Interaktionseffekt der Merkmalskombination (A=i,B=j) mißt schließlich, um wieviel der Anteilswert der Subpopulation, in der die genannte Kombination zutrifft, von dem Wert abweicht, den man bei Addition von Durchschnittseffekt, Haupteffekt A = i und Haupteffekt B = j erwarten würde. Für die Merkmalskombination (A=1,B=1) unserer Tabelle ergibt sich z.B. 0,745-(0,650+(-0,032)+0,156) = -0,029. Damit gibt ein Interaktionseffekt Auskunft darüber, ob der Einfluß einer unabhängigen Variablen in Abhängigkeit von den Ausprägungen der anderen unabhängigen Variablen variiert. Betrachten wir dazu einmal den Einfluß der Konfession: Insgesamt liegt die Wahlbeteiligung der religiösen Wahlberechtigten um 15,6 Prozentpunkte über dem Gesamtdurchschnitt (s. oben), für die Jüngeren unter ihnen (A=1,B=1) verringert sich jedoch diese Differenz leicht um -2,9 Prozentpunkte, während sie für die Älteren um den entsprechenden Betrag (+2,9 Prozentpunkte) höher ist. Nur wenn der Interaktionseffekt null wäre, wäre der Konfessionseffekt bei jüngeren und älteren Wahlberechtigten gleich groß. Ähnliche Überlegungen gelten für die nicht-religösen Wahlberechtigten, nur daß sich hier der Konfessionseffekt für die Jüngeren erhöht (+2,9 Prozentpunkte), während er sich für die Älteren verringert (-2,9 Prozentpunkte). Und natürlich kann man den Einfluß des Interaktionseffektes auch für die Variable Alter zeigen: Die Wahlbeteiligung der Jüngeren liegt insgesamt um 3,2 Prozentpunkte unter dem Gesamtdurchschnitt, jedoch verringert sich dieser Effekt für die religiösen Wahlberechtigten um 2,9 Prozentpunkte, während er sich für die nicht-religiösen Wahlberechtigten um 2,9 Prozentpunkte erhöht.

Interaktionseffekte sind nicht ganz einfach zu interpretieren, insbesondere dann, wenn wie in diesem Fall der Effekt gegenläufig und nicht verstärkend wirkt. Daher wäre es wünschenswert, wenn Interaktionseffekte entweder vernachlässigt werden könnten oder es eine andere, anschaulichere Möglichkeit gäbe, den (zusätzlichen) Effekt von Merkmalskombinationen zu messen. Auf die letzte Möglichkeit werden wir im nächsten Abschnitt zu sprechen kommen. Ob man einzelne Effekte außer acht lassen kann, kann man auf unterschiedliche Art und Weise entscheiden:

a) Man könnte sich fragen, ob der in Frage stehende Effekt groß genug ist, um inhaltlich bedeutsam zu sein. In diesem Sinne könnte man z.B. alle Effekte vernachlässigen, deren Betrag kleiner als drei Prozentpunkte ist, jedoch wäre dieser Schwellwert relativ willkürlich gewählt und müßte eingehender begründet werden.

b) Ein zweites Auswahlkriterium wäre die statistische Signifikanz, mit der sich der in Frage stehende Effekt von dem Wert unterscheidet, der auftritt, wenn eine Variable keinen Einfluß hat, nämlich $\beta = 0$. In diesem Sinne würde man alle die Effekte vernachlässigen, die nicht signifikant von null verschieden sind.

Beide Aspekte – inhaltliche Relevanz und statistische Signifikanz – dürfen nicht unabhängig voneinander diskutiert werden. Wir werden dieses Entscheidungsproblem in Abschnitt 2.1.5 ausführlich diskutieren. Tabelle 2.4 gibt zunächst einige Hinweise auf das zweite Auswahlkriterium. Sie zeigt u.a. die geschätzten Standardfehler $\hat{\sigma}_\beta$ der Parameter $\hat{\beta}$, die im saturierten Modell mit Interaktionseffekten alle gleich groß sind. Mit *Standardfehler* bezeichnet man die geschätzte Standardabweichung einer Stichprobenstatistik, hier also die Standardabweichung der (geschätzten) Effekte. Die Abweichung eines geschätzten Effektes $\hat{\beta}$ vom in der Nullhypothese unterstellten Wert β der Population – gemessen in Einheiten seines Standardfehlers $\hat{\sigma}_\beta$ – ist bei hinreichend großen Stichproben näherungsweise normalverteilt. Der Quotient $z = (\hat{\beta}-\beta)/\hat{\sigma}_\beta$ ist also eine standardnormalverteilte Größe, und damit $\hat{\beta}$ signifikant von β verschieden ist, muß z bei gegebenem Signifikanzniveau α außerhalb eines bestimmten Wertebereichs liegen – z.B. außerhalb des Intervalls [-1,96, +1,96] bei $\alpha = 0,05$ (vgl. die z-Werte in Anhang 3).

Angenommen, in der Population existiert kein Interaktionseffekt (Nullhypothese: $\beta_{111}^{A B \tilde{D}} = 0$), dann ergibt sich bei einem geschätzten Standardfehler von 0,0172 ein z-Wert von $(-0,0295-0)/0,0172 = -1,715$ (vgl. Tabelle 2.4). Da dieser Wert bei einem Signifikanzniveau von 5% innerhalb des Annahmebereichs [-1,96, +1,96] liegt, gehen wir davon aus, daß der Interaktionseffekt nicht signifikant von null verschieden ist. Bei Verwendung der Nullhypothese $\beta = 0$ ist es im übrigen ausreichend, den Schätzer $\hat{\beta}$ durch den Standardfehler $\hat{\sigma}_\beta$ zu teilen und bei einem Signifikanzniveau von $\alpha = 0,05$ zu prüfen, ob der Betrag dieses Quotienten größer als 1,96 ist. Laut der entsprechenden Spalte in Tabelle 2.4 ist neben dem Interaktionseffekt auch der Alterseffekt nicht signifikant von null verschieden. Wir werden im übrigen in Abschnitt 2.1.5 eine allgemeine Testprozedur vorstellen, die es erlaubt, die Hypothese $\beta = 0$ und weitergehende Hypothesen in kompakter Form zu untersuchen.

Abschließend wollen wir noch die Verbindung zwischen den geschätzten Effekten und der Prozentsatzdifferenz demonstrieren. Tabelle 2.4 enthält dazu unten auch die Schätzungen des saturierten Modells für die bivariate Tabelle AD (vgl. Tabelle 2.1). Der Alterseffekt von -6,77 Prozentpunkten ist bis auf Rundungsfehler genau halb so groß wie die im vorherigen Abschnitt be-

Tabelle 2.4: Schätzwerte des saturierten Modells

			Tabelle 2.3 (ABD)		Tabelle 2.1 (AD)	
Effekte des Modells ... mit Interaktionseffekt:			β	$\beta/\hat{\sigma}_\beta$	β	$\beta/\hat{\sigma}_\beta$
1	Durchschnitt	1=Wähler	0,6502	37,802	0,6653	38,680
A	Alter	1=jung	-0,0316	-1,837	-0,0677	-3,936
B	Konfession	1=ja	0,1556	9,047		
AB	Interaktion	11=jung/ja	-0,0295	-1,715		
			$\hat{\sigma}_\beta = 0,0172^a$		$\hat{\sigma}_\beta = 0,0172^b$	
... mit kond. Haupteffekten:			β	$\beta/\hat{\sigma}_\beta\ ^c$		
1	Durchschnitt	1=Wähler	0,6502	37,802		
B	Konfession	1=ja	0,1556	9,047		
A|B=1	Alter	1=jung|1=mit	-0,0611	-2,896		
A|B=2	Alter	1=jung|2=ohne	-0,0021	-0,079		

a) Im saturierten Modell mit Interaktionseffekten sind bei dichotomen Variablen und Effektkodierung alle geschätzten Standardfehler gleich. b) Das gilt selbstverständlich auch für Tabelle 2.1 (AD), jedoch ist es ein Zufall, daß der geschätzte Standardfehler für Tabelle 2.1 (gerundet auf drei Nachkommastellen) sich nicht von dem Standardfehler für Tabelle 2.3 unterscheidet. c) In dem Modell mit konditionalen Haupteffekten sind die Standardfehler nicht gleich und sind daher aus Platzgründen nicht angegeben.

Quelle: Tabelle 2.1 und 2.3.

rechnete Prozentsatzdifferenz von -13,5. In der um die unabhängige Variable Konfession erweiterten Tabelle ABD (vgl. Tabelle 2.3) sinkt der entsprechende Effekt auf den Wert -3,16 (in Prozentpunkten). Dieser Effekt ist wiederum halb so groß wie die im vorherigen Abschnitt berechnete partielle Prozentsatzdifferenz von -6,3. Wir folgern daraus, daß der (zentrierte) Effekt einer unabhängigen Variablen im saturierten Modell der jeweiligen (halbierten) Prozentsatzdifferenz entspricht. Bei multivariaten Fragestellungen wird der Einfluß der anderen unabhängigen Variablen kontrolliert („auspartialisiert"), und dementsprechend ist die partielle Prozentsatzdifferenz zu betrachten. Die Tatsache, daß der Effekt nicht mit d% identisch, sondern nur halb so groß ist, hat etwas mit der gewählten Reparametrisierung zu tun: Bei Verwendung zentrierter Effekte wird die gesamte Differenz in zwei gleich große Teile ober- und unterhalb des Gesamtdurchschnitts aufgeteilt.

Wenn man die Schätzungen für Tabelle AD und ABD vergleicht, sehen wir erneut, daß sich die Einflüsse einzelner Merkmale verändern können, wenn wir zusätzliche unabhängige Variablen berücksichtigen. Unter der Voraussetzung, daß diese zusätzlichen Variablen mit der abhängigen Variablen zusammenhängen, wird das immer dann der Fall sein, wenn die zusätzlichen Variablen mit den bereits im Modell befindlichen unabhängigen Merkmalen korrelieren – wenn also, wie in unserem Fall, die Konfessionszugehörigkeit mit dem Alter schwankt. Wie wir weiterhin in Abschnitt 2.1.5 sehen werden, können wir auch für Tabelle ABD ein (nicht-saturiertes) Modell schätzen, das lediglich den Alterseffekt berücksichtigt. Obwohl dieses Modell nicht die unabhängige Variable Konfession enthält, wird dennoch der Alterseffekt dieses Modells von dem Alterseffekt für Tabelle AD abweichen, weil beide Modelle auf unterschiedlichen Daten beruhen: 4 Subpopulationen in Tabelle ABD und 2 Subpopulationen in Tabelle AD. Für den Test nicht-saturierter Modelle ist es daher besonders wichtig, Anzahl und Definition der Subpopulationen konstant zu halten.

2.1.3 Die Spezifikation von Haupteffekten, Interaktionseffekten und konditionalen Haupteffekten mit Design-Matrizen

Unter Verwendung von Matrizen kann man die vier Schätzgleichungen des saturierten Modells für Tabelle ABD kompakt in einer Gleichung zusammenfassen:

$$\begin{bmatrix} 0{,}745 \\ 0{,}492 \\ 0{,}867 \\ 0{,}497 \end{bmatrix} = \begin{bmatrix} +1 & +1 & +1 & +1 \\ +1 & +1 & -1 & -1 \\ +1 & -1 & +1 & -1 \\ +1 & -1 & -1 & +1 \end{bmatrix} \times \begin{bmatrix} \beta_1^{\bar{D}} \\ \beta_{11}^{A\bar{D}} \\ \beta_{11}^{B\bar{D}} \\ \beta_{111}^{AB\bar{D}} \end{bmatrix}$$

Diese Gleichung zeigt auf der linken Seite einen Vektor **p** von Anteilswerten und auf der rechten Seite das Produkt einer Matrix **X** mit dem Vektor $\hat{\beta}$ der geschätzten Effekte. Die Matrix **X** mit den vielen Einsen bezeichnet man auch als *Design-Matrix*, weil sie – wie wir gleich sehen werden – in kodierter Form die Kombination (das Design) der unabhängigen Variablen Alter und Konfession in unserer GSK-Tabelle repräsentiert.

Uns geht es im folgenden vor allem um den Aufbau der Design-Matrix. Anwender, die keine Kenntnisse der Matrixalgebra haben, können ohne Probleme die folgenden Ausführungen nachvollziehen – wir werden von Matrixalgebra keinen Gebrauch machen (für Interessierte finden sich in Anhang 1 einige elementare Hinweise). Für diese Zwecke kann man sich die Matrix-Multiplikation auf der rechten Seite der Gleichung etwa so vorstellen: Pro Zeile der Design-Matrix wird ein Ausdruck gebildet, der dem Wert in der gleichen Zeile auf der linken Seite der Gleichung gleichgesetzt wird. In der zweiten Zeile entspricht dieser Ausdruck beispielsweise der Summe:

$$(+1)\times \beta_1^{\bar{D}} + (+1)\times \beta_{11}^{A\bar{D}} + (-1)\times \beta_{11}^{B\bar{D}} + (-1)\times \beta_{111}^{AB\bar{D}}$$

Gleichgesetzt mit 0,492 ergibt sich exakt unsere zweite Schätzgleichung.

Betrachten wir unsere Ausgangstabelle ABD als einen kleinen Datensatz mit vier Fällen und vier Variablen N1 (Anzahl Wähler), N2 (Anzahl Nicht-Wähler), ALTER (Alter) und KONFESS (Konfession). In Großbuchstaben haben wir gleich die Variablennamen aufgeführt, die man dann vergeben müßte, wenn man die vier Fälle in ein Statistikprogramm einlesen würde. Die Design-Matrix **X** und den Vektor **p** kann man quasi als Erweiterung dieses Datensatzes auffassen, mit der die vorhandenen Daten für die Zwecke einer GSK-Analyse ergänzt werden. Wie die folgende Datenliste zeigt, wird die Datei dabei um fünf Variablen (X1-X4 und P1) erweitert:

N1	N2	ALTER	KONFESS	X1	X2	X3	X4	P1
105	36	1	1	1	+1	+1	+1	0,745
97	100	1	2	1	+1	-1	-1	0,492
228	35	2	1	1	-1	+1	-1	0,867
74	75	2	2	1	-1	-1	+1	0,497

Die Variable P1 enthält die Anteilswerte der ersten Zielkategorie. Die Variable X1 repräsentiert den Durchschnittseffekt und ist konstant gleich eins.

Interessant sind aber vor allem die Variablen X2-X4. Sie sind Indikatoren oder Stellvertreter (engl. Dummies) für bestimmte Ausprägungen und Ausprägungskombinationen der Originalvariablen Alter und Konfession. In der Regressionsanalyse werden sie daher auch als *Dummy-Variablen* bezeichnet. Für unsere Zwecke ist jedoch die Bezeichnung *Design-Variable* besser geeignet. Die Art ihrer Kodierung (+1/-1) ist auf die Verwendung zentrierter Effekte zurückzuführen. Wer nicht die obigen Identifikationsrestriktionen nachrechnen will, kann dabei nach folgender Kodiervorschrift vorgehen. Gegeben sei ein kategoriales Merkmal A mit I Ausprägungen:

a) Für (I-1) Ausprägungen ist jeweils eine Design-Variable zu bilden. Eine der Kategorien – häufig die letzte – wird dabei nicht berücksichtigt. Sie wird als *Referenzkategorie* bezeichnet.

b) e_i^A sei die Design-Variable für Kategorie i der Variablen A. Referenzkategorie sei die letzte Kategorie I. Die Design-Variable e_i^A ist dann folgendermaßen zu kodieren:

$$e_i^A = \begin{cases} +1 & \text{wenn } A=i, \\ -1 & \text{wenn } A=I \text{ (Referenzkategorie)}, \\ 0 & \text{sonst.} \end{cases} \qquad (2.16)$$

Wenden wir diese Vorschrift einmal auf unsere unabhängige Variable Alter an. Da Alter I = 2 Ausprägungen hat, ist eine Design-Variable e_i^A zu bilden. In unserem „kleinen" Datensatz wollen wir sie mit X2 bezeichnen. e_1^A ist ein Indikator der ersten Ausprägung „1. jung" der Variablen Alter. Die zweite und damit letzte Ausprägung „2. alt" fungiert dementsprechend als Referenzkategorie. Wenn ein Fall unserer Datei, sprich eine Subpopulation, bei Alter die Ausprägung 1 aufweist, erhält X2 den Kode „+1". Wenn eine Subpopulation aus der Referenzkategorie 2 stammt, dann erhält X2 den Kode „-1". Andere als die beiden Kategorien 1 und 2 gibt es bei Alter nicht. Daher tritt ein Kode „0" bei X2 nicht auf.

Die Anwendung dieser Kodierregeln auf unseren Datensatz ergibt die vier Datenwerte +1, +1, -1, -1 für die Design-Variable X2. Ähnliche Überlegungen führen zu der Datenreihe +1, -1, +1, -1 für die Design-Variable X3, die ein Indikator für die erste Ausprägung der Variablen Konfession ist. Wenn wir also wissen wollen, in welchen Datensätzen der Wähleranteil der jüngeren Wahlberechtigten genannt wird, müssen wir lediglich in der Spalte X2 nach dem Kode „+1" suchen. Interessieren uns dagegen die religiösen Wahlberechtigten, dann suchen wir in der Spalte X3 nach dem Kode „+1".

Die Variable X4 repräsentiert schließlich die Interaktion der beiden Ausprägungen A=1 und B=1. Datentechnisch entsteht sie durch Multiplikation der entsprechenden Variablen X2 und X3. Bei dieser Art der Berechnung hat sie offensichtlich dann den Kode „+1", wenn entweder die Ausprägungskombination (A=1,B=1) zutrifft oder bei beiden Variablen die Referenzkategorie vorliegt (Kombination A=2,B=2). X4 ist daher ein Indikator für die Subpopulationen, bei denen entweder beide oder keine der beiden Ausprägungen A = 1 und B = 1 vorliegen.

Damit haben wir die fünf neuen Variablen unseres „kleinen" Datensatzes vorgestellt. Zur Überprüfung unserer Schätzergebnisse könnte man mit der folgenden Anweisung noch eine sechste Variable namens P1_DACH berechnen:

$$P1\_DACH = 0{,}6502 \times X1 + (-0{,}0316) \times X2 + 0{,}1556 \times X3 + (-0{,}0295) \times X4$$

Dabei wird mit den geschätzten Effekten $\hat{\beta}$ und den Variablen X1-X4 der geschätzte Wähleranteil $\hat{\pi}_{i1}$ pro Subpopulation (Variablenname P1_DACH) berechnet. Da es sich um ein saturiertes Modell handelt, müssen die Variablen P1_DACH und P1 bis auf Rundungsfehler identisch sein. Anders ausgedrückt, die Variable P1 wird als Funktion der unabhängigen Variablen X1-X4 betrachtet. In der Tat kann die GSK-Analyse – wie wir im nächsten Abschnitt sehen werden – als (multiple) Regression der abhängigen Variablen P1 auf die unabhängigen Variablen X1-X4 aufgefaßt werden, wobei X1 der Regressionskonstanten entspricht. Regressionskonstante und Regressionskoeffizienten dieser multiplen Regression entsprechen dann exakt unseren geschätzten Effekten $\hat{\beta}$ des saturierten Modells (vgl. Tabelle 2.4).

Nach diesem Exkurs verstehen wir auch, warum die Matrix **X** als Design-Matrix bezeichnet wird: Jede Spalte der Matrix repräsentiert einen Effekt, den wir im Rahmen unserer Analyse bzw. unseres Designs untersuchen wollen. Der Begriff „Design" bezeichnet ursprünglich die Anordnung der Versuchsbedingungen im Rahmen eines Experiments. Die klassische Auswertungsmethode experimenteller Untersuchungen ist die Varianzanalyse. Analog zur varianzanalytischen Terminologie kann man die Effekte unseres saturierten Modells auch in einen *Durchschnittseffekt*, zwei *Haupteffekte* und einen *Interaktionseffekt* unterscheiden. Genauer gesagt handelt es sich bei $\beta_{i j 1}^{A B \bar{D}}$ um einen Interaktionseffekt erster Ordnung, da die Kombination zweier Variablen A und B betrachtet wird. In Modellen mit mehr als zwei unabhängigen Variablen kann man Interaktionseffekte zweiter (drei Variablen), dritter (vier Variablen) und höherer Ordnung untersuchen.

Insbesondere die beiden Haupteffekte in der zweiten und dritten Spalte der Design-Matrix zeigen uns, wie die unabhängigen Variablen in unserer Tabelle kombiniert sind. Eine Design-Matrix sagt also sehr viel über die verwendeten Daten und vor allem über die Effekte, die innerhalb des jeweiligen Modells untersucht werden. Anwender des GSK-Ansatzes sollten daher lernen, Design-Matrizen zu interpretieren, um auf das zugrundeliegende Modell schließen zu können. Für die folgenden Modellvergleiche verwenden wir eine spezielle Notation, um das jeweilige Modell zu charakterisieren: [1,A,B,AB] bezeichnet z.B. unser saturiertes Modell, in dem ein Durchschnittseffekt (abgekürzt mit einer 1), die beiden Haupteffekte von A und B sowie die Interaktion zwischen A und B untersucht wird. Den Ausdruck in eckigen Klammern bezeichnen wir als *Modellformel*. Im Rahmen log-linearer Modelle wird übrigens eine ähnliche Notation verwendet (vgl. Kapitel 3). Man beachte jedoch, daß die verwendeten Symbole dort eine ganz andere Bedeutung haben. Während die Buchstaben beim GSK-Ansatz Effekte bezeichnen (Spalten der Design-Matrix), werden dort die Randverteilungen der Ausgangstabelle genannt, die im Rahmen *hierarchischer log-linearer Modelle* angepaßt werden. Zur Unterscheidung werden die Modellformeln für log-lineare Modelle daher immer in geschweifte Klammern gesetzt.

Neben den o.g. Effekttypen kennt die Varianzanalyse noch sogenannte *konditionale Haupteffekte*. Darunter versteht man einen Haupteffekt, der nur unter bestimmten Bedingungen auftritt – nämlich dann, wenn andere Merkmale eine bestimmte Ausprägung haben. Konditionale Haupteffekte sind sehr einfach zu verstehen und erlauben daher eine weitaus anschaulichere Interpretation des Einflusses von Merkmalskombinationen, als dies mit Interaktionseffekten möglich ist. Grundsätzlich läßt sich jedes Modell mit Interaktionseffekten in ein Modell mit konditionalen Haupteffekten umformen, das die gleichen Modellprognosen liefert. Wie kann man jedoch Interaktionseffekte in konditionale Haupteffekte auflösen? Dazu muß man den Interaktionseffekt im Zusammenhang mit den dazugehörenden Haupteffekten betrachten: Wenn keinerlei theoretische Vorstellungen darüber vorliegen, welche Variable als Haupteffekt und welche Variable als Bedingung (Kondition) fungieren soll, wenn es also ausschließlich darum geht, einen möglichst großen Haupteffekt zu erhalten, dann behält man am besten den numerisch größeren Hautpeffekt bei und ersetzt Interaktionseffekt und zweiten Haupteffekt durch zwei konditionale Haupteffekte.

In unserem Fall würde es sich also bei einer solchen explorativen Datenanalyse anbieten, den Haupteffekt Konfession beizubehalten – er macht mehr als 15 Prozentpunkte aus – und statt Interaktionseffekt AB und Haupteffekt A zwei konditionale Alterseffekte einzuführen. Diese sollen die Altersunterschiede einmal für die Wahlberechtigten mit Konfession (B=1) und einmal für die Wahlberechtigten ohne Konfession (B=2) messen. Wir bezeichnen die beiden Effekte mit $\beta_{111}^{A\bar{D}|B}$ und $\beta_{112}^{A\bar{D}|B}$, wobei die Bedingungen B=1 bzw. B=2 jeweils hinter dem senkrechten Strich genannt werden. Weil es sich um Effekte handelt, die nur unter bestimmten Bedingungen auftreten, kommen sie nicht in allen Regressionsgleichungen vor:

$$\pi_{111}^{AB\bar{D}} = \beta_1^{\bar{D}} + \beta_{11}^{B\bar{D}} + \beta_{111}^{A\bar{D}|B} + 0$$
$$\pi_{121}^{AB\bar{D}} = \beta_1^{\bar{D}} + \beta_{21}^{B\bar{D}} + 0 \quad + \beta_{112}^{A\bar{D}|B}$$
$$\pi_{211}^{AB\bar{D}} = \beta_1^{\bar{D}} + \beta_{11}^{B\bar{D}} + \beta_{211}^{A\bar{D}|B} + 0$$
$$\pi_{221}^{AB\bar{D}} = \beta_1^{\bar{D}} + \beta_{21}^{B\bar{D}} + 0 \quad + \beta_{212}^{A\bar{D}|B}$$
(2.17)

Unter Verwendung zentrierter Effekte

$$\sum_i \beta_{i1j}^{A\bar{D}|B} = 0 \qquad (2.18)$$

für jede der j = 1,...,J Bedingungen (inkl. der bereits in Gleichung 2.13 genannten Identifikationsrestriktionen für den Haupteffekt B: $\Sigma_j \beta_{j1}^{B\bar{D}} = 0$) kann auch dieses Gleichungssystem identifiziert werden. Die Schätzer für die konditionalen Haupteffekte lauten:

$$\hat{\beta}_{i1j}^{A\bar{D}|B} = p_{ij1}^{AB\bar{D}} - (\hat{\beta}_1^{\bar{D}} + \hat{\beta}_{j1}^{B\bar{D}}) \qquad (2.19)$$

D.h., die konditionalen Haupteffekte sind jetzt der zusätzliche Effekt, den man neben Durchschnittseffekt und Haupteffekt B benötigt, um die beobachteten Anteilswerte vorherzusagen.

Die Design-Matrix dieses saturierten Modells mit konditionalen Haupteffekten läßt sich nach unseren obigen Überlegungen leicht ableiten. Wir streichen einfach die zweite und vierte Spalte der obigen Matrix **X**, die für den Haupteffekt A (Alter) und den Interaktionseffekt AB notwendig waren. Statt dessen fügen wir zwei neue dritte und vierte Spalten für die beiden konditionalen Haupteffekte an, die der vorherigen Spalte des Haupteffektes Alter entsprechen, jedoch in den Zeilen eine Null enthalten, in denen der konditionale Haupteffekt, den sie repräsentieren, nicht zutrifft. Das Ergebnis sieht folgendermaßen aus:

$$\begin{bmatrix} 1 & +1 & +1 & 0 \\ 1 & -1 & 0 & +1 \\ 1 & +1 & -1 & 0 \\ 1 & -1 & 0 & -1 \end{bmatrix}$$

In unserer neuen Notation würden wir dieses Modell mit der Modellformel [1,B,A|B] bezeichnen (auch hier wird die Bedingung jeweils hinter einem senkrechten Strich genannt). Die Schätz-Ergebnisse befinden sich ebenfalls in Tabelle 2.4. Wie erwartet sind der Durchschnittseffekt und der Haupteffekt der Konfession gleich geblieben. Numerisch entsprechen die beiden konditionalen Haupteffekte der Summe [-0,0316+(-0,0295) = -0,0611] bzw. der Differenz [-0,0316- (-0,0295) = -0,0021] aus Haupteffekt A und Interaktionseffekt AB. Das deutet daraufhin, daß die Schätzer des saturierten Modells mit konditionalen Haupteffekten aus den Schätzern eines saturierten Modells mit Interaktionseffekten berechnet werden können. Die Tatsache, daß einer der beiden Effekte praktisch gleich null ist, ergibt sich so für unser Beispiel und darf nicht verallgemeinert werden. Schauen wir uns jedoch einmal die inhaltlichen Ergebnisse an.

In der Gruppe der religiösen Wahlberechtigten (B=1) beträgt die Wahlbeteiligung durchschnittlich 80,6% (65% Durchschnittseffekt plus 15,6 Prozent- punkte Konfessionseffekt). Innerhalb dieser Gruppe ist die Wahlbeteiligung der Jüngeren um 6,1 Prozentpunkte geringer und die Wahlbeteiligung der Älteren um 6,1 Prozentpunkte größer. Vergleichsmaßstab für konditionale Effekte ist also nicht mehr der Gesamtdurchschnitt, sondern der Durchschnitt für die jeweilige Bedingung (hier: B=1). In der nicht-religiösen Gruppe ist dagegen kaum ein Altersunterschied zu beobachten: $\beta_{11\ 2}^{A\overline{D}|B} = -0,0021$. Dieses Ergebnis wird durch den sehr kleinen z-Wert in Tabelle 2.4 unterstrichen, während der konditionale Alterseffekt bei den religiösen Wahlbe-

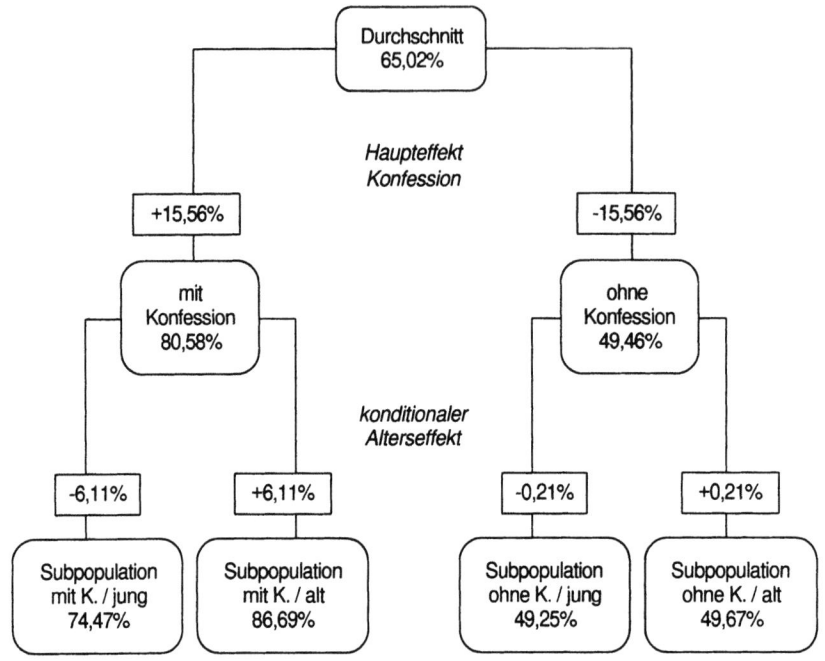

Quelle: Tabelle 2.4.

Abbildung 2.1: Baumdiagramm mit den Parametereinschätzungen des Modells [1,B,A|B]

rechtigten hoch signifikant ist (Achtung: Die Standardfehler sind in dem Modell mit konditionalen Haupteffekten nicht mehr für alle Schätzer identisch; sie sind daher auch nicht in Tabelle 2.4 aufgeführt). In Prozentpunkten gerechnet sind beide Schätzer wiederum halb so groß wie die zuvor berechneten konditionalen Prozentsatzdifferenzen von −12,2 und −0,4, d.h., zwischen konditionalen Haupteffekten und konditionalen Prozentsatzdifferenzen besteht ebenfalls eine einfache Beziehung. Wegen der hierarchischen Anordnung der Parameter kann man schließlich Modellprognosen und Effekte in einem sogenannten Baumdiagramm veranschaulichen (vgl. Abbildung 2.1).

2.1.4 Nicht-saturierte Modelle

Es kann zwar Situationen geben, in denen nur das saturierte Modell die Daten angemessen beschreibt, in den meisten Fällen wird jedoch das endgültige Modell einer GSK-Analyse nicht mit dem saturierten Modell identisch sein. Das saturierte Modell bringt zwar die Unterschiede in den beobachteten Anteilswerten auf den Punkt, benötigt dafür aber genausoviele Parameter wie Daten vorliegen, so daß von einer Informationsreduktion keine Rede sein kann. Gesucht ist daher in der Regel ein Modell, das mit weniger Parametern auskommt. Häufig legen die Daten ein bestimmtes vereinfachendes Modell nahe – wie etwa in unserem Fall, in dem man prüfen könnte, ob die Daten allein durch einen Konfessionseffekt und einen konditionalen Alterseffekt beschrieben werden können. Häufig existieren auch vor Durchführung der Untersuchung bestimmte Hypothesen, die anhand der erhobenen Daten überprüft werden sollen. Es besteht also von Anfang an die Absicht, die Daten mit bestimmten vereinfachenden Annahmen zu konfrontieren. Beide Vorgehensweisen zeichnen sich dadurch aus, daß für bestimmte Parameter Restriktionen formuliert werden. In unserem Fall könnte man beispielsweise den konditionalen Alterseffekt der nicht-religiösen Wahlberechtigten null setzen: $\beta_{11\ 2}^{A\bar{D}|B}=0$. Modelle mit solchen Restriktionen (neben den oben diskutierten Identifikationsrestriktionen) bezeichnet man als sogenannte *nicht-saturierte Modelle*.

Im nächsten Abschnitt werden wir verschiedene Strategien diskutieren, wie man zu einem nicht-saturierten Modell kommt, das die Daten angemessen beschreibt. In diesem Abschnitt geht es uns zunächst um die Frage, wie man die Parameter eines bestimmten nicht-saturierten Modells schätzt. Obwohl unsere bisherigen Datenanalysen ein ganz spezielles nicht-saturiertes Modell nahelegen, konzentrieren wir uns in diesem Abschnitt aus didaktischen Gründen auf Haupteffekt-Modelle. Unabhängig von didaktischen Überlegungen sind Haupteffekt-Modelle immer dann ein guter Startpunkt einer GSK-Analyse, wenn man nur vage Vorstellungen über die Struktur der Daten hat. Haupteffekt-Modelle gehen davon aus, daß jede der verwendeten unabhängigen Variablen für sich einen Einfluß hat, wobei dieser Einfluß jedoch nicht mit den Werten der jeweils anderen unabhängigen Variablen variiert. Interaktionseffekte (und konditionale Haupteffekte) werden damit ausgeschlossen, was die Darstellung der Modellergebnisse wesentlich erleichtert.

Das einfachste aller möglichen Haupteffekt-Modelle für Tabelle ABD unterstellt lediglich einen Haupteffekt: Wie in unserer einfachen Tabellenanalyse (vgl. Tabelle 2.1) wollen wir aus didaktischen Gründen mit dem Haupteffekt Alter beginnen, obwohl unsere bisherigen Analysen gezeigt haben, daß der Alterseffekt nicht besonders bedeutsam ist. Mit dieser Annahme unterstellt man, daß die Wahlbeteiligung in der Population nur mit dem Alter variiert. Oder anders ausgedrückt: Das Verhalten aller Wahlberechtigten kann mit lediglich zwei verschiedenen Wahrscheinlichkeiten $\pi_{11}^{A\bar{D}}$ und $\pi_{21}^{A\bar{D}}$ beschrieben werden. Die Wahrscheinlichkeiten π_{i1} der jeweils ersten Zielkategorie für die i = 1,...4 Subpopulationen der Tabelle ABD ergeben sich dann also wie folgt:

$$\pi_{11} = \pi_{11}^{A\bar{D}} \qquad (2.20)$$

$$\pi_{21} = \pi_{11}^{A\bar{D}}$$

$$\pi_{31} = \pi_{21}^{A\bar{D}}$$

$$\pi_{41} = \pi_{21}^{A\bar{D}}$$

Pro Altersgruppe enthält unsere Tabelle ABD zwei Anteilswerte (vgl. Tabelle 2.3). In dieser Stichprobe sind p_{11} und p_{21} bzw. p_{31} und p_{41} nicht identisch. Dies scheint auf den ersten Blick den Modellannahmen (2.20) zu widersprechen. Wenn man sich jedoch in Erinnerung ruft, daß die beobachteten Wähleranteile im Rahmen einer Stichprobenerhebung zufällig schwanken können, dann ist das nicht notwendigerweise ein Widerspruch. Die Differenzen zwischen p_{11} und p_{21} bzw. p_{31} und p_{41} sehen zwar nicht danach aus, als seien sie zufällig — sie beruhen aller Voraussicht nach auf dem Einfluß der Konfession —, dennoch wollen wir einmal mit dieser Annahme beginnen.

Auch in diesem einfachen Haupteffektmodell [1,A] interessieren uns in erster Linie die Faktoren, von denen die Wahrscheinlichkeiten abhängen, und nicht die Wahrscheinlichkeiten selbst. Wir betrachten sie daher als Funktion eines Durchschnittseffektes $\beta_1^{\bar{D}}$ und des Haupteffektes $\beta_{11}^{A\bar{D}}$ der Variablen Alter. Unter Verwendung zentrierter Effekte ($\beta_{21}^{A\bar{D}} = -\beta_{11}^{A\bar{D}}$) ergeben sich folgende zwei Regressionsgleichungen:

$$\pi_{11}^{A\bar{D}} = \beta_1^{\bar{D}} + \beta_{11}^{A\bar{D}} \qquad (2.21)$$

$$\pi_{21}^{A\bar{D}} = \beta_1^{\bar{D}} - \beta_{11}^{A\bar{D}}$$

Es handelt sich jetzt um ein *nicht-saturiertes Modell*, weil zwei Parameter des saturierten Modells a priori null gesetzt wurden, nämlich $\beta_{11}^{B\bar{D}} = 0$ und $\beta_{111}^{AB\bar{D}} = 0$. Wenn die Parameter null gesetzt werden, entfallen die entsprechenden Spalten der Design-Matrix des saturierten Modells und die Design-Matrix des Haupteffektmodells [1,A] sieht folgendermaßen aus:

$$\begin{bmatrix} 1 & +1 \\ 1 & +1 \\ 1 & -1 \\ 1 & -1 \end{bmatrix}$$

Es verbleiben zwei zu schätzende Parameter, $\beta_1^{\bar{D}}$ und $\beta_{11}^{A\bar{D}}$, d.h., durch die zwei Restriktionen gewinnen wir df = 4-2 = 2 Freiheitsgrade. Die Schätzung der Parameter beruht wiederum auf einer Schätzung der unter den Modellannahmen postulierten Wahrscheinlichkeiten $\pi_{11}^{A\bar{D}}$ und $\pi_{21}^{A\bar{D}}$. Für jede der beiden Wahrscheinlichkeiten stehen in Tabelle 2.3 im Prinzip zwei Schätzwerte zur Verfügung: 0,745 bzw. 0,492 für $\pi_{11}^{A\bar{D}}$ und 0,867 bzw. 0,497 für $\pi_{21}^{A\bar{D}}$. Anders ausgedrückt: Es liegen im Prinzip vier Datenwerte vor, um zwei unbekannte Regressionsparamater zu schätzen. Daraus ergibt sich eine zweite Möglichkeit, die Anzahl der Freiheitsgrade zu bestimmen: Anstatt die Anzahl der Restriktionen zu zählen, berechnet man die Differenz der Anzahl der Daten und der Anzahl der zu schätzenden Parameter (df = 4-2 = 2). Wenn man jedoch berücksichtigt, daß die beobachteten Anteilswerte für die Jüngeren (0,745, 0,492) und die Älteren (0,867, 0,497) zufällig schwanken können, dann ist es nicht besonders sinnvoll, jeden einzelnen Anteilswert unmittelbar als Schätzer für die Verhaltensparameter π der Grundgesamtheit zu verwenden (ganz abgesehen davon, daß jeweils zwei Schätzwerte für $\pi_{11}^{A\bar{D}}$ und $\pi_{21}^{A\bar{D}}$ natürlich auch zu jeweils zwei, nicht notwendigerweise identischen Schätzwerten für $\beta_1^{\bar{D}}$ und $\beta_{11}^{A\bar{D}}$ führen). Man sollte vielmehr versuchen, die Informationen aus beiden Schätzern so zu kombinieren, daß dadurch der Stichprobenfehler möglichst ausgeglichen wird.

Betrachten wir dazu den (ungewichteten) Durchschnitt der jeweiligen Anteilswerte als Schätzer der Wahrscheinlichkeiten. Da es keine optimalen Schätzwerte sind – wie wir gleich sehen werden –, versehen wir sie mit einem Querstrich ($\bar{\pi}$) statt mit einem Dach:

$$\bar{\pi}_{11}^{A\bar{D}} = \frac{p_{11}+p_{21}}{2} = \frac{0,745+0,492}{2} = 0,619 \qquad (2.22)$$

$$\bar{\pi}_{21}^{A\bar{D}} = \frac{p_{31}+p_{41}}{2} = \frac{0,867+0,497}{2} = 0,682$$

Eingesetzt in (2.21) ergeben sich nach einigen Umformungen die gleichen Schätzwerte $\bar{\beta}_1^{\bar{D}} = 0,650$ und $\bar{\beta}_{11}^{A\bar{D}} = -0,032$ wie im saturierten Modell (jetzt mit einem Querstrich versehen, weil sie auf den Schätzern 2.22 beruhen).

Dieses Ergebnis ist wenig plausibel: Wieso ergibt eine andere, einfachere Annahme genau die gleichen Effekte wie die Hypothese, daß die beobachteten Daten exakt die Population widerspiegeln (saturiertes Modell)? War es daher richtig, die Anteilswerte zu mitteln? In der Tat sprechen zwei Argumente dagegen, daß die beobachteten Anteilswerte bei der Durchschnittsbildung gleichgewichtig behandelt werden können: Zum einen repräsentieren die Anteilswerte ganz unterschiedlich umfangreiche Subpopulationen. Die Wahlbeteiligung von 86,7% in der dritten Subpopulation beruht beispielsweise auf den Angaben von 263 Befragten, die Wahlbeteiligung von 49,7% in der vierten Subpopulation dagegen nur auf 149 Befragten. Zum anderen sind der Anteil in der Population π und die Varianz Var(p) des Anteils der entsprechenden Eigenschaft in einer Stichprobe eng miteinander verknüpft: Bei Anteilswerten nahe null oder eins, wenn in einer Population also kaum eine Person die Eigenschaft aufweist oder wenn fast alle die Eigenschaft haben, dann kann das entsprechende Merkmal in einer Stichprobe auch kaum variieren. Wenn also in einer Population zum Beispiel fast alle Wahlberechtigten an der Wahl teilnehmen, dann wäre eine Stichprobe, in der umgekehrt fast alle nicht zur Wahl gehen, sehr unwahrscheinlich. Das bedeutet im Umkehrschluß, daß man mit Stichproben aus solchen sehr ungleich verteilten Populationen (π nahe 0 oder 1) sehr viel präzisere Schätzungen berechnen kann, weil das in Frage stehende Merkmal per se in der Stichprobe kaum variieren kann. Ist das Merkmal dagegen in der Population eher gleich verteilt (z.B. Männer : Frauen = 50 : 50, Männeranteil π = 0,5), dann sind zwar ähnliche Anteilswerte in der Stichprobe erwartbar (z.B. ein Männeranteil von ca. 50%), jedoch muß man aufgrund des Stichprobenfehlers auch zufällige Abweichungen einkalkulieren, und diese können sich im Prinzip von 0 bis 100% bewegen. In diesem Fall ist die Varianz des Anteilswertes in Stichproben also sehr viel größer, und entsprechend unpräzise sind die Rückschlüsse, die man aus solchen Stichproben über die Population machen kann.

Mit der Formel für den Standardfehler bzw. die Varianz ist eine exakte Angabe über die Variation einer Statistik in einer Stichprobe möglich. Der GSK-Ansatz behandelt die einzelnen Subpopulationen als voneinamder unabhängige Stichproben, innerhalb derer das Auftreten der einzelnen Zielkategorien multinomial verteilt ist. Allgemein gilt für ein binomial- resp. multinomial-verteiltes Merkmal, daß die Varianz des beobachteten Anteilswertes p_{ij} einer Kategorie j dieses Merkmals innerhalb der Stichprobe (Subpopulation) i eine Funktion der entsprechenden Wahrscheinlichkeit π_{ij} und des Stichprobenumfangs f_{i+} ist:

$$\text{Var}(p_{ij}) = \frac{\pi_{ij} \times (1 - \pi_{ij})}{f_{i+}}. \tag{2.23}$$

Der Standardfehler entspricht dann der Wurzel aus der Varianz $\text{Var}(p_{ij})$. Diese Formel unterstreicht unsere beiden Argumente: Zum einen ist die Varianz eines Anteilswertes um so größer, je kleiner der Stichprobenumfang ist. Zum anderen ist der Ausdruck bei gegebenem Stichprobenumfang dann maximal, wenn $\pi_{ij} = 0,5$ ist. Mit anderen Worten, die Varianz ist um so größer, je gleichverteilter das Merkmal in der Population ist.

Wenn geringere Varianz größere Sicherheit bedeutet, dann müßte man in Tabelle 2.3 dem Anteilswert 0,867 sicherlich mehr Gewicht beimessen, denn er läßt zum einen auf eine eher ungleich verteilte Wahlbeteiligung in der dritten Subpopulation schließen und zum anderen beruht er auf einer größeren Fallzahl. Bei den anderen drei Anteilswerten ist diese Frage nicht so einfach zu beantworten, da die beiden Einflüsse – Stichprobengröße und Verteilung – zum Teil gegenläufig verlaufen. Genauere Angaben sind nur durch Berechnung der jeweiligen Varianz möglich. Wir haben daher unseren „kleinen" Datensatz um zwei Variablen namens VAR und GEW erweitert, die sowohl die Varianz als auch den Kehrwert der Varianz zeigen:

N1	N2	X1	X2	X3	X4	P1	VAR	GEW
105	36	1	+1	+1	+1	0,745	0,00135	742,20
97	100	1	+1	-1	-1	0,492	0,00127	788,20
228	35	1	-1	+1	-1	0,867	0,00044	2280,79
74	75	1	-1	-1	+1	0,497	0,00168	596,02

Die Varianzen VAR wurden dabei nach (2.23) berechnet, wobei mangels eines besseren Schätzers für π_{i1} der jeweilige beobachtete Anteilswert p_{i1} eingesetzt wurde. Genaugenommen handelt es sich also um eine geschätzte Varianz. Die Werte der entsprechenden Variablen VAR unterstreichen noch einmal deutlich, daß der Anteilswert der dritten Subpopulation die geringste (geschätzte) Varianz aufweist. Umgekehrt hat der Anteilswert der vierten Subpopulation die größte (geschätzte) Varianz – teils aufgrund des geringen Stichprobenumfangs, teils wegen der Gleichverteilung von Wählern und Nicht-Wählern. Wenn geringere Varianz größere Sicherheit bedeutet, dann müßten wir die vier Anteilswerte umgekehrt proportional zu ihrer Varianz gewichten. Zu diesem Zweck wurde die Variable GEW gebildet, die dem Kehrwert der Varianz entspricht.

Nachdem wir nun die statistische Sicherheit der einzelnen Anteilswerte quantifiziert haben, können wir diese Information durch Gewichtung in unserer Durchschnittsbildung berücksichtigen. In (2.22) hat jeder Anteilswert das Gewicht 1. Betrachten wir stattdessen den gewichteten Durchschnitt:

$$\hat{\pi}_{11}^{A\bar{D}} = \frac{\delta_{11}p_{11}+\delta_{21}p_{21}}{\delta_{11}+\delta_{21}} = \frac{742,20 \times 0,745 + 788,20 \times 0,492}{742,20+788,20} = 0,6147 \quad (2.24)$$

$$\hat{\pi}_{21}^{A\bar{D}} = \frac{\delta_{31}p_{31}+\delta_{41}p_{41}}{\delta_{31}+\delta_{41}} = \frac{2280,79 \times 0,867 + 596,02 \times 0,497}{2280,79+788,20} = 0,7902$$

Dabei haben wir die i=1,...,4 Gewichte mit δ_{i1} = 1/Var(p_{i1}) bezeichnet (vgl. die Variable GEW). Die geschätzte Wahrscheinlichkeit der Jüngeren hat sich nicht wesentlich verändert, die der Älteren hat sich dagegen wegen des größeren Gewichts des dritten Anteilswertes erhöht. Mit diesen beiden Werten und den Regressionsgleichungen (2.21) wird der Durchschnittseffekt auf $\beta_1^{\bar{D}}$ = 0,7024 und der Alterseffekt auf $\beta_{11}^{A\bar{D}}$ = -0,0877 geschätzt, und man kann zeigen, daß die beiden Schätzer unter einigermaßen allgemeinen Bedingungen optimal sind. Wenn die Annahme also richtig ist, daß die Wahlbeteiligung in der Population nur mit dem Alter variiert, dann schätzen wir die durchschnittliche Wahlbeteiligung auf 70,24%, wobei die Jüngeren eine um 8,77 Prozentpunkte niedrigere und die Älteren eine um 8,77 Prozentpunkte höhere Wahlbeteiligung als der Durchschnitt aufweisen. Da $-0{,}0877$ wiederum die halbe Differenz zwischen 0,6147 und 0,7902 ist, könnte man den Haupteffekt des Alters auch als (halbierte) *gewichtete* Prozentsatzdifferenz bezeichnen.

Bevor wir mit der allgemeinen Diskussion fortfahren, wollen wir noch einen möglichen Einwand entkräften. Der Einwand bezieht sich auf unsere Gewichtungsprozedur und lautet etwa so: Warum wird eigentlich bei nichtsaturierten Modellen gewichtet, während wir im saturierten Modell zwei Abschnitte vorher alle Anteilswerte gleich behandelt haben? Die Antwort ist relativ einfach: Wenn man von einem saturierten Modell ausgeht, dann ist das gleichbedeutend mit der Annahme, daß für jede der vier Subpopulationen eine unterschiedliche Wahrscheinlichkeit, zur Wahl zu gehen, unterstellt wird. In diesem Fall ist es die beste Wahl, wenn man die vier beobachteten Anteilswerte $p_{i l}$ als Schätzer für die vier Populationsparameter $\hat{\pi}_{ij1}^{AB\tilde{D}}$ verwendet. Für jeden unbekannten Populationswert steht damit nur *ein* Schätzwert zur Verfügung (anders ausgedrückt: df = 0). Es ist daher nicht notwendig und auch nicht möglich, zufällige Abweichungen durch Verwendung eines (gewichteten) Durchschnittes auszugleichen.

Leider ist das bisher verwendete Schätzverfahren zu umständlich, um es auf nicht-saturierte Modelle zu übertragen, die mehr als einen Effekt neben dem Durchschnittseffekt umfassen. In einem Exkurs wollen wir daher zeigen, daß die Schätzung der Effekte auch mit Hilfe einer bivariaten Regression möglich ist. Dieses bekannte Datenanalyseverfahren läßt sich ohne weiteres auf mehr als eine unabhängige Variable übertragen (multiple Regression), so daß damit ein effizientes Rechenverfahren zur Verfügung stehen würde, um mehr als einen Effekt neben dem Durchschnittseffekt zu schätzen.

Abbildung 2.2a zeigt ein Streudiagramm, in dem die vier beobachteten Anteilswerte eingezeichnet sind, wobei das Merkmal Alter mit Hilfe der Design-Variablen X2 unseres „kleinen" Datensatzes dargestellt wird (+1 kennzeichnet die jüngeren Subpopulationen, -1 die älteren). Die beiden ungewichteten Durchschnitte (2.22) sind ebenfalls eingezeichnet und durch eine Gerade verbunden. Offensichtlich hätte man die beiden ungewichteten Durchschnitte auch mit einer bivariaten Regression der vier Anteilswerte auf die Variable X2 erhalten, denn wenn die Regressionsgerade die quadrierten (senkrechten) Abstände zu den Datenpunkten minimieren soll, dann muß sie durch die Durchschnitte der beiden bedingten Verteilungen bei X2 = -1 und X2 = +1 verlaufen.

Die *Methode der kleinsten Quadrate* (engl. ordinary *l*east *s*quares, kurz OLS) betrachtet bekanntlich die Summe der quadrierten Abweichungen $\Sigma_i(y_i-\hat{y}_i)^2$ der Modellprognosen $\hat{y}_i$ von den beobachteten Daten y_i über alle i = 1,...,N Beobachtungen. Diese Abweichungen $(y_i-\hat{y}_i)$ werden auch als *Residuen* bezeichnet. Die Schätzer $\hat{\beta}_0$ und $\hat{\beta}_1$ des bivariaten Regressionsmodells $\hat{y}_i=\hat{\beta}_0+\hat{\beta}_1 x_i$ werden dann als *OLS-Schätzer* bezeichnet, wenn sie diese Summe

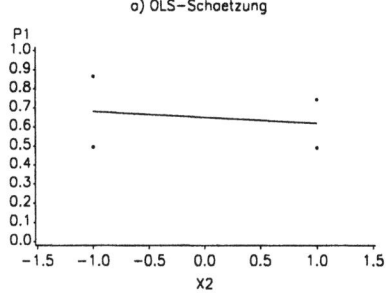 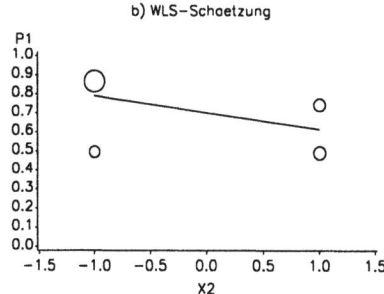

Quelle: Tabelle 2.3.

Abbildung 2.2: Regression der Wähleranteile (P1) auf das Alter (X2)

der quadrierten Abweichungen bzw. nach Einsetzen von $\hat{y}_i$ die Summe $\Sigma_i(y_i-\beta_0-\beta_1 x_i)^2$ minimieren. Das Minimum kann mit den Mitteln der Differentialrechnung bestimmt werden. Wie in entsprechenden Lehrbüchern zur Regressionsanalyse beschrieben, erhält man durch Nullsetzen der partiellen Ableitungen nach β_0 und β_1 die *Normalgleichungen* für die beiden Schätzer:

$$\beta_0 N + \beta_1 \sum_i x_i = \sum_i y_i \qquad (2.25)$$
$$\beta_0 \sum_i x_i + \beta_1 \sum_i x_i^2 = \sum_i x_i y_i$$

Die Summen müssen jeweils für alle i = 1,...,N Beobachtungen berechnet werden. Aus den Normalgleichungen können dann die bekannten Schätzgleichungen des bivariaten Regressionsmodells abgeleitet werden (vgl. Beispiel 8 in Kapitel 1):

$$\beta_1 = \frac{N\sum_i x_i y_i - \sum_i x_i \sum_i y_i}{N\sum_i x_i^2 - \left(\sum_i x_i\right)^2} \qquad (2.26)$$

$$\beta_0 = \frac{\sum_i y_i}{N} - \beta_1 \frac{\sum_i x_i}{N} = \bar{y} - \beta_1 \bar{x}$$

$\bar{y}$ und $\bar{x}$ sind die Mittelwerte der abhängigen Variablen y und der unabhängigen Variablen x. Berechnet man dementsprechend mit unserem „kleinen" Datensatz eine Regression der Variablen P1 auf die Variable X2, dann ergibt sich folgende geschätzte Regressionsgleichung:

$$P1\_DACH = 0{,}6502 - 0{,}0316 \times X2$$

Beide OLS-Schätzer $\beta_0=0{,}6502$ und $\beta_1=0{,}0316$ entsprechen bis auf Rundungsfehler dem Durchschnitts- und dem Alterseffekt, die wir auf Basis der ungewichteten Schätzung berechnet haben (vgl. Gleichung 2.22).

Nun haben wir aber gerade argumentiert, daß man die unterschiedliche statistische Sicherheit der einzelnen Anteilswerte durch Gewichtung mit der inversen Varianz berücksichtigen muß. Auch dieses läßt sich im Rahmen der Regressionsanalyse leicht umsetzen, wie Abbildung 2.2b zeigt. In diesem Streudiagramm ist das Gewicht jedes Anteilswertes durch einen Kreis proportionaler Größe dargestellt und die Regressionsgerade ist dementsprechend mehr in Richtung des dritten Anteilswertes von 0,867 verschoben. Praktisch kann man sich das so vorstellen, daß jeder Anteilswert nicht nur einmal, sondern entsprechend seinem Gewicht δ_{i1} mehrmals bei der Auswertung berücksichtigt wurde. Dieses Schätzverfahren bezeichnet man als *gewichtete Regression* (engl. *w*eighted *l*east *s*quares, kurz WLS).

Natürlich ist es nicht notwendig, einen entsprechenden Datensatz aufzubauen, in dem einzelne Beobachtungen mehrmals vorkommen, denn die meisten Regressionsprogramme verfügen über die Möglichkeit, Gewichtungsvariablen zu berücksichtigen und damit intern die entsprechenden Daten zu errechnen. An den vorhergehenden Ableitungen verändert sich dabei nichts Wesentliches, außer daß man bei der Summierung der Daten die entsprechenden Gewichte nicht vergessen darf. Wir benutzen daher diese kleine Wiederholung, um die entsprechenden Gleichungen an unsere Notation anzupassen. Unsere Modellgleichung (2.21) sieht in der Schreibweise der Regressionsanalyse folgendermaßen aus:

$$\pi_{i1} = \beta_1^{\bar{D}} + \beta_{11}^{A\bar{D}} x_{i2} \qquad (2.27)$$

Abhängige Variable sind die i = 1,...,4 Wahrscheinlichkeiten π_{i1} der ersten Zielkategorie, und als unabhängige Variable fungieren die i = 1,...,4 Werte x_{i2} der Design-Variablen X2 des Datensatzes. Natürlich hätte man auch die Konstante $x_{i1} = 1$ (Variable X1 des Datensatzes) in die Gleichung aufnehmen können:

$$\pi_{i1} = \beta_1^{\bar{D}} x_{i1} + \beta_{11}^{A\bar{D}} x_{i2}$$

Dies verdeutlicht die Zählung der unabhängigen Variablen, macht aber die Notation noch umständlicher, als sie ohnehin schon ist. Für die spätere Verallgemeinerung sollte man jedoch im Auge behalten, daß zur Regressionskonstanten ebenfalls eine „Variable" gehört, die für alle Beobachtungen konstant den Wert 1 hat. Die funktionale Abhängigkeit der abhängigen von der unabhängigen Variablen in (2.27) wird üblicherweise als *linear-additives Regressionsmodell* bezeichnet (das sich in unserem Fall auf ein schlichtes additives Modell reduziert, da die Design-Variable x_{i2} im Prinzip nur die Funktion hat, den Parameter $\beta_{11}^{A\bar{D}}$ zu addieren oder zu subtrahieren). Eine WLS-Schätzung minimiert die *gewichtete* Summe $\Sigma_i(\delta_{i1}(p_{i1}-\hat{\pi}_{i1})^2)$ der quadrierten Abweichungen von Modellprognosen $\hat{\pi}_{i1}=\beta_1^{\bar{D}}+\beta_{11}^{A\bar{D}} x_{i2}$, die sich aufgrund der Parameterschätzungen $\beta_1^{\bar{D}}$ und $\beta_{11}^{A\bar{D}}$ ergeben, und beobachteten Anteilswerten p_{i1} in der Stichprobe (Variable P1 des Datensatzes). Die Gewichte bezeichnen wir mit δ_{i1} (Variable GEW des Datensatzes). Die Abweichungen $(p_{i1}-\hat{\pi}_{i1})$ sind die Residuen eines GSK-Modells. Auch diese Minimierungsaufgabe läßt sich mittels Differentialrechnung lösen. Danach sehen die Normalgleichungen dieses gewichteten Regressionsmodells folgendermaßen aus:

$$\beta_1^{\bar{D}} \sum_i \delta_{i1} + \beta_{11}^{A\bar{D}} \sum_i \delta_{i1} x_{i2} = \sum_i \delta_{i1} p_{i1} \qquad (2.28)$$

$$\beta_1^{\bar{D}} \sum_i \delta_{i1} x_{i2} + \beta_{11}^{A\bar{D}} \sum_i \delta_{i1} x_{i2}^2 = \sum_i \delta_{i1} x_{i2} p_{i1}$$

Die Summen müssen jetzt für die i = 1,...,4 Subpopulationen berechnet werden. Durch Auflösung der Normalgleichungen nach $\beta_1^{\bar{D}}$ und $\beta_{11}^{A\bar{D}}$ erhält man – diesmal mittels gewichteter Regression – die beiden Schätzer unseres Haupteffektmodells:

$$\beta_{11}^{A\bar{D}} = \frac{\sum_i \delta_{i1} \sum_i \delta_{i1} x_{i2} p_{i1} - \sum_i \delta_{i1} x_{i2} \sum_i \delta_{i1} p_{i1}}{\sum_i \delta_{i1} \sum_i \delta_{i1} x_{i2}^2 - \left(\sum_i \delta_{i1} x_{i2}\right)^2} \quad (2.29)$$

$$\beta_1^{\bar{D}} = \frac{\sum_i \delta_{i1} p_{i1}}{\sum_i \delta_{i1}} - \beta_{11}^{A\bar{D}} \frac{\sum_i \delta_{i1} x_{i2}}{\sum_i \delta_{i1}}$$

Berechnet man dementsprechend mit einem Computerprogramm eine Regression der Variablen P1 auf die Variable X2 – dieses Mal jedoch unter Einschaltung der Gewichtungsvariablen GEW –, erhält man folgende Schätzung unseres Modells (2.27):

P1_DACH = 0,7024 - 0,0877 × X2

Beide *WLS-Schätzer* stimmen mit unserem gewichteten Durchschnitts- und Alterseffekt überein, die wir auf der Basis von Gleichung (2.24) berechnet haben.

Abschließend sei noch auf eine kleine terminologische Schwierigkeit hingewiesen: Wenn man eine Regression einer Variablen (z.B. P1) auf eine unabhängige Variable (z.B. X2) durchführt, dann bezeichnet man P1, also den beobachteten Anteilswert, als abhängige Variable. Das ist insofern irreführend, als sich unser Modell auf den entsprechenden Anteil in der Population bezieht. Dementsprechend ist auch die Wahrscheinlichkeit π und nicht der beobachtete Anteilswert p die eigentlich abhängige Variable (vgl. auch Gleichung 2.27). Mit einer Regression werden diese Wahrscheinlichkeiten so geschätzt, daß sie einerseits mit den Modellannahmen übereinstimmen und andererseits nach dem (gewichteten) Kleinste-Quadrate-Kriterium möglichst nah an den beobachteten Daten liegen. Da die Regressionsanalyse aber häufig als rein deskriptives Verfahren verwendet wird, ist man mit dieser Unterscheidung zwischen Population (π) und Stichprobe (p) bei der Bezeichnung der abhängigen Variablen nicht immer sehr präzise. Auch wir werden im folgenden häufiger etwas ungenau von Anteilswerten als abhängiger Variablen sprechen.

Wir stellen also fest, daß die Effekte eines GSK-Modells ebensogut mit Hilfe einer WLS-Schätzung bestimmt werden können. Dabei werden *linear-additive* Modelle verwendet. Abhängige Variable sind Anteilswerte und – wie wir später sehen werden – Funktionen dieser Anteilswerte. Der GSK-Ansatz ist daher eine Methode zur Analyse tabellierter Daten, die *linear-additive* Modelle für Anteilswerte mit gewichteter Regression überprüft. Dieser allgemeine Zugang hat mehrere Vorteile. Zum einen sind die Eigenschaften von Kleinste-Quadrate-Schätzern relativ gut bekannt, zum anderen können im Rahmen des linearen Modells nicht nur eine, sondern im Prinzip viele unabhängige Variablen berücksichtigt werden. Bevor wir diese Eigenschaft für unsere weiteren Analysen nutzbar machen, wollen wir jedoch kurz zu dem ersten Argument Stellung nehmen. Die entsprechenden statistischen Ableitungen überschreiten zwar den Rahmen dieser Arbeit, es ist jedoch hilfreich, einige allgemeine Ergebnisse über Kleinste-Quadrate-Schätzungen zu kennen.

Alle entsprechenden Ableitungen beginnen mit einer Analyse der Schätzgleichungen, die sich bei der OLS-Methode ergeben: Wenn man Gleichung (2.26) genauer betrachtet, erkennt man, daß beide Schätzer eine Funktion der beobachteten Daten x und y sind. Mit anderen Worten, wenn man die Verteilungen von x und y kennt, kennt man auch die Verteilungen von β_0 und β_1. Wenn man annimmt, daß neben den im Modell berücksichtigten Einflüssen – in diesem Fall also der Effekt von x – nur noch zufällige Fehler auf y wirken, dann sind die

Verteilungen von β_0 und β_1 berechenbar. Dabei wird vorausgesetzt, daß diese Zufallsfehler erstens nicht mit der unabhängigen Variablen x korrelieren, zweitens über den gesamten Wertebereich von x im Mittel null sind, drittens immer eine konstante Streuung aufweisen und viertens untereinander unabhängig sind. Unter diesen vier Voraussetzungen sind OLS-Schätzer die besten aller linearen Schätzer. Wenn man also mehrere Stichproben ziehen würde, dann stimmen die OLS-Schätzer im Durchschnitt über alle Stichproben mit den tatsächlichen Effekten überein und zeigen zudem eine geringere Abweichung von den tatsächlichen Werten als andere lineare Schätzer.

Von den drei Voraussetzungen ist bei der Analyse von Anteilswerten die Annahme konstanter Varianz (*Homoskedastizität*) nicht gegeben, denn nach Gleichung (2.23) ist die Varianz eines Anteilswertes nicht konstant, sondern eine Funktion der entsprechenden Wahrscheinlichkeit in der Population und des Stichprobenumfangs. Wenn keine Homoskedastizität gegeben ist, liegen OLS-Schätzer zwar noch im Mittel richtig, verlieren aber ihre Effizienz, d.h., sie sind unter den linearen Schätzern nicht mehr diejenigen mit der geringsten Streuung. Da wir jedoch mit (2.23) das Ausmaß der *Heteroskedastizität* kennen, können wir diese Information durch entsprechende Gewichtung im Schätzverfahren berücksichtigen und erhalten somit wiederum einen effizienten Schätzer. Auf diese Eigenschaft haben wir angespielt, als wir oben behaupteten, daß die beiden gewichteten Schätzer „unter einigermaßen allgemeinen Bedingungen optimal sind". Ein Nebenprodukt dieser Überlegungen ist übrigens die Berechenbarkeit der Standardfehler der geschätzten Regressionskoeffizienten. Wir werden darauf am Ende dieses Abschnitts zurückkommen.

Der bivariate Regressionsansatz kann bekanntlich relativ problemlos auf multivariate Fragestellungen übertragen werden. Innerhalb dieses allgemeinen Schätzansatzes ist es ein Einfaches, ein Haupteffektmodell [1,A,B] zu schätzen, das beide Haupteffekte Alter und Konfession enthält. Konkret geht es um das multiple Regressionsmodell:

$$\pi_{i1} = \beta_1^{\bar{D}} + \beta_{11}^{A\bar{D}} x_{i2} + \beta_{11}^{B\bar{D}} x_{i3} \tag{2.30}$$

mit der Design-Matrix:

$$\begin{bmatrix} 1 & +1 & +1 \\ 1 & +1 & -1 \\ 1 & -1 & +1 \\ 1 & -1 & -1 \end{bmatrix}$$

Geometrisch kann man sich die Regressionsschätzung im trivariaten Fall so vorstellen, daß eine *Fläche* derart zwischen den vier Punkten in einem dreidimensionalen Raum mit den Achsen P1, X2 und X3 positioniert wird, daß die quadrierten (senkrechten) Abstände der Fläche zu den Datenpunkten minimiert werden. Soll dabei eine gewichtete Regression durchgeführt werden, sind die Daten wiederum entsprechend ihrem Gewicht häufiger zu zählen.

Jeder Punkt auf der Fläche gibt an, welcher Wähleranteil P1_DACH für eine bestimmte Kombination von X2 und X3 durch das Modell vorausgesagt wird.

Der geschätzte Alterseffekt (–0,0388) ist sehr viel geringer als im bivariaten Modell (–0,0877). Das liegt – wie wir wissen – daran, daß ein Teil der Altersunterschiede auf die Konfession zurückgeführt werden kann. Anders ausgedrückt, die Lage der Regressionsfläche im trivariaten Fall wird im Gegensatz zur Lage der Regressionsgeraden im bivariaten Fall nicht nur vom Gewicht der einzelnen Anteilswerte, sondern auch von der multivariaten Konfiguration der Daten bestimmt. Die geschätzten Koeffizienten des trivariaten Regressionsmodells

$$\text{P1\_DACH} = 0{,}6584 - 0{,}0388 \times X2 + 0{,}1588 \times X3$$

messen jetzt den Einfluß einer unabhängigen Variablen *unter Kontrolle* der anderen. In Analogie zur einfachen Tabellenanalyse könnte man die Koefizenten dieses multiplen (gewichteten) Regressionsmodells als „*geeignet gewichtete*" partielle Prozentsatzdifferenzen bezeichnen. Mit dem Begriff „geeignet gewichtet" versuchen wir zu umschreiben, daß die Art der Gewichtung im multivariaten Fall nicht mehr so einfach nachzuvollziehen ist wie im bivariaten Fall (vgl. Gleichung 2.24).

Wie bereits erwähnt erhält man als Nebenprodukt der WLS-Schätzung eine Schätzung der Varianz-Kovarianz-Matrix $\hat{V}_\beta$ der geschätzten Parameter (zu den Formeln s. Forthofer/Lehnen 1981: Kap. 3–4). In unserem Haupteffektmodell [1,A,B] ergeben sich für die drei Effekte folgende geschätzte Varianzen: $\text{Var}(\beta_1^{\bar{D}}) = 2{,}7225 \times 10^{-4}$, $\text{Var}(\beta_{11}^{A\bar{D}}) = 2{,}7889 \times 10^{-1}$ und $\text{Var}(\beta_{11}^{B\bar{D}}) = 2{,}9241 \times 10^{-4}$. Durch Radizierung lassen sich die Standardfehler und schließlich die z-Werte aller drei Schätzer berechnen. Alle drei z-Werte (39,90, –2,32 und 9,29) weisen daraufhin, daß sowohl der Durchschnittseffekt als auch beide Haupteffekte signifikant von null verschieden sind. Im nächsten Abschnitt wollen wir uns nun mit der Frage beschäftigen, ob das Modell insgesamt die Daten angemessen beschreibt und ob es das beste aller nicht-saturierten Modelle ist.

2.1.5 Test und Anpassung nicht-saturierter Modelle

Ziel jeder Datenanalyse ist es, das Modell zu finden, das den Zusammenhängen der Merkmale in der Population zugrundelag und das daher die vorliegende Stichprobe generiert hat. Dieses Modell wird auch häufig als das *„wahre"* oder *tatsächliche Modell* bezeichnet. Wenn man sich am Ende einer Datenanalyse für ein bestimmtes Modell entscheidet, kann das gewählte, sogenannte *endgültige Modell* aus zwei Gründen falsch sein. Es kann einerseits zu viele Parameter enthalten, d.h. Effekte unterstellen, die in der Population nicht auftreten. In diesem Fall spricht man von *Überanpassung* (engl. overfitting).

Oder aber es kann zu wenige Parameter enthalten, d.h. Effekte ignorieren, die tatsächlich in der Population wirken. Diese Situation wird als *Unteranpassung* (engl. underfitting) bezeichnet.

Es kann nicht oft genug wiederholt werden, daß theoretische Überlegungen eine zentrale Rolle bei der Auswahl des endgültigen Modells spielen sollten. Selbst bei explorativen Analysen, in denen man sich weitgehend von den Daten und entsprechenden Statistiken leiten läßt, sind theoretische Überlegungen mindestens genauso relevant wie die Zahlen. Aus statistischer Sicht lassen sich nämlich in der Regel viele Modelle für die erhobenen Daten formulieren, von denen wiederum mehrere die Daten gleich gut beschreiben. Welches dieser Modelle dann schließlich ausgewählt wird, ist im wesentlichen ein Resultat theoretischer Interessen und Interpretationen. Die Bedeutung inhaltlicher Entscheidungen wird auch in den Fällen besonders deutlich, in denen man feststellen muß, daß die statistischen Entscheidungsregeln nicht immer die gleichen Antworten liefern und zusätzlich die Anwendungsvoraussetzungen nicht in allen Situationen gegeben sind. Schließlich ist vollkommen unklar, mit welcher Irrtumswahrscheinlichkeit man eigentlich arbeitet, wenn man während der Suche nach dem endgültigen Modell mehrfach Signifikanztests verwendet (*multiples Testen*), die nicht unabhängig voneinander sind und vor allem *nach* Inspektion der Daten formuliert werden. Die extensive Anwendung inferenzstatistischer Kriterien ist daher schon allein aus immanenten Gründen nicht ganz unproblematisch. Selbst wenn wir uns im folgenden auf die Statistik konzentrieren, sollte damit klar sein, wie wichtig inhaltliche Kriterien bei der Auswahl des endgültigen Modells sind.

Wir beginnen unsere Darstellung mit dem einfachen Fall, in dem von vornherein relativ klare Vorstellungen darüber vorliegen, wie die untersuchten Merkmale untereinander zusammenhängen. Es geht also darum, bestimmte a priori spezifizierte Hypothesen mit Hilfe der erhobenen Daten zu überprüfen. Wir bezeichnen dieses Vorgehen als *konfirmatorische Analyse*. Von dieser Situation wird üblicherweise in den Lehrbüchern ausgegangen, und sie gibt uns die Möglichkeit, zunächst zu klären, wie man im Rahmen des GSK-Ansatzes entscheidet, ob ein Modell die Daten angemessen beschreibt und ob die verschiedenen Einzelhypothesen sich bestätigen, aus denen sich das Modell zusammensetzt.

Danach werden wir uns mit dem entgegengesetzten Fall beschäftigen, in dem nur sehr vage Vorstellungen über die Beziehungen der Variablen vorliegen. Nun entsteht das Problem, wie man mit einer Mischung aus inhaltlichen und statistischen Kriterien zu einem *passenden Modell* für die Daten gelangt. Üblicherweise ist dies ein iterativer Prozeß, der entweder mit einem relativ einfachen Modell beginnt und dieses schrittweise erweitert (*Vorwärtsselektion*) oder der ausgehend von einem umfassenden Modell schrittweise unbedeutende Effekte eliminiert (*Rückwärtsselektion*). Alle Informationen, die man bis zu einem bestimmten Punkt des Suchprozesses über die Daten herausgefunden hat, werden dabei zur Steuerung der folgenden Auswahlschritte berücksichtigt. Dieses Vorgehen bezeichnen wir als *explorative Analyse*. Wir werden definieren, was unter einem passenden Modell zu verstehen ist und welche Strategien der Vorwärts- und Rückwärtsselektion sich im Rahmen des GSK-Ansatzes als praktikabel erwiesen haben.

Test der Modellanpassung und lineare Kontraste
Beginnen wir also unsere Darstellung mit der a priori spezifizierten Hypothese, daß die Wahlbeteiligung sowohl mit dem Alter als auch mit der Konfession der Wahlberechtigten variiert, daß aber besondere Interaktionseffekte beider Merkmale nicht berücksichtigt werden müssen. Wie auch immer diese Annahme theoretisch untermauert wird, unter statistischen Gesichtspunkten ist sie gleichbedeutend mit der Hypothese, daß das Haupteffektmodell [1,A,B] die Daten angemessen beschreibt. Nachdem wir im vorherigen Abschnitt die Parameter dieses Modells geschätzt haben, kann diese Hypothese auf unterschiedliche Art und Weise überprüft werden. Zum einen kann man die nach den Schätzungen erwarteten Häufigkeiten (vgl. Gleichung 2.5) mit den beobachteten Häufigkeiten in Tabelle ABD vergleichen. Zum anderen kann man aber auch gleich die geschätzten Wahrscheinlichkeiten mit den beobachteten Anteilswerten vergleichen. Das Ergebnis dieses Vergleichs wird mit einer entsprechenden Maßzahl, einer Anpassungs- oder *GOF-Statistik* quantifiziert (engl. *goodness of fit*). Ist schließlich das Verteilungsgesetz dieser GOF-Statistik bekannt, läßt sich angeben, wie wahrscheinlich es war, dieses oder noch ein größeres Ausmaß an Abweichungen zu beobachten. Dann kann man das Anpassungsmaß wie eine Teststatistik in einem gewöhnlichen Hypothesentest verwenden.

Bekannte Anpassungsmaße für Häufigkeiten sind *Pearson's Statistik*, die *Likelihood-Statistik* und *Neymann's Statistik* (vgl. Gleichung 1.5 in Abschnitt 1.2.4). Log-lineare oder logistische Regressionsmodelle, die mit Häufigkeiten operieren und Modellparameter mit der Maximum-Likelihood-Methode schätzen, machen von der Likelihood-Statistik extensiv Gebrauch. Beim GSK-Ansatz, so wie wir ihn bis jetzt vorgestellt haben, ist eine Verbindung zu den genannten Anpassungsmaßen nicht ganz so offensichtlich. Im letzten Abschnitt haben wir zunächst gezeigt, daß es sich beim GSK-Ansatz um eine WLS-Schätzung auf der Basis von Anteilswerten handelt. Es liegt daher nahe, die Anpassung zwischen beobachteten und geschätzten Anteilswerten zu betrachten. Da bei einer WLS-Schätzung ohnehin die gewichtete Quadratsumme der Residuen minimiert wird, bietet sich für GSK-Modelle, die Anteilswerte einer dichotomen abhängigen Variablen betrachten, folgende GOF-Statistik an (die allgemeine Formel dieser GOF-Statistik findet sich bei Forthofer/Lehnen 1981: 27):

$$W^2 = \sum_{i=1}^{s} (\delta_{i1}(p_{i1} - \hat{\pi}_{i1})^2) = \sum_{i=1}^{s} \left(\frac{1}{\text{Var}(p_{i1})}(p_{i1} - \hat{\pi}_{i1})^2 \right) \quad (2.31)$$

Bhakpar (1966) konnte zeigen, daß WLS-Schätzer, die diese Summe minimieren, identisch mit den Schätzern sind, die Neymann's Statistik X_N^2 minimieren (exakt formuliert gilt diese Identität nur für Modelle mit Anteilswerten oder mit linearen Funktionen der Anteilswerte als abhängige Variable; vgl. Agresti 1990: 472). Wenn man also die Modellanpassung anhand der gewichteten Quadratsumme der Residuen mißt, dann ist das numerisch nichts anderes als die Messung der Abweichungen zwischen beobachteten und erwarteten Häufigkeiten mit Hilfe von Neymann's Statistik.

Das läßt sich auch für das Beispiel unterschiedlicher Wertorientierungen in Ost- und Westdeutschland aus Kapitel 1 zeigen (vgl. Tabelle 1.1). Schätzt man mit gewichteter Regression ein Modell [1], das lediglich den Durchschnittseffekt enthält, für die Daten der 2×2-Tabelle Region (A) × Wertorientierung (B), dann ergibt sich ein geschätzter Durchschnittseffekt von $\hat{\beta}_1^B = 0{,}2538 \approx 0{,}25$. Das ist exakt der Anteil von Postmaterialisten, der in Tabelle 1.6 Neymann's Statistik X_N^2 unter der Annahme minimiert, daß der Anteil der Postmaterialisten in Ost und West gleich ist. Man bezeichnet den GSK-Ansatz daher auch als *Minimum-Chi-Quadrat-Methode* (wegen der ursprünglichen Bezeichnung von X_N^2 als Neymann's modifiziertes Chi-Quadrat). Für diese Schätzer konnte Neymann (1949) zeigen, daß sie asymptotisch erwartungstreu, effizient und normalverteilt sind (sogenannte *BAN-Schätzer*, engl. *b*est *a*symptotic *n*ormal). Weiterhin ergibt sich aus dieser Identität, daß wenn Neymann's Statistik näherungsweise der theoretischen χ^2-Verteilung entspricht, daß das dementsprechend auch für den Ausdruck (2.31) gilt.

Darüber hinaus konnte Bhakpar (1966) zeigen, daß (2.31) mit einer allgemeinen Teststatistik identisch ist, die von Wald (1943) vorgeschlagen wurde. Der Ausdruck (2.31) wird daher auch als *Wald-Statistik* bezeichnet und wir kürzen ihn mit W^2 ab. Ganz allgemein vergleicht eine Wald-Statistik Schätzer eines nicht-restringierten und eines restringierten Modells. Sind diese Schätzer normalverteilt, dann ist die Statistik selbst χ^2-verteilt, wobei die Anzahl der Freiheitsgrade der Anzahl der Restriktionen des restringierten Modells entspricht. Genau dieses macht auch der Ausdruck (2.31): Er vergleicht die beobachteten Anteilswerte p_{i1}, die bekanntlich den geschätzten Wahrscheinlichkeiten des saturierten Modells entsprechen, mit den geschätzten Wahrscheinlichkeiten $\hat{\pi}_{i1}$ des analysierten nicht-saturierten Modells, die sich, wie wir im vorherigen Abschnitt gesehen haben, aus den empirischen Anteilswerten unter Berücksichtigung bestimmter Restriktionen ergeben (vgl. z.B. Gleichung 2.24). Dabei ist lediglich zu beachten, daß die Anteilswerte nur näherungsweise normalverteilt sind, so daß der Ausdruck (2.31) ebenfalls nur näherungsweise χ^2-verteilt ist.

Angesichts dieser Ergebnisse bietet sich folgende Testprozedur für die gewichtete Quadratsumme der Residuen an: Unter der Nullhypothese H_0, daß es keine signifikanten Abweichungen zwischen dem geschätzten nicht-saturierten Modell und dem saturierten Modell gibt, ist die W^2-Statistik in großen Stichproben näherungsweise χ^2-verteilt mit df Freiheitsgraden. Die Nullhypothese geht also davon aus, daß das (restringierte) nicht-saturierte Modell in der Population zutrifft. Die Anzahl der Freiheitsgrade df entspricht im einfachen Fall mit einer dichotomen abhängigen Variablen der Anzahl der Subpopulationen (=Anzahl der Daten) abzüglich der Anzahl der freien geschätzten Parameter. Diese Differenz entspricht gleichzeitig der Anzahl der Restriktionen des nicht-saturierten Modells, so daß man die Freiheitsgrade auch anhand der Restriktionen berechnen kann. Die Alternativhypothese H_1 dieses Tests geht davon aus, daß es signifikante Abweichungen zwischen dem geschätzten Modell und dem saturierten Modell gibt und daher nur das saturierte Modell die Daten angemessen beschreiben kann. Da das saturierte Modell aber in aller Regel nicht das Ziel unserer Analyse ist, haben wir kein Interesse daran, die Nullhypothese zu widerlegen. Im Gegensatz zu üblichen Signifikanztests, in denen es darum geht, die Nullhypothese zu verwerfen, hoffen wir nun also darauf, die Nullhypothese bestätigen zu können. Da W^2 auf den gewichteten quadrierten Abweichungen zwischen Modellprognosen und Daten beruht, könnte man auch sagen, der Test untersucht, ob das nicht-saturierte Modell signifikante Details in den Daten vernachlässigt.

Die entsprechenden Teststatistiken für unser Haupteffekt-Modell [1,A,B] finden sich in Tabelle 2.5. Die gewichtete Quadratsumme der Residuen beträgt W^2 = 2,94 mit einer impliziten Signifikanz von p = 0,0864 bei einem Freiheitsgrad (df = 4-3 = 1). Laut χ^2-Tabelle (Anhang 3) beträgt der kritische Wert bei einem Signifikanzniveau von 5% und einem Freiheitsgrad χ^θ=3,841. Da der empirische Wert W^2 = 2,94 darunter liegt, kann die Nullhypothese mit einer Irrtumswahrscheinlichkeit von 5% bestätigt werden. Es gibt keine signifikanten Residuen. Die Annahme, daß die Wahlbeteiligung mit dem Alter und der Konfession (ohne Berücksichtigung eines Interaktionseffektes) angemessen beschrieben werden kann, muß also akzeptiert werden.

Ein Modell ist nichts anderes als eine Zusammenfassung von mehreren Einzelhypothesen. Die impliziten Annahmen unseres Modells [1,A,B] lassen sich wie folgt zusammenfassen:
1. Der Konfessionseffekt ist signifikant von null verschieden.
2. Der Alterseffekt ist ebenfalls signifikant von null verschieden.
3. Der Interaktionseffekt ist nicht signifikant.

Die dritte Hypothese sagt etwas darüber aus, was unser Modell *nicht* enthält, während alle anderen Hypothesen Aussagen über die Bestandteile des Modells

Tabelle 2.5: Test der Modellanpassung und lineare Kontraste

Modell	W^2	df	p
[1]	119,85	3	0,0000
[1,A]	89,10	2	0,0000
[1,B]	8,37	2	0,0152
[1,A,B]	2,94	1	0,0864
[1,A,B,AB]	0,00	0	1,0000
[1,B,A|B=1]	0,01	1	0,9375
Lineare Kontraste	$W^2_{r/u}$	df	p
Kontrast a für Modell [1,A,B]	5,43	1	0,0198
Kontrast b für Modell [1,A,B]	116,91	2	0,0000
Kontrast c für Modell [1,A,B]	0,00	1	0,9637

Quelle: Tabelle 2.3.

machen. Alle ausgeschlossenen Effekte werden mit der W^2-Statistik (2.31) überprüft, und in unserem Fall bezieht sie sich ausschließlich auf den Interaktionseffekt, denn die Differenzmenge zwischen den Parametern des untersuchten Modells [1,A,B] und den Parametern des saturierten Modells [1,A,B,AB] besteht in unserem Fall gerade aus dem Interaktionseffekt AB. Alle eingeschlossenen Effekte lassen sich entweder mit der beschriebenen z-Statistik (vgl. Abschnitt 2.1.2) oder besser noch mit der Methode der *linearen Kontraste* testen.

Mit dieser allgemeinen Test-Methode kann man Hypothesen sowohl über die Signifikanz einzelner Parameter (vgl. Hypothesen 1 und 2) als auch über ihren Unterschied überprüfen. Ein Beispiel für eine solche Unterschiedshypothese wäre die Annahme: Der Alterseffekt ist negativ und kleiner als der Konfessionseffekt (z.B. ein Viertel des Konfessionseffektes). Außerdem können mit der Methode der linearen Kontraste mehrere Hypothesen gemeinsam getestet werden (*zusammengesetzte Hypothesen*). Betrachten wir dazu einmal folgende konkrete Nullhypothesen als Beispiel:

a) H_0: $\beta^{A\tilde{D}}_{11} = 0$, d.h., der Alterseffekt ist null (Beispiel für die Signifikanz eines einzelnen Parameters, vgl. Hypothese 2).

b) H_0: $\beta^{A\tilde{D}}_{11} = 0$ und $\beta^{B\tilde{D}}_{11} = 0$, d.h., Alters- *und* Konfessionseffekt sind null (Beispiel für eine zusammengesetzte Hypothese, vgl. Hypothesen 1 und 2 zusammen).

c) H_0: $\beta^{B\tilde{D}}_{11} = -4\beta^{A\tilde{D}}_{11}$, d.h., der Konfessionseffekt ist viermal so groß wie der Alterseffekt und hat ein entgegengesetztes Vorzeichen (Beispiel für die Signifikanz eines Parameterunterschieds).

Nullhypothesen des Typs (a) werden standardmäßig in allen einschlägigen Computerprogrammen geprüft. Für die Typen (b) und (c) benötigt man dagegen die Methode der linearen Kontraste. Dementsprechend muß das Programm so angelegt sein, daß es lineare Kontraste überprüfen kann.

Mit der Methode der linearen Kontraste kann man nur solche Hypothesen überprüfen, die sich als linear-additive Gleichungen spezifizieren lassen. Das gilt für die meisten Anwendungen, u.a. für die o.g. drei Beispiele (a-c). Wie sieht eine solche Gleichung aus? Man bildet dazu die Summe aller im Modell vorkommenden Parameter, wobei jeder Parameter mit einer geeigneten Zahl multipliziert wird, so daß die Summe genau die Nullhypothese wiedergibt, wenn man die Summe gleich null setzt. Für die Beispiele (a-c) und die Parameter des Modells [1, A, B] sieht das folgendermaßen aus:

a) $\quad 0 \times \beta_1^{\tilde{D}} + 1 \times \beta_{11}^{A\tilde{D}} + 0 \times \beta_{11}^{B\tilde{D}} = 0 \quad \Leftrightarrow \quad \beta_{11}^{A\tilde{D}} = 0$

b) $\quad 0 \times \beta_1^{\tilde{D}} + 1 \times \beta_{11}^{A\tilde{D}} + 0 \times \beta_{11}^{B\tilde{D}} = 0 \quad \Leftrightarrow \quad \beta_{11}^{A\tilde{D}} = 0$

$\quad 0 \times \beta_1^{\tilde{D}} + 0 \times \beta_{11}^{A\tilde{D}} + 1 \times \beta_{11}^{B\tilde{D}} = 0 \quad \Leftrightarrow \quad \beta_{11}^{B\tilde{D}} = 0$

c) $\quad 0 \times \beta_1^{\tilde{D}} + 4 \times \beta_{11}^{A\tilde{D}} + 1 \times \beta_{11}^{B\tilde{D}} = 0 \quad \Leftrightarrow \quad \beta_{11}^{B\tilde{D}} = -4\beta_{11}^{A\tilde{D}}$

Das sieht auf den ersten Blick unnötig umständlich aus, läßt sich aber mit Matrizen wesentlich vereinfachen. Wenn β der Spalten-Vektor der Modellparameter ist und **0** ein entsprechend dimensionierter Nullvektor, dann kann man diese Gleichungen nämlich folgendermaßen mit Matrizen spezifizieren:

$$[0 \ 1 \ 0] \ \beta = \mathbf{0} \qquad (2.32a)$$

$$\begin{bmatrix} 0 & 1 & 0 \\ 0 & 0 & 1 \end{bmatrix} \beta = \mathbf{0} \qquad (2.32b)$$

$$[0 \ 4 \ 1] \ \beta = \mathbf{0} \qquad (2.32c)$$

Bezeichnet man die Matrizen in den eckigen Klammern mit **C**, dann gilt offensichtlich allgemein:

$$\mathbf{C}\beta = \mathbf{0} \qquad (2.32)$$

Die Matrix **C** wird auch als *Restriktions-* oder *Kontrastmatrix* bezeichnet, weil sie die Restriktionen (engl. restrictions, constraints) spezifiziert, die durch die jeweilige Hypothese impliziert werden. Dabei handelt es im Prinzip um eine Tabelle, deren Zeilen- und Spaltenzahl der Anzahl zu testender Einzelhypothesen (Zeilen) und der Anzahl der Modellparameter (Spalten) entspricht. Gleichung (2.32) bietet also die Möglichkeit, alle linearen

Hypothesen als Spezialfälle einer allgemeinen Testprozedur aufzufassen. Wie funktioniert nun diese Testprozedur?

Dazu verwendet man die WLS-Schätzer $\hat{\beta}$. Sie sind bekanntlich BAN-Schätzer, d.h. näherungsweise normalverteilt. Ein allgemeiner Satz der Statistik besagt: Wenn eine Zufallsvariable normalverteilt ist, dann gilt das auch für eine lineare Transformation dieser Zufallsvariablen. Wenn also $\hat{\beta}$ normalverteilt ist, dann ist das auch $C\hat{\beta}$. Kennt man auch die Varianz dieser Zufallsvariablen (für $\hat{\beta}$ also die Varianz-Kovarianz-Matrix $\hat{V}_\beta$), dann kann man auch die Varianz ihrer linearen Funktion $C\hat{\beta}$ bestimmen: Sie lautet $\text{Var}(C\hat{\beta}) = C\hat{V}_\beta C'$. Ist/sind die in Gleichung (2.32) zusammengefaßte(n) Nullhypothese(n) richtig, dann dürfte der Ausdruck $C\hat{\beta}$ nur zufällig von null abweichen. Ähnlich wie in Gleichung (2.31) lassen sich diese Abweichungen wieder in einer *Wald-Statistik* zusammenfassen:

$$W^2_{r/u} = (C\hat{\beta}-0)'(C\hat{V}_\beta C')^{-1}(C\hat{\beta}-0) = (C\hat{\beta})'(C\hat{V}_\beta C')^{-1}C\hat{\beta} \qquad (2.33)$$

Warum wir diesen Ausdruck mit den Indizes r und u versehen, wird weiter unten deutlich. Die strukturelle Ähnlichkeit zu (2.31) wird ersichtlich, wenn man folgende Umformung von (2.31) betrachtet:

$$W^2 = \sum_{i=1}^{s} \left((p_{i1} - \hat{\pi}_{i1})\text{Var}(p_{i1})^{-1}(p_{i1} - \hat{\pi}_{i1})\right)$$

nur daß in (2.33) ein Matrizenprodukt statt einer Summierung verwendet wird. Natürlich sind (2.31) und (2.33) nicht identisch – weshalb wir sie auch mit W^2 und $W^2_{r/u}$ bezeichnen –, sie folgen jedoch beide der gleichen Testlogik. Wenn also auch (2.33) eine Wald-Statistik ist, dann folgt daraus, daß $W^2_{r/u}$ näherungsweise χ^2-verteilt ist, vorausgesetzt das Modell und seine Schätzer $\hat{\beta}$ treffen zu. Die Anzahl der Freiheitsgrade entspricht dabei der Anzahl der Zeilen von C, d.h. der Anzahl der getesteten Einzelhypothesen. Neben ihrer Allgemeinheit hat die Methode der linearen Kontraste den Vorteil, daß wir bereits alle Größen kennen, um $W^2_{r/u}$ gemäß (2.33) zu berechnen: C spezifiziert man, wenn man die Untersuchungshypothesen formuliert, und $\hat{\beta}$ bzw. $\hat{V}_\beta$ sind Ergebnisse der WLS-Schätzung.

Für unser Modell [1,A,B] sind die Ergebnisse der drei Kontraste (a-c) ebenfalls in Tabelle 2.5 zu finden. Bei Zugrundelegung einer Irrtumswahrscheinlichkeit von 5% sind die $W^2_{r/u}$-Statistiken der Kontraste a und b signifikant (p = 0,0198 bzw. p = 0,0000), die $W^2_{r/u}$-Statistik des Kontrastes c dagegen nicht (p = 0,9637). Wir folgern aus diesen Ergebnissen, daß sowohl die Vernachlässigung des Alterseffektes als auch die gemeinsame Elimination des Alters- und des Konfessionseffektes das Modell [1,A,B] signifikant verschlechtern würden. Umgekehrt ist jedoch die Hypothese, daß der Alterseffekt ein Viertel des Konfessionseffektes ausmacht, durchaus mit den Daten vertretbar.

Auch wenn W^2 und $W^2_{r/u}$ nicht identisch sind, so gibt es doch eine bestimmte mathematische Beziehung zwischen ihnen. Die Teststatistik W^2 prüft im Prinzip, ob ein nicht-saturiertes Modell signifikante Residuen aufweist, d.h., ob die *ausgelassenen* Effekte tatsächlich zu vernachlässigen sind. Kann man also ein nicht-saturiertes Modell auf der Basis von W^2 akzeptieren, dann kann man mit linearen Kontrasten – also mit $W^2_{r/u}$ – die *im Modell befindlichen* Effekte testen. Im Prinzip wird dabei untersucht, um welchen Betrag sich die Modellanpassung – d.h. die W^2-Statistik – verschlechtern würde, wenn man gemäß der/den jeweiligen Hypothese/n bestimmte Restriktionen für die Modellparameter einführen würde. W^2 testet also das, was bereits geschehen ist, $W^2_{r/u}$ das, was geschehen würde. Dies kann man ebenfalls in Tabelle 2.5 nachvollziehen: Die Modelle [1,A,B] und [1,B] unterscheiden sich beispielsweise durch den Alterseffekt A und die Differenz (8,37-2,94) ihrer W^2-Statistiken ergibt die $W^2_{r/u}$-Statistik 5,43 unseres linearen Kontrastes a. Analog unterscheiden sich Modell [1,A,B] und das Modell [1], das nur den Durchschnittseffekt enthält, durch beide Haupteffekte, und dementsprechend muß die Differenz (119,85-2,94) ihrer W^2-Statistiken die $W^2_{r/u}$-Statistik 116,91 unseres linearen Kontrastes b ergeben. Man könnte daher die $W^2_{r/u}$-Statistik auch als *konditionale* Teststatistik bezeichnen, die ein restringiertes Modell M_r mit dem entsprechenden Modell M_u ohne diese Restriktionen vergleicht:

$$W^2_{r/u} = W^2_r - W^2_u \quad \text{mit } df = df_r - df_u. \tag{2.34}$$

Während die *nicht-konditionale* Teststatistik (2.31) das jeweilige Modell mit dem saturierten Modell vergleicht, geht es hier um einen Vergleich eines restringierten Modells M_r mit einem weniger restringierten Modell M_u, das nicht mit dem saturierten Modell identisch sein muß. Es wird jedoch vorausgesetzt, daß die Parametermenge des Modells M_r eine Teilmenge der Parameter des Modells M_u ist (ein sogenanntes *hierarchisch angeordnetes* Modell). Die *konditionale* Teststatistik prüft daher, ob mit einer Einführung zusätzlicher Restriktionen eine signifikante Verschlechterung der Modellanpassung des Modells M_u eintritt.

Der Vorteil der Methode der linearen Kontraste besteht u.a. darin, daß man das Modell M_r und andere eingeschränkte Modelle nicht extra schätzen muß. Alle konditionalen Teststatistiken hierarchischer Modelle können nach (2.33) auch mit den Schätzern des gerade untersuchten Modells M_u berechnet werden. Falls die a priori spezifizierten Hypothesen einer konfirmatorischen Datenanalyse also verschiedene Modelle zunehmenden Komplexitätsgrades nahelegen und man sich nicht sicher ist, welches davon auf die Daten zutrifft, dann empfiehlt es sich, das Modell mit den wenigsten Restriktionen zu schätzen und die restringierteren Modelle mit der Methode der linearen Kontraste zu überprüfen. Mit dieser Bemerkung beschließen wir die Diskussion konfirmatorischer Analysen. Es sei nur noch einmal daran erinnert, daß man die Signifikanz eines einzelnen Effektes auch mit Hilfe der z-Statistik überprüfen kann. Das Quadrat des entsprechenden z-Wertes entspricht der $W_{r/u}^2$-Statistik, wie man anhand des z-Wertes −2,32 für den Alterseffekt leicht nachrechnen kann (Achtung: Rundungsfehler). Zusätzlich kann man mit den z-Werten das Vorzeichen eines Parameters testen (einseitige Alternativhypothese H_1, z.B. der Konfessionseffekt ist positiv).

Explorative Suche nach einem passenden Modell
Statistische Lehrbücher unterstellen üblicherweise, daß man vor Beginn der Datenanalyse einen Set von Hypothesen aufgestellt hat, der nur noch anhand der erhobenen Daten getestet werden muß. Damit wird suggeriert, daß Datenanalyse ein einmaliger Vorgang des Bestätigens oder Widerlegens theoretischer Annahmen sei. Dieses Bild beschreibt die Praxis entsprechender Analysen jedoch nur unzureichend. Zum einen können zwar bestimmte Vorannahmen vorliegen, jedoch das Vorwissen nicht ausreichen, um in allen Teilbereichen unterschiedliche Erklärungen der Empirie auszuschließen. In diesem Fall müssen verschiedene, miteinander rivalisierende Modelle getestet werden. Zum anderen sind die beschriebenen Teststatistiken relativ globale Tests, mit denen sich nicht alle theoretischen Erwartungen widerspruchsfrei überprüfen lassen. Es kann z.B. sein, daß man ein Modell auf der Basis der Teststatistik W^2 akzeptieren muß, obwohl nicht alle Einzelhypothesen bestätigt werden. Angenommen, das Modell [1,A,B] hätte keine signifikanten Residuen, dafür aber einen nicht-signifikanten Alterseffekt oder eine höhere Wahlbeteiligung der Jüngeren statt der Älteren. Mit diesen unerwarteten Ergebnissen müßte man die ursprünglichen Annahmen zumindest teilweise verwerfen und alternative Erklärungsmodelle untersuchen. Wir vertreten daher den Standpunkt, daß konfirmatorische Datenanalysen häufig kein einmaliger Testvorgang sind, sondern ein iterativer Prozeß, in dem die ursprünglichen Annahmen schrittweise korrigiert und erweitert werden. Wenn man berücksichtigt, daß explorative Analysen aus den eingangs beschriebenen Gründen nicht nur von statistischen, sondern auch von inhaltlichen Kriterien („Hypothesen") gesteuert werden sollen, dann sind die Unterschiede zwischen konfirmatorischen und explorativen Analysen nicht prinzipieller, sondern eher gradueller Natur. Zumindest in Teilbereichen werden sich also die Suchstrategien beider Ansätze überschneiden.

Der Nachteil explorativer Strategien besteht vor allem darin, daß die Anzahl möglicher Erklärungsmodelle mangels theoretischer Vorstellungen nur bedingt a priori eingegrenzt werden kann. Das führt dazu, daß die Daten nach einem Modell „durchsucht" werden müssen, das zum einen eine sinnvolle inhaltliche Interpretation der Daten erlaubt und zum anderen die Daten mit möglichst wenigen Parametern beschreibt, ohne wesentliche Informationen zu vernachlässigen – das also einen optimalen Kompromiß zwischen Informationsreduktion einerseits und Genauigkeit andererseits darstellt. Dies impliziert notwendigerweise eine stärkere Berücksichtigung statistischer Auswahlkriterien. Im Prinzip geht es dabei darum, ein Modell zu finden, das nicht durch Hinzufügung weiterer Parameter signifikant verbessert werden kann, das sich aber dann signifikant verschlechtert, wenn einer seiner Parameter weggelassen wird. Konkret soll das gesuchte Modell folgende Kriterien erfüllen:

a) Alle Parameter müssen sich theoretisch begründen lassen.
b) Das Modell sollte so auf die Daten *passen*, daß die verbleibenden Abweichungen zwischen Modellprognosen und Daten unter statistischen Gesichtspunkten vernachlässigt werden können. Die Teststatistik W^2 sollte daher keine signifikanten Ergebnisse liefern.
c) Alle Parameter des Modells sollten unter statistischen und inhaltlichen Gesichtspunkten bedeutsam sein. Dies bedeutet zum einen, daß jeder Einzeleffekt signifikant von null verschieden ist und zum anderen, daß die Stärke des Effektes so groß sein muß, daß er eine wesentliche Änderung der abhängigen Variablen bewirkt. Hier ergibt sich allerdings die schwierige Frage, was eine wesentliche Änderung ist. Während sich bei Signifikanztests durch Konvention gewisse kritische Werte „eingebürgert" haben (5% oder 1% in den Sozialwissenschaften), ist die Frage, welcher Effekt numerisch groß genug ist, um inhaltlich bedeutsam zu sein, von Fall zu Fall neu zu begründen.
d) Wenn möglich, sollten Parameter so berechnet werden, daß die entsprechenden Effekte anschaulich interpretiert werden können. Dies gilt in besonderem Maße für Interaktionseffekte, die sich sehr viel anschaulicher in Form von konditionalen Haupteffekten darstellen lassen.

Wenn ein Modell alle diese Kriterien erfüllt, kann man eher damit rechnen, daß es eine angemessene Beschreibung der wesentlichen Strukturen der erhobenen Stichprobe liefert. Da die Anpassung an die erhobenen Daten hierbei im Vordergrund steht (vgl. vor allem Kriterium b), bezeichnen wir es als das *passende Modell* für die Stichprobe. Dabei ist natürlich die Gefahr groß, daß das Modell eher die Besonderheiten der Stichprobe als die wesentlichen Strukturen der Population beschreibt, aus der die Stichprobe stammt. Ob es sich um das *tatsächliche Modell* handelt, das der Population zugrundelag, bleibt dabei offen.

Falls bei gegebenem Modellfit zwei verschiedene Modelle gleich gut zu den Daten passen, dann ist dem Modell der Vorzug zu geben, das weniger Parameter zur Prognose der Daten benötigt oder bei gleicher Parameterzahl eine unter theoretischen Gesichtspunkten sinnvollere Beschreibung der Daten ermöglicht. Dafür sprechen nicht nur ästhetische, sondern vor allem wissenschaftstheoretische Gründe: Nach Auffassung des kritischen Rationalismus sind Modelle, die bezüglich der Anzahl der Parameter *sparsamer* sind und eine einfachere Beschreibung der Wirklichkeit erlauben, deshalb informativer, weil sie damit mehrere komplexere Beschreibungen der Wirklichkeit ausschließen. Sie haben daher ein größeres Risiko, widerlegt bzw. *falsifiziert* zu werden. Da aber die Falsifikation wissenschaftlicher Aussagen ein wesentlicher Motor wissenschaftlichen Fortschritts ist, so die Annahme der kritischen Rationalisten, sind einfachere Modelle komplexeren Erklärungen vorzuziehen.

Nicht immer ist die Anzahl der Daten so begrenzt wie in unserem Beispiel, in dem es ein leichtes ist, alle denkbaren nicht-saturierten Modelle durchzurechnen. Schon in einer vierdimensionalen Tabelle wie Tabelle 1.2 ist die Anzahl der Möglichkeiten so groß, daß es sinnvoll ist, bestimmte Such-strategien zu verwenden, die die Menge der zu prüfenden Modelle nach pragmatischen Kriterien beschränken. Je mehr diese Suchstrategien durch theoretische Kriterien gestützt werden, desto validere Ergebnisse sind zu erwarten. Zwei Suchstrategien haben sich dabei bewährt:

a) *Vorwärtsselektion* – Man beginnt mit einem relativ einfachen Modell. Wenn keine weiteren inhaltlichen Auswahlkriterien vorliegen, ist z.B. ein Haupteffekt-Modell ein guter Startpunkt. Falls dieses Modell nicht paßt, werden sukzessive Effekte eingeführt, bis Modellprognosen und Daten nur noch zufällig voneinander abweichen und laut Teststatistik W^2 keine signifikanten Residuen mehr auftreten. Müssen Interaktionen berücksichtigt werden, ist es sinnvoll, zunächst alle Interaktionen erster Ordnung zu prüfen und nicht signifikante Effekte ggfs. von der weiteren Modellsuche auszuschließen. Falls das Modell immer noch nicht paßt, kann man Interaktionen zweiter, dritter und höherer Ordnung berücksichtigen. Je mehr Merkmale jedoch miteinander kombiniert werden, desto schwieriger sind die entsprechenden Effekte zu interpretieren.

b) *Rückwärtsselektion* – Man beginnt mit dem saturierten Modell, das die Daten exakt reproduziert. Dieses Modell wird schrittweise vereinfacht, indem nacheinander alle nicht signifikanten oder inhaltlich irrelevanten Effekte eliminiert werden. In dem Maße, in dem das Modell vereinfacht wird, werden die Abweichungen zwischen Modellprognosen und Daten zunehmen. Der Auswahlprozeß wird schließlich an der Stelle abgebrochen, an der die Teststatistik W^2 signifikante Residuen signalisiert. Das Modell des vorherigen Auswahlschrittes, in dem die Teststatistik noch nicht signifikant war, wird als passendes Modell ausgewählt.

Nachdem man ein passendes Modell gefunden hat, sollte geprüft werden, ob alle Effekte des Modells sowohl unter statistischen als auch unter inhaltlichen Kriterien bedeutsam sind. Falls das nicht der Fall ist, wurde die Modellsuche zu früh abgebrochen und das Modell kann noch weiter vereinfacht werden. Im positiven Fall kann man schließlich die verbliebenen Effekte so spezifizieren, daß sie auch möglichst anschaulich interpretiert werden können – z.B. indem man Interaktionseffekte in konditionale Haupteffekte auflöst.

Im Verlauf dieses Auswahlprozesses können wir uns von mehreren statistischen Kriterien leiten lassen. Zwei davon haben wir bereits kennengelernt: Das ist zum einen die Teststatistik W^2, die uns Auskunft darüber gibt, ob das Modell insgesamt die Daten noch angemessen beschreibt. Das sind zum anderen lineare Kontraste, die Aussagen über die Signifikanz einzelner Parameter oder Parametergruppen erlauben, mithin über die Einzelhypothesen, die das Modell konstituieren. Zusätzlich möchte man bei der Vorwärtsselektion wissen, an welchen Stellen das Modell verbessert werden müßte. Das globale Anpassungsmaß signalisiert lediglich, daß Abweichungen auftreten, weist aber nicht darauf hin, an welcher Stelle. Für diese Zwecke kann man sich die Residuen $p_{ij} - \hat{\pi}_{i1}$ des „unpassenden" Modells genauer anschauen, insbesondere das Muster positiver und negativer Abweichungen, um daraus Rückschlüsse zu ziehen, welche Effekte sinnvollerweise in das Modell aufgenommen werden sollten. Jedoch benötigt man für diese sogenannte *Residuenanalyse* einige praktische Erfahrungen.

Die Methode der linearen Kontraste ist vor allem für die Rückwärtsselektion geeignet, da sie untersucht, wie sich der Modellfit mit der Restriktion einzelner Parameter verschlechtert. Man könnte also das saturierte Modell berechnen und Modelle abnehmenden Komplexitätsgrades durch lineare Kontraste überprüfen, ohne diese erneut schätzen zu müssen. In allen realistischen Fällen ist jedoch das saturierte Modell kein besonders guter Startpunkt, da es schon bei Fragestellungen mittlerer Größe (vgl. etwa Tabelle 1.2) eine kaum noch zu übersehende Zahl von Parametern enthält. Man wird daher in den meisten Fällen mit einem restringierten Modell beginnen. Dies kann z.B. das Haupteffekt-Modell sein oder ein Modell, das lediglich Interaktionseffekte bis zu einem bestimmten Ordnungsgrad enthält. Allerdings gibt es bis auf die Inspektion der Residuen keinerlei Hilfsmittel statistischer Art, die darauf hinweisen, wie das Modell zu verbessern ist, falls es die Daten nicht angemessen beschreibt. Auch an dieser Stelle zeigt sich erneut, wie hilfreich inhaltliche Kriterien sind, um aus der Fülle möglicher Modelle eine Auswahl treffen zu können.

Falls der Suchprozeß bei einem bestimmten Auswahlschritt in verschiedene Richtungen fortgesetzt werden kann, die inhaltlich gleichermaßen sinnvoll erscheinen, dann ist es das Beste, alle Alternativen zu überprüfen. Wenn sich daraus mehrere inhaltlich begründbare Modelle ergeben, die die Daten ungefähr gleich gut erklären, dann sollte man den Auswahlprozeß abbrechen und sich um weitere Informationen bemühen, um zwischen den rivalisierenden Modellen entscheiden zu können. Allerdings sollte man darauf achten, daß die rivalisierenden Modelle wirklich verschieden sind, d.h., die Effekte, die in dem einem Modell existieren, in dem anderen jedoch nicht, sollten nicht zu klein und daher unter inhaltlichen Gesichtspunkten zu vernachlässigen sein.

Diese Gefahr besteht, wenn man sich während des Auswahlprozesses zu sehr von Signifikanzkriterien leiten läßt, die gerade in großen Stichproben numerisch geringfügige Unterschiede überbetonen (s. unten). Bevor wir diesen Abschnitt mit einigen warnenden Anmerkungen abschließen, sollen nun beide Auswahlstrategien anhand unserer Daten illustriert werden.

Ein Beispiel

Wir beziehen uns dabei wieder auf Tabelle 2.3, obwohl die überschaubare Zahl der Daten eigentlich iterative Suchstrategien überflüssig macht und wir bereits ein passendes nicht-saturiertes Modell – Modell [1,A,B] – gefunden haben, das alle unsere Auswahlkriterien erfüllt. Dennoch – die folgenden Beispiele machen noch einmal deutlich, worauf man achten muß. Vor allem zeigt sich dabei, daß es doch noch ein Modell gibt, das in punkto Modellfit das bereits getestete Haupteffekt-Modell [1,A,B] schlägt. Beginnen wir also mit der Vorwärtsselektion: Aufgrund der deskriptiven Analyse wäre ein Modell [1,B], das lediglich den Haupteffekt Konfession enthält, ein möglicher Startpunkt, da die Wahlbeteiligung nach Maßgabe der Prozentsatzdifferenzen kaum mit dem Alter variiert. Strenggenommen handelt es sich damit schon um ein explorativ gefundenes Modell. Normalerweise sollte man als Startpunkt jedoch ein möglichst sparsames und theoretisch interessantes Modell verwenden. Angenommen, Modell [1,B] wäre ein solches theoretisch interessantes Modell. Wie aufgrund der geringen Parameterzahl zu erwarten, zeigt dieses Modell jedoch signifikante Residuen ($W^2 = 8{,}37$, df = 2, p = 0,0152; vgl. Tabelle 2.5). Wir vergleichen daher Modellprognosen $\hat{\pi}$ und beobachtete Anteilswerte p, um Aufschlüsse darüber zu erhalten, in welchen Subpopulationen das Modell besonders schlecht paßt:

Alter	Konfession	p	$\hat{\pi}$	(p − $\hat{\pi}$)
jung	mit	0,7447	0,8369	−0,0922
jung	ohne	0,4924	0,4942	−0,0018
alt	mit	0,8669	0,8369	0,0300
alt	ohne	0,4966	0,4942	0,0024

Man erkennt, daß die Residuen p − $\hat{\pi}$ bei den Befragten mit Konfession besonders groß sind, wobei für die Jüngeren (Subpopulation 1) eine um 9,22 Prozentpunkte zu hohe und für die Älteren (Subpopulation 3) eine um 3 Prozentpunkte zu niedrige Wahlbeteiligung prognostiziert wird. Da eine WLS-Schätzung die *gewichtete* Quadratsumme der Residuen minimiert, liegt es nahe, nicht die einfachen, sondern die gewichteten Residuen bzw. die gewichteten quadrierten Residuen zu betrachten. Ganz abgesehen davon, daß nach einer Quadrierung das Vorzeichen der Residuen nicht mehr erkennbar ist, muß zu diesem Vorschlag angemerkt werden, daß die Gewichtung nur bei dichotomen abhängigen Variablen leicht nachvollziehbar ist, bei polytomen abhängigen Variablen ist sie dagegen eine komplexere Matrizenrechnung, die Varianzen und Kovarianzen aller Anteilswerte für jede Subpopulation berücksichtigt. Computerprogramme für den GSK-Ansatz drucken daher nur die einfachen Residuen aus, und auch wir wollen uns darauf beschränken.

Durch Einführung eines konditionalen Alterseffektes für die Befragten mit Konfession kann man die Anpassung des Modells speziell in den Subpopulationen 1 und 3 verbessern. Das entsprechende Modell [1,B,A|B=1] zeigt bei gleicher Parameterzahl wie Modell [1,A,B] einen sehr viel besseren Modellfit: $W^2 = 0,01$, df = 1, p = 0,9375 (vgl. Tabelle 2.5). Zu der gleichen Schlußfolgerung wäre man bei der umgekehrten Suchstrategie gekommen. Das saturierte Modell mit konditionalen Effekten zeigt, daß der konditionale Alterseffekt für die Befragten ohne Konfession nicht signifikant ist (z=-0,079, vgl. Tabelle 2.4). Bei einer Rückwärtsselektion würde man also den Effekt $\beta_{1\,1\,2}^{A\bar{D}|\bar{B}}$ eliminieren.

Die drei geschätzten Effekte des Modells [1,B,A|B=1] lauten $\beta_1^{\bar{D}} = 0,6500$, $\beta_{11}^{B\bar{D}} = 0,1558$ und $\beta_{1\,1\,1}^{A\bar{D}|B} = -0,0611$. D.h., die durchschnittliche Wahlbeteiligung beträgt nach diesem Modell 65%. Religiöse Wähler haben eine um 15,6 Prozentpunkte höhere Wahlbeteiligung als der Durchschnitt. Nicht-religiöse Befragte liegen um den gleichen Prozentsatz unter dem Durchschnitt. Altersunterschiede werden nur bei den religiösen Befragten angenommen: Dort gehen die Jüngeren um 6,1 Prozentpunkte weniger zur Wahl als alle Befragten mit Konfession. Bei den Älteren verhält es sich genau umgekehrt. Ein entsprechender Alterseffekt kann bei den Befragten ohne Konfession vernachlässigt werden.

Damit stehen zwei mögliche Erklärungen für die Daten in Tabelle 2.3 zur Verfügung: ein Haupteffekt-Modell [1,A,B] sowie ein konditionales Haupteffekt-Modell [1,B,A|B=1]. Weder in [1,A,B] noch in [1,B,A|B=1] treten signifikante Abweichungen zwischen Daten und Prognosen auf. Insofern liefern beide Modelle eine vergleichbar gute Beschreibung der Daten, und wir stehen vor dem Problem, welches der beiden Modelle endgültig akzeptiert werden soll. Rein deskriptiv betrachtet, hat das konditionale Haupteffekt-Modell einen weitaus besseren Modellfit ($W^2 = 0,01$ versus $W^2 = 2,94$ bei [1,A,B] – ein konditionaler Test ist nicht möglich, da beide Modelle nicht hierarchisch angeordnet sind). Wenn jetzt keine theoretischen Vorstellungen über den Gegenstandsbereich vorliegen, die das eine Modell plausibler erscheinen lassen als das andere, dann ist keine Entscheidung zugunsten des einen oder des anderen möglich. Man sieht daran ganz deutlich, wie sehr statistische Kriterien und inhaltliche Interessen bei der Wahl eines geeigneten Modells miteinander verwoben sind.

Probleme bei der Anwendung der Testverfahren
Damit haben wir die Analyse der Tabelle ABD (vgl. Tabelle 2.3) abgeschlossen. Im Verlauf dieses Auswahlprozesses haben wir mehrmals inferenzstatistische Kriterien verwendet, um passende von „unpassenden" Modellen bzw. signifikante von nicht-signifikanten Effekten zu unterscheiden. Die mehrfache Anwendung von Hypothesentests im Rahmen einer Datenanalyse ist gängige Praxis, dabei wird jedoch häufig die Problematik *multiplen Testens* übersehen. Nicht ohne Grund wird in Lehrbüchern darauf hingewiesen, daß man die Hypothesen *vor* Durchführung der Datenanalyse festlegen soll, denn ein Durchsuchen *aller möglichen* Zusammenhänge unter den erhobenen Daten liefert selbst bei zufälligen Daten signifikante Korrelationen. Ein Signifikanzniveau von 5% besagt ja gerade, daß man in Kauf nimmt, in 5% aller möglichen Stichproben falsch zu entscheiden, d.h., die Nullhypothese zu verwerfen, obwohl sie eigentlich richtig ist (daher auch die Bezeichnung *Irrtums*wahrscheinlichkeit). Angenommen, man hat einen Datensatz, der aus 15 Variablen besteht, die jeweils 100 Zufallszahlen enthalten, dann kann man insgesamt 105 verschiedene Korrelationskoeffizienten berechnen (jede Zufallsvariable mit jeder anderen). Obwohl die Daten zufällig sind, werden ungefähr fünf dieser 105 Korrelationen bei $\alpha = 0{,}05$ signifikant von null verschieden sein.

Wir haben zwar die Daten nicht blindlings nach signifikanten Zusammenhängen durchsucht, sondern Testverfahren strategisch eingesetzt. Dennoch verbleibt das Problem, daß die Ergebnisse der einzelnen Tests nicht unabhängig voneinander sind. Denken wir z.B. an die Vorwärtsselektion des passenden Modells: Nachdem wir wußten, daß das Modell [1,B] nicht paßt, war die Wahrscheinlichkeit relativ groß, daß das Modell [1,B,A|B=1] keine signifikanten Residuen aufweist.

In der Literatur werden verschiedene Korrekturverfahren genannt, um das Signifikanzniveau bei mehreren, voneinander abhängigen Tests entsprechend anzupassen. Insgesamt stehen wir jedoch solchen technischen Lösungen eher skeptisch gegenüber. Forthofer und Lehnen (1981) schlagen für explorative Datenanalysen mit dem GSK-Ansatz ein zweistufiges Verfahren vor: 1. Bei der Suche nach dem passenden Modell sollte man sichergehen, daß selbst kleine Abweichungen zwischen Modell und Daten auffallen. Der globale Anpassungstest sollte daher mit einem Signifikanzniveau von 25% entschieden werden. 2. Nachdem ein passendes Modell gefunden ist, sollte man sicherstellen, daß dieses Modell sparsam im oben definierten Sinne ist, d.h., nur die Effekte enthält, die auch tatsächlich einen Einfluß ausüben. Wenn dabei lediglich eine Hypothese zu testen ist, sollte ein Signifikanzniveau von 5% verwendet werden. Werden mehrere Hypothesen getestet, sollte vorsichtshalber das Signifikanzniveau auf 1% verringert werden.

Die Intention dieses zweistufigen Verfahrens liegt auf der Hand: In der ersten Stufe wird die Teststatistik W^2 rein deskriptiv verwendet, und durch eine knapp bemessene Grenze (W^2 sollte eher klein sein und die implizite Signifikanz p dementsprechend hoch, konkret: p > 0,25) wird sichergestellt, daß alle Modelle, die in diesem Schritt ausgewählt werden, nicht zu viele Residuen aufweisen und somit auch keine wesentlichen Effekte übersehen. Ziel des ersten Analyseschrittes ist es also, aus der Menge aller möglichen Modelle eine begrenzte Anzahl potentiell passender Modelle auszuwählen. Da dieses Kriterium aber nicht ausschließt, daß die ausgewählten Modelle zu viele und vor allem unwesentliche Effekte enthalten (diese Modelle durften ja im ersten Schritt kaum Residuen aufweisen), werden in einem zweiten Schritt „harte" inferenzstatistische Kriterien angelegt. Je nach Anzahl der zu testenden Hypothesen wird ein Signifikanzniveau von 5% oder 1% zugrundegelegt. Zunächst werden die aus Schritt 1 verbliebenen Modelle mittels konditionaler Teststatistiken $W^2_{r/u}$ daraufhin geprüft, ob die einzelnen Modellparameter bei der gewählten Irrtumswahrscheinlichkeit signifikant von null verschieden sind. Falls einzelne Parameter nicht signifikant sind, wird das Modell entsprechend vereinfacht. Das am Schluß ausgewählte Modell sollte nach inhaltlichen Kriterien sinnvoll sein und gemäß der Teststatistik W^2 keine signifikanten Residuen aufweisen. Bei diesem nicht-konditionalen Test mit W^2 wird selbstverständlich das gleiche Signifikanzniveau zugrundegelegt wie bei den konditionalen Tests mit $W^2_{r/u}$ (also 5% oder 1%, nicht jedoch 25%).

Erfahrungsgemäß bereitet die Verwendung unterschiedlicher Signifikanzkriterien in beiden Analyseschritten Anfängern der GSK-Analyse einige Schwierigkeiten. Wir empfehlen daher die Verwendung inhaltlicher Auswahlkriterien. Wenn statistische Tests die Auswahl steuern (beraten?), dann sollte ein einheitliches Signifikanzniveau verwendet werden. Wenn es der Stichprobenumfang zuläßt, kann man die Daten auch in zwei zufällige Teilstichproben zerlegen, um anhand des ersten Teils die Daten zu explorieren und dann anhand des zweiten Teils zu testen, ob das ausgewählte Modell auf die Daten paßt und alle Effekte signifikant bleiben. Die beste Absicherung gegen mögliche Fehlschlüsse ist jedoch die Replikation der Ergebnisse mit einer neuen Stichprobe.

Schließlich sollte nicht vergessen werden, daß alle genannten Testverfahren nur dann funktionieren, wenn der Stichprobenumfang weder zu klein noch zu groß ist. Eine sehr *große Stichprobe* kann zur Folge haben, daß alle Effekte des saturierten Modells signifikant sind, auch diejenigen, die so geringfügig sind, daß sie kaum inhaltliche Bedeutung haben. Alle denkbaren nicht-saturierten Modelle haben dann signifikante Residuen, und das saturierte Modell kann mit inferenzstatistischen Kriterien nicht weiter vereinfacht werden. Dieses Problem kann dadurch umgangen werden, daß man nicht nur auf die Ergebnisse der Signifikanztests, sondern auch auf die Stärke der jeweiligen Effekte achtet. Auf der Basis dieser Überlegungen kann man ein nicht-saturiertes Modell auf die Effekte beschränken, die eine vorher festzulegende Mindestgröße aufweisen. Natürlich sollte dieses Modell unter theoretischen Gesichtspunkten sinnvoll interpretierbar sein. Wenn dieses Modell laut Teststatistik W^2 nicht paßt, seine Effekte sich aber nicht wesentlich ändern, wenn man weitere, numerisch unbedeutende Effekte hinzufügt, dann sollte es trotzdem akzeptiert werden.

Bei *kleinen Stichproben* sind die Probleme noch viel größer. In diesem Fall kann es sein, daß die nicht-konditionalen und konditionalen Teststatistiken nicht mehr χ^2-verteilt sind. Diese Testverteilung gilt – wie erwähnt – nur näherungsweise und die Näherung ist um so besser, je größer die Stichprobe ist. Gehen wir also einmal davon aus, daß wir eine hinreichend große, aber immer noch sehr kleine Stichprobe haben. Dann tritt zusätzlich das Problem auf, daß statistische Tests ganz allgemein in kleinen Stichproben geringe *Trennschärfe* besitzen – mit den gegenteiligen Folgen, die wir in großen Stichproben beobachten. Selbst numerisch bedeutsame Effekte müssen jetzt als nicht signifikant abgewiesen werden. In dieser Situation, in der das Risiko groß ist, die Nullhypothese fälschlicherweise anzunehmen (Fehler 2. Art), und daher die *Macht* des Tests gering, in dieser Situation es sinnvoller, die Entscheidung auszusetzen und auf einen formalen Test zu verzichten.

Die Problematik multiplen Testens im Rahmen explorativer Datenanalysen sowie das Versagen der Teststatistiken in großen Stichproben haben schließlich zu dem Vorschlag geführt, die Annahme oder Ablehnung eines Modells nicht auf der Basis von Signifikanzen (p-Werten) zu entscheiden, sondern stattdessen die GOF-Statistiken selbst zu verwenden. Dazu werden mit den W^2-Werten *deskriptive Maße* der Abweichung zwischen Modell und Daten berechnet. Entsprechende Überlegungen für log-lineare Modelle auf der Basis der Likelihood-Statistik L^2 (vgl. Abschnitt 3.5) lassen sich ohne weiteres auf den GSK-Ansatz und die GOF-Statistik W^2 übertragen.

2.2 Komplexere Datenkonstellationen

Unser einführendes Beispiel beschränkte sich auf die Analyse der dreidimensionalen Tabelle ABD, in der alle Variablen lediglich zwei Ausprägungen haben. Als abhängige Variable fungierte eine ganz einfache Funktion der Anteilswerte: der Anteil der Wähler pro Subpopulation. In diesem Abschnitt wollen wir einige komplexere Datenkonstellationen vorstellen. Zunächst wollen wir zeigen, daß der GSK-Ansatz nicht auf die Analyse einfacher Anteilswerte und additive Regressionsmodelle beschränkt ist. Ein wichtiges Alternativmodell ist beispielsweise das *logistische Regressionsmodell*, das eine logistische Funktion der Anteilswerte betrachtet. Wir werden es in den folgenden Kapiteln 3 und 5 ausführlich besprechen. In Abschnitt 2.2.1 wollen wir kurz demonstrieren, daß man auch mit dem GSK-Ansatz logistische Regressionsmodelle schätzen kann. Natürlich kann der GSK-Ansatz auch Variablen mit mehr als zwei Ausprägungen berücksichtigen. In den Abschnitten 2.2.2 und 2.2.3 zeigen wir, wie man *polytome* unabhängige und abhängige Variablen modelliert. Schließlich wollen wir in Abschnitt 2.2.4 kurz andeuten, daß man bei einer GSK-Analyse nicht nur nominale, sondern auch *ordinale* und *metrische* Variablen berücksichtigen kann. Je mehr Variablen man betrachtet, die mehr als zwei Ausprägungen haben, desto größer ist die Wahrscheinlichkeit, daß die multivariate Kreuztabelle *Nullzellen* enthält. Nullzellen stellen eine besondere Schwierigkeit für den GSK-Ansatz dar. Wir schließen daher unsere Ausführungen mit einigen praktischen Hinweisen zur Behandlung von Nullzellen in Abschnitt 2.2.5.

2.2.1 Logistische Regressionsmodelle

Als Anwendung verwenden wir am besten das Modell [1,B,A|B=1] unseres einführenden Beispiels, weil uns dessen Struktur bereits bekannt ist. Es gibt verschiedene Möglichkeiten, das logistische Regressionsmodell zu motivieren. Eine davon knüpft an die Verteilung der abhängigen Variablen an. In Tabelle 2.3 ist die Wahlbeteiligung nicht sehr schief verteilt. Dementsprechend beträgt der Durchschnittseffekt des Modells [1,B,A|B=1] $\beta_1^{\tilde{D}}=0{,}6500$. Angenommen, die durchschnittliche Wahlbeteiligung wäre sehr viel höher gewesen und die Wahlenthaltung also eher die Ausnahme, dann wäre natürlich auch der Durchschnittseffekt sehr viel höher gewesen. Angenommen, der Durchschnittseffekt betrage $\beta_1^{\tilde{D}}=0{,}80$, während gleichzeitig die Unterschiede zwischen den Subpopulationen mehr oder weniger gleich geblieben wären, dann dürften sich für den Haupteffekt der Konfession und den konditionalen Haupteffekt des Alters ähnliche Schätzer ergeben wie zuvor: z.B. $\beta_{11}^{B\tilde{D}}=0{,}16$ und $\beta_{111}^{A\tilde{D}|B}=-0{,}06$. Für die vier Subpopulationen ergeben sich damit folgende Modellprognosen:

$$\hat{\pi}_{11} = 0{,}80+0{,}16-0{,}06 = 0{,}90$$
$$\hat{\pi}_{21} = 0{,}80-0{,}16 \phantom{+0{,}06} = 0{,}64$$
$$\hat{\pi}_{31} = 0{,}80+0{,}16+0{,}06 = 1{,}02$$
$$\hat{\pi}_{41} = 0{,}80-0{,}16 \phantom{+0{,}06} = 0{,}64$$

Für die dritte Subpopulation (Ältere mit Konfession) ergibt sich in diesem konstruierten Beispiel eine Vorhersage, die nicht besonders realistisch ist: Die prognostizierte Wahlbeteiligung beträgt über 100% ($\hat{\pi}_{31} = 1{,}02$)! Wie bereits in Kapitel 1 angedeutet, stellen additive Modelle für Anteilswerte eben nicht sicher, daß die Modellprognosen innerhalb des zulässigen Wertebereichs eines Anteilswertes zwischen 0 und 1 liegen.

Die Gefahr der Über- oder Unterschreitung ist dann besonders groß, wenn die Anteilswerte wie in diesem konstruierten Beispiel sehr schief verteilt sind ($p_{ij} < 0{,}2$ oder $p_{ij} > 0{,}8$). Das Problem läßt sich dadurch umgehen, daß man eine andere Funktion der Anteilswerte betrachtet, die nicht diesen Beschränkungen unterliegt. Betrachten wir dazu zunächst einmal die Odds, eher zur Wahl zu gehen, als sich der Stimme zu enthalten: Für die vier Subpopulationen in Tabelle 2.3 (nicht das eben konstruierte Beispiel) betragen sie 2,92, 0,97, 6,51 und 0,99. Man erhält sie, indem man den entsprechenden Wähleranteil p_{i1} durch den Anteil der Wahlenthaltungen p_{i2} (= $1 - p_{i1}$) dividiert: z.B. $2{,}92 = 0{,}745/(1-0{,}745)$. Wie man sich leicht überlegen kann, können Odds Werte zwischen 0 und $+\infty$ annehmen, ein Wertebereich also, der immer noch die negativen (reellen) Zahlen ausschließt. Diese Beschränkung läßt sich dadurch aufheben, daß man den natürlichen Logarithmus dieser Odds betrachtet, die sogenannten Log-Odds oder kurz *Logits*. Da alle reellen Zahlen kleiner als 1 (aber größer als 0) bei der Logarithmierung in negative Zahlen transformiert werden (vgl. Anhang 2), haben Logits einen unbeschränkten Wertebereich von $-\infty$ bis $+\infty$.

Additive Modelle für Logits (kurz: logistische Regressionsmodelle) können daher per definitionem keine unzulässigen Prognosen ergeben. Für das Modell [1,B,A|B=1] mit zentrierten Effekten sähen die Regressionsgleichungen wie folgt aus:

$$\begin{aligned}
\ln(\pi^{AB\bar{D}}_{111}/\pi^{AB\bar{D}}_{112}) &= \beta^{\bar{D}}_{\frac{1}{2}}+\beta^{B\bar{D}}_{1\frac{1}{2}}+\beta^{A\bar{D}|B}_{1\frac{1}{2}1} \\
\ln(\pi^{AB\bar{D}}_{121}/\pi^{AB\bar{D}}_{122}) &= \beta^{\bar{D}}_{\frac{1}{2}}-\beta^{B\bar{D}}_{1\frac{1}{2}} \\
\ln(\pi^{AB\bar{D}}_{211}/\pi^{AB\bar{D}}_{212}) &= \beta^{\bar{D}}_{\frac{1}{2}}+\beta^{B\bar{D}}_{1\frac{1}{2}}-\beta^{A\bar{D}|B}_{1\frac{1}{2}1} \\
\ln(\pi^{AB\bar{D}}_{221}/\pi^{AB\bar{D}}_{222}) &= \beta^{\bar{D}}_{\frac{1}{2}}-\beta^{B\bar{D}}_{1\frac{1}{2}}
\end{aligned} \qquad (2.35)$$

Der Einfachheit halber bezeichnen wir die Regressionskoeffizienten dieses logistischen Regressionsmodells ebenfalls mit β. Man beachte aber, daß sie nicht mit den Koeffizienten unseres obigen additiven Modells für Anteilswerte identisch sind. Ähnlich wie bei den Anteilswerten muß man auch hier nur ein Logit betrachten: die Log-Odds von Kategorie 1 versus Kategorie 2. Da dabei aber zwei Kategorien zueinander ins Verhältnis gesetzt werden, lautet der Index zu dem Superskript D ½ (lies: 1 versus 2) und nicht 1 wie bisher. Das jeweils andere Logit (die Log-Odds von Kategorie 2 versus Kategorie 1) ergibt sich durch Multiplikation mit −1. Ganz allgemein gibt es bei einer abhängigen Variablen mit r Kategorien (r-1) Logits, die nicht redundant, d.h. aus den anderen berechenbar sind.

Für die WLS-Schätzung eines logistischen GSK-Modells gilt natürlich nicht mehr die Gewichtungsformel (2.23), die sich auf einfache Anteilswerte als abhängige Variable bezieht. Mit der Delta-Methode kann man näherungsweise die Varianzen und Kovarianzen der Logits ableiten (vgl. Agresti 1990: 421f.). Die Varianz eines Logits läßt sich danach durch folgende Formel berechnen:

$$\text{Var}[\ln(p_{i1}/p_{i2})] = \frac{1}{\pi_{i1}(1-\pi_{i2})f_{i+}} \quad (2.36)$$

Die Ergebnisse der WLS-Schätzung lauten $\beta^{\tilde{D}}_{\frac{1}{2}} = 0{,}7245$, $\beta^{B\tilde{D}}_{1\frac{1}{2}} = 0{,}7477$ und $\beta^{A\tilde{D}|B}_{1\frac{1}{2}1} = 0{,}4018$ mit einer optimalen Modellanpassung: $W^2 = 0{,}01$, df = 1, p = 0,9375. Die Teststatistik W^2 ist (fast) identisch mit der entsprechenden Statistik des additiven Modells für Anteilswerte (vgl. Abschnitt 2.1.5). Auch aus den (hier nicht wiedergegebenen) Modellprognosen läßt sich erkennen, daß das logistische Regressionsmodell nicht wesentlich von dem obigen Modell abweicht. Da die abhängige Variable nicht besonders schief verteilt ist, war dieses Ergebnis zu erwarten. Wäre die Wahlbeteiligung wie in dem eingangs konstruierten Beispiel im Durchschnitt 80% gewesen, hätten beide Modelltypen dagegen unterschiedliche Ergebnisse gezeigt. Kapitel 7 des Anwendungsteils enthält ein solches Beispiel, bei dem man mit einem logistischen Regressionsmodell zu substantiell anderen Ergebnissen kommt als mit einem Modell für (einfache) Anteilswerte.

Einige Anwender sind der Meinung, daß sich die Regressionskoeffizienten eines logistischen Regressionsmodells nur schwierig anschaulich interpretieren lassen. In den folgenden Kapiteln 3 und 5, in denen wir extensiv von diesem Modelltyp Gebrauch machen, werden wir an verschiedenen Beispielen zeigen, daß diese Ansicht ein Vorurteil ist. Wir wollen in diesem Kapitel den dortigen Ausführungen nicht vorgreifen. Zum Verständnis der obigen drei Koeffizienten sollen daher die folgenden kurzen Bemerkungen genügen: Erstens kann man sich auf das Vorzeichen und die numerische Größe der Koeffizienten konzentrieren. Positive Schätzer bedeuten positive Effekte, und negative Schätzer bedeuten negative Effekte: +0,7477 weist auf eine höhere Wahlbeteiligung bei religiösen Personen hin, während -0,4018 eine niedrigere Wahlbeteiligung der jüngeren Personen mit Konfession anzeigt. Wegen $|0{,}7477| > |-0{,}4018|$ ist der Konfessionseffekt sehr viel stärker als der konditionale Alterseffekt.

Wenn man wissen möchte, welche konkreten Auswirkungen die beiden Effekte auf die Wahlbeteiligung haben, kann man zweitens die Odds betrachten. Durch Verwendung der Exponentialfunktion auf beiden Seiten der Gleichungen (2.35) kommt man von den Log-Odds (Logits) zu den Odds (vgl. Anhang 2). Für die erste Gleichung sieht das beispielsweise so aus:

$$\pi_{111}^{AB\bar{D}}/\pi_{112}^{AB\bar{D}} = \exp(\beta_{\frac{1}{2}}^{\bar{D}} + \beta_{1\frac{1}{2}}^{B\bar{D}} + \beta_{1\frac{1}{2}1}^{A\bar{D}|B}) \qquad (2.37)$$

$$= \exp(\beta_{\frac{1}{2}}^{\bar{D}}) \times \exp(\beta_{1\frac{1}{2}}^{B\bar{D}}) \times \exp(\beta_{1\frac{1}{2}1}^{A\bar{D}|B})$$

$$= \gamma_{\frac{1}{2}}^{\bar{D}} \times \gamma_{1\frac{1}{2}}^{B\bar{D}} \times \gamma_{1\frac{1}{2}1}^{A\bar{D}|B}$$

Ein additives Modell für die Logits ist also gleichzeitig ein *multiplikatives* Modell für die Odds. Die (multiplikativen) Regressionskoeffizienten γ dieses Modells erhält man, indem man den Antilogarithmus (vgl. Anhang 2) des jeweiligen logistischen Regressionskoeffizienten β berechnet: γ = exp(β). Für die drei Koeffizienten ergeben sich danach die Werte $\gamma_{\frac{1}{2}}^{\bar{D}}$ = exp(0,7245) = 2,0637, $\gamma_{1\frac{1}{2}}^{B\bar{D}}$ = exp(0,7477) = 2,1121 und $\gamma_{1\frac{1}{2}1}^{A\bar{D}|B}$ = exp(-0,4018) = 0,6691. Die Wahrscheinlichkeit, zur Wahl zu gehen, ist also im Durchschnitt 2,06 mal so groß wie die Wahrscheinlichkeit, sich der Stimme zu enthalten. Für religiöse Personen sind die entsprechenden Odds, zur Wahl zu gehen, 2,11 Mal größer als im Gesamtdurchschnitt. Die Odds der religiösen Personen betragen also: exp(0,7245) × exp(0,7477) = 2,06 × 2,11 = 4,36. Für die Jüngeren unter den Personen mit Konfession sind die Odds, zur Wahl zu gehen, 0,67 mal kleiner als für alle Personen mit Konfession. Wenn also für alle Personen mit Konfession die Odds 4,36 betragen (s. oben), dann entsprechen die Odds für die jüngeren religiösen Personen 2,92 (exakt: exp(0,7245) × exp(0,7477) × exp(-0,4018) = 2,9165).

In ähnlicher Weise lassen sich die Abweichungen für die jeweiligen Referenzkategorien berechnen: Da beispielsweise der logistische Effekt für nicht-religiöse Personen -0,7477 beträgt, entspricht der entsprechende multiplikative Effekt exp(-0,7477) = 0,4735. Für nicht-religiöse Personen sind die Odds, zur Wahl zu gehen, also 0,47 mal kleiner als im Gesamtdurchschnitt. Das entspricht genau dem Kehrwert von 2,1121: 1/2,1121 = 0,4735. Man erhält also die multiplikativen Effekte der jeweiligen Referenzkategorie dadurch, daß man bei dichotomen unabhängigen Variablen den Kehrwert des entsprechenden multiplikativen Parameters betrachtet.

Allgemein sind die Odds bei einem positiven Effekt größer als 1 und bei einem negativen Effekt kleiner als 1 (aber größer als 0). Hat eine Variable keinen Effekt, sind die Odds gleich 1. Da für negative Effekte ein kleinerer Wertebereich (0 bis 1) gilt als für positive Effekte (1 bis +∞), lassen sich aufgrund der unterschiedlichen Skalierung die Größenverhältnisse positiver und negativer multiplikativer Regressionskoeffizienten γ nicht so gut vergleichen wie bei logistischen Regressionskoeffizienten β. Man kann jedoch den Kehrwert „negativer" Effekte betrachten um zu sehen, wie stark der jeweilige Koeffizient bei Zugrundelegung der gleichen Skalierung wie für positive Effekte von dem Wert 1 (kein Effekt) abweicht. Für den konditionalen Alterseffekt $\gamma_{1½\,1}^{A\bar{D}|B} = 0{,}6691$ ergibt sich der Kehrwert 1,4945. Verglichen mit dem Konfessionseffekt $\gamma_{1½}^{B\bar{D}} = 2{,}1121$ ist dieser Wert sehr viel geringer, so daß wir wie bei den logistischen Regressionskoeffizienten feststellen können, daß der konditionale Alterseffekt kleiner ist als der Haupteffekt der Konfession.

Man sieht also, daß die Interpretation logistischer Regressionsmodelle ganz einfach ist. Man muß sich lediglich auf die multiplikative Denkweise dieser Modelle einstellen. Logistische Modelle werden ausführlich in den Kapiteln 3-5 und im Anwendungsteil behandelt. In den noch folgenden Abschnitten wollen wir uns wieder auf additive Modelle für (einfache) Anteilswerte beschränken.

2.2.2 Polytome unabhängige Variablen

Mit den Daten unseres einführenden Beispiels (Tabelle 2.3) haben wir lediglich einen Teil der zur Verfügung stehenden Informationen genutzt, denn neben dem Alter und der Konfession enthalten die Beispieldaten noch die Parteipräferenz. Aus Tabelle 1.2 ist kein eindeutiger Trend abzulesen, wie die Wahlbeteiligung mit der Parteipräferenz variiert. Mit Ausnahme der jüngeren Personen mit Konfession zeigen die FDP-Anhänger immer die höchste Wahlbeteiligung. Auf dem zweiten Platz folgen dann meistens die SPD-Sympathisanten, jedoch sind die Unterschiede zu den CDU/CSU-Anhängern nicht besonders groß. Im Gegensatz zu den Variablen Alter und Konfession ist die Variable Parteipräferenz eine trichotome Variable. In diesem Abschnitt wollen wir zeigen, wie man solche polytomen Merkmale als (nominale) unabhängige Variablen in einem GSK-Modell berücksichtigt.

Diese Aufgabe ist schnell gelöst: Man muß sich lediglich überlegen, wie zentrierte Effekte bei polytomen unabhängigen Variablen kodiert werden müssen. Eine simple Anfangshypothese für die Daten aus Tabelle 1.2 ist die Annahme, daß neben den bisher betrachteten Effekten nur noch der Haupteffekt der Parteipräferenz (C) eine Rolle spielt. Für das entsprechende Modell [1,B,A|B=1,C] sehen die Regressionsgleichungen für die insgesamt 12 Wahrscheinlichkeiten in Tabelle ABCD (Tabelle 1.2) wie folgt aus:

$$\pi_{1111}^{ABC\bar{D}} = \beta_1^{\bar{D}} + \beta_{11}^{B\bar{D}} + \beta_{11\ 1}^{A\bar{D}|B} + \beta_{11}^{C\bar{D}} \quad (2.38)$$

$$\pi_{1121}^{ABC\bar{D}} = \beta_1^{\bar{D}} + \beta_{11}^{B\bar{D}} + \beta_{11\ 1}^{A\bar{D}|B} + \beta_{21}^{C\bar{D}}$$

$$\pi_{1131}^{ABC\bar{D}} = \beta_1^{\bar{D}} + \beta_{11}^{B\bar{D}} + \beta_{11\ 1}^{A\bar{D}|B} + \beta_{31}^{C\bar{D}}$$

$$\pi_{1211}^{ABC\bar{D}} = \beta_1^{\bar{D}} + \beta_{21}^{B\bar{D}} + 0 + \beta_{11}^{C\bar{D}}$$

$$\pi_{1221}^{ABC\bar{D}} = \beta_1^{\bar{D}} + \beta_{21}^{B\bar{D}} + 0 + \beta_{21}^{C\bar{D}}$$

$$\pi_{1231}^{ABC\bar{D}} = \beta_1^{\bar{D}} + \beta_{21}^{B\bar{D}} + 0 + \beta_{31}^{C\bar{D}}$$

$$\pi_{2111}^{ABC\bar{D}} = \beta_1^{\bar{D}} + \beta_{11}^{B\bar{D}} + \beta_{21\ 1}^{A\bar{D}|B} + \beta_{11}^{C\bar{D}}$$

$$\pi_{2121}^{ABC\bar{D}} = \beta_1^{\bar{D}} + \beta_{11}^{B\bar{D}} + \beta_{21\ 1}^{A\bar{D}|B} + \beta_{21}^{C\bar{D}}$$

$$\pi_{2131}^{ABC\bar{D}} = \beta_1^{\bar{D}} + \beta_{11}^{B\bar{D}} + \beta_{21\ 1}^{A\bar{D}|B} + \beta_{31}^{C\bar{D}}$$

$$\pi_{2211}^{ABC\bar{D}} = \beta_1^{\bar{D}} + \beta_{21}^{B\bar{D}} + 0 + \beta_{11}^{C\bar{D}}$$

$$\pi_{2221}^{ABC\bar{D}} = \beta_1^{\bar{D}} + \beta_{21}^{B\bar{D}} + 0 + \beta_{21}^{C\bar{D}}$$

$$\pi_{2231}^{ABC\bar{D}} = \beta_1^{\bar{D}} + \beta_{21}^{B\bar{D}} + 0 + \beta_{31}^{C\bar{D}}$$

Je nachdem, um welche Wahrscheinlichkeit es sich handelt, kommt also noch ein Effekt für die SPD-Anhänger $\beta_{11}^{C\bar{D}}$, für die FDP-Anhänger $\beta_{21}^{C\bar{D}}$ und für die CDU/CSU-Anhänger $\beta_{31}^{C\bar{D}}$ hinzu. In dieser Form ist das Gleichungssystem nicht identifiziert. Unter Verwendung zentrierter Effekte läßt sich jedoch der jeweils letzte Parameter eines (konditionalen) Haupteffektes als Funktion der anderen schreiben. Für den Haupteffekt der Konfession und den konditionalen Alterseffekt ergibt sich das bekannte Resultat: $\beta_{21}^{B\bar{D}} = -\beta_{11}^{B\bar{D}}$ und $\beta_{21\ 1}^{A\bar{D}|B} = -\beta_{11\ 1}^{A\bar{D}|B}$. Damit auch die Summe der drei Parteiparameter null ergibt, muß für den letzten, den CDU/CSU-Parameter gelten: $\beta_{31}^{C\bar{D}} = -\beta_{11}^{C\bar{D}} - \beta_{21}^{C\bar{D}}$. Die letzte Kategorie bezeichnen wir jeweils als *Referenzkategorie*. Mit diesen Identifikationsrestriktionen läßt sich das Gleichungssystem wie folgt reparametrisieren:

$$\pi_{1111}^{ABC\bar{D}} = \beta_1^{\bar{D}} + \beta_{11}^{B\bar{D}} + \beta_{11\ 1}^{A\bar{D}|B} + \beta_{11}^{C\bar{D}} \quad (2.39)$$

$$\pi_{1121}^{ABC\bar{D}} = \beta_1^{\bar{D}} + \beta_{11}^{B\bar{D}} + \beta_{11\ 1}^{A\bar{D}|B} + \beta_{21}^{C\bar{D}}$$

$$\pi_{1131}^{ABC\bar{D}} = \beta_1^{\bar{D}} + \beta_{11}^{B\bar{D}} + \beta_{11\ 1}^{A\bar{D}|B} - \beta_{11}^{C\bar{D}} - \beta_{21}^{C\bar{D}}$$

$$\pi_{1211}^{ABC\bar{D}} = \beta_1^{\bar{D}} - \beta_{11}^{B\bar{D}} + 0 + \beta_{11}^{C\bar{D}}$$

$$\pi_{1221}^{ABC\bar{D}} = \beta_1^{\bar{D}} - \beta_{11}^{B\bar{D}} + 0 + \beta_{21}^{C\bar{D}}$$

$$\pi_{1231}^{ABC\bar{D}} = \beta_1^{\bar{D}} - \beta_{11}^{B\bar{D}} + 0 \quad -\beta_{11}^{C\bar{D}} - \beta_{21}^{C\bar{D}}$$

$$\pi_{2111}^{ABC\bar{D}} = \beta_1^{\bar{D}} + \beta_{11}^{B\bar{D}} - \beta_{11\,1}^{A\bar{D}|B} + \beta_{11}^{C\bar{D}}$$

$$\pi_{2121}^{ABC\bar{D}} = \beta_1^{\bar{D}} + \beta_{11}^{B\bar{D}} - \beta_{11\,1}^{A\bar{D}|B} \quad\quad +\beta_{21}^{C\bar{D}}$$

$$\pi_{2131}^{ABC\bar{D}} = \beta_1^{\bar{D}} + \beta_{11}^{B\bar{D}} - \beta_{11\,1}^{A\bar{D}|B} - \beta_{11}^{C\bar{D}} - \beta_{21}^{C\bar{D}}$$

$$\pi_{2211}^{ABC\bar{D}} = \beta_1^{\bar{D}} - \beta_{11}^{B\bar{D}} + 0 \quad +\beta_{11}^{C\bar{D}}$$

$$\pi_{2221}^{ABC\bar{D}} = \beta_1^{\bar{D}} - \beta_{11}^{B\bar{D}} + 0 \quad\quad\quad +\beta_{21}^{C\bar{D}}$$

$$\pi_{2231}^{ABC\bar{D}} = \beta_1^{\bar{D}} - \beta_{11}^{B\bar{D}} + 0 \quad -\beta_{11}^{C\bar{D}} - \beta_{21}^{C\bar{D}}$$

Zu schätzen sind also insgesamt fünf Effekte: $\beta_1^{\bar{D}}$, $\beta_{11}^{B\bar{D}}$, $\beta_{11\,1}^{A\bar{D}|B}$, $\beta_{11}^{C\bar{D}}$ und $\beta_{21}^{C\bar{D}}$. Die dazu passende Designmatrix sieht folgendermaßen aus:

$$\begin{bmatrix} 1 & 1 & 1 & 1 & 0 \\ 1 & 1 & 1 & 0 & 1 \\ 1 & 1 & 1 & -1 & -1 \\ 1 & -1 & 0 & 1 & 0 \\ 1 & -1 & 0 & 0 & 1 \\ 1 & -1 & 0 & -1 & -1 \\ 1 & 1 & -1 & 1 & 0 \\ 1 & 1 & -1 & 0 & 1 \\ 1 & 1 & -1 & -1 & -1 \\ 1 & -1 & 0 & 1 & 0 \\ 1 & -1 & 0 & 0 & 1 \\ 1 & -1 & 0 & -1 & -1 \end{bmatrix} \quad (2.40)$$

Die erste Spalte repräsentiert den Durchschnittseffekt, die zweite den Haupteffekt der Konfession, die dritte den konditionalen Haupteffekt des Alters und die beiden letzten Spalten repräsentieren die zwei Effekte des Haupteffektes Parteipräferenz. Multipliziert man diese Design-Matrix mit dem Spaltenvektor der fünf zu schätzenden Parameter, dann ergeben sich die 12 Regressionsgleichungen (2.39).

Tabelle 2.6: Schätzwerte des Modells [1,B,A|B=1,C]

Effekt	df	$W^2_{r/u}$	p	Parameter	β	$\hat{\sigma}_\beta$	$W^2_{r/u}$	p
1	1	1437,55	0,00	1=Wähler	0,6659	0,0176	1437,55	0,00
B	1	94,47	0,00	2=mit	0,1688	0,0174	94,47	0,00
A|B=1	1	8,07	0,00	1=jung|1=mit	-0,0598	0,0210	8,07	0,00
C	2	7,94	0,02	1=SPD	-0,0191	0,0209	0.84	0,36
				2=FDP	0,0667	0.0250	7,14	0,01
				Differenz SPD-FDP			4,35	0,04
				Differenz SPD-CDU/CSU			0,74	0,39
				Differenz FDP-CDU/CSU			7,86	0,01

Quelle: Tabelle 1.2.

Interessant ist die Kodierung der beiden letzten Spalten. Erinnern wir uns dazu noch einmal an die Kodiervorschrift (2.16). Danach müssen Design-Variablen für zentrierte Effekte entweder mit „+1", mit „-1" oder mit „0" kodiert werden. Die vierte Spalte ist ein Indikator für die erste Ausprägung (SPD) der Variablen Parteipräferenz. Demnach hat sie überall dort den Kode „+1", wo es sich um eine Subpopulation von SPD-Anhängern handelt. Überall wo die Referenzkategorie (CDU/CSU) auftritt, hat die Design-Variable wie bisher den Kode „-1". Neu sind die Nullen: Sie treten überall dort auf, wo weder die interessierende Kategorie (hier also SPD) noch die Referenzkategorie (hier also CDU/CSU) vorkommt; mit anderen Worten also überall dort, wo es sich um Subpopulationen von FDP-Anhängern handelt. Ähnliche Überlegungen gelten für die fünfte Spalte, die ein Indikator für die zweite Ausprägung (FDP) der Variablen Parteipräferenz ist: Sie hat den Kode „+1" bei den FDP-Subpopulationen, den Kode „-1" bei den CDU/CSU-Subpopulationen und bei allen anderen Subpopulationen, also den SPD-Anhängern, den Kode „0". Weil es sich um ein trichotomes Merkmal handelt, mußten 3-1=2 Design-Variablen gebildet werden. Die letzte Ausprägung – die Referenzkategorie – erkennt man daran, daß *alle* Design-Variablen für die Variable Parteipräferenz den Kode „-1" aufweisen.

Tabelle 2.6 zeigt die WLS-Schätzungen für das Modell [1,B,A|B=1,C]. Insgesamt hat das Modell bei fünf geschätzten Parametern und zwölf Subpopulationen df = 12-5 = 7 Freiheitsgrade. Die Summe der gewichteten quadrierten Residuen beträgt $W^2 = 1,80$. Das ist bei sieben Freiheitsgraden ein exzellenter Modellfit (p = 0,97). Durchschnittseffekt, Haupteffekt Konfession und konditionaler Alterseffekt haben sich durch Betrachtung der größeren Ausgangstabelle 1.2 und durch Hinzufügung des Haupteffektes der Parteipräferenz nicht wesentlich verändert: Die durchschnittliche Wahlbeteiligung wird jetzt auf ca. 66,6% geschätzt (bisher 65%). Die Wahlbeteiligung der religiösen Personen ist ca. 16,9 Prozentpunkte höher als der Gesamtdurchschnitt (bisher 15,6) und die jüngeren Personen mit Konfession gehen um ca. 6,0 Prozentpunkte weniger zur Wahl als alle Befragten mit Konfession (bisher 6,1).

Neu hinzugekommen ist der Effekt der Parteipräferenz: SPD-Anhänger liegen in ihrer Wahlbeteiligung mit ca. −1,9 Prozentpunkten geringfügig unter dem Gesamtdurchschnitt, während die FDP-Anhänger um ca. 6,7 Prozentpunkte über dem Durchschnitt liegen. Der Parameter für die Referenzkategorie CDU/CSU ergibt sich gemäß der obigen Identifikationsrestriktion: $\beta_{31}^{CD} = -(-0,0191) - 0,0667 = -0,0476$. CDU/CSU-Anhänger liegen also in ihrer Wahlbeteiligung um ca. 4,8 Prozentpunkte unter dem Gesamtdurchschnitt. Insgesamt sind aber die Unterschiede nach Parteipräferenz nicht besonders groß. Das gilt im besonderen Maße für den Effekt der SPD-Anhänger. Würde man diesen Effekt null setzen, würde sich die Summe der gewichteten quadrierten Residuen um $W_{r/u}^2 = 0,84$ erhöhen (vgl. vorletzte Spalte in Tabelle 2.6). Bei einem Freiheitsgrad ist diese Verschlechterung des Modellfits nicht signifikant (p = 0,36). Die Nullhypothese, daß sich die Wahlbeteiligung der SPD-Anhänger nicht wesentlich vom Durchschnitt unterscheidet, läßt sich also nicht widerlegen (vgl. auch den geringen z-Wert von −0,9139 = (−0,0191)/0,0209). Der Effekt für die FDP-Anhänger ist dagegen signifikant von null verschieden: $W_{r/u}^2 = 7,14$, df = 1, p = 0,01.

In diesem Zusammenhang stellt sich natürlich die Frage, wie man die Signifikanz der Referenzkategorie bestimmt. Bei dichotomen unabhängigen Variablen läßt sich diese Frage sofort beantworten: Sie entspricht der Signifikanz der im Modell betrachteten Kategorie. Bei polytomen unabhängigen Variablen läßt sich dagegen die Signifikanz der Referenzkategorie nicht direkt aus den Schätzungen ablesen. Hier hilft die Methode der linearen Kontraste weiter: Damit beispielsweise der Effekt für die CDU/CSU-Anhänger null ist ($\beta_{31}^{CD} = 0$), muß wegen $\beta_{31}^{CD} = -\beta_{11}^{CD} - \beta_{21}^{CD} = -(\beta_{11}^{CD} + \beta_{21}^{CD})$ die Summe der beiden anderen Effekte ebenfalls gleich null sein. Diese Bedingung läßt sich mit der Kontrastmatrix [0 0 0 1 1] testen. Multipliziert man diese Matrix mit dem Vektor der fünf Regressionskoeffizienten und setzt das Produkt gemäß Gleichung (2.32) gleich null, dann ergibt sich exakt $\beta_{11}^{CD} + \beta_{21}^{CD} = 0$. Die entsprechende Wald-Statistik (2.33) hat für Modell [1,B,A|B=1,C] den Wert $W_{r/u}^2 = 5,32$ und ist bei einem Freiheitsgrad signifikant (p = 0,021). Die Nullhypothese, daß sich die Wahlbeteiligung der CDU/CSU-Anhänger nicht vom Durchschnitt unterscheidet, läßt sich also mit einer Irrtumswahrscheinlichkeit von 5% widerlegen.

Aus Tabelle 2.6 läßt sich noch eine weitere Besonderheit polytomer Merkmale ablesen. Während bei dichotomen Merkmalen die Signifikanz des jeweiligen Parameters gleichzeitig über die Signifikanz des gesamten Effektes Auskunft gibt, setzt sich jetzt bei polytomen Merkmalen der Effekt aus mehreren Parametern zusammen. So besteht beispielsweise der Haupteffekt der Parteipräferenz aus insgesamt zwei Parametern. Einige dieser Parameter können signifikant von null verschieden sein, andere jedoch nicht (wie etwa der Effekt für die SPD-Anhänger). Das wirft mindestens zwei Fragen auf: 1. Verbessert der Effekt insgesamt den Modellfit, auch wenn einige seiner Parameter nicht signifikant sind? 2. Ist die Abweichung von null überhaupt ein sinnvolles Untersuchungsziel, sollte man nicht vielmehr testen, ob die einzelnen Kategorien sich voneinander unterscheiden? Beide Tests lassen sich ebenfalls mit der Methode der linearen Kontraste durchführen. Für die erste Frage und unser Beispiel ist die folgende Kontrastmatrix relevant:

$$\begin{bmatrix} 0 & 0 & 0 & 1 & 0 \\ 0 & 0 & 0 & 0 & 1 \end{bmatrix} \qquad (2.41)$$

Sie testet, ob *beide* Parameter (β_{11}^{CD}, β_{21}^{CD}) des Haupteffektes Parteipräferenz signifikant von null verschieden sind. Die zweite Frage kann auf unterschiedliche Art und Weise getestet werden: entweder jede Differenz einzeln oder alle Differenzen gemeinsam. Die folgende Übersicht zeigt für jede der drei Differenzen die entsprechende Kontrastmatrix:

$$[\ 0 \quad 0 \quad 0 \quad 1 \quad -1\ ] \text{ für } \beta_{11}^{CD} - \beta_{21}^{CD} = 0 \qquad (2.42a)$$
$$[\ 0 \quad 0 \quad 0 \quad 2 \quad 1\ ] \text{ für } \beta_{11}^{CD} - \beta_{31}^{CD} = \beta_{11}^{CD} - (-\beta_{11}^{CD} - \beta_{21}^{CD}) = 2\beta_{11}^{CD} + \beta_{21}^{CD} = 0 \qquad (2.42b)$$
$$[\ 0 \quad 0 \quad 0 \quad 1 \quad 2\ ] \text{ für } \beta_{21}^{CD} - \beta_{31}^{CD} = \beta_{21}^{CD} - (-\beta_{11}^{CD} - \beta_{21}^{CD}) = \beta_{11}^{CD} + 2\beta_{21}^{CD} = 0 \qquad (2.42c)$$

Möchte man alle drei Differenzen gemeinsam testen, faßt man die drei Kontrastmatrizen in einer Matrix mit drei Zeilen zusammen.

Der erste lineare Kontrast (2.41) wird standardmäßig in den meisten Programmen durchgeführt. Für den Haupteffekt der Parteipräferenz hat er den Wert $W_{r/u}^2 = 7{,}94$, und bei zwei Freiheitsgraden ergibt sich ein signifikantes Testresultat (p = 0,02, vgl. dritte Spalte in Tabelle 2.6). Die Berücksichtigung der Variable Parteipräferenz führt also insgesamt zu einer signifikanten Verbesserung des Modellfits. Die linearen Kontraste für die Parameterdifferenzen (2.42) muß man dagegen in der Regel selber spezifizieren. Die Ergebnisse sind in den letzten drei Zeilen der Tabelle 2.6 aufgeführt. Danach unterscheidet sich die Wahlbeteiligung der FDP-Anhänger signifikant von der Wahlbeteiligung der beiden anderen Parteien, die Anhänger der beiden großen Volksparteien SPD und CDU/CSU unterscheiden sich jedoch untereinander nicht wesentlich.

2.2.3 Polytome abhängige Variablen

Mit den Beispieldaten in Tabelle 1.2 kann man natürlich nicht nur die Wahlbeteiligung verschiedener Gruppen von Wahlberechtigten untersuchen. Genanso gut kann man sich die Frage stellen, wie Parteipräferenzen mit dem Alter und der Konfession der Befragten variieren. Dazu muß man lediglich die Häufigkeiten über die Variable Wahlbeteiligung summieren und stattdessen die Variable Parteipräferenz als abhängige Variable betrachten. Als unabhängige Variablen fungieren weiterhin Alter und Konfession. Die dabei entstehende Tabelle besteht aus s = 4 Subpopulationen und r = 3 Zielkategorien. Aus Platzgründen haben wir sie hier nicht weiter aufgeführt. Sie besteht quasi aus den Häufigkeiten der Insgesamt-Spalte in Tabelle 1.2.

Jetzt haben wir es mit einer polytomen abhängigen Variablen zu tun, und wegen der Restriktion (2.2) gibt es jetzt zwei Anteilswerte pro Subpopulation, die nicht redundant sind, für die man jeweils ein Regressionsmodell formulieren kann. Eine sehr einfache Hypothese lautet beispielsweise, die Parteipräferenz ist vom Alter der Befragten relativ unabhängig und variiert nur mit der Konfession: [1,B]. Modelliert man lediglich die beiden ersten Ausprägungen der Variablen Parteipräferenz, dann sehen die Regressionsgleichungen für die jeweils zwei Wahrscheinlichkeiten pro Subpopulation wie folgt aus:

$$\pi_{111}^{AB\bar{C}} = \beta_1^{\bar{C}} + \beta_{11}^{B\bar{C}} \qquad (2.43)$$

$$\pi_{112}^{AB\bar{C}} = \beta_2^{\bar{C}} + \beta_{12}^{B\bar{C}}$$

$$\pi_{121}^{AB\bar{C}} = \beta_1^{\bar{C}} - \beta_{11}^{B\bar{C}}$$

$$\pi_{122}^{AB\bar{C}} = \beta_2^{\bar{C}} - \beta_{12}^{B\bar{C}}$$

$$\pi_{211}^{AB\bar{C}} = \beta_1^{\bar{C}} + \beta_{11}^{B\bar{C}}$$

$$\pi_{212}^{AB\bar{C}} = \beta_2^{\bar{C}} + \beta_{12}^{B\bar{C}}$$

$$\pi_{221}^{AB\bar{C}} = \beta_1^{\bar{C}} - \beta_{11}^{B\bar{C}}$$

$$\pi_{222}^{AB\bar{C}} = \beta_2^{\bar{C}} - \beta_{12}^{B\bar{C}}$$

Das Modell betrachtet gleichzeitig die (bedingte) Wahrscheinlichkeit $\pi_{ij1}^{AB\bar{C}}$, Anhänger der SPD zu sein (C=1), und die (bedingte) Wahrscheinlichkeit $\pi_{ij2}^{AB\bar{C}}$, Anhänger der FDP zu sein (C=2). Es enthält insgesamt vier zu schätzende Parameter: den durchschnittlichen Anteil der SPD-Anhänger $\beta_1^{\bar{C}}$ und der FDP-Anhänger $\beta_2^{\bar{C}}$ sowie den Einfluß der Konfession auf den Anteil der SPD-Anhänger $\beta_{11}^{B\bar{C}}$ bzw. der FPD-Anhänger $\beta_{12}^{B\bar{C}}$. Der Einfachheit halber sind wir dabei gleich von zentrierten Effekten ausgegangen und haben bereits die

Effekte der zweiten Ausprägung der Variablen Konfession $\beta_{21}^{B\tilde{C}}$ bzw. $\beta_{22}^{B\tilde{C}}$ durch $-\beta_{11}^{B\tilde{C}}$ bzw. $-\beta_{12}^{B\tilde{C}}$ ersetzt. Die entsprechende Designmatrix dieses Modells lautet:

$$\begin{bmatrix} 1 & 0 & 1 & 0 \\ 0 & 1 & 0 & 1 \\ 1 & 0 & -1 & 0 \\ 0 & 1 & 0 & -1 \\ 1 & 0 & 1 & 0 \\ 0 & 1 & 0 & 1 \\ 1 & 0 & -1 & 0 \\ 0 & 1 & 0 & -1 \end{bmatrix} \qquad (2.44)$$

Sie enthält insgesamt acht Zeilen, weil wir vier Subpopulationen mit jeweils zwei Anteilswerten modellieren, wobei den Anteilswerten einer Subpopulation jeweils zwei aufeinanderfolgende Zeilen der Designmatrix entsprechen. Anders ausgedrückt: Die Zeilen der Matrix sind zuerst nach Subpopulationen und innerhalb der Subpopulationen nach den Ausprägungen der abhängigen Variablen sortiert. Da insgesamt vier Effekte zu schätzen sind, enthält die Matrix vier Spalten. Die erste Spalte ist beispielsweise ein Indikator dafür, bei welchen Subpopulationen der Durchschnittseffekt für SPD-Sympathisanten $\beta_1^{\tilde{C}}$ berücksichtigt werden soll. Das macht selbstverständlich nur bei den SPD-Anteilswerten Sinn, und dementsprechend enthält diese Spalte in jeder zweiten Zeile eine Null.

Da wir jetzt zwei Anteilswerte pro Subpopulation modellieren, muß man bei der Gewichtung nicht nur die Unsicherheit jedes der beiden Anteilswerte berücksichtigen, sondern auch die Tatsache, daß beide Anteilswerte statistisch voneinander abhängig sind, weil sie aus ein- und derselben Subpopulation stammen. Neben den Varianzen sind also auch die Kovarianzen der Anteilswerte zu berücksichtigen. Sie berechnen sich wie folgt:

$$\text{Cov}(p_{ij}, p_{ik}) = \frac{-\pi_{ij} \pi_{ik}}{f_{i+}} \qquad (2.45)$$

Eine gewichtete Regression, in der sowohl die Varianzen als auch die Kovarianzen der Anteilswerte als Gewichtungsfaktoren berücksichtigt werden sollen (also eine ganze Matrix von Gewichtungsfaktoren), läßt sich nicht mehr mit einem normalen Regressionsprogramm lösen. Man benötigt entweder eigene Programmierkenntnisse oder ein spezielles Programm für den GSK-Ansatz (vgl. Abschnitt 2.5). Tabelle 2.7 enthält die Ergebnisse einer entspre-

Tabelle 2.7: Schätzwerte des Modells [1,B] mit der Parteipräferenz als abhängiger Variablen

Effekt	df	$W^2_{r/u}$	p	Parameter	β	σ_β	$W^2_{r/u}$	p
1	2	1060,66	0,00	1=SPD	0,3836	0,0178	465,23	0,00
				2=FDP	0,1825	0,0138	173,74	0,00
B	2	87,16	0,00	SPD:1=mit	-0,0296	0,0178	2,77	0,10
				FDP:1=mit	-0,1060	0,0138	58,60	0,00

Quelle: Insgesamt-Spalte der Tabelle 1.2.

chenden WLS-Schätzung. Bei insgesamt acht Anteilswerten und vier zu schätzenden Parametern hat das Modell df = 8-4 = 4 Freiheitsgrade. Der Modellfit ist fast perfekt: Die Summe der gewichteten quadrierten Residuen beträgt W^2=0,86 (mit p=0,93 bei df=4). Der durchschnittliche Anteil der SPD-Anhänger beträgt 38,4%, der durchschnittliche Anteil der FDP-Anhänger dagegen 18,3%. Anhänger der SPD sind bei religiösen Personen um 3 Prozentpunkte geringer vertreten als im Gesamtdurchschnitt. Allerdings ist dieser Effekt nach den Ergebnissen des konditionalen Wald-Testes nicht signifikant ($W^2_{r/u}$=2,77, df = 1, p = 0,10; vgl. die vorletzte Spalte in Tabelle 2.7). Stärker und vor allem signifikant ist der Einfluß der Konfession auf die Präferenz für die FDP: Hier liegen religiöse Personen um 10,6 Prozentpunkte unter dem Gesamtdurchschnitt.

Da offensichtlich die Konfession eine unterschiedliche Wirkung auf die einzelnen Ausprägungen der abhängigen Variablen Parteipräferenz hat, könnte man auch zwei verschiedene Modelle für die beiden Anteilswerte formulieren: eines für den Anteil der SPD-Anhänger ohne den Konfessionseffekt und ein zweites für den Anteil der FDP-Anhänger mit Konfessionseffekt. Solche unterschiedlichen Regressionsmodelle für die einzelnen Ausprägungen der abhängigen Variablen muß man in der Regel selber spezifizieren, während Modelle, in denen Effekte auf alle Ausprägungen gleichermaßen wirken, standardmäßig mit Programmen für den GSK-Ansatz berechnet werden können. Aber auch bei Modellen mit unterschiedlichen Effekten muß man lediglich wissen, wie man die dazu passende Designmatrix spezifiziert. Alle GSK-Programme können benutzerspezifizierte Designmatrizen verarbeiten. Für die beiden genannten Modelle mit unterschiedlichen Konfessionseffekten für SPD- und FDP-Sympathisanten sähe die Designmatrix genauso aus wie (2.44), lediglich die dritte Spalte für den Konfessionseffekt bei den SPD-Anhängern würde fehlen.

Kommen wir jedoch zurück zu dem Ausgangsmodell [1,B] bzw. (2.43): Sieht man einmal von dem Problem mangelnder Signifikanz des einen Konfessionsparameters ab, so bleibt doch festzuhalten, daß die Konfession insgesamt signifikant zur Erklärung der unterschiedlichen Parteipräferenzen beiträgt ($w_{r/u}^2$ = 87,16, df = 2, p = 0,00, vgl. Tabelle 2.7. dritte Spalte). Bei dieser Gesamtbetrachtung wird wiederum mit einem (hier nicht aufgeführten) linearen Kontrast getestet, ob beide Konfessionseffekte gemeinsam von null verschieden sind. Bleibt schließlich nur noch die Frage zu klären, welche Schlußfolgerungen mit dem Modell [1,B] über den Anteil der CDU/CSU-Anhänger bzw. den Effekt der Konfession auf diese Gruppe möglich sind. Wie kann man also aus den Schätzungen eines GSK-Modells die Effekte auf die jeweilige Referenzkategorie der *abhängigen Variablen* ablesen?

Wenn sich die Anteilswerte einer Subpopulation zu 1 addieren, dann ergibt sich der letzte (r-te) Anteilswert durch Subtraktion der Summe aller anderen (r-1) Anteilswerte von 1 (s. Gleichung 2.3). Das gleiche gilt natürlich für die Wahrscheinlichkeiten $\pi_{ijk}^{AB\tilde{C}}$, die wir mit unserem GSK-Modell beschreiben. Die (bedingte) Wahrscheinlichkeit einer Präferenz für die CDU/CSU entspricht also beispielsweise in der ersten Subpopulation:

$$\pi_{113}^{AB\tilde{C}} = 1 - (\pi_{111}^{AB\tilde{C}} + \pi_{112}^{AB\tilde{C}}) \qquad (2.46)$$

Setzt man die beiden ersten Regressionsgleichungen aus (2.43) ein, ergibt sich nach einigen Umformungen:

$$\begin{aligned}\pi_{113}^{AB\tilde{C}} &= 1 - (\beta_1^{\tilde{C}} + \beta_{11}^{B\tilde{C}} + \beta_2^{\tilde{C}} + \beta_{12}^{B\tilde{C}}) \\ &= (1 - (\beta_1^{\tilde{C}} + \beta_2^{\tilde{C}})) + -(\beta_{11}^{B\tilde{C}} + \beta_{12}^{B\tilde{C}}) \\ &= \beta_3^{\tilde{C}} + \beta_{13}^{B\tilde{C}}\end{aligned} \qquad (2.47)$$

Ähnliche Resultate zeigen sich für die anderen Subpopulationen: Der Durchschnittseffekt für die CDU/CSU-Anhänger $\beta_3^{\tilde{C}}$ entspricht immer der Differenz zwischen 1 und der Summe der anderen Durchschnittseffekte. Der Haupteffekt $\beta_{13}^{B\tilde{C}}$ der Konfession auf den CDU/CSU-Anteil entspricht dagegen der negativen Summe aller anderen Konfessionseffekte. Das gilt im übrigen für alle anderen Haupt-, Interaktions- und konditionalen Effekte des Modells, falls solche noch vorhanden sind.

Mit den WLS-Schätzungen aus Tabelle 2.7 ergeben sich damit folgende Effekte für die CDU/CSU-Anhänger: $\beta_3^{\tilde{C}}$ = 0,4339, $\beta_{13}^{B\tilde{C}}$ = 0,1356. Der durchschnittliche Anteil der CDU/CSU-Anhänger beträgt danach ca. 43,4%, und bei religiösen Personen ist dieser Anteil um 13,6 Prozentpunkte höher als im Gesamtdurchschnitt. Der Einfluß der Konfession auf den Anteil der CDU/CSU-

Anhänger ist erwartungsgemäß sehr groß und aller Voraussicht nach signifikant. Damit er sich signifikant von null unterscheidet, muß die Summe der beiden anderen Konfessionseffekte von null verschieden sein. Wenn der Vektor der Schätzer nacheinander die Parameter $\beta_1^{\bar{C}}$, $\beta_2^{\bar{C}}$, $\beta_{11}^{B\bar{C}}$ bzw. $\beta_{12}^{B\bar{C}}$ enthält, dann läßt sich diese Hypothese mit der Kontrastmatrix [0 0 1 1] testen. Für unser Modell [1,B] hat die entsprechende Wald-Statistik einen Wert von $W_{r/u}^2$ = 60,77, der bei einem Freiheitsgrad hoch signifikant ist (p = 0,00). Dieser lineare Kontrast ist wohlgemerkt nicht identisch mit dem obigen Test, mit dem untersucht wird, ob die Konfession insgesamt einen signifikanten Einfluß auf die Parteipräferenz hat. Jener Test untersucht, ob $\beta_{11}^{B\bar{C}}$ *und* $\beta_{12}^{B\bar{C}}$ *jeweils* von null verschieden sind. Die entsprechende Kontrastmatrix hat dementsprechend zwei Zeilen und der Test zwei Freiheitsgrade.

Ähnliche Überlegungen gelten natürlich auch für die Referenzkategorie bei dichotomen anhängigen Variablen. Wir haben sie in unserem einführenden Beispiel jedoch nicht extra besprochen, weil die entsprechenden Ableitungen so offensichtlich sind. Alle Effekte des jeweiligen Modells gelten quasi mit umgekehrten Vorzeichen für die Referenzkategorie, der Durchschnittseffekt entspricht der Differenz zu 1 und die Ergebnisse der Signifikanztests können direkt übernommen werden.

2.2.4 Ordinale und metrische Variablen

Kategoriale Daten haben nominales, ordinales oder metrisches Meßniveau. Ein GSK-Modell sollte die zusätzlichen Informationen (Rangordnung, Abstände) nutzen, so sie vorhanden sind, nicht nur, weil das aus inhaltlichen Gesichtspunkten geboten erscheint, sondern auch, weil das häufig die Möglichkeit bietet, ein sparsameres Modell zu formulieren. Bei nominalen Variablen muß man *jede* Ausprägung modellieren, während man bei metrischen Variablen über alle Ausprägungen hinweg von *einer* kontinuierlichen Veränderung ausgeht. Tabelle 1.2 enthält keine ordinalen oder metrischen Variablen. In dem Anwendungskapitel 6 werden wir jedoch einen Datensatz analysieren, der ordinale und metrische Variablen enthält. Dort (Abschnitt 6.5) werden wir ausführlich darauf eingehen, ob und wie man mit dem GSK-Ansatz Rangordnungs- und Abstandsinformationen nutzen kann.

2.2.5 Kleine Stichproben und Nullzellen

Wie bereits mehrfach angedeutet, stellen komplexere Datenkonstellationen auch höhere Anforderungen an den notwendigen Stichprobenumfang. In Tabelle 1.2 hätte beispielsweise nicht viel gefehlt, und wir hätten keine Wahlenthaltungen bei den älteren FDP-Anhängern mit Konfession beobachtet. Bei einer WLS-Schätzung wird jede Subpopulation mit der inversen Varianz gewichtet (bei polytomen abhängigen Variablen müssen auch zusätzlich die

Kovarianzen berücksichtigt werden). Wenn wir keine Wahlenthaltungen bei den älteren FDP-Anhängern mit Konfession beobachtet hätten, wäre $p_{81} = 1$, und laut Formel (2.23) und unter Verwendung von $\hat{\pi}_{81} = p_{81}$ als Schätzwert für π_{81} entspräche die (geschätzte) Varianz des ersten Anteilswertes der achten Subpopulation $Var(p_{81}) = 1\times(1-1)/20 = 0$. Wenn also an dieser Stelle eine *Stichprobennull* aufgetreten wäre, dann hätte das Gewichtungsverfahren zu einem Ausschluß dieser Subpopulation geführt (ganz abgesehen von den logischen Problemen bei einer Stichprobenstatistik mit Varianz 0).

In solchen Fällen wird häufig empfohlen, die Null durch eine kleine Zahl zwischen 0 und 1 zu ersetzen (und einige Computerprogramme führen diese Ersetzung bedauerlicherweise automatisch durch, damit sie weiterrechnen können). Grizzle, Starmer und Koch (1969) empfehlen z.B. die Zahl $1/r$ (r = Anzahl der Zielkategorien), bei dichtomen abhängigen Variablen also die Zahl 0,5. Diese „Korrektur" der Daten bleibt jedoch nicht ohne Auswirkungen auf die Schätzergebnisse. Sie kann dazu führen, daß die geschätzte Varianz des entsprechenden Anteilswertes fast null wird, so daß der entsprechende Funktionswert im Rahmen der WLS-Schätzung ein sehr großes Gewicht erhält. Man kann zwar verschiedene Korrekturwerte ausprobieren (0,5, 0,1, 0,01 oder noch kleinere Zahlen, vgl. die Diskussion in der Einleitung in Abschnitt 1.2.5), bei all diesen kleinen Werten kann jedoch das gleiche Problem einer sehr kleinen Varianz auftreten – mit den entsprechenden Auswirkungen auf das Gewichtungsverfahren.

Eine andere Möglichkeit besteht darin, daß man einige Zielkategorien (Spalten) oder Subpopulationen (Zeilen) der Ausgangstabelle zusammenfaßt. Häufig sind einem aber auch hier die Hände gebunden. Z.B. läßt sich die abhängige Variable in Tabelle 1.2 nicht weiter zusammenfassen, weil sie ohnehin nur aus zwei Ausprägungen besteht. Man müßte also schon einzelne Subpopulationen zusammenfassen, was in diesem Beispiel auch nicht besonders sinnvoll ist, denn aus dem Modell [1,B,A|B=1,C] haben wir ja gelernt, daß sich gerade die Wahlbeteiligung der FDP-Anhänger von der der anderen Parteien unterscheidet. Von daher würde es wenig Sinn machen, wenn man die FDP-Anhänger mit den Anhängern irgendeiner anderen Partei zusammenfassen würde. Vielleicht ist aber der konditionale Alterseffekt so unbedeutend, daß man die Differenzierung nach dem Alter vernachlässigen kann.

Man sieht an diesem Beispiel, daß auch die Zusammenfassung von Kategorien nicht ohne Probleme ist und man dazu eigentlich das der Population zugrundeliegende tatsächliche Modell kennen müßte. Summa summarum kann man sagen, daß kleine Stichproben und Nullzellen ein leidiges Problem kategorialer Datenanalyse und vor allem des GSK-Ansatzes sind. Man sollte daher immer alle verfügbaren Informationen nutzen. Ggf. muß man sogar nach neuen und umfangreicheren Datensätzen suchen.

2.3 Weitere Möglichkeiten

Da in dieser Einführung nur die grundlegenden Möglichkeiten des GSK-Ansatzes dargestellt werden können, wollen wir zum Abschluß zumindest ein paar weiterführende Hinweise auf komplexere Anwendungen des GSK-Ansatzes geben. Unsere bisherige Darstellung verwendete im wesentlichen die vier Variablen Alter, Konfession, Parteipräferenz und Wahlbeteiligung aus Tabelle 1.2. Wir konnten damit zeigen, wie man mit dem GSK-Ansatz die Verteilung der Ausprägungen einer kategorialen abhängigen Variablen modelliert. Bei der abhängigen Variablen handelte es sich um nominale Variablen mit zwei (Wahlbeteiligung) oder mehr Ausprägungen (Parteipräferenz). Modelliert wurden entweder die Anteilswerte (Abschnitt 2.1) oder die Logits (Abschnitt 2.2.1) bestimmter Ausprägungen der abhängigen Variablen. Ordinale und metrische Variablen werden in Kapitel 6 behandelt.

2.3.1 Pfadmodelle

Alle bisherigen Beispiele verwendeten jeweils eine abhängige Variable: z.B. die Wahlbeteiligung in Abhängigkeit von Alter und Konfession in Abschnitt 2.1, Wahlbeteiligung in Abhängigkeit von Alter, Konfession und Parteipräferenz in Abschnitt 2.2.2 bzw. die Parteipräferenz in Abhängigkeit von Alter und Konfession in Abschnitt 2.2.3. Wenn jedoch die Wahlbeteiligung eine Funktion von Alter, Konfession und Parteipräferenz ist und die Parteipräferenz ihrerseits mit Alter und Konfession variiert, dann muß beispielsweise der Konfessionseffekt auf die Wahlbeteiligung differenzierter betrachtet werden, als dies in dem einfachen Regressionsmodell in Abschnitt 2.2.2 der Fall war: Die Konfession hat nicht nur einen *direkten* Effekt auf die Wahlbeteiligung, sondern auch einen *indirekten* Effekt, insofern nämlich Personen mit Konfession bestimmte Parteien präferieren und sich die Sympathisanten der drei untersuchten Parteien im unterschiedlichen Maße an der Wahl beteiligen. In ähnlicher Weise lassen sich direkte und indirekte Effekte des Alters benennen, wobei die indirekten Effekte noch etwas komplexer sind, wenn man unterstellt, daß die Zugehörigkeit zu einer Konfession mit dem Alter variiert. Mit dem Alter variiert dann die konfessionelle Zugehörigkeit, mit dieser die Parteipräferenz, von der schließlich u.a. die Wahlbeteiligung abhängt.

Solche direkten und indirekten Effekte lassen sich graphisch in einem *Pfaddiagramm* darstellen (vgl. als Beispiel Abbildung 3.2). Modelltechnisch werden dabei mehrere einzelne Regressionsmodelle zu einem System von Regressionsgleichungen verknüpft. In der klassischen Regressionsanalyse ist dieses Verfahren unter dem Namen *Pfadanalyse* bekannt, und seit der Arbeit von Goodman (1973a) werden solche Methoden auch routinemäßig im Rahmen log-linearer Modelle angewendet (vgl. Abschnitt 3.7.3). Wie aber Küchler und Wides (1981) zeigen, können pfadanalytische Techniken auch ohne weiteres mit dem GSK-Ansatz umgesetzt werden.

2.3.2 Komplizierte Funktionen der Anteilswerte

Wie bereits erwähnt, wurden in den vorhergehenden Abschnitten entweder einfache Anteilswerte oder Logits bestimmter Ausprägungen der abhängigen Variablen modelliert. Ganz allgemein betrachtet der GSK-Ansatz eine *Funktion g(π) der Wahrscheinlichkeiten*, die einer multivariaten Kreuztabelle zugrundeliegen. Bei der Modellierung einfacher Anteilswerte ist diese Funktion eine schlichte Auswahlfunktion, die aus r Ausgangswerten (r-1) nicht redundante Wahrscheinlichkeiten auswählt. Bei Logits ist die Bezeichnung "Funktion" schon etwas offensichtlicher: Hier wird der Quotient ausgewählter Wahrscheinlichkeiten betrachtet und dann der natürliche Logarithmus berechnet.

Die große Stärke des GSK-Ansatzes besteht nun darin, daß er als abhängige Variable relativ beliebige Funktionen der Wahrscheinlichkeiten einer multivariaten Kreuztabelle betrachten kann. Wie Forthofer und Koch (1973) zeigen, können dabei komplizierte Funktionen betrachtet werden, die aus mehreren, hintereinander ausgeführten Additionen, Subtraktionen, Multiplikationen und Divisionen bestehen. Auch diese Transformationen lassen sich am besten mit Matrizen durchführen. Forthofer und Koch betrachten dabei Funktionen mit bis zu vier Transformationsmatrizen. Die Verwendung von Matrizen ist vor allem deshalb hilfreich, weil sich die Varianzen und Kovarianzen der beobachteten Funktionswerte g(p) (die man für die WLS-Schätzung benötigt) unter Verwendung der gleichen Matrizen aus den Varianzen und Kovarianzen der beobachteten Anteilswerte berechnen lassen (ein Beispiel zur Berechnung von Logits mit Hilfe von Transformationsmatrizen findet sich bei Forthofer/Lehnen 1981: 22-24).

Auf den ersten Blick erscheinen solche komplizierten Funktionen der Anteilswerte vielleicht als mathematisch-statistische Spielerei, häufig hat man jedoch andere statistische Maßzahlen als Anteilswerte und Logits für eine Kreuztabelle berechnet und möchte diese zwischen verschiedenen Subgruppen bzw. Subpopulationen vergleichen. In Kapitel 6 geht es beispielsweise um die Frage, wie verschiedene Gruppen von Befragten die wirtschaftliche Lage ihres Haushaltes beurteilen. Fünf Antwortmöglichkeiten von „ausgezeichnet" bis „unzureichend" standen zur Verfügung und dementsprechend kann man auszählen, wieviel Prozent der Befragten jeweils die Ausprägungen 1-5 wählten. Angenommen, niemand wählte die Ausprägungen 1 und 2, die Ausprägungen 3-5 kamen dagegen mit 18,6%, 75,6% und 5,8% vor. Wenn man die fünf Ausprägungen mit den Zahlen 1 bis 5 kodiert (1 = unzureichend,

5 = ausgezeichnet), kann man so etwas wie eine Durchschnittsbeurteilung berechnen. Mit den angenommenen Zahlen ergibt sich der Durchschnittswert 3,87. 3,87 ist nichts anderes als ein gewichteter Durchschnitt der fünf Zahlenkodes. Als Gewichte fungieren die Anteilswerte der fünf Kategorien: $0 \times 1 + 0 \times 2 + 0,186 \times 3 + 0,756 \times 4 + 0,058 \times 5 = 3,87$. Anders ausgedrückt, der beobachtete Durchschnittswert ist eine *Funktion* der fünf beobachteten Anteilswerte. Wenn dem so ist, dann kann man den GSK-Ansatz verwenden, um solche Durchschnittswerte zu modellieren und damit Unterschiede in den durchschnittlichen Beurteilungen zwischen verschiedenen Subgruppen testen.

Viele statistische Maßzahlen und Assoziationsmaße, die für Kreuztabellen berechnet werden, können als mehr oder weniger komplizierte Funktionen der Anteilswerte (bzw. der zugrundeliegenden Wahrscheinlichkeiten) dargestellt und dementsprechend mit dem GSK-Ansatz analysiert werden. Forthofer/Lehnen (1981: 146ff.) zeigen beispielsweise, wie man *Goodman's und Kruskal's Gamma*, ein Assoziationsmaß für ordinale Variablen, auf der Basis von Anteilswerten berechnen und mit dem GSK-Ansatz modellieren kann. Sie untersuchen dabei, ob konsistente Antwortmuster in einer Befragung mit dem Bildungsniveau der Befragten variieren. Als Maß der Konsistenz der Antworten auf verschiedene Fragen verwenden sie das Assoziationsmaß Gamma. Koch et al. (1972a) untersuchen die Überlebenschancen einer Stichprobe von 1233 Frauen mit Brustkrebs in Abhängigkeit vom Entwicklungsstadium des Tumors. Sie betrachten dazu die *Überlebenswahrscheinlichkeit* fünf Jahre nach Diagnose. Der sogenannte Sterbetafel-Schätzer dieser Wahrscheinlichkeit läßt sich ebenfalls aus den Anteilswerten einer entsprechenden Kreuztabelle (Sterbetafel) berechnen. Koch et al. zeigen, wie man diese Wahrscheinlichkeit mit dem GSK-Ansatz modellieren kann. Ähnliche Beispiele finden sich bei Forthofer/Lehnen (1981: 191ff.), die die Teilnahmedauer an einem Gesundheitsprogramm analysieren, und bei Andreß (1985), der Arbeitslosigkeitsdauern betrachtet. Wie man diese Überlegungen auf mehrere, simultan wirkende (konkurrierende) Risiken erweitern kann, diskutieren Johnson und Koch (1978).

Der GSK-Ansatz ist natürlich auch vorzüglich für die Analyse von *Daten mit Meßwiederholungen* (z.B. Paneldaten) geeignet. Koch et al. (1977) bzw. Landis/Koch (1979) geben anhand von Beispielen einen Überblick über mögliche Fragestellungen und Analysestrategien.

Diese Liste von Erweiterungen ließe sich beliebig fortsetzen (vgl. auch Forthofer/Koch 1973), es dürfte jedoch hinreichend deutlich geworden sein, daß man mit dem GSK-Ansatz nicht ausschließlich auf die Analyse von Anteilswerten und Logits festgelegt ist.

2.3.3 Fehlende Werte, schrittweise Variablenauswahl und komplexe Auswahlverfahren

Das Problem *fehlender Werte* (missing values) hatten wir bereits in der Einleitung angesprochen (Abschnitt 1.2.5), weil es gerade bei kategorialen Daten notwendig ist, alle vorhandenen Informationen zu nutzen, um zu geringe Fallzahlen zu vermeiden. Koch et al. (1972b) geben einen Überblick über verschiedene Datenkonstellationen, in denen der GSK-Ansatz trotz fehlender Werte gewinnbringend angewendet werden kann. Ein besonders interessanter Spezialfall tritt bei Paneluntersuchungen auf, wenn im Zeitablauf einzelne Befragungspersonen aus dem Panel austreten und nicht mehr an der Untersuchung teilnehmen. Dieser Fall wird bei Lehnen und Koch (1974) diskutiert, die die Präferenzen für die Kandidaten der US-amerikanischen Präsidentschaftswahlen 1968 mit Daten eines 3-Wellen-Panels untersuchen, bei dem nur ein Teil der Befragten an allen drei Wellen teilgenommen hat.

Wir hatten auch darauf hingewiesen, daß der notwendige Stichprobenumfang von der Anzahl der kategorialen Variablen abhängt, die man simultan betrachten möchte. Je mehr Dimensionen eine Tabelle hat, um so höher ist die Wahrscheinlichkeit, daß einzelne Zellen zu gering oder überhaupt nicht besetzt sind. In diesem Zusammenhang kann es sinnvoll sein, die Menge der potentiell in Frage kommenden unabhängigen Variablen auf einige wenige, besonders erklärungskräftige Merkmale zu reduzieren. Higgins und Koch (1977) haben im Kontext einer GSK-Analyse ein entsprechendes Auswahlverfahren vorgeschlagen, das *schrittweisen Auswahlverfahren* der klassischen Regression sehr ähnlich ist. Sie wenden dieses Verfahren an, um optimale Prädiktoren für das Auftreten einer Staublunge bei Baumwollarbeitern zu finden. Clarke und Koch (1976) verwenden es, um die Verurteilung zu Gefängnisstrafen durch eine Reihe von sozio-demographischen Merkmalen der Angeklagten zu prognostizieren.

Schließlich hatten wir darauf hingewiesen, daß viele Stichproben keine *einfachen Zufallsstichproben* sind. *Geschichtete Zufallsstichproben* lassen sich im Rahmen des GSK-Ansatzes ohne Probleme verwenden, wenn die Subpopulationen der analysierten Tabelle mindestens aus den Schichtungsmerkmalen bestehen. Da die Häufigkeiten der Subpopulationen als gegeben betrachtet werden, werden auf diese Weise die dem Auswahlverfahren zugrundeliegenden Quoten exakt reproduziert. Bei allen anderen zufälligen Auswahlverfahren werden die Daten üblicherweise gewichtet, um unterschiedliche Auswahlwahrscheinlichkeiten einzelner Fälle zu korrigieren, mit den in Abschnitt 1.2.5 genannten negativen Effekten für die Schätzung der Standardfehler. Entsprechende Korrekturverfahren (vgl. Lee et al. 1989) beruhen alle darauf, daß die Varianz-Kovarianz-Matrix der Schätzer geeignet umgewichtet wird. Von daher passen diese Techniken vorzüglich in den Rahmen gewichteter Regressionsverfahren.

2.4 Anwendungsvoraussetzungen

Mehrmals haben wir in den vorhergehenden Abschnitten darauf hingewiesen, daß alle Teststatistiken (z, W^2 usw.) des GSK-Ansatzes nur näherungsweise den theoretischen Test-Verteilungen (Normal-, χ^2-Verteilung) folgen. Das hängt damit zusammen, daß der GSK-Ansatz von unabhängigen Subpopulationen ausgeht, innerhalb derer die Anteilswerte multinomial verteilt sind. An Stelle der Normalverteilung wäre also eigentlich eine Multinomialverteilung als Testverteilung für jede Subpopulation zu berücksichtigen (bzw. ein Produkt von Multinomialverteilungen für *alle* Subpopulationen, wenn diese unabhängig voneinander sind). Die Multinomialverteilung ist für Testzwecke jedoch nicht besonders komfortabel und vor allem im Rahmen von Kleinste-Quadrate-Schätzungen unüblich. Approximiert man statt dessen die Multinomialverteilung durch eine Normalverteilung, dann ist die Näherung bekanntlich um so besser, je größer der Stichprobenumfang ist. Wenn man also von den inferenzstatistischen Schlußfolgerungen des GSK-Ansatzes Gebrauch machen möchte, dann müssen folgende Voraussetzungen gegeben sein:
1. Die Stichprobe bzw. die Subpopulationen müssen eine bestimmte Mindestfallzahl aufweisen.
2. Die einzelnen Subpopulationen müssen statistisch voneinander unabhängig sein.
3. Es dürfen keine Häufigkeiten $f_{ij}=0$ in den Ausgangsdaten auftreten.

Abschließend fassen wir noch einmal die Gründe für diese Voraussetzungen zusammen und geben einige praktische Hinweise, wie mit ihnen umzugehen ist.

Die Forderung einer gewissen *Mindestfallzahl* hängt, wie gesagt, mit der Approximation der Multinomialverteilung durch eine Normalverteilung zusammen. Diese Näherung ist um so besser, je größer der Stichprobenumfang ausfällt und je weniger schief die abhängige Variable verteilt ist. Auch ist zu berücksichtigen, wie viele Funktionswerte pro Subpopulation betrachtet werden. Dementsprechend lassen sich drei verschiedene Datenkonstellationen unterscheiden (Forthofer/Lehnen 1981):
a) Analysen jeweils eines Anteilswertes, Logits oder Mittelwertes pro Subpopulation mit Ausgangsdaten, die aus einer Population stammen, in der die Zielkategorien nicht zu extrem verteilt sind ($0{,}2 \leq \pi_{ij} \leq 0{,}8$).
b) Analysen von Anteilswerten und Logits mit Ausgangsdaten, die aus einer Population stammen, in der die Zielkategorien sehr schief verteilt sind ($\pi_{ij} < 0{,}2$ oder $\pi_{ij} > 0{,}8$).
c) Analysen mehrerer Funktionswerte pro Subpopulation.

Je nach Datenkonstellation ergeben sich unterschiedliche Anforderungen an die Mindestfallzahl.

In allen bisher betrachteten Beispielen war mit Ausnahme der Parteipräferenz (Abschnitt 2.2.3) die abhängige Variable dichotom und nicht zu schief verteilt. Von daher wurde in den entsprechenden GSK-Modellen jeweils nur ein Funktionswert pro Subpopulation betrachtet (ein Logit pro Subpopulation in Abschnitt 2.2.1, ein Anteilswert pro Subpopulation sonst). Alle diese Beispiele können also der Datenkonstellation (a) zugerechnet werden (die Analyse eines Mittelwertes pro Subpopulation wurde in Abschnitt 2.3.2 kurz angesprochen und wird in Abschnitt 6.5.1 an einem Beispiel vorgeführt). Bei dieser Datenkonstellation werden mindestens $f_i = 25$ Fälle pro Subpopulation benötigt. Diese Forderung darf bei einem Viertel der Subpopulationen verletzt werden, wenn keine Subpopulation weniger als 10 Fälle aufweist.

Anders sieht es aus, wenn die abhängige Variable sehr schief verteilt ist (Datenkonstellation b). In diesem Fall sollte man sich nicht nur die Häufigkeiten der Subpopulationen insgesamt, sondern auch jede Zelle der Ausgangstabelle genau anschauen. Die erwarteten (Zell-)Häufigkeiten sollten mindestens fünf Fälle umfassen: $f_{i+}\pi_{ij} \geq 5$ und $f_{i+}(1-\pi_{ij}) \geq 5$. Dies ist allerdings eine sehr konservative Faustregel. Sie wird übrigens unabhängig davon verwendet, ob man nun einen oder mehrere Funktionswerte pro Subpopulation betrachtet.

Werden schließlich wie in Abschnitt 2.2.3 mehrere Funktionswerte pro Subpopulation benutzt (Analysetyp c), dann müssen alle in Fall (a) oder (b) angegebenen Mindestfallzahlen mit einem bestimmten Faktor multipliziert werden. Als grobe Faustregel kann man für t Funktionen pro Subpopulation die jeweilige Mindestfallzahl mit $\sqrt{t}$ multiplizieren. Da die Parteipräferenzen nicht sehr schief verteilt sind, verwenden wir also die Mindestfallzahlen für Datenkonstellation (a) und multiplizieren sie mit $\sqrt{2} \approx 1,414$. Danach benötigt man für die Modellierung der Parteipräferenzen ca. 35 Fälle pro Subpopulation.

Die zweite Voraussetzung ist weniger dramatisch. *Unabhängigkeit* der Subpopulationen bedeutet lediglich, daß die Kovarianzen der Anteilswerte aus verschiedenen Subpopulationen bei der Gewichtung nicht berücksichtigt werden. Die Verletzung dieser Annahme kann durch Verwendung einer zusammengesetzten abhängigen Variablen, also durch eine andere Anordnung der Ausgangsdaten umgangen werden. Im Extremfall betrachtet man eine Ausgangstabelle, in der alle Häufigkeiten in einer langen Zeile angeordnet sind (s = 1). Das Problem besteht lediglich darin, geeignete Transformationen zu finden, um die eigentlich interessierenden Parameter modellieren zu können.

Bei der dritten Voraussetzung sind *strukturelle Nullen* von sogenannten *Stichprobennullen* zu unterscheiden (vgl. Abschnitt 1.2.5). Erstere treten dann auf, wenn bestimmte Merkmalskombinationen aus inhaltlichen Gründen prinzipiell nicht zugelassen sind. Letztere treten bei Merkmalskombinationen auf, die zwar prinzipiell existieren, die jedoch so selten sind, daß in der vorliegenden Stichprobe keine entsprechenden Fälle beobachtet werden können. Die dritte Voraussetzung bezieht sich auf Stichprobennullen. Wie wir in Abschnitt 2.2.5 gesehen haben, kommt es in diesem Fall bei der Gewichtungsprozedur zu numerischen Problemen: die entsprechende Subpopulation wird durch ein Gewicht von null ausgeschlossen. Darüber hinaus ist bei der Berechnung von Logits der Logarithmus von null nicht definiert. Zum anderen ergeben sich auch logische Inkonsistenzen: Eine Stichprobenstatistik hätte eine Varianz von null. Wie Stichprobennullen in den Ausgangsdaten umgangen werden können und welche Probleme dabei auftreten, haben wir bereits in Abschnitt 2.2.5 diskutiert.

2.5 Literatur- und Programmhinweise

Der GSK-Ansatz wurde 1969 von Grizzle, Starmer und Koch in einem Aufsatz der Zeitschrift Biometrics über die Analyse kategorialer Daten mit linearen Modellen vorgestellt (vgl. auch die Klarstellungen und Spezifizierungen in einem späteren Aufsatz bei Koch et al. 1977). Die statistisch-theoretische Begründung für den GSK-Ansatz findet sich in Arbeiten von Wald (1943) und Neymann (1949). Die Äquivalenz dieser beiden Zugänge für die Klasse der linearen Modelle wurde von Bhapkar (1966) bewiesen. Ein anwendungsorientierte Einführung in englischer Sprache findet sich bei Forthofer und Lehnen (1981). Vergleichende Darstellungen mit klassischen Regressionsmodellen oder log-linearen Modellen finden sich bei Küchler (1979) in deutscher Sprache bzw. Reynolds (1977) in englischer Sprache (vgl. auch die am Ende von Kapitel 1 zitierte Überblicksliteratur).

Speziell für den GSK-Ansatz geschriebene Computerprogramme gibt es nur innerhalb des Statistikpaketes SAS (Prozedur CATMOD) und in Form von stand-alone-Programmen. Dazu zählen die Programme NONMET II von H.M. Kritzer und GENCAT von J.R. Landis. Die Statistikpakete SPSS und BMDP haben keine speziellen Prozeduren für den GSK-Ansatz. Da es sich beim GSK-Ansatz jedoch um eine gewichtete Regression handelt, kann man jedes Regressionsprogramm, das eine gewichtete Analyse zuläßt, verwenden, um zumindest für dichotome abhängige Variablen WLS-Schätzer der Regressionskoeffizienten zu berechnen. Als Gewichte verwendet man bei der Analyse von Anteilswerten den Kehrwert der Varianz (2.23) bzw. bei der Analyse von Logits den Kehrwert der Varianz (2.36). Bei polytomen abhängigen Variablen (genauer: bei mehreren Funktionswerten pro Subpopulation) müssen jedoch neben den Varianzen auch die Kovarianzen berücksichtigt werden, also eine ganze Matrix von Gewichten, so daß einfache Gewichtungsmechanismen, wie sie in den üblichen Regressionsprogrammen implementiert sind, nicht mehr ausreichen. Falls dann keines der o.g. Programme für den GSK-Ansatz zur Verfügung steht, müßte man die entsprechende WLS-Schätzung selber programmieren, z.B. mit einer matrixorientierten Programmiersprache wie etwa GAUSS oder S-Plus.

3 Log-lineare Analyse kategorialer Daten

3.1 Einleitung

In den letzten Jahrzehnten sind die auf Maximum-Likelihood-Schätzungen basierenden log-linearen Modelle unter empirischen Sozialforschern zu einem weit verbreiteten Verfahren für die Analyse kategorialer Variablen geworden. Für ihre Popularität lassen sich mehrere Gründe nennen. Die log-linearen Modelle liefern zum einen eine sichere, systematischere und stärker formale Basis, um Schlüsse aus multivariaten Tabellen zu ziehen, als klassische, nichtformalisierte Techniken der Tabellenanalyse wie etwa die Elaborationsverfahren von Lazarsfeld (1955). Gleichzeitig müssen hier weniger Annahmen über die Daten gemacht werden als bei Verwendung der klassischen Regressionsanalyse. Log-lineare Modelle entsprechen daher in weitaus stärkerem Maße kategorialen Daten als andere Verfahren, von denen Sozialforscher üblicherweise Gebrauch machen.

Darüber hinaus haben einige Statistiker, insbesondere Goodman und Haberman (siehe die Literaturhinweise in Abschnitt 3.10), Sozialwissenschaftlern gezeigt, daß das log-lineare Modell ein sehr flexibles Werkzeug ist, das zur Beantwortung einer Vielzahl von Forschungsfragen verwendet werden kann. Unter anderem können log-lineare Modelle intervall-, ordinal- und nominalskalierte kategoriale Variablen gemeinsam berücksichtigen. Sie können sowohl für die Untersuchung symmetrischer Beziehungen verwendet werden, in denen keine kausale Rangordnung zwischen den Variablen impliziert ist, als auch für die Analyse asymmetrischer Beziehungen, wie sie in pfadanalytischen Modellen zu finden sind. Wie im nächsten Kapitel 4 gezeigt wird, können latente, nicht direkt gemessene Variablen in log-linearen Modellen verwendet werden, um die mangelnde Reliabilität und Validität der Messungen zu berücksichtigen. Einfach zu handhabende Computerprogramme (die am Ende dieses Kapitels kurz genannt werden) stehen zur Verfügung, um diese Optionen routinemäßig umzusetzen. Es ist daher nicht überraschend, daß theoretisch orientierte Forscher von diesen Modellen Gebrauch machen und zu wichtigen neuen substantiellen Ergebnissen kommen, wie zum Beispiel auf dem Gebiet der sozialen Mobilitätsforschung (Erikson/Goldthorpe 1992, Hout 1989).

Bevor wir uns mit log-linearen Modellen selbst befassen, sollen in Abschnitt 3.2 einige grundlegende Konzepte etwas differenzierter erläutert werden, als dies bereits in Kapitel 1 geschehen ist. Eine wichtige Unterscheidung ist weiterhin die Differenzierung zwischen saturierten und nicht-saturierten log-linearen Modellen. In saturierten Modellen unterliegen die Beziehungen zwischen den Variablen keinen Restriktionen, wohingegen in einem nicht-saturierten Modell die Beziehungen zwischen den Variablen in irgendeiner Weise eingeschränkt sind, meist durch die Annahme, daß ein oder mehrere (Interaktions-) Effekte zwischen den Variablen fehlen. Das saturierte log-lineare Modell wird in Abschnitt 3.3 diskutiert. Abschnitt 3.4 behandelt nicht-saturierte Modelle. Die Gültigkeit der Restriktionen, die innerhalb eines nicht-saturierten Modells angenommen werden, kann empirisch auf Grundlage der beobachteten Daten geprüft werden. Wie nicht-saturierte Modelle getestet und angepaßt werden, ist das Thema von Abschnitt 3.5.

In Abschnitt 3.6 wird ein wichtiger Aspekt der log-linearen Analyse diskutiert, nämlich die Aggregierbarkeit (engl. collapsibility) multivariater Häufigkeitstabellen. Angenommen, wir betrachteten drei Variablen A, B und C (Konfession, Parteipräferenz und Geschlecht) und eine dreidimensionale Häufigkeitstabelle ABC. Wenn diese Tabelle über die Kategorien der Variablen Geschlecht (C) aufsummiert wird, ist das Ergebnis eine zweidimensionale Tabelle AB (Konfession×Parteipräferenz). Unter Verwendung des Aggregierungstheorems (engl. collapsibility theorem) kann festgestellt werden, unter welchen Bedingungen die Beziehung zwischen Konfession (A) und Parteipräferenz (B) in der Tabelle ABC dieselbe ist wie in der Tabelle AB, d.h. mit und ohne Konstanthaltung des Geschlechts (C). Ein Verständnis des Aggregierungstheorems ist notwendig, um viele Typen log-linearer Analysen verstehen und durchführen zu können.

In den log-linearen Modellen, die in den Abschnitten 3.2 bis 3.6 behandelt werden, wird nicht zwischen unabhängigen und abhängigen Variablen, zwischen „Ursachen" und „Wirkungen" unterschieden. Solche Modelle, in denen alle Variablen gleich behandelt werden, werden Häufigkeitsmodelle genannt. Log-lineare Modelle, in denen zwischen abhängigen und unabhängigen Variablen unterschieden wird, werden in Abschnitt 3.7. unter der Bezeichnung „Effektmodell" oder „Logitmodell" diskutiert.

Bis einschließlich Abschnitt 3.7 behandeln die betrachteten log-linearen Häufigkeits- und Effektmodelle ausschließlich nominalskalierte kategoriale Daten. Es gibt aber auch ordinal- oder intervallskalierte kategoriale Daten (vgl. Abschnitt 1.1.2). Log-lineare Modelle können so spezifiziert werden, daß der ordinale oder metrische Charakter der Daten berücksichtigt werden kann. Dies wird kurz in Abschnitt 3.8 diskutiert. Dieses Kapitel endet schließlich mit einer kurzen Diskussion (Abschnitt 3.9) einiger allgemeiner Probleme log-linearer Analyse, die durch kleine Stichproben und das Vorhandensein polytomer

Variablen verursacht werden, gefolgt von einer kurzen Bibliographie und einer Übersicht über Computerprogramme (Abschnitt 3.10).

3.2 Grundlegende Konzepte

In diesem Kapitel basieren alle Schätz- und Testverfahren auf dem *Maximum-Likelihood-Prinzip*, das wir bereits in der Einleitung ausführlich diskutiert haben (vgl. Abschnitt 1.2.4). Um Maximum-Likelihood-Schätzer zu erhalten, muß man die Likelihood der Stichprobenresultate auf Grundlage bestimmter geschätzter Populationswerte berechnen. Hierfür muß man die Stichprobenverteilung der Daten kennen. In der Regressions- und Faktorenanalyse wird üblicherweise angenommen, daß die Daten einer (multivariaten) Normalverteilung folgen. Bei log-linearen Modellen wird dagegen entweder eine *Poisson-*, eine *multinomiale* oder *produkt-multinomiale Stichprobenverteilung* angenommen.

In allen drei Fällen geht man davon aus, daß die Population vollständig in K sich gegenseitig ausschließende Subgruppen unterteilt werden kann, die durch alle möglichen Kombinationen aller Kategorien von allen Variablen, die Teil der log-linearen Analyse sind, gebildet werden. Die Poisson-Verteilung ergibt sich, wenn die Stichprobenziehung innerhalb eines bestimmten Zeitraums stattfindet, ohne im vorhinein die Gesamtzahl der Beobachtungen festzulegen. Umfragedaten folgen selten einer Poisson-Verteilung, obwohl diese Verteilung in der statistischen Theorie für die Ermittlung von Maximum-Likelihood-Schätzern eine wichtige Rolle spielt.

Wenn eine einfache Zufallsstichprobe mit einer vorher festgelegten Stichprobengröße N aus der Population gezogen wird, folgen die Daten einer Multinomial-Verteilung. Wenn es sich bei der Stichprobe um eine geschichtete Stichprobe handelt, in der pro Schicht eine einfache Zufallsstichprobe mit einer festgelegten Anzahl von Fällen pro Schicht gezogen wird, erhalten wir eine Produkt-Multinomial-Verteilung. Wenn man eine Produkt-Multinomial-Verteilung anstelle einer einfachen Multinomial-Verteilung verwendet, muss man die Tatsache berücksichtigen, daß die Häufigkeitsverteilung der Schichtungsvariablen festgelegt und nicht zufällig ist. Wie dies zu geschehen hat, wird in Abschnitt 3.4 erklärt.

Kategoriale Umfragedaten erfüllen häufig die notwendigen Bedingungen für die Anwendung einer Produkt-Multinomial-Verteilung. Somit können Maximum-Likelihood-Schätzer für die Parameter eines log-linearen Modells berechnet werden, ohne Annahmen über die Daten machen zu müssen, die vermutlich nicht zutreffen. „Häufig" besagt jedoch nicht, daß Umfragedaten immer einer Produkt-Multinomial-Verteilung folgen. Dies ist insbesondere dann nicht der Fall, wenn andere Auswahlverfahren wie die Klumpenauswahl und mehrstufige Auswahlverfahren neben der (geschichteten) einfachen Zufallsauswahl verwendet werden. Eigentlich müßten die Schätz- und Testverfahren, die in diesem Kapitel erläutert werden, diesen Fällen angepaßt werden. Dies passiert üblicherweise nicht. In der Regressionsanalyse führt diese Vernachlässigung komplexerer Auswahlverfahren im allgemeinen zu einer Unterschätzung der Standardfehler und zu einer Überschätzung der Größe der Teststatistiken. Diese komplexeren Auswahlen können auch in der log-linearen Analyse zu analogen Ergebnissen führen und so den Fehler, fälschlicherweise die Nullhypothese zurückzuweisen, vergrößern. Wenn bekannt ist, wie die aus diesen komplexeren Auswahlverfahren resultierenden beobachteten Häufigkeiten zu gewichten sind, um die Wahrscheinlichkeiten in der Population zu reproduzieren, findet man bei Clogg und Eliason (1987) ein allgemeines und praktikables Verfahren, um mit diesen komplexeren Auswahlverfahren zurechtzukommen. Eine grundlegende Arbeit in diesem Bereich, die vielversprechend scheint, wurde von Rao und Thomas (1988) vorgelegt (siehe auch Lee et al. 1989: insb. Kapitel 7). Diese Arbeiten über komplexere Auswahlverfahren benutzen häufig WLS-Schätzungen, die in der GSK-Tradition stehen (s. Kapitel 2). Wie in Kapitel 2 angedeutet wurde, kann der GSK-Ansatz mit WLS-Schätzungen ebenso auf log-lineare Modelle angewandt werden. In diesem und dem nächsten Kapitel verwenden wir jedoch nur Maximum-Likelihood-Schätzungen (für einen Vergleich von ML und WLS vgl. Abschnitt 1.2.4).

Um log-lineare Parameter zu interpretieren, ist es notwendig, mit dem geometrischen Mittel und dem Konzept der Odds und Odds Ratios vertraut zu sein. Um diese Dinge zu illustrieren, werden die Daten in Tabelle 1.2 verwendet. Obwohl Tabelle 1.2 nur vier Variablen umfaßt, enthält sie eine Fülle von Informationen über die Beziehungen zwischen Alter (A), Konfession (B), Parteipräferenz (C) und Wahlbeteiligung (D), die nicht unmittelbar ersichtlich sind. Diese komplizierte Tabelle wird im folgenden schrittweise analysiert. Am Ende dieses Kapitels wird ihre kausale Struktur völlig klar sein.

Die Notation dieses Kapitels entspricht der Notation, die Goodman verwendet. Zum Beispiel wird die erste beobachtete Zellhäufigkeit in Tabelle 1.2, die gleich 38 ist, durch f^{ABCD}_{1111} bezeichnet. (Hochgestellte Indizes werden im folgenden als Superskripte bezeichnet. Aus Gründen der besseren Lesbarkeit werden sie manchmal ausgelassen, zum Beispiel $f_{ijk\ell}$ anstelle von $f^{ABCD}_{ijk\ell}$.) Der entsprechende beobachtete Anteil p wird als p^{ABCD}_{1111} bezeichnet und ist gleich $38/750 = 0,05$. (Man beachte, daß p^{ABCD}_{1111} im Gegensatz zu Kapitel 2 jetzt ein unbedingter Anteilswert ist. Bezugsbasis ist der gesamte Stichprobenumfang und nicht die Häufigkeit einzelner Subgruppen.) Wenn N die Größe der gesamten Stichprobe ist, dann gilt:

$$f^{ABCD}_{ijk\ell} = N p^{ABCD}_{ijk\ell} \qquad (3.1)$$

Wahrscheinlichkeiten in der Population werden mit π bezeichnet, so daß $\pi_{ijk\ell}^{ABCD}$ der (unbedingten) Wahrscheinlichkeit entspricht, daß ein zufällig aus der Population gezogenes Element zu A = i, B = j, C = k und D = ℓ gehört. Analog zu Gleichung (3.1) kann die erwartete Häufigkeit F wie folgt definiert werden:

$$F_{ijk\ell}^{ABCD} = N\pi_{ijk\ell}^{ABCD} \quad (3.2)$$

F repräsentiert die Häufigkeiten, die man erhalten hätte, wenn die Stichprobe ein exaktes Abbild der Population ohne Stichprobenfehler wäre. Unter rein statistischen Gesichtspunkten besteht das Wesentliche der Tabellenanalyse darin, Schätzungen der Populationsparameter π zu bestimmen, die auf der einen Seite gemäß einem noch festzulegenden Kriterium den beobachteten Daten so nah wie möglich sind und auf der anderen Seite in Übereinstimmung mit den Hypothesen über die Population stehen, z.B. mit der Hypothese statistischer Unabhängigkeit zwischen einzelnen Variablen (vgl. Kapitel 1). In Bezug auf die Häufigkeiten kann man sagen, F wird auf der Grundlage von f und bestimmten Hypothesen geschätzt.

Bezeichnen wir den ML-Schätzer für π mit $\hat{\pi}$ und für F mit $\hat{F}$, dann kann analog zu den obigen Gleichungen $\hat{F}$ mit Hilfe von $\hat{\pi}$ definiert werden:

$$\hat{F}_{ijk\ell}^{ABCD} = N\hat{\pi}_{ijk\ell}^{ABCD} \quad (3.3)$$

Die Häufigkeiten $F_{ijk\ell}^{ABCD}$, $\hat{F}_{ijk\ell}^{ABCD}$ und $f_{ijk\ell}^{ABCD}$ sind die Zellhäufigkeiten der Kreuzklassifikation aller vier Variablen A, B, C und D in Tabelle ABCD. Aus dieser Tabelle können verschiedene *Marginaltabellen* gebildet werden. Tabelle 3.1 ist eine solche Marginaltabelle, die aus der vollen ABCD-Tabelle 1.2 durch Aufsummierung der Häufigkeiten über die verschiedenen Ausprägungen von Parteipräferenz (C) und Wahlbeteiligung (D) resultiert:

$$f_{ij}^{AB} = f_{ij++}^{ABCD} = \sum_{k=1}^{K} \sum_{\ell=1}^{L} f_{ijk\ell}^{ABCD} \quad (3.4)$$

wobei die Summierung durch das gebräuchliche Summationszeichen $\sum$ oder gleichbedeutend durch ein Plus (+) als Index bezeichnet wird, was die Summation über diesen Index andeuten soll.

Bei Zugrundelegung der Annahme, daß die Mitgliedschaft in einer Konfession ein Indikator dafür ist, religiös zu sein, kann man mit der Marginaltabelle AB (Tabelle 3.1) untersuchen, ob ältere Menschen wirklich religiöser sind als jüngere Menschen, wie von manchen Generations- und Lebenslauftheorien behauptet wird. Um diese Frage zu beantworten, ist es nützlich, mit *Odds* zu arbeiten, die definiert sind als das Verhältnis zweier Wahrscheinlichkeiten. In

Tabelle 3.1: Alter und Konfession

	B. Konfession		
A. Alter	1. mit	2. ohne	Insgesamt
1. jung	141 (41,7%)	197 (58,3%)	338 (100%)
2. alt	263 (63,8%)	149 (36,2%)	412 (100%)
Insgesamt	404 (53,9%)	346 (46,1%)	750 (100%)

Quelle: Tabelle 1.2.

diesem Fall sind die interessierenden Odds diejenigen Wahrscheinlichkeitsverhältnisse, die die Neigung messen, eher religiös als nicht religiös zu sein.

Aus der letzten Zeile in Tabelle 3.1 ergibt sich, daß die Wahrscheinlichkeit, daß ein zufällig aus der Gesamtstichprobe ausgewähltes Individuum einer Konfession angehört, 0,539 beträgt, und umgekehrt, daß die Wahrscheinlichkeit, daß dieses Individuum keiner Konfession angehört, 0,461 beträgt. Wenn wir die Ungleichheit dieser beiden Wahrscheinlichkeiten durch ihr Verhältnis ausdrücken, dann ergibt sich, daß die Odds, eher religiös als nicht religiös zu sein, 0,539/0,461 = (404/750)/(346/750) = 404/346 = 1,168 betragen bzw. umgekehrt daß die Odds, eher nicht religiös als religiös zu sein, 0,461/0,539 = 1/1,168 = 0,856 entsprechen. In der gesamten Stichprobe ist also die Wahrscheinlichkeit, religiös zu sein, 1,168 mal so groß wie die Wahrscheinlichkeit, nicht religiös zu sein.

Odds vergleichen also die Wahrscheinlichkeit jeweils zweier Kategorien durch Betrachtung ihres Quotienten. Da die vollständige Aufzählung beider Kategorien, die miteinander verglichen werden, häufig zu sehr langatmigen Formulierungen führt (z.B. die Odds, eher religiös als nicht religiös zu sein), benennen wir im folgenden meistens nur die erste Kategorie (also: die Odds, eher religiös zu sein) oder sprechen schlicht von den Odds mit/ohne Konfession.

Wenn die Wahrscheinlichkeiten gleich gewesen wären, hätten die Odds jeweils 1 betragen. Ein Wert größer als 1 für die Odds, eher religiös zu sein, verweist auf ein numerisches Übergewicht der Personen mit Konfession. Der obere Grenzwert von $+\infty$ besagt, daß alle Personen einer Konfession angehören. Ein Wert kleiner als 1 hätte angedeutet, daß ein Übergewicht von Personen ohne Konfession besteht. Der untere Grenzwert 0 besagt, daß niemand einer Konfession angehört.

Da diese Odds auf Basis der Randverteilung der Tabelle 3.1 berechnet werden, werden sie *marginale Odds* genannt. Wichtiger als diese sind im Sinne unserer Forschungsfrage die *konditionalen Odds*. Diese sind den marginalen

Odds ähnlich, werden aber im Gegensatz zu diesen für Subgruppen berechnet, d.h. für bestimmte Ausprägungen anderer Variablen. In Tabelle 3.1 können die Odds, eher religiös zu sein, separat für jüngere und ältere Personen berechnet werden. Die Odds, eher religiös zu sein, betragen für die jüngere Altersgruppe 141/197 = 0,417/0,583 = 0,716 und für die ältere Altersgruppe 263/149 = 0,638/0,362 = 1,765. Unter den Jüngeren bilden religiöse Personen eine Minorität, unter den Älteren sind sie eine Majorität. Ältere Personen sind demnach religiöser als jüngere Personen.

Je mehr die zwei konditionalen Odds voneinander abweichen, desto stärker ist die Assoziation zwischen Alter und Konfession. Ein Maß für diese Abweichung ist das Verhältnis der beiden konditionalen Odds, das *Odds Ratio*, das in diesem Fall 0,716/1,765 = (141/197)/(263/149) = 0,405 beträgt. Die Odds einer jüngeren Person, religiös zu sein, sind 0,4 mal so klein wie die einer älteren Person. Oder, um es umgekehrt auszudrücken: Die Odds für eine ältere Person, religiös zu sein, sind etwa zweieinhalb mal (1/0,405 = 2,466) so groß wie für eine jüngere Person. Das Odds Ratio ist identisch mit einem Assoziationsmaß für 2×2-Tabellen, dem Kreuzproduktverhältnis α (nicht zu verwechseln mit dem Signifikanzniveau, das wir ebenfalls mit α bezeichnen):

$$\alpha = \frac{f_{11}}{f_{12}} \bigg/ \frac{f_{21}}{f_{22}} = \frac{f_{11}}{f_{21}} \bigg/ \frac{f_{12}}{f_{22}} = \frac{f_{11} f_{22}}{f_{12} f_{21}} \qquad (3.5)$$

Der erste Teil der rechten Seite der Gleichung (3.5) zeigt die Art und Weise, wie das Odds Ratio oben berechnet wurde. Aus den weiteren Gleichsetzungen in (3.5) folgt, daß wir denselben Wert 0,405 erhalten hätten, wenn wir von den konditionalen Odds ausgegangen wären, unter Personen mit und ohne Konfession eher jung als alt zu sein. Wir können also zusätzlich aus α = 0,405 schließen, daß die Odds, eher jung zu sein, unter Personen mit Konfession etwa 0,4 mal so klein sind wie unter Personen ohne Konfession. In diesem Sinne sind α und das Odds Ratio symmetrische Maßzahlen der Assoziation.

Wenn die zwei konditionalen Odds gleich gewesen wären (und α = 1), dann wäre die Verteilung der Konfessionszugehörigkeit unter den Älteren und den Jüngeren ebenfalls gleich. Mit anderen Worten, Alter und Konfession wären statistisch unabhängig voneinander. Statistische Unabhängigkeit impliziert α = 1, genauso wie α = 1 statistische Unabhängigkeit impliziert.

Eine weitere vorteilhafte Eigenschaft von α und Odds Ratios ist, daß ihr Wert sich nicht ändert, wenn alle Zellhäufigkeiten in einer Zeile oder Spalte mit einer Konstanten multipliziert werden. Angenommen, die Stichprobe, die zu Tabelle 3.1 führte, wäre eine einfache Zufallsstichprobe. Hätten wir aus der gleichen Population anstelle dessen eine geschichtete Stichprobe gezogen, indem wir 600 jüngere und 200 ältere Personen ausgewählt hätten, wäre der Wert für α gleich geblieben, wenn die bedingten Verteilungen der Konfessionszugehörigkeit unter jüngeren und älteren Personen gleich geblieben wären. In diesem Sinne sind Odds Ratios unabhängig von den Randverteilungen der Variablen.

Der Weg von Odds zu Odds Ratios läßt sich fortsetzen mit Odds Ratios höherer Ordnung, die auf Beziehungen zwischen drei oder mehr Variablen abstellen. Angenommen, die Beziehung zwischen Alter und Konfession würde innerhalb der Kategorien der Variable Geschlecht (C) untersucht. Daraus ergeben sich die Häufigkeiten f_{ijk}^{ABC}. Das Ausmaß, in dem sich die Beziehung zwischen Alter und Konfession für Männer (C = 1) und Frauen (C = 2) unterscheidet, kann ausgedrückt werden als das Ausmaß, in dem das Odds Ratio Alter-Konfession für die Männer von dem Odds Ratio für die Frauen abweicht. Dieses *Odds Ratio höher Ordnung* α' läßt sich wie folgt definieren:

$$\alpha' = \frac{f_{111} f_{221}}{f_{121} f_{211}} \bigg/ \frac{f_{112} f_{222}}{f_{122} f_{212}} = \frac{f_{111} f_{221} f_{122} f_{212}}{f_{121} f_{211} f_{112} f_{222}} \quad (3.6)$$

Wie aus Gleichung (3.6) hervorgeht, ist dieses Odds Ratio höherer Ordnung ebenfalls symmetrisch: Unabhängig davon, welche zwei Variablen als Ausgangspunkt der Berechnungen verwendet werden, es ergibt sich immer der gleiche Wert für α'. Der Wert α' in Gleichung (3.6) mißt daher auch das Ausmaß, in dem das Odds Ratio Geschlecht-Konfession sich zwischen jüngeren (A = 1) und älteren (A = 2) Personen unterscheidet [($f_{111} f_{122}$) / ($f_{112} f_{121}$)] / [($f_{211} f_{222}$) / ($f_{212} f_{222}$)], sowie das Ausmaß, in dem das Odds Ratio Alter-Geschlecht zwischen Personen mit (B=1) und ohne Konfession (B = 2) differiert.

Um log-lineare Modelle zu verstehen, ist es nicht nur notwendig zu wissen, was marginale und konditionale Odds sind, man sollte auch mit dem Konzept der partiellen Odds vertraut sein, die als Durchschnitt der konditionalen Odds definiert sind. Für Tabelle 3.1 zeigen beispielsweise die partiellen Odds, religiös zu sein, wie hoch die Odds, eher religiös als nicht religiös zu sein, durchschnittlich unter Älteren und Jüngeren sind. Dabei sollten partielle Odds nicht mit marginalen Odds verwechselt werden. Marginale Odds mit einem Wert größer als 1 deuten an, daß die Stichprobe mehr religiöse als nicht-religiöse Personen enthält. Partielle Odds mit einem Wert größer als 1 haben nicht notwendigerweise diese Implikation. Um dies zu verstehen, müssen wir uns vor Augen führen, wie partielle Odds berechnet werden.

Partielle Odds entsprechen dem *geometrischen Mittel* der konditionalen Odds. Die Bedeutung dieser Maßzahl der zentralen Tendenz läßt sich besser verstehen, wenn man sie mit dem bekannteren arithmetischen Mittel vergleicht. Das arithmetische Mittel ist definiert als $\bar{x} = (\Sigma_i x_i)/N$. Die Summe der Abweichungen von $\bar{x}$ ist gleich 0: $\Sigma_i(x_i - \bar{x}) = 0$. Das heißt, wenn wir eine Reihe von x-Werten haben, etwa die Alterszahlen einer Anzahl von Personen, und schätzen würden, daß jede Person $\bar{x}$ Jahre alt ist, würden wir, bildeten wir die

Differenzen zwischen unserem Schätzwert und dem tatsächlichen Wert $(x_i-\bar{x})$, die Alterszahlen insgesamt in dem gleichen Ausmaß überschätzen wie unterschätzen. In diesem Sinne lägen wir „im Mittel" richtig.

Die Formel für das geometrische Mittel lautet wie folgt, wobei das Zeichen Π mit einem Index das Produktzeichen ist:

$$\bar{x}_{geom} = (\prod_{i=1}^{N} x_i)^{1/N} = \sqrt[N]{x_1 x_2 \ldots x_N} \qquad (3.7)$$

Das geometrische Mittel wird im allgemeinen für die Berechnung von durchschnittlichen Veränderungsraten verwendet, und es erscheint zum Beispiel in der Zinseszins-Formel (Yamane 1976: 57f.). Das folgende klassische Beispiel wird häufig verwendet, um die Bedeutung des geometrischen Mittels als Durchschnittswert zu erklären. Der Wert eines Pferdes betrage 1000 DM. Zwei Personen werden aufgefordert, dessen Wert zu schätzen. Derjenige, der dem tatsächlichen Wert am nächsten kommt, soll das Pferd erhalten. Person A schätzt einen Wert von 100 DM, Person B einen Wert von 10.000 DM. Die Frage ist nun: Wer bekommt das Pferd? In Anbetracht der Differenzen zwischen den Schätzungen und dem tatsächlichem Wert würde natürlich Person A gewinnen. Der Besitzer (ein früher Anhänger der log-linearen Analyse) weiß dagegen nicht, wem er das Pferd geben soll, denn Person A weicht von dem richtigen Wert ab, weil sie den Wert des Pferdes um einen Faktor von 10 unterschätzt, und Person B weicht ab, weil sie den Wert um einen Faktor von 10 überschätzt.

Wenn man das geometrische Mittel auf dieses Problem anwendet, erkennt man aus Gleichung 3.7, daß das geometrische Mittel von 100 und 10.000 gleich 1000 ist. Das geometrische Mittel ist so definiert, daß das Produkt der relativen Abweichungen der Beobachtungswerte von $\bar{x}_{geom}$ gleich 1 ist: $\Pi_i(x_i/\bar{x}_{geom}) = 1$. Wenn wir also eine Reihe von x-Werten haben, z.B. wieder die Alterszahlen einer Anzahl von Personen, und wir schätzen, daß jede Person $\bar{x}_{geom}$ Jahre alt ist, dann würden wir, wenn die Abweichungen zwischen unserer Schätzung und dem tatsächlichen Wert als Verhältniszahl $x/\bar{x}_{geom}$ ausgedrückt werden, die Alterszahlen insgesamt im gleichen Ausmaß überschätzen wie unterschätzen. In diesem Sinne lägen wir „im Mittel" richtig.

Als Maßzahl der zentralen Tendenz ist das bekannte arithmetische Mittel dann die richtige Wahl, wenn mit Summen und Differenzen, d.h. mit einem additiven Modell gearbeitet wird. Das geometrische Mittel muß dagegen verwendet werden, wenn mit Produkten und Divisionen, mit Odds und Odds Ratios, d.h. mit einem multiplikativen Modell gearbeitet wird. Es gibt eine interessante Verbindung zwischen dem geometrischen Mittel und dem arithmetischen Mittel logarithmierter Zahlen. Bezeichnen wir den natürlichen Logarithmus zur Basis e als ln, dann kann unter Verwendung der bekannten Regeln (vgl. Anhang 2) gezeigt werden, daß das geometrische Mittel einer Reihe von Zahlen dem arithmetischen Mittel der Logarithmen dieser Werte gleicht:

$$\ln \bar{x}_{geom} = \ln\left((\prod_{i=1}^{N} x_i)^{1/N} \right) = \frac{1}{N} \sum_{i=1}^{N} \ln(x_i) \qquad (3.8)$$

Kehren wir zu unserem Problem der Unterscheidung zwischen partiellen und marginalen Odds zurück: Wir beziehen uns auf die gleichen Variablen wie in Tabelle 3.1, werden jedoch andere Häufigkeiten als Beispiel verwenden. Angenommen, es gibt 11 Personen jüngeren Alters, von denen eine Person einer Konfession angehört, 10 weitere hingegen keine Konfession haben. Weiterhin gibt es 100 ältere Personen, von denen 60 einer Konfession angehören und 40 nicht. Insgesamt gibt es also 61 Personen mit und 50 ohne Konfession. Die marginalen Odds mit/ohne Konfession betragen 61/50 = 1,22. Die konditionalen Odds betragen für die jüngeren Personen 1/10 = 0,10 und für die älteren Personen 60/40 = 1,50. Die partiellen Odds mit/ohne Konfession entsprechen dem geometrischen Mittel der beiden konditionalen Odds: $\sqrt{(0,10)(1,50)}$ = 0,387. Innerhalb der beiden Altersgruppen ist also im Durchschnitt die Gruppe der Personen mit Konfession zahlenmäßig unterlegen, aufgrund der kleinen Anzahl jüngerer Personen zeigen jedoch die marginalen Odds ein Übergewicht der Personen mit Konfession.

3.3 Das saturierte Häufigkeitsmodell

Die log-linearen Modelle, die in diesem Abschnitt eingeführt werden, sind in gewisser Hinsicht die allgemeinsten Varianten dieser Modellklasse. Man bezeichnet sie als saturierte Modelle, da die Daten keinen a priori Restriktionen unterliegen. Man bezeichnet sie weiterhin als Häufigkeitsmodelle, da keine Annahmen über die kausale Struktur der Daten gemacht werden.

Die Daten in Tabelle 3.2 sollen als Beispiel verwendet werden. Diese Tabelle resultiert wiederum aus der Aufsummierung der Tabelle 1.2, nun über die Ausprägungen der Parteipräferenz. Im vorhergehenden Abschnitt wurde deutlich, daß Alter und Konfession in der Gesamtstichprobe miteinander zusammenhängen. Tabelle 3.2 zeigt uns u.a., wie Alter (A) und Konfession (B) mit der Wahlbeteiligung (D) variieren: Ist die Wahlbeteiligung unter älteren und religiösen Menschen größer als unter jüngeren und nicht-religiösen Menschen? Ist die Beziehung zwischen Konfession und Wahlbeteiligung unter den Älteren stärker als unter den Jüngeren?

Tabelle 3.2: Zusammenhänge zwischen drei Variablen

		D. Wahlbeteiligung				
A. Alter	B. Konfession	1. Ja	2. Nein	Insgesamt	Davon: ja	Odds ja/nein
1.jung	1. mit	105	36	141	74,5%	2,917
	2. ohne	97	100	197	49,2%	0,970
2. alt	1. mit	228	35	263	86,7%	6,514
	2. ohne	74	75	149	49,7%	0,987
Insgesamt		504	246	750	67,2%	2,049

Quelle: Tabelle 1.2.

Die Variablenbeziehungen in einer dreidimensionalen Häufigkeitstabelle lassen sich vollständig mit dem folgenden log-linearen Modell beschreiben, wobei wir zunächst die multiplikative Form dieses Modells angeben, in der die Parameter mit τ bezeichnet werden:

$$F_{ij\ell}^{ABD} = \eta \, \tau_i^A \, \tau_j^B \, \tau_\ell^D \, \tau_{ij}^{AB} \, \tau_{i\ell}^{AD} \, \tau_{j\ell}^{BD} \, \tau_{ij\ell}^{AB} \tag{3.9}$$

Die erwarteten Häufigkeiten F werden in Gleichung (3.9) als *Produkt* einer Anzahl von Parametern beschrieben. Das zugrundeliegende Modell wird deshalb als *multiplikatives Modell* bezeichnet. Gemäß Gleichung (3.9) ist die Größe der Zellhäufigkeit F abhängig von einem konstanten Faktor η. Wie durch τ_i^A, τ_j^B und τ_ℓ^D angedeutet, hängt die Größe der Zellhäufigkeiten zusätzlich davon ab, zu welchen Kategorien der einzelnen Variablen A, B und D sie gehören. Wie darüber hinaus durch τ_{ij}^{AI}, $\tau_{i\ell}^{AI}$ und $\tau_{j\ell}^{BI}$ angedeutet wird, ist die Größe der Häufigkeiten auch davon abhängig, auf welche Kategorien der *kombinierten* Variablen AB, AD und BD sie sich beziehen (wobei der Begriff „kombinierte" Variable verwendet wird, um alle Kombinationsmöglichkeiten von zwei oder mehr Variablen zu bezeichnen; die Anzahl der Ausprägungen einer kombinierten Variablen ergibt sich aus dem Produkt der Anzahl der Kategorien jeder beteiligten Variablen, d.h., wenn A I Kategorien und B J Kategorien aufweist, dann hat AB I×J Kategorien). Schließlich sind die Häufigkeiten wegen $\tau_{ij\ell}^{AB}$ noch davon abhängig, zu welchen Kategorien der kombinierten Variable ABD sie gehören. Analog zur Varianzanalyse spricht man hier von einem Durchschnittseffekt (η), des weiteren von drei Haupt- oder Ein-Variablen-Effekten (τ_i^A, τ_j^B und τ_ℓ^D), drei Interaktionen oder Zwei-Variablen-Effekten (τ_{ij}^{AI}, $\tau_{i\ell}^{AI}$ und $\tau_{j\ell}^{BI}$) und einer Interaktion zweiter Ordnung resp. einem Drei-Variablen-Effekt ($\tau_{ij\ell}^{AB}$). Im Kontext der Häufigkeitsmodelle hat die Bezeichnung der τ-Parameter als „Effekte" oder „Effektparameter" keine kausale Konnotation. Der Begriff „Effekt" soll lediglich ausdrücken, daß die Größe der Zellhäufigkeiten eine mathematische Funktion der Größe der τ-Parameter ist.

Bevor es möglich ist, die Bedeutung der Parameter in Gleichung (3.9) eingehender zu erörtern und sie auf die Odds und Odds Ratios in Tabelle 3.2 zu beziehen, sollen einige formale Aspekte des log-linearen Modells behandelt werden. Wie an späterer Stelle klar werden wird, ist es für bestimmte Zwecke dienlich, mit der logarithmierten Transformation von Gleichung (3.9) zu arbeiten:

$$G_{ij\ell}^{ABD} = \theta + \lambda_i^A + \lambda_j^B + \lambda_\ell^D + \lambda_{ij}^{AB} + \lambda_{i\ell}^{AD} + \lambda_{j\ell}^{BD} + \lambda_{ij\ell}^{ABD} \quad (3.10)$$

wobei gilt: $G_{ij\ell}^{ABD} = \ln F_{ij\ell}^{ABD}$, $\theta = \ln \eta$, $\lambda_i^A = \ln \tau_i^A$, $\lambda_{ij}^{AB} = \ln \tau_{ij}^{AB}$, $\lambda_{ij\ell}^{ABD} = \ln \tau_{ij\ell}^{ABD}$ usw. Gleichung (3.10) entspricht einem *additiven Modell*. Es ist diese logarithmierte, additive Form, die dem log-linearen Modell seinen Namen gegeben hat.

Gleichung (3.9) und (3.10) enthalten beide zu viele Parameter, um identifizierbar zu sein. Anders ausgedrückt: Sind die Werte der erwarteten Häufigkeiten F bekannt, gibt es keine eindeutige Lösung für die τ-Parameter. Es gibt bereits genauso viele Drei-Variablen-Effekte $\tau_{ij\ell}^{ABD}$ oder $\lambda_{ij\ell}^{ABD}$ (nämlich I×J×L) wie empirische Informationen (nämlich I×J×L erwartete Zellhäufigkeiten F). Wir sind jedoch nicht an den jeweiligen Effekten der Kategorien *an sich* interessiert. Die eigentliche Frage ist, ob ältere Personen religiöser sind als jüngere Personen, und nicht, ob ein Effekt des Altseins bzw. des Jungseins *an sich* auf Religiosität besteht.

Die Erkenntnis, daß Effekte über Vergleiche definiert sind, ergibt eine allgemeine Lösung des *Identifikationsproblems*, die sich in verschiedene Richtungen ausarbeiten läßt (vgl. auch Abschnitt 2.1.2). Wenn zum Beispiel A in Gleichung (3.9) und (3.10) die dichotome Variable Alter in Tabelle 3.2 bezeichnet, bestünde ein Weg, die Anzahl der Parameter zu reduzieren, darin, die Effekte, die sich auf A = 1 (jung) beziehen, mit einer beliebigen Konstanten gleichzusetzen, um dann zu sehen, in welchem Ausmaß die Effekte, die sich auf A = 2 (alt) beziehen, von dieser Konstanten abweichen. Üblicherweise entspricht diese Konstante dem Wert für keinen Effekt, d.h., bestimmte τ-Parameter (λ-Parameter) werden gleich 1 (0) gesetzt, ähnlich dem aus der Regressionsanalyse bekannten Verfahren, Dummy-Variablen mit 0/1-Kodierung zu verwenden. In log-linearen Modellen wird jedoch üblicherweise eine etwas andere Lösung gewählt, nämlich die Lösung, von der Varianz- und Regressionsanalysen Gebrauch machen, wenn sie die Effektkodierung (−1, +1) verwenden. Log-lineare Effekte werden dann als Abweichungen vom Durchschnittseffekt ausgedrückt. Im Fall der dichotomen Variable Alter vergrößert also die Ausprägung „alt" die Häufigkeiten F in demselben Ausmaß, in dem die Ausprägung „jung" diese verkleinert.

Dummy-Kodierung und *Effekt-Kodierung* sind beliebige Parametrisierungen ein- und desselben Modells mit den gleichen (geschätzten) erwarteten Häufigkeiten. Die Parameter des einen Ansatzes lassen sich ohne Schwierigkeiten in die Parameter des anderen Ansatzes transformieren. Beide Parametrisie-rungen führen inhaltlich zu den gleichen Schlußfolgerungen über die Beziehungen in der multivariaten Häufigkeitstabelle. Dennoch hängen die Schätzwerte der Parameter als auch deren Interpretation von der verwendeten Parametrisierung ab. Wenn Parameter, die auf Grundlage der einen Parametrisierung berechnet wurden, so interpretiert werden, als wären sie auf Grundlage der anderen geschätzt worden, wird das im allgemeinen zu inhaltlich falschen Schlußfolgerungen führen. Leser, die mit den genannten Parametrisierungen nicht vertraut sind, werden ausdrücklich darauf hingewiesen, sich die hierfür relevante Literatur anzueignen, die am Ende des Kapitels genannt wird.

Da die meisten (empirischen) Anwendungen log-linearer Modelle die Effekt-Kodierung verwenden, soll in diesem Kapitel bis auf Ausnahmen genauso verfahren werden. Dies hat zur Konsequenz, daß die Interpretation der nachfolgenden Parameterwerte nur in den Fällen sinnvoll ist, in denen Effekt-Kodierung eingesetzt wurde. Während Dummy-Kodierung impliziert, daß der Wert eines τ- bzw. λ-Parameters für eine beliebige Kategorie jedes Index auf 1 bzw. 0 festgelegt wird, impliziert Effektkodierung, daß sich die log-linearen λ-Parameter über jeden Index zu 0 aufsummieren bzw. das Produkt der entsprechenden τ-Parameter des multiplikativen Modells über jeden Index gleich 1 ist. In Gleichung (3.11) wird dies für einige Parameter der Gleichungen (3.9) und (3.10) angedeutet:

$$\prod_{i=1}^{I} \tau_i^A = 1 \quad \prod_{i=1}^{I} \tau_{ij}^{AB} = \prod_{j=1}^{J} \tau_{ij}^{AB} = 1 \quad \prod_{i=1}^{I} \tau_{ij\ell}^{ABD} = \prod_{j=1}^{J} \tau_{ij\ell}^{ABD} = \prod_{\ell=1}^{L} \tau_{ij\ell}^{ABD} = 1$$

$$\sum_{i=1}^{I} \lambda_i^A = 0 \quad \sum_{i=1}^{I} \lambda_{ij}^{AB} = \sum_{j=1}^{J} \lambda_{ij}^{AB} = 0 \quad \sum_{i=1}^{I} \lambda_{ij\ell}^{ABD} = \sum_{j=1}^{J} \lambda_{ij\ell}^{ABD} = \sum_{\ell=1}^{L} \lambda_{ij\ell}^{ABD} = 0$$

(3.11)

Im Falle dichotomer Variablen führen die Restriktionen in Gleichung (3.11) zu:

$$\tau_2^A = 1/\tau_1^A \quad \tau_{12}^{AB} = \tau_{21}^{AB} = 1/\tau_{22}^{AB} = 1/\tau_{11}^{AB}$$

$$\tau_{112}^{ABD} = \tau_{121}^{ABD} = \tau_{211}^{ABD} = \tau_{222}^{ABD} = 1/\tau_{221}^{ABD} = 1/\tau_{212}^{ABD} = 1/\tau_{122}^{ABD} = 1/\tau_{111}^{ABD}$$

(3.12)

$$\lambda_2^A = -\lambda_1^A \quad\quad\quad \lambda_{12}^{AB} = \lambda_{21}^{AB} = -\lambda_{22}^{AB} = -\lambda_{11}^{AB}$$

$$\lambda_{112}^{ABD} = \lambda_{121}^{ABD} = \lambda_{211}^{ABD} = \lambda_{222}^{ABD} = -\lambda_{221}^{ABD} = -\lambda_{212}^{ABD} = -\lambda_{122}^{ABD} = -\lambda_{111}^{ABD}$$

Mit diesen Restriktionen sind die Gleichungen (3.9) und (3.10) exakt identifiziert. Wenn die drei Variablen A, B und D ingesamt I, J bzw. L Kategorien haben, gibt es I×J×L Zellhäufigkeiten. Die Anzahl der unabhängigen τ_i^A- bzw. λ_i^A-Parameter ist gleich (I-1). Weiterhin gibt es (J-1) unabhängige τ_j^B-(λ_j^B-)Parameter und (L-1) unabhängige τ_ℓ^D-(λ_ℓ^D-) Parameter. Die Anzahl der unabhängigen Zwei-Variablen-Parameter τ_{ij}^{AB} ist gleich (I-1)×(J-1), der entsprechenden Parameter $\tau_{i\ell}^{AD}$ und $\tau_{j\ell}^{BD}$ gleich (I-1)×(L-1) bzw. (J-1)×(L-1). Der Drei-Variablen-Effekt $\tau_{ij\ell}^{ABD}$ hat (I-1)×(J-1)×(L-1) unabhängige Parameter. Zusammen mit dem Durchschnittseffekt entspricht die Gesamtanzahl unabhängiger Parameter exakt dem Produkt I×J×L, und alle Parameter können bei Kenntnis von F oder G berechnet werden.

Um zu sehen, wie die Effekte bei Zugrundelegung der Effekt-Kodierung nun tatsächlich berechnet werden, und als Hilfe für die Interpretation der Parameter, werden für einige der in Gleichung (3.9) und (3.10) auftretenden Effekte Formeln vorgestellt: Zunächst für den allgemeinen Fall dreier polytomer Variablen A, B und D, anschließend für den Fall dreier dichotomer Variablen A, B und D. Die Formeln der Effekte, die im folgenden nicht berücksichtigt sind, lassen sich ohne Schwierigkeiten analog zu den präsentierten Formeln herleiten.

$$\eta = \left(\prod_i \prod_j \prod_\ell F_{ij\ell}^{ABD} \right)^{1/IJL} \qquad \theta = \frac{1}{IJL} \sum_i \sum_j \sum_\ell G_{ij\ell}^{ABD}$$

$$\tau_i^A = \frac{\left(\prod_j \prod_\ell F_{ij\ell}^{ABD} \right)^{1/JL}}{\eta} \qquad \lambda_i^A = \frac{1}{JL} \sum_j \sum_\ell G_{ij\ell}^{ABD} - \theta$$

$$\tau_{ij}^{AB} = \frac{\left(\prod_\ell F_{ij\ell}^{ABD} \right)^{1/L}}{\eta \tau_i^A \tau_j^B} \qquad \lambda_{ij}^{AB} = \frac{1}{L} \sum_\ell G_{ij\ell}^{ABD} - \theta - \lambda_i^A - \lambda_j^B \qquad (3.13)$$

$$\tau_{ij\ell}^{ABD} = \frac{F_{ij\ell}^{ABD}}{\eta \tau_i^A \tau_j^B \tau_\ell^D \tau_{ij}^{AB} \tau_{i\ell}^{AD} \tau_{j\ell}^{BD}}$$

$$\lambda_{ij\ell}^{ABD} = G_{ij\ell} - \theta - \lambda_i^A - \lambda_j^B - \lambda_\ell^D - \lambda_{ij}^{AB} - \lambda_{i\ell}^{AD} - \lambda_{j\ell}^{BD}$$

Für dichotome Variablen kann dies folgendermaßen ausgedrückt werden:

$$\eta = \left(\prod_{i=1}^2 \prod_{j=1}^2 \prod_{\ell=1}^2 F_{ij\ell}^{ABD} \right)^{1/8} \qquad \theta = \frac{1}{8} \sum_{i=1}^2 \sum_{j=1}^2 \sum_{\ell=1}^2 G_{ij\ell}^{ABD}$$

$$\tau_1^A = \left(\prod_{j=1}^{2} \prod_{\ell=1}^{2} \frac{F_{1j\ell}^{ABD}}{F_{2j\ell}^{ABD}} \right)^{1/8} \qquad \lambda_1^A = \frac{1}{8} \sum_{j=1}^{2} \sum_{\ell=1}^{2} (G_{1j\ell}^{ABD} - G_{2j\ell}^{ABD}) \qquad (3.14)$$

$$\tau_{11}^{AB} = \left(\prod_{\ell=1}^{2} \frac{F_{11\ell}^{ABD} F_{22\ell}^{ABD}}{F_{12\ell}^{ABD} F_{21\ell}^{ABD}} \right)^{1/8} \qquad \lambda_{11}^{AB} = \frac{1}{8} \sum_{\ell=1}^{2} [(G_{11\ell}^{ABD} + G_{22\ell}^{ABD}) - (G_{12\ell}^{ABD} + G_{21\ell}^{ABD})]$$

$$\tau_{111}^{ABD} = \left(\frac{F_{111}^{ABD} F_{221}^{ABD}}{F_{121}^{ABD} F_{211}^{ABD}} \times \frac{F_{122}^{ABD} F_{212}^{ABD}}{F_{112}^{ABD} F_{222}^{ABD}} \right)^{1/8}$$

$$\lambda_{111}^{ABD} = \frac{1}{8} [(G_{111}^{ABD} + G_{221}^{ABD} + G_{122}^{ABD} + G_{212}^{ABD}) - (G_{121}^{ABD} + G_{211}^{ABD} + G_{112}^{ABD} + G_{222}^{ABD})]$$

In der vorgestellten Form sind die Formeln in Gleichung (3.13) und (3.14) von nur geringem praktischen Wert: Die erwarteten Häufigkeiten F (G) sind unbekannt. Es ist deshalb notwendig, die (Maximum-Likelihood) Schätzer $\hat{F}$ für F bzw. $\hat{G}$ für G zu berechnen. Im saturierten Modell sind die ML-Schätzer für F (G) die beobachteten Häufigkeiten f (g):

$$\hat{F}_{ij\ell}^{ABD} = f_{ij\ell}^{ABD} \qquad \hat{G}_{ij\ell}^{ABD} = g_{ij\ell}^{ABD} \qquad (3.15)$$

wobei gilt: $\hat{G}_{ij\ell}^{ABD} = \ln \hat{F}_{ij\ell}^{ABD}$ und $g_{ij\ell}^{ABD} = \ln f_{ij\ell}^{ABD}$. Unter Verwendung der beobachteten Häufigkeiten f (g) in den Gleichungen (3.13) und (3.14) anstelle von F (G) lassen sich Schätzwerte für die Effektparameter im saturierten Modell berechnen. Diese geschätzten Effektparameter werden mit $\hat{\eta}$, $\hat{\tau}$ etc. bezeichnet.

Tabelle 3.3 enthält die geschätzten Werte der Parameter des saturierten Modells für den Zusammenhang der Variablen Alter, Konfession und Wahlbeteilung in Tabelle 3.2 und für den Zusammenhang der Variablen Alter und Konfession in Tabelle 3.1. Unser Augenmerk richtet sich im folgenden auf die effektkodierten Parameter in Tabelle 3.3a (Spalte „Tabelle 3.2"). Die anderen Parameter in Tabelle 3.3a und 3.3b werden zu Vergleichszwecken verwendet.

Wie aus den Formeln (3.13) und (3.14) ersichtlich, geben die *Durchschnittseffekte* η und θ die durchschnittliche Höhe aller Zellhäufigkeiten wieder. Das geometrische Mittel der Zellhäufigkeiten in Tabelle 3.2 beträgt 79,675 und das arithmetische Mittel der logarithmiertem Häufigkeiten 4,378 (vgl. Tabelle 3.3a). Der Durchschnittseffekt ist also lediglich ein Ergebnis der Stichprobengröße. Wenn die Stichprobengröße für Tabelle 3.2 verdoppelt worden wäre, wären alle Zellhäufigkeiten zweimal so groß wie in der Tabelle dargestellt und entsprechend betrüge η das Zweifache seines jetzigen Wertes. Nur zu Vergleichszwecken: Hätte man Dummy-Kodierung mit der ersten Ausprä-

Tabelle 3.3: Schätzwerte für das saturierte Modell

		Tabelle 3.2 (ABD)			Tabelle 3.1 (AB)		
a) Effektkodierung		$\hat{t}$	$\hat{\lambda}$	$\hat{\lambda}/\hat{\sigma}_{\hat{\lambda}}$	$\hat{t}$	$\hat{\lambda}$	$\hat{\lambda}/\hat{\sigma}_{\hat{\lambda}}$
Durchschnitt		79,675	4,378		181,638	5,202	
A. Alter	1=jung	0,977	-0,024	-0,551	0,918	-0,086	-2,285
B. Konfession	1=mit	0,930	-0,072	-1,690	1,060	0,058	1,552
D. Wahlbeteiligung	1=ja	1,437	0,363	8,465			
AB	11	0,849	-0,163	-3,810	0,798	-0,226	-5,993
AD	11	0,903	-0,103	-2,395			
BD	11	1,453	0,374	8,721			
ABD	111	0,906	-0,098	-2,295			
		$\hat{\sigma}_{\hat{\lambda}} = 0,043$[b]			$\hat{\sigma}_{\hat{\lambda}} = 0,038$[b]		

		Tabelle 3.2 (ABD)			Tabelle 3.1 (AB)		
b) Dummykodierung[a]		$\hat{t}$	$\hat{\lambda}$	$\hat{\lambda}/\hat{\sigma}_{\hat{\lambda}}$	$\hat{t}$	$\hat{\lambda}$	$\hat{\lambda}/\hat{\sigma}_{\hat{\lambda}}$
Durchschnitt		105	4,654		141	4,949	
A. Alter	2=alt	2,171	0,775	6,574	1,865	0,623	5,972
B. Konfession	2=ohne	0,924	-0,079	-0,563	1,397	0,334	3,032
D. Wahlbeteiligung	2=nein	0,343	-1,070	-5,542			
AB	22	0,351	-1,046	-5,385	0,405	-0,903	-5,993
AD	22	0,448	-0,804	-3,032			
BD	22	3,007	1,101	4,587			
ABD	222	2,196	0,787	2,295			
		$\hat{\sigma}_{\hat{\lambda}}$[b]			$\hat{\sigma}_{\hat{\lambda}}$[b]		

a) Die jeweils erste Ausprägung jeder Variablen fungiert als Referenzkategorie. b) Bei Effektkodierung und dichotomen Variablen haben alle Parameterschätzwerte den gleichen Standardfehler (vgl. Gleichung 3.18), nicht jedoch bei Dummykodierung.

Quellen: Tabellen 3.2 und 3.1.

gung jeder Variablen als ausgeschlossene Kategorie, d.h. als Referenzkategorie verwendet, würde der Durchschnittseffekt η gleich dem Wert 105 sein, der Häufigkeit in der Referenzkategorie (A = 1,B = 1,C = 1) der kombinierten Variable ABD (vgl. Tabelle 3.3b, Spalte „Tabelle 3.2").

Die *Ein-Variablen-Effekte* in Tabelle 3.3 berücksichtigen die Tatsache, daß man je nach Verteilung der einzelnen Variablen größere oder kleinere Zellhäufigkeiten erwartet. Wenn es mehr ältere als jüngere Personen gibt, sind die Zellhäufigkeiten, die sich auf die Kategorie „alt" beziehen, im allgemeinen größer als jene, die sich auf die Kategorie „jung" beziehen. Dabei stellt sich heraus, daß die Ein-Variablen-Effekte in einer direkten Beziehung zu den partiellen Odds stehen. Wie aus den Formeln (3.13) ersichtlich, erfolgt die Berechnung des Ein-Variablen-Effekts für A (τ_i^A) in zwei Schritten. Zuerst wird das geometrische Mittel aller Zellhäufigkeiten berechnet, für die A=i gilt. Im zweiten Schritt wird dann berechnet, um wieviel (um welchen Faktor) diese durchschnittliche Häufigkeit von dem Wert abweicht, der auf Grundlage des Durchschnittseffektes erwartet würde. Der Parameter τ_i^A mißt, um wieviel die durchschnittliche Wahrscheinlichkeit, der Kategorie A=i anzugehören, von der Wahrscheinlichkeit, irgendeiner Zelle der Tabelle anzugehören, abweicht.

Für die Daten aus Tabelle 3.2 beträgt $\hat{\tau}_1^A$ nahezu 1 (0,977, siehe Tabelle 3.3a). Dies bedeutet, daß innerhalb der vier Ausprägungskombinationen der Variablen Konfession und Wahlbeteiligung die durchschnittlichen Häufigkeiten der Zellen mit der Kategorie „jung" nahezu identisch mit der durchschnittlichen Zellhäufigkeit insgesamt sind. Der Parameter $\hat{\tau}_2^A$ besagt, um wieviel größer oder kleiner die durchschnittliche Häufigkeit der Zellen mit A=2 („alt") im Verhältnis zum Durchschnittseffekt ist. Da die Variable Alter dichotom ist, gilt wegen der Reparametrisierung (3.11) bzw. (3.12) $\hat{\tau}_2^A = 1/\hat{\tau}_1^A = 1/0,977=1,024$. Das Verhältnis $\hat{\tau}_1^A/\hat{\tau}_2^A$ gibt uns dann Auskunft darüber, um wieviel mal größer oder kleiner die durchschnittliche Häufigkeit der Zellen mit A=1 in Relation zur durchschnittlichen Häufigkeit der Zellen mit A=2 ist. Mit anderen Worten: $\hat{\tau}_1^A/\hat{\tau}_2^A$ sind die geschätzten partiellen Odds, eher jung als alt zu sein, berechnet als das geometrische Mittel der 4 konditionalen Odds f_{1je}/f_{2je}. In diesem Fall beträgt $\hat{\tau}_1^A/\hat{\tau}_2^A = (\hat{\tau}_1^A)^2 = 0,955$; d.h., im Durchschnitt gibt es fast genauso viele jüngere wie ältere Menschen.

Im allgemeinen ändern sich die Werte der Ein-Variablen-Effekte, wenn zusätzliche Variablen eingeführt werden. Ein gutes Beispiel hierfür sind die Schätzer für τ_i^B in Tabelle 3.3a. Für Tabelle AB (Tabelle 3.1) werden die geschätzten Odds, eher religiös als nicht religiös zu sein, $(\hat{\tau}_1^B)^2$ bei Konstanthaltung des Alters berechnet, d.h. durch das geometrische Mittel der beiden konditionalen Odds f_{11}^{AB}/f_{12}^{AB} und f_{21}^{AB}/f_{22}^{AB}. Diese Berechnung führt zu dem Wert $1,060^2=1,124$. Im Gegensatz hierzu wird $(\hat{\tau}_1^B)^2$ für Tabelle ABD (Tabelle 3.2) bei gleichzeitiger Konstanthaltung von Alter und Wahlbeteiligung berechnet, d.h. durch das geometrische Mittel der vier konditionalen Odds, religiös zu sein, für jüngere Wähler, jüngere Nichtwähler, ältere Wähler bzw. ältere Nichtwähler. Dabei ergibt sich der Wert 0,865. Dem ersten Schätzwert zufolge, der auf Tabelle AB basiert, gibt es im Durchschnitt mehr religiöse als nicht-religiöse Personen, während der zweite Schätzwert, der auf Grundlage von Tabelle ABD berechnet wurde, zu einer umgekehrten Schlußfolgerung führt. In derselben Weise, in der sich marginale und partielle Odds, wie im vorangehenden Abschnitt 3.2 erklärt, voneinander unterscheiden können, können partielle Odds für Tabellen verschiedener Dimensionierung zu verschiedenen Ergebnissen führen. Wann genau dies auftritt, läßt sich aus dem Aggregierungstheorem ableiten, das in Abschnitt 3.6 vorgestellt wird.

Wenn Dummy-Kodierung mit der ersten Kategorie als Referenzkategorie verwendet wird, ist $\hat{\tau}_1^A$ auf den Wert 1 festgelegt und für $\hat{\tau}_2^A$ ergibt sich der Schätzwert 2,171 (vgl. Tabelle 3.3b). Das entspricht dem Verhältnis der beiden Häufigkeiten $f_{211}^{ABD}/f_{111}^{ABD}$ in Tabelle 3.2 oder gleichbedeutend dem Verhältnis der beobachteten Häufigkeit f_{211}^{ABD} und dem dummykodierten Durchschnittseffekt η. $\hat{\tau}_2^A$ zeigt hier, wieviel mehr ältere (A=2) als jüngere Personen (A = 1) es in der Referenzkombination der anderen Variablen (B = 1, D = 1) gibt.

Nicht alle Ein-Variablen-Effekte, die in Tabelle 3.3 aufgeführt sind, wurden diskutiert. Doch ihre Bedeutung läßt sich ohne Schwierigkeiten aus den obigen Ausführungen herleiten. Die *log-linearen Parameter* $\hat{\lambda}$ werden in gleicher Weise interpretiert wie die multiplikativen Parameter $\hat{\tau}$, nur daß in diesem Fall der Durchschnittseffekt dem arithmetischen Mittel der logarithmierten Zellhäufigkeiten entspricht und Abweichungen (vom Durchschnittseffekt oder untereinander) als Differenzen statt als Verhältniszahlen ausgedrückt werden.

Ein-Variablen-Effekte sind nur selten von Interesse, da sie uns nichts über die Beziehung zwischen den Variablen mitteilen. Die Aufmerksamkeit der meisten Studien richtet sich daher nicht auf univariate (Partial-)Verteilungen, sondern mehr auf die Beziehungen der Variablen untereinander und auf multivariate Verteilungen. Es ist zu erwarten, daß die Zellhäufigkeiten in einer Tabelle nicht nur systematisch mit der Gesamtgröße der Stichprobe und den durchschnittlichen Verteilungen der einzelnen Variablen variieren, sondern auch mit den durchschnittlichen bivariaten Verteilungen. Wenn Alter und Konfession negativ miteinander zusammenhängen (relativ zu älteren Personen sind jüngere Personen weniger religiös), sind die Zellen „jung/ohne Konfession" und „alt/mit Konfession" stärker und die Zellen „jung/mit Konfession" und „alt/ohne Konfession" in geringerem Maße besetzt, als auf Basis der Gesamtstichprobengröße und der durchschnittlichen Verteilung von Alter und Konfession erwartet werden kann.

Betrachten wir zunächst den effektkodierten *Zwei-Variablen-Effekt* τ_{ij}^{AB}. Dieser Parameter bezieht sich auf die durchschnittliche Beziehung zwischen A und B in den Kategorien der anderen Variablen. Für eine Tabelle ABD mißt τ_{ij}^{AB} die Stärke der Partialassoziation zwischen A und B bei Konstanthaltung von D. Wie Gleichung (3.13) zeigt, erfolgt die Berechnung von τ_{ij}^{AB} analog zur Berechnung der Ein-Variablen-Effekte. Zuerst wird das geometrische Mittel berechnet, um die durchschnittliche Größe der Zellhäufigkeiten mit (A = i, B = j) zu bestimmen, d.h., man berechnet für eine Tabelle ABD, in der D L Kategorien hat, das geometrische Mittel der Häufigkeiten F_{ij1}, F_{ij2}, ..., F_{ijL}. Dann wird bestimmt, in welchem Ausmaß (wieviel mal) diese durchschnittliche Häufigkeit von dem Wert abweicht, den man auf Basis der Effekte niederer Ordnung η, τ_i^A und τ_j^B erwartet.

Für die dreidimensionale Tabelle 3.2 beträgt der Parameter $\hat{\tau}_{11}^{AB}$, der die Partialbeziehung zwischen Alter (A) und Konfession (B) bei Konstanthaltung der Wahlbeteiligung (D) wiedergibt, 0,849 (vgl. Tabelle 3.3a). Im Durchschnitt tritt die Kombination „jung/mit Konfession" (A = 1, B = 1) unter Wählern und Nichtwählern 0,849 mal so häufig auf als auf Basis des Durchschnittseffekts η und der Ein-Variablen-Effekte τ_1^A und τ_1^B erwartet. Da die Variablen in Tabelle 3.2 dichotom sind, ergibt sich für die Zwei-Variablen-Effekte entsprechend den in (3.11) und (3.12) festgelegten Restriktionen $\tau_{12}^{AB} = \tau_{21}^{AB} = 1/\tau_{11}^{AB} = 1/\tau_{22}^{AB}$. Dies beinhaltet, daß die Kombination „alt/ohne Konfession" (A = 2, B = 2) im Mittel ebenfalls 0,849 mal so häufig auftritt als erwartet. Dagegen treten die Kombinationen „jung/ohne Konfession" und „alt/mit Konfession" 1/0,849=1,178 mal so häufig auf als auf Basis der Effekte niederer Ordnung erwartet. Die Partialbeziehung zwischen Alter und Konfession zeigt also, daß Religiosität eher bei älteren Personen auftritt.

Wenn mindestens drei Variablen analysiert werden, sind die effektkodierten Zwei-Variablen-Effekte Partialeffekte und entsprechen dem Mittel *konditionaler Effekte*. Konditionale Effekte sind Effekte, die innerhalb von Subgruppen berechnet werden. Wir bezeichnen die zwei konditionalen Effekte für die Beziehung Alter-Konfession (AB) innerhalb der zwei Kategorien der Wahlbeteiligung (D) als $\tau_{ij\ 1}^{AB|D}$ und $\tau_{ij\ 2}^{AB|D}$. Der Parameter τ_{ij}^{AB}, mit dem wir es bisher zu tun hatten, ist nichts anderes als das geometrische Mittel dieser beiden konditionalen Effekte:

$$\tau_{ij}^{AB} = \sqrt[2]{\tau_{ij\ 1}^{AB|D}\ \tau_{ij\ 2}^{AB|D}}$$

$$\lambda_{ij}^{AB} = \frac{1}{2}\left(\lambda_{ij\ 1}^{AB|D} + \lambda_{ij\ 2}^{AB|D}\right)$$

(3.16)

Im allgemeinen gleicht der Partialeffekt AB (τ_{ij}^{AB}) für Tabellen mit drei oder mehr Variablen und einer beliebigen Anzahl von Kategorien dem geometrischen Mittel aller ihm entsprechenden konditionalen Effekte AB ($\tau_{ij\ k\ell mn...}^{AB|CDEF...}$).

Die konditionalen Effekte AB und entsprechend die Partialeffekte AB stehen in enger Beziehung zu den Odds Ratios und dem Kreuzprodukt α in den entsprechenden Subtabellen AB. Sie haben alle vorteilhaften Eigenschaften der letztgenannten Maße. Dies ist dann am einfachsten zu sehen, wenn alle Variablen wie in Tabelle 3.2 dichotom sind. Aus Gleichung (3.14) läßt sich ableiten, daß $\left(\tau_{11\ \ell}^{AB|D}\right)^4$ gleich dem Odds Ratio α in der Subtabelle AB für D = ℓ ist und daß $\left(\tau_{11}^{AB}\right)^4 = 0{,}849^4 = 0{,}520$ dem geometrischen Mittel der zwei konditionalen Odds Ratios entspricht.

Wenn die Variablen A, B und D polytom sind, lassen sich innerhalb der I×J-Subtabelle AB eine Anzahl von 2×2-Tabellen definieren, indem jeweils verschiedene Zeilen i und i' (i' > i) bzw. Spalten j und j' (j' > j) ausgewählt werden. Für jede dieser 2×2-Tabellen ist die Beziehung zwischen den konditionalen Zwei-Variablen-Effekten und dem Kreuzproduktverhältnis: α = $\left(\tau_{ij\ \ell}^{AB|D}\ \tau_{i'j'\ \ell}^{AB|D}\right) / \left(\tau_{ij'\ \ell}^{AB|D}\ \tau_{i'j\ \ell}^{AB|D}\right)$.

Wie schon die Ein-Variablen-Effekte, so ändern auch die Zwei-Variablen-Effekte im allgemeinen dann ihre Werte, wenn zusätzliche Variablen eingeführt werden. Zum Beispiel ist $\hat{\tau}_{11}^{AB}$ für die AB-Tabelle 3.1 gleich 0,798 (vgl. Tabelle 3.3a), während $\hat{\tau}_{11}^{AB}$ für die ABD-Tabelle 3.2 gleich 0,849 ist. Die Konstanthaltung der Wahlbeteiligung hat die (negative) Assoziation zwischen Alter und Konfession verringert, d.h. deren Wert dem Wert 1 angenähert. Wann genau Zwei-Variablen-Effekte nach Einführung zusätzlicher Variablen ihren Wert ändern, wird in Abschnitt 3.6 erklärt.

Wie oben erklärt, führt das Verfahren der Dummy-Kodierung zu numerisch anderen Schätzergebnissen. Verwendet man jeweils die erste Kategorie jeder Variablen als Referenzkategorie, dann werden alle $\hat{\tau}_{ij}^{AB}$-Schätzer, in denen irgendeiner der Indizes 1 ist, gleich 1 gesetzt, während sich der Wert für $\hat{\tau}_{22}^{AB} = 0{,}351$ durch Division der Häufigkeit der Zelle $f_{221}^{ABD} = 74$ durch die dummykodierten Effekte niederer Ordnung η, $\hat{\tau}_2^A$ und $\hat{\tau}_2^B$ ergibt (vgl. Tabelle 3.3b). Bei Verwendung der Dummy-Kodierung ist $\hat{\tau}_{22}^{AB}$ identisch mit dem konditionalen Odds Ratio für die Subtabelle AB in der Referenzkategorie 1 der Variablen D.

In Tabelle 3.3a gibt es zwei weitere Zwei-Variablen-Effekte. Für die meisten Forscher wären diese die wichtigsten Effekte, da sie zeigen, wie die direkte Partialbeziehung zwischen Alter und Konfession sowie zwischen Alter und Wahlbeteiligung aussieht. Aus dem Wert $\hat{\tau}_{11}^{AD} = 0{,}903$ läßt sich schließen, daß bei Konstanthaltung der Variable Konfession jüngere Personen weniger geneigt sind zu wählen als ältere Personen. Die direkte Beziehung zwischen Konfession und Wahlbeteiligung bei Konstanthaltung des Alters hat demgegenüber mit einem $\hat{\tau}_{11}^{BD}$-Wert von 1,453 (und $\hat{\tau}_{21}^{BD} = 0{,}688$) eine stärkere Ausprägung. Personen mit Konfession sind im allgemeinen stärker geneigt zu wählen als Personen ohne Konfession.

Ein Effekt aus Tabelle 3.3 wurde bisher noch nicht diskutiert: Er gehört zu den *Drei-Variablen-Effekten* $\tau_{ij\ell}^{ABD}$. Diese betreffen die Frage, ob in Tabelle 3.2 Interaktionen wirksam sind (oder nicht). Es gibt drei Wege, diese Frage zu formulieren: Ist die Beziehung Alter-Konfession unter jüngeren und älteren Personen verschieden? Ist die Beziehung Alter-Wahlbeteiligung unter Personen mit und ohne Konfession verschieden? Ist die Beziehung Alter-Konfession unter Wählern und Nichtwählern verschieden? Welche dieser Fragen als Ausgangspunkt der Analyse gewählt wird, ist im Hinblick auf das Ergebnis unerheblich.

Wie Gleichung (3.13) zeigt, gibt der Parameter $\tau_{ij\ell}^{ABD}$ Auskunft darüber, in welchem Ausmaß die Häufigkeit der Zelle mit der Ausprägungskombination (A = i, B = j, D = ℓ) ($F_{ij\ell}^{ABD}$) von dem Wert abweicht, der auf Basis aller Zwei-Variablen-Effekte sowie der Effekte niederer Ordnung erwartet wird. Während gemäß Gleichung (3.16) der Parameter τ_{ij}^{AB} Auskunft darüber gibt, wie hoch die durchschnittlichen konditionalen Zwei-Variablen-Effekte AB sind, besagt $\tau_{ij\ell}^{ABD}$, in welchem Ausmaß die konditionalen Zwei-Variablen-Effekte voneinander abweichen bzw. um wieviel jeder konditionale Effekt von dem durchschnittlichen Partialeffekt τ_{ij}^{AB} abweicht. $\tau_{ij\ell}^{ABD}$ steht in direkter Verbindung zu dem Odds Ratio höherer Ordnung α' (Gleichung 3.6). $\tau_{ij\ell}^{ABD}$ und α' sind beide symmetrische Maße der Interaktion: Unabhängig davon, welche Zwei-Variablen-Beziehung als Ausgangspunkt gewählt wird, der geschätzte Wert ist immer der gleiche.

$$\tau_{ij\ell}^{ABD} = \tau_{ij\ell}^{AB|D} / \tau_{ij}^{AB} = \tau_{i\ell j}^{AD|B} / \tau_{i\ell}^{AD} = \tau_{j\ell i}^{BD|A} / \tau_{j\ell}^{BD}$$

$$\lambda_{ij\ell}^{ABD} = \lambda_{ij\ell}^{AB|D} - \lambda_{ij}^{AB} = \lambda_{i\ell j}^{AD|B} - \lambda_{i\ell}^{AD} = \lambda_{j\ell i}^{BD|A} - \lambda_{j\ell}^{BD}$$

(3.17)

Wenn alle $\tau_{ij\ell}^{ABD}$-Parameter gleich 1 sind, besagt das, daß alle konditionalen Zwei-Variablen-Beziehungen gleich sind und es also keine Interaktionseffekte (höherer Ordnung) gibt (für eine allgemeine Interpretation von Drei- und Mehr-Variablen-Interaktionen durch konditionale Zwei-Variablen-Effekte vgl. Alba 1988).

Für die Daten in Tabelle 3.2 ist $\hat{\tau}_{111}^{ABD}$ gleich 0,906 (vgl. Tabelle 3.3a). Dies impliziert, daß die konditionale Beziehung zwischen Konfession und Wahlbeteiligung, wie durch $\hat{\tau}_{111}^{BD|A}$ angedeutet, 0,906 mal schwächer ist als die durchschnittliche Beziehung, die gleich $\hat{\tau}_{11}^{BD} = 1,453$ ist. Für die jüngeren Personen beträgt die konditionale Beziehung also $\hat{\tau}_{111}^{BD|A} = 1,316$. Da $\tau_{211}^{ABD} = 1/\tau_{111}^{ABD}$ gilt, folgt hieraus, daß die Beziehung Konfession-Wahlbeteiligung für ältere Personen 1/0,906 = 1,104 mal stärker ist als im Durchschnitt, was den Wert 1,604 ergibt. Die Richtung der beiden konditionalen Beziehungen entspricht der Richtung der Partialbeziehung: Ungeachtet des Alters besitzen religiöse Personen eine stärkere Neigung zu wählen als nicht-religiöse Personen, jedoch ist die Beziehung zwischen Wahlbeteiligung und Konfession unter den älteren Personen stärker als unter den jüngeren. Die Assoziation zwischen Konfession und Wahlbeteiligung ist also in der älteren Generation stärker ausgeprägt.

Auf Grundlage ähnlicher Überlegungen kommen wir zu dem Schluß, daß die Richtung der Beziehung zwischen Alter und Wahlbeteiligung zwar in jedem Fall gleich ist, unter religiösen Personen (0,906×0,903 = 0,818) ist die Beziehung jedoch stärker ausgeprägt als unter nicht-religiösen Personen (1,104×0,903 = 0,997). Bei den letzteren sind Alter und Wahlbeteiligung fast unabhängig voneinander. Ähnliche Schlußfolgerungen lassen sich über die Beziehung von Alter und Konfession in der Gruppe der Wähler und Nichtwähler ziehen.

Der dummykodierte Drei-Variablen-Parameter wird mit $\hat{\tau}_{222}^{ABD} = 2,196$ geschätzt (vgl. Tabelle 3.3b; alle anderen Werte für $\hat{\tau}_{ij\ell}^{ABD}$ werden auf 1 festgelegt). Er wird berechnet, indem die Häufigkeit der Zelle mit der Ausprägungskombination (A = 2, B = 2, D = 2) ($f_{222}^{ABD} = 75$) durch alle dummykodierten Effekte niederer Ordnung dividiert wird, die zu der gleichen Zelle gehören. Der dummykodierte Drei-Variablen-Effekt ist allgemein ein Verhältnis von Odds

Ratios und besagt, in welchem Ausmaß das Odds Ratio in einer bestimmten Subgruppe, etwa das Odds Ratio in Subtabelle AB für D = 2, sich von dem Odds Ratio in der Subtabelle der Referenzgruppe der entsprechenden Variable(n), z.B. Subtabelle AB für D = 1, unterscheidet.

Die Analyse der Beziehungen zwischen Alter, Konfession und Wahlbeteiligung in der dreidimensionalen Tabelle 3.2 ist damit abgeschlossen. Erweiterungen zu Modellen mit mehr Variablen lassen sich hieraus ohne Schwierigkeiten ableiten. Wenn (und nur wenn) die Identifikationsrestriktionen in Gleichung (3.11) gewählt werden, d.h., wenn Effektkodierung verwendet wird, dann kann jeder Partialeffekt τ aus dem geometrischen Mittel der ihm entsprechenden konditionalen Effekte berechnet werden und jeder Effekt höherer Ordnung ergibt sich aus dem Ausmaß, in dem die konditionalen Effekte von dem Partialeffekt abweichen. Allgemeine Formeln für die Berechnung aller Effekte des saturierten Modells für jede beliebige Anzahl polytomer Variablen finden sich in der Literatur, die am Ende dieses Kapitels genannt wird.

Um die *Größe der Effekte* zu interpretieren, sollte man immer den Wertebereich der τ- und λ-Parameter berücksichtigen. Wenn ein τ-Parameter keinen Einfluß ausübt, ist sein Wert gleich 1. Für einen λ-Parameter ist der entsprechende Wert gleich 0. Für τ wie für λ ist der größtmögliche positive Wert „+∞". Der größtmögliche negative Wert ist für τ gleich 0, für λ „-∞". Die Werte für λ gruppieren sich also symmetrisch um den Wert 0. Infolgedessen kann die Stärke positiver und negativer λ-Effekte direkt miteinander verglichen werden. Die τ-Werte hingegen gruppieren sich asymmetrisch um den Wert 1, mit der Folge, daß positive und negative Effekte nicht direkt miteinander vergleichbar sind. So ist zum Beispiel nicht unmittelbar ersichtlich, daß die Beziehung zwischen Konfession und Wahlbeteiligung mit $\hat{\tau}_{11}^{BD} = 1{,}453$ stärker ist als die Beziehung zwischen Alter und Wahlbeteiligung mit $\hat{\tau}_{11}^{AD} = 0{,}903$. Zu diesem Zweck muß erst die Umkehrung von einem dieser Koeffizienten, etwa $1/0{,}903 = 1{,}107$, berechnet und mit dem anderen Koeffizienten verglichen werden. Ein Nachteil des λ-Koeffizienten ist dagegen, daß dieser auf Grundlage der logarithmierten Häufigkeiten zu interpretieren ist. Die τ-Parameter lassen sich demgegenüber einfacher als Verhältnisse zwischen Häufigkeiten oder Wahrscheinlichkeiten interpretieren.

Die oben benannten Maximalwerte von τ und λ sind Grenzen, die lediglich angenähert, nicht aber erreicht werden können. Wie aus den Gleichungen (3.13) und (3.14) hervorgeht, werden die Maximalwerte dann erreicht, wenn eine oder mehrere Zellhäufigkeiten gleich 0 sind. In diesem Fall lassen sich jedoch nicht alle Parameter bestimmen, da das Dividieren durch 0 und die Berechnung des Logarithmus von 0 (mathematisch) nicht definierte Operationen sind. Allgemein gilt, daß sowohl in saturierten als auch in nicht-saturierten Modellen keine der geschätzten erwarteten Häufigkeiten $\hat{F}$ den Wert 0 annehmen darf. Was zu tun ist, wenn dies trotz allem eintritt, wird am Ende dieses Kapitels diskutiert.

Tabelle 3.3 enthält weitere Parameter, die sogenannten z-Werte, die bisher noch nicht behandelt wurden. Dazu wird jeder geschätzte λ-Parameter durch seinen jeweiligen Standardfehler dividiert. Schätzwerte für die Varianz der $\hat{\lambda}$-Parameter eines saturierten Modells mit vier dichotomen Variablen A, B, C und D lassen sich auf Grundlage der folgenden Formel berechnen (wobei 16 sich auf die Anzahl der Zellen in der Tabelle ABCD bezieht):

$$\hat{\sigma}_\lambda^2 = \frac{1}{16^2} \sum_{i=1}^{2} \sum_{j=1}^{2} \sum_{k=1}^{2} \sum_{\ell=1}^{2} \frac{1}{f_{ijk\ell}} \qquad (3.18)$$

Der geschätzte Standardfehler $\hat{\sigma}_\lambda$ ergibt sich dann durch Radizierung von (3.18). Varianzformeln für die geschätzten Effekte in einem saturierten Modell mit polytomen Variablen sind etwas komplizierter. Ist ein bestimmter log-linearer Effekt in der Population gleich 0, folgt der z-Wert asymptotisch (bei großen Stichproben) der Standardnormalverteilung und kann daher einem Signifikanztest unterzogen werden. Damit ein bestimmter log-linearer Effekt beispielsweise auf dem 5%-Niveau ($\alpha = 0{,}05$) signifikant von null verschieden ist, muß der entsprechende z-Wert außerhalb des Intervalls [−1,96, +1,96] liegen (vgl. Anhang 3). Gemäß dieser Regel sind alle Zwei- und Drei-Variablen-Effekte in Tabelle 3.3 auf dem 5%-Niveau signifikant.

z-Werte kann man verwenden, um ein sparsameres Modell zu entwickeln, d.h. ein Modell mit weniger Effekten (vgl. dazu Abschnitt 3.5). In der Literatur zur log-linearen Analyse werden die Quotienten $z=\lambda/\hat{\sigma}_\lambda$ häufig als standardisierte Effekte bezeichnet. Dieser Begriff ist jedoch irreführend, insofern er suggeriert, daß die z-Werte so etwas wären wie standardisierte Regressionskoeffizienten, die man in der multiplen Regression verwendet, um den Einfluß verschiedener unabhängiger Variablen mit unterschiedlichen Maßeinheiten zu standardisieren. Wenn man eine Parallele zieht, dann sollte man die z-Werte mit den t-Werten vergleichen, den Statistiken für Signifikanztests einzelner Regressionskoeffizienten.

3.4 Nicht-saturierte Häufigkeitsmodelle

Im saturierten Modell werden die beobachteten Daten durch eine Anzahl von Effekten beschrieben und exakt reproduziert. Alle möglichen Effekte sind ohne a priori-Restriktionen vorhanden, abgesehen von den Identifikationsrestriktionen (3.11). Nicht-saturierte Modelle drücken dagegen die Erwartungen des Forschers über die Daten in der Weise aus, daß den Parametern a priori bestimmte Restriktionen auferlegt werden. Nimmt man die Daten in Tabelle 3.2 als Beispiel, so kann man beispielsweise die Auffassung vertreten, daß die Beziehung zwischen Konfession und Wahlbeteiligung in der Population unter älteren und jüngeren Personen gleich ist. Übersetzt in log-lineare Begriffe würde dies ein nicht-saturiertes Modell implizieren, in dem die Drei-Variablen-Effekte fehlen (d.h. eine Modellgleichung wie (3.9.) und (3.10), jedoch mit der Restriktion $\tau_{ij\ell}^{ABD} = 1$ bzw. $\lambda_{ij\ell}^{ABD} = 0$). Darüber hinaus könnte angenommen werden, daß Alter und Konfession gleich stark mit der Wahlbeteiligung zusammenhängen, was zu der zusätzlichen Restriktion $\tau_{i\ell}^{AD} = \tau_{i\ell}^{BD}$ führt. Es ließe sich aber auch annehmen, daß Alter in keiner direkten Beziehung zur Wahlbeteiligung steht, sondern lediglich in einer indirekten Beziehung vermittelt durch die Konfession, was zu der Restriktion $\tau_{i\ell}^{AD} = 1$ führt.

Solche a priori-Erwartungen des Forschers können empirisch überprüft werden, indem man das entsprechende log-lineare Modell hierzu bildet, die geschätzten erwarteten Häufigkeiten F̂ für dieses Modell berechnet und F̂ mit den beobachteten Häufigkeiten f vergleicht. Wenn das Modell zurückgewiesen werden muß, waren die Erwartungen falsch, und der Forscher muß nach einem neuen Modell suchen, welches den beobachteten Daten besser entspricht. Dabei wird er sich in erster Linie von theoretischen Überlegungen leiten lassen, aber auch auf Statistiken zurückgreifen, die zeigen, in welchem Ausmaß und an welchen Punkten bestimmte Modelle von den Beobachtungen abweichen. Dies ist eine globale Beschreibung log-linearer Modellierung. Jeder dieser Punkte wird im folgenden ausführlicher behandelt, wobei wir zwischen hierarchischen und nicht-hierarchischen Modellen unterscheiden.

Ein log-lineares Modell wird dann als *hierarchisch* bezeichnet, wenn in den Fällen, in denen irgendein τ-Parameter auf 1 festgelegt wird, alle entsprechenden Effekte gleicher und höherer Ordnung ebenfalls auf 1 gesetzt werden, konkret alle die Parameter, in denen die gleichen Buchstaben wie im Superskript dieses τ-Parameters auftreten. Wenn zum Beispiel in einem Modell für eine vierdimensionale Tabelle ABCD der Parameter τ_{ij}^{AB} auf 1 gesetzt wird, folgt aus dem Hierarchieprinzip, daß τ_{ijk}^{ABC}, $\tau_{ij\ell}^{ABD}$ und $\tau_{ijk\ell}^{ABCD}$, die alle die Buchstaben A und B im Superskript enthalten, ebenfalls auf 1 gesetzt werden müssen. Das Hierarchieprinzip kann auch in umgekehrter Weise definiert werden: Wenn ein τ-Parameter nicht auf 1 gesetzt ist, sind alle entsprechenden Parameter gleicher und niederer Ordnung ebenfalls ungleich 1, d.h. alle die Parameter, deren Superskripte lediglich aus einem oder mehreren Buchstaben des Superskripts dieses τ-Parameters bestehen. Wenn zum Beispiel τ_{ijk}^{ABC} nicht auf 1 gesetzt wird, dann gilt das ebenfalls für τ_i^A, τ_j^B, τ_k^C, τ_{ij}^{AB}, τ_{ik}^{AC}, τ_{jk}^{BC}.

Modelle, die nicht diesem Hierarchieprinzip folgen, werden nicht-hierarchische Modelle genannt. Die Unterscheidung zwischen hierarchischen und nicht-hierarchischen Modellen ist unter anderem wichtig für die Art und Weise, wie man ML-Schätzer berechnen kann.

Das einfachste Beispiel eines hierarchischen Modells ist das Unabhängigkeitsmodell für eine 2×2-Tabelle. Wir wollen als Beispiel dazu von der Hypothese ausgehen, daß in der Population kein Zusammenhang zwischen Konfession und Alter existiert: Relativ gesehen, sind unter den Jüngeren genauso viele religiöse Personen wie unter den Älteren. Diese Hypothese soll auf Grundlage der beobachteten Häufigkeiten in Tabelle 3.1 getestet werden. (Wir wissen von den Schätzungen in Tabelle 3.3, daß Alter und Konfession, entgegen der hier formulierten Annahme, in Tabelle 3.1 signifikant miteinander zusammenhängen. Doch lassen wir diese Information für diesen Moment außer acht.)

Unabhängigkeit in Tabelle 3.1 impliziert für das Odds Ratio α einen Wert von 1 und dementsprechend für die log-linearen Interaktionseffekte $\tau_{ij}^{AB} = 1$. Dies führt zu folgendem nicht-saturierten Modell:

$$F_{ij}^{AB} = \eta \, \tau_i^A \, \tau_j^B$$

$$G_{ij}^{AB} = \theta + \lambda_i^A + \lambda_j^B \quad (3.19)$$

Um die empirische Validität dieses Modells zu testen und um die ML-Schätzer der Parameter zu berechnen, werden die ML-Schätzer der erwarteten Häufigkeiten F benötigt. Wir benötigen also eine Schätzung dafür, wie Tabelle 3.1 ausgesehen hätte, wenn Alter und Konfession in der Population, wie zuvor angenommen, unabhängig voneinander wären und die Häufigkeiten der Tabelle die Wahrscheinlichkeiten der Population widerspiegeln würden. Im Gegensatz zum saturierten Modell sind beim nicht-saturierten Modell die beobachteten Häufigkeiten f nicht mit den ML-Schätzern $\hat{F}$ identisch.

Die geschätzten erwarteten Häufigkeiten haben für das Unabhängigkeitsmodell in Gleichung (3.19) die folgende bekannte Form:

$$\hat{F}_{ij}^{AB} = f_{i+}^{AB} \, f_{+j}^{AB} \big/ N \quad (3.20)$$

Um die Unabhängigkeitsthese zu testen, muß $\hat{F}$ mit den beobachteten f entweder auf Grundlage von *Pearson's Statistik* $X^2 \, (= X_P^2)$ oder mit Hilfe der weniger bekannten *Likelihood-Statistik* L^2 verglichen werden (vgl. auch Abschnitt 1.2.4, Gleichung 1.5).

$$X^2 = \sum_i \sum_j \left[(f_{ij}^{AB} - \hat{F}_{ij}^{AB})^2 / \hat{F}_{ij}^{AB} \right]$$

$$L^2 = 2 \sum_i \sum_j \left[f_{ij}^{AB} \ln(f_{ij}^{AB} / \hat{F}_{ij}^{AB}) \right] \quad (3.21)$$

Wir bezeichnen beide Größen auch als *Teststatistiken*. Wenn das Modell für die Population zutrifft, nähern sich beide Statistiken asymptotisch der theoretischen χ^2-Verteilung. Die *Anzahl der Freiheitsgrade* (df) läßt sich dabei wie folgt bestimmen. Man berechnet zuerst die Anzahl der Parameter, die unabhängig voneinander zu schätzen sind. Das heißt: Man zählt die Anzahl der Parameter, die für ein bestimmtes Modell zu berechnen sind, und subtrahiert von dieser Zahl die Anzahl der Identifikationsrestriktionen (Gleichung 3.11). Im zweiten Schritt subtrahiert man dann die Anzahl der unabhängigen Parameter von der Anzahl der Zellhäufigkeiten und erhält die Anzahl der Freiheitsgrade df. Mit anderen Worten, die Anzahl der Freiheitsgrade gleicht der Anzahl unabhängiger a priori-Restriktionen, die für die Parameter des saturierten log-linearen Modells formuliert wurden, um das zu überprüfende nicht-saturierte Modell zu erhalten.

Gleichung (3.19) impliziert die Restriktion $\tau_{ij}^{AB} = 1$. Da Alter und Konfession in Tabelle 3.1 dichotome Variablen sind, ist die Anzahl der unabhängigen τ_{ij}^{AB}-Parameter $(2-1) \times (2-1) = 1$. Folglich bedeutet $\tau_{ij}^{AB} = 1$, daß eine Restriktion existiert und deshalb df = 1 beträgt. Die Teststatistiken für Tabelle 3.1 sind $X^2 = 36{,}6$ und $L^2 = 36{,}8$ mit einer impliziten Signifikanz von $p < 0{,}001$ bei einem Freiheitsgrad. Die Unabhängigkeitshypothese für Tabelle 3.1 ist damit zurückzuweisen; oder anders ausgedrückt: die Hypothese, daß τ_{ij}^{AB} in der Population gleich 1 ist, kann nicht aufrechterhalten werden. Alter und Konfession hängen miteinander zusammen. Wenn das Modell nicht hätte zurückgewiesen werden müssen, wäre es sinnvoll gewesen, die geschätzten erwarteten Häufigkeiten zu verwenden, um die Parameter in (3.19) zu schätzen, indem man die erwarteten Häufigkeiten F in den Formeln (3.13) und (3.14) durch $\hat{F}$ ersetzt.

In diesem Beispiel haben L^2 und X^2 fast genau denselben numerischen Wert. In großen Stichproben kann, wenn das angenommene Modell richtig ist, für L^2 und X^2 derselbe Wert erwartet werden, da sich beide derselben theoretischen χ^2-Verteilung annähern. Wenn die Stichprobengröße klein ist oder die Zellen der Tabelle dünn besetzt sind, haben beide verschiedene Verteilungen, verschieden von der theoretischen χ^2-Verteilung und verschieden voneinander. Normalerweise werden beide Statistiken angegeben, da abweichende Werte einen Hinweis darauf geben können, daß etwas mit der Approximation an die χ^2-Verteilung nicht stimmt.

Es hat viele Diskussionen darum gegeben, wie gut sich bei kleinen Stichproben und einer großen Anzahl von Zellen die Verteilungen beider Statistiken der χ^2-Verteilung annähern, wenn die Nullhypothese richtig ist. Fienberg (1980) kommt zu dem Schluß, daß die Annäherung der theoretischen χ^2-Verteilung durch X^2 selbst bei minimalen erwarteten Zellhäufigkeiten von 1 recht gut ist. L^2 unterschätzt dagegen bei kleinen Zellhäufigkeiten oft die Wahrscheinlichkeit des Fehlers erster Art und liefert zu hohe Werte. Absolut richtige Ergebnisse sind jedoch nicht verfügbar. Die genannten Argumente basieren im wesentlichen auf Computersimulationen, die lediglich eine sehr begrenzte Anzahl verschiedener Tabellen und Hypothesen berücksichtigt haben. Darüber hinaus machen diese Analysen in einigen Fällen von verschiedenen Kriterien Gebrauch, um die Angemessenheit von X^2 und L^2 zu beurteilen, was einen Vergleich ihrer Ergebnisse schwer macht. Eine exzellente Zusammenfassung findet sich bei Read und Cressie (1988).

Trotz der genannten Hinweise für die Überlegenheit von X^2 bei der Annäherung an die theoretische χ^2-Verteilung werden wir uns im folgenden stärker auf L^2 als auf X^2 stützen. In gewisser Hinsicht ist L^2 auch die logische Wahl. Die Anwendung des ML-Prinzips für die Berechnung von $\hat{F}$ impliziert, daß die Differenzen zwischen geschätzten und beobachteten Häufigkeiten in Bezug auf die Teststatistik L^2 minimiert werden. Eine Minimierung auf der Basis von X^2 kann für die erwarteten Häufigkeiten F zu etwas anderen Schätzungen führen (vgl. Abschnitt 1.2.4). Die Teststatistik L^2 paßt daher zu dem ausgewählten Schätzverfahren. Darüber hinaus kann L^2 in verschiedene Komponenten zerlegt werden, von denen jede unterschiedlichen Effekten, Submodellen oder Subgruppen zugeschrieben werden kann. Dies ist insbesondere dann wichtig, wenn man nach einem gut angepaßten, sparsamen Modell sucht. Mit X^2 ist dagegen eine solche Zerlegung nur näherungsweise möglich.

Die geschätzten Häufigkeiten hierarchischer Modelle stehen in einer interessanten Beziehung zu den beobachteten Häufigkeiten. Das oben diskutierte Unabhängigkeitsmodell enthält die Ein-Variablen-Effekte τ_i^A und τ_j^B. Dies impliziert, daß die marginalen beobachteten Häufigkeiten von A und B bei Zugrundelegung des Unabhängigkeitsmodells exakt reproduziert werden. Für die geschätzten Häufigkeiten des Unabhängigkeitsmodells in Gleichung (3.20) gilt $\hat{F}_{i+}^{AB} = f_{i+}^{AB}$ und $\hat{F}_{+j}^{AB} = f_{+j}^{AB}$. Die Einbeziehung eines bestimmten Parameters in ein hierarchisches Modell impliziert daher immer, daß die beobachtete Randhäufigkeit, die mit den Superskripten dieses Parameters korrespondiert, durch das Modell exakt reproduziert wird. Nicht-saturierte hierarchische Modelle können als Modelle interpretiert werden, die auf der Annahme beruhen, daß die Information, die in bestimmten Randhäufigkeiten enthalten ist, kombiniert mit den Hypothesen (a priori Restriktionen) ausreicht, um zu beschreiben, was in der gesamten Tabelle vorgeht. Die *exakt reproduzierten Randhäufigkeiten* sind die *suffizienten Statistiken* für die Schätzung der Parameter eines konkreten Modells (vgl. die in Abschnitt 1.3 kurz angesprochenen Beurteilungskriterien von Schätzverfahren und Mood et al. (1974) für eine präzisere Definition von suffizienten Statistiken).

Hierarchische nicht-saturierte Modelle lassen sich deshalb eindeutig durch die reproduzierten Randhäufigkeiten bezeichnen. Das Unabhängigkeitsmodell (3.19) kann dann als {A,B}, das saturierte Modell für eine zweidimensionale Tabelle als {AB} bezeichnet werden. Bei drei Variablen A, B, und C bezeichnet das Modell {AB,AC,BC} ein hierarchisches Modell, in dem nur der Drei-Variablen-Effekt τ_{ijk}^{ABC} auf 1 gesetzt wird.

Die Reproduktion der Randhäufigkeiten ist für *geschichtete Stichproben* von besonderer Bedeutung, da die Häufigkeitsverteilung der Schichtungsvariablen nicht zufällig, sondern durch das Design festgelegt ist. Diese Festlegung sollte dadurch berücksichtigt werden, daß man die Verteilung der Schichtungsvariablen exakt reproduziert, indem man mindestens die Parameter in das Modell aufnimmt, die diese Verteilung betreffen. Wenn in einer multivariaten Tabelle die kombinierte Variable AB (z.B. Alter-Geschlecht) als Schichtungsvariable eingesetzt wurde, dann muß jedes Modell für diese Daten die beobachteten Häufigkeiten f_{ij}^{AB} exakt reproduzieren und daher mindestens die Parameter τ_i^A, τ_j^B, τ_{ij}^{AB} (und η) enthalten. Da die AB-Verteilung durch das Design festgelegt ist, sind alle korrespondierenden Parameter ebenfalls festgelegt, so daß es nicht sinnvoll ist, die Standardfehler der Schätzungen dieser Parameter zu berechnen.

Nicht-hierarchische Modelle haben nicht diese „Reproduktionseigenschaft". Dies läßt sich leicht durch ein einfaches Modell für Tabelle 3.1 zeigen. Es ist zwar nicht das Modell, das ein Forscher normalerweise auf diese Tabelle anwenden würde, es hat aber eine gewisse Bedeutung, wenn es um die Analyse von Panel-Daten geht und insbesondere um log-lineare Modelle mit latenten Variablen, die im nächsten Kapitel diskutiert werden. Nach Tabelle 3.1 ist die bedingte Wahrscheinlichkeit, daß eine jüngere Person einer Konfession angehört (0,417), praktisch gleich der bedingten Wahrscheinlichkeit, daß eine ältere Person keiner Konfession angehört (0,362). Man könnte die Hypothese aufstellen, daß die bedingten Wahrscheinlichkeiten in der Population einander genau entsprechen. Obwohl dies nicht unmittelbar evident ist, läßt sich diese Hypothese durch das folgende log-lineare Modell wiedergeben:

$$F_{ij}^{AB} = \eta \, \tau_i^A \, \tau_{ij}^{AB}$$
$$G_{ij}^{AB} = \theta + \lambda_i^A + \lambda_{ij}^{AB} \tag{3.22}$$

Dieses Modell ist ein nicht-hierarchisches Modell, da Gleichung (3.22) nicht den Parameter τ_j^B enthält, obwohl der Parameter τ_{ij}^{AB} einbezogen wurde. Die geschätzten erwarteten Häufigkeiten lassen sich wie folgt bestimmen (Fienberg 1978, Magidson et al. 1981):

$$\begin{aligned}\hat{F}_{11}^{AB} &= f_{1+}^{AB}(f_{11}^{AB}+f_{22}^{AB})/N \\ \hat{F}_{12}^{AB} &= f_{1+}^{AB}(f_{12}^{AB}+f_{21}^{AB})/N \\ \hat{F}_{21}^{AB} &= f_{2+}^{AB}(f_{12}^{AB}+f_{21}^{AB})/N \\ \hat{F}_{22}^{AB} &= f_{2+}^{AB}(f_{11}^{AB}+f_{22}^{AB})/N\end{aligned} \tag{3.23}$$

Durch einige einfache Berechnungen läßt sich zeigen, daß die geschätzten erwarteten Häufigkeiten in (3.23) der Hypothese identischer bedingter Wahrscheinlichkeiten entsprechen: $\hat{F}_{11}^{AB}/\hat{F}_{1+}^{AB} = \hat{F}_{22}^{AB}/\hat{F}_{2+}^{AB}$. Beide Teststatistiken L^2 und X^2 sind für dieses Modell gleich 2,41, was bei nur einem Freiheitsgrad nicht signifikant ist: p = 0,12. Der Unterschied zwischen den zwei bedingten Wahrscheinlichkeiten 0,417 und 0,362 ist also unter statistischen Gesichtspunkten nicht signifikant. Aus Gleichung (3.23) läßt sich weiterhin erkennen, daß die Randhäufigkeit von A exakt reproduziert wird: $\hat{F}_{i+}^{AB} = f_{i+}^{AB}$. Doch obwohl der Effekt τ_{ij}^{AB} in der Gleichung erscheint, reproduziert dieses nicht-hierarchische Modell nicht die beobachteten Häufigkeiten f_{ij}^{AB}.

Für die Berechnung der geschätzten erwarteten Häufigkeiten $\hat{F}_{ij}^{AB}$ der beiden einfachen nicht-saturierten Modelle, d.h. für das Unabhängigkeitsmodell (Gleichung 3.19) und für das nicht-hierarchische Modell (Gleichung 3.22), kann man direkte Formeln, d.h. analytische Lösungen angeben. Wenn solche direkten Schätzungen von F existieren, dann gibt es ebenfalls analytische Lösungen für die Berechnung der Varianz der log-linearen Effekte. Es gibt aber viele nicht-saturierte Modelle, für die analytische Lösungen für $\hat{F}$ oder für die Varianz der Schätzungen nicht existieren. In diesen Fällen müssen die geschätzten erwarteten Häufigkeiten mittels iterativer Verfahren bestimmt werden. Es sind mehrere solcher Verfahren verfügbar, von denen im folgenden zwei, das IPF-Verfahren (engl. iterative proportional fitting) und das Newton-Raphson-Verfahren (NR-Verfahren), eingehender diskutiert werden. Standard-Computerprogramme zur log-linearen Analyse verwenden ausschließlich iterative Verfahren, da diese Verfahren auf alle Modelle anwendbar sind, einschließlich jener, für die direkte Schätzungen existieren.

Das am häufigsten verwendete iterative Verfahren, das sich insbesondere für hierarchische Modelle eignet, ist das *IPF-Verfahren*. Seine Prinzipien werden kurz für ein Modell mit drei Variablen A, B und C ohne Drei-Variablen-Interaktion {AB,AC,BC} beschrieben: Um die geschätzten erwarteten Häufigkeiten zu bestimmen, startet das Verfahren für $\hat{F}_{ijk}^{ABC}$ mit Anfangswerten, die mit $\hat{F}_{ijk}^{ABC}(0)$ bezeichnet werden. Die Anfangswerte können willkürlich ausgewählt sein, wenn auch mit der Einschränkung, daß Effekte, die nicht Teil des Modells sind, auch nicht bei den Anfangswerten auftauchen. In diesem Beispiel lassen sich alle die Anfangswerte $\hat{F}_{ijk}^{ABC}(0)$ verwenden, die die Bedingung $\tau_{ijk}^{ABC} = 1$ erfüllen. Normalerweise werden alle Anfangswerte auf 1 gesetzt:

$$\hat{F}_{ijk}^{ABC} = 1 \text{ für alle i, j, k} \qquad (3.24)$$

Selbstverständlich sind damit weder die geschätzten erwarteten Häufigkeiten $\hat{F}_{ij+}^{ABC}(0)$ gleich den beobachteten Randhäufigkeiten f_{ij+}^{ABC}, wie es das hierarchische Modell {AB,AC,BC} voraussetzt, noch werden die beobachteten Häufigkeiten der kombinierten Variablen AC und BC exakt reproduziert. Der erste Schritt der ersten Iteration erfolgt daher mit dem Ziel, $\hat{F}(0)$ derart anzupassen, daß die beobachtete Häufigkeit AB reproduziert wird, was zu neuen Schätzungen $\hat{F}(1)$ führt. Die Schätzungen $\hat{F}(1)$ werden dann im zweiten Schritt angepaßt, um die beobachtete Häufigkeit der kombinierten Variable AC zu reproduzieren, was zu den Schätzungen $\hat{F}(2)$ führt. Diese werden in einem dritten Schritt schließlich weiter angepaßt, um die beobachtete Häufigkeit BC zu reproduzieren.

$$\hat{F}^{ABC}_{ijk}(1) = \frac{\hat{F}^{ABC}_{ijk}(0)}{\hat{F}^{ABC}_{ij+}(0)} f^{ABC}_{ij+}$$

$$\hat{F}^{ABC}_{ijk}(2) = \frac{\hat{F}^{ABC}_{ijk}(1)}{\hat{F}^{ABC}_{i+k}(1)} f^{ABC}_{i+k} \quad (3.25)$$

$$\hat{F}^{ABC}_{ijk}(3) = \frac{\hat{F}^{ABC}_{ijk}(2)}{\hat{F}^{ABC}_{+jk}(2)} f^{ABC}_{+jk}$$

Auf diese Weise endet die erste Iteration. Mit diesen drei Schritten, in denen die Schätzungen $\hat{F}(0)$ sukzessive angepaßt wurden, um bestimmte beobachtete Randhäufigkeiten zu reproduzieren, werden die anfänglichen Schätzungen durch Verwendung der suffizienten Statistiken des Modells, in diesem Fall f^{AB}_{ij}, f^{AC}_{ik} und f^{BC}_{jk}, verbessert. Am Ende der ersten Iteration sind die erhaltenen Schätzwerte besser, d.h. näher an den endgültigen ML-Schätzungen als zu Beginn der Iteration. Wenn die Teststatistik L^2 auf dieser Stufe berechnet wird, ist L^2 nach Abschluß der ersten Iteration kleiner als zu Beginn derselben.

Wenn direkte Schätzungen der erwarteten Häufigkeiten für ein konkretes Modell existieren, sind die Schätzungen, die mit den Programmschritten des ersten Iterationszyklus gefunden werden, bereits die gesuchten ML-Schätzer. In allen anderen Fällen kann es wie in dem hier behandelten Modell passieren, daß einige Schritte innerhalb der ersten Iteration die Ergebnisse früherer Schritte partiell wieder aufheben. Zum Beispiel reproduziert nach dem ersten Schritt in (3.25) die Schätzung $\hat{F}(1)$ die beobachtete Verteilung AB. Aber dies gilt nicht unbedingt für $\hat{F}(2)$. Es ist dann notwendig, eine zweite Iteration zu starten, die wiederum wie in (3.25) drei Schritte hat, diesmal aber anstelle von $\hat{F}(0)$ $\hat{F}(3)$ als Anfangswerte verwendet. Diese Iterationen werden solange wiederholt, bis die Ergebnisse konvergieren, d.h., bis die Ergebnisse der verschiedenen Iterationen nur noch um einen willkürlich gewählten kleinen Betrag, zum Beispiel 0,01, voneinander abweichen. Die Schätzungen, die man zum Schluß erhält, sind die gewünschten ML-Schätzungen, die, wie benötigt, bestimmte beobachtete Randverteilungen reproduzieren.

Das *Newton-Raphson-Verfahren* wollen wir nicht in der gleichen Ausführlichkeit diskutieren wie das IPF-Verfahren, da dies den Rahmen dieses Buches sprengen würde. Wir wollen jedoch beide Verfahren unter ein paar praktischen Gesichtspunkten miteinander vergleichen, die für log-lineare Analysen von Bedeutung sind. Ein Vorteil von IPF ist z.B., daß es in dem Fall, in dem direkte Schätzungen existieren, nur zwei Iterationen benötigt, um festzustellen, daß die abschließenden Schätzungen am Ende der zweiten Iteration identisch sind mit denen vom Ende der ersten Iteration. Das NR-Verfahren benötigt im allgemeinen mehr Iterationen. Wenn keine direkten Schätzungen vorliegen, benötigt IPF normalerweise mehr Iterationen als NR, da sich jedoch jede Iteration aus einfachen Operationen zusammensetzt, ist die Gesamtberechnungszeit, die von IPF benötigt wird, häufig geringer als die von NR, insbesondere bei großen multivariaten Tabellen.

Auf der anderen Seite besitzt IPF im Vergleich zum NR-Verfahren zwei wesentliche Nachteile. Ein Nachteil von IPF ist, daß es nicht die Standardfehler der Parameterschätzungen bestimmt, während NR die Standardfehler als ein Nebenprodukt seiner Berechnungen mit ausgibt. Aus diesem Grund setzen Programme, die IPF verwenden, üblicherweise die Standardfehler für alle (nicht-saturierten) Modelle mit den Standardfehlern der entsprechenden Effekte des saturierten Modells gleich. Letztere können als obere Grenze der aktuellen Standardfehler aufgefaßt werden. Dies führt zu konservativen Signifikanztests zugunsten der Nullhypothese. Programme, die mit dem NR-Verfahren arbeiten, liefern dagegen die korrekten Schätzungen der Standardfehler.

Der größte Nachteil des IPF-Standardverfahrens ist vielleicht, daß es nur für hierarchische Modelle verwendet werden kann (und für nicht-hierarchische, die mit viel Tricks in hierarchische Modelle überführt werden können, siehe u.a. Magidson et al. 1981). Dies macht Programme, die mit IPF arbeiten, auf der einen Seite sehr benutzerfreundlich: Alles, was der Benutzer hier zu tun hat, ist anzugeben, welche beobachteten Randhäufigkeiten genau zu reproduzieren sind. Dies ist aber gleichzeitig eine wesentliche Einschränkung, da viele Forschungsfragen, die Sozialwissenschaftler beantworten wollen, eine Schätzung nicht-hierarchischer Modelle voraussetzen. Programme, die mit dem NR-Verfahren arbeiten, können dagegen nicht-hierarchische Modelle direkt umsetzen. Darin liegt aber auch gleichzeitig der Grund, warum Programme, die NR verwenden, weniger benutzerfreundlich sind. Die Programmspezifikationen, die der Benutzer vornehmen muß, sind hier komplizierter. Der Benutzer muß Kenntnisse über Designmatrizen haben und benötigt ein Programm, mit dem er komplexere Designmatrizen erstellen kann.

Designmatrizen sind für eine Vielzahl von Analysen eine notwendige Voraussetzung, z.B. um log-lineare Modelle mit linearen Beziehungen zwischen bestimmten Variablen zu schätzen. Im folgenden wird ein sehr einfaches Beispiel einer Designmatrix vorgestellt; weitere Informationen finden sich in Anhang 1. Als Beispiel verwenden wir das saturierte log-lineare Modell für zwei trichotome Variablen. Dieses Modell wird in seiner additiven, logarithmierten Form vorgestellt, da die Funktion der Designmatrizen in dieser Formulierung am besten dargestellt werden kann.

$$G_{ij}^{AB} = \theta + \lambda_i^A + \lambda_j^B + \lambda_{ij}^{AB} \qquad (3.26)$$

Mit Hilfe der Matrixalgebra läßt sich dieses Modell wie folgt definieren:

$$\mathbf{G} = \mathbf{X}\,\lambda \qquad (3.27)$$

wobei **X** die Designmatrix bezeichnet. In ausgeschriebener Form sieht Gleichung (3.27) folgendermaßen aus:

$$\begin{bmatrix} G_{11} \\ G_{12} \\ G_{13} \\ G_{21} \\ G_{22} \\ G_{23} \\ G_{31} \\ G_{32} \\ G_{33} \end{bmatrix} = \begin{bmatrix} 1 & 1 & 0 & 1 & 0 & 1 & 0 & 0 & 0 \\ 1 & 1 & 0 & 0 & 1 & 0 & 1 & 0 & 0 \\ 1 & 1 & 0 & -1 & -1 & -1 & -1 & 0 & 0 \\ 1 & 0 & 1 & 1 & 0 & 0 & 0 & 1 & 0 \\ 1 & 0 & 1 & 0 & 1 & 0 & 0 & 0 & 1 \\ 1 & 0 & 1 & -1 & -1 & 0 & 0 & -1 & -1 \\ 1 & -1 & -1 & 1 & 0 & -1 & 0 & -1 & 0 \\ 1 & -1 & -1 & 0 & 1 & 0 & -1 & 0 & -1 \\ 1 & -1 & -1 & -1 & -1 & 1 & 1 & 1 & 1 \end{bmatrix} \times \begin{bmatrix} \theta \\ \lambda_1^A \\ \lambda_2^A \\ \lambda_1^B \\ \lambda_2^B \\ \lambda_{11}^{AB} \\ \lambda_{12}^{AB} \\ \lambda_{21}^{AB} \\ \lambda_{22}^{AB} \end{bmatrix} \qquad (3.28)$$

Die Designmatrix legt fest, in welcher Verbindung die (logarithmierten) erwarteten Häufigkeiten zu den log-linearen Effekten stehen. (Wie in Kapitel 2 und 5 erläutert, entsprechen die Einträge in den Spalten der Designmatrix den Werten von Dummyvariablen, die man in Regressionsmodellen verwendet, um die Effekte nominalskalierter unabhängiger Variablen zu kodieren; vgl. auch die in Abschnitt 3.10 genannte Literatur.) Zum Beispiel läßt sich die Gleichung für G_{11} dadurch bestimmen, daß man die Elemente der ersten Zeile von **X** mit den entsprechenden Elementen des Effektvektors λ multipliziert und die Produkte addiert:

$$G_{11} = (1)\theta + (1)\lambda_1^A + (0)\lambda_2^A + (1)\lambda_1^B + (0)\lambda_2^B + (1)\lambda_{11}^{AB} + (0)\lambda_{12}^{AB} + (0)\lambda_{21}^{AB} + (0)\lambda_{22}^{AB}$$

$$G_{11} = \theta + \lambda_1^A + \lambda_1^B + \lambda_{11}^{AB}$$

Erinnert man sich daran, daß sich die log-linearen Effekte über jeden Index zu 0 aufsummieren, dann ergibt sich die Gleichung für G_{13} wie folgt:

$$G_{13} = (1)\theta + (1)\lambda_1^A + (0)\lambda_2^A + (-1)\lambda_1^B + (-1)\lambda_2^B + (-1)\lambda_{11}^{AB} + (-1)\lambda_{12}^{AB} + (0)\lambda_{21}^{AB} + (0)\lambda_{22}^{AB}$$

$$G_{13} = \theta + \lambda_1^A - (\lambda_1^B + \lambda_2^B) - (\lambda_{11}^{AB} + \lambda_{12}^{AB}) = \theta + \lambda_1^A + \lambda_3^B + \lambda_{13}^{AB}$$

Durch entsprechende Spezifikation der Designmatrix können Effekte ausgelassen oder miteinander gleichgesetzt werden, es können lineare oder parabolische Effekte erzeugt werden, andere Parametrisierungen, zum Beispiel Dummy-Kodierung anstelle von Effektkodierung, können gewählt werden usw. Wenn man weiß, wie mit Designmatrizen umzugehen ist, lassen sich ohne Schwierigkeiten alle möglichen hierarchischen und nicht-hierarchischen Modelle definieren und deren Parameter schätzen. Gleichzeitig gilt aber auch: Je flexibler Computerprogramme sind und je leichter es damit wird, eine große Anzahl von Modellen zu spezifizieren, desto schwieriger wird es, das „richtige" Modell auszuwählen. Der nächste Abschnitt gibt dazu ein paar Hilfestellungen.

3.5 Test und Anpassung nicht-saturierter Modelle

Es ist das Ziel der meisten Verfahren der Modellselektion, das „wahre" oder tatsächliche Modell zu bestimmen, d.h. das Modell der Population, das die beobachteten Daten generiert hat. In dieser Hinsicht kann das ausgewählte Modell aus zwei Gründen falsch sein. Es kann zu viele Parameter enthalten, d.h. Parameter, die nicht Teil des Populationsmodells sind, oder es kann zu wenige Parameter enthalten, d.h. Parameter, die im Populationsmodell auftreten, wurden aus dem ausgewählten Modell ausgeschlossen. Im ersten Fall hat man ein Problem der *Überanpassung*, im zweiten Fall dagegen ein Problem der *Unteranpassung*. Der größte Teil der Literatur zum Thema Modellselektion ist der Frage gewidmet, wie sich Fehler der Über- und Unteranpassung vermeiden lassen. In diesem Abschnitt sollen lediglich ein paar wesentliche Punkte dieser Diskussion wiedergegeben werden.

Es kann nicht genug betont werden, daß theoretische Überlegungen eine zentrale Rolle bei der Modellselektion spielen sollten. Auch bei explorativen Analysen, wo nur Statistiken zu bestimmen scheinen, welches Modell auszuwählen ist, sind theoretische Überlegungen mindestens ebenso wichtig. Unter ausschließlich statistischen Gesichtspunkten lassen sich nämlich oft hunderte von verschiedenen Modellen für einen bestimmten Datensatz formulieren, von denen viele in gleich guter Weise zu den Daten passen. Welche Modelle tatsächlich berücksichtigt werden und welches der gut passenden Modelle schließlich als das richtige ausgewählt wird, hängt in großem Ausmaß von theoretischen Interessen und Interpretationen ab. Die Bedeutung theoretischer

Auswahlkriterien wird sogar noch größer, wenn man feststellt, daß viele Teststatistiken nicht immer dieselbe Antwort geben und daß wir uns darüber hinaus häufig auf die Ergebnisse statistischer Testverfahren verlassen, deren Anwendung nicht immer begründet werden kann. Im folgenden werden wir uns hauptsächlich mit Statistik befassen, doch wird diese Diskussion klar machen, wie überaus wichtig gute inhaltliche Kriterien sind.

Zunächst soll ein kurzer Überblick über die Testverfahren präsentiert werden, die verwendet werden können, wenn der Forscher sehr klare Vorannahmen über die Beziehungen zwischen den Variablen in der Population hat. Nach diesem Lehrbuchbeispiel der Modellselektion wird der entgegengesetzte Fall diskutiert, in dem der Forscher keine oder nur sehr vage Vorstellungen über die Beziehungen zwischen den Variablen hat. Im Anschluß daran sollen Elemente aus diesen beiden Extremfällen kombiniert werden, um zu zeigen, wie eine Datenanalyse durchzuführen ist, die man als theoriegeleitete Datenexploration bezeichnen könnte. Aus diesen Diskussionen wird deutlich werden, daß die üblichen Teststatistiken und -verfahren von nur beschränktem Nutzen sind. Dies gab Anlaß für die Entwicklung alternativer deskriptiver Maße der Modellanpassung und zu verschiedenen Ansätzen für die Modellselektion, die wir im letzten Teil dieses Abschnitts besprechen.

Die Modellselektion stellt den Forscher dann vor keine besonderen Schwierigkeiten, wenn er oder sie explizite Vorannahmen über die Beziehungen in der Population hat. Wenn die theoretischen Erwartungen also zu einem bestimmten nicht-saturierten Modell führen, verwendet man einfach die Standard-Teststatistiken (Gleichung 3.21), um die empirische Validität des postulierten Modells zu überprüfen. Wenn rivalisierende Theorien existieren, die nicht nur zu einem, sondern zu mehreren Modellen führen, und man wissen möchte, welches von diesen von den Daten unterstützt wird, dann kann man *konditionale L²-Tests* verwenden, vorausgesetzt, die rivalisierenden Theorien lassen sich in Modelle übersetzen, die hierarchisch aufeinander aufbauen, d.h., daß sich ein Modell dadurch ergibt, daß man entsprechende Restriktionen für die Parameter eines anderen Modells einführt. Als Beispiel wollen wir drei nicht-saturierte Modelle für Tabelle ABD verwenden.

$$\text{Modell } M_1 \{A, B, D\}: \quad F_{ij\ell} = \eta \, \tau_i^A \, \tau_j^B \, \tau_\ell^D$$

$$\text{Modell } M_2 \{AB, D\}: \quad F_{ij\ell} = \eta \, \tau_i^A \, \tau_j^B \, \tau_\ell^D \, \tau_{ij}^{AB} \qquad (3.29)$$

$$\text{Modell } M_3 \{AB, AD, BD\}: \quad F_{ij\ell} = \eta \, \tau_i^A \, \tau_j^B \, \tau_\ell^D \, \tau_{ij}^{AB} \, \tau_{i\ell}^{AD} \, \tau_{j\ell}^{BD}$$

Für die Daten in Tabelle 3.2 impliziert das erste Modell, daß die Variablen Alter (A), Konfession (B) und Wahlbeteiligung (D) alle voneinander unabhängig sind. Das zweite Modell besagt, daß Alter und Konfession zwar zueinander in Beziehung stehen, die Wahlbeteiligung aber von keinem dieser beiden abhängt. Im dritten Modell stehen alle drei Variablen in direkten Beziehungen zueinander, aber die Drei-Variablen-Interaktion fehlt. Die drei Modelle in (3.29) sind hierarchisch in dem Sinne, daß Modell M_2 lediglich eine Teilmenge der Parameter von Modell M_3 enthält, wie auch Modell M_1 nur solche Parameter enthält, die bereits in Modell M_2 vorkommen. Modell M_1 ist im Hinblick auf Modell M_2 ein restringiertes Modell, und Modell M_2 ist wiederum im Hinblick auf Modell M_3 ein restringiertes Modell.

Wenn Modelle auf diese Weise hierarchisch angeordnet sind, lassen sie sich dadurch gegeneinander testen, daß man die gewöhnlichen L²-Statistiken für das restringierte M_r und das nicht-restringierte Modell M_u (L_r^2 bzw. L_u^2) berechnet und dann voneinander subtrahiert, um die konditionale Teststatistik $L_{r/u}^2$ zu erhalten:

$$L_{r/u}^2 = L_r^2 - L_u^2 = 2 \sum_i \sum_j [f_{ij} \ln(\hat{F}_{ij-u}/\hat{F}_{ij-r})]$$

$$df_{r/u} = df_r - df_u$$
(3.30)

wobei sich der Index r auf das restringierte Modell M_r und der Index u auf das nicht-restringierte Modell M_u bezieht. Wenn das restringierte Modell für die Population gültig ist, nähert sich $L_{r/u}^2$ unter der Voraussetzung, daß das nicht-restringierte Modell näherungsweise zutrifft, asymptotisch bei $df_{r/u}$ Freiheitsgraden der χ^2-Verteilung an. Bei Verwendung der konditionalen Teststatistik $L_{r/u}^2$ wird die Nullhypothese, daß das restringierte Modell in der Population zutrifft, gegen die Alternativhypothese überprüft, in der das nicht-restringierte (aber auch nicht-saturierte) Modell angenommen wird. Dies unterscheidet den konditionalen Test von dem globalen (nicht-konditionalen) Test (vgl. Gleichung 3.21), bei dem L^2 die gleiche Nullhypothese testet, nämlich, daß das restringierte Modell zutrifft, jedoch mit der Alternativhypothese, daß das saturierte Modell richtig ist. Wenn ein konditionaler Test verwendet wird, bedeutet eine Ablehnung der Nullhypothese, daß das nicht-restringierte Modell zutrifft. Wenn hingegen ein globaler Test verwendet wird, bedeutet eine Ablehnung des restringierten Modells, daß das saturierte Modell als zutreffend zu akzeptieren ist. Man könnte sagen, daß $L_{r/u}^2$ die Hypothese testet, daß die erwarteten Häufigkeiten des restringierten und nicht-restringierten Modells gleich sind ($F_r = F_u$) und daß die Differenzen zwischen $\hat{F}_r$ und $\hat{F}_u$ lediglich das Resultat von Stichprobenschwankungen sind. Auf diese Weise testet $L_{r/u}^2$ die Signifikanz der zusätzlichen Restriktionen, die in dem restringierten Modell verglichen mit dem nicht-restringierten Modell eingeführt wurden.

Angenommen, Modell M_3 in (3.29) ist näherungsweise für die Population gültig, dann testet $L_{2/3}^2$ die Hypothese, daß $\tau_{i\ell}^{AD} = \tau_{j\ell}^{BD} = 1$ für die Population gilt (Fenech und Westfall 1988). Geht man davon aus, daß in der Population keine Drei-Variablen-Interaktion zwischen Alter (A), Konfession (B) und Wahlbeteiligung (D) besteht, alle anderen Effekte niederer Ordnung jedoch existieren, dann kann man $L^2_{2/3}$ dazu verwenden, um zu überprüfen, ob die direkten Effekte von Alter und Konfession auf die Wahlbeteiligung signifikant sind.

Tests einer solchen Hypothese innerhalb eines restringierteren Modells haben eine größere Teststärke als ein Test derselben Hypothese innerhalb eines weniger restringierten Modells. Im allgemeinen gilt, daß konditionale Tests globalen Tests vorzuziehen sind, da der konditionale Test eines konkreten restringierten Modells gegen ein weniger restringiertes, aber ebenfalls nichtsaturiertes Alternativmodell eine größere Teststärke hat als der globale Test desselben restringierten Modells gegen das saturierte Modell. Ein weiterer Vorteil des konditionalen L^2-Tests ist, daß die Annäherung an die theoretische χ^2-Verteilung unter recht allgemeinen Bedingungen zufriedenstellend ist, selbst unter Bedingungen, in denen die Annäherung für globale Tests problematisch ist, wie etwa bei gering besetzen Tabellen.

Eng verbunden mit den konditionalen Testverfahren ist die *Zerlegung* von L^2. Die Teststatistik L^2 für Modell M_1 in (3.29) kann folgendermaßen zerlegt werden:

$$L^2_1 = (L^2_1 - L^2_2) + (L^2_2 - L^2_3) + L^2_3 = L^2_{1/2} + L^2_{2/3} + L^2_3 \qquad (3.31)$$

Das Ausmaß, in dem die geschätzten erwarteten Häufigkeiten von Modell M_1, dem am stärksten restringierten Modell, von den beobachteten Häufigkeiten abweichen, wird durch L^2_1 gemessen. Diese Diskrepanz läßt sich in die drei Komponenten $L^2_{1/2}$, $L^2_{2/3}$ und L^2_3 aufteilen. Die Teststatistik $L^2_{1/2} = L^2_1 - L^2_2$ zeigt, in welchem Ausmaß diese Diskrepanz durch Hinzufügen von τ^{AB}_{ij} zu Modell M_1 reduziert werden kann. $L^2_{2/3} = L^2_2 - L^2_3$ mißt, wie diese Diskrepanz durch Hinzufügen der Parameter $\tau^{AD}_{i\ell}$ und $\tau^{BD}_{j\ell}$ weiter reduziert werden kann. L^2_3 wird schließlich verwendet, um zu überprüfen, ob es notwendig ist, den Drei-Variablen-Effekt $\tau^{ABD}_{ij\ell}$ zu berücksichtigen, um die beobachteten Häufigkeiten in zufriedenstellender Weise zu reproduzieren.

In der bisherigen Diskussion wurde vorausgesetzt, daß der Forscher explizite Vorannahmen über die Realität hat, die zur Formulierung von einem oder einigen nicht-saturierten Modellen führen. Dies ist die klassische Lehrbuchsituation. Man verwendet die statistische Testtheorie, um zu sehen, ob die Hypothesen im Lichte der Daten akzeptabel sind oder nicht. Doch selbst in diesem Fall kann die Modellselektion problematisch sein. Die Standard-Chi-Quadrat-Tests sind Gesamttests, durch die lediglich bestimmte theoretische Erwartungen überprüft werden. Man überprüft, ob bestimmte Effekte in der Population abwesend sind oder nicht, ob bestimmte Effekte untereinander oder mit einer bestimmten Konstante identisch sind oder ob die Beziehungen zwischen Variablen eine bestimmte, z.B. lineare Form haben. Wenn das Modell nicht zurückgewiesen werden muß, sind die Hypothesen des Forschers in dem Ausmaß bestätigt, soweit es sich um diese Restriktionen handelt. Wenn man die geschätzten erwarteten Häufigkeiten eines solchermaßen akzeptierten Modells berechnet und daraus die Effektparameter schätzt, kann es aber trotzdem der Fall sein, daß man noch Diskrepanzen zwischen Theorie und Daten entdeckt. Unter theoretischen Gesichtspunkten hat man vielleicht angenommen, daß bestimmte Beziehungen zwischen Variablen positiv, andere hingegen negativ sind oder daß bestimmte Beziehungen stärker sind als andere. Bei einigen dieser Erwartungen kann sich nun herausstellen, daß sie nicht zutreffen. Darüber hinaus können die z-Werte zeigen, daß einige der Effekte, die als signifikant angenommen wurden, nicht signifikant sind. Alle diese Ergebnisse können immer noch zur Zurückweisung des postulierten Modells und zu einer Exploration anderer Modelle führen (siehe unten).

Unter praktischen Gesichtspunkten sollte man auch berücksichtigen, daß die statistischen Testverfahren nur dann gut arbeiten, wenn der Stichprobenumfang nicht zu groß und nicht zu klein ist. Eine sehr *große Stichprobe* kann dazu führen, daß alle Effekte im saturierten Modell signifikant werden, selbst solche, die nur sehr klein und ohne substantielle Bedeutung sind. Auf diese Weise kann es zu einer Zurückweisung aller nicht-saturierten Modelle kommen. Dieses Problem, das in enger Verbindung zum Problem der Überanpassung steht, kann vermieden werden, indem Modelle nicht nur auf Grundlage ihrer statistischen Signifikanz, sondern auch unter Berücksichtigung der Größe ihrer Effekte ausgewählt werden. Wenn ein bestimmtes nicht-saturiertes Modell auf Basis der Testergebnisse zurückzuweisen ist, eine Hinzufügung weiterer Parameter die Schätzungen derjenigen Parameter, die sich bereits im Modell befinden, jedoch nicht ändert und die hinzugefügten Parameter selbst sehr klein sind, dann sollte dieses Modell (trotzdem) akzeptiert werden. Nur wenn sich die Schätzung der im Modell befindlichen Parameter wesentlich ändert, sollte es in Übereinstimmung mit den Testergebnissen zurückgewiesen werden.

Kleine Stichproben verursachen größere Schwierigkeiten. Zusätzlich zu dem Problem, daß nicht zu erwarten ist, daß X^2 und L^2 in kleinen Stichproben der χ^2-Verteilung folgen, gibt es hier die Schwierigkeit, daß Tests, die auf kleinen Stichproben beruhen, nur eine geringe Teststärke besitzen. Dies ist genau der umgekehrte Fall großer Stichproben: Selbst große Effekte, die in der Population existieren, werden als nicht signifikant ausgewiesen (das Problem der Unteranpassung). Wenn also die Gefahr, fälschlicherweise die Nullhypothese zu akzeptieren (Fehler zweiter Art), groß ist und als Folge davon die Teststärke gering, kann es besser sein, nicht zwischen Null- und Alternativhypothese zu entscheiden, sondern sich solange eines Urteils zu enthalten, bis neue Anhaltspunkte vorliegen. Ganz allgemein sollte die Teststärke der Testverfahren wesentlich mehr beachtet werden, als es bisher getan wurde.

Zusammengefaßt kann man also sagen, daß auch die Situation, in der der Forscher definitive Hypothesen hat, sicherlich nicht ohne Schwierigkeiten ist. Situationen, in denen keine klar vorgefaßten Hypothesen vorliegen, sind demgegenüber noch komplizierter. Wenn präzise Hypothesen fehlen, exploriert der Forscher die Daten auf der Suche nach einem Modell, das unter theoretischen Gesichtspunkten sinnvoll interpretiert werden kann und das die Daten mit so wenig Parametern wie möglich beschreibt. Im Prinzip sollte die Anpassung des Modells, das schließlich ausgewählt wird, durch Hinzufügung weiterer Parameter nicht mehr signifikant verbessert werden können, bei Auslassung einiger seiner Parameter aber wesentlich schlechter werden.

Neben theoretischen Überlegungen ist das Leitprinzip explorativer Auswahlverfahren das *Prinzip der Sparsamkeit*. Bei einer gegebenen Genauigkeit sollte eine weniger komplexe Erklärung der Daten einer komplexeren Erklärung und ein Modell mit weniger Parametern einem Modell mit mehr Parametern vorgezogen werden (ceteris paribus), weil uns einfache Modelle nach Popper mehr Informationen über den Zustand der Welt geben, da sie mehr mögliche Zustände der Welt ausschließen als komplexe Modelle. Einfache Modelle besitzen eine größere Chance, zurückgewiesen zu werden, und haben daher einen höheren Grad an Falsifizierbarkeit (Popper 1959: Kapitel 7, Mulaik et al. 1989). Aufgrund der Bedeutung des Falsifikationskonzeptes in der Wissenschaft ist Sparsamkeit eine wünschenswerte Eigenschaft und nicht nur ein ästhetisch gefälliges Merkmal eines Modells.

Die meisten vorgeschlagenen Strategien für eine explorative Modellauswahl laufen auf gemischte Versionen einer Vorwärts- und Rückwärtsselektion hinaus. Im Falle der *Vorwärtsselektion* beginnt die Datenexploration mit einem sehr sparsamen Modell, d.h. mit einem Modell, in dem alle Variablen voneinander unabhängig sind. Wenn dieses Modell auf Basis der Teststatistiken abgelehnt werden muß, versucht man, durch sukzessive Hinzufügung weiterer Parameter ein Modell zu finden, das so wenig Parameter wie möglich hat, aber auf Grundlage der (kondionalen) Tests nicht zurückgewiesen werden muß. Auf der Suche nach diesem gut angepaßten, sparsamen Modell wird von verschiedenen Statistiken Gebrauch gemacht, insbesondere von der kondionalen Teststatistik $L^2_{r/u}$ und den Residualhäufigkeiten ($f_{ij} - \hat{F}_{ij}$).

Obwohl einige praktische Erfahrungen notwendig sind, kann eine genaue Analyse der *Residualhäufigkeiten*, insbesondere der Vorzeichen der Residuen, Hinweise darauf geben, wo und warum ein bestimmtes Modell nicht auf die Daten paßt und welche Parameter fruchtbar in das Modell aufgenommen werden können (Hagenaars 1988, 1993: 29). Meistens werden nicht die Residuen ($f_{ij} - \hat{F}_{ij}$) verwendet, da die Größe dieser Residuen ihrerseits zu sehr von der Größe der Zellhäufigkeiten abhängt. Die am häufigsten verwendete Variante sind die *standardisierten Residuen* $(f_{ij} - \hat{F}_{ij})/\sqrt{\hat{F}_{ij}}$. Wenn man diese Größe quadriert und sie über alle Zellen summiert, ergibt dies X^2. Darüber hinaus kann man *korrigierte Residuen* berechnen: Residuen, die durch ihre geschätzten Standardabweichungen dividiert werden. Wenn das Modell für die Population zutrifft, nähert sich die Verteilung der korrigierten Residuen der Standardnormalverteilung an, wobei die Annäherung wahrscheinlich dann gegeben ist, wenn jede erwartete Zellhäufigkeit mindestens 25 beträgt.

Verfahren der *Rückwärtsselektion* arbeiten in entgegengesetzter Richtung: Man beginnt mit dem saturierten Modell und schließt Schritt für Schritt bestimmte Parameter aus, d.h., man versucht ein sparsameres Modell zu finden, das den Daten entsprechend den L^2-Tests immer noch angepaßt ist. Um zu bestimmen, welche Effekte eliminiert werden können, verwendet man üblicherweise die z-Werte $z = \hat{\lambda}/\hat{\sigma}_{\hat{\lambda}}$. Da die gleichzeitige Elimination aller nichtsignifikanten standardisierten Effekte zu einem Modell führen kann, das den Daten nicht angepaßt ist, bestimmen in letzter Instanz (konditionale) L^2-Tests, welches Modell akzeptabel ist und welche Parameter des saturierten Modells vernachlässigt werden können.

Das Hauptproblem dieser rein statistischen Suchverfahren ist, daß deren Ergebnisse davon abhängen können, welches konkrete Vorwärts- oder Rückwärtsselektionsverfahren resp. welche Kombination derselben verwendet wurde. Wie oben angemerkt, läßt sich in der Regel eine große Anzahl von Modellen finden, die zu den Daten gleich gut paßt. Je nach Suchverfahren gelangt man zu einem dieser Modelle, aber ein anderes Suchverfahren kann zu einer anderen Wahl führen, und innerhalb dieses statistischen Ansatzes gibt es keinen Weg zu entscheiden, welches Modell das tatsächliche Populationsmodell repräsentiert. Die Gefahr der Über- oder Unteranpassung ist also groß. Die beste Möglichkeit, das tatsächliche Populationsmodell ausfindig zu machen und die Gefahr der Über- oder Unteranpassung zu verringern, besteht darin, Modelle aus sozialwissenschaftlichen Theorien abzuleiten, die an verschiedenen Stellen in solider Weise empirisch bestätigt wurden. Glücklicherweise ist man nur selten oder nie gänzlich ohne theoretische Annahmen, wenn man eine Untersuchung durchführt. Wenn man dies im Gedächtnis behält, können die folgenden Leitlinien hilfreich sein.

- In jedem Schritt des Suchprozesses sollte von allen verfügbaren theoretischen Einsichten Gebrauch gemacht werden.
- Um Tests mit großer Teststärke zu erhalten und die Probleme der Unteranpassung zu vermeiden, sollte der Stichprobenumfang so groß wie möglich sein. Idealerweise sollte man vorher feststellen, welche Größe der Effektparameter bei gegebenem Stichprobenumfang noch durch die Tests entdeckt werden kann.
- Wenn bei einem bestimmten Schritt das Suchverfahren in verschiedene, theoretisch plausible Richtungen fortgeführt werden kann, ist es am besten, sie alle zu versuchen. Wenn sich dann verschiedene theoretisch gehaltvolle Modelle ergeben, die zu den Daten gleich gut passen, sollte sich der Forscher eines Urteils enthalten und für eine Entscheidung zwischen den rivalisierenden Modellen nach zusätzlicher empirischer und theoretischer Evidenz suchen. Er oder sie sollten jedoch vorher sicherstellen, daß sich die rivalisierenden Modelle wirklich unterscheiden, d.h.,

daß die Effekte, die in dem einen und nicht in dem anderen Modell auftauchen, nicht zu klein sind und unter inhaltlichen Gesichtspunkten nicht zu vernachlässigen sind. Eine ausschließliche Beachtung der statistischen Signifikanz führt häufig dazu, daß die Größe der Effekte unbeachtet bleibt.
- Soweit möglich sollte man die Stichprobe in zwei zufällige Teilstichproben aufteilen. Die erste wird für das Suchverfahren verwendet, dessen Ergebnisse dann auf die zweite Teilstichprobe angewendet werden, um zu sehen, ob das Modell nach wie vor paßt und die verwendeten Effekte signifikant bleiben. Diese Kreuzvalidierung ist eine besonders nützliche Strategie, um Überanpassung zu vermeiden. Wenn während des Suchprozesses sowohl für die Formulierung als auch für die Überprüfung der Hypothesen immer wieder dieselben Daten verwendet werden, ist die Gefahr relativ hoch, daß bestimmte Effekte (höherer Ordnung) nur für die konkrete Stichprobe gelten und anstelle systematischer Varianz nur Stichprobenvarianz erklären.
- Wenn man sowohl dem Prinzip der theoretischen Plausibilität als auch dem Prinzip der Sparsamkeit folgen will, ist es sinnvoll, das Selektionsverfahren mit dem sparsamsten Modell zu beginnen, das theoretisch plausibel ist.
- Wenn dieses Ausgangsmodell zurückgewiesen werden muß, werden Effekte einzeln hinzugefügt, und zwar auf Grundlage theoretischer Überlegungen und der Inspektion der Residualhäufigkeiten.
- Wenn auf einer bestimmten Stufe des Auswahlprozesses ein Modell nicht mehr zurückgewiesen werden muß, sollte man die Suche nach einem besseren Modell noch ein bißchen weiterführen, um die Gefahr, wichtige Effekte zu übersehen, zu minimieren.
- Wenn man ein Modell akzeptiert hat, muß man versuchen, nicht signifikante Effekte zu eliminieren, um so zu einem sparsameren, jedoch noch immer gut angepaßten Modell zu gelangen. Grundlage dieses Vorgehens sollten dabei theoretische Überlegungen und statistische Kriterien (z-Werte) sein.

Das endgültige Modell kann dann noch immer nicht das tatsächliche Populationsmodell sein, jedoch sollte die aufmerksame Anwendung der genannten Prinzipien unsere Chancen optimieren, dieses zu finden.

Üblicherweise stützen sich die skizzierten Datenexplorationen stark auf die Ergebnisse verschiedener statistischer Tests, d.h. auf die Signifikanzniveaus, welche auf Grundlage der korrigierten Residuen, der standardisierten Effekte und insbesondere der konditionalen und globalen L^2-Statistiken erreicht wurden. Streng genommen ist es jedoch nicht erlaubt, Testverfahren für explorative Zwecke zu verwenden. Dabei wird nämlich eine große Anzahl von Tests eingesetzt, die nicht voneinander unabhängig sind, und was noch wichtiger ist, die *ex post facto* angewendet werden, also nach Inspektion der Daten. In diesem Fall ist es unmöglich, die Wahrscheinlichkeit des Fehlers erster und zweiter Art zu bestimmen, d.h. zu bestimmen, welche Risiken wir eingehen, wenn wir ein bestimmtes Modell akzeptieren oder zurückweisen. Aitkin (1980) hat u.a. einen formalen Simultan-Test vorgestellt, der auf das gesamte Selektionsverfahren angewandt werden kann (inkl. der Überprüfung von Modellen, die nach der Inspektion der Daten spezifiziert werden). Diese Art von Testverfahren beinhaltet jedoch unserer Ansicht nach eine zu rigide und automatische Anwendung statistischer Entscheidungsregeln. Darüber hinaus ist die Wahrscheinlichkeit, eine spezielle Nullhypothese fälschlicherweise zu akzeptieren, bei so einem Simultan-Test üblicherweise sehr groß.

Deshalb wurde vorgeschlagen, die Annahme oder Ablehnung eines bestimmten Modells nicht mit Hilfe der Signifikanzniveaus zu entscheiden, die bei statistischen Tests erreicht werden, sondern mit Hilfe der L^2- oder X^2-Werte selbst. In diesem Fall werden L^2 und X^2 als rein *deskriptive Maße* der Diskrepanz zwischen einem Modell und der empirischen Realität, zwischen den geschätzten erwarteten und den beobachteten Häufigkeiten verwendet. Einige dieser deskriptiven Maße sollen im folgenden diskutiert werden. Wenn man L^2 und X^2 als deskriptive Maße verwendet, gibt es zwei Probleme. Eines besteht in der Abhängigkeit ihrer Größe vom Stichprobenumfang N. Das andere und wichtigere Problem ist das Fehlen einer klaren Demarkationslinie, um akzeptable von nicht akzeptablen Modellen zu unterscheiden, vergleichbar etwa (der konventionellen Linie) p<0,05 bei Signifikanztests. Die Hinzufügung von Parametern zu einem Modell führt ja zu kleineren Werten bei L^2 und X^2 und das „beste" Modell wäre danach immer das saturierte Modell mit $L^2=X^2=0$.

Die erste Schwierigkeit kann dadurch behoben werden, daß man L^2 und X^2 auf Grundlage der relativen Häufigkeiten berechnet, d.h. auf Grundlage von p und $\hat{\pi}$, oder, was auf dasselbe hinausläuft, daß man die berechneten Teststatistiken in der üblichen Weise durch N dividiert. Diese Statistik wird als *Effektgröße* e bezeichnet. Unter Verwendung von L^2 ergibt sich:

$$e = L^2/N$$
$$w = \sqrt{e}$$
(3.32)

Die Effektgröße e spielt eine wichtige Rolle bei der Bestimmung der Teststärke konditionaler und globaler Chi-Quadrat-Tests. Sie kann aber auch in einem rein deskriptiven Kontext verwendet werden. Cohen (1977) empfiehlt, mit $w = \sqrt{e}$ zu arbeiten, das in einer 2×2-Tabelle gleich dem Assoziationskoeffizienten Φ ist, wenn es auf dem Chi-Quadrat-Unabhängigkeitstest basiert (Hays 1981: 556). Eine mögliche Demarkationslinie könnte dann sein: Wenn w größer ist als 0,10, dann besteht eine erhebliche Diskrepanz zwischen dem Modell und den Daten, und das Modell muß im Falle konditionaler Tests zugunsten des weniger restringierten nicht-saturierten Modells zurückgewiesen werden, im Falle globaler Tests dagegen zugunsten des saturierten Modells. Natürlich ist eine blinde Anwendung dieser Demarkationslinie ohne Berücksichtigung der theoretischen Plausibilität des Modells genauso schlecht wie die blinde Anwendung des Signifikanzniveaus $\alpha = 0{,}05$.

Vergleiche zwischen Modellen auf der Basis von L^2 oder X^2, welche die Anzahl der Parameter berücksichtigen, sind unter Verwendung der F-Statistiken möglich. Für L^2 ergibt sich

$$F = \frac{L^2}{df} \qquad (3.33)$$

F kann wie eine genuine Teststatistik behandelt werden, da es näherungsweise der F-Verteilung folgt mit den Freiheitsgraden $df_1 = df$ und $df_2 = \infty$, wenn das Modell zutrifft. Wenn das Modell zutrifft, dann entspricht sein erwarteter Wert 1, weil der erwartete Wert für L^2 gleich der Anzahl der Freiheitsgrade ist. Modelle mit Werten nahe 1 sind deshalb Modellen mit größeren F-Werten vorzuziehen. Zwar äußert Wheaton (1987) ernsthafte Zweifel an der Brauchbarkeit von F, jedoch berücksichtigt F als deskriptives Maß, daß eine hinreichende Anpassung sowohl mit kleinen Diskrepanzen zwischen erwarteten und beobachteten Häufigkeiten zu tun hat als auch mit der Anzahl der Parameter, die benötigt werden, um kleine Diskrepanzen zu erzielen, d.h. mit der Komplexität des Modells.

Goodmann (1972a,b) entwickelte mehrere Maßzahlen, um zwischen hierarchisch angeordneten Modellen wählen zu können (und verglich diese etwas mißverständlich mit partiellen und multiplen Korrelationskoeffizienten). Die allgemeine Form dieser Maßzahlen lautet auf der Basis der L^2- bzw. der e-Statistik:

$$R' = \frac{L_r^2 - L_u^2}{L_r^2} = \frac{e_r - e_u}{e_r} \qquad (3.34)$$

Hohe Werte für R' besagen, daß die zusätzlichen Effekte, die das nicht restringierte Modell M_u relativ zu dem restringierten Modell M_r enthält, einen beträchtlichen Anteil der Diskrepanzen erklären, die zwischen den erwarteten Häufigkeiten des restringierten Modells und den beobachteten Häufigkeiten existieren. Hohe Werte für R' (nahe an 1) legen daher nahe, das nicht-restringierte Modell zu akzeptieren; niedrige Werte (nahe 0) geben dagegen dem restringierten Modell den Vorzug.

Der Nachteil von R' ist, daß es nicht die Komplexität des Modells in Betracht zieht, d.h. die Anzahl der zusätzlichen Parameter. Bonett und Bentler (1983) haben deshalb zwei Varianten von R' empfohlen, die auf der F-Statistik basieren und von denen die folgende am brauchbarsten zu sein scheint:

$$\hat{\delta} = \left(\frac{L_r^2}{df_r} - \frac{L_u^2}{df_u} \right) \bigg/ \frac{L_r^2}{df_r} = \frac{F_r - F_u}{F_r} \qquad (3.35)$$

Niedrige Werte für $\hat{\delta}$ weisen darauf hin, das restringierte Modell zu wählen, während hohe Werte das nicht restringierte Modell nahelegen. Während R' mit der Anzahl zusätzlicher Parameter immer höhere Werte annimmt, ist dies bei $\hat{\delta}$ nicht der Fall. Der Koeffizient $\hat{\delta}$ kann sogar negativ werden, wenn die Reduktion in L^2 durch den Verlust an Freiheitsgraden aufgewogen wird. Üblicherweise wird $\hat{\delta}$ um vieles kleiner sein als R', so daß in jedem Fall gilt $\hat{\delta} \leq R'$. Um zwischen Modellen zu wählen, scheint $\hat{\delta}$ von größerem praktischen Nutzen zu sein als R'.

Das Ziel der oben beschriebenen Selektionsverfahren ist, mit Hilfe deskriptiver und/oder inferenzstatistischer Maßzahlen das tatsächliche Populationsmodell zu finden, d.h. das Modell, das die beobachteten Daten generiert hat. Akaike (1973, 1987) hat demgegenüber einen etwas anderen Ansatz der Modellselektion entwickelt, wobei er die Annahme eines wahren Modells aufgibt und versucht, Modellselektion und -evaluation durch Verwendung informationstheoretischer Ansätze zu integrieren. Seine Schätzverfahren sind mit den üblichen ML-Verfahren identisch, jedoch unterscheidet sich das von ihm vorgeschlagene Kriterium der Modellselektion. Aus einer Menge miteinander konkurrierender Modelle, die nicht notwendigerweise hierarchisch angeordnet sein müssen, soll danach das beste (nicht das „wahre") ausgewählt werden, d.h. dasjenige, welches das größte Ausmaß an Information über die reale Welt bereitstellt und uns am meisten über zukünftige Beobachtungen mitteilt. In dieser Hinsicht sind zwei Aspekte eines Modells relevant. Auf der einen Seite sollten die geschätzten erwarteten Häufigkeiten möglichst wenig von den beobachteten Häufigkeiten abweichen, auf der anderen Seite sollte das Modell so sparsam wie möglich sein, da das am wenigsten komplexe Modell dasjenige mit dem höchsten Informationsgewinn ist. Ein Modell sollte die wesentlichen Charakteristika einer Stichprobe berücksichtigen, dabei aber deren idiosynkratische Merkmale ignorieren.

Die Operationalisierung und Quantifizierung dieses Ansatzes resultiert in dem Selektionskriterium AIC (Akaikes Informationskriterium), das angibt, in welchem Ausmaß ein bestimmtes Modell von der Realität abweicht, wobei es die Modelle entsprechend ihrem Komplexitätsgrad „bestraft". Grundsätzlich sollte das Modell mit dem geringsten AIC-Wert gewählt werden. Der Index BIC (Bayes'sches Informationskriterium) ist eine interessante Variante des AIC (Schwarz 1978, Raftery 1986, 1993). BIC kann ohne Schwierigkeiten aus dem Standard-Output für log-lineare Modelle berechnet werden (eine allgemeinere Formel unter Verwendung der Likelihood-Funktion findet sich in Gleichung 5.19):

$$\text{BIC} = L^2 - (\ln N)(df) \tag{3.36}$$

wobei L^2 die übliche Teststatistik ist, N der Stichprobenumfang und df die Anzahl der Freiheitsgrade, die zu L^2 gehören. Die ursprüngliche AIC-Formel enthält (ln 2) anstelle von (ln N), ist aber sonst identisch.

Für jedes Modell, das in Betracht gezogen wird, wird BIC auf Grundlage der globalen L^2-Statistik berechnet. Das Modell mit dem niedrigsten BIC-Wert sollte gewählt werden. Ein Modell, das nicht zu den beobachteten Häufigkeiten paßt, produziert einen hohen L^2-Wert und wird aller Voraussicht nach nicht ausgewählt. Andererseits wird eine zu gute Anpassung auf Kosten einer großen Anzahl von Parametern und entsprechend einer kleinen Anzahl von Freiheitsgraden „bestraft", da in diesem Fall der zweite Teil der rechten Seite der Gleichung (3.36) klein sein wird. Es hat den Anschein, als ob BIC in der Praxis sehr gut funktioniert, wobei es den zusätzlichen Vorteil hat, daß die Modelle, die miteinander verglichen werden können, nicht hierarchisch angeordnet sein müssen. Gemeinsam mit (konditionalen) Tests und deskriptiven Maßzahlen wie δ liefert es dem Forscher wichtige Entscheidungshilfen, um aus einer Menge theoretisch plausibler Modelle das beste auszuwählen.

3.6 Das Aggregierungstheorem

In den ersten Abschnitten haben wir festgestellt, daß log-lineare Effekte im Prinzip verschiedene Werte annehmen können, wenn zusätzliche Variablen in der Analyse berücksichtigt werden, und daß die Effekte in den Marginaltabellen üblicherweise von den entsprechenden Effekten in der Ausgangstabelle verschieden sind. Das Aggregierungstheorem sagt uns nun genauer, unter welchen Umständen sich die Effekte hierarchischer Modelle ändern, wenn zusätzliche Variablen berücksichtigt werden, und unter welchen Umständen die Auslassung bestimmter Variablen und die Analyse bestimmter Marginaltabellen zu unterschiedlichen Schlußfolgerungen führt. Bishop et al. formulieren das Aggregierungstheorem wie folgt (übersetzt mit einigen leichten Modifikationen aufgrund von Unterschieden in der Notation): „Angenommen, die Variablen in einer multidimensionalen Tabelle werden in drei sich gegenseitig ausschließende Gruppen unterteilt. Eine Gruppe ist aggregierbar im Hinblick auf die τ-Parameter der zweiten Gruppe, nicht jedoch im Hinblick auf die τ-Parameter der dritten Gruppe, wenn und nur wenn die ersten zwei Gruppen voneinander unabhängig sind (d.h., daß die sie verbindenden τ-Parameter gleich 1 sind)" (1975: 47).

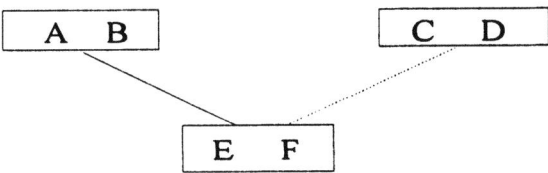

Abbildung 3.1: Das Aggregierungstheorem

Wir wollen eine sechsdimensionale Tabelle ABCDEF verwenden, um dieses Theorem zu veranschaulichen. Angenommen, wir schätzen ein konkretes hierarchisches Modell für diese Tabelle und würden gerne wissen, ob die Parameter, die sich auf die Variablen C, D, E und F beziehen, verschiedene Werte annehmen, wenn wir die Tabelle über A und B aggregieren (aufsummieren). Wir wollen annehmen, daß das den Daten zugrundeliegende Modell so aussieht, daß weder A noch B direkt mit C oder D zusammenhängen, daß E und F direkt mit A oder B oder beiden zusammenhängen und daß keine Bedingungen an die Beziehungen zwischen E und F einerseits und C und D andererseits gestellt werden. Modelle, die diesen Bedingungen genügen, sind unter anderem {ABEF,CDEF} und {AB,AE,BF,EF,CD}. Eine schematische Darstellung findet sich in Abbildung 3.1.

Die sechs Variablen werden auf diese Weise in drei sich gegenseitig ausschließende Gruppen unterteilt:
1. Variablen, über die aggregiert wird, im vorliegenden Fall A und B.
2. Variablen, die gemäß dem postulierten hierarchischen Modell von den Variablen der ersten Gruppe unabhängig sind, hier C und D.
3. die verbleibenden Variablen, hier E und F.

Das Aggregierungstheorem impliziert, daß die Werte aller Parameter, deren Superskripte eine oder mehrere Variablen der zweiten Gruppe (C,D) enthalten, sich nicht ändern werden, wenn die Tabelle über eine oder mehrere Kategorien der ersten Gruppe (A,B) aufsummiert wird. Es ist daher ohne Bedeutung, ob die Parameter $\tau_{k\ell}^{CD}$, τ_{km}^{CE}, τ_{kn}^{CF}, $\tau_{\ell m}^{DE}$, $\tau_{\ell n}^{DF}$ und alle Effekte höherer Ordnung, in denen die Superskripte C oder D auftauchen, wie etwa τ_{kmn}^{CEF}, durch die Tabelle ABCDEF oder die Marginaltabelle CDEF bestimmt werden. Das Aggregierungstheorem impliziert aber auch, daß alle Parameter, deren Superskripte lediglich Variablen der dritten Gruppe (E,F) enthalten, wie etwa τ_{mn}^{EF}, in der aufsummierten Tabelle (CDEF) und der Ausgangstabelle ABCDEF verschiedene Werte haben werden. Dabei sollte beachtet werden, daß sich das Aggregierungstheorem nur auf die Effekt-Parameter bezieht, nicht jedoch auf die Standardfehler der Schätzungen und deshalb ebenfalls nicht auf die z-Werte. z-Werte werden daher nach der Aggregierung im Prinzip immer unterschiedliche Werte annehmen.

3.7 Das Logitmodell

In den vorherigen Abschnitten, die das Häufigkeitsmodell behandelten, wurde angenommen, daß alle Variablen den gleichen kausalen Status haben. Die Interpretation der Ergebnisse wird jedoch häufig auf Grundlage der Unterscheidung zwischen abhängigen und unabhängigen Variablen erfolgen. Wenn man beispielsweise die Daten über die Beziehungen zwischen Alter, Konfession und Wahlbeteiligung in Tabelle 3.2 verwendet, läßt sich die Konnotation, daß Alter und Konfession Determinanten der Wahlbeteiligung sind, nicht vermeiden, selbst dann nicht, wenn die Begriffe Ursache und Effekt nicht verwendet werden. Diese implizite Präferenz, den Variablen eine kausale Ordnung zu geben und ihre Beziehungen in einem kausalen Sinne zu interpretieren, läßt sich explizit in *Effektmodellen* ausdrücken. In diesen Modellen sind die zu erklärenden Quantitäten nicht die Größe der Zellhäufigkeiten, sondern die Größe der (konditionalen) Odds, zu einer bestimmten Kategorie einer abhängigen Variable zu gehören, z.B. die Odds, eher Wähler als Nichtwähler zu sein. Da der Logarithmus der Odds als Log Odds oder Logit bezeichnet wird, werden diese Effektmodelle häufig auch *Logitmodelle* genannt. Die Effektparameter eines Logitmodells haben im Gegensatz zu den „Effekt"-Parametern des Häufigkeitsmodells eine kausale Konnotation.

Effektmodelle können, bezieht man sich auf die Terminologie Goodmans, sowohl in einem „modifizierten Regressionsansatz" als auch in einem „modifizierten pfadanalytischen Ansatz" verwendet werden. In dem ersten Ansatz gibt es, analog zum Standardmodell der multiplen Regression, eine abhängige Variable und eine Anzahl unabhängiger Variablen, wobei wir an den direkten Effekten der unabhängigen Variablen auf die abhängige Variable interessiert sind. Dieses Modell wird für den Fall einer dichotomen abhängigen Variable in Abschnitt 3.7.1 und für den allgemeinen Fall einer polytomen abhängigen Variable in Abschnitt 3.7.2 behandelt. Der modifizierte pfadanalytische Ansatz ist den Standardmodellen der Pfadanalyse ähnlich, in denen für die Beziehungen zwischen allen Variablen ein Kausalmodell entwickelt wird und in denen bestimmte Variablen sowohl als abhängige als auch als unabhängige Variable fungieren können. Unsere Darstellung des Logitmodells wird bedeutend kürzer ausfallen als die Darstellung des Häufigkeitsmodells. Das Logitmodell läßt sich nämlich als Spezialfall des Häufigkeitsmodells auffassen, so daß alles das, was bisher über Modellanpassung etc. gesagt wurde, ebenfalls auf das Logitmodell angewendet werden kann.

3.7.1 Der modifizierte Regressionsansatz: Logitmodelle mit einer dichotomen abhängigen Variable

Wir betrachten erneut Tabelle 3.2, wobei wir nun die Wahlbeteiligung (D) als abhängig von Alter (A) und Konfession (B) betrachten. Die Frage lautet jetzt: Variieren die Odds, eher Wähler als Nichtwähler zu sein (wie in der letzten Spalte von Tabelle 3.2 dargestellt), mit dem Alter und der Konfession? Konditionale Odds und Logits werden in folgender Schreibweise notiert:

$$\Omega_{ij}^{AB\bar{D}} = \frac{F_{ij1}^{ABD}}{F_{ij2}^{ABD}} \quad \hat{\Omega}_{ij}^{AB\bar{D}} = \frac{\hat{F}_{ij1}^{ABD}}{\hat{F}_{ij2}^{ABD}} \quad \omega_{ij}^{AB\bar{D}} = \frac{f_{ij1}^{ABD}}{f_{ij2}^{ABD}}$$

$$\Phi_{ij}^{AB\bar{D}} = \ln \Omega_{ij}^{AB\bar{D}} \quad \hat{\Phi}_{ij}^{AB\bar{D}} = \ln \hat{\Omega}_{ij}^{AB\bar{D}} \quad \phi_{ij}^{AB\bar{D}} = \ln \omega_{ij}^{AB\bar{D}}$$

(3.37)

wobei über der abhängigen Variablen ein Balken plaziert wird. Manchmal ist die abhängige Variable mit einem Index versehen (z.B. ℓ/ℓ': $\Omega_{ij\,\ell\ell'}^{AB\bar{D}}$), um anzudeuten, daß die Odds sich auf die Wahrscheinlichkeiten beziehen, eher der Kategorie $\ell \neq \ell'$ als der Kategorie ℓ' anzugehören. Wenn $\ell = 1$ und $\ell' = 2$ ist, wird dieser Index zumeist weggelassen, so in Tabelle 3.2, wo z.B. $\omega_{11}^{AB\bar{D}} = 2{,}917$ beträgt.

Wie schon das Häufigkeitsmodell, so kann auch das Logitmodell saturiert oder nicht-saturiert sein. Natürlich müssen auch für das Logitmodell Identifikationsrestriktionen verwendet werden. Wir werden wieder die Effektkodierung verwenden, d.h., die Summe aller Logitparameter β über jeden Index wird gleich null und das Produkt der entsprechenden Parameter γ des multiplikativen Modells wird gleich 1 gesetzt. Andere Identifikationsrestriktionen wie etwa die Dummykodierung sind aber auch möglich.

Das *saturierte Logitmodell* für eine dreidimensionale Tabelle ABD, in dem D die abhängige Variable ist, sieht in multiplikativer und logarithmierter Form (mit β = ln γ) folgendermaßen aus:

$$\Omega_{ij}^{AB\bar{D}} = \gamma^{\bar{D}} \gamma_i^{A\bar{D}} \gamma_j^{B\bar{D}} \gamma_{ij}^{AB\bar{D}}$$

$$\Phi_{ij}^{AB\bar{D}} = \beta^{\bar{D}} + \beta_i^{A\bar{D}} + \beta_j^{B\bar{D}} + \beta_{ij}^{AB\bar{D}} \tag{3.38}$$

Analog zum Häufigkeitsmodell werden die konditionalen Odds in Tabelle 3.2 durch einen Durchschnittseffekt, zwei Ein-Variablen-Effekte und einen Zwei-Variablen-Effekt beschrieben. Der Durchschnittseffekt $\gamma^{\bar{D}}$ oder $\beta^{\bar{D}}$ gibt an, wie groß die Odds, eher Wähler als Nichtwähler zu sein, durchschnittlich für alle Ausprägungen der unabhängigen Variablen sind, wobei der Durchschnitt durch das geometrische Mittel der konditionalen Odds oder durch das arithmetische Mittel der Logits berechnet wird. Die Ein-Variablen-Effekte der Altersvariablen, $\gamma_1^{A\bar{D}}$ und $\gamma_2^{A\bar{D}}$, beschreiben, in welchem Ausmaß die partiellen Odds Wähler/Nichtwähler für die jüngere bzw. ältere Altersgruppe vom Durchschnittseffekt abweichen, wobei die partiellen Odds Wähler/Nichtwähler die durchschnittlichen konditionalen Odds Wähler/Nichtwähler unter den Personen mit und ohne Konfession sind. Die Ein-Variablen-Effekte $\gamma_j^{B\bar{D}}$ der Variablen Konfession sind bei Konstanthaltung des Alters analog zu interpretieren. Der Zwei-Variablen-Effekt $\gamma_{ij}^{AB\bar{D}}$ zeigt, ob die Effekte des Alters für Personen mit und ohne Konfession verschieden sind oder ob die Effekte der Konfession für Jüngere und Ältere verschieden sind.

Um ML-Schätzer für die Parameter in Gleichung (3.38) zu erhalten, werden die ML-Schätzer $\hat{\Omega}$ und $\hat{\Phi}$ benötigt. Für das saturierte Modell sind dies die beobachteten Odds ω und Logits ϕ. Analog zum Häufigkeitsmodell ist es auch hier möglich, auf Basis der beobachteten Odds analytische Lösungen für die Parameterschätzer des Logitmodells anzugeben. Dies sparen wir uns jedoch, denn die Parameter des Logitmodells können ebenso aus den Parametern des Häufigkeitsmodells berechnet werden. Dies läßt sich leicht aus der folgenden Gleichung ersehen:

$$\Omega_{ij\,1/2}^{AB\bar{D}} = \frac{F_{ij1}^{ABD}}{F_{ij2}^{ABD}} = \frac{\eta\,\tau_i^A\,\tau_j^B\,\tau_{ij}^{AB}\,\tau_1^D\,\tau_{i1}^{AD}\,\tau_{j1}^{BD}\,\tau_{ij1}^{ABD}}{\eta\,\tau_i^A\,\tau_j^B\,\tau_{ij}^{AB}\,\tau_2^D\,\tau_{i2}^{AD}\,\tau_{j2}^{BD}\,\tau_{ij2}^{ABD}}$$

$$= \frac{\tau_1^D}{\tau_2^D} \times \frac{\tau_{i1}^{AD}}{\tau_{i2}^{AD}} \times \frac{\tau_{j1}^{BD}}{\tau_{j2}^{BD}} \times \frac{\tau_{ij1}^{ABD}}{\tau_{ij2}^{ABD}} \tag{3.39}$$

$$= \gamma_{1/2}^{\bar{D}}\,\gamma_{i\,1/2}^{A\bar{D}}\,\gamma_{j\,1/2}^{B\bar{D}}\,\gamma_{ij\,1/2}^{AB\bar{D}}$$

Wenn D dichotom ist und wenn die Effekte als Abweichungen vom Durchschnittseffekt ausgedrückt werden, dann folgt aus Gleichung (3.39) $\gamma = \tau^2$, zum Beispiel $\tau_{i11}^{AD}/\tau_{i12}^{AD} = \tau_{i11}^{AD}/(1/\tau_{i11}^{AD}) = (\tau_{i11}^{AD})^2 = \gamma_i^{AD}$. Analog ergibt sich $\beta = 2\lambda$.

Aus diesem Grund lassen sich die Ergebnisse in Tabelle 3.3a ohne Schwierigkeiten dazu verwenden, um die Schätzer des saturierten Logitmodells für Tabelle 3.2 zu berechnen. Man quadriert einfach die entsprechenden $\hat{\tau}$-Parameterwerte oder verdoppelt die entsprechenden $\hat{\lambda}$-Werte. Die z-Werte bleiben dieselben, weil die Logit-Parameter β in ihrem Wert zwar zweimal so groß wie die log-linearen $\hat{\lambda}$-Parameter sind, jedoch sind die Standardfehler der β-Schätzer ebenfalls zweimal so groß wie die Standardfehler der $\hat{\lambda}$-Parameter. Aus Tabelle 3.3a kann unter Bezug auf $\hat{\tau}_i^D$ gefolgert werden, daß die durchschnittlichen Odds in Tabelle 3.2, eher Wähler als Nichtwähler zu sein, $\hat{\gamma}^D = 1{,}437^2 = 2{,}065$ betragen. Es gibt im Durchschnitt zweimal so viele Wähler wie Nichtwähler.

Aus τ_{11}^{AD} kann geschlossen werden, daß die partiellen Odds Wähler/ Nichtwähler unter jüngeren Personen $\hat{\gamma}_1^{AD} = 0{,}903^2 = 0{,}815$ mal so groß sind wie die durchschnittlichen partiellen Odds, während unter älteren Personen die partiellen Odds $1/0{,}815 = 1{,}226$ mal so groß sind. Wie bereits vorher dargestellt gilt: Unabhängig von der Konfession sind Jüngere viel weniger bereit zu wählen als Ältere. Eine ähnliche Argumentation, basierend auf $\hat{\tau}_{11}^{BD}$, führt zu der Schlußfolgerung, daß die Wahlbeteiligung bei Konstanthaltung des Alters unter Personen mit Konfession um ein Vielfaches höher ist als unter Personen ohne Konfession: $\hat{\gamma}_1^{BD} = 1{,}453^2 = 2{,}111$ versus $\hat{\gamma}_2^{BD} = 0{,}474$.

Der Parameter der Drei-Variablen-Interaktion $\hat{\gamma}_{11}^{ABD} = (\hat{\tau}_{111}^{ABD})^2 = 0{,}906^2 = 0{,}821$ macht schließlich deutlich, daß die Beziehung zwischen Alter und Wahlbeteiligung zwischen Personen mit und ohne Konfession differiert. Die konditionalen Effekte des Alters auf die Wahlbeteiligung der religiösen Personen sind $\hat{\gamma}_{1\ 1}^{AD|B} = \hat{\gamma}_1^{AD} \times \hat{\gamma}_{11}^{ABD} = 0{,}815 \times 0{,}821 = 0{,}669$ bei den Jüngeren und $\hat{\gamma}_{2\ 1}^{AD|B} = 1/0{,}669 = 1{,}495$ bei den Älteren. Die entsprechenden konditionalen Effekte unter nicht-religiösen Personen betragen: $\hat{\gamma}_{1\ 2}^{AD|B} = \hat{\gamma}_1^{AD} \times \hat{\gamma}_{12}^{ABD} = \hat{\gamma}_1^{AD}/\hat{\gamma}_{11}^{ABD} = 0{,}815/0{,}821 = 0{,}993$ und $\hat{\gamma}_{2\ 2}^{AD|B} = 1{,}007$. Die Effekte des Alters sind unter Personen mit Konfession stärker als unter Personen ohne. In der letztgenannten Gruppe existiert eine fast vollständige statistische Unabhängigkeit zwischen Alter und Wahlbeteiligung (vgl. Abschnitt 2.1.3 zur Verwendung von Designmatrizen, um konditionale Unabhängigkeit innerhalb bestimmter Subgruppen zu testen). Ähnliche Berechnungen zeigen uns, daß die Effekte der Konfession auf die Wahlbeteiligung in der Gruppe der Älteren sehr stark ($\hat{\gamma}_{1\ 2}^{BD|A} = 2{,}572$), unter den Jüngeren hingegen bei gleicher Richtung eher schwächer ausgeprägt sind ($\hat{\gamma}_{1\ 1}^{BD|A} = 1{,}733$).

Es können auch *nicht-saturierte Logitmodelle* definiert werden. ML-Schätzer für diese Logitmodelle können direkt berechnet werden, indem man entweder (iterativ) die entsprechenden ML-Gleichungen löst oder aber indem man in der oben beschriebenen Weise die Parameter des entsprechenden Häufigkeitsmodells verwendet. Dazu wollen wir das folgende nicht-saturierte Logitmodell annehmen:

$$\Omega_{ij}^{AB\bar{D}} = \gamma^{\bar{D}} \gamma_j^{B\bar{D}} \qquad (3.40)$$

In Bezug auf unser Beispiel impliziert Gleichung (3.40), daß die Konfession einen direkten Einfluß auf die Wahlbeteiligung hat, dagegen wird für das Alter bei Konstanthaltung der Konfession kein entsprechender Effekt angenommen. Modell (3.40) gibt uns keine explizite Information über die Beziehung zwischen Alter und Konfession. Im Logitmodell werden für die Beziehungen zwischen den unabhängigen Variablen keine Restriktionen formuliert, oder anders ausgedrückt: diese Beziehungen werden, so wie sie beobachtet wurden, als gegeben betrachtet. Die ML-Schätzer des Logitmodells werden so berechnet, daß die beobachtete multivariate Häufigkeitsverteilung der unabhängigen Variablen exakt reproduziert wird. Dies ist von großer Bedeutung für die Wahl des richtigen Häufigkeitsmodells, um die Schätzer für die Parameter des Logitmodells zu berechnen. Man könnte z.B. meinen, daß im Falle von Gleichung (3.40), in der nur Parameter mit den Superskripten D und BD auftreten, das Häufigkeitsmodell {BD} zu verwenden sei und daß die Quadrierung des $\hat{t}_{11}^{BD}$-Parameters dieses Modells den richtigen ML-Schätzer für $\gamma_1^{B\bar{D}}$ in Gleichung (3.40) ergäbe. Dies ist allerdings nicht richtig. Die Schätzungen für das Häufigkeitsmodell {BD} reproduzieren nicht die beobachtete Häufigkeitsverteilung AB, wie es die Schätzer des Logitmodells tun würden, und auch der Schätzer $(\hat{t}_{11}^{BD})^2$ des Häufigkeitsmodells {BD} ist nicht identisch mit $\gamma_1^{B\bar{D}}$ des Effektmodells (3.40).

Tatsächlich geht das Häufigkeitsmodell {BD} von sehr speziellen Restriktionen für die Daten aus. Es impliziert, daß die Variable A im Durchschnitt gleichförmig über die Kategorien von B und D verteilt ist und daß A und B bei Konstanthaltung von D unabhängig voneinander sind. Diese Restriktionen waren nicht intendiert, als Gleichung (3.40) formuliert wurde. Die Schätzer für die Parameter in (3.40) können nur mit dem Häufigkeitsmodell {AB,BD} berechnet werden, in dem eine direkte Beziehung zwischen B und D existiert, in dem A und D nicht direkt in Beziehung zueinander stehen und in dem die beobachtete Häufigkeitsverteilung für AB exakt reproduziert wird. Allgemein können die $\hat{\gamma}$-Effekte durch ein Häufigkeitsmodell berechnet werden, in dem neben den entsprechenden Parametern des Logitmodells all jene Parameter enthalten sind, die notwendig sind, um die beobachtete multivariate Häufigkeitsverteilung der unabhängigen Variablen zu reproduzieren. (Wenn einige Zellen dieser multivariaten Häufigkeitsverteilung gleich null sind, bleiben die entsprechenden Logits und Effektparameter undefiniert. In diesem Fall kann man versuchen, die Tabelle durch Auslassung einiger Effekte höherer Ordnung unter den unabhängigen Variablen zu glätten, was anstelle der beobachteten

Leerzellen zu geschätzten erwarteten Häufigkeiten führt, die ungleich null sind; siehe auch Abschnitt 3.9).

Die Teststatistiken L² und X² für das nicht-saturierte Logitmodell wie auch die korrespondierende Anzahl der Freiheitsgrade entsprechen denen des entsprechenden Häufigkeitsmodells. Im allgemeinen sind die Test- und Anpassungsverfahren für Logitmodelle dieselben wie für Häufigkeitsmodelle.

3.7.2 Der modifizierte Regressionsansatz: Logitmodelle mit einer polytomen abhängigen Variable

Das Logitmodell kann natürlich auch zur Analyse einer polytomen abhängigen Variable verwendet werden, auch wenn die Ergebnisse etwas schwieriger zu beschreiben sind als bei einer dichotomen abhängigen Variablen. Stellen wir uns dazu vor, daß in unserem Beispiel des Zusammenhangs von Alter (A), Konfession (B) und Wahlverhalten das Wahlverhalten über die Parteipräferenz (C) erfaßt worden wäre, wobei sieben politische Parteien zur Auswahl stehen. Wie in Gleichung (3.40), so können wir auch für diese Situation ein Modell aufstellen, in dem das Alter keinen direkten Effekt auf die Parteipräferenz (C) hat:

$$\Omega_{i\,j\,k/k'}^{AB\check{C}} = \gamma_{k/k'}^{\check{C}} \gamma_{j\,k/k'}^{B\check{C}} \qquad \text{für} \quad k \neq k' \qquad (3.41)$$

Wir nehmen an, daß das Logitmodell in (3.41) für alle Odds gilt, die im Hinblick auf die abhängige Variable formulierbar sind. Bei 7 Kategorien gibt es insgesamt 21 Odds, von denen höchstens 7−1 = 6 voneinander unabhängig sein können. So können wir etwa die Odds untersuchen, eher zu Kategorie C = 1 als zu C = 2 zu gehören, eher zu C = 1 als zu C = 3 zu gehören etc., bis zu den Odds, eher zu C = 1 als zu C = 7 zu gehören. Alle anderen Odds lassen sich aus diesen sechs voneinander unabhängigen Odds ableiten. Für den Fall, daß Gleichung (3.41) für alle Odds gilt, kann man das Häufigkeitsmodell {AB,BC} verwenden, um die Teststatistiken und die ML-Schätzer für alle Parameter des vollständigen Logitmodells zu erhalten. Zum Beispiel $\hat{\gamma}_{j\,1/2}^{BC} = \hat{t}_{j\,1}^{BC}/\hat{t}_{j\,2}^{BC}$, $\hat{\gamma}_{j\,1/3}^{BC} = \hat{t}_{j\,1}^{BC}/\hat{t}_{j\,3}^{BC}$, wobei allgemein gilt $\hat{\gamma}_{j\,k/k'}^{BC} = \hat{t}_{j\,k}^{BC}/\hat{t}_{j\,k'}^{BC}$.

Wenn nicht für alle Odds dieselbe Modellgleichung gilt, muß ein nicht-hierarchisches Modell spezifiziert werden. Als Beispiel wollen wir dazu annehmen, daß von den sieben politischen Parteien drei religiös und vier nicht-religiös sind. Man könnte in diesem Zusammenhang vermuten, daß die Konfession einer Person die Odds bestimmt, eher eine religiöse als eine nicht-religiöse Partei zu wählen, daß die Konfession aber dann keine Bedeutung spielt, wenn zwischen zwei beliebigen nicht-religiösen oder zwischen zwei beliebigen religiösen Parteien gewählt wird. Für solche Fälle liefert das hierarchische Häufigkeitsmodell {AB,BC} nicht die richtigen Restriktionen und führt folglich nicht zu korrekten Schätzungen. Die genannten Restriktionen können aber in ein nicht-hierarchisches Häufigkeitsmodell übersetzt werden, das für die Parameter τ_{jk}^{BC} des Modells {AB,BC} die richtigen Gleichheitsrestriktionen unterstellt: Für jede Kombination von zwei verschiedenen Parteien k und k' wird τ_{jk}^{BC} dann gleich $\tau_{jk'}^{BC}$ gesetzt, wenn es sich sowohl bei k als auch bei k' um religiöse Parteien handelt. Analoge Restriktionen werden innerhalb der Gruppe der nicht-religiösen Parteien verwendet. Wenn man mit Designmatrizen umgehen kann, kann man die Parameter eines solchen nicht-hierarchischen Häufigkeitsmodells mit Computerprogrammen berechnen, die den Newton-Raphson-Algorithmus verwenden.

Ein einfaches Beispiel eines Logitmodells mit einer polytomen abhängigen Variable ergibt sich aus der Analyse der Total-Spalte in Tabelle 1.2 Diese Spalte zeigt die beobachteten Häufigkeiten der Tabelle ABC, wobei Alter mit A und Konfession mit B bezeichnet wird. C steht für die Parteipräferenz mit den Ausprägungen 1 = SPD, 2 = FDP und 3 = CDU/CSU. Wir nehmen an, daß das Logitmodell in (3.41) für die Population zutrifft, das Modell also, in dem das Alter keinen direkten Effekt auf die Odds hat, eine bestimmte Partei einer anderen vorzuziehen, dafür aber die Konfession. Das entsprechende Häufigkeitsmodell ist {AB,BC}. Es paßt fast perfekt zu den Daten: $L^2 = 0,86$, df = 4, p = 0,931 ($X^2 = 0,86$). Die relevanten Parameterschätzungen des Häufigkeitsmodells sind die Ein-Variablen-Effekte der Parteipräferenz ($\hat{\tau}_1^C = 1,336$, $\hat{\tau}_2^C = 0,520$ und $\hat{\tau}_3^C = 1,438$) und die Effekte der Konfession auf die Parteipräferenz ($\hat{\tau}_{11}^{BC} = 1,063$, $\hat{\tau}_{12}^{BC} = 0,592$ und $\hat{\tau}_{13}^{BC} = 1,589$). Die Ein-Variablen-Effekte sind — wie üblich — nicht besonders interessant und werden daher hier außer acht gelassen.

Der Effekt $\hat{\gamma}_{11/2}^{BC}$ der Konfession auf die Odds, eher SPD als FDP zu wählen, entspricht $\hat{\tau}_{11}^{BC}/\hat{\tau}_{12}^{BC} = 1,063/0,592 = 1,796$. Im Durchschnitt über alle Alterskategorien sind also die partiellen Odds, daß religiöse Personen eher die SPD als die FDP bevorzugen, ca. 1,8 mal größer als die partiellen Odds insgesamt (ausgedrückt durch $\hat{\gamma}_{1/2}^C$). Für nicht-religiöse Personen sind die partiellen Odds SPD/ FDP 1/1,796 = 0,557 mal kleiner als der Gesamtdurchschnitt. Der Effekt $\hat{\gamma}_{11/3}^{BC}$ der Konfession auf die Odds, eher SPD als CDU/CSU zu wählen, entspricht $\hat{\tau}_{11}^{BC}/\hat{\tau}_{13}^{BC} = 1,063/1,589 = 0,669$. Die partiellen Odds, daß religiöse Personen eher die SPD als die CDU/CSU bevorzugen, sind also ca. 0,7 mal kleiner als die partiellen Odds insgesamt. Für nicht-religiöse Personen betragen umgekehrt die Odds ca. das anderthalbfache (1,495) der durchschnittlichen Odds. Der Effekt der Konfession auf die Odds FDP/CDU kann aus den beiden anderen Odds oder aus den entsprechenden $\hat{\tau}$-Parametern abgeleitet werden. In beiden Fällen ergibt sich: $\hat{\gamma}_{12/3}^{BC} = 0,373$ und $\hat{\gamma}_{22/3}^{BC} = 1/0,373 = 2,684$.

Zusammenfassend kann man also sagen: Verglichen mit nicht-religiösen Personen haben religiöse Personen eine starke Präferenz für die CDU/CSU und meiden eher die FDP. Es gibt keine großen Unterschiede zwischen Personen mit und ohne Konfession in Bezug auf ihre SPD-Präferenz, und Alter hat

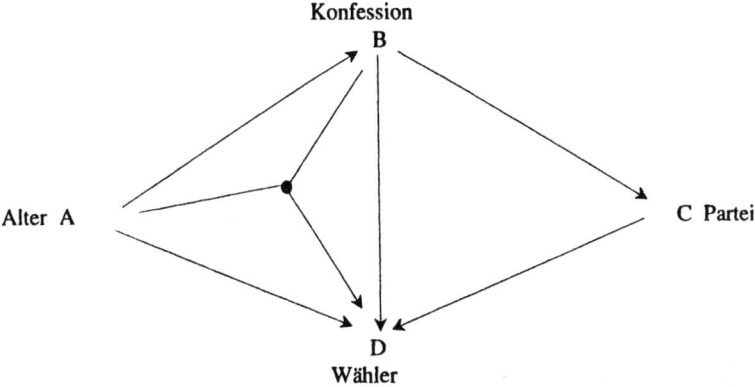

Abbildung 3.2: Pfaddiagramm für die Daten in Tabelle 1.2

keinen direkten Einfluß auf die Parteipräferenz, wenn man die Konfession konstant hält.

3.7.3 Modifizierte Pfadanalyse

In ähnlicher Weise wie das klassische multiple Regressionsmodell zur Pfadanalyse erweitert werden kann, in der ein System multipler Regressionsgleichungen simultan betrachtet wird, genauso kann der diskutierte modifizierte Regressionsansatz erweitert werden, indem man ein System von Logit-Gleichungen spezifiziert. Betrachten wir daher zum Schluß alle Daten in Tabelle 1.2. Wir nehmen an, daß das tatsächliche Modell, das diese beobachteten Daten generiert hat, dem Kausalmodell in Abbildung 3.2 entspricht. Wie in einem klassischen Pfaddiagramm entspricht ein Pfeil einem direkten (partiellen) Effekt. Der Knoten repräsentiert einen Interaktionseffekt der mit dem Knoten verbundenen Variablen.

Man kann Variable D (Wahlbeteiligung) als letztendlich abhängige Variable betrachten. Gemäß dem Modell in Abbildung 3.2 wird unterstellt, daß alle anderen Variablen einen direkten Einfluß auf die Wahlbeteiligung haben. Zusätzlich interagieren die Einflüsse von Alter und Konfession auf D miteinander. Alle Effekte auf D können durch das Logitmodell erfaßt werden, das in Tabelle 3.4 mit Hypothese H_3 bezeichnet wird, oder durch das entsprechende Häufigkeitsmodell {ABC,ABD,CD}.

In diesem Logitmodell (H_3) wird jedoch nicht die Tatsache berücksichtigt, daß das Kausalmodell in Abbildung 3.2 auch für die Beziehungen zwischen den unabhängigen Variablen A, B und C bestimmte Restriktionen impliziert. Folgt man der Darstellung des Pfaddiagramms, so besteht keine direkte Beziehung zwischen A und C. Diesem Umstand kann nicht dadurch Rechnung getragen werden, daß man für Tabelle ABCD anstelle des Häufigkeitsmodells {ABC,ABD,CD} das Modell {BC,ABD,CD} postuliert. Die erwarteten Häufigkeiten des Modells {BC,ABC,CD} erfüllen nicht die Restriktionen, die in Abbildung 3.2 impliziert sind. Das Modell {BC,ABD,CD} impliziert, daß es in Tabelle ABCD bei Konstanthaltung von B und D keine direkte Beziehung zwischen A und C gibt. Wenn das Pfaddiagramm aber eine richtige Abbildung der real existierenden Verhältnisse ist, dann ist es unsinnig, D konstant zu halten: D ist kausal abhängig von A, B und C und kann infolgedessen die Beziehungen zwischen A, B und C nicht beeinflussen. Das Pfaddiagramm weist viel mehr darauf hin, daß es in Tabelle ABC bei Konstanthaltung von B keine direkte Beziehung zwischen A und C gibt. Man muß also die Marginaltabelle ABC verwenden und für diese das von uns oben diskutierte Logitmodell (Gleichung 3.41) annehmen, welches in Tabelle 3.4 mit Hypothese H_2 bezeichnet ist. Äquivalent kann das Häufigkeitsmodell {AB,BC} verwendet werden.

Die Konstanthaltung von D, während man in Tabelle ABCD die Beziehung zwischen A und C (τ_{ik}^{AC}) analysiert, ist nicht nur überflüssig, sondern auch potentiell irreführend, da sie zu falschen Schlußfolgerungen führt. Aus dem Aggregierungstheorem folgt nämlich, daß die Aufsummierung der Tabelle über die Variable D dann den Wert des Parameters τ_{ik}^{AC} verändern wird, wenn das Pfadmodell in Abbildung 3.2 zutrifft. Ebenso gilt, daß dann, wenn τ_{ik}^{AC} in Tabelle ABC gleich 1 ist, dies in der vollständigen Tabelle ABCD nicht der Fall sein wird. Durch ähnliche Überlegungen wird schließlich deutlich, daß die Stärke der Beziehung zwischen A und B wie auch deren statistische Signifikanz in Tabelle AB untersucht werden muß. Dabei wird angenommen, daß das saturierte Modell, das in Tabelle 3.4 als Hypothese H_1 bezeichnet wird, auf Tabelle AB zutrifft.

Wenn man sich daran erinnert, daß das, was kausal nachgeordnet ist, nicht das beeinflussen kann, was ihm kausal vorangeht, dann wird deutlich, daß man sich pfadanalytischen Modellen dieser Art schrittweise nähern muß. Um sie abzubilden, ist zunächst ein System mehrerer Logit-Gleichungen erforderlich. Das Pfadmodell in Abbildung 3.2 impliziert, daß alle drei Hypothesen H_1, H_2 und H_3 gleichzeitig zutreffen. Wenn im zweiten Schritt diese als H^* bezeichnete zusammengesetzte Hypothese nicht zurückgewiesen werden kann, dann kann man schließlich die einzelnen zu bestimmenden Effekte durch verschiedene (Marginal)tabellen berechnen.

Nach Goodman (1973a) kann H^*, also das Pfadmodell insgesamt, durch die Teststatistik L^* bewertet werden. Diese Teststatistik L^* berechnet sich aus der Summe aller für die Einzelhypothesen berechneten L^2-Werte, und ihre Frei-

Tabelle 3.4: Modifizierte Pfadanalyse für das Modell in Abbildung 3.2

Tabelle	Beobachtete Häufigkeiten	Häufigkeitsmodell	Logit-Modell	L^2	df	p
AB	f^{ABCD}_{ij++}	{AB}	$H_1: \Omega^{A\hat{B}}_i = \gamma^{\hat{B}} \gamma^{A\hat{B}}_i$	0	0	0
ABC	f^{ABCD}_{ijk+}	{AB,BC}	$H_2: \Omega^{AB\hat{C}}_{ij\,k/k'} = \gamma^{\hat{C}}_{k/k'} \gamma^{B\hat{C}}_{j\,k/k'}$	0,86	4	0,931
ABCD	$f^{ABCD}_{ijk\ell}$	{ABC,ABD,CD}	$H_3: \Omega^{ABC\hat{D}}_{ijk} = \gamma^{\hat{D}} \gamma^{A\hat{D}}_i \gamma^{B\hat{D}}_j \gamma^{C\hat{D}}_k \gamma^{AB\hat{D}}_{ij}$	1,89	6	0,930
			$H^*: H_1$ und H_2 und H_3	2,74	10	0,987

Quelle: Tabelle 1.2.

heitsgrade df* entsprechen der Summe der einzelnem Freiheitsgrade df. Wenn H* zutrifft, d.h., wenn alle Einzel-Hypothesen zutreffen, dann nähert sich L* mit df* Freiheitsgraden der χ^2-Verteilung an.

Die Testergebnisse für jede einzelne Hypothese wie auch für H* sind in Tabelle 3.4 dargestellt. Es ist offensichtlich, daß H* nicht zurückgewiesen werden muß. Das Kausalmodell in Abbildung 3.2 kann also für die Daten in Tabelle 1.2 akzeptiert werden. Tatsächlich könnte man die Gesamtanpassung des Modells als „zu gut" bezeichnen – ein möglicher Fall von Überanpassung. Dies soll weiter unten diskutiert werden.

Die (schrittweise) Berechnung der Parameterschätzungen wurde zum größten Teil bereits in den vorhergehenden Abschnitten durchgeführt. Aus Tabelle AB ließ sich erkennen, daß ältere Personen verglichen mit der Gruppe der jüngeren religiöser sind (Abschnitt 3.3). Aus Tabelle ABC wurde gefolgert, daß Personen mit Konfession im Gegensatz zu Personen ohne Konfession eine deutliche Präferenz für die CDU/CSU aufweisen, sich gegenüber der FDP distanzieren und für die SPD weder eine besondere Vorliebe noch eine entsprechende Abneigung zeigen (Abschnitt 3.7.2). Es verbleiben die direkten Effekte auf die Wahlbeteiligung, wie sie, bezugnehmend auf Hypothese H_3, für Tabelle ABCD geschätzt werden. Unter Verwendung des Häufigkeitsmodells {ABC,ABD,CD} und durch Konvertierung der $\hat{\tau}$-Parameter in $\hat{\gamma}$-Parameter kommen wir zu folgenden Ergebnissen: Die direkten Effekte des Alters zeigen, daß jüngere Personen im Durchschnitt weniger geneigt sind zu wählen als ältere ($\hat{\gamma}_1^{AD} = 0{,}812$). Die direkten Effekte der Konfession sind demgegenüber viel stärker: $\hat{\gamma}_1^{BD} = 2{,}271$ (und $\hat{\gamma}_2^{BD} = 0{,}440$). Personen mit Konfession sind in weitaus stärkerem Maße bereit zu wählen als Personen ohne Konfession. Die Einflüsse dieser beiden unabhängigen Variablen auf die Wahlbeteiligung sind nicht unabhängig voneinander: $\hat{\gamma}_{11}^{ABD} = 0{,}824$. Die (schwachen) direkten Effekte des Alters haben zwar unter Personen mit und ohne Konfession die gleiche Richtung, sind aber bei den erstgenannten stärker als bei den letzteren. Unter den Personen ohne Konfession verschwindet die direkte Beziehung zwischen Alter und Wahlbeteiligung fast vollständig. Von der anderen Seite her betrachtet haben die Effekte der Konfession unter den Jüngeren und Älteren die gleiche Richtung, erweisen sich jedoch bei den erstgenannten als stärker. Schließlich treten noch direkte Effekte der Parteipräferenz auf die Wahlbeteiligung in Erscheinung: $\hat{\gamma}_1^{CD} = 0{,}912$, $\hat{\gamma}_2^{CD} = 1{,}421$, $\hat{\gamma}_3^{CD} = 0{,}773$. Während Befürworter der FDP die stärkste Tendenz haben zu wählen, ist die Wahlbeteiligung der CDU/CSU-Anhänger am geringsten. Die SPD-Anhänger besetzen demgegenüber eine mittlere Position mit allerdings starken Ähnlichkeiten in ihrer Wahlbeteiligung zu den CDU/CSU-Anhängern.

Neben den direkten Effekten interessieren bei pfadanalytischen Kausalmodellen auch häufig die indirekten und totalen Effekte. Obwohl das log-lineare Kausalmodell als modifiziertes Pfadmodell bezeichnet wird, sollte diese Analogie mit dem Standardmodell der Pfadanalyse nicht überinterpretiert werden

(Fienberg 1980, Brier 1978). Ein wichtiger Unterschied besteht etwa darin, daß es mit log-linearen Modellen nicht möglich ist, die gesamte (marginale) Assoziation zwischen zwei Variablen in direkte und indirekte Effekte sowie Scheineffekte zu zerlegen, wobei ein indirekter Effekt dem Produkt der verschiedenen direkten Effekte entspricht, die den jeweiligen kausalen Pfad konstituieren. Eine solche Zerlegung ist im Standardmodell der Pfadanalyse möglich, da dieselben (intervenierenden) Variablen in den Gleichungen sowohl als abhängige als auch als unabhängige Variablen auftreten können. In Logitmodellen hingegen werden als abhängige Variablen Odds verwendet, die in den anderen Gleichungen nicht als unabhängige Variablen wiederkehren.

Trotzdem ist es in log-linearen Pfadmodellen möglich, Begriffe wie *direkter Effekt* oder *Gesamteffekt* sinnvoll zu interpretieren (vgl. auch Winship/Mare 1983, die allerdings einen anderen als den im folgenden dargestellten Ansatz wählen). Direkte Effekte werden innerhalb eines konkreten Modells in gleicher Weise definiert, wie wir es in den vorangehenden Ausführungen getan haben. Angenommen, wir sind an dem Effekt einer unabhängigen Variable A auf eine abhängige Variable M interessiert. Der direkte Effekt von A auf M wird dann über die Effekte von A auf die Odds von M gemessen, wobei alle übrigen Variablen des Modells konstant gehalten werden, ausgenommen jene Variablen, die der abhängigen Variable M kausal nachgeordnet sind. Gesamteffekte lassen sich definieren als die Effekte von A auf die Odds von M, bei denen all die Variablen konstant gehalten werden, die der unabhängigen Variable A kausal vorangehen, nicht hingegen die Variablen, die zwischen A und M intervenieren, d.h. solche Variablen, die von A abhängig sind, gleichzeitig aber als Ursachen von M in Erscheinung treten. Gesamteffekte sind die Effekte, die zurückbleiben, nachdem mögliche Scheinbeziehungen kontrolliert wurden.

Wenn wir diese Vorschläge auf das Kausalmodell in Abbildung 3.2 anwenden, um den Gesamteffekt von Alter (A) auf Wahlbeteiligung (D) zu bestimmen, müssen die geschätzten erwarteten Häufigkeiten $\hat{F}^*$ für das gesamte Modell (siehe Gleichung 3.42 weiter unten) über die Kategorien der übrigen intervenierenden Variablen B und C aufsummiert werden. Das saturierte Modell für Marginaltabelle AD mit den Häufigkeiten $\hat{F}^{*ABCD}_{i++\ell}$ führt zu dem geschätzten Gesamteffekt von A auf D: $\hat{\gamma}_1^{AD} = 0{,}733$, der ein bißchen stärker ist als der direkte Effekt des Alters auf die Wahlbeteiligung, welcher mit $\hat{\gamma}_1^{AD} = 0{,}812$ geschätzt wurde. Um den Gesamteffekt der Konfession (B) auf die Wahlbeteiligung (D) zu berechnen, muß man $\hat{F}^*$ über die Kategorien der intervenierenden Variable C, nicht jedoch über die Kategorien der ihr kausal vorangehenden Variable A aufsummieren. Das saturierte Modell für Tabelle ABD mit den Häufigkeiten $\hat{F}^{*ABCD}_{ij+\ell}$ ergibt für den geschätzten Gesamteffekt von B auf D: $\hat{\gamma}_1^{BD} = 2{,}111$, was etwas kleiner ist als der direkte Effekt, der $\hat{\gamma}_1^{BD} = 2{,}271$ betrug. Der Gesamteffekt ist etwas geringer, da religiöse Personen mehrheitlich eine Präferenz für die CDU/CSU aufweisen, was wiederum mit einer Tendenz zur Wahlenthaltung einhergeht. Der kleine Drei-Variablen-

Interaktionseffekt $\hat{\gamma}_{ij}^{AB\tilde{D}}$ erhält in der aufsummierten Tabelle mit den Häufigkeiten $\hat{F}^*{}_{ij+\ell}^{ABCD}$ die gleichen Werte wie in der Ausgangstabelle mit den Häufigkeiten $\hat{F}^*{}_{ijk\ell}^{AB\tilde{C}D}$. Zum Schluß interessieren noch die Effekte der Variablen Alter: Es gibt zwar keinen direkten Effekt von Alter (A) auf Parteipräferenz (C), doch wie groß ist der Gesamteffekt? Um diesen Effekt zu bestimmen, wird $\hat{F}^*$ über die Kategorien der intervenierenden Variable B und der ihr kausal nachgeordneten Variable D aufsummiert. Das saturierte Modell für Tabelle AC mit den Häufigkeiten $\hat{F}^*{}_{i+k+}^{ABCD}$ führt zu $\hat{\tau}_{11}^{AC} = 0{,}990$, $\hat{\tau}_{12}^{AC} = 1{,}112$ und $\hat{\tau}_{13}^{AC} = 0{,}909$. Weil jüngere Personen weniger religiös sind als ältere Personen, und wegen der direkten Beziehung zwischen Konfession und Parteipräferenz, sind jüngere Personen im Vergleich zu älteren am wenigsten dazu geneigt, CDU/CSU zu wählen, sondern haben statt dessen eine Präferenz für die FDP. Im Hinblick auf bestehende Präferenzen für die SPD zeigen sich demgegenüber kaum Unterschiede zwischen Älteren und Jüngeren.

All das, was über die Schätzung direkter und indirekter Effekte gesagt wurde, basiert auf der Annahme, daß das Modell in Abbildung 3.2 für die Population zutrifft. Da das modifizierte Pfadmodell ein System gewöhnlicher Logitgleichungen ist und Logitmodelle äquivalent zu Häufigkeitsmodellen sind, gilt für die Überprüfung dieser Annahmen das, was zuvor in Bezug auf die Überprüfung von Häufigkeitsmodellen ausgeführt wurde. Zum Beispiel können verschiedene hierarchisch verknüpfte Hypothesen H^* formuliert und konditional gegeneinander getestet werden. Auf diese Weise lassen sich eine Anzahl von Restriktionen für verschiedene (Sub)modelle gleichzeitig überprüfen. Die Teststatistiken für das modifizierte Pfadmodell, die in Tabelle 3.4 aufgeführt sind, sind extrem gut. In unserem Fall sollte dies Ergebnis jedoch nicht zu sehr überraschen, da es sich hier um simulierte Daten handelt, die mit Blick auf Abbildung 3.2 konstruiert wurden. Hätten wir es hingegen mit realen Daten zu tun, wäre dies ein Hinweis auf eine mögliche Überanpassung und man könnte nach einem sparsameren Modell suchen.

Die erste Hypothese H_1 in Tabelle 3.4 postuliert das saturierte Modell für die beobachtete Marginaltabelle AB. Wie in Abschnitt 3.4 dargestellt, muß das Unabhängigkeitsmodell für die Beziehung Alter-Konfession definitiv zurückgewiesen werden, so daß kein Zweifel daran besteht, daß für Tabelle AB das saturierte Modell auszuwählen ist. Modell {AB,BC} (H_2) paßt extrem gut zu den Daten in der Marginaltabelle ABC. Wie aus dem konditionalen Test des Modells {AB,BC} gegen das Modell {AB,AC,BC} folgt ($L_{r/u}^2 = 0{,}25$, df=6, p=0,883), trägt die Hinzufügung des Effekts AC nicht zu einer signifikanten Verbesserung der Modellanpassung des Logitmodells bei. Die Auslassung von Effekt BC führt offenkundig zu einem nicht passenden Modell {AB,C}: $L^2 = 84{,}30$, df = 6, p = 0,000. Also auch hier ergibt sich ein klares Ergebnis.

Weniger offensichtlich sind die Ergebnisse für Hypothese H_3. Modell {ABC,ABD,CD} paßt nahezu perfekt zu den Daten. Wie aus den (hier nicht dokumentierten) konditionalen Tests gefolgert werden kann, führt die Hinzufügung weiterer Effekte nicht zu einer signifikanten Verbesserung der Modellanpassung. Trotzdem gibt es eine Anzahl sparsamerer Modelle, die auch gut zu den Daten passen. Das sparsamste Modell mit einer guten Modellanpassung ist Modell {ABC,BD}. Die Teststatistiken für dieses Modell mit nur einem direkten Effekt der Konfession auf die Wahlbeteiligung sind $L^2 = 17,38$, df = 10, p = 0,066 ($X^2 = 16,98$). Vergleicht man allerdings das Ausgangsmodell {ABC,ABD,CD} mit diesem sparsameren Modell {ABC,BD}, muß das Ausgangsmodell gewählt werden ($L^2_{r/u} = 15.49$, df = 4, p = 0,004). Wenn man die Suche fortsetzt, zeigt sich, daß einige Zwischen-Modelle gut zu den Daten passen, so etwa Modell {ABC,BD,CD} mit $L^2 = 10,99$, df = 8, p = 0,202 ($X^2 = 11,961$). Jedoch ist es schwierig, sich zwischen ihnen zu entscheiden. Die Ergebnisse der konditionalen Tests erbrachten in allen Fällen knappe Resultate, d.h. p-Werte zwischen 0,01 und 0,05. Zum Beispiel führt der Vergleich des Modells {ABC,BD,CD} mit dem ausgewählten Modell {ABC,ABD,CD} zu $L^2_{r/u} = 9,11$, df = 2, p = 0,011, während ein Vergleich desselben Modells {ABC,BD,CD} mit dem sparsamen Modell {ABC,BD} $L^2_{r/u} = 6,39$, df = 2, p = 0,041 ergibt. Die mangelnde Eindeutigkeit der Ergebnisse hat mit den ziemlich niedrigen Effekten von A und C auf D in Modell {ABC,ABD,CD} zu tun. Alle $\hat{\lambda}$-Parameter, die D mit A und C verknüpfen, sind in ihren Absolutbeträgen kleiner als 0,20 (bei den $\hat{\tau}$-Parametern zeigen sich entsprechend Werte zwischen 0,82 und 1,22 und bei den $\hat{\gamma}$-Parametern Werte zwischen 0,67 und 1,49). Auch wenn diese Werte hier aus Gründen der Vollständigkeit genannt werden, sind sie unter substantiellen Gesichtspunkten jedoch als ziemlich klein zu beurteilen.

Hätte es sich um reale Daten gehandelt, wäre es die beste Entscheidung gewesen, sich eines Urteils zu enthalten. Statt dessen sollte man das Minimalmodell {ABC,BD} vorläufig akzeptieren, die mögliche Richtigkeit des maximalen Modells {ABC,ABD,CD} nicht ausschließen und im Hinblick auf die niedrigen Effekte des Alters und der Parteipräferenz auf die Wahlbeteiligung nach zusätzlicher empirischer Evidenz suchen. An diesem Beispiel läßt sich auch gut demonstrieren, daß BIC sparsamere Modelle vorzieht. Von allen möglichen hierarchischen Modellen zwischen {ABC,D} und {ABCD} besitzt Modell {ABC,BD} mit −48,82 den niedrigsten BIC-Wert. Der BIC-Wert für das ausgewählte Modell {ABC,ABD,CD} beträgt demgegenüber −35,31.

Abschließend soll noch darauf hingewiesen werden, daß die geschätzten erwarteten Häufigkeiten $\hat{F}^*$ für H^* auf Grundlage der geschätzten erwarteten Häufigkeiten der separaten (Sub)modelle berechnet werden können. Diese Häufigkeiten $\hat{F}^*$ können auch dazu verwendet werden, um L^* zu berechnen. Für das Kausalmodell in Abbildung 3.2 und die in Tabelle 3.4 erwähnten Hypothesen läßt sich $\hat{F}^*$ in folgender Weise definieren:

$$\hat{F}^*_{ijk\ell} = \hat{F}_{ij} \frac{\hat{F}_{ijk}}{f_{ij}} \frac{\hat{F}_{ijk\ell}}{f_{ijk}} \qquad (3.42)$$

wobei $\hat{F}_{ij}$ die geschätzten erwarteten Häufigkeiten unter Annahme von Hypothese H_1 bezeichnet, $\hat{F}_{ijk}$ die geschätzten erwarteten Häufigkeiten bei Annahme von Hypothese H_2 und $\hat{F}_{ijk\ell}$ die entsprechenden Häufigkeiten unter Annahme von Hypothese H_3. Die geschätzten Effektparameter für das Gesamtmodell lassen sich entweder unter Verwendung der entsprechenden Randhäufigkeiten $\hat{F}^*$ oder aber, wie oben illustriert, unter Verwendung der geschätzten erwarteten Häufigkeiten für jedes separate Modell berechnen. In beiden Fällen ergeben sich die gleichen Ergebnisse.

Formel (3.42) kann auch unter Verwendung von Wahrscheinlichkeiten und Anteilen angegeben werden. Um dies zu verstehen, muß man sich in Erinnerung rufen, daß für die geschätzten erwarteten Häufigkeiten unter Annahme von Hypothese H_2 $\hat{F}^{ABC}_{ij+} = f^{ABC}_{ij+}$ gilt und unter Annahme von Hypothese H_3 $\hat{F}^{ABCD}_{ijk+} = f^{ABCD}_{ijk+}$. Des weiteren verweist ein Balken über einem Superskript einer Wahrscheinlichkeit auf eine bedingte Wahrscheinlichkeit, so daß zum Beispiel $\pi^{AB\bar{C}}_{ijk}$ die bedingte Wahrscheinlichkeit dafür ist, daß jemand der Kategorie k der Variable C angehört, vorausgesetzt, daß diese Person ebenfalls zu den Kategorien A=i und B=j gehört.

$$\hat{\pi}^*_{ijk\ell} = \hat{\pi}_{ij} \frac{\hat{\pi}_{ijk}}{p_{ij}} \frac{\hat{\pi}_{ijk\ell}}{p_{ijk}} = \hat{\pi}_{ij} \frac{\hat{\pi}_{ijk}}{\hat{\pi}_{ij+}} \frac{\hat{\pi}_{ijk\ell}}{\hat{\pi}_{ijk+}} = \hat{\pi}^{AB}_{ij} \hat{\pi}^{AB\bar{C}}_{ijk} \hat{\pi}^{ABC\bar{D}}_{ijk\ell} \qquad (3.43)$$

Das schrittweise Vorgehen der modifizierten Pfadanalyse wird auf Grundlage von Gleichung (3.43) besonders deutlich. Vorausgesetzt, die in Abbildung 3.2 dargestellte (zusammengesetzte) Hypothese trifft auf die Population zu, dann ergibt sich nach (3.43) die Wahrscheinlichkeit, daß ein zufällig ausgewähltes Individuum die Ausprägungskombination A = i, B = j, C = k und D = ℓ aufweist, aus dem Produkt folgender Einzelwahrscheinlichkeiten: 1. der geschätzten Wahrscheinlichkeit, daß dieses Individuum, wie in Hypothese H_1 angenommen, die Ausprägungen A = i und B = j aufweist; 2. der geschätzten bedingten Wahrscheinlichkeit, daß das Individuum, wie in Hypothese H_2 angenommen, der Ausprägung C = k angehört, vorausgesetzt es gilt A = i und B = j; 3. der geschätzten bedingten Wahrscheinlichkeit, daß das Individuum der Ausprägung D = ℓ angehört (vgl. Hypothese H_3), vorausgesetzt es gilt A = i, B = j und C = k. Vermunt (1996) benutzt die Darstellung des log-linearen Pfadmodells in Form von bedingten Wahrscheinlichkeiten (vgl. Gleichung 3.43) als Ausgangspunkt für die Schätzung einer ganz allgemeinen Klasse modifizierter Pfadmodelle, in der verschiedenste Restriktionen sowohl für die log-linearen Parameter als auch für die bedingten Wahrscheinlichkeiten spezifiziert werden können.

3.8 Ordinale kategoriale Variablen

In den bisher behandelten log-linearen Modellen wurden keine Annahmen über das Meßniveau der Variablen gemacht: Alle Variablen wurden als nominalskalierte Variablen behandelt. Die Kategorien einiger Variablen können jedoch eine intrinsische Ordnung haben, die man im Rahmen einer log-linearen Analyse berücksichtigen möchte. Log-lineare Modelle sollten also ebenfalls ordinal- und intervallskalierte Variablen einschließen. Tatsächlich wurden log-lineare Modelle für eine Mixtur von kategorialen Variablen entwickelt, in der einige der Variablen auf nominalem Niveau gemessen sein können, andere können geordnete Kategorien haben. Weiterhin gibt es Logitmodelle, in denen die abhängige und/oder die unabhängigen Variablen ordinale Merkmale sein können.

Es gibt im wesentlichen drei Ansätze zur Analyse ordinaler Daten. In dem ersten Ansatz nimmt man zwar an, daß die Daten geordnet sind, es werden jedoch keine a priori Restriktionen festgelegt, um analog dem ordinalen Charakter der Daten monoton zu- oder abnehmende statistische Zusammenhänge sicherzustellen (engl. *nominal level approach*). In dem zweiten Ansatz werden dagegen Ungleichheitsrestriktionen für die Parameter spezifiziert, um monotone Zusammenhänge zu garantieren (engl. *ordinal level approach*). In dem dritten Ansatz werden schließlich die Variablen so behandelt, als wären sie auf Intervallniveau gemessen worden (engl. *interval level approach*). In diesem Abschnitt sollen nur die grundlegenden Prinzipien dieser Modelle vorgestellt werden.

Wenn es sich in einem Logitmodell mit einer polytomen abhängigen Variablen (vgl. Abschnitt 3.7.2) um ordinale Messungen handelt, analysiert man häufig Odds direkt aufeinanderfolgender Kategorien, Continuation Odds oder kumulative Odds. Die Odds der bei einer ordinalen Variablen jeweils aufeinanderfolgender Kategorien (engl. *adjacent categories odds*) sind wie folgt definiert: π_i/π_{i+1}. Wenn die abhängige Variable Parteipräferenz (A) z.B. vier Ausprägungen hat – von ganz linksorientierten bis hin zu ganz rechtsorientierten Parteien –, dann kann man sechs verschiedene Odds betrachten, von denen jedoch drei ausreichen, um alle anderen zu berechnen (vgl. Abschnitt 3.7.2). Um dem ordinalen Charakter von A gerecht zu werden, betrachtet man z.B. für eine dreidimensionale Tabelle ABC mit den unabhängigen Variablen Konfession (B) und Alter (C) folgende drei Odds: $\pi_{1jk}^{ABC}/\pi_{2jk}^{ABC}$, $\pi_{2jk}^{ABC}/\pi_{3jk}^{ABC}$ und $\pi_{3jk}^{ABC}/\pi_{4jk}^{ABC}$. Drei „binäre" Logitmodelle (vgl. Abschnitt 3.7.1) könnten für diese drei Odds aufeinanderfolgender Kategorien spezifiziert werden, um den Einfluß von B bzw. C auf A zu bestimmen. Da die drei Logitgleichungen statistisch voneinander abhängig sind, müssen sie jedoch gemeinsam geschätzt und getestet werden. Der korrekte Weg ist daher ein geeignetes log-lineares Modell für Tabelle ABC, um mit Hilfe der geschätzten τ-Parameter die gesuchten γ-Parameter zu schätzen. Wie in Abschnitt 3.7.2 beschrieben, kann man mit dem entsprechenden log-linearen Modell alle notwendigen Parameter für alle Odds des polytomen Logitmodells bestimmen, inkl. der Odds der aufeinanderfolgenden Kategorien. Obwohl in Übereinstimmung mit dem ordinalen Charakter von A die Odds aufeinanderfolgender Kategorien betrachtet werden, garantiert dieses Verfahren jedoch nicht, daß die Schätzergebnisse mit dem ordinalen Meßniveau übereinstimmen, also beispielsweise Katholiken (verglichen mit Protestanten) in zunehmendem Maße rechtsorientierte Parteien bevorzugen. Das erklärt, warum die Verwendung aufeinanderfolgender Kategorien dem ersten Ansatz, dem sog. „nominal level approach", zugerechnet werden muß.

Das gleiche gilt für *Continuation Odds*. Hier betrachtet man das Verhältnis der Wahrscheinlichkeit, einer Kategorie anzugehören, entweder zu der Wahrscheinlichkeit, allen ranghöheren Kategorien anzugehören, oder zu der Wahrscheinlichkeit, allen rangniedrigeren Kategorien anzugehören: $\pi_i/(\pi_{i+1} + ... + \pi_I)$ oder $\pi_{i+1}/(\pi_1 + ... + \pi_i)$. Für die Variable Parteipräferenz (A) in Tabelle ABC des o.g. Beispiels ergeben sich dementsprechend entweder die Odds $\pi_{1jk}^{ABC}/(\pi_{2jk}^{ABC} + \pi_{3jk}^{ABC} + \pi_{4jk}^{ABC})$, $\pi_{2jk}^{ABC}/(\pi_{3jk}^{ABC} + \pi_{4jk}^{ABC})$, $\pi_{3jk}^{ABC}/\pi_{4jk}^{ABC}$ oder die Odds $\pi_{2jk}^{ABC}/\pi_{1jk}^{ABC}$, $\pi_{3jk}^{ABC}/(\pi_{1jk}^{ABC} + \pi_{2jk}^{ABC})$, $\pi_{4jk}^{ABC}/(\pi_{1jk}^{ABC} + \pi_{2jk}^{ABC} + \pi_{3jk}^{ABC})$. Im allgemeinen ergeben beide Varianten unterschiedliche Ergebnisse. Continuation Odds haben die angenehme statistische Eigenschaft, daß sie im Prinzip asymptotisch voneinander unabhängig sind. Daher kann man für jedes Continuation Odds ein binäres Logitmodell spezifizieren, dessen Parameter getrennt von den anderen (binären) Logitgleichungen geschätzt werden können (vorausgesetzt, es wurden keine Restriktionen für Parameter aus verschiedenen Logitgleichungen spezifiziert: z.B. Gleichheitsrestriktionen, um sicherzustellen, daß B oder C gleiche Effekte auf die Odds $\pi_{1jk}^{ABC}/(\pi_{2jk}^{ABC} + \pi_{3jk}^{ABC} + \pi_{4jk}^{ABC})$, $\pi_{2jk}^{ABC}/(\pi_{3jk}^{ABC} + \pi_{4jk}^{ABC})$ und $\pi_{3jk}^{ABC}/\pi_{4jk}^{ABC}$ haben). Darüber hinaus kann die empirische Gültigkeit aller Submodelle durch eine Summierung der einzelnen L^2-Werte und Freiheitsgrade getestet werden. Da Continuation Odds durch Summierung bestimmter Zellen der Tabelle berechnet werden, kann man sie nicht mit einem regulären log-linearen Modell für diese Tabelle bestimmen, wie es etwa bei den Odds aufeinanderfolgender Kategorien möglich ist. Ähnlich wie bei der Analyse aufeinanderfolgender Kategorien sind aber auch hier keine Parameterrestriktionen impliziert, die ein ordinales „Muster" für die entsprechenden Parameter garantieren.

Kumulative Odds betrachten die Odds kumulierter Wahrscheinlichkeiten: $(\pi_1 + ... + \pi_i)/(\pi_{i+1} + ... + \pi_I)$. Die kumulativen Odds für die Parteipräferenz (A) in Tabelle ABC wären $\pi_{1jk}^{ABC}/(\pi_{2jk}^{ABC} + \pi_{3jk}^{ABC} + \pi_{4jk}^{ABC})$, $(\pi_{1jk}^{ABC} + \pi_{2jk}^{ABC})/(\pi_{3jk}^{ABC} + \pi_{4jk}^{ABC})$ und $(\pi_{1jk}^{ABC} + \pi_{2jk}^{ABC} + \pi_{3jk}^{ABC})/\pi_{4jk}^{ABC}$. Da kumulative Odds ebenfalls Summen von Häufigkeiten voraussetzen und da sie im allgemeinen nicht asymptotisch voneinander unabhängig sind, können Parameterschätzungen für Logitgleichungen mit kumulativen Odds weder durch einfache log-lineare Modelle noch durch separate binäre Logitmodelle bestimmt werden (Agresti 1990: Abschnitt 9.4). Kumulative Odds sollen in diesem Kapitel nicht weiter behandelt werden (vgl.

Tabelle 3.5: Bildungsniveau und Präferenz für eine „linke" Partei

	A. Bildung					
	niedrig			hoch		
B. Präferenz für „linke" Partei	1.	2.	3.	4.	5.	Insgesamt
1. ja	69	67	44	26	5	211
2. nein	131	133	106	124	45	539
Insgesamt	200	200	150	150	50	750
Odds ja/nein	0,527	0,504	0,415	0,210	0,111	
$\hat{\gamma}_i^{AB}$	1,736	1,661	1,369	0,691	0,367	0,306
$\hat{\beta}_i^{AB}$	0,552	0,507	0,314	-0,369	-1,004	-1,193

jedoch Abschnitt 5.3.3 und 6.5.1). Es sei jedoch ausdrücklich darauf hingewiesen, daß kumulative Odds ebenfalls dem sog. „nominal level approach" zugerechnet werden müssen, da keine ordinalen a priori Restriktionen spezifiziert werden.

Alle drei bisher behandelten Ansätze lassen sich also darauf reduzieren, daß sie keinerlei Restriktionen spezifizieren und daher nur hoffen können, daß die Schätzergebnisse den ordinalen Charakter einiger Variablen wiedergeben. Das Grundprinzip dieses ersten Ansatzes läßt sich auch durch Tabelle 3.5 veranschaulichen, in der die unabhängige Variable ordinale Ausprägungen hat.

Die Daten in Tabelle 3.5 zeigen uns die Beziehung zwischen Bildungsniveau (A) und der Präferenz für eine „linke" Partei (B). Man könnte annehmen, daß die Unterstützung der „linken" Partei gleichmäßig mit dem Bildungsgrad abnimmt, und dementsprechend eine gewöhnliche log-lineare Analyse durchführen, um anschließend zu überprüfen, ob die Ergebnisse die Hypothese bestätigen. Für Tabelle 3.5 würde man dann erwarten, daß die Odds ja/nein mit Zunahme des Bildungsniveaus gleichmäßig abnehmen. Übersetzt in die Terminologie des saturierten Effektmodells mit der „linken" Parteipräferenz als abhängiger Variable bedeuten abnehmende Odds:

$$\gamma_i^{AB} \geq \gamma_{i'}^{AB} \quad \text{für alle } i < i' \tag{3.44}$$

Wie die beiden letzten Zeilen der Tabelle 3.5, in der die Schätzungen der entsprechenden Effektparameter dargestellt sind, zeigen, wird die Gleichung (3.44) zugrundeliegende Hypothese bestätigt.

Diese Art von post-hoc-Vergleichen ist aber nicht sehr zufriedenstellend. Was soll etwa getan werden, wenn die Effektparameter mit den in Gleichung (3.44) enthaltenen Restriktionen nicht in Einklang stehen? Sollte die Annahme einer monotonen Abnahme in diesem Fall zurückgewiesen werden? Es ist ja durchaus möglich, daß Verletzungen der Hypothese lediglich das Resultat von Stichprobenschwankungen sind. Was also benötigt wird, ist eine Methode, um für die Parameter a priori *Ungleichheitsrestriktionen* formulieren zu können und Schätzungen unter der Bedingung zu erhalten, daß diese Ordnungsrestriktionen für die Population zutreffen. Agresti et al. (1987) entwickelten unter Verwendung isotonischer Regressionsverfahren eine Methode, mit der man (schwache) Ordnungsrestriktionen für die Parameter spezifizieren kann. Obwohl dieser „ordinal level approach" bisher für Tabellen mit mehr als zwei Dimensionen nicht vollständig ausgearbeitet wurde und obwohl hinsichtlich der statistischen Überprüfung dieser Modelle nach wie vor Probleme bestehen, scheint er dennoch einen vielversprechenden Weg aufzuzeigen, wie man ordinale Variablen in log-lineare Modelle integrieren kann.

Wenn man schließlich bereit ist anzunehmen, daß die entsprechenden Variablen auf Intervallniveau gemessen werden, läßt sich eine Klasse log-linearer Modelle verwenden, die nach Goodman als *log-lineare Assoziationsmodelle* bezeichnet werden. Obwohl viele Autoren hier von einem Ansatz für ordinale Variablen sprechen, werden innerhalb dieser log-linearen Assoziationsmodelle jedoch Annahmen gemacht, die nur auf einem intervallskalierten Meßniveau sinnvoll sind.

Log-lineare Assoziationsmodelle lassen sich besser verstehen, wenn man Parallelen zum klassischen Regressionsmodell zieht. Dazu wollen wir auf die Tabelle 3.5 zugrundeliegenden N=750 Individualdaten eine einfache Regressionsanalyse anwenden, mit Parteipräferenz als abhängiger Variable y (1 = ja, 0 = nein) und Bildungsniveau als unabhängiger Variable x (1 = niedrig, ..., 5 = hoch; vgl. auch Beispiel 8 in Kapitel 1). Bei Verwendung der OLS-Methode erhalten wir das folgende Resultat: $\hat{y} = \hat{\beta}_0 + \hat{\beta}_1 x = 0{,}432 - 0{,}059x$. Die vorhergesagten ŷ-Werte (konkret: die vorhergesagten Stimmenanteile der Ausprägung „ja") für die aufeinander folgenden Ausprägungen von x sind 0,372, 0,313, 0,254, 0,194 und 0,135. Diese vorhergesagten Werte stehen in einer perfekten linearen Beziehung zu x. Für jede Zunahme des Bildungsniveaus um eine Einheit fällt der vorhergesagte Anteil der Personen, die eine „linke" Partei präferieren, um $\hat{\beta}_1 = 0{,}059$. Die Differenz zwischen den vorhergesagten Anteilen der Anhänger „linker" Parteien beträgt für jedes Paar aneinandergrenzender Ausprägungen des Bildungsniveaus 0,059.

Übertragen auf das multiplikative Effektmodell bedeutet dies bei Zugrundelegung der gleichen Restriktionen für die Daten in Tabelle 3.5, daß die Odds ja/nein mit jeder Zunahme des Bildungsniveaus um einen konstanten Faktor sinken. Nehmen wir an, daß der Bildungseffekt so groß ist, daß die Odds ja/nein mit jeder Zunahme des Bildungsniveaus um einen konstanten Faktor von 0,9 (multiplikativ) abnehmen. Wenn die Odds der ersten Bildungskategorie 0,5 betragen würden, wären die Odds für die zweite Kategorie (0,5)×(0,9) = 0,45, für die dritte Kategorie (0,5)×(0,9)² = 0,405 etc. Die Beziehung zwischen diesen Odds und x wird offenbar durch eine Exponentialfunktion $c \times (0,9)^{x_i}$ beschrieben, wobei 0,9 der numerische Wert des Effektparameters ist (vergleichbar dem Regressionsgewicht β_1 in der Regressionsgleichung). $x_i = 0,1,2,3,4$ bezeichnet die Ausprägungen der Bildungsvariablen (vergleichbar x in der Regressionsgleichung) und c ist eine Konstante, zum Beispiel die Odds der ersten Bildungskategorie (vergleichbar der Regressionskonstanten β_0). Bei Verwendung der Logarithmen der Odds führt dies zu einer linearen Beziehung zwischen Bildung und Parteipräferenz: $\ln(c) + (\ln 0,9) x_i$. Die Differenzen zwischen den Logits jedes aneinandergrenzenden Kategorienpaares der Bildungsvariablen sind damit konstant.

Die Schätzung der Parameter eines solchen log-linearen Assoziationsmodells für Tabelle 3.5 setzt die folgenden Schritte voraus. Wir beginnen, wie gehabt, mit dem saturierten Effektmodell $\Omega_i^{A\bar{B}} = \gamma^B \gamma_i^{A\bar{B}}$, führen dann aber unmittelbar die Restriktion ein, daß die Effekte der Bildung auf die Odds ja/nein ($\gamma_i^{A\bar{B}}$) so berechnet werden, daß die geschätzten erwarteten Odds auf einer Exponentialkurve liegen:

$$\gamma_i^{A\bar{B}} = (\gamma^*)^{x_i} \quad \text{mit} \quad x_i = -2, -1, 0, 1, 2 \qquad (3.45)$$

Für die Logit-Gleichung bedeutet das:

$$\Phi_i^{A\bar{B}} = \beta^B + \beta_i^{A\bar{B}}$$

wobei $\qquad (3.46)$

$$\beta_i^{A\bar{B}} = (\beta^*) x_i \quad \text{mit} \quad x_i = -2, -1, 0, 1, 2$$

Aufgrund der Beziehungen zwischen den Parametern des Logitmodells und des Häufigkeitsmodells implizieren die Gleichungen (3.45) und (3.46) für die λ-Parameter des Häufigkeitsmodells identische lineare Restriktionen. Da diese Restriktionen sich ohne Schwierigkeiten in eine Designmatrix übersetzen lassen, können Logitmodelle dieser Art mit Programmen zur log-linearen Analyse bearbeitet werden, die eine Designmatrix verwenden.

Wichtig in diesen log-linearen Assoziationsmodellen sind natürlich die Kodes, die den einzelnen Ausprägungen der Variablen Bildung zugeordnet werden, d.h. der Exponent x_i in Gleichung (3.45). Die in Gleichung (3.45) verwendeten Werte -2, -1, 0, 1, 2 besagen zunächst, daß die einzelnen Kategorien äquidistant sind (das gleiche gilt für die Werte $x_i = 0,1,...,4$ unseres Eingangsbeispiels). Ist man der Auffassung, daß der höchste Bildungsgrad

„viel höher" ist, sollte man dieser Kategorie einen entsprechend höheren Wert geben, zum Beispiel 3. Analog zur klassischen Regressionsanalyse wird eine Änderung der Distanzen zwischen den Kategorien die Schätzung für γ^* in Gleichung (3.45) beeinflussen. Ein Vergleich von Distanzen zwischen den Bildungsgraden ist jedoch nur dann sinnvoll, wenn angenommen werden kann, daß Bildung auf Intervallskalenniveau und nicht nur auf Ordinalniveau gemessen wurde. Die Verwendung der Werte -2 bis 2 stellt sicher, daß sich die β_i^{AB}-Parameter wie bisher zu null aufsummieren. Dies impliziert wiederum, daß β^B analog zu den durchschnittlichen partiellen Logits interpretiert werden kann. Wenn eine Reihe von Werten verwendet wird, die sich nicht zu null aufsummieren, wie etwa 0, 1, 2, 3 und 4 im Eingangsbeispiel, läßt sich β^B nicht weiter als durchschnittliches partielles Logit interpretieren, obwohl der Wert für β^* gleich bleiben wird. Eine allgemeine Diskussion der Frage, wann log-lineare Parameter eindeutig bestimmt werden können und wann und wie sie bei Verwendung unterschiedlicher Kodierschemata variieren, findet sich bei Long (1984).

Während das saturierte Effektmodell null Freiheitsgrade aufweist, gibt es nun aufgrund der Restriktion (3.45) Freiheitsgrade, um das Modell zu überprüfen und um beurteilen zu können, ob die Beziehung zwischen Bildung und Parteipräferenz einer einfachen Exponentialkurve folgt (d.h., in den Logits linear ist). Da nunmehr anstelle von $(2-1) \times (5-1) = 4$ γ_i^{AB}-Parametern nur noch ein zu schätzender γ^*-Parameter übrig ist, ergeben sich für dieses konkrete Assoziationsmodell und die Daten in Tabelle 3.5 drei Freiheitsgrade. Die Teststatistiken lauten $L^2 = 4{,}78$, $df = 3$, $p = 0{,}19$ ($X^2 = 4{,}72$). Die Hypothese, daß die Odds ja/nein mit Zunahme des Bildungsgrades um einen konstanten Faktor abnehmen, kann daher nicht abgelehnt werden. Die Schätzung der durchschnittlichen partiellen Odds beträgt $\hat{\gamma}^B = 0{,}328$ und liegt damit nahe dem Wert, der für das saturierte Modell berechnet wurde (0,306 in Tabelle 3.5). Der am meisten interessierende Effektparameter wird mit $\hat{\gamma}^* = 0{,}734$ geschätzt ($\hat{\beta}^* = 0{,}309$). Die Odds nehmen also um einen konstanten Faktor von 0,734 ab. Konkret: Beginnend mit den Odds für den ersten und niedrigsten Bildungsgrad sind alle nachfolgenden Odds jeweils 0,734 mal so groß wie die unmittelbar vorhergehenden. Ruft man sich ins Gedächtnis, daß als Kodes für x_i die Werte -2, -1, 0, 2, 1 verwendet wurden, so ergeben sich die Werte $\hat{\gamma}_1^{AB} = 1{,}855$, $\hat{\gamma}_2^{AB} = 1{,}363$, $\hat{\gamma}_3^{AB} = 1$, $\hat{\gamma}_4^{AB} = 0{,}734$, $\hat{\gamma}_5^{AB} = 0{,}538$ (und 0,618, 0,309, 0, -0,309, -0,618 für die entsprechenden β_i^{AB}-Parameter).

Diese Art von Modellen werden log-lineare Assoziationsmodelle genannt, da sie als gewöhnliche log-lineare Modelle mit linearen Restriktionen für die log-linearen Parameter formuliert werden können. Dies ist bei *log-bilinearen Assoziationsmodellen* nicht der Fall, die auch als Assoziationsmodelle Typ II bezeichnet werden. Zur Verdeutlichung dieser Modellklasse wollen wir annehmen, daß das oben behandelte Assoziationsmodell zurückgewiesen werden mußte. Man könnte sich in diesem Fall für das saturierte Modell entscheiden, verbunden mit der Schlußfolgerung, daß die Annahme der Linearität für die log-linearen Effektparameter falsch war. Oder man geht weiterhin davon aus, daß die Beziehung linear ist, falsch war nur das für das Bildungsniveau verwendete Kodierschema, d.h. die Kodierung des Exponenten x_i in Gleichung (3.45). Im letztgenannten Fall könnte man nun verschiedene Kodierungen ausprobieren oder aber versuchen, für die Annahme einer linearen Beziehung eine passende Kodierung auf Grundlage der Daten zu schätzen. In log-bilinearen Assoziationsmodellen wird im wesentlichen das letztere getan (allerdings wäre in diesem speziellen Beispiel der zweidimensionalen Tabelle 3.5, in der B eine dichotome Variable ist, das Ergebnis identisch mit dem saturiertem Modell).

Wenn wir die β-Parameter des saturierten Modells in der letzten Zeile von Tabelle 3.5 betrachten, erscheint die Beziehung zwischen Bildung und Parteipräferenz nicht exakt linear. Eine lineare Beziehung würde implizieren, daß die Differenz zwischen allen aneinandergrenzenden β's konstant ist. Wie man sieht, macht es für die Odds ja/nein keinen großen Unterschied, ob man zum Bildungsniveau 1 oder 2 gehört, ganz im Gegensatz zu den Bildungsniveaus 4 und 5. Die Beziehung zwischen Bildung und Parteipräferenz läßt sich also dadurch linearisieren, daß man das Bildungsniveau in einer Weise rekodiert, daß Ausprägung 1 und 2 sehr nah beieinander liegen, während Ausprägung 4 und 5 stärker auseinanderrücken. In log-bilinearen Modellen wird eine optimale Lösung für die Abstände der Kategorien bestimmt, indem man unter der Annahme eines linearen Zusammenhangs zwischen den Variablen die Kodes der Ausprägungen dieser Variablen schätzt und nicht a priori festlegt. In log-bilinearen Modellen werden also nicht nur die gewöhnlichen Effektparameter geschätzt, sondern auch die Distanzen zwischen den Kategorien der Variablen. In einigen Fällen, in denen eine oder mehrere dichotome Variablen betrachtet oder in denen die Ausprägungen nur für einen Teil der Variablen geschätzt werden, während sie für die restlichen Variablen a priori festliegen, sind jedoch log-bilineare Modelle im Endergebnis mit gewöhnlichen log-linearen Modellen identisch.

Log-bilineare Modelle sind besonders in zweidimensionalen Tabellen nützlich, da die Kodes der Variablen aus der bivariaten Häufigkeitsverteilung abgeleitet werden. In multidimensionalen Tabellen können die Kodes der Variablen davon abhängen, welche Variablen miteinander verglichen werden. Es muß hier eine durchschnittlich optimale Lösung gefunden werden. Dies wirft Fragen über die genaue Bedeutung der geschätzten Kodes auf. Weitere Informationen über Assoziationsmodelle findet man in den weiterführenden Literaturhinweisen am Ende dieses Kapitels.

3.9 Einige Probleme: Kleiner Stichprobenumfang und polytome Variablen

Das hartnäckigste Problem jeder Form von Tabellenanalyse ist das Problem *kleiner Stichproben* und dünn besetzter Tabellen. Wie bereits in Abschnitt 3.4 gesagt wurde, kann nicht erwartet werden, daß sich die Verteilung der Teststatistiken L^2 und X^2 der theoretischen χ^2-Verteilung annähert, wenn viele der erwarteten Zellhäufigkeiten der multivariaten Tabelle niedrige Werte haben (z.B. <5 oder <1). Darüber hinaus werden sich auch die z-Werte und die korrigierten Residuen (siehe Abschnitt 3.4 und 3.5) nicht der Standardnormalverteilung annähern. Ein weiteres Problem ist, daß die Teststärke dieser Tests bei kleinen Stichproben gering ist. Schließlich ist es bei kleinen Stichproben wahrscheinlicher, daß Nullhäufigkeiten in den anzupassenden Randverteilungen auftreten, was dazu führt, daß die geschätzten Zellhäufigkeiten gleich null sind, so daß man nicht in der Lage ist, einige der log-linearen Effekte zu schätzen. Sie nehmen dann die Grenzwerte $+\infty$ und $-\infty$ an.

Es gibt wenig, was angesichts dieser Probleme getan werden kann. Es wurden u.a. alternative Chi-Quadrat-Teststatistiken vorgeschlagen. Ihr Vorteil gegenüber den traditionellen Statistiken ist allerdings unter vielen Umständen nicht klar, und sie sind außerdem nicht mit Standard-Computerprogrammen berechenbar. Außerdem tragen sie nichts zur Lösung des Problems der geringen Teststärke bei.

Die Suche nach weiteren Datenquellen ist offensichtlich die beste Empfehlung. Wenn diese nicht verfügbar sind, kann man einige andere Strategien versuchen. Ein Weg, der von den meisten Forschern eingeschlagen wird, besteht darin, die Tabelle über ausgewählte Kategorien oder Variablen aufzusummieren. Aus dem Aggregierungstheorem folgt jedoch, daß diese Strategie generell die Parameterschätzungen beeinflußt. Solange man aber der Ansicht ist, daß die resultierenden Beziehungen zu der analysierten Tabelle passen, dann ist diese Strategie möglicherweise die klügste Option und in vielen Fällen auch die einzig gangbare.

Da für konditionale Tests zu erwarten ist, daß sie eine größere Teststärke besitzen und eine bessere Annäherung an die χ^2-Verteilung liefern, sollten, sofern dies möglich ist, konditionale vor globalen Tests bevorzugt werden. Darüber hinaus sollten sowohl L^2 als auch X^2 berechnet werden, da unterschiedliche Werte für diese beiden Statistiken ein Anzeichen dafür sind, nicht zu stark auf eine dieser beiden zu vertrauen.

Es ist zu einer Art Routine geworden, das Problem, daß geschätzte erwartete Zellhäufigkeiten gleich null sind, dadurch zu lösen, daß man zu allen beobachteten Zellhäufigkeiten den Wert 0,5 addiert. 0,5 ist jedoch nicht die einzige Möglichkeit. Es ist in der Regel viel besser zu versuchen, verschiedene kleine Konstanten wie 0,5, 0,1, 0,01 und 0,001 zu addieren, um zu sehen, was dann jeweils passiert. Andere Forscher, die einen Bayes'schen Ansatz verwenden, haben vorgeschlagen, die Addition einer Konstanten zu den beobachteten Zellhäufigkeiten von der Anzahl der Parameter und der Art des nicht-saturierten Modells abhängig zu machen, das der Forscher im gegebenen Fall überprüfen möchte. Das Beste, was ein Forscher tun kann, ist, einige der ihm oder ihr angemessen erscheinenden Ansätze zur Eliminierung von Nullzellen auszuprobieren und die Ergebnisse der jeweils vorgenommenen „Korrekturen" miteinander zu vergleichen. Man sollte dabei sehr vorsichtig mit der Interpretation der Effekte sein, die bei den verschiedenen Korrekturversuchen in hohem Ausmaß variieren.

Gerade weil das Nullzellenproblem ein so schwieriges Problem ist, sollte man von allen verfügbaren Informationen Gebrauch machen. Sehr oft ergeben sich für jede Variable einige fehlende Werte. Wenn man all jene Untersuchungseinheiten aus den Analysen ausschließt, bei denen sich bei mindestens einer Variablen ein fehlender Wert ergibt, kann sich der Stichprobenumfang schnell um 40% und mehr reduzieren, was des weiteren dazu führt, daß die Informationen verloren gehen, die diese ausgeschlossenen Beobachtungen bei anderen Variablen liefern. Im Rahmen der log-linearen Analyse wurden in diesem Zusammenhang flexible Ansätze entwickelt, die von allen verfügbaren (teilweise fehlenden) Informationen Gebrauch machen (Fay 1986, Hagenaars 1990, Winship und Mare 1989).

Aus den gleichen Gründen müssen sparsame Modelle gegenüber komplexeren Modellen bevorzugt werden. Die Stabilität der Parameterschätzungen hängt von den suffizienten Statistiken ab, d.h. von den Zellhäufigkeiten der Marginaltabellen, die durch das jeweilige log-lineare Modell exakt reproduziert werden. Deshalb gilt auch für große multidimensionale Tabellen mit vielen beobachteten Nullzellen, daß selbst dann, wenn die Teststatistiken sich nicht der theoretischen χ^2-Verteilung annähern, immerhin stabile Parameterschätzungen erwartet werden können, wenn ein einfaches Modell angepaßt wird.

Schließlich sollten Stichprobennullen von strukturellen Nullen unterschieden werden. Stichprobennullen entstehen aufgrund eines begrenzten Stichprobenumfangs. Strukturelle Nullen sind Zellen, die in der Population leer sind. Zum Beispiel kann in einer Tabelle Geschlecht×Krankheit die Kombination Frau-Prostatakrebs nicht auftreten. Die Literaturhinweise in Abschnitt 3.10 enthalten viele Anwendungsbeispiele log-linearer Modelle mit strukturellen Nullen.

Ein anderes Problem der log-linearen Analyse hat mit dem Umstand zu tun, daß bei nominalskalierten *polytomen Variablen* viele Parameter benötigt werden, um die Beziehungen zwischen den Variablen zu beschreiben. Zum Beispiel sind in einer 5×5-Tabelle AB 16 unabhängige Parameter (von insgesamt 25) erforderlich, um die Beziehung zwischen A und B zu beschreiben. Dieses Problem tritt notwendigerweise bei nominalskalierten Variablen auf. Manchmal ist eine einzelne Maßzahl, die die Assoziation zwischen den beiden Variablen ausdrückt, sehr viel komfortabler. Einige Forscher empfehlen, ein konkretes log-lineares Modell anzupassen und dann willkürlich ein Assoziationsmaß wie Goodman und Kruskal's τ oder λ oder sogar den Produkt-Moment-Korrelationskoeffizienten r auf die geschätzten erwarteten Häufigkeiten anzuwenden (Smith 1976). Die Argumente gegen diesen Ansatz liegen auf der Hand: Andere Assoziationsmaße als das Odds Ratio machen Annahmen über die Daten, die sich von den impliziten Annahmen log-linearer Modelle unterscheiden. Wenn zum Beispiel dem log-linearen Modell zufolge die Beziehung zwischen Alter (A) und Wahlbeteiligung (C) unter religiösen und nicht-religiösen Personen (B) gleich ist ($\tau^{ABC}_{ijk} = 1$ und $\tau^{AC|B}_{ik1} = \tau^{AC|B}_{ik2}$), impliziert dies nicht notwendig, daß auch Goodman und Kruskal's τ für Personen mit und ohne Konfession gleich sein wird, wenn man τ auf Grundlage der geschätzten erwarteten Häufigkeiten $\hat{F}$ in beiden Subgruppen berechnet. Wenn ein solches Gesamtmaß der Assoziation benötigt wird, kann man entweder das mittlere Niveau der entsprechenden Effekte oder die maximale Differenz zwischen allen Effekten berücksichtigen:

$$\tau^*_{max} = \frac{\tau_{max}}{\tau_{min}} \qquad \lambda^*_{max} = \lambda_{max} - \lambda_{min} \qquad (3.47)$$

$$\tau_{mean} = \left(\prod_{i=1}^{I} \tau'_i\right)^{1/I} \qquad \lambda_{mean} = \frac{1}{I}\sum_{i=1}^{I} |\lambda_i| \qquad (3.48)$$

wobei $\tau_i' = \tau_i$ wenn $\tau_i \geq 1$
und $\tau_i' = 1/\tau_i$ wenn $\tau_i < 1$

Der wesentliche Nachteil des Maximumeffekts (3.47) ist dessen Sensibilität gegenüber Ausreißern. Der wesentliche Nachteil des Durchschnittseffektes (3.48) ist, daß insbesondere in großen Tabellen viele Effekte einander ähneln und deshalb in der Nähe von null liegen, was dazu führt, daß τ_{mean} kleine Werte hat und dies, obwohl einige große systematische Effekte existieren können.

Hier wie auch an anderen Stellen dieses Kapitels konnten nur die Hauptaspekte der log-linearen Analyse diskutiert werden. Clogg und Eliason (1987) diskutieren jedoch in einem exzellenten Übersichtsartikel viele andere allgemeine Probleme gemeinsam mit möglichen Lösungen.

3.10 Literatur- und Programmhinweise

Allgemeine Einführungen in log-lineare Modelle gibt es auf unterschiedlichem Schwierigkeitsniveau. Die Bücher von Bishop et al. (1975), Haberman (1978, 1979) und Agresti (1990) sind sehr umfassend, sie diskutieren viele Themen dieses Kapitels sehr viel ausführlicher und führen viele wichtige neue Aspekte ein, sie sind jedoch gleichzeitig nur für sehr interessierte und fortgeschrittene Leser geeignet. Auf einem mittleren Schwierigkeitsniveau gibt es neben anderen die Bücher von Fienberg (1980), Wickens (1989) und Hagenaars (1990). Einführungen in log-lineare Modelle, die für diejenigen vielleicht hilfreich sind, die unsere Ausführungen zu anspruchsvoll empfinden, gibt es von Reynolds (1977), Knoke/Burke (1980) und Langeheine (1986).

Die drei zuvor genannten ausführlichen Lehrbücher sind die besten Quellen, um Informationen über alle möglichen Spezialprobleme zu finden. Exzellente Diskussionen über Tests und Anpassung log-linearer Modelle bzw. über die damit verbundenen Themen allgemeiner Strukturgleichungsmodelle findet man bei Read und Cressie (1988), Long (1988) sowie Bollen und Long (1993). Einen guten Einblicke in die damit verbundenen Probleme der Spezifikation von Designmatrizen und der verschiedenen Parametrisierungen log-linearer Parameter (inkl. ihrer Interpretationen) vermitteln Kerlinger/Pedhazur (1973), Evers/Namboodiri (1978), O'Grady/Medoff (1988), Alba (1988), Kaufman/Schervish (1986, 1987) und Long (1984). Literaturhinweise für ordinale log-lineare Modelle und für die Analyse von Tabellen mit strukturellen Nullen oder aus geschachtelten Designs geben wir am Ende von Kapitel 7. Literaturhinweise für log-lineare Modelle mit Längsschnittdaten finden sich am Ende von Kapitel 8.

Log-lineare Modelle sind mittlerweile ein Standardwerkzeug der Analyse kategorialer Daten. Ein sicheres Zeichen dafür ist die Tatsache, daß alle wichtigen Programmpakete wie etwa SPSS, SAS oder BMDP flexible (Unter-)Programme beinhalten, um log-lineare Analysen durchzuführen. Log-lineare Analysen können auch mit GLIM durchgeführt werden. Cloggs und Eliasons Programm CDAS, das über den Fachbereich Soziologie der Pennsylvania State University erhältlich ist, integriert die älteren stand-alone-Programme ECTA (entwickelt von Goodman und Fay) und FREQ (entwickelt von Haberman). Alle Analysen dieses Kapitels wurden mit dem Programm ℓEM durchgeführt (entwickelt von Vermunt an der Universität von Tilburg, Niederlande; s. die Programmhinweise am Ende von Kapitel 4).

4 Latente Klassenanalyse und log-lineare Modelle mit latenten Variablen

4.1 Einleitung

In den Sozialwissenschaften gibt es häufig eine große Kluft zwischen Theorien und empirischen Untersuchungen. Die Konzepte, die auf der theoretischen Ebene verwendet werden, lassen sich in der Realität nicht direkt beobachten. Zum Beispiel „sehen wir nicht die ‚Loyalität' einer Person oder die ‚Solidarität' einer Gruppe, aber wir schließen auf diese, wenn wir beobachten, wie das Individuum oder die Gruppe auf verschiedene Stimuli reagiert" (Blalock 1982: 26). Diese Kluft muß durch sorgfältige theoretische Überlegungen überbrückt werden, die zu *Meßmodellen* führen, in denen die Beziehungen zwischen den theoretischen Konzepten und den Indikatoren explizit gemacht werden. Solche Meßmodelle enthalten in der Regel sowohl direkt beobachtbare, manifeste Variablen – die Indikatoren – als auch nicht direkt beobachtbare, latente Variablen – die theoretischen Variablen.

Skalierungsverfahren basieren auf allgemeinen Meßmodellen, die für die Messung eines breiten Spektrums von Phänomenen benutzt werden können. Eines der ältesten und am häufigsten verwendeten Skalierungsmodelle ist das Modell der Faktorenanalyse, das dann verwendet werden kann, wenn alle Variablen auf Intervall- oder Verhältnisskalenniveau gemessen werden. In den letzten Jahren wurde der Ansatz der Faktorenanalyse in den allgemeinen Ansatz linearer Strukturgleichungsmodelle mit latenten Variablen integriert, der inbesondere durch die beiden Computerprogramme LISREL und EQS bekannt geworden ist (Bollen 1989). LISREL und EQS bieten einen sehr flexiblen Rahmen, um das Ausmaß sowie die Ursachen und Konsequenzen mangelnder Reliabilität und Validität zu untersuchen und gleichzeitig die Schätzer der (kausalen) Effektparameter entsprechend zu korrigieren.

Wenn die Variablen kategorial sind und nur auf nominalem Niveau gemessen wurden, ist Lazarsfeld's latente Klassenanalyse ein exzellentes Verfahren, um die Probleme mangelnder Reliabilität und Validität in einer Weise anzugehen, die mit der Faktorenanalyse vergleichbar ist. Noch bis vor kurzer Zeit fanden sich trotz ihrer großen Leistungsfähigkeit nur wenige Anwendungen der latenten Klassenanalyse. Dies hat sicherlich mit dem Umstand zu tun, daß die Schätz- und Testverfahren, die Lazarsfeld und andere entwickelten, nicht sehr zufriedenstellend waren. Einen Durchbruch erreichten Haberman und Goodman. Sie (re)formulierten das latente Klassenmodell in Form eines log-linearen Modells mit latenten Variablen und zeigten, wie ML-Schätzer für die Parameter dieses Modells ermittelt werden können. Darüber hinaus ist es mit ihrem Ansatz sehr einfach, das Lazarsfeld'sche Standardmodell latenter Klassen mit einer latenten Variable in ein Modell mit mehreren polytomen latenten Variablen zu transformieren.

Das Basismodell latenter Klassen mit einer latenten Variable wird einführend in Abschnitt 4.2.1 diskutiert. Es wird dort gezeigt, wie dieses Basismodell mit einem log-linearen Modell mit einer latenten Variable zusammenhängt. Der EM-Algorithmus für die Berechnung der ML-Schätzer dieses Basismodells wird in Abschnitt 4.2.2 diskutiert. Für die Parameter des Basismodells lassen sich viele Arten von a priori Restriktionen formulieren. Mit diesen Restriktionen können verschiedene Annahmen über die Struktur unserer Daten getestet werden, wie etwa die Annahme, daß bestimmte manifeste, direkt beobachtbare Variablen gleich gute Indikatoren einer zugrundeliegenden latenten Variable sind oder daß manche Variablen fehlerfreie Messungen der latenten Variable darstellen. Wie solche Restriktionen spezifiziert werden, ist das Thema von Abschnitt 4.2.3. In Abschnitt 4.2.4 werden schließlich die Identifizierbarkeit der Parameter latenter Klassenmodelle und die Probleme der Modellanpassung und des Modelltests diskutiert.

Hat man erst einmal ein gut angepaßtes Modell, das eine brauchbare theoretische Interpretation liefert, stellt sich die Frage, wie man die Beziehung der latenten Variable zu anderen „externen" Variablen wie etwa Alter und Geschlecht untersuchen kann. Analog zur Berechnung der Faktorwerte in der Faktorenanalyse kann man für jedes Individuum den Wert der zugrundeliegenden latenten Klassenvariable berechnen und diese Werte zu den „externen" Variablen in Beziehung setzen. Ähnlich wie im LISREL-Modell kann man aber auch das ursprüngliche Modell latenter Klassen erweitern, indem man die „externen" Variablen in das Modell integriert und ohne Berechnung der einzelnen Werte der latenten Variable die (kausale) Beziehung zwischen der latenten Variable und den „externen" Variablen untersucht. Obwohl in der Regel der erste Ansatz empfohlen und auch von den meisten Forschern gewählt wird, werden wir in Abschnitt 4.3 verschiedene Argumente für die Bevorzugung der letztgenannten Methode nennen.

Erweiterungen von latenten Klassenmodellen zu Modellen mit mehr als einer latenten Variable werden in Abschnitt 4.4 diskutiert. Die Beziehungen zwischen den verschiedenen latenten Variablen können mittels saturierter und nicht-saturierter log-linearer Modelle untersucht werden. Aus einer Reihe von praktischen Gründen hat man für die Beziehungen zwischen den latenten Variablen nur selten Restriktionen formuliert und statt dessen in der Regel das saturierte Modell angenommen. Es ist jedoch ebenso möglich, nicht-saturierte Modelle zu definieren, auch in Form modifizierter Pfadmodelle. Auf diese Weise führt die log-lineare Analyse mit latenten Variablen zu einem Ansatz, der als „modifizierter LISREL-Ansatz" bezeichnet werden könnte und viele Ähnlichkeiten mit dem ursprünglichen LISREL-Modell aufweist. Direkte Effekte zwischen den Indikatoren lassen sich modellieren, um Test-Retest-Effekte, korrelierte Meßfehler usw. zu berücksichtigen (Abschnitt 4.5). Weiterhin sind simultane Analysen in verschiedenen Gruppen möglich (Abschnitt 4.6). Ganz allgemein können also Kausalmodelle mit kategorialen latenten Variablen untersucht werden (Abschnitt 4.7). Im letzten Abschnitt dieses Kapitels wird schließlich erörtert, wie man mit latenten und manifesten kategorialen Variablen umgehen kann, deren Kategorien geordnet sind.

4.2 Latente Klassenanalyse: Log-lineare Modelle mit einer latenten Variable

4.2.1 Das Basismodell

Die Hauptelemente des Standardmodells latenter Klassen sind eine Reihe manifester Variablen, deren Werte direkt beobachtbar sind, und eine latente Variable, deren Werte nicht direkt beobachtbar sind. Die manifesten Variablen werden als Indikatoren einer zugrundeliegenden theoretischen Variable betrachtet, die durch die latente Variable repräsentiert wird. Prinzipiell werden alle Variablen, ungeachtet dessen, ob es sich bei ihnen um latente oder manifeste Variablen handelt, als kategoriale nominale Variablen behandelt. Die Kategorien der latenten Variable werden üblicherweise als „latente Klassen" bezeichnet. Manifeste und latente Variablen können dabei eine unterschiedliche Anzahl von Kategorien haben.

Betrachten wir ein konkretes Beispiel: Hagenaars und Halman (1989) führten mit neun verschiedenen Items, die die Ansichten der Untersuchungspersonen zu wichtigen ökonomischen und politischen Sachverhalten messen sollten, eine latente Klassenanalyse durch. Sieben Items waren dichotom (zum Beispiel Wünschbarkeit einer gesellschaftlichen Veränderung: erwünscht, unerwünscht; Vertrauen in das Parlament: Vertrauen, kein Vertrauen), ein Item war trichotom (Selbsteinschätzung auf einer Links-Rechts-Skala: links, Mitte, rechts), ein Item hatte schließlich vier Kategorien (Wer sollte Wirtschaftsunternehmen leiten: Besitzer alleine, Besitzer und Angestellte gemeinsam, Angestellte alleine, weiß nicht). Um zu sehen, ob die neun Items als Indikatoren einer zugrundeliegenden politischen Typologie aufgefaßt werden können, wurde eine latente Klassenanalyse durchgeführt. Die Ergebnisse dieser Analyse gaben Hinweise auf die Existenz einer latenten Variable mit vier Kategorien. Die vier latenten Klassen konnten in sinnvoller Weise als vier grundlegende politische (Einstellungs)typen interpretiert werden: die Progressiven, die Konservativen, die Individualisten und die politisch Desinteressierten. Gemäß dem latenten Klassenmodell gehört jede Person der Population einer (und nur einer) der latenten Klassen an. Übertragen auf das Beispiel gehört also jede Person zu einem (und nur einem) der vier grundlegenden politischen (Einstellungs)typen.

Die manifesten Variablen sind Indikatoren der latenten Variable, jedoch sind sie nur in den seltensten Fällen perfekte Indikatoren, d.h. vollkommen reliabel und valide. So wählten etwa Mitglieder der latenten Klasse der Konservativen nicht mit absoluter Sicherheit bei jedem Item die konservative Option, sondern lediglich mit einer gewissen Wahrscheinlichkeit, auch wenn diese Wahrscheinlichkeit höher war als bei den Progressiven. Die Position, die eine Person auf einer zugrundeliegenden latenten Variable einnimmt, beeinflußt also systematisch die Werte, die für diese Person bei den manifesten Variablen beobachtet werden. Diese Beziehung ist aber nicht perfekt und deterministisch. Andere externe Faktoren werden ebenfalls die beobachteten Werte beeinflussen, so daß die Beziehung zwischen latenten und manifesten Variablen zu einer stochastischen Beziehung wird. Auf diese Weise können Meßfehler berücksichtigt werden.

Die Annahme, daß es sich bei der latenten Variable um die zugrundeliegende fundamentale Variable handelt, wird dadurch ausgedrückt, daß der Wert jeder Person bei jedem Indikator ausschließlich durch die latente Variable und nicht durch die Werte bei den anderen Indikatoren bestimmt wird. Mitglieder der latenten Klasse der Progressiven tendieren allein deshalb dazu, bei jedem Item die progressive Alternative zu wählen, weil sie Progressive sind. Konservative tendieren allein deshalb dazu, konservative Alternativen zu wählen, weil sie der latenten Klasse der Konservativen angehören usw. Die im latenten Klassenmodell angenommenen Beziehungen zwischen manifesten und latenten Variablen lassen sich wie in Abbildung 4.1 darstellen. In dieser Abbildung finden sich vier manifeste Variablen A bis D und eine latente Variable X.

Es gibt keine direkten Beziehungen zwischen den manifesten Variablen. Zwar hängen sie miteinander zusammen, jedoch nur deshalb, weil jede von ihnen in einer direkten Beziehung zu X steht. Die latente Variable X liefert also eine vollständige Erklärung für alle statistischen Zusammenhänge, die in den Tabellen AB, AC usw. beobachtet werden können. Übersetzt in die Termi-

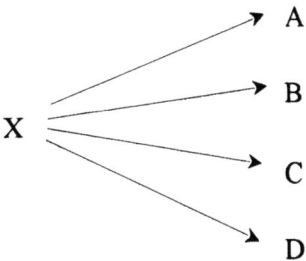

Abbildung 4.1: Das Basismodell latenter Klassen mit einer latenten Variablen X und vier manifesten Variablen A, B, C und D

nologie der Lazarsfeld'schen Elaboration handelt es sich bei den Zusammenhängen zwischen den manifesten Variablen um Scheinbeziehungen, die bei Konstanthaltung von X verschwinden. Dies ist die Basisannahme der *lokalen Unabhängigkeit*. Lokale Unabhängigkeit bedeutet, daß innerhalb jeder latenten Klasse (also für X = t) gilt, daß die bedingte Wahrscheinlichkeit, bei der manifesten Variable A den Wert i zu beobachten, unabhängig ist von der bedingten Wahrscheinlichkeit, die Werte B = j, C = k und D = ℓ zu beobachten.

Das latente Klassenmodell kann sowohl mit log-linearen Parametern als auch in *Lazarsfeld's ursprünglicher Parametrisierung* dargestellt werden, die auf (bedingten) Wahrscheinlichkeiten beruhen. Wir beginnen mit letzterer. Der Notation Goodmans folgend lassen sich die Basisgleichungen des latenten Klassenmodells für vier manifeste Variablen A bis D und eine latente Variable X mit T Kategorien in folgender Weise formulieren:

$$\pi_{ijk\ell}^{ABCD} = \sum_{t=1}^{T} \pi_{ijk\ell t}^{ABCDX} \qquad (4.1)$$

wobei gilt:

$$\pi_{ijk\ell t}^{ABCDX} = \pi_t^X \pi_{ijk\ell t}^{\bar{A}\bar{B}\bar{C}\bar{D}X} = \pi_t^X \pi_{it}^{\bar{A}X} \pi_{jt}^{\bar{B}X} \pi_{kt}^{\bar{C}X} \pi_{\ell t}^{\bar{D}X} \qquad (4.2)$$

Die Notation ist dieselbe wie in den anderen Kapiteln (insbesondere Kapitel 3), nur daß X eine latente Variable ohne direkt beobachtbare Werte ist. $\pi_{ijk\ell}^{ABCD}$ bezeichnet die Wahrscheinlichkeit, daß ein zufällig aus der Population ausgewähltes Individuum die Ausprägungskombination A = i, B = j, C = k und D = ℓ aufweist (im folgenden als kombinierte Variable ABCD mit dem Wert (i, j, k, ℓ) bezeichnet). Die Wahrscheinlichkeit, den Wert (i,j,k,ℓ,t) bei der kombinierten Variable ABCDX zu erhalten, wird durch $\pi_{ijkℓt}^{ABCDX}$ dargestellt, und π_t^X bezeichnet die Wahrscheinlichkeit, zur Klasse X = t zu gehören. Der Parameter $\pi_{it}^{\bar{A}X}$ ist eine bedingte Wahrscheinlichkeit, nämlich die Wahrscheinlichkeit, daß ein Individuum den Wert A = i erhält, vorausgesetzt dieselbe Person gehört der latenten Klasse t von X an. $\pi_{ijkℓt}^{\bar{A}\bar{B}\bar{C}\bar{D}X}$ ist die bedingte Wahrscheinlichkeit, daß ein Individuum den Wert (i,j,k,ℓ) bei der kombinierten Variable ABCD erhält, vorausgesetzt dieselbe Person gehört zur latenten Klasse t von X. Die übrigen bedingten Wahrscheinlichkeiten in Gleichung (4.2) haben ähnliche Bedeutungen. Alle Parameter in Gleichung (4.1) und (4.2) sind Wahrscheinlichkeiten und unterliegen den entsprechenden Restriktionen: Sie können nicht kleiner als 0 und nicht größer als 1 sein, und ihre Summe beträgt nach Aufsummierung über die entsprechenden Indizes 1, zum Beispiel $\Sigma_t \pi_t^X = \Sigma_i \pi_{it}^{\bar{A}X} = 1$.

Gleichung (4.1) impliziert, daß sich die Population vollständig in T sich gegenseitig ausschließende latente Klassen unterteilen läßt. Jede Person gehört einer und nur einer Klasse an. In diesem Sinne formuliert Gleichung (4.1) die Existenz einer latenten Variable X. Wesentlich für Gleichung (4.2) ist die Annahme der lokalen Unabhängigkeit. Aus den Grundregeln der Wahrscheinlichkeitstheorie folgt, daß die Wahrscheinlichkeit $\pi_{ijkℓt}^{ABCDX}$ gleich dem Produkt aus der Wahrscheinlichkeit π_t^X und der bedingten Wahrscheinlichkeit $\pi_{ijkℓt}^{\bar{A}\bar{B}\bar{C}\bar{D}X}$ ist. Gemäß der Annahme der lokalen Unabhängigkeit sind die bedingten Wahrscheinlichkeiten $\pi_{it}^{\bar{A}X}$, $\pi_{jt}^{\bar{B}X}$, $\pi_{kt}^{\bar{C}X}$ und $\pi_{ℓt}^{\bar{D}X}$ voneinander unabhängig. $\pi_{ijkℓt}^{\bar{A}\bar{B}\bar{C}\bar{D}X}$ kann man dann ganz einfach dadurch berechnen, daß man diese bedingten Wahrscheinlichkeiten miteinander multipliziert.

Die Restriktionen, die für die beobachteten Daten durch das Modell latenter Klassen gelten, lassen sich völlig äquivalent in Form eines *log-linearen Modells* wiedergeben (die in Kapitel 3 behandelten Inhalte werden in diesem Kapitel vorausgesetzt). Für vier manifeste Variablen A bis D und eine latente Variable X sieht die Gleichung des Basismodells latenter Klassen in Abbildung 4.1 in multiplikativer und log-linearer Form folgendermaßen aus:

$$F_{ijkℓt}^{ABCDX} = \eta\, \tau_i^A\, \tau_j^B\, \tau_k^C\, \tau_ℓ^D\, \tau_t^X\, \tau_{it}^{AX}\, \tau_{jt}^{BX}\, \tau_{kt}^{CX}\, \tau_{ℓt}^{DX}$$
$$G_{ijkℓt}^{ABCDX} = \theta + \lambda_i^A + \lambda_j^B + \lambda_k^C + \lambda_ℓ^D + \lambda_t^X + \lambda_{it}^{AX} + \lambda_{jt}^{BX} + \lambda_{kt}^{CX} + \lambda_{ℓt}^{DX}$$
(4.3)

wobei die Parameter den üblichen Identifikationsrestriktionen unterliegen. Wenn nicht (ausdrücklich) anders vermerkt, wird das Verfahren der Effektkodierung verwendet, mit der Konsequenz, daß das Produkt der τ-Parameter, multipliziert über jeden Index, gleich 1 und analog hierzu die Summe der λ-Parameter gleich 0 ist (siehe Gleichung 3.11). In Gleichung 4.3 gibt es direkte Beziehungen zwischen der latenten und jeder manifesten Variablen, jedoch fehlen die Parameter für die direkten Beziehungen zwischen den manifesten

Variablen. Die erwarteten Häufigkeiten $\hat{F}_{ijk\ell t}^{ABCDX}$ für dieses hierarchische loglineare Modell {AX,BX,CX,DX} sind identisch mit dem Produkt aus $\pi_{ijk\ell t}^{ABCDX}$ in Gleichung (4.2) und der Stichprobengröße N. Die τ-Parameter in Gleichung (4.3) können ebenfalls durch die π-Parameter auf der rechten Seite von Gleichung (4.2) ausgedrückt werden.

Ein empirisches Beispiel soll dazu dienen, die genaue Bedeutung der Parameter weiter zu klären und verständlich zu machen. Das obige Beispiel mit den vier grundlegenden politischen Einstellungstypen ist für diese Zwecke unpraktisch, da es eine riesige neundimensionale Häufigkeitstabelle mit 1536 Zellen beinhaltet, die zu groß ist, um hier dargestellt zu werden. Ein viel einfacheres, aber dennoch sinnvolles Beispiel ergibt sich unter Verwendung der Daten in Tabelle 1.4. Diese Daten stammen aus der „Political Action" Studie, einer international vergleichenden Umfrage, die 1973-76 in acht Ländern durchgeführt wurde (Barnes/Kaase 1979). Tabelle 1.4 enthält Daten aus den Niederlanden. Daten aus Deutschland und aus anderen Ländern werden in späteren Abschnitten dieses Kapitels analysiert. Die „Political Action" Studie beschäftigt sich u.a. mit politischen Themen: Welche Themen sollen nach Ansicht der Befragten von Politikern aufgegriffen werden und wie bewerten die Befragten die Art und Weise, wie Politiker mit diesen Themen umgehen? Die Befragten wurden anhand einer Liste von zehn Items z.B. gefragt, für welche Aufgaben der Staat verantwortlich sein sollte. Für das folgende Beispiel wurden vier Items ausgewählt: Gleichberechtigung von Männern und Frauen (A), Bildungsversorgung (B), medizinische Versorgung (C) und Gleichberechtigung für ausländische (Gast-)Arbeiter (D). Bei den Items B (Bildung) und C (medizinische Versorgung) handelt es sich um in modernen Wohlfahrtsstaaten mehr oder weniger allgemein akzeptierte Staatsaufgaben. Wie man sich aus Tabelle 1.4 errechnen kann, sind 67% bzw. 56% der Befragten der Meinung, daß Bildung bzw. medizinische Versorgung in den Verantwortungsbereich des Staates fallen. Die Items A (gleiche Rechte für Männer und Frauen) und D (gleiche Rechte für Gastarbeiter) sind in dieser Hinsicht eher kontrovers. Nur 26% sind der Ansicht, daß diese Dinge zu den notwendigen Staatsaufgaben gehören. Unter Bezug auf Inglehart's (1977) Modernisierungstheorie (vgl. Kapitel 1) könnte man B und C als „materialistische" Werte bezeichnen, die selbstverständlicher Teil der modernen Gesellschaft sind und von allen gleichermaßen akzeptiert sind. A und D könnten demgegenüber als „post-materialistische" Werte bezeichnet werden, Eigenschaften einer postmodernen Gesellschaft, die insbesondere von den jüngeren Generationen unterstützt werden.

Durch die Betonung des Unterschieds der Items A und D einerseits und B und C andererseits kann man jedoch übersehen, was diese Items gemeinsam haben. Es ist genauso gut möglich, sie alle als Indikatoren einer ihnen zugrundeliegenden latenten dichotomen Variable X aufzufassen, deren eine latente Klasse aus Befürwortern einer umfassenden Staatstätigkeit und deren andere Klasse aus solchen Personen besteht, die eher einen begrenzten Aufgabenbereich des Staates sehen. Diese letzte Annahme kann mit Hilfe eines Modells latenter Klassen, wie es in Abbildung 4.1 dargestellt ist, untersucht werden. Ausgangspunkt ist dabei eine dichotome Variable X, die die in der Häufigkeitstabelle 1.4 beobachteten Beziehungen zwischen den manifesten Variablen A bis D erklärt. Um dieses Modell latenter Klassen zu testen und die ML-Schätzer der Modellparameter (Gleichung 4.2 oder 4.3) zu berechnen, ist es notwendig, die ML-Schätzer $\hat{F}_{ijk\ell t}^{ABCDX}$ zu ermitteln oder aber die entsprechenden Schätzer $\hat{\pi}_{ijk\ell t}^{ABCDX}$, was auf das gleiche hinausläuft. Das ist etwas komplizierter als in regulären log-linearen Modellen ohne latente Variablen, weil jetzt die nicht beobachteten Werte von X zu berücksichtigen sind. Wir wollen dieses Thema daher erst im nächsten Abschnitt behandeln. An dieser Stelle werden lediglich die Ergebnisse der latenten Klassenanalyse für Tabelle 1.4 dargestellt.

Die Testergebnisse sind im unteren Teil von Tabelle 4.1 aufgeführt. Auf einem Signifikanzniveau von 0,01 würde man das Modell akzeptieren, auf einem Niveau von 0,05 würde man das Modell hingegen zurückweisen. Obwohl einige Zweifel an der Gültigkeit des Modells für diese Daten bestehen, soll es an dieser Stelle vorerst akzeptiert werden. In den nächsten Abschnitten wird dann ein besser angepaßtes Modell entwickelt.

Gemäß den Schätzern $\hat{\pi}_t^X$ in Tabelle 4.1 gehört ein Anteil von 0,41 der (holländischen) Population zur latenten Klasse 1 und ein Anteil von 0,59 zur latenten Klasse 2, wobei sich (selbstverständlich) beide Anteilswerte zu 1 aufsummieren. Wie in der Faktorenanalyse wird die Bedeutung der latenten Variable aus den Beziehungen zwischen der latenten und den manifesten Variablen abgeleitet. Die Zusammensetzung der latenten Klassen läßt sich dahingehend interpretieren, daß Klasse 1 aus Befürwortern umfassender Staatsaufgaben besteht, während sich Klasse 2 demgegenüber aus den Anhängern einer eher begrenzten Staatstätigkeit rekrutiert. Dies ergibt sich aus den Schätzungen der bedingten Wahrscheinlichkeiten in Tabelle 4.1. Danach ist die Wahrscheinlichkeit, daß Mitglieder der latenten Klasse 1 die Auffassung äußern, es sei eine wichtige Aufgabe des Staates, gleiche Rechte für Männer und Frauen zu garantieren, gleich $\hat{\pi}_{11}^{\bar{A}X} = 0{,}404$. Die Wahrscheinlichkeit $\hat{\pi}_{21}^{\bar{A}X}$, daß sie nicht dieser Auffassung sind, ist entsprechend $1 - 0{,}404 = 0{,}596$. Auch wenn der geschätzte Anteil von Mitgliedern der Klasse 1, die bei diesem Item die Ausprägung „ja" angeben, nicht sehr hoch ist und sogar unterhalb von 0,50 liegt, der entsprechende Anteil unter Mitgliedern der Klasse 2 ist noch weit geringer, nämlich 0,168.

Nahezu die gleichen Verteilungsmuster ergeben sich für das Item „Gleichberechtigung für Gastarbeiter". Für die latente Klasse 1 liegt die Wahrscheinlichkeit der Ausprägung „ja" ebenfalls unterhalb von 0,50 (0,465), für die latente Klasse 2 beträgt sie jedoch lediglich 0,120. In beiden latenten Klassen denkt lediglich eine Minorität, daß die Gleichberechtigung von Männern und

Tabelle 4.1: Ein Modell mit einer latenten Variable und zwei latenten Klassen für die Daten über notwendige Staatsaufgaben (Niederlande)

Latente Klasse	A. Gleichberechtigung für Männer und Frauen		B. gute Bildungsversorgung		C. gute medizinische Versorgung		D. Gleichberechtigung für Gastarbeiter	
$X_t \quad \hat{\pi}_t^X$	$\hat{\pi}_{it}^{\bar{A}X}$		$\hat{\pi}_{jt}^{\bar{B}X}$		$\hat{\pi}_{kt}^{\bar{C}X}$		$\hat{\pi}_{\ell t}^{\bar{D}X}$	
	1. ja	2. nein	1. ja	2. nein	1. ja	2. nein	1. ja	2. nein
1 0,410	0,404	0,596	0,951	0,049	0,851	0,149	0,465	0,535
2 0,590	0,168	0,832	0,468	0,532	0,351	0,649	0,120	0,880

$L^2 = 13{,}99$, df = 6, p = 0,03, $X^2 = 13{,}97$.

Quelle: Tabelle 1.4.

Frauen bzw. von Gastarbeitern eine wichtige Aufgabe des Staates ist, was darauf zurückzuführen ist, daß diese Items, wie oben angedeutet, nicht allgemein akzeptiert werden. Gleichzeitig wird aber deutlich, daß die Mitglieder der latenten Klasse 1 eher dazu neigen, Gleichberechtigung als eine Aufgabe des Staates aufzufassen, als Mitglieder der latenten Klasse 2.

Die allgemein akzeptierten Items B (Bildungsversorgung) und C (medizinische Versorgung) werden von einer überwältigenden Mehrheit der latenten Klasse 1 als wesentliche Aufgaben des Staates betrachtet. In der latenten Klasse 1 betragen die entsprechenden Wahrscheinlichkeiten für die Ausprägung „ja" 0,951 bzw. 0,851. In der latenten Klasse 2 sinken diese Wahrscheinlichkeiten auf Werte von 0,468 bzw. 0,351 (sie sind jedoch nicht so niedrig wie bei den Items A und D). Wir sehen also, daß für alle Items eine größere (bedingte) Wahrscheinlichkeit besteht, daß Angehörige der Klasse 1 die Auffassung äußern, das entsprechende Item sei eine wichtige Staatsaufgabe.

Diese Beziehungen zwischen der latenten und den manifesten Variablen können auch in log-linearen Parametern ausgedrückt werden. Die Parameterschätzungen sind in Abbildung 4.2 dargestellt: die $\hat{\tau}$-Parameter auf der rechten Seite, die entsprechenden $\hat{\lambda}$-Parameter neben den Pfeilen. Sollte jemand die $\hat{\gamma}$- und $\hat{\beta}$-Parameter des Effektmodells bevorzugen, lassen sich diese ohne Schwierigkeiten durch Quadrierung der $\hat{\tau}$-Parameter oder durch Multiplikation der $\hat{\lambda}$-Parameter mit dem Wert 2 ermitteln.

Die Parameterschätzungen in Abbildung 4.2 können auf dem normalen Weg (vgl. Gleichung 3.13) unter Verwendung der geschätzten erwarteten Häufigkeiten $\hat{F}_{ijk\ell t}^{ABCDX}$ berechnet werden (zu letzteren siehe den folgenden

Abschnitt). Genauso gut kann man aber auch die bedingten Wahrscheinlichkeiten in Tabelle 4.1 verwenden. Nehmen wir $\hat{t}_{11}^{AX}$ als Beispiel. Nach dem Aggregierungs-Theorem (Abschnitt 3.6) läßt sich der Schätzer $\hat{t}_{11}^{AX}$ des log-linearen Modells {AX, BX, CX, DX} entweder auf Grundlage der Häufigkeiten $\hat{F}_{ijk\ell t}^{ABCDX}$ der vollständigen Tabelle ABCDX ermitteln oder, mit dem gleichen Ergebnis, auf Basis der Häufigkeiten $\hat{F}_{i+++t}^{ABCDX}$ der aggregierten Tabelle AX. Diese aggregierte Tabelle AX findet sich unter der Überschrift „Gleichberechtigung von Männern und Frauen" in Tabelle 4.1 in Form von horizontal prozentuierten Anteilswerten. Diese Transformation der absoluten Häufigkeiten beeinflußt jedoch nicht die Schätzungen der Zwei-Variablen-Parameter, da sie darauf beruht, daß alle Zellen einer Tabellenzeile durch eine Konstante dividiert wurden. Auf diese Weise können die log-linearen Parameter aus den konditionalen Wahrscheinlichkeiten in Gleichung (4.2) berechnet werden. Mit Hilfe der Formeln für die Schätzung der Parameter des log-linearen Modells mit Effektkodierung (vgl. Gleichung 3.14) ergibt sich beispielsweise:

$$(\hat{t}_{11}^{AX})^4 = (\hat{\pi}_{11}^{\bar{A}X} \hat{\pi}_{22}^{\bar{A}X})/(\hat{\pi}_{12}^{\bar{A}X} \hat{\pi}_{21}^{\bar{A}X})$$

Wie erwartet sind alle Parameter in Abbildung 4.2 positiv: Personen in der latenten Klasse 1 (X = 1) neigen stärker als Personen in der latenten Klasse 2 (X = 2) dazu, bei jedem Item mit „ja" zu antworten. Item B (Bildungsversorgung) weist die stärkste Beziehung zu X auf, Item A die schwächste Beziehung. B ist also ein zuverlässiger Indikator für X als A; oder anders formuliert: die Unterscheidung zwischen den beiden latenten Klassen hat also mehr mit der Unterscheidung zu tun, ob der Staat für eine gute Ausbildung seiner Bürger sorgen soll oder nicht, als mit der Unterscheidung, ob der Staat gleiche Rechte für Männer und Frauen garantieren soll oder nicht.

4.2.2 Ermittlung der Maximum-Likelihood-Schätzer: Der EM-Algorithmus

Die ML-Schätzer $\hat{F}_{ijk\ell t}^{ABCDX}$ oder $\hat{\pi}_{ijk\ell t}^{ABCDX}$ des Basismodells latenter Klassen {AX,BX,CX,DX} werden auf die gleiche Weise ermittelt, wie die Schätzungen für log-lineare Modelle ohne latente Variablen. Die geschätzten erwarteten Häufigkeiten $\hat{F}$ (und $\hat{\pi}$) werden so berechnet, daß sie exakt mit den Restriktionen übereinstimmen, die das postulierte Modell impliziert, aber gleichzeitig – gemessen an der L^2-Statistik – den beobachteten Häufigkeiten so nah wie möglich kommen. Weiterhin wird wie bei normalen log-linearen Modellen angenommen, daß die kategorialen Daten entweder einer Poisson-, einer Multinomial- oder einer Produktmultinomial-Verteilung folgen.

Hätte es sich bei X nicht um eine latente Variable gehandelt, dann könnte man direkt die in Kapitel 3 vorgestellten Verfahren für normale log-lineare Modelle anwenden. Die ML-Schätzer für das Modell {AX,BX,CX,DX} wären

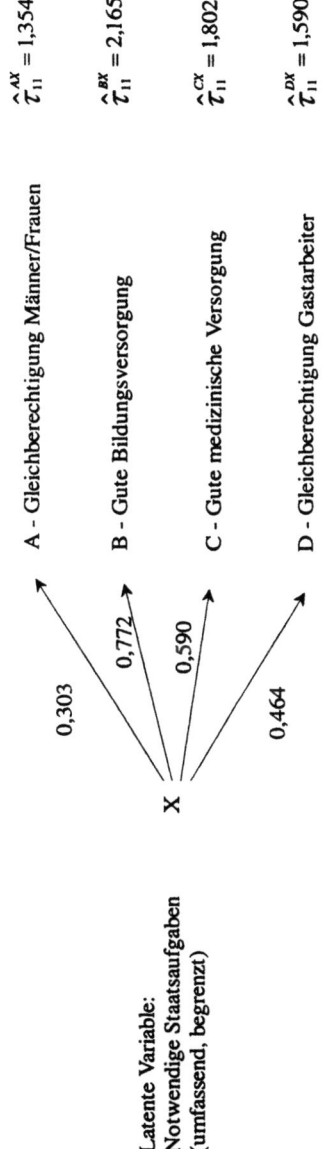

Quelle: Tabelle 1.4

Abbildung 4.2: Log-lineare Effekte des Basismodells latenter Klassen

auf Grundlage der beobachteten Häufigkeiten $f_{ijk\ell t}^{ABCDX}$ (oder der beobachteten Anteilswerte $p_{ijk\ell t}^{ABCDX}$) berechnet worden, d.h. unter Verwendung der suffizienten Statistiken f_{it}^{AX}, f_{jt}^{BX}, f_{kt}^{CX} und $f_{\ell t}^{DX}$. X ist jedoch eine latente Variable und ihre Werte werden nicht direkt beobachtet. Konsequenterweise sind ebenfalls f_{it}^{AX}, f_{jt}^{BX} usw. nicht direkt bekannte und beobachtete Häufigkeiten. Haberman verweist jedoch darauf, daß „dieselben ML-Gleichungen gelten wie im Normalfall, in dem alle Häufigkeiten direkt beobachtet werden, außer daß die unbeobachteten Häufigkeiten durch ihre geschätzten konditionalen Erwartungswerte ersetzt werden, gegeben die beobachteten Randhäufigkeiten" (1979: 543).

Werden diese geschätzten konditionalen Erwartungswerte als $\hat{f}$ bezeichnet, dann sind $\hat{f}_{it}^{AX}$, $\hat{f}_{jt}^{BX}$, $\hat{f}_{kt}^{CX}$ und $\hat{f}_{\ell t}^{DX}$ die geschätzten suffizienten Statistiken für Modell {AX, BX, CX, DX}, die durch die geschätzten erwarteten Häufigkeiten $\hat{F}_{ijk\ell t}^{ABCDX}$ exakt reproduziert werden. Die unbeobachteten Häufigkeiten $f_{ijk\ell t}^{ABCDX}$ werden auf folgende Weise geschätzt:

$$\hat{f}_{ijk\ell t}^{ABCDX} = (\hat{F}_{ijk\ell t}^{ABCDX}/\hat{F}_{ijk\ell}^{ABCD})f_{ijk\ell}^{ABCD} = \hat{\pi}_{ijk\ell t}^{ABCD\tilde{X}} f_{ijk\ell}^{ABCD} \quad (4.4)$$

oder in Anteilswerten ausgedrückt:

$$\hat{p}_{ijk\ell t}^{ABCDX} = (\hat{\pi}_{ijk\ell t}^{ABCDX}/\hat{\pi}_{ijk\ell}^{ABCD})p_{ijk\ell}^{ABCD} = \hat{\pi}_{ijk\ell t}^{ABCD\tilde{X}} p_{ijk\ell}^{ABCD} \quad (4.5)$$

wobei $\hat{\pi}_{ijk\ell t}^{ABCD\tilde{X}}$ der geschätzten bedingten Wahrscheinlichkeit entspricht, daß ein Individuum in der Population unter der Voraussetzung, daß er oder sie bei der kombinierten Variable ABCD die Ausprägung (i,j,k,ℓ) hat, zur Klasse X = t gehört. Man beachte dabei, daß für die Schätzer $\hat{f}_{ijk\ell t}^{ABCDX}$ gilt: $\hat{f}_{ijk\ell +}^{ABCDX} = f_{ijk\ell}^{ABCD}$.

Um die Parameterschätzungen eines konkreten log-linearen Modells mit latenten Variablen zu ermitteln, muß man zunächst die ML-Schätzer $\hat{F}$ berechnen. Dazu verwendet man die entsprechenden geschätzten Randhäufigkeiten $\hat{f}$, die selbst wiederum auf Grundlage der Schätzer $\hat{F}$ zu ermitteln sind. Beide Schätzer, $\hat{f}$ und $\hat{F}$, können entweder durch Varianten des Newton-Raphson-Verfahrens oder des IPF-Algorithmus berechnet werden, die bereits in Kapitel 3 diskutiert wurden (vgl. Abschnitt 3.4). Die Variante des IPF-Algorithmus, um die es hier geht, ist unter dem Namen EM-Algorithmus (engl. expectation-maximization) bekannt.

Die relativen Vor- und Nachteile des *Newton-Raphson*- (NR) und des *EM-Algorithmus* sind ungefähr vergleichbar mit den relativen Vor- und Nachteilen des Newton-Raphson- und des IPF-Algorithmus bei log-linearen Modellen ohne latente Variablen. Der NR-Algorithmus konvergiert mit weniger Iterationen als der EM-Algorithmus, doch erfordert jede Iteration eine längere Berechnungszeit. Der NR-Algorithmus ermittelt automatisch die geschätzten

Standardfehler als Nebenprodukt seiner Berechnungen, der EM-Algorithmus tut dies nicht (nach Bestimmung der ML-Schätzer mit Hilfe des EM-Algorithmus kann man jedoch die Standardfehler schätzen, indem man die Informationsmatrix berechnet, vgl. Heinen 1993). Bei Verwendung des NR-Algorithmus muß eine häufig komplizierte Designmatrix erstellt werden, die einem jedoch gleichzeitig die Möglichkeit eröffnet, alle nur denkbaren Restriktionen für die Parameter zu formulieren und auf diese Weise eine Vielzahl (nichthierarchischer) log-linearer Modelle zu testen. Verglichen mit dem EM-Algorithmus ist der größte Nachteil des NR-Verfahrens (und ebenso des Scoring-Algorithmus als einer Variante desselben), daß er in vielen Fällen sehr gute Startwerte voraussetzt, um den Iterationsprozeß beginnen zu können. Andernfalls werden die Iterationen nicht konvergieren. Beim EM-Algorithmus sind sehr grobe Startwerte ausreichend, wobei in vielen Fällen sogar zufällige Startwerte verwendet werden können.

Aus allen diesen Gründen wird der EM-Algorithmus zur Schätzung der Parameter log-linearer Modelle mit latenten Variablen bevorzugt. Der EM-Algorithmus ist ein allgemeiner Algorithmus zur Ermittlung von ML-Schätzern bei Vorliegen fehlender Werte (in unserem Fall fehlen die Werte der latenten Variable X). Er ist ein iteratives Verfahren, bei dem jede Iteration aus zwei Schritten besteht: dem E-Schritt und dem M-Schritt. Generell läßt sich der E-Schritt als der Schritt beschreiben, in dem die *e*rwarteten (d.h. geschätzten) suffizienten Statistiken unter Verwendung der aktuellen, in der vorhergehenden Iteration ermittelten Parameterschätzungen berechnet werden. Im M-Schritt wird demgegenüber die Likelihood-Funktion unter Verwendung der neu berechneten Schätzungen der suffizienten Statistiken *m*aximiert, um neue Parameterschätzungen zu erhalten.

Um die Parameterschätzer für das Modell {AX,BX,CX,DX} zu erhalten, muß man mit Startwerten $\hat{F}^{ABCDX}_{ijk\ell t}(0)$ beginnen. Diese Startwerte $\hat{F}(0)$ müssen mit dem vorgeschlagenen Modell übereinstimmen, und es ist hier nicht, wie etwa in log-linearen Modellen ohne latente Variablen, erlaubt, alle Startwerte gleichzeitig auf 1 zu setzen. Unter Verwendung der log-linearen Parametrisierung können geeignete Schätzer für $\hat{F}(0)$ dadurch ermittelt werden, daß allen log-linearen Parametern in Gleichung (4.3) solche Startwerte gegeben werden, daß die Identifikationsrestriktionen erfüllt sind, d.h., daß das Produkt der τ-Parameter über jeden Index gleich 1 ist. Wie bereits gesagt wurde, sind bereits sehr grobe Startwerte ausreichend. So ist es zum Beispiel möglich, alle Ein-Variablen-Parameter auf 1 und alle Zwei-Variablen-Parameter auf 2 oder -2 zu setzen oder aber „zufällige" Startwerte zu verwenden.

Alternativ hierzu können geeignete Schätzer für $\hat{F}^{ABCDX}_{ijk\ell t}(0)$ $(= N \hat{\pi}^{ABCDX}_{ijk\ell t}(0))$ ermittelt werden, indem für die (bedingten) Wahrscheinlichkeiten auf der rechten Seite von Gleichung (4.2) Startwerte bestimmt werden, wobei berücksichtigt werden muß, daß es sich bei diesen Parametern um Wahrscheinlichkeiten handelt: Nach der Summation über den entsprechenden Index müssen sie sich zu 1 addieren, wobei sie die Grenzwerte von 0 und 1 nicht überschreiten können. Allgemein sollten die Extremwerte 0 und 1 vermieden werden, da diese Grenzwerte, wenn sie einmal erreicht sind, bei allen weiteren Iterationen gleich bleiben. Auch hier können die Startwerte sehr grobe Annäherungen an die Endschätzungen sein. Zum Beispiel kann für eine hohe Wahrscheinlichkeit ein Wert von 0,80 und für eine geringe Wahrscheinlichkeit ein Wert von 0,20 verwendet werden. Sehr oft sind sogar „zufällige" Startwerte ausreichend, ohne daß dadurch die Ergebnisse oder die Anzahl der Iterationen wesentlich beeinflußt werden.

Die Schätzungen $\hat{F}(0)$ werden im E-Schritt verwendet, um auf Grundlage der Gleichung (4.4) zunächst (erste) Schätzungen für $\hat{f}_{ijk\ell t}^{ABCDX}(0)$ und dadurch (erste) Schätzungen $\hat{f}(0)$ für die suffizienten Statistiken $\hat{f}_{it}^{AX}$, $\hat{f}_{jt}^{BX}$, $\hat{f}_{kt}^{CX}$ und $\hat{f}_{\ell t}^{DX}$ zu berechnen. Als nächstes werden im M-Schritt die Startwerte der geschätzten erwarteten Häufigkeiten $\hat{F}(0)$ verbessert, indem sie sukzessive den geschätzten suffizienten Statistiken angepaßt werden, d.h. den Randhäufigkeiten $\hat{f}(0)$, die durch das Modell reproduziert werden müssen. Die im M-Schritt ausgeführten Berechnungen sind identisch mit den Berechnungen, die das IPF-Verfahren bei log-linearen Modellen ohne latente Variablen durchführt, d.h., die geschätzten beobachteten Häufigkeiten $\hat{f}$ werden so behandelt, als wären sie identisch mit den normalen beobachteten Häufigkeiten f (vgl. Gleichung 3.25). Die Ergebnisse des M-Schritts, die verbesserten Schätzungen $\hat{F}(1)$, werden in der nächsten Iteration verwendet, um die Schätzungen $\hat{f}(0)$ des vorangegangenen E-Schritts zu verbessern. Umgekehrt werden wiederum die verbesserten Schätzungen $\hat{f}(1)$ dazu verwendet, um die Schätzungen $\hat{F}(1)$ zu verbessern, usw. Dies wird fortgeführt, bis die Ergebnisse konvergieren. Üblicherweise ist dazu eine große Anzahl von Iterationen erforderlich, weit mehr als bei log-linearen Modellen ohne latente Variablen. Die endgültigen Schätzer $\hat{F}$ können schließlich verwendet werden, um entweder die ML-Schätzer der log-linearen Effektparameter in Gleichung (4.3) analog zu den Standardgleichungen für normale log-lineare Modelle zu berechnen (Gleichung 3.13) oder um die ML-Schätzer der (bedingten) Wahrscheinlichkeiten zu berechnen, die in Gleichung (4.2) auftreten.

Die endgültigen Parameterschätzungen, die auf diese Weise ermittelt werden, sind die gesuchten ML-Schätzer oder Grenzwerte. Der EM-Algorithmus vermeidet im allgemeinen unzulässige Ergebnisse, d.h. Wahrscheinlichkeitsschätzungen, die größer als 1 oder kleiner als 0 sind. Während der Iterationen können jedoch ein oder mehrere Werte der (bedingten) Wahrscheinlichkeiten die Grenzwerte 0 oder 1 erreichen. Die endgültige Lösung ist dann die ML-Lösung unter der Annahme, daß die entsprechenden Wahrscheinlichkeiten in der Population ebenfalls 0 oder 1 sind. Im Rahmen log-linearer Modelle bedeutet dies, daß man annimmt, daß die Tabelle ABCDX in der Population einige strukturelle Nullen enthält und daß sich bestimmte log-lineare λ-Parameter ihren Grenzwerten $+\infty$ oder $-\infty$ annähern.

Der EM-Algorithmus ist ein relativ sicherer Weg zur Ermittlung der ML-Schätzer. Er konvergiert im allgemeinen mit der maximalen Likelihood. Jedoch gibt es auch bei ihm einige Probleme. Manchmal konvergieren die Iterationen mit einer suboptimalen Lösung, nämlich mit einem lokalen Maximum anstelle des globalen Maximums der Likelihood-Funktion. Man kann ein solches lokales Maximum erkennen, indem man das Verfahren mit anderen Startwerten wiederholt. Wenn dies zu anderen Parameterwerten und zu einem kleineren Wert für die Teststatistik L^2 führt, ist das Ergebnis mit dem niedrigsten L^2-Wert die gesuchte ML-Schätzung. Es ist auch möglich, daß man verschiedene Parameterschätzungen erhält, der L^2-Wert aber in allen Fällen gleich bleibt. In diesem Fall besteht ein Identifikationsproblem: Es gibt keine eindeutigen Schätzer für alle Parameter. Diese Möglichkeit wird in Abschnitt 4.2.4 diskutiert.

In diesem Abschnitt wurde eine einfache Version des EM-Algorithmus dargestellt, die im M-Schritt den Standard-IPF-Algorithmus verwendet, um die Parameterschätzungen zu verbessern. In jedem M-Schritt kann man jedoch Varianten des IPF- und des NR-Verfahrens verwenden, so daß es möglich wird, die Parameter einer Vielzahl nicht-hierarchischer log-linearer Modelle mit latenten Variablen zu schätzen (inkl. einer Vielzahl linearer Restriktionen für die Parameter). Diese Varianten werden wir nicht eingehender behandeln, ihr möglicher Nutzen für das Standardmodell latenter Klassen wird jedoch in diesem Kapitel und insbesondere im nächsten Abschnitt exemplarisch veranschaulicht.

4.2.3 Restringierte Modelle

Das Standardmodell latenter Klassen mit einer latenten Variable, das oben diskutiert wurde, kann auf verschiedene Weise modifiziert und erweitert werden. Am wichtigsten ist, daß es sich in einer Weise reformulieren läßt, daß es Modelle mit mehr als einer latenten Variable und mit mehreren „externen" Variablen einschließt. Dies soll in den folgenden Abschnitten gezeigt werden. Aber auch das Modell mit einer latenten Variablen kann verschiedene Formen annehmen, je nachdem, welche Restriktionen für die log-linearen Parameter und die Wahrscheinlichkeiten spezifiziert werden.

Zunächst können die Restriktionen die *Wahrscheinlichkeitsverteilung der latenten Variable* X betreffen, d.h. die Parameter π_t^X. Manchmal hat man bestimmte Erwartungen hinsichtlich der Größe einer bestimmten latenten Klasse. Zum Beispiel läßt sich in einer Wahlstudie der tatsächliche Anteil der Wähler einer bestimmten Partei aus den Ergebnissen der letzten Wahlen erschließen. Man könnte daher die Anteilswerte der entsprechenden Kategorien der latenten Variable Parteiunterstützung so bestimmen, daß sie mit diesen erwarteten Anteilswerten übereinstimmen. In anderen Fällen erwartet man vielleicht, daß bestimmte latente Klassen in ihrer Größe identisch sind.

Betrachten wir dazu ein einfaches Beispiel. Aus den Schätzungen $\hat{\pi}_t^X$ in Tabelle 4.1 haben wir den Schluß gezogen, daß es etwas mehr Gegner umfangreicher Staatstätigkeit gibt ($\hat{\pi}_2^X$ = 0,590) als Befürworter ($\hat{\pi}_1^X$ = 0,410). Man kann sich nun fragen, ob dieser Größenunterschied signifikant ist. Dazu wird eine Standardanalyse latenter Klassen auf Grundlage der Daten in Tabelle 1.4 durchgeführt, jedoch mit der Restriktion, daß $\pi_1^X = \pi_2^X = 0{,}50$ ist. Die Testergebnisse sind: $L^2 = 16{,}04$, df = 7, p = 0,03 $(X = 15{,}59)$. Wie das Ausgangsmodell so kann auch dieses bei einem Signifikanzniveau von α = 0,01 akzeptiert werden. Weiterhin zeigen die konditionalen Tests, daß das restringierte Modell nicht zugunsten des nicht-restringierten Ausgangsmodells zurückgewiesen werden muß ($L_{r/u}^2 = 16{,}04-13{,}99 = 2{,}05$, $df_{r/u} = 7-6 = 1$, p = 0,15). Es gibt daher keinen Grund, die Hypothese zurückzuweisen, daß die Anzahl der Gegner und Befürworter umfangreicher Staatstätigkeit gleich ist.

Durch den EM-Algorithmus kann man auch Restriktionen für die *bedingten Wahrscheinlichkeiten* $\pi_{i|t}^{\bar{A}X}$ formulieren: Einer oder mehreren bedingten Wahrscheinlichkeiten wird dabei ein fester Wert zugeordnet, oder einige bedingte Wahrscheinlichkeiten werden gleichgesetzt. Als feste Werte werden in den meisten Fällen 0 und 1 verwendet. Die Zuweisung der Extremwerte 0 oder 1 muß nicht unbedingt innerhalb jeden M-Schritts erfolgen. Man kann sie dadurch realisieren, daß die Startwerte dieser Parameter auf 0 oder 1 gesetzt werden, da diese Extremwerte sich während der Iterationen nicht ändern. Die Werte 0 und 1 können verwendet werden, um zu zeigen, daß bestimmte manifeste Variablen oder Kategorien perfekte Indikatoren der latenten Variable oder bestimmter latenter Klassen sind. Wenn zum Beispiel angenommen wird, daß die Befürworter umfassender Staatsaufgaben (X = 1) ohne Ausnahme der Auffassung sind, daß eine gute Bildungsversorgung eine wesentliche Aufgabe des Staates ist (B = 1), dann wird die Restriktion $\pi_{11}^{BX} = 1$ (und $\pi_{21}^{BX} = 0$) verwendet.

Die Gleichsetzung bestimmter bedingter Wahrscheinlichkeiten erfolgt am Ende eines jeden M-Schritts, indem jeder Wahrscheinlichkeit das gewichtete arithmetische Mittel der entsprechenden Schätzungen zugewiesen wird. Die Gewichtung erfolgt dabei durch $\hat{\pi}_t^X$, d.h. durch die geschätzte Größe der latenten Klassen, auf die sich die bedingten Wahrscheinlichkeiten beziehen. Dieses einfache Gewichtungsverfahren wird in den Arbeiten Goodmans für die meisten Fälle empfohlen. Spezielle komplizierte Gleichheitsrestriktionen sind jedoch schwieriger zu handhaben und müssen iterativ berücksichtigt werden, wie von Mooyaart und Van der Heijden (1992) angemerkt worden ist.

Gleichheiten zwischen bedingten Wahrscheinlichkeiten können verwendet werden, um zu zeigen, daß bestimmte manifeste Variablen äquivalent, d.h. gleich zuverlässige, „parallele" Indikatoren einer latenten Variable sind. Für die Indikatoren in Tabelle 1.4 könnte beispielsweise angenommen werden, daß es sich im Falle von A (Männer/Frauen) und D (Gastarbeiter) wie auch im Falle von B (Bildung) und C (medizinische Versorgung) um parallele Items handelt. Die Wahrscheinlichkeit, daß jemand aus der latenten Klasse 1 die Gleichberechtigung für Männer und Frauen als eine wesentliche Aufgabe des Staates auffaßt, ist (so die Annahme) gleich der Wahrscheinlichkeit, daß diese Person die Gleichberechtigung von Gastarbeitern als eine wichtige Aufgabe des Staates auffaßt usw. Dies würde die folgenden Restriktionen implizieren: $\pi_{11}^{\bar{A}X} = \pi_{11}^{\bar{D}X}$, $\pi_{12}^{\bar{A}X} = \pi_{12}^{\bar{D}X}$, $\pi_{11}^{\bar{B}X} = \pi_{11}^{\bar{C}X}$, $\pi_{12}^{\bar{B}X} = \pi_{12}^{\bar{C}X}$. Diese zusätzlichen Restriktionen für das latente Klassenmodell in Tabelle 4.1 führen zu einer schlechten Anpassung: $L^2 = 45{,}91$, $df = 10$, $p = 0{,}00$ ($X^2 = 43{,}85$). A und D wie auch B und C sind also keine exakt äquivalenten Indikatoren.

Eine andere, häufig verwendete Gleichheitsrestriktion für bedingte Wahrscheinlichkeiten ist die Annahme, daß die Fehlerraten in verschiedenen latenten Klassen gleich sind. In unserem Beispiel könnte man etwa annehmen, daß unter den Befürwortern umfassender Staatsaufgaben ($X = 1$) die Wahrscheinlichkeit dafür, eine „falsche" Antwort zu geben, d.h., die Auffassung zu vertreten, daß eine gute medizinische Versorgung *keine* wichtige Staatsaufgabe darstellt ($C = 2$), gleich der Wahrscheinlichkeit ist, daß die Gegner umfassender Staatsaufgaben ($X = 2$) sagen, die medizinische Versorgung sei ein zentraler Aufgabenbereich des Staates ($C = 1$): $\pi_{21}^{\bar{C}X} = \pi_{12}^{\bar{C}X}$. (Für die Daten aus Tabelle 1.4 ist diese Annahme nicht akzeptabel: $L^2 = 22{,}44$, $df = 7$, $p = 0{,}00$.)

Alle restringierten Modelle, die bisher behandelt wurden, sind durch Restriktionen für die Parameter der latenten Klassen in Gleichung (4.2) gekennzeichnet. Diese Restriktionen lassen sich aber genauso gut als *Restriktionen für die log-linearen Parameter* in Gleichung (4.3) spezifizieren, was zu den gleichen geschätzten erwarteten Häufigkeiten führt. Dabei führt die Verwendung der Werte 1 oder 0 für bestimmte bedingte Wahrscheinlichkeiten in Tabelle ABCDX zu strukturellen Nullen für einzelne erwartete Zellhäufigkeiten, da bei den manifesten und latenten Variablen bestimmte Wertekombinationen nicht auftreten. Die log-linearen Parameter in Gleichung (4.3) müssen also unter der Bedingung geschätzt werden, daß die entsprechenden geschätzten erwarteten Zellhäufigkeiten $\hat{F}_{ijk\ell t}^{ABCDX}$ gleich 0 sind.

Dagegen impliziert die Gleichsetzung bestimmter bedingter Wahrscheinlichkeiten üblicherweise simultane Restriktionen für die log-linearen Parameter der Ein- und Zwei-Variablen-Effekte, wobei die genaue Spezifikation davon abhängt, ob die Schätzung der log-linearen Parameter auf Grundlage von Dummy- oder Effektkodierung erfolgt (Heinen 1993, 1996). Zum Beispiel impliziert die o.g. Gleichsetzung der manifesten Variablen A und D sowie B und C als vollständig äquivalente, parallele Indikatoren für die effektkodierten Parameter in Gleichung (4.3) die folgenden Restriktionen: $\tau_i^A = \tau_i^D$, $\tau_j^B = \tau_j^C$, $\tau_{it}^{AX} = \tau_{it}^{DX}$, $\tau_{jt}^{BX} = \tau_{jt}^{CX}$. Die obige Gleichsetzung der Fehlerraten von C für beide latente Klassen unter Verwendung der bedingten Wahrscheinlichkeiten entspricht einem log-linearen Modell, das eine enge Verbindung zu dem in Abschnitt 3.4 diskutierten nicht-hierarchischen Modell aufweist. Sie ergibt sich, wenn man in Gleichung (4.3) $\tau_k^C = 1$ setzt, wobei erneut angenommen wird, daß

Effektkodierung verwendet wurde. Obwohl die Verbindung zwischen diesen log-linearen Restriktionen und den entsprechenden Restriktionen für die bedingten Wahrscheinlichkeiten nicht unmittelbar evident ist, zeigt eine genauere Analyse der Gleichungen (3.22) und (3.23), daß beide Arten von Restriktionen identisch sind.

Schließlich kann man auch für die log-linearen Parameter sinnvolle Restriktionen formulieren, die nicht direkt in einfache Gleichheitsrestriktionen zwischen den bedingten Wahrscheinlichkeiten übersetzt werden können. Wenn man zeigen möchte, daß A und D in dem Sinne äquivalente, gleich zuverlässige Indikatoren sind, daß die Beziehungen zwischen A und X und D und X hinsichtlich ihrer log-linearen Effekte gleich sind, dann lautet die entsprechende Restriktion $\tau_{it}^{AX} = \tau_{it}^{DX}$, ohne daß man gleichzeitig (wie oben) die Restriktion $\tau_i^A = \tau_i^D$ benötigt. Diese Restriktion mit identischen log-linearen Zwei-Variablen-Parametern entspricht Gleichheitsrestriktionen für bestimmte Produkte der bedingten Wahrscheinlichkeiten.

4.2.4 Identifizierbarkeit und Tests der Modellanpassung

Die Parameter log-linearer Modelle mit latenten Variablen lassen sich nicht immer eindeutig bestimmen. Manchmal haben die Gleichungssysteme (4.1) und (4.2) (oder 4.3) für einige oder alle Parameter mehr als eine Lösung. In diesem Fall spricht man von einem nicht-identifizierten Gleichungssystem. Dies bedeutet, daß verschiedene Schätzwerte existieren, von denen jeder zu den gleichen geschätzten erwarteten Häufigkeiten $\hat{F}_{ijk\ell t}^{ABCDX}$ führt und infolgedessen ebenfalls zu dem gleichen Wert für die Teststatistiken L^2 und X^2.

Das Problem der *Identifizierbarkeit* ist deshalb so schwierig, weil die einfachen notwendigen Bedingungen der Identifizierbarkeit sich als nicht hinreichend herausstellen. Eine *notwendige Bedingung* der Identifizierbarkeit ist, daß die Anzahl der unabhängig voneinander geschätzten Parameter nicht größer sein darf als die Anzahl der unabhängig beobachteten Zellhäufigkeiten. Für eine Vielzahl von Modellen, in denen diese Bedingung erfüllt ist, gilt jedoch, daß ihre Parameter nicht eindeutig bestimmt werden können. Um die *hinreichende Bedingung* der lokalen Identifizierbarkeit zu prüfen, muß die Matrix der partiellen Ableitungen der voneinander unabhängigen geschätzten Wahrscheinlichkeiten nach den voneinander unabhängigen Modellparametern berechnet werden. Ein Modell ist lokal identifizierbar, wenn diese Matrix vollen Spaltenrang hat. Wenn diese Bedingung nicht erfüllt ist, dann liegen in der Nähe der gefundenen Lösung andere Lösungen, die genau zu denselben Werten der Teststatistiken L^2 und X^2 führen. Ein nicht identifizierbares Modell kann identifizierbar gemacht werden, indem man Restriktionen einführt. Umgekehrt gilt aber auch, daß ein identifizierbares Modell durch Einführung zusätzlicher Restriktionen wieder unidentifizierbar werden kann. Ein Beispiel hierfür findet sich in Abschnitt 4.4.2.

Einige Programme berechnen die notwendigen Informationen, um zu entscheiden, ob diese hinreichende Bedingung erfüllt ist oder nicht. Stehen diese Programme nicht zur Verfügung, kann man die Identifizierbarkeit der Modellparameter dadurch untersuchen, daß man die berechneten Parameterschätzungen etwas ändert und diese veränderten Schätzungen als Startwerte für einen neuen Durchlauf des Programms verwendet. Zum Beispiel, indem man einige „niedrige" Werte in „höhere" Werte ändert und umgekehrt. Wenn ein Modell nicht identifizierbar ist, wird der zweite Durchlauf im allgemeinen andere Parameterschätzungen, aber dieselben geschätzten erwarteten Häufigkeiten $\hat{F}^{ABCDX}_{ijk\ell t}$ und dieselben Werte für die Teststatistiken ergeben.

Wenn ein Modell identifizierbar ist, kann man es mit den üblichen *Teststatistiken* L^2 und X^2 überprüfen, indem man die geschätzten erwarteten Häufigkeiten $\hat{F}^{ABCDX}_{ijk\ell+}(= N\hat{\pi}^{ABCDX}_{ijk\ell+})$ mit den beobachteten Häufigkeiten $f^{ABCD}_{ijk\ell}$ ($= Np^{ABCD}_{ijk\ell}$) vergleicht (vgl. Gleichung 3.21). Die Anzahl der *Freiheitsgrade* df eines identifizierbaren Modells ist gleich der Anzahl der voneinander unabhängigen Beobachtungen, d.h. der Zellhäufigkeiten, abzüglich der Anzahl der zu schätzenden unabhängigen Parameter. Die Anzahl der Freiheitsgrade für das Basismodell latenter Klassen in Tabelle 4.1 ist gleich 6. Tabelle 1.4 enthält 16 beobachtete Zellhäufigkeiten oder Anteilswerte. Weil sich die Anteilswerte zu 1 aufsummieren, gibt es 15 voneinander unabhängige Beobachtungen. Da sich mehrere der geschätzten Wahrscheinlichkeiten in Tabelle 4.1 zu 1 aufsummieren müssen, gibt es 9 voneinander unabhängige unbekannte Größen und daher gilt df = 6. Selbstverständlich läßt sich die Anzahl der Freiheitsgrade auch für die log-lineare Parametrisierung bestimmen. Sind die üblichen Identifikationsrestriktionen gegeben und zählt man den Durchschnittseffekt als einen zu schätzenden Parameter, so gibt es 10 unabhängig voneinander zu schätzende Parameter. Sechzehn Zellhäufigkeiten führen zu df = 16-10 = 6. Die *Test- und Anpassungsverfahren* für gewöhnliche log-lineare Modelle können also auch bei log-linearen Modellen mit latenten Variablen verwendet werden. Alles, was darüber in Kapitel 3 gesagt wurde, ist hier in ähnlicher Weise anwendbar.

4.3 Assoziationen zwischen latenten und externen Variablen: Latente Klassenwerte und „interne" Variablen

Eine logische Folge aus der latenten Klassenanalyse für Tabelle 1.4 ist die Frage, welche Personen umfassende Staatsaufgaben ablehnen und welche Personen diese verteidigen. Lassen sich die Befürworter einer umfassenderen Staatstätigkeit eher unter den Angehörigen der jüngeren Generation oder eher unter den Angehörigen der älteren Generation finden? Sind links-orientierte Personen eher der Meinung, daß der Staat umfassendere Aufgeben hat? Um diese Fragen zu beantworten, muß man die Beziehungen zwischen der latenten Variable X und manifesten Variablen wie Alter und Parteipräferenz untersuchen. Diese manifesten Variablen werden im folgenden als „externe" Variablen bezeichnet, da sie nicht Indikatoren von X und folglich auch nicht Teil des ursprünglichen latenten Klassenmodells sind.

Wie bei der Faktorenanalyse, so läßt sich auch diese Untersuchung auf zwei verschiedene Art und Weisen durchführen. Zunächst ist es analog zur Berechnung und Verwendung von Faktorwerten möglich, für jedes Individuum auf Basis der Werte für die manifesten Variablen A bis D einen Vorhersagewert $\tilde{X}$ für die latente Variable zu berechnen und diesen Wert zu den externen Variablen in Beziehung zu setzen. Eine alternative Vorgehensweise besteht darin, die externen Variablen in das latente Klassenmodell einzubeziehen, mit anderen Worten: sie zu „internalisieren" und die Beziehungen zwischen den „externen" Variablen und der latenten Variable X innerhalb des Modells zu untersuchen. Diese letztgenannte Alternative ähnelt der Methode, die im Rahmen der Kausalanalyse mit LISREL oder EQS verwendet wird. Beide Ansätze haben, wie im folgenden diskutiert werden soll, ihre Vor- und Nachteile.

Die Möglichkeit, jedem Individuum einen konkreten *Vorhersagewert* $\tilde{X}$ zuzuweisen, d.h., jedes Individuum auf Grundlage der Werte der manifesten Variablen einer konkreten latenten Klasse zuzuordnen, hat in der latenten Klassenanalyse von Beginn an eine wichtige Rolle gespielt. Der Ausgangspunkt für die Berechnung von $\tilde{X}$ ist die Klassifikationswahrscheinlichkeit, d.h. die bedingte Wahrscheinlichkeit, daß ein Individuum aus der Population bei einem gegebenen Wertemuster (i,j,k,ℓ) bei den manifesten Variablen A, B, C und D zu X = t gehört.

$$\pi_{ijk\ell t}^{ABCD\tilde{X}} = \pi_{ijk\ell t}^{ABCDX} \Big/ \pi_{ijk\ell}^{ABCD} \qquad (4.6)$$

Nachdem diese bedingte Wahrscheinlichkeit für jede latente Klasse t berechnet ist, wird das Individuum der latenten Klasse zugeordnet, für die diese bedingte Wahrscheinlichkeit bei dem für ihn oder sie gegebenen (Verteilungs)muster der Beobachtungswerte am größten ist. Bezeichnet man diese (bedingte) modale latente Klasse als t^*, so folgt hieraus für jedes Individuum:

$$\tilde{X} = t^* \text{ gegeben } (i,j,k,\ell) \text{ für ABCD} \qquad (4.7)$$

Im Gegensatz zu X ist $\tilde{X}$ eine „beobachtete" Variable und kann in der üblichen Weise zu externen Variablen wie Alter und Parteipräferenz in Beziehung gesetzt werden.

Im allgemeinen wird $\tilde{X}$ jedoch kein perfekter Ersatz für X sein. Außer in Extremfällen, in denen die modale geschätzte bedingte Wahrscheinlichkeit $\pi_{ijk\ell t^*}^{ABCD\tilde{X}}$ gleich 1 ist, ist es möglich, daß das Individuum nicht der modalen Klasse angehört, es also der falschen latenten Klasse zugewiesen wurde. Die Wahrscheinlichkeit der Fehlklassifikation $\epsilon_{ijk\ell}^{ABCD}$ für ein bestimmtes Individuum mit der beobachteten Wertekombination (i,j,k,ℓ) läßt sich wie folgt berechnen, wobei t^* die bedingte modale latente Klasse bezeichnet:

$$\epsilon_{ijk\ell}^{ABCD} = 1 - \pi_{ijk\ell t^*}^{ABCD\tilde{X}}. \qquad (4.8)$$

Die Gesamtwahrscheinlichkeit E einer Fehlklassifikation für alle Individuen wird dann wie folgt definiert:

$$E = \sum_{i=1}^{I} \sum_{j=1}^{J} \sum_{k=1}^{K} \sum_{\ell=1}^{L} \pi_{ijk\ell}^{ABCD} \epsilon_{ijk\ell}^{ABCD} \qquad (4.9)$$

E drückt aus, wie groß der erwartete Anteil der Population ist, der bei Anwendung der (bedingten) modalen Zuweisungsregel fehlklassifiziert wird. E ist also eine Maßzahl dafür, wie gut X durch $\tilde{X}$ repräsentiert wird. Je stärker die manifesten Variablen mit X zusammenhängen, desto besser kann X auf Basis der beobachteten Werte vorhergesagt werden und um so stärker wird sich $\tilde{X}$ an X annähern. Wenn E groß ist, muß man mit der Möglichkeit rechnen, daß sich die Verteilungen von X und $\tilde{X}$ unterscheiden und daß die Beziehungen zwischen den externen Variablen und $\tilde{X}$ nicht dieselben sind wie die zwischen den externen Variablen und X. Clogg (1981) hat eine Modifikation von E vorgeschlagen, die Goodman und Kruskal's Assoziationsmaß λ entspricht (Goodman/Kruskal 1954). Es gibt an, um wieviel besser X mit Hilfe der kombinierten Variable ABCD vorhergesagt werden kann als ohne diese. Die Formel für λ ist

$$\lambda_{X.ABCD} = \frac{(1-\pi_{t^*}^{X})-E}{(1-\pi_{t^*}^{X})} \qquad (4.10)$$

wobei $\pi_{t^*}^{X}$ sich auf die unbedingte, marginale modale Klasse t^* von X bezieht.

Wenn man die ML-Schätzer für die Parameter auf der rechten Seite der Gleichungen (4.6) bis (4.10) einsetzt, erhält man ML-Schätzer für die verschiedenen Parameter auf der linken Seite: $\hat{\epsilon}$, $\hat{E}$ und $\hat{\lambda}$. Wir bezeichnen den Vorhersagewert für X dann als $\tilde{X}$, wenn er auf den Populations-Parametern basiert, und als $\tilde{X}'$, wenn er auf Grundlage der ML-Schätzungen berechnet wird. In dem bisher verwendeten Beispiel in Tabelle 4.1 betragen $\hat{E}$ = 0,17 und $\hat{\lambda}$ = 0,59. Wenn wir unter Verwendung der modalen Zuweisungsregel Personen den latenten Klassen 1 und 2 zuweisen, können wir erwarten, 100% - 17% = 83% der gesamten Stichprobe korrekt zu klassifizieren, was gemäß $\hat{\lambda}$ um 59% besser ist, als wenn wir alle Befragten der (marginalen) modalen Klasse 2 zuweisen würden. Man beachte, daß die Maßzahlen $\hat{E}$ und $\hat{\lambda}$ keine Test-statistiken sind (wie L^2 oder X^2). Es ist also durchaus möglich, daß ein Modell, welches aufgrund der Teststatistiken zurückgewiesen werden muß, einen geringeren Wert für $\hat{E}$ oder einen höheren Wert für $\hat{\lambda}$ aufweist, als ein Modell, das den Daten angepaßt ist.

Wenn $\tilde{X}$ aufgrund der Werte für λ und E als schlechter Vorhersagewert für X bezeichnet werden muß, ist es, wie bereits erwähnt, unsicher, ob die externen Variablen in derselben Weise mit $\tilde{X}$ wie mit X zusammenhängen. Zugrunde liegt hier ein fundamentales Problem, welches, wenn überhaupt, in der Literatur zur latenten Klassenanalyse selten diskutiert wurde. Dieses Problem hat mit der *Identifizierbarkeit der individuellen latenten Klassenwerte* für X (nicht der individuellen Vorhersagewerte $\tilde{X}$ oder $\tilde{X}'$) zu tun und entspricht dem Problem einer eindeutigen Bestimmung der Faktorwerte (nicht der Hauptkomponentenwerte), das von Steiger diskutiert wurde (1979a,b). Das Problem ist, daß es im allgemeinen nicht ausreicht, die beobachteten Werte für jedes Individuum und die Werte der latenten Klassenparameter, d.h. die Wahrscheinlichkeiten $\pi_{ijk\ell t}^{ABCDX}$ zu kennen, um für jedes Individuum genau zu bestimmen, was sein latenter X-Wert ist. Außer wenn E = 0 ist, kann man den Individuen unterschiedliche X-Werte zuweisen, die alle mit den Modellparametern und den beobachteten Werten vereinbar sind, die aber untereinander nicht identisch sind und in extremen Ausnahmefällen sogar negativ miteinander korrelieren können.

Wenn verschiedene Wertereihen von X-Werten existieren, die weit davon entfernt sind, perfekt miteinander zu korrelieren, dann können diese unterschiedlichen Wertereihen in verschiedener Weise, gegebenenfalls sogar mit umgekehrten Vorzeichen, mit den externen Variablen zusammenhängen. Ohne zusätzliche Annahmen läßt sich nicht angeben, welche dieser Reihen die beste ist – alle sind sie mit dem Modell vereinbar – und was die tatsächliche Assoziation zwischen den latenten und den externen Variablen ist. Darüber hinaus ist die Bedeutung der vorhergesagten $\tilde{X}$-Werte der Individuen zweifelhaft, wenn die latenten X-Werte der Individuen nicht identifizierbar sind. Wenn E ≠ 0 ist, ist die Reihe von $\tilde{X}$-Werten nicht exakt mit einer der zulässigen Reihen von X-Werten identisch, und selbst wenn es so wäre, wäre es immer noch eine unter vielen.

Wie schwerwiegend dieses Problem ist, hängt im wesentlichen von der Stärke der Beziehungen zwischen den latenten und den manifesten Variablen ab. Wenn eine oder mehrere manifeste Variablen perfekt mit X zusammenhängen, d.h. mit bedingten Wahrscheinlichkeiten, die gleich 1 und 0 sind, und E dementsprechend 0 ist, dann gibt es keine Probleme. Es existiert nur eine

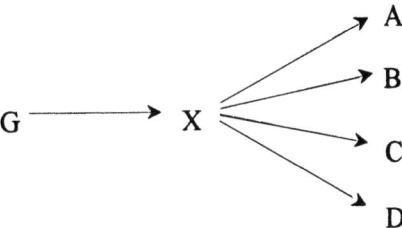

Abbildung 4.3: Ein Modell latenter Klassen mit einer „externen" Variable Generation (G)

Reihe von X-Werten und $\tilde{X}$ ist mit X identisch. X ist dann aber nicht wirklich latent und könnte durch eine oder mehrere der manifesten Variablen ersetzt werden. Wenn die manifesten und latenten Variablen dagegen nur schwach zusammenhängen, ist die Bandbreite möglicher X-Werte groß und die $\tilde{X}$-Werte werden sich von jeder zulässigen Reihe von X-Werten unterscheiden. Diese Probleme lassen sich dadurch vermeiden, daß man die externen Variablen „internalisiert", indem man das Ausgangsmodell latenter Klassen erweitert und ein identifizierbares Modell aufstellt, in dem Beziehungen der externen Variablen mit den latenten und manifesten Variablen spezifiziert werden.

Wenn wir wissen möchten, ob die älteren Generationen umfassendere Staatsaufgaben in stärkerer Weise favorisieren als die jüngeren Generationen, können wir ein Modell wie das in Abbildung 4.3 aufstellen. Dieses Modell ist eine *Erweiterung des vorherigen Basismodells* (vgl. Abbildungen 4.1, 4.2), in das die „externe" Variable G(eneration) eingefügt wurde. G hat einen direkten Einfluß auf X, aber die Beziehungen zwischen der externen Variablen G und den manifesten Variablen A bis D werden vollständig durch X vermittelt. Dieses erweiterte latente Klassenmodell ist ein Beispiel eines modifizierten Pfadmodells, wie es in Abschnitt 3.7.3 dargestellt wurde. Es handelt sich jedoch um ein spezielles Beispiel, da das Modell die nicht direkt beobachtete latente Variable X enthält. Um die Parameter des in Abbildung 4.3 dargestellten Modells zu schätzen, ist im Prinzip eine schrittweise Prozedur notwendig, in der getrennt für die Marginaltabelle GX und für die Gesamttabelle GXABCD ein log-lineares Modell spezifiziert wird. Solche modifizierten Pfadmodelle werden ausführlich in Abschnitt 4.4.2 diskutiert. Für die Diskussion in diesem Abschnitt genügt es festzustellen, daß aufgrund des Aggregierungstheorems (vgl. Abschnitt 3.6) die Beziehungen zwischen X und allen beobachteten Variablen in Abbildung 4.3 auch durch das einfache log-lineare Modell {AX,BX,CX,DX,GX} geschätzt und getestet werden können.

$$F_{ijk\ell tm}^{ABCDXG} = \eta\, \tau_i^A\, \tau_j^B\, \tau_k^C\, \tau_\ell^D\, \tau_t^X\, \tau_m^G\, \tau_{it}^{AX}\, \tau_{jt}^{BX}\, \tau_{kt}^{CX}\, \tau_{\ell t}^{DX}\, \tau_{mt}^{GX} \qquad (4.11)$$

Die Parameter dieses log-linearen Modells können mit dem NR- oder dem EM-Algorithmus unter Verwendung der beobachteten Häufigkeitstabelle ABCDG und den geschätzten suffizienten Statistiken $\hat{f}_{it}^{AX}$, $\hat{f}_{jt}^{BX}$, $\hat{f}_{kt}^{CX}$, $\hat{f}_{\ell t}^{DX}$ und $\hat{f}_{mt}^{GX}$ geschätzt werden. Die geschätzten suffizienten Statistiken können in der üblichen Weise innerhalb des E-Schritts berechnet werden, indem eine entsprechend erweiterte Version von Gleichung (4.4) eingesetzt wird. Wenn man die geschätzten beobachteten Häufigkeiten $\hat{f}$ während des M-Schritts so behandelt, als wären sie normale beobachtete Häufigkeiten f, dann können die zuvor berechneten geschätzten erwarteten Häufigkeiten $\hat{F}$ durch IPF den neu berechneten geschätzten suffizienten Statistiken angepaßt werden usw.

Wenn das Modell in Abbildung 4.3 für die Population zutrifft, ist der geschätzte Parameter $\hat{\tau}_{mt}^{GX}$ (oder äquivalent dazu $\hat{\pi}_{mt}^{GX}$) von besonderem Interesse, weil er die ML-Schätzung der Richtung und Stärke der Beziehung zwischen der latenten Variable X und der externen Variable G angibt, und zwar ohne die Probleme, die mit der Verwendung der „beobachteten" Verteilung von $\tilde{X}'$ und G verbunden sind.

Nach dem gleichen Prinzip lassen sich ohne Schwierigkeiten viel komplizierte Modelle mit mehreren externen (und latenten) Variablen schätzen. Einige Beipiele hierfür werden in den folgenden Abschnitten diskutiert. Die „Internalisierung" der externen Variablen setzt jedoch voraus, daß man mit der vollständigen beobachteten Kreuztabelle aller Indikatoren und externen Variablen arbeitet. Dies kann zu sehr großen und dünn besetzten Tabellen mit vielen Nullzellen führen, die alle möglichen Schwierigkeiten verursachen (siehe Kapitel 3).

In dem ersten Verfahren mit den „beobachteten" Vorhersagewerten $\tilde{X}'$ werden dagegen zwei Tabellen niedrigerer Dimension separat voneinander benutzt, nämlich die Kreuztabelle aller Indikatoren und die Tabelle, die $\tilde{X}'$ und die externen Variablen enthält. Trotz der Vorteile, die die Umwandlung der externen in „interne" Variablen bietet, und trotz der Probleme, die mit der Verwendung von $\tilde{X}'$ verbunden sind, kann man aber gerade wegen der Probleme mit dünn besetzten Tabellen gezwungen sein, $\tilde{X}'$ zu verwenden. Daher ist eine weitere Erforschung des Identifikationsproblems der individuellen latenten X-Werte und des Zusammenhangs zwischen X und $\tilde{X}$ wünschenswert.

4.4 Modelle mit zwei oder mehr latenten Variablen

4.4.1 Saturierte Modelle für latente Variablen

Die Überprüfung des Modells über die Aufgaben des Staates (Tabelle 1.4 und 4.1) führte nicht zu einem eindeutigen Ergebnis. Es ist daher nicht klar, ob das latente Klassenmodell akzeptiert werden kann oder nicht. Ein Weg, das Modell zu verbessern, besteht darin, die Anzahl der Kategorien der latenten Variable X zu erhöhen. Wenn diese erweiterten Modelle identifizierbar sind oder durch zusätzliche Restriktionen identifizierbar gemacht werden können, dann kann man eine Anzahl latenter Klassenmodelle überprüfen, die jeweils eine latente Variable, aber eine variierende Anzahl latenter Klassen haben. Welches Modell zu wählen ist, sollte entschieden werden, indem man die Testergebnisse der verschiedenen Modelle vergleicht. In diesem Zusammenhang entsteht eine besondere Schwierigkeit: Obwohl diese Modelle hierarchisch angeordnet sein können – zum Beispiel reduziert sich das Modell dreier latenter Klassen auf ein Modell zweier latenter Klassen, wenn man die Wahrscheinlichkeiten der dritten latenten Klasse auf 0 festlegt –, kann dennoch ein konditionaler Test für den Vergleich der Modelle nicht verwendet werden, weil bestimmte Regularitätsannahmen nicht erfüllt sind (Bishop et al. 1975: Abschnitt 14.8.1). Insbesondere liegt die Parametermenge des restringierten Modells auf der Grenze des Parameterraums des nicht-restringierten Modells. Wenn dies passiert, nähert sich die konditionale Teststatistik $L^2_{r/u}$ nicht der theoretischen χ^2-Verteilung an.

Ein anderer Weg, das verwendete Modell zu verbessern, besteht darin, die Anzahl der latenten Variablen zu erhöhen. Statt die vier manifesten Variablen A bis D als Indikatoren einer dichotomen latenten Variable X (Befürworter vs. Gegner umfassender Staatsaufgaben) aufzufassen, kann man sie als Indikatoren zweier latenter Variablen Y und Z betrachten. Die dichotome latente Variable Y mißt, ob die Befragten der Meinung sind, daß der Staat für „ideelle" Angelegenheiten zuständig ist, die etwa durch die post-materialistischen Items „Gleichberechtigung für Männer und Frauen" (A) und „Gleichberechtigung für Gastarbeiter" (D) repräsentiert werden. Die dichotome Variable Z mißt, ob die Befragten der Meinung sind, daß der Staat für „materielle" Angelegenheiten zuständig ist, die z.B. durch die Items „Bildungsversorgung" (B) und „medizinische Versorgung" (C) repräsentiert werden. Das Modell mit zwei latenten Variablen ist in Abbildung 4.4 dargestellt. Dieses latente Klassenmodell entspricht dem log-linearen Modell {YZ,YA,YD,ZB,ZC}:

$$F^{ABCDYZ}_{ijk\ell rs} = \eta\, \tau^A_i\, \tau^B_j\, \tau^C_k\, \tau^D_\ell\, \tau^Y_r\, \tau^Z_s\, \tau^{AY}_{ir}\, \tau^{DY}_{\ell r}\, \tau^{BZ}_{js}\, \tau^{CZ}_{ks}\, \tau^{YZ}_{rs} \qquad (4.12)$$

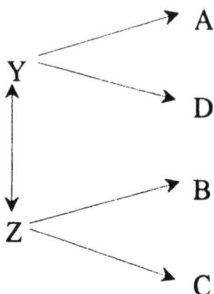

Abbildung 4.4: Ein Modell latenter Klassen mit zwei latenten Variablen Y und Z und vier manifesten Variablen A, B, C und D

Die Parameter dieses Modells können mit dem NR- oder dem EM-Algorithmus geschätzt werden, der in Abschnitt 4.2.2 beschrieben wurde. Bei Verwendung des EM-Algorithmus beginnt man mit Startwerten für die Parameter in Gleichung (4.12), um die Startwerte $\hat{F}_{ijk\ell rs}^{ABCDYZ}(0)$ zu ermitteln. Diese Schätzungen $\hat{F}(0)$ werden im E-Schritt verwendet, um Schätzer für die suffizienten Statistiken $\hat{f}_{ir}^{AY}$, $\hat{f}_{\ell r}^{DY}$, $\hat{f}_{js}^{BZ}$, $\hat{f}_{ks}^{CZ}$ und $\hat{f}_{rs}^{YZ}$ auf Grundlage von Gleichung (4.4) zu ermitteln, wobei X durch YZ ersetzt wird. Diese Schätzungen $\hat{f}$ werden im M-Schritt verwendet, um wiederum die Schätzungen $\hat{F}(0)$ mit IPF zu verbessern usw.

Bei einer Parametrisierung mit (bedingten) Wahrscheinlichkeiten kann das Modell mit zwei latenten Variablen als eine Variante des Basismodells latenter Klassen in Abbildung 4.1 angesehen werden. Die latente Variable X hat nun vier Kategorien, die den 2×2 Kategorien der kombinierten latenten Variable YZ entsprechen, und es gilt $\pi_t^X \equiv \pi_{rs}^{YZ}$, $\pi_{it}^{\bar{A}X} \equiv \pi_{irs}^{\bar{A}YZ}$ usw. Weil die Werte von A und D lediglich direkt abhängig von Y und die Werte von B und C lediglich direkt abhängig von Z sind, impliziert das Modell {YZ,YA,YD,ZB,ZC} für die bedingten Wahrscheinlichkeiten folgende Restriktionen:

$$\pi_{ir1}^{\bar{A}YZ} = \pi_{ir2}^{\bar{A}YZ} \qquad \pi_{\ell r1}^{\bar{D}YZ} = \pi_{\ell r2}^{\bar{D}YZ}$$

$$\pi_{j1s}^{\bar{B}YZ} = \pi_{j2s}^{\bar{B}YZ} \qquad \pi_{k1s}^{\bar{C}YZ} = \pi_{k2s}^{\bar{C}YZ}$$

(4.13)

Tabelle 4.2: Ein Modell mit zwei latenten Variablen für die Daten über notwendige Staatsaufgaben (Niederlande)

Latente Klasse				A. Gleichberechtigung für Männer und Frauen		B. gute Bildungsversorgung		C. gute medizinische Versorgung		D. Gleichberechtigung für Gastarbeiter	
X_t	Y_r	Z_s	$\hat{\pi}_{rs}^{YZ}$	$\hat{\pi}_{irs}^{\bar{A}YZ}$		$\hat{\pi}_{jrs}^{\bar{B}YZ}$		$\hat{\pi}_{krs}^{\bar{C}YZ}$		$\hat{\pi}_{\ell rs}^{\bar{D}YZ}$	
				1. ja	2. nein	1. ja	2. nein	1. ja	2. nein	1. ja	2. nein
1	1	1	0,258	0,509	0,491	0,947	0,053	0,852	0,148	0,656	0,344
2	1	2	0,007	0,509	0,491	0,448	0,552	0,327	0,673	0,656	0,344
3	2	1	0,178	0,177	0,823	0,947	0,053	0,852	0,148	0,118	0,882
4	2	2	0,556	0,177	0,823	0,448	0,552	0,327	0,673	0,118	0,882

$L^2 = 5,76$, df = 4, p = 0,22, $X^2 = 5,75$.

Quelle: Tabelle 1.4

Die Schätzergebnisse für dieses Modell sind in Tabelle 4.2 und in Abbildung 4.5 dargestellt. Die log-linearen Effekte in Abbildung 4.5 können gemäß dem Aggregierungstheorem auf Basis von $\hat{\pi}_{ijk\ell rs}^{ABCDYZ}$ oder mit Hilfe der Schätzungen $\hat{\pi}_{rs}^{YZ}$, $\hat{\pi}_{irs}^{\bar{A}YZ}$ usw. in Tabelle 4.2 berechnet werden.

Wenn man alle Restriktionen berücksichtigt, sind 11 latente Klassenparameter unabhängig voneinander zu schätzen und 15−11 = 4 Freiheitsgrade übrig, um das Modell zu testen. Die Testergebnisse sind unter Tabelle 4.2 aufgeführt. Sie zeigen, daß das Modell mit zwei latenten Variablen sehr gut paßt. Obwohl ein konditionaler Test wegen der Verletzung der Regularitätsbedingungen auch hier nicht erlaubt ist, muß das Modell mit zwei latenten Variablen angesichts der Ergebnisse des globalen (nicht-konditionalen) Tests gegenüber dem Modell mit einer latenten Variablen bevorzugt werden. Aus den Schätzungen in Tabelle 4.2 wird deutlich, daß 26,5% (= 100×(0,258+ 0,007)) der Befragten der Auffassung sind, daß der Staat für „ideelle" Angelegenheiten (Y = 1) zuständig sein sollte, während 43,6% (= 100×(0,258+ 0,178)) der Meinung sind, daß er für „materielle" Angelegenheiten (Z = 1) verantwortlich sein sollte.

Wie aus den Effekten in Abbildung 4.5 ersichtlich wird, hängen B und C stark mit Z zusammen. D ist ebenfalls ein guter Indikator für Y, aber die Beziehung zwischen Y und A ist viel schwächer. Sehr interessant ist die Beziehung zwischen Y und Z, die durch $\hat{\pi}_{rs}^{YZ}$ in Tabelle 4.2 repräsentiert und mit $t_{11}^{YZ} = 3{,}251$ (s. Abbildung 4.5) geschätzt wird. Dies ist eine sehr starke Beziehung, viel stärker als die Beziehungen zwischen den Indikatoren von Y und den Indikatoren von Z. Wenn man die Marginaltabellen AB, AC, BD, CD aus Tabelle 1.4 erstellt und den Zwei-Variablen-Effekt für jede Marginaltabelle berechnet, dann ist die Beziehung zwischen B und D die stärkste ($\hat{\tau}^{BD}_{11}$ = 1,267). Die Beziehung zwischen den Meinungen der Personen zu den notwendigen Staatsaufgaben ist also auf dem latenten Niveau ungefähr zweieinhalbmal stärker als auf dem manifesten Niveau. Offensichtlich wird die Assoziation zwischen den manifesten Variablen um Meßfehler bereinigt, analog den üblichen Verfahren in der klassischen Testtheorie, wenn man die Abschwächung statistischer Beziehungen als Folge fehlerhafter Messungen korrigiert (engl. correction for attenuation).

Die sehr starke Assoziation zwischen den latenten Variablen wird im wesentlichen durch den sehr geringen Anteil der Personen verursacht, die der latenten Klasse 2 angehören (Y = 1, Z = 2). Es gibt fast keine Individuen, die der Auffassung sind, daß der Staat bei „ideellen" Angelegenheiten eine große Verantwortung hat, für „materielle" Dinge aber nicht zuständig ist. In der Sprache einer kumulativen (Guttman) Skala würde man sagen: „Ideelle" Angelegenheiten sind schwieriger als „materielle". Man kann dementsprechend ein Modell spezifizieren, in dem die kleine latente Klasse 2 tatsächlich leer ist. A und D sind dann Indikatoren der latenten Variable Y und B und C Indikatoren der latenten Variable Z, wobei die latenten Variablen Y und Z eine perfekte Guttman-Skala bilden. Dafür muß die vorherige Analyse (Tabelle 4.2) wiederholt werden, jedoch unter Auslassung der zweiten latenten Klasse mit Y = 1 und Z = 2 ($\hat{\pi}^{YZ}_{12}$ = 0), und natürlich auch unter Auslassung aller bedingten Wahrscheinlichkeiten und Restriktionen, die zu diese Klasse gehören. Für die log-lineare Parametrisierung in Gleichung (4.12) impliziert diese Restriktion ein Modell mit zwei latenten Variablen, bei dem aber alle Schätzungen $\hat{F}^{ABCDYZ}_{ijk\ell 12}$ auf 0 gesetzt werden müssen.

Nicht unerwartet sind die Testergebnisse recht günstig: L^2 = 5,80, df = 5, p = 0,33 (X^2 = 5,75). Die Parameterschätzungen sind praktisch dieselben wie in Tabelle 4.2, ausgenommen die Parameter, die sich auf die zweite latente Klasse beziehen und die hier null gesetzt wurden. Das endgültige Ergebnis der Analyse zeigt also drei Personengruppen: jene, die meinen, daß der Staat im Hinblick auf „ideelle" und „materielle" Angelegenheiten eine wichtige Verantwortung trägt (latente Klasse 1 in Tabelle 4.2), jene, die der Meinung sind, daß der Staat für „materielle", nicht aber für „ideelle" Angelegenheiten verantwortlich ist (latente Klasse 3 in Tabelle 4.2.) und jene, die der Meinung sind, daß der Staat weder für „ideelle" noch für „materielle" Angelegenheiten eine Verantwortung trägt. Die Analyse der zwei latenten Variablen wird dabei auf eine sehr spezielle Art und Weise auf die Analyse einer latenten Variable reduziert, was die Flexibilität und Vielseitigkeit der latenten Klassenanalyse illustriert.

Analog dem Verfahren in Abschnitt 4.2.3 für das Basismodell latenter Klassen kann man stärker restringierte Modelle für zwei latente Variablen spezifizieren. Zum Beispiel können Modelle definiert werden, in denen ange-

237

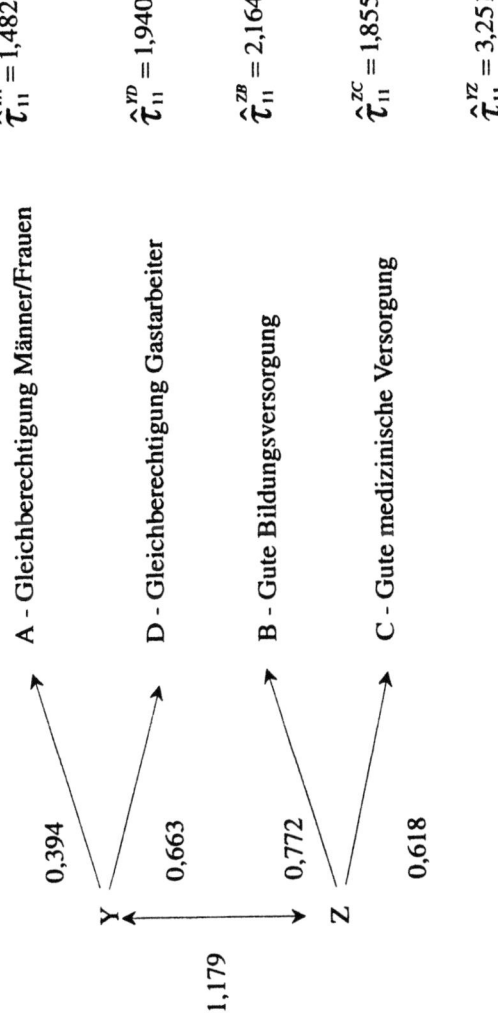

Quelle: Tabelle 1.4

Abbildung 4.5: Log-lineare Effekte des Basismodells latenter Klassen mit zwei latenten Variablen

nommen wird, daß A und D äquivalente Indikatoren für Y sowie B und C äquivalente Indikatoren für Z sind. Erweiterungen auf mehr als zwei latente Variablen sind natürlich auch möglich. Solche Modelle können auch nicht-saturierte Beziehungen zwischen den latenten Variablen beinhalten. Wie solche nicht-saturierten Modelle zu spezifizieren sind, ist das Thema des nächsten Abschnitts.

4.4.2 Nicht-saturierte Modelle und modifizierte Pfadanalysemodelle für latente Variablen: Der modifizierte LISREL-Ansatz

Bei Verwendung des EM-Algorithmus läßt sich die Spezifikation nicht-saturierter Modelle für die Beziehungen zwischen latenten Variablen ohne Schwierigkeiten aus den oben ausgeführten Prinzipien ableiten. In einem Modell mit drei latenten Variablen W, Y und Z, in dem keine Drei-Variablen-Interaktion zwischen W, Y und Z angenommen wird, läuft dies im wesentlichen darauf hinaus, daß die (geschätzte) suffiziente Statistik $\hat{f}^{WYZ}_{qrs}$ durch die (geschätzten) suffizienten Statistiken $\hat{f}^{WY}_{qr}$, $\hat{f}^{WZ}_{qs}$, $\hat{f}^{YZ}_{rs}$ ersetzt wird. Wenn A und B Indikatoren für W, C und D Indikatoren für Y und E und F Indikatoren für Z sind, dann ist das vollständige Modell {WY,WZ,YZ,WA,WB,YC,YD, ZE,ZF}. Obwohl dieses Modell mehr Terme enthält und komplizierter als die bisher behandelten Modelle ist, bereitet die Verwendung des EM-Algorithmus für die Schätzung seiner Parameter keine speziellen Schwierigkeiten.

Dies kann anders sein, wenn eine bestimmte kausale Struktur angenommen wird. Wenn die kausale Struktur unter den latenten Variablen W, Y und Z derart ist, daß Z kausal von W und Y abhängig ist (ohne die Drei-Variablen-Interaktion WYZ) und W und Y ihrerseits statistisch unabhängig voneinander sind, dann ist ein modifizierter Pfadanalyseansatz erforderlich, dessen Prinzipien in Abschnitt 3.7.3 erklärt wurden. Aufgrund der kausalen Ordnung der Variablen und der Annahmen über ihre Beziehungen muß das Modell {W,Y} für die latente Marginaltabelle WY und das Modell {WY,WZ,YZ} für die vollständige latente Tabelle WYZ definiert werden. Da die praktische Implementation des EM-Algorithmus, der in diesem Fall angewendet werden muß, etwas kompliziert ist, werden dessen Hauptschritte im folgenden dargestellt. Anwendungsbeispiele folgen in den Abschnitten 4.6 und 4.7.

Zunächst sind die Startwerte $\hat{f}^{*WYZABCDEF}_{qrsijk\ell mn}(0)$ für das gesamte Pfadmodell zu ermitteln, wobei wir gemäß den Prinzipien modifizierter Pfadanalyse auf die drei Subtabellen WY, WYZ und WYZABCDEF zurückgreifen. Um $\hat{f}^{WY}_{qr}(0)$ für Subtabelle WY zu ermitteln, müssen Startwerte für die Parameter des Modells {W,Y} spezifiziert werden. Die Startwerte für Modell {WY,WZ,YZ} ergeben $\hat{f}^{WYZ}_{qrs}(0)$ für Subtabelle WYZ. Die geschätzten Häufigkeiten $\hat{f}^{WYZABCDEF}_{qrsijk\ell mn}(0)$ für Tabelle WYZABCDEF werden aus den Startwerten für die Parameter in Modell {WYZ,WA,WB,YC,YD,ZE,ZF} ermittelt. Die Startwerte $\hat{f}(0)$ der drei Subtabellen werden schließlich unter Verwendung von Gleichung (3.42) zu den Startwerten $\hat{F}^{*WYZABCDEF}_{qrsijk\ell mn}(0)$ kombiniert.

Im E-Schritt des EM-Algorithmus müssen die geschätzten erwarteten Häufigkeiten $\hat{f}^{WYZABCDEF}_{qrsijk\ell mn}$ ermittelt werden. Wie üblich ist Gleichung (4.4) anzuwenden, die entsprechend modifiziert werden muß, indem man die Häufigkeiten auf der rechten Seite der Gleichung (4.4) entsprechend ersetzt: $f^{ABCD}_{ijk\ell}$ durch $f^{ABCDEF}_{ijk\ell mn}$, $\hat{F}^{ABCDX}_{ijk\ell t}$ durch $\hat{F}^{*ABCDEFWYZ}_{ijk\ell mnqrs}$ und $\hat{F}^{ABCD}_{ijk\ell}$ durch $\hat{F}^{*ABCDEF}_{ijk\ell mn}$. Innerhalb des M-Schritts werden dann die Startwerte der geschätzten erwarteten Häufigkeiten in Subtabelle WY verbessert, indem die $\hat{F}^{WY}_{qr}(0)$ den geschätzten suffizienten Statistiken $\hat{f}^W_q$ und $\hat{f}^Y_r$, die im vorherigen E-Schritt ermittelt wurden, angepaßt werden. Die Startwerte $\hat{F}^{WYZ}_{qrs}(0)$ für Subtabelle WYZ müssen den geschätzten suffizienten Statistiken $\hat{f}^{WY}_{qr}$, $\hat{f}^{WZ}_{qs}$ und $\hat{f}^{YZ}_{rs}$ angepaßt werden. Schließlich werden die Startwerte $\hat{F}^{ABCDEFWYZ}_{ijk\ell mnqrs}(0)$ in Tabelle WYZABCDEF durch Anpassung an die geschätzten suffizienten Statistiken $\hat{f}^{WYZ}_{qrs}$, $\hat{f}^{WA}_{qi}$, $\hat{f}^{WB}_{qj}$, $\hat{f}^{YC}_{rk}$, $\hat{f}^{YD}_{r\ell}$, $\hat{f}^{ZE}_{sm}$ und $\hat{f}^{ZF}_{sn}$ verbessert. Alle diese verbesserten Schätzungen $\hat{F}(1)$ werden dann in der üblichen Weise wieder in den neuen Schätzungen $\hat{F}^*(1)$ kombiniert, welche dann innerhalb des E-Schritts verwendet werden, um die Schätzungen der suffizienten Statistiken zu verbessern usw., bis die Ergebnisse konvergieren.

Als Ergebnis einer solchen modifizierten Pfadanalyse für log-lineare Modelle mit latenten Variablen halten wir fest, daß Beziehungen zwischen kategorialen Variablen auf ähnliche Weise untersucht werden können, wie LISREL und EQS die Beziehungen zwischen kontinuierlichen Variablen modellieren. Im Rest dieses Kapitels wird die Brauchbarkeit und Vielseitigkeit dieses Ansatzes gezeigt. In diesem Abschnitt wird nur ein sehr einfaches Beispiel dargestellt, welches nicht unbedingt die schrittweise Schätzung der modifizierten Pfadanalyse erfordert.

Folgt man den in Abbildung 4.5 dargestellten Ergebnissen, so ist der Zusammenhang zwischen den latenten Variablen Y (Verantwortung des Staates für „ideelle" Angelegenheiten) und Z (Verantwortung des Staates für „materielle" Dinge) sehr stark ($\hat{\lambda}^{YZ}_{11} = 1,179$). Wir wollen dennoch anhand dieses Beispiels die Hypothese überprüfen, daß diese beiden latenten Variablen unabhängig voneinander, d.h. in der Sprache der Faktorenanalyse orthogonal zueinander sind. Unabhängigkeit von Y und Z impliziert $\pi^{YZ}_{rs} = \pi^{YZ}_{r+} \pi^{YZ}_{+s}$ oder, äquivalent hierzu, $\tau^{YZ}_{rs} = 1$ in Gleichung (4.12).

Wenn man das Modell mit zwei latenten Variablen wieder auf die Daten in Tabelle 1.4 anwendet, diesmal aber mit der zusätzlichen Restriktion, daß die Beziehung zwischen Y und Z dem Modell {Y,Z} entspricht, ergeben sich hieraus die folgenden Werte für die Teststatistiken: $L^2 = 63,09$ und $X^2 = 59,62$. Die Anzahl der Freiheitsgrade beträgt auf den ersten Blick 5, denn aufgrund der Restriktion $\tau^{YZ}_{rs} = 1$ wurde, verglichen mit dem Modell mit korrelierten dichotomen latenten Variablen, ein Freiheitsgrad gewonnen. Dennoch ist das Modell nicht identifizierbar. Unterschiedliche Startwerte führen zu unterschiedlichen Parameterschätzungen, die alle in demselben Wert für L^2 und X^2 resultieren. Dies ist ein eindrucksvolles Beispiel für die zuvor ausgesprochene Warnung: Die Einführung zusätzlicher Restriktionen kann dazu führen, daß ein identifizierbares Modell unidentifizierbar wird.

Zusätzliche Restriktionen wie zum Beispiel die Annahme, daß die Fehlerraten für beide latenten Klassen gleich sind (vgl. Abschnitt 4.2.3), können das Modell wieder identifizierbar machen. In diesem Fall wird angenommen, daß die bedingten Wahrscheinlichkeiten für eine entsprechende „korrekte" Antwort für alle latenten Klassen gleich sind:

$$\pi_{1\,1\,s}^{\bar{A}YZ} = \pi_{2\,2\,s}^{\bar{A}YZ} \qquad \pi_{1\,1\,s}^{\bar{D}YZ} = \pi_{2\,2\,s}^{\bar{D}YZ}$$

$$\pi_{1\,r\,1}^{\bar{B}YZ} = \pi_{2\,r\,2}^{\bar{B}YZ} \qquad \pi_{1\,r\,1}^{\bar{C}YZ} = \pi_{2\,r\,2}^{\bar{C}YZ}$$

(4.14)

Mit diesen zusätzlichen Restriktionen zusammen mit der Unabhängigkeit zwischen Y und Z ergeben sich für die Teststatistiken dieselben Werte (L^2 = 63,09), aber nun ist das Modell mit df = 9 identifizierbar. Es ist nicht verwunderlich, daß dieses Modell zurückgewiesen werden muß. Die Schlußfolgerung ist, daß λ_{11}^{YZ} in Abbildung 4.5 statistisch signifikant ist.

4.5 Lokale Abhängigkeitsmodelle: Direkte Effekte zwischen Indikatoren und korrelierte Meßfehler

Grundlegend für das latente Klassenmodell ist die Annahme, daß die Werte der manifesten Variablen, der Indikatoren, nur von den Werten der latenten Variablen abhängig sind und daß infolgedessen die Assoziationen zwischen den manifesten Variablen durch die latente(n) Variable(n) vollständig erklärt werden. Jedoch können Umstände existieren, in denen diese Annahme der lokalen Unabhängigkeit nicht realistisch ist. Unberücksichtigte Variablen und korrelierte Meßfehler als Folge von Interviewereffekten, Test-Retest-Effekten und anderen Formen der Antwortverzerrung (Bradburn 1983, Turner/Martin 1984: Band 1, Teil III) können zu Assoziationen zwischen den manifesten Variablen führen, die nicht auf den Einfluß der zugrundeliegenden latenten Variable(n) zurückgeführt werden können. Die latente(n) Variable(n) können lediglich einen Teil der gesamten Assoziationen zwischen den Indikatoren erklären, und selbst wenn man die latente(n) Variable(n) konstant hält, bleiben Assoziationen zwischen den Indikatoren bestehen. Ungefähr in der gleichen Weise, wie in LISREL-Modellen Korrelationen zwischen den Fehlertermen berücksichtigt werden können, lassen sich auch in latenten Klassenmodellen

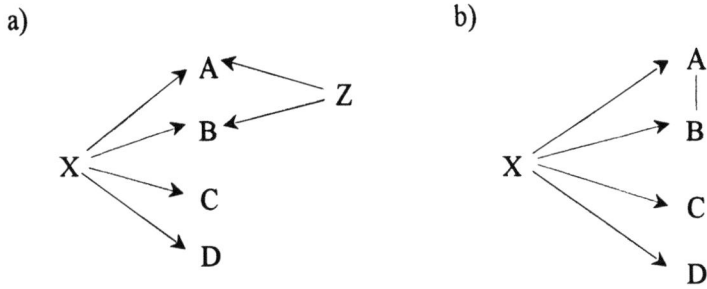

Abbildung 4.6: Ein Basismodell latenter Klassen mit direkten Effekten zwischen den Indikatoren

zusätzliche Beziehungen zwischen den manifesten Variablen berücksichtigen und so die Annahmen der lokalen Unabhängigkeit lockern oder besser umgehen.

Es gibt verschiedene Wege, diese zusätzlichen Effekte zu berücksichtigen. Abbildung 4.6 stellt zunächst ein Basismodell latenter Klassen mit einer latenten Variable X und vier Indikatoren A bis D dar. Wir wollen annehmen, daß das Modell {AX,BX,CX,DX} auf Grundlage der betrachteten Daten zurückgewiesen werden muß. Angesichts der Inhalte von Item A und B läßt sich jedoch annehmen, daß die Antworten bei diesen zwei Items eventuell durch „soziale Erwünschtheit" beeinflußt wurden. Eine Analyse der (marginalen) Residualhäufigkeiten (Hagenaars 1988, 1993) bestätigt, daß die beobachtete Assoziation zwischen A und B durch das Modell {AX,BX,CX, DX} unterschätzt wird.

Wie läßt sich diese mögliche Form von Meßfehlern erklären? Wenn die Tendenz der Befragten, sozial erwünschte Antworten zu geben, explizit gemessen wird, dann wird das Modell in Abbildung 4.6a mit Z, ein Indikator für soziale Erwünschtheit, diese Quelle der Verzerrung ausgleichen und zu einem gut angepaßten Modell führen, wenn unsere Diagnose der Fehlerursachen richtig war (und wenn die anderen Implikationen des Modells korrekt sind). Direkte Messungen der Antwortverzerrung sind jedoch häufig nicht verfügbar. Genauso wie korrelierte Fehlerterme in LISREL-Modellen auf eine unbekannte Quelle der Korrelation zwischen Variablen hinweisen, die nicht auf die anderen Variablen des Modells zurückzuführen ist, genauso können log-lineare Modelle durch die Einführung zusätzlicher latenter Variablen (hier: Z) „angereichert" werden, die die Ursache zusätzlicher Assoziation zwischen bestimmten Variablen (hier: A und B) sind und die mit den anderen Variablen des Modells nicht korreliert sind. Jedoch ist dies oft eine etwas kompliziertere

Art, zusätzliche Effekte zu berücksichtigen, da üblicherweise viele zusätzliche Restriktionen spezifiziert werden müssen, um das Modell identifizierbar zu machen. Es ist häufig viel einfacher, zusätzliche Quellen der Assoziation dadurch zu erklären, daß man wie in Modell {AX,BX,AB,CX,DX} direkte Effekte zwischen den Indikatoren einführt (vgl. Abbildung 4.6b).

In Modell {AX,BX,AB,CX,DX} wird keine Annahme über die Richtung des direkten Effektes zwischen A und B gemacht. Man kann jedoch eine bestimmte Richtung annehmen, indem man z.B. einen Test-Retest-Effekt von A auf B postuliert, weil die Antworten auf (die früher gestellte Frage) A die Antworten auf (die später gestellte Frage) B beeinflussen. Solche gerichteten Beziehungen zwischen den Indikatoren müssen im allgemeinen mit einer modifizierten Pfadanalyse geschätzt werden, die in Abschnitt 4.4.2 ausführlich diskutiert wird.

Die Erfahrung zeigt, daß eine genaue Analyse der Residualhäufigkeiten eines konkreten (nicht passenden) Modells häufig nahelegt, ein oder zwei zusätzliche direkte Meßfehler-Effekte einzuführen, mit der Folge, daß sich eine gute Modellanpassung ergibt. In dieser Hinsicht stellt die Einführung korrelierter Meßfehler ein machtvolles Werkzeug dar. Gleichzeitig ist es aber auch ein verführerisches und gefährliches Werkzeug. Es verletzt die Grundannahmen des ursprünglichen Meßmodells und zwar hauptsächlich durch die Einführung von unbeobachteten Variablen, die nicht einmal indirekt über entsprechende Indikatoren gemessen wurden. Man muß sehr gute theoretische Gründe anführen, um solche ungemessenen Ursachen von Meßfehlern einzuführen.

4.6 Simultane Analyse in verschiedenen Gruppen

Die Daten über Aufgaben des Staates in Tabelle 1.4 wurden aus der „Political Action" Studie entnommen, an der neben den Niederlanden sieben weitere Länder teilgenommen haben. In vier Ländern (Niederlande, Österreich, Deutschland, Schweiz) wurden genau dieselben Fragen verwendet, um die bevorzugten „ideellen" und „materiellen" Staatsaufgaben zu bestimmen. In den anderen drei Ländern bezog sich der Indikator D auf die Gleichberechtigung ethnischer Minoritäten. Die Analyse zweier latenter Variablen für die Niederlande (vgl. Abschnitt 4.4.1) wurde ebenfalls für Deutschland, Österreich und die Schweiz durchgeführt. Vergleichende Analysen zwischen den vier Ländern (hier nicht aufgeführt) zeigten, daß in allen vier Ländern dieselben Guttman-Muster für die latenten Variablen wirkten und daß sich die Anteile von Befürwortern und Gegnern umfassender Staatsaufgaben zwischen den vier Ländern nicht signifikant unterschieden. Die Beziehungen zwischen den manifesten und latenten Variablen dagegen variierten zwischen den vier Ländern.

Tabelle 4.3: Aufgaben eines modernen Wohlfahrtsstaates (Deutschland und Schweiz)

A. Gleichberechtigung für Männer und Frauen	B. gute Bildungsversorgung	C. gute medizinische Versorgung	D. Gleichberechtigung für Gastarbeiter		Insgesamt
			1. ja	2. nein	
Deutschland (1974)					
1. ja	1. ja	1. ja	416	123	539
		2. nein	92	26	118
	2. nein	1. ja	133	69	202
		2. nein	159	85	244
2. nein	1. ja	1. ja	52	46	98
		2. nein	18	24	42
	2. nein	1. ja	27	32	59
		2. nein	54	69	123
		Insgesamt	951	474	1425
Schweiz (1975/76)					
1. ja	1. ja	1. ja	119	28	147
		2. nein	56	25	81
	2. nein	1. ja	68	26	94
		2. nein	84	54	138
2. nein	1. ja	1. ja	18	15	33
		2. nein	18	9	27
	2. nein	1. ja	17	6	23
		2. nein	32	48	80
		Insgesamt	412	211	623

Quelle: „Political Action" Studie (ZA-Nr. 765).

Wie solche vergleichenden (interkulturellen oder intertemporalen) Analysen durchzuführen sind und welche Schwierigkeiten dabei zu überwinden sind, soll unter Verwendung der Daten in Tabelle 4.3 illustriert werden. Vergleichende Analysen sind ziemlich komplex. Deshalb haben wir die Analysen auf zwei Länder beschränkt: Deutschland und die Schweiz. Darüber hinaus wurden die strukturellen Nullen, die durch die Guttman-Eigenschaft verursacht werden, vermieden, indem die Indikatoren unterschiedlich dichotomisiert wurden. Für die Items A und D enthält die Ausprägung „1. ja" die Antworten „eine notwendige Aufgabe" und „eine wichtige Aufgabe", die Ausprägung

„2. nein" enthält alle anderen Alternativen. Die Items B und C sind dagegen wie in Tabelle 1.4 kodiert. Die Randverteilungen der vier Indikatoren wurden dadurch einander ähnlicher, d.h. in der Sprache der Guttman-Skalierung mehr „gleich schwierig".

Bei unseren Ausführungen werden wir uns an den Pfadmodellen in Abbildung 4.7 orientieren, in der X die Menge der latenten Variablen repräsentiert (hier: Y und Z), M die Menge der manifesten Variablen, d.h. die Indikatoren von X (hier: A bis D), und S die Menge der Schichtungsfaktoren oder Gruppierungsvariablen (hier: die dichotome Variable Land).

Ein naheliegender Startpunkt für die vergleichende Analyse zwischen Deutschland und der Schweiz besteht in einer für jedes Land separat durchgeführten Analyse zweier latenter Variablen. Aus den Testergebnissen, die in Tabelle 4.4 präsentiert werden, wird ersichtlich, daß ein Modell mit zwei latenten Variablen die Daten sowohl für Deutschland als auch für die Schweiz gut erklärt. Ein Test dafür, daß das Zwei-Variablen-Modell gleichzeitig für beide Länder gültig ist, läßt sich einfach durchführen, indem man die L^2-Werte und die Freiheitsgrade für die separaten Tests aufsummiert. Der simultane Test, dessen Ergebnisse ebenfalls in Tabelle 4.4 aufgeführt sind, bestätigt die Annahme, daß das Modell mit zwei latenten Variablen für beide Länder zutrifft.

Diese Art vergleichender Analyse ist in Abbildung 4.7(1a) dargestellt. In dieser Abbildung gibt es eine direkte Beziehung zwischen der latenten Variable X und der manifesten Variable M. Darüber hinaus besteht ein direkter Zusammenhang zwischen der Gruppierungsvariablen S und X bzw. M, und aufgrund der Drei-Variablen-Interaktion SXM variiert die Beziehung zwischen X und M mit den Kategorien von S. Bezogen auf unser Beispiel wird also angenommen, daß sich das spezifizierte Modell auf beide Länder anwenden läßt, ohne damit gleichzeitig zu behaupten, daß einige oder alle Parameter für die zwei Länder gleich sind. Es wird postuliert, daß das Modell {YZ,AY,DY,BZ, CZ} für jedes Land ohne zusätzliche Restriktionen zutrifft. Wenn die dichotome Variable Land durch S bezeichnet wird, ist die Durchführung separater Analysen für jedes Land mit dem Modell {SYZ,SAY, SDY,SBZ,SCZ} für den gesamten Datensatz in Tabelle 4.3 identisch.

Da das Modell für beide Länder zutrifft, könnte es interessant sein zu untersuchen, ob es in Deutschland mehr Befürworter umfassender Staatsaufgaben gibt als in der Schweiz. Aus Tabelle 4.4 wird deutlich, daß ein Anteil von 70% der Befragten in der Schweiz der Auffassung ist, daß der Staat für „ideelle" Angelegenheiten Verantwortung trägt, und ein gleicher Prozentsatz denkt in gleicher Weise über „materielle" Angelegenheiten ($\hat{\pi}_{1+}^{YZ} = 0{,}709$, $\hat{\pi}_{+1}^{YZ} = 0{,}707$). In Deutschland ist der entsprechende Anteil von Anhängern umfassender Staatsaufgaben etwas geringer und beträgt um die 60% (= 0,636, $\hat{\pi}_{+1}^{YZ} = 0{,}576$). Es stellt sich daher die Frage, ob diese Unterschiede signifikant sind.

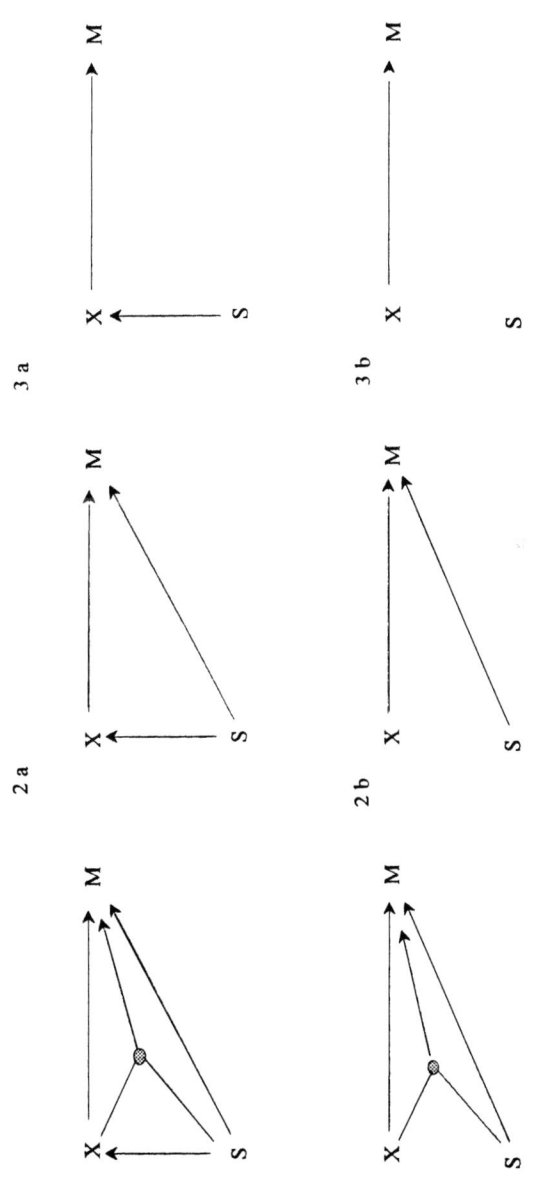

Abbildung 4.7: Verschiedene Beziehungen zwischen den latenten Variablen (X), den manifesten Variablen (M) und der Gruppierungsvariablen (S)

Tabelle 4.4: Ein Modell mit zwei latenten Variablen für die Daten über notwendige Staatsaufgaben (Deutschland und Schweiz)

				A. Gleichberechtigung für Männer und Frauen		B. gute Bildungsversorgung		C. gute medizinische Versorgung		D. Gleichberechtigung für Gastarbeiter	
Latente Klasse				$\hat{\pi}_{irs}^{\bar{A}YZ}$		$\hat{\pi}_{jrs}^{\bar{B}YZ}$		$\hat{\pi}_{krs}^{\bar{C}YZ}$		$\hat{\pi}_{\ell rs}^{\bar{D}YZ}$	
X_t	Y_r	Z_s	$\hat{\pi}_{rs}^{YZ}$	1. ja	2. nein	1. ja	2. nein	1. ja	2. nein	1. ja	2. nein
Deutschland											
1	1	1	0,469	0,943	0,057	0,839	0,161	0,879	0,121	0,819	0,181
2	1	2	0,167	0,943	0,057	0,180	0,820	0,292	0,708	0,819	0,181
3	2	1	0,107	0,480	0,520	0,839	0,161	0,879	0,121	0,402	0,598
4	2	2	0,257	0,480	0,520	0,180	0,820	0,292	0,708	0,402	0,598
$\hat{\lambda}_{11}^{YZ}=0,477$				$\hat{\lambda}_{11}^{AY}=0,720$		$\hat{\lambda}_{11}^{BZ}=0,791$		$\hat{\lambda}_{11}^{CZ}=0,718$		$\hat{\lambda}_{11}^{DY}=0,487$	
Schweiz											
1	1	1	0,628	0,849	0,151	0,607	0,393	0,674	0,326	0,797	0,203
2	1	2	0,081	0,849	0,151	0,115	0,885	0,002	0,998	0,797	0,203
3	2	1	0,079	0,468	0,532	0,607	0,393	0,674	0,326	0,332	0,668
4	2	2	0,212	0,468	0,532	0,115	0,885	0,002	0,998	0,332	0,668
$\hat{\lambda}_{11}^{YZ}=0,758$				$\hat{\lambda}_{11}^{AY}=0,464$		$\hat{\lambda}_{11}^{BZ}=0,618$		$\hat{\lambda}_{11}^{CZ}=1,791$		$\hat{\lambda}_{11}^{DY}=0,517$	

Deutschland: $L^2 = 6,46$, df = 4, p = 0,17, $X^2 = 6,44$.
Schweiz: $L^2 = 7,21$, df = 4, p = 0,13, $X^2 = 7,18$.
Beide Länder gemeinsam: $L^2 = 13,67$, df = 8, p = 0,09.

Quelle: Tabelle 4.3.

Allgemeiner ausgedrückt: Was ist die Beziehung zwischen den latenten Variablen Y und Z und der Land-Variable S. Wie bereits gesagt, wird in den separaten Analysen für die Beziehungen zwischen S, Y und Z das saturierte Modell {SYZ} postuliert. Es können aber auch sparsamere Modelle definiert werden, zum Beispiel das Modell {YZ,SY,SZ} ohne Drei-Variablen-Interaktion oder sogar das Modell {YZ,S}. Dieses letztgenannte Modell impliziert, daß die relative Verteilung der kombinierten latenten Variable YZ in Deutschland und der Schweiz genau gleich ist. Alle diese Modelle müssen mit der (modifizierten) pfadanalytischen Variante des EM-Algorithmus geschätzt werden, die in Abschnitt 4.4.2 erläutert wurde. Ausgangspunkt ist die fünfdimensionale Tabelle SABCD (Tabelle 4.3), in der S = 1 für Deutschland und S = 2 für die Schweiz verwendet wird und A bis D den bekannten vier Items entsprechen. Abbildung 4.7(1b) impliziert, daß die erwarteten Häufigkeiten F^* für das gesamte Modell in einer solchen Weise geschätzt werden müssen, daß Modell {YZ,S} für die Marginaltabelle SYZ und das Modell {SYZ,SYA, SYD, SZB,SZC} für Tabelle SYZABCD zutrifft. Die Teststatistiken zeigen, daß dieses Modell für die Daten in Tabelle 4.3 paßt: L^2 = 17,23, df = 11, p = 0,10, X^2 = 16,78. Verglichen mit dem ersten Modell {SYZ,SAY,SDY, SBZ,SDZ} ist die Anpassung nicht signifikant schlechter: $L^2_{r/u}$ = 17,23 − 13,67 = 3,56, $df_{r/u}$ = 11 − 8 = 3, p = 0,31. Die Unterschiede zwischen Deutschland und der Schweiz hinsichtlich der (bivariaten) Verteilung der latenten Variablen Staatsaufgaben lassen sich also auf Stichprobenschwankungen zurückführen und müssen nicht durch Unterschiede der politischen Kultur in beiden Ländern erklärt werden.

Solche Schlußfolgerungen über gleiche Verteilungen der latenten Variablen in mehreren Ländern sind jedoch nur dann sinnvoll, wenn die latenten Variablen in Deutschland und in der Schweiz dieselbe Bedeutung haben. In Modellen mit latenten Variablen muß die Bedeutung einer latenten Variable zu einem großen Ausmaß aus den Beziehungen erschlossen werden, die die latente Variable zu den beobachteten Variablen aufweist. Obwohl das allgemeine Muster der Ergebnisse in Tabelle 4.4 für Deutschland und die Schweiz gleich ist, gibt es einige auffallende Unterschiede, zum Beispiel im Hinblick auf Item C. Schlußfolgerungen über identische Verteilungen der latenten Variablen in beiden Ländern lassen sich im allgemeinen leichter rechtfertigen, wenn sie auf einem Modell beruhen, in dem die Beziehungen zwischen latenten und manifesten Variablen in beiden Ländern gleich sind. Idealerweise wollen wir daher Modelle wie 3a und 3b in Abbildung 4.7 vergleichen, in denen S nur vermittelt über X zu M in Beziehung steht. Bezogen auf unser Beispiel entspricht das Modell in Abbildung 4.7 (3a) dem Modell {SYZ, YA,YD,ZB,ZC}. Dieses Modell paßt nicht zu den Daten in Tabelle 4.3: L^2 = 35,30, df = 16, p = 0,004, X^2 = 33,25. Die Beziehungen zwischen S und den manifesten Variablen werden also nicht vollständig durch die latenten Variablen vermittelt.

Jedoch bedeutet das nicht notwendigerweise, daß die Beziehungen zwischen manifesten und latenten Variablen für Deutschland sich von denen für die Schweiz unterscheiden (was es schwierig macht, die latenten Verteilungen beider Länder miteinander zu vergleichen). Es könnte der Fall sein, daß die Regierung des einen Landes sich aus historisch-politischen Gründen mehr mit Angelegenheiten der Bildung und der medizinischen Versorgung befaßt hat als die Regierung des anderen Landes. Dies könnte in dem erstgenannten Land zu einem relativ großen Anteil an Befragten führen, die manifest der Auffassung sind, daß Bildung und medizinische Versorgung wesentliche und wichtige Aufgaben des Staates sind, ohne daß dies notwendig die Beziehungen zwischen den manifesten und latenten Variablen für beide Länder verschieden macht. Ein mögliches Modell, das in diese Richtung weist, ist in Abbildung 4.7(2a,b) dargestellt. Bezogen auf unser Beispiel repräsentiert Modell 2a das log-lineare Modell {SYZ,YA,YD,ZB,ZC,SA,SB,SC,SD}. Dieses Modell paßt recht gut zu den Daten in Tabelle 4.4 (L^2 = 18,56, df = 12, p = 0,10) und ist nicht signifikant schlechter als Modell {SYZ,SYA,SYD,SZB,SZC}: $L^2_{r/u}$ = 18,56−13,67 = 4,89, $df_{r/u}$ = 12−8 = 4, p = 0,30. Man kann hieraus schließen, daß die Beziehungen zwischen den Indikatoren A bis D und den latenten Variablen Y und Z, gemessen durch die log-linearen Zwei-Variablen-Effekte λ^{YA}_{ri}, $\lambda^{YD}_{r\ell}$, λ^{ZB}_{sj} und λ^{ZC}_{sk}, in Deutschland und der Schweiz gleich sind.

Modell {SYZ,YA,YD,ZB,ZC,SA,SB,SC,SD} liefert also einen guten Ausgangspunkt für eine weitere Analyse der Beziehungen zwischen S und Y und Z. Wir suchen nun nach modifizierten Pfadmodellen mit geschätzten erwarteten Häufigkeiten $\hat{F}^*$, die so aussehen, daß die vollständige Tabelle SYZABCD mit Modell {SYZ,YA,YD,ZB,ZC,SA,SB,SC,SD} übereinstimmt, daß aber die Marginaltabelle SYZ mit weiter restringierten Submodellen als dem saturierten Modell übereinstimmt. Das am wenigsten restringierte Submodell für Subtabelle SYZ ist das Modell {YZ,SY,SZ} ohne Drei-Variablen-Interaktion. Sparsamere Submodelle sind {YZ,SZ} und {YZ,SY} und schließlich das in Abbildung 4.7(2b) dargestellte Submodell {YZ,S}, in dem die kombinierte Verteilung von Y und Z für beide Länder gleich ist. Alle vier dieser weiter restringierten Modelle passen zu den Daten, wobei sie ein Signifikanzniveau von etwa p = 0,10 erreichen. Dennoch verweisen die konditionalen L^2-Tests, BIC sowie Bonett und Bentlers $\hat{\delta}$ (siehe Abschnitt 3.5) alle darauf, daß das am stärksten restringierte Submodell für die Marginaltabelle SYZ zu bevorzugen ist, nämlich {YZ,S}, in dem die kombinierte Verteilung der latenten Variablen für Deutschland und die Schweiz gleich ist. Darüber hinaus sind die Parameterschätzungen für das am stärksten restringierte Submodell und das zweitbeste Submodell {YZ,SZ} nahezu gleich, und der zusätzliche Parameter $\hat{\lambda}^{SZ}_{11}$ ist vernachlässigbar klein (−0,11).

Das endgültige Modell ist dann das modifizierte LISREL-Modell, in dem die Subtabelle SYZ mit dem Modell {YZ,S} übereinstimmt und das Submodell {SYZ,YA,YD,ZB,ZC,SA,SB,SC,SD} für Tabelle SYZABCD gilt. Die relevanten Parameterschätzungen des endgültigen Modells sind in Abbildung 4.8 dargestellt. Die Beziehungen zwischen latenten und manifesten Variablen wie auch unter den latenten Variablen selbst entsprechen dem Muster, das bereits in Tabelle 4.4 dargestellt wurde. Zusätzlich kann nun angenommen werden, daß alle diese Beziehungen und die kombinierte Verteilung der latenten Variablen in Deutschland und in der Schweiz gleich sind. Die Effekte von S auf die „ideellen" Indikatoren A und D sind fast 0, so daß die Terme SA und SD wahrscheinlich aus dem Modell eliminiert werden können. Der Effekt von S auf B ist etwas stärker, während der Einfluß auf C am stärksten ist, obwohl er immer noch nicht sehr groß ist. Deutsche neigen etwas stärker als Schweizer

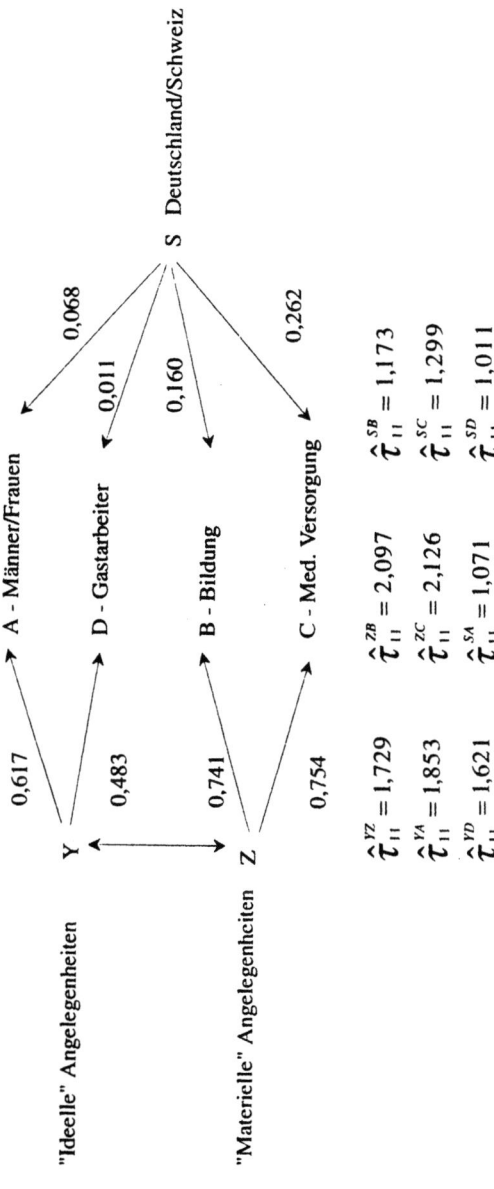

Quelle: Tabelle 4.3.

Abbildung 4.8: Log-Lineare Effekte des modifizierten Pfadmodells {YZ,S}, {SYZ,YA,YD,ZB,ZC,SA,SB,SC,SD}

Tabelle 4.5: Religiosität, Einkommen, Parteipräferenz und notwendige Staatsaufgaben (Deutschland)

R. Religiosität	1	1	1	1	2	2	2	2	
E. Einkommen	1	1	2	2	1	1	2	2	
P. Parteipräferenz	1	2	1	2	1	2	1	2	
A B C D									Insgesamt
1 1 1 1	6	15	5	14	18	7	13	16	94
1 1 1 2	5	21	7	17	22	13	25	18	128
1 1 2 1	2	0	1	2	0	1	4	2	12
1 1 2 2	0	5	1	2	3	1	3	5	20
1 2 1 1	1	1	0	1	1	1	2	0	7
1 2 1 2	2	8	2	4	4	2	7	5	34
1 2 2 1	0	2	1	2	0	0	1	0	6
1 2 2 2	3	3	3	6	8	1	8	6	38
2 1 1 1	2	9	0	4	16	8	15	10	64
2 1 1 2	15	59	11	32	53	41	33	39	283
2 1 2 1	1	3	0	5	1	0	4	2	16
2 1 2 2	4	12	2	20	15	13	19	12	97
2 2 1 1	4	4	0	1	4	2	2	3	20
2 2 1 2	10	33	6	17	27	22	23	25	163
2 2 2 1	0	0	1	2	2	1	2	2	10
2 2 2 2	10	44	14	31	44	26	39	41	249
Insgesamt	65	219	54	160	218	139	200	186	1241

R. Religiosität: 1 = sehr oder etwas religiös, 2 = wenig oder nicht religiös.
E. Monatliches Haushaltseinkommen: 1 = < 1500 DM, 2 = > 1500 DM.
P. Parteipräferenz: 1 = linksorientierte Parteien (SPD, DKP), 2 = mitte/rechtsorientierte Parteien (CDU/CSU, FDP).
A–D: notwendige Staatsaufgaben (s. Tabelle 1.4).

Quelle: „Political Action Studie" (ZA-Nr. 765).

zu der Meinung, daß Bildung und medizinische Versorgung Aufgaben des Staates sind.

Interkulturelle und intertemporale Forschung ist kompliziert und mit einer Vielzahl von Schwierigkeiten verbunden. Die Erhebung vergleichbarer Indikatoren ist ein leidiges Problem. Die Modelle, die in Abbildung 4.7 vorgeschlagen werden, lösen nicht alle diese Schwierigkeiten, doch können sie dem Forscher helfen, die Vergleichbarkeit der Indikatoren besser zu bewerten und Ursachen mangelnder Vergleichbarkeit aufzudecken.

Tabelle 4.6: Ein Modell mit zwei latenten Variablen für die Daten über notwendige Staatsaufgaben (Deutschland)

				A. Gleichberechtigung für Männer und Frauen		B. gute Bildungsversorgung		C. gute medizinische Versorgung		D. Gleichberechtigung für Gastarbeiter	
Latente Klasse				$\hat{\pi}^{\bar{A}YZ}_{irs}$		$\hat{\pi}^{\bar{B}YZ}_{jrs}$		$\hat{\pi}^{\bar{C}YZ}_{krs}$		$\hat{\pi}^{\bar{D}YZ}_{\ell rs}$	
X_t	Y_r	Z_s	$\hat{\pi}^{YZ}_{rs}$	1. ja	2. nein	1. ja	2. nein	1. ja	2. nein	1. ja	2. nein
Deutschland											
1	1	1	0,288	0,622	0,378	0,914	0,086	0,886	0,114	0,498	0,502
	1	2	0,000	–	–	–	–	–	–	–	–
2	2	1	0,231	0,132	0,868	0,914	0,086	0,886	0,114	0,057	0,943
3	2	2	0,481	0,132	0,868	0,209	0,791	0,372	0,628	0,057	0,942

$L^2 = 9{,}14$, df = 5, p = 0,10, $X^2 = 9{,}31$. Die geschätzte Wahrscheinlichkeit $\hat{\pi}^{YZ}_{12}$ wurde auf Null fixiert.

Quelle: Tabelle 4.5.

4.7 Kausale Modelle mit latenten Variablen

Das Modell latenter Klassen ist ein Meßmodell und als solches nur in den seltensten Fällen das eigentliche Analyseziel. Die Ergebnisse einer latenten Klassenanalyse müssen in Zusammenhang mit anderen Konzepten und Variablen einer konkreten Untersuchung verwendet werden. Nach welchen Prinzipien diese erweiterten Analysen durchzuführen sind, wurde in den vorhergehenden Abschnitten behandelt. In diesem Abschnitt werden diese Prinzipien nun angewandt, um mit den Daten in Tabelle 4.5 ein modifiziertes Pfadmodell mit einer latenten Variable zu untersuchen.

Die Spaltensumme dieser Tabelle zeigt für Deutschland die multivariate Häufigkeitsverteilung der uns nunmehr vertrauten Indikatoren A bis D für unterschiedliche Staatsaufgaben. Im Unterschied zu Tabelle 4.3 (Deutschland) sind die Indikatoren in Tabelle 4.5 danach dichotomisiert, ob ein Item als wichtige Staatsaufgabe angesehen wurde oder nicht. Dies ist dieselbe Kodierung, die in Tabelle 1.4 für die Niederlande verwendet wurde. Konsequenterweise muß hier dieselbe latente Guttman-Skala erwartet werden. Die Verwendung des bereits für die Niederlande entwickelten Modells mit zwei latenten Variablen {YZ,YA,YD,ZB,ZC} auf die Spaltensumme von Tabelle 4.5 führt dementsprechend zu befriedigenden Testergebnissen: $L^2 = 8{,}05$, df =

4, p = 0,09, X^2 = 8,07. Die latente Klasse, in der der Staat zwar für „ideelle", nicht aber für „materielle" Angelegenheiten zuständig ist, scheint nahezu leer zu sein: $\hat{\pi}_{12}^{YZ}$ = 0,014. Wie die Teststatistiken unter Tabelle 4.6 zeigen, paßt ein Modell, in dem diese Klasse auf 0 gesetzt wird, ebenso gut zu den Daten.

Wie aus Tabelle 4.6 deutlich wird, sind nahezu 50% der Befragten in Deutschland der Auffassung, daß der Staat weder für „ideelle" noch für „materielle" Angelegenheiten zuständig ist (X = 3), nahezu 30% denken, daß der Staat in beiden Bereichen wichtige Aufgaben zu erfüllen hat (X = 1) und 23% sind schließlich der Meinung, daß der Staat zwar für „materielle", nicht aber für „ideelle" Dinge zuständig ist (X = 2).

Mit diesen Ergebnissen und dem Tatbestand, daß politische Parteien in ihren Auffassungen über Staatsaufgaben variieren, ist es interessant zu untersuchen, ob die verschiedenen Meinungen, die Personen hinsichtlich der Aufgaben des Staates haben, zu unterschiedlichen Parteipräferenzen führen. Darüber hinaus interessiert die Frage, in welcher Weise diese Ansichten über die Aufgaben des Staates in Beziehung zu bestimmten Hintergrundmerkmalen der Befragten stehen. Auf diese Weise lassen sich die Beziehungen zwischen Hintergrundmerkmalen und Parteipräferenzen theoretisch interpretieren.

Die notwendigen Daten zur Beantwortung dieser Frage für die deutsche Untersuchungspopulation sind ebenfalls in Tabelle 4.5 dargestellt, in der Religiosität und Einkommen als Hintergrundmerkmale betrachtet werden und zwischen eher links- und eher mitte-rechts-orientierten Parteipräferenzen unterschieden wird. Wie in Abschnitt 4.3 diskutiert, gibt es im wesentlichen zwei Wege, die Beziehungen zwischen latenten und externen Variablen zu untersuchen: Entweder man weist jedem Individuum den Wert einer latenten Klasse zu oder man erweitert das latente Klassenmodell durch Einbeziehung der externen Variablen. Die letztere Möglichkeit ist vorzuziehen und wird daher zuerst diskutiert. Das Modell, das schließlich für die Daten in Tabelle 4.5 ausgewählt wurde, ist in Abbildung 4.9 dargestellt.

Ein erster Schritt, um zu dem Modell in Abbildung 4.9 zu gelangen, bestand darin zu prüfen, ob die latente Variable X (≡YZ) die zugrundeliegende, fundamentale Variable ist, nicht nur in dem Sinne, daß X die Beziehungen zwischen den Indikatoren A bis D erklärt, sondern auch, daß X die Beziehungen erklären kann, die zwischen A bis D und den externen Variablen Religiosität (R), Einkommen (E) und Parteipräferenz (P) bestehen (vgl. Abbildung 4.7, 3a). Dazu mußte untersucht werden, ob Modell {REPX,XA,XB,XC,XD} zutrifft, in dem für die Beziehungen zwischen X und A bis D Restriktionen spezifiziert wurden, damit sie wie in Tabelle 4.6 mit dem latenten Guttman-Modell übereinstimmen. Wie aus den Testergebnissen unter Abbildung 4.9 deutlich wird (p = 0,30), paßt das Modell {REPX,XA,XB,XC,XD} mit der zusätzlichen Guttman-Restriktion vorzüglich zu den Daten in Tabelle 4.5. Es ist beruhigend, daß L^2 und X^2 ungeachtet der vielen Zellen mit nur sehr niedrigen Häufigkeiten nahezu gleiche Werte aufweisen. Die Beziehungen zwischen X und den Indikatoren A bis D in Modell {REPX,XA,XB,XC,XD} sind fast die gleichen wie die Schätzungen für die Spaltensummen in Tabelle 4.5, die in Tabelle 4.6 aufgeführt sind (die größte absolute Differenz beträgt 0,013).

Die anderen Parameterschätzungen, d.h. jene, die die Beziehungen zwischen der latenten Variable X und den externen Variablen Religiosität, Einkommen und Parteipräferenz repräsentieren (sie wurden hier nicht mit aufgeführt), wurden verwendet, um ein sparsameres Modell zu finden.

Bei der Suche nach einem sparsameren Modell war die theoretisch angenommene kausale Anordnung der Variablen zu berücksichtigen: Religiosität (R) und Einkommen (E) gehen der latenten Variable X kausal voran. Weiterhin wurden R, E und X als Ursachen der Parteipräferenz (P) aufgefaßt. Eine große Anzahl von Modellen wurde ausgewertet, was schließlich zu dem Modell in Abbildung 4.9 führte. Dies ist ein modifiziertes LISREL-Modell, in dem die geschätzten erwarteten Häufigkeiten $\hat{F}^*$ so aussehen, daß die Subtabelle REX mit dem Modell {RE,EX} und Tabelle REPXABCDE mit Modell {REX,REP,XP,XA,XB,XC,XD} übereinstimmt, das zusätzlich für die Beziehungen zwischen X und den Indikatoren A bis D die Guttman-Restriktionen beinhaltet. Wie in Abbildung 4.9 angemerkt, ist die Anpassung auch dieses Modells vorzüglich (p = 0,53) und offensichtlich nicht signifikant schlechter als die Anpassung des vorherigen Modells {REPX,XA,XB,XC,XD}. Konkurrierend hierzu wurde ein Modell getestet, in dem alle Beziehungen zwischen Einkommen und Parteipräferenz ausgelassen wurden. Nach den Teststatistiken in Abbildung 4.9 paßte es gut zu den Daten (p = 0,35), jedoch muß auf Grundlage des konditionalen Tests das Modell in Abbildung 4.9 bevorzugt werden.

Die Parameterschätzungen, die in Abbildung 4.9 präsentiert sind, wurden natürlich unter Berücksichtigung der angenommenen kausalen Anordnung der Variablen und der entsprechenden Marginaltabellen $\hat{F}^*$ berechnet. Zum Beispiel wurde $\hat{\lambda}_{nt}^{EX}$ auf Grundlage der Marginaltabelle REX bei Konstanthaltung der Variable Religiosität berechnet und nicht auf Grundlage der vollständigen Tabelle REPX bei Konstanthaltung der Religiosität und der Parteipräferenz. Die geschätzten Parameter zwischen X und den Indikatoren A bis D sind in Abbildung 4.9 nicht aufgeführt, sie sind jedoch nahezu identisch mit den entsprechenden Werten in Tabelle 4.6. Gemäß den in Abbildung 4.9 dargestellten Effekten sind die zwei Hintergrundmerkmale Religiosität und Einkommen nur schwach miteinander korreliert. In der unteren Einkommensgruppe gibt es etwas mehr Personen, die sehr oder etwas religiös sind, als in der hohen Einkommensgruppe. Im Gegensatz zum Einfluß des Einkommens besteht kein direkter Zusammenhang zwischen Religiosität und X. Die untere Einkommensgruppe hat eine relativ starke Präferenz für die Position (X = 2), daß „materielle" Angelegenheiten eine wesentliche Staatsaufgabe sind, nicht aber „ideelle" Angelegenheiten. Die höhere Einkommensgruppe hat keine einheitliche Position: Es gibt sowohl Präferenzen für die Meinung, daß der Staat

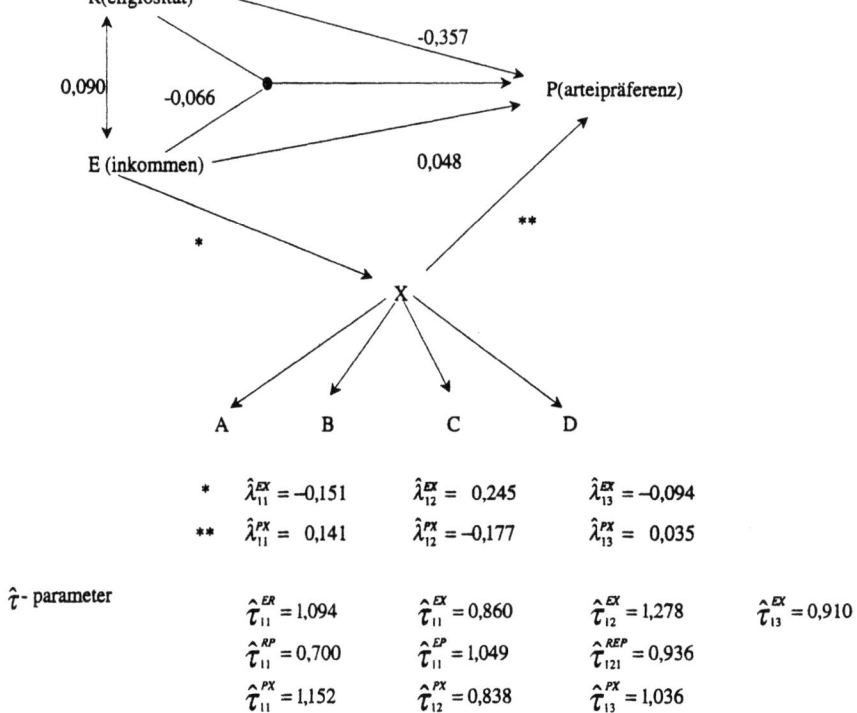

Teststatistiken für das abgebildete Modell {RE,EX} {REX,REP,XP,XA,XB,XC,XD}: $L^2 = 104,39$, df = 106, p = 0,53, $X^2 = 100,63$; für Modell {REPX,XA,XB,XC,XD}: $L^2 = 102,88$, df = 96, p = 0,30, $X^2 = 99,51$; für Modell {RE,EX} {REX,RP,XP,XA,XB,XC,XD}: $L^2 = 113,17$, df = 108, p = 0,35, $X^2 = 109,17$.

Quelle: Tabelle 4.5.

Abbildung 4.9: Pfadmodell zur Analyse der Parteipräferenz mit einer latenten Variable und zwei Hintergrundmerkmalen

für „ideelle" wie auch für „materielle" Angelegenheiten zuständig ist (X = 1), und für die Meinung, daß der Staat weder für den einen noch für den anderen Bereich zuständig ist (X = 3).

Betrachtet man die direkten Effekte auf die Parteipräferenz, so sind Effekte der Variablen Religiosität am stärksten. Personen, die sehr oder etwas religiös sind, zeigen eine viel stärkere Präferenz für Mitte-Rechts-Parteien als Personen, die weniger religiös sind. Aus der Drei-Variablen-Interaktion REP können wir schließen, daß die Beziehung zwischen Religiosität und Parteipräferenz für die untere Einkommensgruppe etwas stärker ist als für die höhere Einkommensgruppe ($\hat{\lambda}_{11\,1}^{RPIE} = -0{,}423$ und $\hat{\tau}_{11\,1}^{RPIE} = 0{,}665$ gegenüber $\hat{\lambda}_{11\,2}^{RPIE} = -0{,}291$ und $\hat{\tau}_{11\,2}^{RPIE} = 0{,}748$). Die Effekte des Einkommens auf die Parteipräferenz sind sehr gering. Bei denen, die sehr oder etwas religiös sind, ist der Effekt des Einkommens praktisch nicht vorhanden ($\hat{\lambda}_{11\,1}^{EPIR} = -0{,}018$, $\hat{\tau}_{11\,1}^{EPIR} = 0{,}982$). Bei denen, die weniger religiös sind, ist die Beziehung hingegen etwas stärker: Die untere Einkommensgruppe zeigt eine größere Präferenz für links-orientierte Parteien als die höhere Einkommensgruppe: $\hat{\lambda}_{11\,2}^{EPIR} = 0{,}114$, $\hat{\tau}_{11\,2}^{EPIR} = 1{,}121$. Aus den Effekten von X auf P ergibt sich, daß die Personen, die eine größere Verantwortung des Staates für „materielle", nicht aber für „ideelle" Angelegenheiten (X = 2) befürworten, eine relativ starke Präferenz für Mitte-Rechts-Parteien haben (verglichen mit den Personen in den latenten Klassen X = 1 und X = 3). Die größere Präferenz für linke Parteien in den latenten Klassen 1 und 3 ist am stärksten in Klasse 1, also unter den Befürwortern größerer Staatsaufgaben sowohl bei „materiellen" als auch bei „ideellen" Angelegenheiten.

Folgerichtig besteht die latente Klasse 2, d.h. die Klasse der Anhänger der traditionellen Verantwortung des Staates für „materielle", nicht aber für „ideelle" Angelegenheiten, zu einem relativ großen Ausmaß aus Personen, die ein geringes Einkommen und eine Präferenz für Mitte-Rechts-Parteien haben. In der latenten Klasse 1 gibt es relativ viele Personen mit einer Präferenz für eine linke Partei wie auch relativ viele Personen aus der höheren Einkommensklasse. Hinsichtlich der Parteipräferenz und des Einkommens nimmt die Klasse 3 eine dazwischenliegende Position ein, jedoch mit einer stärkeren Orientierung in Richtung von Klasse 1 als von Klasse 2.

Weitere Spekulationen über die theoretischen Implikationen dieser Ergebnisse, zum Beispiel im Hinblick auf die Inglehart'sche Theorie des Post-Materialismus, würden die Einführung zusätzlicher Variablen wie etwa Bildung und Generationszugehörigkeit erforderlich machen und zu noch größeren Tabellen führen als Tabelle 4.5. Diese größeren Tabellen würden viele Nullzellen enthalten, die es nahezu unmöglich machen, die entsprechend erweiterte latente Klassenanalyse in gleicher Weise durchzuführen. In diesem Fall ist es wahrscheinlich notwendig, die latente Variable X durch die (geschätzten) individuellen Vorhersagewerte $\tilde{X}'$ zu ersetzen.

Die Konsequenzen einer Verwendung von $\tilde{X}'$ haben wir für das Modell in Abbildung 4.9 untersucht. Ausgangspunkt war die latente Klassenanalyse der Spaltensummen in Tabelle 4.5, deren Ergebnisse in Tabelle 4.6 präsentiert sind. Ausgehend von den Werten bei den beobachteten Variablen A bis D wurden die Personen den bedingten, modalen latenten Klassen t* zugewiesen. Die Wahrscheinlichkeit einer Mißklassifikation $\hat{E}$ betrug 0,20 und $\hat{\lambda}_{X.ABCD}$ = 0,62. Auf Grundlage dieser individuellen Vorhersagewerte wurde die beobachtete Tabelle REP$\tilde{X}$' erstellt. Um die Ähnlichkeit mit der vorhergehenden Analyse so groß wie möglich zu halten, wurde das Modell in Abbildung 4.9, d.h. das modifizierte Pfadmodell {RE,E$\tilde{X}$'} {RE$\tilde{X}$',REP,$\tilde{X}$'P} ebenfalls auf die Daten in Tabelle REP$\tilde{X}$' angewendet. Das allgemeine Muster der Ergebnisse unterschied sich nicht von den in Abbildung 4.9 präsentierten Ergebnissen, obwohl die Stärke der Zwei- und Drei-Variablen-Effekte $\hat{\lambda}$ mindestens halbiert wurde. Die Randverteilungen für X und $\tilde{X}$' waren trotz der erwarteten 20% Fehlklassifikationen relativ ähnlich. Das Resultat, daß sich die entsprechenden Effekte bei Verwendung der individuellen Vorhersagewerte $\tilde{X}$' verringern (halbieren), beobachtet man häufiger. Es hat damit zu tun, daß es bei Verwendung der modalen Zuweisungsregel zu Fehlklassifikationen kommt und so die individuellen Vorhersagewerte eine geringere „Varianz" als die originale latente Variable haben. Da diese vorhergesagten latenten Werte vor allem bei einer großen Anzahl externer Variablen benötigt werden, sollten die hiermit verbundenen Probleme weiter erforscht werden.

4.8 Ordinale latente Variablen

In Abschnitt 3.8 wurde beschrieben, wie ordinale Variablen in log-linearen Modellen durch Ungleichheitsrestriktionen für die log-linearen Effekte und durch log-bilineare und log-lineare Assoziationsmodelle berücksichtigt werden können. Diese Methoden lassen sich auch bei log-linearen Modellen mit einer latenten Variable anwenden. Im Prinzip können die Beziehungen zwischen den latenten Variablen und die Beziehungen zwischen latenten und manifesten Variablen mit ordinalen Restriktionen spezifiziert werden. Wenn für latente und manifeste Variablen ein ordinales Skalierungsniveau angenommen wird, sind lediglich Ungleichheitsrestriktionen für die Parameter erforderlich. Croon hat in dieser Richtung einen ersten vielversprechenden Ansatz entwickelt, indem er latente Klassenmodelle betrachtet, in denen für die bedingten Wahrscheinlichkeiten ordinale Restriktionen spezifiziert werden, um zum Beispiel sicherzustellen, daß die bedingten Wahrscheinlichkeiten für die Ausprägung „ja" von der latenten Klasse 1 bis T monoton zunehmen (Croon 1990).

Im Prinzip ist die Anwendung log-bilinearer Assoziationsmodelle (Assoziationsmodelle Typ II) auf log-lineare Modelle mit latenten Variablen möglich, aber auch auf diesem Gebiet muß noch viel Arbeit geleistet werden. Log-lineare Assoziationsmodelle (Typ I) lassen sich dagegen routinemäßig auf Beziehungen anwenden, die latente Variablen beinhalten. Ein sehr einfaches Beispiel ergibt sich unter Verwendung der Daten in Tabelle 1.4 zu den Auf-

Tabelle 4.7: Ein lineares Modell mit einer latenten Variable und drei latenten Klassen für die Daten über notwendige Staatsaufgaben (Niederlande)

Latente Klasse	A. Gleichberechtigung für Männer und Frauen		B. gute Bildungsversorgung		C. gute medizinische Versorgung		D. Gleichberechtigung für Gastarbeiter	
$X_t \quad \hat{\pi}_t^x$	$\hat{\pi}_{it}^{\bar{A}X}$		$\hat{\pi}_{jt}^{\bar{B}X}$		$\hat{\pi}_{kt}^{\bar{C}X}$		$\hat{\pi}_{\ell t}^{\bar{D}X}$	
	1. ja	2. nein	1. ja	2. nein	1. ja	2. nein	1. ja	2. nein
−1 0,131	0,531	0,469	0,988	0,012	0,940	0,060	0,656	0,344
0 0,376	0,314	0,686	0,884	0,116	0,731	0,269	0,323	0,677
+1 0,493	0,157	0,843	0,413	0,587	0,320	0,680	0,108	0,892
	$\gamma^{*A} =$	0,405	$\gamma^{*B} =$	0,092	$\gamma^{*C} =$	0,173	$\gamma^{*D} =$	0,252
	$\beta^{*A} =$	−0,904	$\beta^{*B} =$	−2,386	$\beta^{*C} =$	−1,754	$\beta^{*D} =$	−1,378

$L^2 = 11{,}68$, df = 5, p = 0,04, $X^2 = 11{,}72$.

Quelle: Tabelle 1.4.

gaben des Staates in den Niederlanden. Wir wollen annehmen, daß die zugrundeliegende latente Variable X eine intervallskalierte Variable mit drei Kategorien ist: −1, 0, 1. Die Beziehungen zwischen der latenten und den manifesten Variablen A bis D sehen so aus, daß die Odds, eher ja als nein zu antworten, sich mit einem (item-spezifischen) konstanten Faktor ändern, wenn X um eine Einheit zunimmt. Die log-linearen Zwei-Variablen-Effekte des Modells {AX,BX,CX,DX} unterliegen dabei linearen Restriktionen ähnlich denen in Gleichung (3.46). Für die Parameter des korrespondierenden Effektmodells sehen diese Restriktionen wie folgt aus (mit t = −1,0,1):

$$\gamma_t^{X\bar{A}} = (\gamma^{*A})^t \quad \gamma_t^{X\bar{B}} = (\gamma^{*B})^t \quad \gamma_t^{X\bar{C}} = (\gamma^{*C})^t \quad \gamma_t^{X\bar{D}} = (\gamma^{*D})^t$$
$$\beta_t^{X\bar{A}} = (\beta^{*A})t \quad \beta_t^{X\bar{B}} = (\beta^{*B})t \quad \beta_t^{X\bar{C}} = (\beta^{*C})t \quad \beta_t^{X\bar{D}} = (\beta^{*D})t$$

(4.15)

Wie aus den Statistiken unter Tabelle 4.7 ersichtlich, paßt dieses Modell nicht besonders gut zu den Daten in Tabelle 1.4. Auf jeden Fall paßt es nicht so gut wie die vorherigen drei latenten Klassenmodelle, in denen die latenten Variablen Y und Z eine perfekte Guttman-Skala bildeten und die ebenfalls fünf Freiheitsgrade hatten (vgl. Abschnitt 4.4.1)

Wenn wir das Modell trotzdem akzeptieren, sollten wir uns die Parameterschätzungen in Tabelle 4.7 ansehen, die sowohl als log-lineare Parameter als auch in der Parametrisierung latenter Klassen aufgeführt sind. Je höher der Wert auf der latenten Variable, desto geringer sind die Odds ja/nein und desto mehr Personen sind gegen umfassende Aufgaben für den Staat. Diese „ordinale" latente Variable steht am stärksten mit B (Bildungsversorgung) in Beziehung: Wenn X um eine Einheit zunimmt, sinken die Odds, bei diesem Item eher ja als nein zu antworten, um einen Faktor von 0,09. (Das läßt sich überprüfen, indem man diese Odds aus den entsprechenden bedingten Wahrscheinlichkeiten in Tabelle 4.7 berechnet.) Die schwächste Beziehung besteht zwischen X und A: Mit einer Zunahme von X um eine Einheit, sinken die Odds, eher ja als nein zu antworten, um einen Faktor von 0,405.

Wie Heinen (1993, 1996) in überzeugender Weise gezeigt hat, stehen latente Klassenmodelle mit linearen Restriktionen wie (4.15) in direkter Beziehung zu Latent-Trait-Modellen. Bei letzteren wird die zugrundeliegende Variable als kontinuierliche Variable betrachtet, und es wird angenommen, daß sie „lineare" Beziehungen mit den beobachteten Indikatoren hat (analog Gleichung 4.15). Latente Klassenmodelle mit linearen Restriktionen (wie in Gleichung 4.15) können als Latent-Trait- Modelle betrachtet werden, in denen die latente Variable kategorisiert wurde. Auf diese Weise lassen sich zwei wichtige Traditionen der Meßtheorie mitein ander verbinden.

4.9 Literatur- und Programmhinweise

Eine elementare Einführung in die Analyse latenter Klassen gibt McCutcheon (1987). Grundlegende Artikel stammen von Goodman (1974a,b). Neben Goodman hat vor allem Clogg (1981) das Modell latenter Klassen in den Sozialwissenschaften bekannt gemacht. Eine interessante Sammlung von Artikeln über die Analyse latenter Klassen wurde von Lange und Rost (1988) herausgegeben. Haberman (1979) formuliert das Modell latenter Klassen als ein log-lineares Modell mit latenten Variablen. Hagenaars (1990, 1993) hat diese Prinzipien auf log-lineare Pfadmodelle mit latenten Variablen angewendet. Vermunt (1996) hat gezeigt, wie man eine sehr allgemeine Klasse nichthierarchischer Pfadmodelle mit latenten Variablen schätzen kann. Heinen (1993) hat im Anschluß an Lazarsfeld, dem Gründungsvater der Modellierung latenter Strukturen (Lazarsfeld/Henry 1968), den Ansatz mit kontinuierlichen

(Latent-Trait-Modelle) und den Ansatz mit kategorialen latenten Variablen (latente Klassenmodelle) integriert.

Anders als für einfache log-lineare Modelle gibt es für log-lineare Modelle mit latenten Variablen keine (Unter-)Programme innerhalb der wichtigen Programmpakete wie etwa SPSS, SAS oder BMDP. Allerdings sind viele stand-alone-Programme verfügbar. Haberman entwickelte LAT und NEWTON als relativ allgemeine Programme für log-lineare Modelle mit latenten Variablen. Sie benutzen den Newton-Raphson-Algorithmus, um ML-Schätzungen zu erhalten, mit all den Vor- und Nachteilen, die in diesem Kapitel diskutiert wurden. Einige andere Programme benutzen den EM-Algorithmus: Clogg's Programm MLLSA (mittlerweile Teil von CDAS; s. Abschnitt 3.10) wurde als typisches Programm zur Analyse latenter Klassen geschrieben. Hagenaar's Programm LCAG ging einen Schritt weiter und erweiterte die klassische Analyse latenter Klassen auf hierarchische modifizierte LISREL-Modelle. Das flexibelste und mächtigste Programm, das zur Zeit erhältlich ist, ist Vermunt's Programm ℓEM. LCAG und ℓEM wurden an der Universität Tilburg (Niederlande) entwickelt.

5 Logistische Modelle für Individualdaten

In den Kapiteln 2 und 3 haben wir eine mehrdimensionale Häufigkeitstabelle von Alter (A), Konfession (B), Parteipräferenz (C) und Wahlbeteiligung (D) analysiert (vgl. Tabelle 1.2). Beim Alter wurde zwischen jüngeren und älteren Personen unterschieden, wobei Befragte über 40 Jahren zur zweiten Gruppe gezählt wurden. Die Analysen ergaben, daß sich ältere Personen eher an Wahlen beteiligen als jüngere Personen. Nun ist Alter in den ursprünglichen Individualdaten (vgl. Anhang 4) eine Variable mit mehr als zwei Ausprägungen. In diesen Individualdaten ist die jüngste Person 18 Jahre und die älteste 70 Jahre alt. Es stellt sich hier die Frage, ob der festgestellte Zusammenhang zwischen Alter und Wahlbeteiligung auch ohne diese Dichotomisierung zu beobachten ist. Um die gruppierte Altersvariable von der urprünglichen Variable mit sehr vielen Ausprägungen zu unterscheiden, verwenden wir im folgenden für die metrische Variable „Alter in Jahren" das Symbol x. Wenn wir versuchen, diese Frage mit den Modellen zur multivariaten Tabellenanalyse zu beantworten, erhalten wir eine Tabelle, die sehr viele Zellen umfaßt. Bei Berücksichtigung aller 53 Altersstufen zwischen 18 und 70 Jahren ergeben sich bereits bei der Kreuztabellierung von Alter und Wahlbeteiligung 106 Zellen. Falls wir zusätzlich die Konfession mit zwei Ausprägungen und die Parteipräferenz mit drei Ausprägungen berücksichtigen, erhalten wir sogar eine Tabelle mit 636 Zellen. In unserer Stichprobe liegen aber nur Informationen über 750 Fälle vor. Wir müßten daher mit schwach und gar nicht besetzten Zellen rechnen. Die Anwendbarkeit des GSK-Ansatzes oder der log-linearen Analyse ist somit nicht oder nur eingeschränkt möglich. Dieses Problem stellt sich typischerweise, wenn eine kategoriale abhängige Variable durch (metrische) Variablen mit sehr vielen Ausprägungen erklärt werden soll. Wir wollen in diesem Kapitel Analysemodelle vorstellen, die speziell für diesen Anwendungsfall konstruiert sind.

5.1 Ausgangspunkt: Lineare Regression

Beginnen wollen wir unsere Darstellung mit einem einfachen Beispiel. Dazu betrachten wir zunächst nur Personen, die einer Konfession angehören und Anhänger der FDP sind. Für diese kleinste Teilgruppe unseres Beispieldatensatzes wollen wir den Zusammenhang zwischen dem Alter (x_1) und der Wahlbeteiligung (D) untersuchen. Eine Auflistung der 31 Fälle dieser Teilstichprobe ist in Tabelle 1.3 zu finden (Kapitel 1). Von den 10 jüngeren Personen bis zu 40 Jahren beteiligen sich drei nicht an der Wahl, von den 21 älteren nur einer nicht. Ob aber generell gilt, daß mit zunehmendem Alter die Wahlbeteiligung kontinuierlich ansteigt, läßt sich aus den Daten nicht ohne weiteres ablesen, da es zu jedem Wert der Variablen Alter nur höchstens zwei Fälle gibt. Die Verfahren der Tabellenanalyse sind hier nicht geeignet. Wir benötigen statt dessen ein Analysemodell, das nicht an den Häufigkeiten in Tabellenzellen ansetzt, sondern an den individuellen Ausprägungen der einzelnen Fälle.

Das bekannteste *Analysemodell für Individualdaten* ist das Modell der *linearen Regression*. Das Modell geht davon aus, daß sich die Werte einer abhängigen metrischen Variablen y durch eine lineare Gleichung aus den Werten der unabhängigen Variablen x und zufälligen Fehlern ϵ zusammensetzen:

$$y = \beta_0 + \beta_1 x + \epsilon \qquad (5.1)$$

Um die Notation nicht unnötig zu erschweren, verzichten wir hier und im folgenden darauf, die einzelnen Fälle der Stichprobe durch einen eigenen Personenindex zu kennzeichnen. Für die Logik des Modells sind drei Annahmen zentral. Zum einen wird angenommen, daß die Modellgleichung für alle Fälle einer Population gilt. Darüber hinaus wird vorausgesetzt, daß die Mittelwerte der Zufallsfehler bei allen Werten der unabhängigen Variablen null sind. Schließlich wird auch noch unterstellt, daß die Zufallsfehler nicht mit der erklärenden Variablen korreliert sind. Aus diesen Annahmen und der Modellgleichung (5.1) folgt, daß die Mittelwerte (statistisch genauer: die bedingten Erwartungswerte) der abhängigen Variablen y innerhalb der Kategorien von x eine Funktion der *Regressionskoeffizienten* β_0 und β_1 und der Werte der unabhängigen Variablen x sind. Wenn wir mit μ_y den bedingten Mittelwert von y gegeben x bezeichnen, gilt:

$$\mu_y = \beta_0 + \beta_1 x \qquad (5.2)$$

Bei Kenntnis der Regressionskonstanten β_0 und des Regressionsgewichts β_1 läßt sich dann für jeden Wert der unabhängigen Variablen x der jeweilige Mittelwert der abhängigen Variablen y angeben. Da jedoch die Koeffizienten normalerweise unbekannt sind, müssen sie aus Stichprobendaten geschätzt werden. Die Schätzung der Regressionskoeffizienten erfolgt in der Regel nach der Methode der (ungewichteten) kleinsten Quadrate, die wir nach der englischen Bezeichnung „ordinary least squares" abkürzend als „OLS-Methode" bezeichnen. Die Regressionskoeffizienten werden hierbei so bestimmt, daß die Summe der quadrierten Differenzen zwischen den geschätzten bedingten Mittelwerten und den beobachteten Werten der abhängigen Variablen y minimal ist. Die OLS-Methode ergibt nach statistischen Kriterien optimale Schätzungen, wenn zusätzlich zu den oben erwähnten Annahmen gilt, daß die Zufallsfehler verschiedener Fälle nicht miteinander korreliert sind und daß die Varianzen der Zufallsfehler bei allen Werten von x gleich groß sind.

Um das lineare Regressionsmodell auf unsere Beispieldaten anzuwenden, müssen wir zunächst den beiden Ausprägungen der abhängigen Variablen Wahlbeteiligung Zahlen zuordnen. Wir wollen den Wert Eins einsetzen, wenn sich jemand an Wahlen beteiligt, und den Wert Null, wenn jemand nicht an Wahlen teilnimmt. Die abhängige Variable ist hier also eine 0/1-kodierte Variable. Das Alter in Jahren ist unsere unabhängige Variable. Nach der OLS-Methode erhalten wir dann für unsere 31 Fälle als Schätzungen der Regressionskonstanten und des Regressionsgewichts die Werte $\beta = 0{,}4681$ und $\beta_1 = 0{,}0085$ (vgl. Beispiel 3 in Abschnitt 1.2.1).

Mit Hilfe dieser Werte können wir für jede Ausprägung der erklärenden Variablen den Vorhersagewert berechnen. Vorhersagewerte sind Schätzungen der bedingten Mittelwerte aus (5.2). Für einen 30jährigen ergibt sich ein Vorhersagewert von 0,7231 ($= 0{,}4681 + 0{,}0085 \times 30$). Unterscheiden sich zwei Befragte P_1 und P_2 nur dadurch, daß P_1 ein Jahr älter ist als P_2, dann ist die Differenz der beiden Vorhersagewerte für die beiden Personen gerade 0,0085. Das Regressionsgewicht β_1 ist daher ein Maß für die Auswirkungen von Veränderungen der unabhängigen Variablen auf die abhängige Variable: Wenn sich x um eine Einheit ändert, ändert sich der Vorhersagewert von y um β_1 Einheiten. Über die Regressionskonstante wird das Niveau der Vorhersagewerte festgelegt: Hat die unabhängige Variable den Wert Null, ist der Vorhersagewert gerade der Wert der Regressionskonstanten. So einfach diese Interpretation der Regressionskoeffizienten ist, stellt sich doch die Frage, was ein Vorhersagewert von z.B. 0,7231 eigentlich bedeutet. Bei unserer abhängigen Variablen Wahlbeteiligung mit den beiden Ausprägungen Null („keine Wahlbeteiligung") und Eins („Wahlbeteiligung") kann ein solcher Wert ja gar nicht beobachtet werden. Wir können jedoch sagen, daß wir nach unserem linearen Regressionsmodell für die 30jährigen Personen mit einem Mittelwert von 0,7231 bei der Wahlbeteiligung rechnen. Im Durchschnitt erwarten wir in dieser Altersgruppe also eine Wahlbeteiligung von 72,31%. Aus dieser Interpretation folgt, daß wir bei einem Vorhersagewert von Eins erwarten, daß alle Personen wählen, während bei einem Vorhersagewert von Null niemand wählen sollte. Der Vorhersagewert der abhängigen Variablen kann daher auch als eine Schätzung der Wahrscheinlichkeit interpretiert werden, mit der sich eine Person an der Wahl beteiligt. Die Werte μ_y der Modellgleichung (5.2) stehen dann für die Wahrscheinlichkeiten in der Population, daß der Wert Eins („Wahlbeteiligung") der abhängigen Variablen realisiert wird. Die *(bedingte) Wahrscheinlichkeit*, daß bei gegebenen x-Werten bei der abhängigen Variable der Wert Eins auftritt, wollen wir durch das Symbol π_1 bezeichnen. Da die Vorhersagewerte der linearen Regression als Schätzungen dieser Wahrscheinlichkeiten aufgefaßt werden, spricht man in diesem Fall auch davon, daß ein *lineares Wahrscheinlichkeitsmodell* geschätzt wird:

$$\pi_1 = \beta_0 + \beta_1 x \qquad (5.3)$$

Man beachte die abweichende Notation gegenüber den vorhergehenden Kapiteln: Da wir es jetzt mit einer unabhängigen Variablen mit vielen Ausprägungen zu tun haben, wäre eine Benennung der jeweiligen Ausprägung – z.B. $\pi_{27\ 1}^{X\ \bar{Y}}$ – sehr umständlich. Im Index wird daher nur die Ausprägung der abhängigen Variablen genannt, auf die sich die bedingte Wahrscheinlichkeit bezieht.

Über das lineare Regressionsmodell haben wir also anscheinend eine einfache Lösung für unser Problem gefunden, den Zusammenhang zwischen einer dichotomen abhängigen Variablen und metrischen erklärenden Variablen zu untersuchen. Tatsächlich ergeben sich bei der Interpretation der linearen Regression einer 0/1-kodierten abhängigen Variablen als lineares Wahrscheinlichkeitsmodell jedoch neue Probleme. So ist bei einer dichotomen abhängigen Variablen die Gleichheit der Residualvarianzen nicht gegeben, die OLS-Methode daher statistisch nicht effizient (zu diesem und anderen Gütekriterien von Schätzverfahren vgl. Abschnitt 1.3). Schwerwiegender ist aber ein anderer Punkt. Wir betrachten dazu noch einmal Abbildung 1.2 aus dem ersten Kapitel, in der die Werte der beiden Variablen Wahlbeteiligung und Alter sowie die Regressionsgrade der Vorhersagewerte graphisch dargestellt sind. Der Abbildung ist zu entnehmen, daß für Personen ab 63 Jahren der geschätzte Vorhersagewert größer eins ist. Ein solcher Wert kann aber weder als (bedingte) Wahrscheinlichkeit noch als (bedingter) Mittelwert einer 0/1-kodierten Variablen interpretiert werden. Wenn die Schätzung der Regressionskoeffizienten im Wertebereich der erklärenden Variablen zu Vorhersagewerten größer eins oder kleiner null führt, kann es sich also entweder nur um eine sehr ungenaue Schätzung der tatsächlichen Regressionskoeffizienten handeln, oder die angenommene lineare Beziehung zwischen der abhängigen und der unabhängigen Variablen trifft nicht zu.

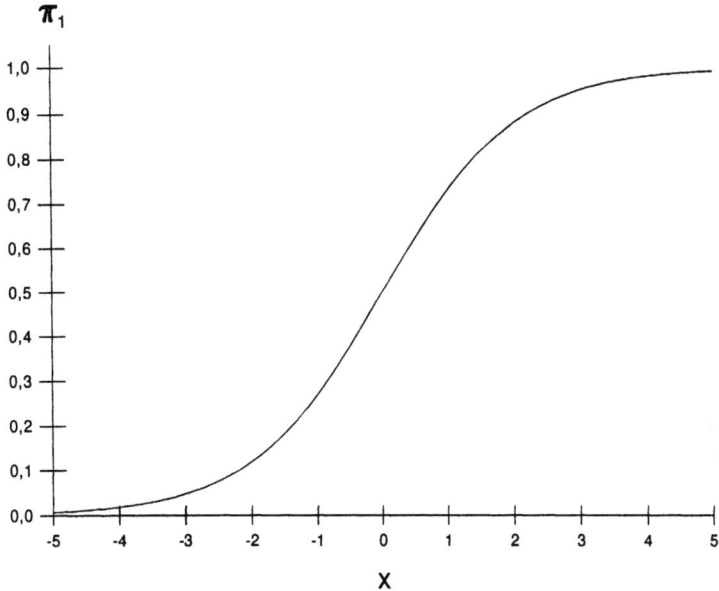

Abbildung 5.1: Regressionskurve des Logitmodells ($\beta_0 = 0$, $\beta_1 = 1$)

5.2 Das binäre Logitmodell

Das lineare Wahrscheinlichkeitsmodell ist vor allem dann unplausibel, wenn Wahrscheinlichkeiten nahe null oder eins vorkommen. In solchen Situationen ist anstelle einer gleichmäßigen (linearen) Zu- bzw. Abnahme der Wahrscheinlichkeiten eher damit zu rechnen, daß eine allmähliche Annäherung an die Extremwerte erfolgt. Die Beziehung zwischen der dichotomen abhängigen Variable und der erklärenden Variable dürfte daher eher die Form eines langgestreckten „S" haben (vgl. Abbildung 5.1). Ein statistisches Modell, das eine solche nichtlineare Beziehung postuliert, ist das *logistische Regressionsmodell* oder *Logitmodell*. Die Beziehung zwischen den bedingten Wahrscheinlichkeiten und der erklärenden Variablen wird hierbei durch folgende Gleichung beschrieben:

$$\pi_1 = \frac{e^{\beta_0 + \beta_1 x}}{1 + e^{\beta_0 + \beta_1 x}} \qquad (5.4)$$

Der Name „logistische Regression" kommt daher, daß (5.4) auch die Gleichung der logistischen Wahrscheinlichkeitsverteilung wiedergibt. Die alternative Bezeichnung „Logitmodell" bezieht sich darauf, daß man – wie wir weiter

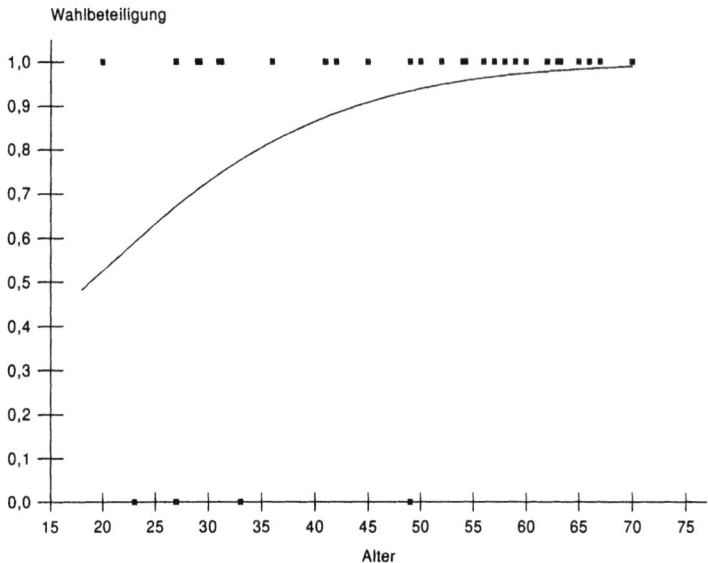

Quelle: Tabelle 1.3, ML-Schätzung.

Abbildung 5.2: Logistische Regression der Wahlbeteiligung auf das Alter

unten sehen werden – das Modell auch auf die Logits, also die logarithmierten Odds der Kategorien der abhängigen Variablen beziehen kann.

Ähnlich wie das lineare Regressionsmodell hat auch das Logitmodell bei einer erklärenden Variablen x zwei Modellparameter, die wir wieder als Regressionskonstante β_0 und Regressionsgewicht β_1 bezeichnen wollen. Da sich (5.4) aber von (5.3) unterscheidet, können wir die Koeffizienten nicht wie im linearen Modell interpretieren. Wir werden auf die Interpretation im nächsten Abschnitt eingehen. Zunächst wollen wir uns ansehen, wie die Wahrscheinlichkeiten mit den Werten der unabhängigen Variablen verbunden sind. Abbildung 5.1 zeigt die Regressionskurve eines Logitmodells mit einer Regressionskonstanten $\beta_0 = 0$ und einem Regressionsgewicht $\beta_1 = 1$. Die Wahrscheinlichkeit π_1 steigt mit den Werten der erklärenden Variablen x monoton an. Sie überschreitet aber nie den Wert Eins, der erst bei einem unend-lich großen Wert von x erreicht würde. Umgekehrt wird der Wert Null niemals unterschritten. Deutlich erkennbar ist die s-förmige Gestalt der Kurve. Sichtbar wird auch, daß die Kurve im mittleren Bereich annähernd linear verläuft, sich in diesem Bereich also kaum vom linearen Wahrscheinlichkeitsmodell unterscheidet.

Wie beim linearen Regressionsmodell müssen auch die Regressionskoeffizienten des Logitmodells aus den Modelldaten geschätzt werden. Hierzu wird die Maximum-Likelihood-Methode (ML-Methode) angewendet (vgl. Abschnitt 1.2.4). Die Regressionskoeffizienten werden so bestimmt, daß durch ihre Wahl die Wahrscheinlichkeit der tatsächlich beobachteten Stichprobenwerte verglichen mit allen anderen möglichen Parameterwerten maximal ist. Wendet man die ML-Methode auf die Daten aus Tabelle 1.3 an, ergeben sich als Schätzungen der Regressionskonstanten und des Regressionsgewichts die Werte $\beta_0 = -1{,}6478$ und $\beta_1 = 0{,}0874$. Abbildung 5.2 zeigt die Datenpunkte der Stichprobe und die Schätzung der logistischen Regressionskurve. Es ist sehr gut zu erkennen, wie die Steigung der Regressionskurve mit steigendem Alter abflacht und sich mehr und mehr dem Maximalwert Eins nähert, ohne ihn jedoch zu erreichen. Verglichen mit der Kurve aus Abbildung 5.1 ist nur der rechte obere Teil der vollständigen Kurve zu sehen. Daß die Kurve s-förmig ist, würde erst sichtbar werden, wenn man links über den empirischen Wertebereich der unabhängigen Variablen hinausginge.

5.2.1 Die Interpretation der Regressionskoeffizienten

In unserem Beispiel haben wir mit der ML-Methode die Regressionskoeffizienten eines Logitmodells geschätzt, das nach (5.4) die Wahrscheinlichkeiten der Wahlbeteiligung durch das Alter der Personen der Stichprobe erklärt. Wir wollen uns im folgenden überlegen, wie die geschätzten Regressionskoeffizienten zu interpretieren sind. In Abbildung 5.3 sind die Regressionskurven von vier Logitmodellen mit den Regressionsgewichten $\beta_1 = -1, 0, 1$ und 2 dargestellt. Die Regressionskonstante beträgt in allen Fällen $\beta_0 = 0$. Bei einem negativen Regressionsgewicht sinken die Wahrscheinlichkeiten π_1 mit steigenden Werten der unabhängigen Variablen, bei einem positiven Gewicht steigen sie. Ist der Wert null, ergibt sich eine Gerade parallel zur X-Achse. Inhaltlich bedeutet ein Regressionsgewicht von null also, daß kein (durch eine logistische Kurve darstellbarer) Zusammenhang zwischen der erklärenden Variablen und den Wahrscheinlichkeiten der abhängigen Variablen besteht. Der Vergleich der Kurven für die Regressionsgewichte +1 und +2 zeigt, daß die Kurve bei dem größeren Wert steiler ist, die Wahrscheinlichkeiten also stärker auf Änderungen der Werte der unabhängigen Variablen reagieren. Durch das Regressionsgewicht wird also die Richtung und die Intensität der Beziehung zwischen der unabhängigen Variablen und der abhängigen Variablen bestimmt.

In Abbildung 5.4 sind die Kurvenverläufe von Logitmodellen mit verschiedenen Regressionskonstanten dargestellt. Die Regressionsgewichte sind gleich ($\beta_1 = 1$). Wie der Abbildung zu entnehmen ist, bewirken die verschiedenen Werte der Konstanten eine Verschiebung der Regressionskurven entlang der x-Achse. Eine positive Regressionskonstante verschiebt die Kurve nach links, eine negative Konstante nach rechts. Für die Wahrscheinlichkeiten der abhängigen Variablen hat eine solche Verschiebung die Konsequenz, daß bei

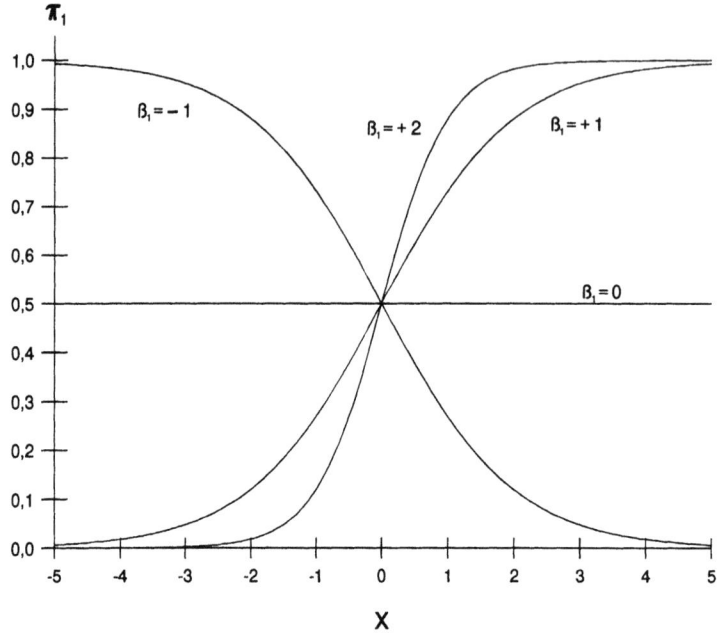

Abbildung 5.3: Auswirkungen unterschiedlicher Regressionsgewichte

gleichbleibendem Wert der unabhängigen Variablen ein Anstieg des Wertes der Regressionskonstante zu einem Anstieg der Wahrscheinlichkeiten führt. Die Regressionskonstante beeinflußt also das Niveau der Wahrscheinlichkeiten.

Die Regressionskonstante und das Regressionsgewicht des Logitmodells haben somit eine ähnliche Bedeutung wie die entsprechenden Koeffizienten im linearen Modell. Da die Regressionskurven aber nicht linear sind, ist die Interpretation der einzelnen Werte der Koeffizienten unterschiedlich. Erhöht sich nämlich der Wert der unabhängigen Variablen um eine Einheit, hängt die Konsequenz für die Wahrscheinlichkeit der abhängigen Variable davon ab, welchen Wert die Wahrscheinlichkeit vor der Erhöhung hatte. Bei Werten in der Nähe von null oder eins gibt es geringere Änderungen als bei Werten im mittleren Bereich der Kurve.

Zur Messung des Effektes der unabhängigen Variablen auf die abhängige Variable sind verschiedene Maße für die Effektstärke vorgeschlagen worden (vgl. Aldrich/Nelson 1984, Maier/Weiss 1990). So werden von einigen Programmen zur Schätzung von Logitmodellen durchschnittliche Änderungsraten oder durchschnittliche Elastizitäten berechnet. Ein Problem solcher Größen ist, daß sie keine Aussagen darüber erlauben, wie sich eine Änderung auf einen konkreten Fall auswirkt. Wir wollen daher auf eine Darstellung dieser Größen

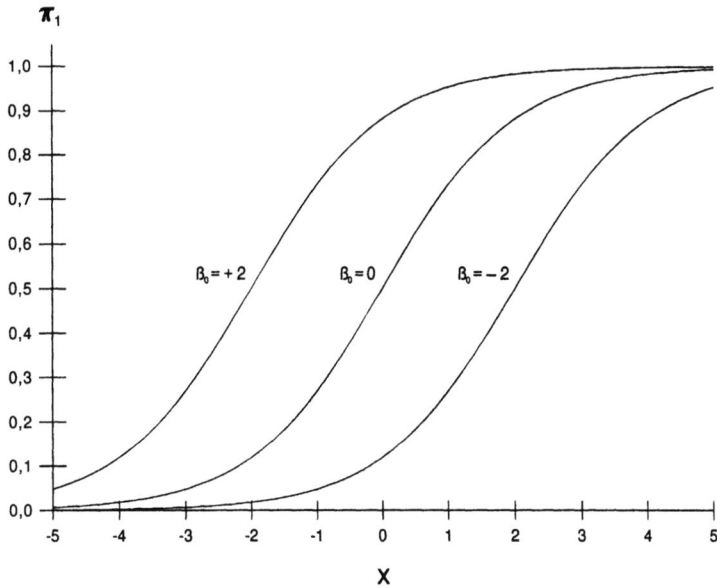

Abbildung 5.4: Auswirkungen unterschiedlicher Regressionskonstanten

verzichten. Dies scheint uns auch deswegen gerechtfertigt, weil Interpretationen eines Logitmodells möglich sind, die eine größere Ähnlichkeit mit dem linearen Modell aufweisen. Dazu ist es jedoch notwendig, anstelle der Wahrscheinlichkeiten einer Kategorie der abhängigen Variablen deren Odds (vgl. Beispiel 5 in Abschnitt 1.2.1) zu betrachten. Wird (5.4) so umgeformt, daß auf der linken Seite der Gleichung die *(konditionalen) Odds* stehen, ergibt sich:

$$\frac{\pi_1}{1-\pi_1} = e^{\beta_0 + \beta_1 x} = e^{\beta_0} \times e^{\beta_1 x} \qquad (5.5)$$

In unserem Anwendungsbeispiel handelt es sich um die Odds, sich bei einem gegebenen x-Wert eher an der Wahl zu beteiligen (π_1) als sich der Wahl zu enthalten ($1-\pi_1$). Bezogen auf die Odds ist das Logitmodell nach (5.5) ein *multiplikatives Modell*. Wir werden gleich sehen, daß sich dadurch die Interpretation sehr vereinfacht. Zunächst wollen wir jedoch die Gleichung für die Odds logarithmieren:

$$\ln\left(\frac{\pi_1}{1-\pi_1}\right) = \beta_0 + \beta_1 x \qquad (5.6)$$

Tabelle 5.1: Wahrscheinlichkeiten, Logits und Odds des Logitmodells aus Abbildung 5.2

Alter x	Wahrscheinlichkeit $\hat{\pi}_1$	Odds $\hat{\pi}_1/(1-\hat{\pi}_1)$	konstanter Veränderungsfaktor	Logits $\ln(\hat{\pi}_1/(1-\hat{\pi}_1))$	konstanter Anstieg
20	0,5250	1,1054		0,1002	
30	0,7260	2,6490	= 1,1054 × 2,3965	0,9742	= 0,1002 + 0,874
40	0,8639	6,3484	= 2,6490 × 2,3965	1,8482	= 0,1002 + 0,874
50	0,9383	15,4594	= 6,3484 × 2,3965	2,7222	= 1,8482 + 0,874
60	0,9733	36,4594	= 15,4594 × 2,3965	3,5962	= 2,7222 + 0,874
70	0,9887	87,3742	= 36,4594 × 2,3965	4,4702	= 3,5962 + 0,874

Bezogen auf die Logits können die Regressionskoeffizienten wie im linearen Regressionsmodell interpretiert werden. Ein Anstieg des Wertes der erklärenden Variablen um eine Einheit verändert den Wert der Logits um β_1 Einheiten. Die Bezeichnung „Logitmodell" kommt somit daher, daß das Logitmodell die Logits als lineare Funktion der unabhängigen Variablen modelliert. Anschaulicher als die Logits dürften allerdings die Odds aus (5.5) sein. Hier gilt nun, daß eine Erhöhung des Wertes der erklärenden Variablen um denselben Wert die Odds stets mit einem konstanten Faktor multiplikativ verändert („vervielfacht"). Zur Verdeutlichung haben wir in Tabelle 5.1 aus unserem Beispiel (Abbildung 5.2) die Werte der Wahrscheinlichkeiten der Wahlbeteiligung, die Odds und die Logits für verschiedene Altersgruppen berechnet. Die Differenz zwischen den Gruppen beträgt jeweils 10 Jahre.

Der zweiten Spalte der Tabelle ist zu entnehmen, daß der Anstieg des Lebensalters um jeweils zehn Jahre unterschiedliche Auswirkungen auf die Wahrscheinlichkeiten der Wahlbeteiligung hat. Mit zunehmendem Alter werden die Zuwächse der Wahrscheinlichkeiten immer geringer. Anders sieht es jedoch bei den Änderungen der Odds aus. Bei einem Anstieg des Alters um zehn Jahre verändern sich die Odds stets um den gleichen (multiplikativen) Faktor (2,3965). Für die Logits gilt schließlich, daß ein Anstieg des Alters um zehn Jahre den Wert der Logits jeweils um 0,874 erhöht. Dieser Wert ist gerade das Zehnfache des geschätzten Regressionsgewichts unseres Logitmodells. Der Antilogarithmus dieses Wertes (vgl. Anhang 2) ergibt den (multiplikativen) Änderungsfaktor der Odds (2,3965 ≈ $e^{0,874}$).

Das Beispiel weist auf eine einfache Interpretation eines Logitmodells hin. Der Antilogarithmus eines Regressionskoeffizienten gibt den Faktor an, um den sich die Odds bei einem Anstieg der erklärenden Variablen um eine Einheit ändern. Im Anschluß an Long (1987) wollen wir diesen Änderungsfaktor auch als *(unstandardisierten) Effektkoeffizienten* bezeichnen. Für unser Eingangsbeispiel aus Tabelle 5.1 erhalten wir einen Effektkoeffizienten von 1,0913 ($\approx e^{0,0874}$). Pro Lebensjahr steigen also die Odds, eher wählen zu gehen, um den Faktor 1,0913 an, also um gut 9 Prozent.

Bei der Interpretation von Effektkoeffizienten ist zu beachten, daß sie sich auf das multiplikative Modell aus (5.5) beziehen. Ein Effektkoeffizient von *eins* steht daher für *keinen Effekt*, da die Multiplikation mit eins den Ausgangswert nicht verändert. Entsprechend bedeuten Effekte größer eins, daß die Odds steigen, während Effekte kleiner eins bedeuten, daß sie sinken. Werte *größer eins* weisen also auf einen *positiven Effekt*, Werte *kleiner eins* auf einen *negativen Effekt* hin. Ein positiver Effekt von zwei ist dabei dem Betrag nach genauso hoch, wie ein negativer Effekt von 0,5. Sichtbar wird dies, wenn man bei Effekten kleiner eins den Kehrwert bildet (Kehrwert von 0,5 = 1/0,5 = 2). Schließlich ist auch zu beachten, daß ein Anstieg der erklärenden Variablen um zwei Einheiten die Odds nicht um das Doppelte des Effektkoeffizienten, sondern um das Quadrat des Effektkoeffizienten verändert ($e^{2\beta} = e^{\beta} \times e^{\beta}$).

Der Wert des Effektkoeffizienten hängt von der Einheit ab, in der die erklärende Variable gemessen wird. Hätten wir das Alter nicht in Jahren gemessen, sondern in Dekaden (10 Jahre), hätten wir den bereits aus Tabelle 5.2 bekannten Wert von 2,3965 ($\approx e^{0,0874 \times 10}$) erhalten. Obwohl die gewählte Einheit oft willkürlich ist, ist sie bei der Interpretation der Effekte zu beachten. Für Vergleichszwecke kann es daher sinnvoll sein, anstelle unstandardisierter Effekte standardisierte Koeffizienten zu betrachten. Long (1987) schlägt hierfür in Analogie zum linearen Modell vor, die unabhängigen Variablen zu standardisieren. Die Effektstärke wird dann in Standardabweichungen der unabhängigen Variablen gemessen. Wenn s_x die Standardabweichung von x bezeichnet und β_x den zugehörigen Regressionskoeffizienten, dann berechnet sich der *standardisierte Effektkoeffizient* wie folgt:

$$e^{\beta_x \times s_x} \quad (5.7)$$

Am Ende dieses Abschnitts wollen wir noch kurz die Regressionskonstante β_0 betrachten. Der Antilogarithmus der Regressionskonstanten gibt die Odds an, wenn die erklärende Variable den Wert Null aufweist. In unserem Beispiel erhalten wir den Wert 0,1925 ($\approx e^{-1,6478}$). Bei einem Alter von null Jahren betrügen die Odds, eher wählen zu gehen, also 0,1925 zu 1. Unser Beispiel zeigt, daß die Interpretation einer Regressionskonstante wenig Sinn macht, wenn der Wert Null bei der erklärenden Variablen in der Realität nicht vorkommen kann.

5.2.2 Das Logitmodell mit mehreren erklärenden Variablen

Wir haben bislang nur den bivariaten Fall eines Logitmodells betrachtet, bei der die dichotome abhängige Variable durch eine einzige unabhängige Variable erklärt wird. In vielen Untersuchungen wird jedoch davon ausgegangen, daß eine abhängige Variable von mehreren erklärenden Variablen beeinflußt wird. Möglich wird dies, wenn wir (5.4) um zusätzliche unabhängige Variablen $x_2, x_3, ..., x_K$ und deren Regressionsgewichte $\beta_2, \beta_3, ..., \beta_K$ erweitern. Die bisher betrachtete Variable x und ihren Regressionskoeffizienten bezeichnen wir mit x_1 und β_1:

$$\pi_1 = \frac{e^{\beta_0 + \beta_1 x_1 + \beta_2 x_2 + ... + \beta_K x_K}}{1 + e^{\beta_0 + \beta_1 x_1 + \beta_2 x_2 + ... + \beta_K x_K}} \quad (5.8)$$

Für die Odds gilt dann:

$$\frac{\pi_1}{1 - \pi_1} = e^{\beta_0 + \beta_1 x_1 + \beta_2 x_2 + ... + \beta_K x_K}$$

$$= e^{\beta_0} \times e^{\beta_1 x_1} \times e^{\beta_2 x_2} \times ... \times e^{\beta_K x_K} \quad (5.9)$$

Und für die Logits:

$$\ln\left(\frac{\pi_1}{1 - \pi_1}\right) = \beta_0 + \beta_1 x_1 + \beta_2 x_2 + ... + \beta_K x_K \quad (5.10)$$

Welche Auswirkungen hat diese Modellerweiterung für die Interpretation der Regressionskoeffizienten? Um dies zu untersuchen, wollen wir unser Eingangsbeispiel erweitern und neben dem Alter auch die Religiosität – gemessen über die Konfessionszugehörigkeit – berücksichtigen. Tabelle 5.2 gibt die ML-Schätzung der Regressionskoeffizienten wieder. Die Tabelle enthält die Ergebnisse zweier Logitmodelle. Das erste Modell (M_1) entspricht unserem Eingangsbeispiel. Die Analyse basiert aber nicht nur auf den 31 FDP-Anhängern mit Konfession, sondern auf allen 750 Fällen des Datensatzes. Auf der rechten Seite sind die Schätzungen für das erweiterte Modell M_2 aufgeführt. Die zweite Variable d_1^B ist hier so kodiert, daß Befragten ohne Konfession (B = 2) der Wert Null und Personen mit Konfession (B = 1) der Wert Eins zugeordnet ist. Die unterschiedlichen Möglichkeiten der Kodierung nominalskalierter unabhängiger Variablen (wie z.B. der Konfession) besprechen wir ausführlich im

Tabelle 5.2: Analyse der Wahlbeteiligung mit den unabhängigen Variablen Alter und Konfession

	M_1: nur Alter		M_2: Alter u. Konfession	
	$\hat{\beta}$	$e^{\hat{\beta}}$	$\hat{\beta}$	$e^{\hat{\beta}}$
Konstante	−0,4630	0,6294	−0,6488	0,5227
Alter (x_1)	0,0279	1,0283	0,0162	1,0163
Konfession (d_1^B)	−	−	1,4446	4,2403

Quelle: Individualdaten (N = 750), vgl. Anhang 4.

nächsten Abschnitt. Dort erklären wir auch, warum wir die Variable nicht mit x_2, sondern mit d_1^B bezeichnen.

Die geschätzten Regressionsgewichte für das Alter x_1 unterscheiden sich in den beiden Modellen. Ist Alter die einzige unabhängige Variable, beträgt der Wert 0,0279. Im erweiterten Modell sinkt der Wert auf 0,0162. Diese Änderung beeinflußt aber nicht die Art und Weise der Interpretation des Koeffizienten. Dies wird deutlich, wenn wir die Aussagen des Modells für religiöse und nicht-religiöse Befragte getrennt betrachten. Bei nicht-religiösen Personen hat die Variable d_1^B den Wert Null. Für die geschätzten bedingten Wahrscheinlichkeiten folgt also:

$$\hat{\pi}_1 = \frac{e^{-0,6488 + 0,0162 x_1 + 1,4446 \times 0}}{1 + e^{-0,6488 + 0,0162 x_1 + 1,4446 \times 0}} = \frac{e^{-0,6488 + 0,0162 x_1}}{1 + e^{-0,6488 + 0,0162 x_1}} \quad (5.11)$$

Bis auf die Höhe der Regressionskoeffizienten entspricht die Gleichung dem bivariaten Modell. Der Regressionskoeffizient für das Alter weist also darauf hin, daß bei nicht-religiösen Personen die Odds, eher wählen zu gehen, pro Lebensjahr um den Faktor 1,016 ($\approx e^{0,0162}$), also um 1,6%, zunehmen. Betrachten wir nun die Gruppe der religiösen Befragten. Die Variable d_1^B hat hier den Wert Eins. Die Werte der geschätzten Wahrscheinlichkeiten berechnen sich dann wie folgt:

$$\hat{\pi}_1 = \frac{e^{-0,6488 + 0,0162 x_1 + 1,4446 \times 1}}{1 + e^{-0,6488 + 0,0162 x_1 + 1,4446 \times 1}} = \frac{e^{0,7958 + 0,0162 x_1}}{1 + e^{0,7958 + 0,0162 x_1}} \quad (5.12)$$

Vergleicht man (5.11) und (5.12), wird deutlich, daß sowohl für religiöse als auch für nicht-religiöse Personen die Logits pro Lebensjahr um 0,0162 ansteigen, sich also unabhängig von der Konfession die Odds um den Faktor 1,016 ($\approx e^{0,0162}$) erhöhen. Dieses Beispiel zeigt, daß die Erweiterung des Modells die Art der Interpretation eines einzelnen Regressionsgewichts nicht verändert. Im Logitmodell M_2 wird jedoch zusätzlich der Einfluß der Konfession berücksichtigt. Bei nicht-religiösen Personen (Gleichung 5.11) beträgt die Regressionskonstante $-0,6488$, bei religiösen Personen $0,7958$ (Gleichung 5.12). Bei gleichem Alter ist daher die Wahrscheinlichkeit der Wahlbeteiligung von religiösen Personen höher. Dieser positive Effekt der Konfession auf die Wahlbeteiligung wird in Tabelle 5.2 durch den positiven Regressionskoeffizienten $\beta_2 = 1.4446$ sichtbar. Die Odds, eher wählen zu gehen, sind bei religiösen Personen mehr als viermal so hoch ($4.2403 = e^{1,4446}$) wie die Odds bei nicht-religiösen Personen.

In Abbildung 5.5 haben wir die Regressionskurven aus Tabelle 5.2 graphisch dargestellt. Die obere Kurve zeigt den Einfluß des Alters auf die Wahlbeteiligung bei religiösen Personen (nach Gleichung 5.12). In der unteren Kurve ist der Einfluß des Alters bei nicht-religiösen Befragten abgetragen (5.11). Die mittlere Kurve ist aus den Regressionskoeffizienten des bivariaten Modells M_1 berechnet. Aufgrund des größeren Regressionsgewichts β_1 im bivariaten Modell M_1 ist die Kurve deutlich steiler als die Kurven bei Kontrolle der Konfession. Ursache hierfür ist, daß Alter und Konfessionszugehörigkeit nicht unabhängig voneinander sind. Die Älteren sind eher religiös als die Jüngeren. Wird nun im bivariaten Modell der Einfluß der Konfession vernachlässigt, ergibt sich eine Überschätzung des Einflusses des Alters. Ohne die Berücksichtigung der Konfession im erweiterten Modell lassen sich die Effekte der beiden erklärenden Variablen nicht voneinander trennen. Man spricht in diesem Zusammenhang auch davon, daß im bivariaten Modell der Alterseffekt mit dem Effekt der Konfession *konfundiert* ist. Aufgrund der Konfundierung ist der bivariate Zusammenhang zwischen Alter und Wahlbeteiligung in M_1 höher als der *partielle Zusammenhang* in M_2 bei *Kontrolle* der Konfession.

Bei unserer Erweiterung des bivariaten Modells durch Berücksichtigung der Konfession als zweite erklärende Variable neben dem Alter gehen wir davon aus, daß der über das Regressionsgewicht β_1 vermittelte Einfluß des Alters bei religiösen und nicht-religiösen Personen gleich ist. Denkbar ist aber auch, daß sich der Einfluß des Alters auf die Logits bei religiösen und nicht-religiösen Personen unterscheidet. Dies könnte man dadurch berücksichtigen, daß eine weitere Variable gebildet wird, die das Produkt aus Alter (x_1) und der Variablen d_1^B enthält. Der Regressionskoeffizient eines solchen Produkts zweier

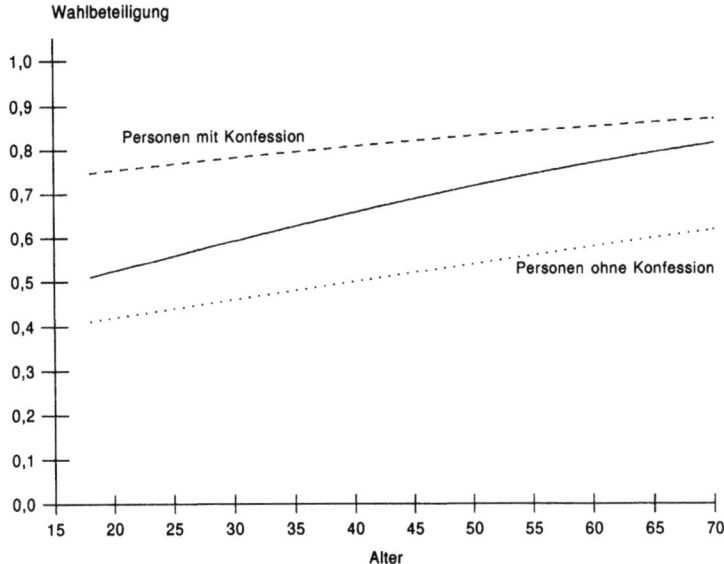

Abbildung 5.5: Regressionskurven der Logitmodelle aus Tabelle 5.2

Variablen wird wie in der log-linearen Analyse auch als (einfacher) Interaktionseffekt bezeichnet. Die Modellgleichung lautet dann:

$$\pi_1 = \frac{e^{\beta_0 + \beta_1 x_1 + \beta_2 d_1^B + \beta_3 (x_1 \times d_1^B)}}{1 + e^{\beta_0 + \beta_1 x_1 + \beta_2 d_1^B + \beta_3 (x_1 \times d_1^B)}} \tag{5.13}$$

In Tabelle 5.3 sind die Ergebnisse der Modellschätzung für dieses Modell M_3 festgehalten. Der Interaktionseffekt selber bewirkt, daß der Alterseffekt bei religiösen und nicht-religiösen Personen durch verschiedene Regressionskurven unterschiedlich ausfallen kann. Sichtbar wird dies wieder, wenn man den Effekt für die beiden Gruppen getrennt berechnet. Für nicht-religiöse Befragte ($d_1^B = 0$) gilt:

$$\hat{\pi}_1 = \frac{e^{-0,1881 + 0,0043 x_1 + 0,2216 \times 0 + 0,0292 (x_1 \times 0)}}{1 + e^{-0,1881 + 0,0043 x_1 + 0,2216 \times 0 + 0,0292 (x_1 \times 0)}} = \frac{e^{-0,1881 + 0,0043 x_1}}{1 + e^{-0,1881 + 0,0043 x_1}} \tag{5.14}$$

Tabelle 5.3: Analyse der Wahlbeteiligung mit den unabhängigen Variablen Alter und Konfession: Logitmodell mit Interaktionseffekt

Modell M₃	β	e^β
Konstante	−0,1881	0,8285
Alter (x_1)	0,0043	1,0043
Konfession (d_1^B)	0,2216	1,2481
Alter × Konfession ($x_1 \times d_1^B$)	0,0292	1,0296

Quelle: Individualdaten (N = 750), vgl. Anhang 4.

Für religiöse Personen ($d_1^B = 1$) ergibt sich dagegen:

$$\hat{\pi}_1 = \frac{e^{-0,1881 + 0,0043 x_1 + 0,2216 \times 1 + 0,0292 (x_1 \times 1)}}{1 + e^{-0,1881 + 0,0043 x_1 + 0,2216 \times 1 + 0,0292 (x_1 \times 1)}} = \frac{e^{0,0335 + 0,0335 x_1}}{1 + e^{0,0335 + 0,0335 x_1}} \quad (5.15)$$

Der Vergleich von (5.14) und (5.15) zeigt, daß nach diesem Modell der Zusammenhang zwischen Alter und Wahlbeteiligung bei religiösen Personen stärker ist als bei Personen ohne Konfession (0,0335 > 0,0043). Wie im linearen Regressionsmodell und in log-linearen Modellen lassen sich auch Interaktionseffekte höherer Ordnung spezifizieren (vgl. dazu Kapitel 3).

5.2.3 Die Spezifikation nominalskalierter unabhängiger Variablen

In einem weiteren Analyseschritt wollen wir nun in unserem Modell auch den möglichen Einfluß der Parteipräferenz berücksichtigen. Es stellt sich hier jedoch das Problem, daß die Parteipräferenz eine nominalskalierte Variable mit mehr als zwei Ausprägungen ist. Wie wir gesehen haben, gibt das Regressionsgewicht einer unabhängigen Variablen an, um welchen Wert sich die Logits der abhängigen Variablen erhöhen bzw. bei negativem Koeffizienten verringern, wenn die erklärende Variable um eine Einheit zunimmt. Bei einer nominalskalierten Variablen mit mehr als zwei Kategorien lassen sich solche Differenzen aber inhaltlich nicht interpretieren.

Analog zur Vorgehensweise bei der linearen Regression bzw. der Varianzanalyse können wir dieses Problem dadurch lösen, daß wir bei insgesamt J Ausprägungen einer nominalskalierten Variablen J−1 Hilfsgrößen bilden und diese sogenannten Designvariablen (häufig auch Dummyvariablen genannt) in unser Logitmodell aufnehmen. Für die Bildung der Designvariablen gibt es

Tabelle 5.4: Bildung von Designvariablen für die Parteipräferenz

Parteipräferenz	Dummykodierung		Effektkodierung	
	d_1^C	d_2^C	e_1^C	e_2^C
SPD	1	0	1	0
FDP	0	1	0	1
CDU	0	0	-1	-1

unterschiedliche Regeln. Am häufigsten werden die Dummykodierung und die Effektkodierung eingesetzt. Tabelle 5.4 zeigt die beiden Kodierungsmethoden für die Parteipräferenz. Da diese Variable drei Ausprägungen hat, bilden wir jeweils zwei Designvariablen.

Bei der *Dummykodierung* hat eine Designvariable den Wert Eins bei einer Kategorie der nominalskalierten Variablen und den Wert Null bei allen übrigen Kategorien. Jede dieser Variablen identifiziert hier also genau eine Kategorie der Ausgangsvariablen. Eine *d*ummy-kodierte Designvariable bezeichnen wir mit d und geben mit einem Index und einem Superskript an, welche Kategorie (Index) welcher Variablen (Superskript) damit identifiziert wird. Da aber bei J Kategorien der Ursprungsvariablen nur J-1 Designvariablen gebildet werden, gibt es genau eine Kategorie, bei der alle Designvariablen der Dummykodierung den Wert Null aufweisen. In Tabelle 5.4 trifft dies auf die Kategorie „CDU" zu. Eine solche Kategorie, die nicht durch eine eigene Designvariable identifiziert wird, wird als *Referenzkategorie* bezeichnet.

Würde man auch für die Referenzkategorie eine eigene Dummyvariable bilden und in das Logitmodell aufnehmen, könnte man die Regressionskoeffizienten nicht schätzen, weil die Ausprägungen dieser zusätzlichen Dummyvariablen bei einer linearen Regression auf die übrigen Dummyvariablen perfekt vorhergesagt werden könnten. Wenn aber eine erklärende Variable durch die übrigen erklärenden Variablen perfekt prognostiziert wird, enthält diese Variable keinerlei zusätzliche Information. Aufgrund dieser perfekten *Kollinearität der unabhängigen Variablen* ist es dann nicht mehr möglich, den einzelnen Variablen in eindeutiger Weise Regressionskoeffizienten zuzuordnen.

Die *Effektkodierung* unterscheidet sich von der Dummykodierung dadurch, daß den Designvariablen bei der Referenzkategorie der Wert minus eins zugeordnet wird. Designvariablen mit *E*ffektkodierung bezeichnen wir mit einem e, wobei der Index wiederum die Kategorie der Variablen (s. Superskript) benennt, die diese Designvariable identifiziert. Die Variable selbst ist im Su-

Tabelle 5.5: Analyse der Wahlbeteiligung mit der unabhängigen Variablen Parteipräferenz

	M_4: Dummykodierung		M_5: Effektkodierung	
	β	e^β	β	e^β
Konstante	0,8174	2,2646	0,7004	2,0146
SPD (d_1^C bzw. e_1^C)	-0,1815	0,8340	-0,0644	0,9376
FDP (d_2^C bzw. e_2^C)	-0,1698	0,8438	-0,0527	0,9487

Quelle: Individualdaten (N = 750), vgl. Anhang 4.

perskript aufgeführt. Um zu zeigen, welche Konsequenzen die unterschiedlichen Kodierregeln haben, haben wir den bivariaten Zusammenhang zwischen Parteipräferenz und Wahlabsicht sowohl über Dummykodierung (M_4) als auch über Effektkodierung (M_5) ermittelt. In Tabelle 5.5 sind die Ergebnisse der Modellschätzung für die beiden Kodierweisen wiedergegeben.

Die Vorzeichen der Regressionsgewichte stimmen in diesem Beispiel zwar bei beiden Schätzungen überein, die Werte selber unterscheiden sich jedoch deutlich. Um die Bedeutung der Regressionskoeffizienten der beiden Kodierungen zu verstehen, betrachten wir Tabelle 5.6. Im oberen Teil der Tabelle sind die unterschiedlichen Häufigkeiten der Wahlbeteiligung und der Wahlenthaltung für SPD-, FDP- und CDU-Anhänger wiedergegeben. Die beiden nächsten Zeilen enthalten für die drei Parteien die Odds und die Logits, eher wählen zu gehen, wie sie sich aus den Häufigkeiten ergeben. Bei SPD-Anhängern sind die Odds 1,8889 (= 187/99), bei der FDP 1,9111 (= 86/45) und bei der CDU 2,2647 (= 231/102). Logarithmiert man diese Werte, erhält man die Logits 0,6360, 0,6477 und 0,8174. Angegeben ist außerdem das geometrische Mittel der Odds sowie das arithmetische Mittel der drei Logits (vgl. dazu auch Abschnitt 3.2).

In der vorletzten Zeile sind die Differenzen der Logits zum arithmetischen Mittel der drei Logits, in der letzten Zeile die Differenzen zum Logit der Referenzkategorie CDU angegeben. Vergleicht man nun die geschätzten Regressionsgewichte aus Tabelle 5.5 mit diesen Abweichungen, zeigt sich, daß die Werte bis auf Rundungsfehler identisch sind. Bei der Dummykodierung schätzen die Regressionsgewichte also die Abweichungen der Logits vom Logit der Referenzkategorie. Bei der Effektkodierung messen die Regressionsgewichte dagegen die Differenzen der Logits zum arithmetischen Mittel der Logits der drei Parteien. Dieses „mittlere" Logit ist der Wert, der durch die Regressionskonstante geschätzt wird, hier also der Mittelwert über die drei Logits von SPD-Anhängern, FDP-Anhängern und CDU-Anhängern (0,7004 = (0,6360+

Tabelle 5.6: Die Bedeutung der Koeffizienten bei der Dummy- und der Effektkodierung

	Parteineigung		
	SPD	FDP	CDU
Wähler	187	86	231
Nichtwähler	99	43	102
Odds^a $\pi_1/(1-\pi_1)$	1,8889	1,9111	2,2647
Logits^b $\ln(\pi_1/(1-\pi_1))$	0,6360	0,6477	0,8174
Abweichung der Logits von 0,7004 (Mittelwert)	−0,0644	−0,0527	+0,1170
Abweichung der Logits von 0,8174 (Referenzkategorie)	−0,1814	−0,1697	±0,0000

a) Geometrisches Mittel der Odds: 2,0145. b) Arithmetisches Mittel der Logits: 0,7004.

Quelle: Individualdaten (N = 750), vgl. Anhang 4.

0,6477+0,8174)/3). Welche Kodierung für nominalskalierte Variablen gewählt wird, ist für die Modellschätzung unwichtig. Die geschätzten bedingten Wahrscheinlichkeiten sind bei Dummy- und Effektkodierung gleich. Man spricht auch von unterschiedlichen *Reparametrisierungen* eines Logitmodells. Für die Interpretation der Regressionskoeffizienten muß man jedoch wissen, ob Effekt- oder Dummykodierung gewählt wurde. Im ersten Fall werden die Unterschiede zu einem mittleren Wert betrachtet, im zweiten Fall die Unterschiede zu einer Referenzkategorie.

Wir wollen nun das Modell mit allen Variablen betrachten. Tabelle 5.7 gibt die Schätzung der Koeffizienten für dieses Modell M_6 wieder. Bei der Parteipräferenz haben wir die Dummykodierung gewählt, wobei die CDU-Anhänger wieder die Referenzkategorie bilden. Anders als im bivariaten Modell aus Tabelle 5.5, bei dem die Wahlbeteiligung allein durch die Parteipräferenz vorhergesagt wird, haben nun die FDP-Anhänger und die SPD-Anhänger eine größere Neigung zu wählen, als die CDU-Anhänger. Bei den SPD-Anhängern sind die Odds, eher wählen zu gehen, um den Faktor 1,8636 (d.h. um 86,36%) höher als bei den CDU-Anhängern, bei den FDP-Anhängern sind sie um den Faktor 1,1878 (d.h. um 18,78%) höher. Verursacht wird diese Umkehrung der Effekte der Parteipräferenz gegenüber den Modellen M_4 und M_5 durch die Konfundierung der Parteipräferenz im bivariaten Modell mit dem Alter und der Konfession. CDU-Anhänger sind eher religiös als die Anhänger der beiden

Tabelle 5.7: Analyse der Wahlbeteiligung mit den unabhängigen Variablen Alter, Konfession und Parteipräferenz

Modell M_6	β	e^β
Konstante	-0.4481	0.6388
Alter (x_1)	0.0045	1.0045
Konfession (d_1^B)	0.3675	1.4442
Alter × Konfession ($x_1 \times d_1^B$)	0.0293	1.0297
SPD (d_1^C)	0.6225	1.8636
FDP (d_2^C)	0.1721	1.1878

Quelle: Individualdaten (N = 750), vgl. Anhang 4.

anderen Parteien. Sie sind im Durchschnitt auch eher älter. Da ältere und religiöse Personen eher wählen, wird im bivariaten Modell die Wahlbeteiligung von CDU-Anhängern gegenüber der Wahlbeteiligung von SPD- und FDP-Anhängern überschätzt.

Wegen der Interaktion zwischen Alter und Konfession ist es sinnvoll, den Alterseffekt bei religiösen und nicht-religiösen Personen getrennt zu betrachten. Bei konfessionslosen Personen ($d_1^B = 0$) nehmen die Odds pro Lebensjahr um den Faktor 1,0045 zu. Bei religiösen Personen ($d_1^B = 1$) ergibt sich der Effekt durch die Multiplikation des Alterseffekts mit dem Interaktionseffekt. Pro Lebensjahr steigt die Wahlbeteiligung hier daher um den Faktor 1,0344 ($\approx 1{,}0045 \times 1{,}0297$) an. Aus dem Wert des Regressionsgewichts für die Konfession d_1^B ergibt sich weiter, daß die Odds von religiösen Personen gegenüber nicht-religiösen Personen gleichen Alters zusätzlich noch um den Faktor 1,4442 ($e^{0{,}3675}$) höher sind.

5.2.4 Statistische Absicherungen der Modellschätzung

Unsere Interpretationen eines Logitmodells basieren auf den Werten der geschätzten Regressionskoeffizienten. Für die Berechnung der Werte verwenden wir Daten aus einer Stichprobe. Hätten wir eine zweite Stichprobe aus der gleichen Population zur Verfügung, könnten wir die Regressionskoeffizienten auch mit diesem zweiten Datensatz berechnen. Es wäre allerdings sehr unwahrscheinlich, daß wir bei den Schätzungen in der zweiten Stichprobe exakt die gleichen Werte erhielten wie bei den Schätzungen der ersten Stichprobe. Bei der Interpretation eines Logitmodells ist daher auch zu berücksichtigen, daß die Schätzungen von den tatsächlichen Werten in der Population abweichen können.

Aussagen über die Genauigkeit und Sicherheit von Schätzungen eines Logitmodells lassen sich mit dem Instrumentarium der schließenden Statistik gewinnen. Sie beruhen auf generellen Eigenschaften der ML-Methode. Zu beachten ist hierbei, daß diese statistischen Eigenschaften nur *asymptotisch* gelten. Es muß vorausgesetzt werden, daß die Fallzahl der Stichprobe nicht zu klein ist. Diese Bedingung wird von den in der Umfrageforschung üblichen großen Stichproben mit 1000 und mehr Befragten leicht erfüllt. Als Faustregel gilt, daß die Schätzung eines Logitmodells bei einer Stichprobe ab etwa 100 Fällen unproblematisch ist. Die Differenz zwischen der Anzahl der Fälle in der Stichprobe und der Anzahl der zu schätzenden Regressionskoeffizienten sollte nämlich möglichst nicht unter 50, besser aber über 100 liegen.

Wenn diese Bedingung erfüllt ist, kann von der sogenannten *BAN-Eigenschaft* der ML-Schätzung Gebrauch gemacht werden. BAN steht für den englischen Ausdruck „best asymptotically normal" und bedeutet, daß bei großen Fallzahlen die Schätzungen annähernd normal um die gesuchten Populationswerte verteilt sind und es keine andere Schätzmethode gibt, die zu normalverteilten Schätzungen mit geringerer Varianz führt. Von großer praktischer Bedeutung ist hierbei, daß wir ohne die Verwendung zusätzlicher Stichproben im Verlauf der ML-Schätzung auch die Varianzen und Kovarianzen der Regressionskoeffizienten schätzen können.

Zunächst interessieren uns nur die Varianzen der Schätzungen. Je kleiner eine Varianz ist, desto unwahrscheinlicher sind große Abweichungen zwischen unterschiedlichen Stichproben. Das gleiche gilt natürlich auch für die Quadratwurzeln der Varianzen, d.h für die Standardabweichungen der Schätzungen. Die Standardabweichungen einer Schätzung β werden *Standardschätzfehler* $\hat{\sigma}_\beta$ (oder einfach nur Standardfehler) genannt. In Tabelle 5.8 sind für das Modell M_6 neben den Regressionskoeffizienten auch die Standardschätzfehler (SE) wiedergegeben.

Zur Beurteilung der Unsicherheit einer Schätzung können wir *Konfidenzintervalle* berechnen, die hierüber einen anschaulichen Eindruck vermitteln. Bei einem 95%-Konfidenzintervall besteht eine Wahrscheinlichkeit von 95%, daß ein Intervall tatsächlich den Populationswert enthält. Umgekehrt besteht eine *Irrtumswahrscheinlichkeit* von nur 5%, daß dies nicht der Fall ist. Die Grenzen des Konfidenzintervalls mit der Irrtumswahrscheinlichkeit α berechnen sich nach der Formel:

$$\beta \pm z_{1-\alpha/2} \times \hat{\sigma}_\beta \qquad (5.16)$$

In (5.16) geht neben dem geschätzten Regressionskoeffizienten β und seinem Standardschätzfehler $\hat{\sigma}_\beta$ das *Quantil* $z_{1-\alpha/2}$ der Standardnormalverteilung mit der Quantilwahrscheinlichkeit $1-\alpha/2$ ein. Für ein solches Quantil gilt, daß eine

Tabelle 5.8: *Regressionskoeffizienten, Standardschätzfehler, Effekte und 95%-Konfidenzintervalle für Modell M_6*

	Schätzung	SE	z	95%-Konfidenzintervall	
	β	$\hat{\sigma}_\beta$	$\beta/\hat{\sigma}_\beta$	von	bis
Konstante (β_0)	-0,4481	0,3325	1,35	-1.0998	0,2036
Alter (β_1)	0,0045	0,0075	0,60	-0,0102	0,0192
Konfession (β_2)	0,3675	0,5217	0,70	-0,6550	1,3900
Alter×Konfession (β_3)	0,0293	0,0119	2,46	0,0060	0,0526
SPD (β_4)	0,1721	0,1920	0,90	-0,2042	0,5484
FDP (β_5)	0,6225	0,2464	2,53	0,1396	1,1054
	Effekt	95%-Konfidenzintervall	
	e^β	von	bis
Konstante (β_0)	0,6388	0,4983	1,2258
Alter (β_1)	1,0045	0,9899	1,0194
Konfession (β_2)	1,4442	0,5194	4,0150
Alter×Konfession (β_3)	1,0297	1,0060	1,0540
SPD (β_4)	1,1878	0,8153	1,7305
FDP (β_5)	1,8636	1,1498	3,0206

standardnormalverteilte Variable mit der Wahrscheinlichkeit 1-α/2 kleiner oder gleich diesem Wert ist. Um beispielsweise die Grenzen des 95%-Kon fidenzintervalls der unabhängigen Variablen Alter für das Logitmodell M_6 zu berechnen, benötigen wir den Wert des Quantils mit der Wahrscheinlichkeit 0,975 (= 1-0,05/2). Dieser Wert beträgt $z_{0,975}$ = 1,960 (vgl. Anhang 3). Das geschätzte Regressionsgewicht hat einen Wert von 0,0045 (vgl. Tabelle 5.8). Aus Tabelle 5.8 entnehmen wir außerdem, daß der Standardschätzfehler für das Alter 0,0075 beträgt. Die untere Grenze des Intervalls ist also -0,0102 (= 0,0045-1,96×0,0075). Die obere Grenze liegt bei 0,0192 (= 0,0045+1,96× 0,0075). Da die Irrtumswahrscheinlichkeit nur 5% beträgt, gehen wir davon aus, daß der Wert des Regressionskoeffizienten in der Population vermutlich zwischen -0,010 und +0,019 liegt.

Wir haben gesehen, daß die Interpretation eines Logitmodells anschaulicher ist, wenn anstelle der Regressionskoeffizienten die Effektkoeffizienten betrachtet werden. Analog hierzu können wir auch die Grenzen eines Konfidenzintervalls für Effektkoeffizienten berechnen. Dazu müssen wir nur den Antilogarithmus der Unter- und Obergrenze von (5.16) berechnen. Das 95%-Konfidenzintervall des Effektkoeffizienten für das Alter liegt danach zwischen 0,9899 ($\approx e^{-0,0102}$) und 1,0194 ($\approx e^{0,0192}$). In Tabelle 5.8 sind die Grenzen der Konfidenzintervalle für alle Regressionskoeffizienten von Modell M_6 ausgewiesen. Die Werte weisen darauf hin, daß sich die gesuchten Populationsparameter möglicherweise doch deutlich von den Stichprobenwerten unterscheiden, die Schätzungen also mit erheblichen Unsicherheiten behaftet sind. So liegt das 95%-Intervall für den Effektkoeffizienten einer FDP-Parteipräferenz zwischen 1,1498 und 3,0206. Es ist also anhand unserer Daten kaum zu unterscheiden, ob die Parteipräferenz zugunsten der FDP die Wahlbeteiligung um nur 15% (exp(β_5) = 1,1498) oder um 202% (exp(β_5) = 3,0206) erhöht.

Wenn die Intervallgrenzen des Konfidenzintervalls eines Regressionsgewichts verschiedene Vorzeichen haben, ist nicht einmal sicher, ob ein positiver Effekt, ein negativer Effekt oder gar kein Effekt besteht. In Tabelle 5.8 trifft das für die Effekte des Alters (β_1), der Konfession (β_2) und der SPD-Parteipräferenz (β_4) zu. Hier kann also nicht ausgeschlossen werden, daß in der Population überhaupt kein Effekt besteht. Für die Prüfung der Frage, ob ein Regressionskoeffizient möglicherweise in der Population null ist, muß nicht unbedingt ein Konfidenzintervall berechnet werden. In der Regel wird ein solcher *Signifikanztest* anhand einer einfach zu berechnenden Teststatistik entschieden. Je nach Wert der Teststatistik wird die Nullhypothese, daß der Wert des Regressionskoeffizienten in der Grundgesamtheit null ist, mit einer Irrtumswahrscheinlichkeit α beibehalten oder verworfen. α wird auch als *Signifikanzniveau* des Tests bezeichnet. In Tabelle 5.8 haben wir in der mit „z" überschriebenen Spalte die Teststatistiken aufgeführt. Die Werte berechnen sich aus den Quotienten der Regressionskoeffizienten und deren Standardschätzfehler. Der Wert 2,53 für das Regressionsgewicht der Parteipräferenz zur FDP ergibt sich beispielsweise dadurch, daß 0,6225 durch 0,2464 geteilt wird. Falls die Teststatistik z größer ist als das ($1-\alpha/2$)-Quantil der Standardnormalverteilung oder kleiner als das $\alpha/2$-Quantil, wird die Nullhypothese mit einer Irrtumswahrscheinlichkeit von α abgelehnt. Bei einer Irrtumswahrscheinlichkeit von 5% wird die Nullhypothese abgelehnt, wenn der z-Wert kleiner als -1,96 oder größer als +1,96 ist (vgl. Anhang 3). In Tabelle 5.8 trifft dies nur auf den z-Wert der Interaktion zwischen Alter und Konfession und auf den z-Wert der FDP-Parteipräferenz zu. Die Tests führen also zu den gleichen Resultaten wie die Berechnung der Konfidenzintervalle. Generell gilt, daß ein ($1-\alpha$)-Konfidenzintervall einem zweiseitigen Signifikanztest mit dem Signifikanzniveau α entspricht.

Der Signifikanztest eines einzelnen Regressionskoeffizienten ist ein Spezialfall eines generellen statistischen Tests. Die Teststatistik z nutzt aus, daß die Regressionskoeffizienten bei großen Stichproben annähernd um den Popu-

Tabelle 5.9: Varianzen und Kovarianzen der Regressionskoeffizienten von Modell M_6

	β_0	β_1	β_2	β_3	β_4	β_5
Konstante (β_0)	0,1105					
Alter (β_1)	-0,0022	0,0001				
Konfession (β_2)	-0,1014	0,0022	0,2722			
Alter×Konfession (β_3)	-0,0021	-0,0001	-0,0058	0,0001		
SPD (β_4)	-0,0186	-0,0001	0,0028	0,0001	0,0369	
FDP (β_5)	-0,0267	-0,0022	0,0145	0,0000	0,0204	0,0607

lationswert normalverteilt sind. Diese Eigenschaft läßt sich für den Test beliebiger linearer Restriktionen bzw. *linearer Kontraste* nutzen (vgl. Abschnitt 2.1.5). Eine *lineare Restriktion* ist eine Nullhypothese, die behauptet, daß eine Linearkombination der Regressionskoeffizienten einen bestimmten Wert hat. Wir wollen die Logik des Tests an der Prüfung der Hypothese demonstrieren, ob der Regressionskoeffizient der Designvariable der FDP-Anhänger in der Population den gleichen Wert aufweist wie der Koeffizient für die Designvariable der SPD-Anhänger. Dies ist gleichbedeutend mit der Nullhypothese H_0, daß die Differenz der beiden Regressionskoeffizienten null ist:

$$H_0: \beta_5 - \beta_4 = 0$$

Die Alternativhypothese H_1 behauptet dagegen, daß die Differenz ungleich null ist:

$$H_1: \beta_5 - \beta_4 \neq 0$$

Der Test nutzt aus, daß Linearkombinationen von normalverteilten Größen wiederum normalverteilt sind. Für die Differenz der beiden Regressionskoeffizienten gilt, daß ihre Varianz die Summe der Varianzen der beiden Koeffizienten minus die doppelte Kovarianz ist. In Tabelle 5.9 haben wir für die Regressionskoeffizienten deren Varianzen und Kovarianzen wiedergegeben. Für die Varianz der Differenz der beiden Regressionskoeffizienten $\beta_5 - \beta_4$ erhalten wir als Schätzung: $\hat{\sigma}(\beta_5 - \beta_4) = 0{,}0607 + 0{,}0369 - 2 \times 0{,}0204 = 0{,}0568$. Die positive

Quadratwurzel 0,238 der Varianz 0,0568 ist der Standardfehler der Differenz. Falls nun die Nullhypothese richtig ist, ist die Teststatistik

$$z = \frac{\hat{\beta}_5 - \hat{\beta}_4}{\hat{\sigma}(\hat{\beta}_5 - \hat{\beta}_4)} \tag{5.17}$$

standardnormalverteilt. In unserem Beispiel ergibt sich: 1,89 = (0,6225-0,1721)/$\sqrt{0,0568}$. Wie bereits beim Signifikanztest eines einzelnen Regressionskoeffizienten wird die Nullhypothese mit der Irrtumswahrscheinlichkeit α abgelehnt, wenn die Teststatistik kleiner als das α/2-Quantil oder größer als das (1-α/2)-Quantil der Standardnormalverteilung ist (vgl. Anhang 3). Da der Wert 1,89 kleiner als 1,96, aber größer als -1,96 ist, wird die Nullhypothese beibehalten. Inhaltlich bedeutet dies, daß bei einer Irrtumswahrscheinlichkeit von 5% nicht ausgeschlossen werden kann, daß die beiden Regressionskoeffizienten in der Population gleich groß sind.

Es ist auch möglich, die Gültigkeit einer oder mehrerer linearer Restriktionen (bzw. linearer Kontraste) in einem *Wald-Test* zu testen. Die Vorgehensweise ist die gleiche wie beim GSK-Ansatz (vgl. Abschnitt 2.1.5) und braucht daher hier nicht wiederholt zu werden. Der Wald-Test prüft, ob die geschätzten Regressionskoeffizienten mit linearen Restriktionen vereinbar sind. Eine alternative Testmöglichkeit ist der *Score-* oder *Lagrange-Multiplier-Tests* (LM-Test) (vgl. Buse 1982).

Obwohl solche LM-Tests oft für die automatische Modellsuche benutzt werden, besteht nicht in allen Programmen zur ML-Schätzung von Logitmodellen die Möglichkeit, selbst vorgegebene Hypothesen auch mit dem LM-Test zu prüfen. Wir wollen daher auf eine Erläuterung dieses Tests verzichten und stattdessen auf eine dritte Testmöglichkeit hinweisen, die bei ML-Schätzungen immer genutzt werden kann. Es handelt sich um den bereits in der Einleitung vorgestellten *Likelihood-Verhältnis-Test* (vgl. Abschnitt 1.2.4), der u.a. in Kapitel 3 extensiv für die Tests log-linearer Modelle verwendet wird. Nach der englischen Bezeichnung „likelihood-ratio test" nennen wir diesen Test im folgenden einfach LR-Test. Der LR-Test basiert auf den ML-Schätzungen zweier hierarchisch geschachtelter Logitmodelle M_u und M_r. Zwei Modelle sind hierarchisch geschachtelt, wenn sich die beiden Modelle nur dadurch voneinander unterscheiden, daß das restringierte Modell M_r t voneinander unabhängige Restriktionen für die zulässigen Werte der Regressionskoeffizienten postuliert, deren Gültigkeit im Modell ohne Restriktionen M_u nicht verlangt wird. Wenn nun $\mathcal{L}_r$ der Wert der negativen Log-Likelihood-Funktion (vgl. Gleichung 1.9) des Modells M_r und $\mathcal{L}_u$ der Wert der negativen Log-Likelihood-Funktion des Modells M_u ist, dann ist die doppelte Differenz der beiden negativen Log-Likelihood-Funktionen χ^2-verteilt mit df = t Freiheitsgraden, falls die t Restriktionen des Modells M_r tatsächlich zutreffen (vgl. Gleichung 1.8b):

$$L^2 = 2(\mathcal{L}_r - \mathcal{L}_u) \qquad (5.18)$$

Die Nullhypothese, daß die Restriktionen des Modells M_r zutreffen, wird mit einer Irrtumswahrscheinlichkeit α abgelehnt, wenn die Teststatistik größer ist als das $(1-\alpha)$-Quantil der χ^2-Verteilung mit df = t Freiheitsgraden. Bei der Anwendung des LR-Tests ist zu beachten, daß die Modellschätzungen in beiden Modellen M_r und M_u auf den gleichen Fällen basieren. Eine Anwendung dieses Tests werden wir in Abschnitt 5.2.6 vorstellen.

Mit allen drei Testverfahren wird geprüft, ob die postulierten Restriktionen in der Population gelten. Welche Teststatistik angewendet wird, ist in gewisser Hinsicht beliebig. Alle drei Tests sind bei Gültigkeit der Nullhypothese statistisch äquivalent. Es kann jedoch gezeigt werden, daß der Wald-Test in bestimmten Situationen nur eine geringe Teststärke hat, was eher zur Beibehaltung einer falschen Nullhypothese führen kann. Im Zweifelsfall wird die Anwendung des LR-Tests empfohlen.

Nicht immer lassen sich die zu testenden Hypothesen in Form von Restriktionen für die Regressionskoeffizienten spezifizieren. Will man etwa prüfen, ob die Parteipräferenz oder das Alter einen größeren Effekt auf die Wahlbeteiligung hat, kann man zwar zwei konkurrierende Logitmodelle schätzen, bei denen die Wahlbeteiligung entweder durch die Parteipräferenz (Modell M_4 bzw. M_5) oder durch das Alter (Modell M_1) prognostiziert wird. Da die beiden Modelle aber nicht hierarchisch geschachtelt sind, können weder Wald- noch LM- oder LR-Test angewendet werden. Wie bei den log-linearen Modellen aus Kapitel 3 wird in solchen Situation zur Entscheidungshilfe auf stärker deskriptive Kriterien zurückgegriffen, die die relative Übereinstimmung von Modell und Daten messen. Bei Logitmodellen werden in der Regel Akaikes Informationskriterium AIC und dessen Modifikation BIC verwendet (vgl. Amemiya 1981, Bodzdogan 1987). Diese Fitmaße berechnen sich wie folgt (vgl. auch Abschnitt 3.6, Gleichung 3.36):

$$\begin{aligned} \text{AIC} &= 2\mathcal{L} + 2(K+1) \\ \text{BIC} &= 2\mathcal{L} + \ln(N) \times (K+1) \end{aligned} \qquad (5.19)$$

In (5.19) steht (K+1) für die Anzahl der im Modell geschätzten Regressionskoeffizienten (K Regressionsgewichte plus eine Regressionskonstante) und N für die Stichprobengröße. $\mathcal{L}$ ist wieder die negative Log-Likelihood-Funktion eines Modells. Je kleiner der Wert von AIC oder BIC ist, desto besser „paßt" das Modell zu den Daten. Von zwei konkurrierenden Modellen wird daher das Modell vorgezogen, dessen AIC- oder BIC-Wert geringer ist. Eine Anwendung stellen wir weiter unten vor. Der Vergleich von Modellen mit Hilfe der AIC- oder BIC-Werte ist jedoch kein statistischer Test im engeren Sinne. Einen echten Test, der auf den AIC-Werten zweier nicht-hierarchischer Logitmodelle beruht, hat Horowitz (1983) vorgeschlagen. Dabei wird davon ausgegangen, daß das Modell mit der geringeren Anpassung an die Daten das „wahre Modell" ist, daß in der Population gilt.

5.2.5 Die Erklärungskraft eines Logitmodells

Wenn wir wissen wollen, ob die Parteipräferenz oder das Alter die Wahlbeteiligung besser vorhersagen können, sind wir an der Prognose- oder Erklärungskraft von Logitmodellen interessiert. In linearen Regressionsmodellen kann man die einzelnen Regressionskoeffizienten miteinander vergleichen, was jedoch bei unterschiedlicher Skalierung der unabhängigen Variablen zu Problemen führt. Die Erklärungskraft des Modells insgesamt wird bekanntlich über den Determinationskoeffizienten R^2 oder dessen Quadratwurzel, die multiple Korrelation, gemessen. Die Anwendung dieser Größen in Logitmodellen ist jedoch problematisch. Zwar können wir auch hier wie im linearen Regressionsmodell Residuen definieren. Dazu werden den Kategorien der dichotomen abhängigen Variablen die Werte Null und Eins zugeordnet. Ein Vorhersagewert ist dann die geschätzte Wahrscheinlichkeit $\hat{\pi}_i$ und ein Residuum entsprechend die Differenz zwischen der 0/1-kodierten abhängigen Variablen y und dem Vorhersagewert $\hat{\pi}_i$. Wie bei der OLS-Schätzung eines linearen Modells gilt auch bei der ML-Schätzung eines Logitmodells, daß die unabhängigen Variablen $x_1, x_2, ..., x_K$ nicht mit den geschätzten Residuen $y-\hat{\pi}_i$ korreliert sind. Im Unterschied zum linearen Regressions- bzw. Wahrscheinlichkeitsmodell können bei der ML-Schätzung eines Logitmodells die geschätzten Wahrscheinlichkeiten $\hat{\pi}_i$ allerdings mit den geschätzten Residuen $y-\hat{\pi}_i$ korreliert sein. Die Berechnung des Determinationskoeffizienten ist daher nicht mehr eindeutig.

In der Literatur finden sich alternative Koeffizienten zur Messung der Erklärungskraft eines Logitmodells (vgl. Aldrich/Nelson 1984: 57ff.). Wir wollen uns im folgenden auf ein Maß konzentrieren, das von McFadden (1974: 121, 1979: 306) vorgeschlagen wurde. Die Berechnung basiert auf den Werten der negativen Log-Likelihoodfunktion, die wir bereits für die Teststatistik des LR-Tests verwendet haben. Wir bezeichnen diese Funktion im folgenden auch als Minimierungsfunktion. Die Logik von McFaddens Maß für die Erklärungskraft basiert auf den Vergleich zweier Logitmodelle. Im *Konstantenmodell* M_k wird nur die Regressionskonstante geschätzt. Das Modell enthält also keine weiteren unabhängigen Variablen. Die negative Log-Likelihoodfunktion dieses Modells wollen wir durch $\mathcal{L}_k$ symbolisieren. Analog bezeichnet $\mathcal{L}_v$ den Wert der negativen Log-Likelihoodfunktion des *Modells mit zusätzlichen unabhängigen Variablen* M_v. Das als *Pseudo-R^2, Likelihood-Ratio-Index* oder auch *relative Devianzreduktion* bezeichnete Maß R' berechnet sich dann wie folgt:

$$R' = 1 - \frac{\mathcal{L}_v}{\mathcal{L}_k} \qquad (5.20)$$

Der Wert $\mathcal{L}_k$ läßt sich auch ohne explizite Schätzung der Regressionskonstanten im Konstantenmodell durch

$$\mathcal{L}_k = -\left(f_{+1} \times \ln\left(\frac{f_{+1}}{N}\right) + f_{+0} \times \ln\left(\frac{f_{+0}}{N}\right) \right) \qquad (5.21)$$

berechnen. In (5.21) steht N für die Fallzahl, f_{+1} für die Häufigkeit der einen Kategorie der abhängigen Variablen in der Stichprobe und f_{+0} für die Häufigkeit der andere Kategorie. Bei der Berechnung ist zu beachten, daß die Fallzahl im Konstantenmodell M_k mit der des aktuellen Modells M_v übereinstimmt. Beim Vorliegen fehlender Werte bei den unabhängigen Variablen bezieht sich (5.21) also auf die Häufigkeitsverteilung nach Ausschluß der Fälle mit fehlenden Werten. In unseren Beispieldaten haben wir allerdings keine ungültigen Fälle. Von den 750 Fällen der Stichprobe sind 504 Wähler und 246 Nichtwähler. Nach (5.21) ergibt sich für $\mathcal{L}_k$ somit der Wert 474,57.

Ganz analog zum Determinationskoeffizienten der OLS-Regression mißt R' die relative Reduktion der Minimierungsfunktion bezogen auf ein Nullmodell, in dem die Kenntnis der Werte der erklärenden Variablen nicht ausgenutzt wird. Aufgrund dieser als proportionale Fehlerreduktion (engl.: proportional reduction of error, kurz: PRE) bezeichneten Eigenschaft läßt sich das Maß leicht interpretieren. Der Minimalwert von null bedeutet, daß die unabhängigen Variablen die Erklärungskraft des Modells nicht verbessern können ($\mathcal{L}_v = \mathcal{L}_k$). Dies ist nur dann der Fall, wenn alle geschätzten Regressionsgewichte den Wert Null aufweisen. Umgekehrt wird der Maximalwert Eins nur erreicht, wenn die negative Log-Likelihoodfunktion $\mathcal{L}_v$ null ist. Dies wäre nur dann der Fall, wenn für alle Fälle der Stichprobe die beobachteten Werte der abhängigen Variablen mit Wahrscheinlichkeit eins vorhergesagt würden.

Werte zwischen null und eins geben daher an, um wieviel besser die geschätzten Wahrscheinlichkeiten des Modells mit erklärenden Variablen die Realisationen der abhängigen Variablen vorhersagen können als die geschätzten Wahrscheinlichkeiten des Konstantenmodells. In empirischen Anwendungen liegt die erreichte Reduktion unter dem nur theoretisch erreichbaren Maximalwert von eins. Nach unseren Erfahrungen weist ein R'-Wert unter 5% auf einen eher geringen Zusammenhang und ein Wert über 20% auf einen starken Zusammenhang hin. Ein Wert über 40% ist nur sehr selten zu erreichen.

Wir wollen aber ausdrücklich darauf hinweisen, daß diese Bereichsangaben nur ungefähre Anhaltspunkte sein sollten. Bei sehr schiefen Verteilungen, in denen eine Kategorie sehr viel seltener vorkommt, ist eher mit geringeren Werten von R' zu rechnen, da hier auch ohne Kenntnis der Werte der unabhängigen Variablen bereits gute Prognosen möglich sind. Umgekehrt läßt sich in kleineren Stichproben bei ansonsten gleichen Bedingungen eher ein höherer Wert erreichen als in großen Stichproben von mehreren hundert oder tausend Fällen.

Bei einem R'-Wert von eins sind für alle Fälle der Stichprobe die Wahrscheinlichkeiten der Ausprägungen stets null oder eins. Dies widerspricht aber der Modellogik einer s-förmigen Regressionskurve. Daher bedeutet der Maximalwert Eins des LR-Index, daß das Logitmodell nicht angemessen ist. In der Praxis ist ein solcher Wert ein sicherer Hinweis für das Vorliegen von *Separabilität*. Bei Separabilität lassen sich die Fälle der Stichprobe so in Gruppen von gleichen Ausprägungen der unabhängigen Variablen einteilen, daß die abhängige Variable zu einer Konstanten degeneriert. Die Regressionskoeffizienten lassen sich dann nicht mehr eindeutig schätzen. Neben einem R'-Wert von eins weist in dieser Situation mindestens ein geschätzter Regressionskoeffizient einen betragsmäßig sehr großen Wert und gleichzeitig einen sehr kleinen z-Wert auf. Die zugehörige(n) unabhängige(n) Variable(n) verursachen das Separabilitätsproblem.

In Tabelle 5.10 haben wir für verschiedene Logitmodelle jeweils die Anzahl der Regressionskoeffizienten (K+1), den Wert der jeweiligen Minimierungsfunktion ($\mathfrak{L}$), den Likelihood-Ratio-Index (R'), den noch zu diskutierenden angepaßten Likelihood-Ratio-Index ($\bar{R}'$) und die beiden Fitmaße AIC und BIC aufgeführt. Ähnlich wie beim GSK-Ansatz haben wir die Modelle durch ihre unabhängigen Variablen gekennzeichnet. Die „1" steht hierbei für die Regressionskonstante.

Unser Ausgangsmodell M_1 aus Tabelle 5.2, bei dem die Wahlbeteiligung durch das Alter erklärt wird, hat nur eine geringe Erklärungskraft von 3,0% (0,030 = 1 − 460,33/474,57). Praktisch vernachlässigbar ist sogar die Erklärungskraft der beiden Modelle M_4 und M_5 aus Tabelle 5.5, bei denen die Wahlbeteiligung allein durch die Parteipräferenz vorausgesagt wird (R' = 0,1%). Die Gleichheit der Erklärungskraft bei Dummy- und Effektkodierung liegt an der erwähnten Äquivalenz der Modelle. Reparametrisierungen, die zu empirisch äquivalenten Modellen führen, weisen bei der Minimierungsfunktion und damit auch bei der Erklärungskraft stets identische Werte auf. Im Unterschied zu diesen Modellen weist das Modell M_2 (Tabelle 5.2) mit den unabhängigen Variablen Alter und Konfession auf einen deutlichen Zusammenhang hin. Die Erklärungskraft beträgt hier 10,7%. Die zusätzliche Berücksichtigung des Interaktionseffekts zwischen Alter und Konfession in M_3 (Tabelle 5.3) führt zu einem weiteren leichten Anstieg auf 11,4%. In Modell M_6 (Tabelle 5.7 bzw. 5.8), bei dem alle unabhängigen Variablen berücksichtigt werden, beträgt die

Tabelle 5.10: Vergleich verschiedener Logitmodelle

Modell	K+1	$\mathcal{L}$	R'	R'	AIC	BIC
M_0: [1]	1	474,57	–	–	951,14	955,76
M_1: $[1, x_1]$	2	460,33	3,0 %	2,8 %	924,66	933,90
M_2: $[1, x_1, d_1^B]$	3	423,62	10,7 %	10,3 %	853,24	867,10
M_3: $[1, x_1, d_1^B, x_1 \times d_1^B]$	4	420,51	11,4 %	10,7 %	849,02	867,50
M_4: $[1, d_1^C, d_2^C]$	3	473,92	0,1 %	-0,3 %	953,84	967,70
M_5: $[1, e_1^C, e_2^C]$	3	473,92	0,1 %	-0,3 %	953,84	967,70
M_6: $[1, x_1, d_1^B, x_1 \times d_1^B, d_1^C, d_2^C]$	6	417,21	12,1 %	11,0 %	846,42	874,14
M_7: $[1, x_1, d_1^B, x_1 \times d_1^B, d_2^C]$	5	417,61	12,0 %	11,1 %	845,22	868,32
M_8: $[1, x_1 \times d_1^B, d_2^C]$	3	417,89	11,9 %	11,5 %	841,78	855.64

1: Regressionskonstante; x_1: Alter; d_1^B: Designvariable Konfession; d_1^C, e_1^C: Designvariable SPD-Präferenz; d_2^C, e_2^C: Designvariable FDP-Präferenz (jeweils Dummy- bzw. Effektkodierung).

Quelle: Individualdaten (N= 750), vgl. Anhang 4.

Erklärungskraft schließlich 12,1%. Werden ausgehend von Modell M_6 unabhängige Variablen ohne signifikante Regressionsgewichte ausgeschlossen, verringert sich die Erklärungskraft auf 12,0%, wenn man die Präferenzen für die SPD unberücksichtigt läßt (Modell M_7), bzw. auf 11,9%, wenn man zusätzlich noch den Alters- und den Konfessionseffekt fortläßt (Modell M_8).

Wenn wir mit R' verschiedene Logitmodelle mit jeweils einer einzigen unabhängigen Variablen vergleichen, verwenden wir den Koeffizienten im Sinne eines bivariaten Zusammenhangsmaßes. Um auch die partielle Erklärungskraft zu erfassen, kann der Zuwachs des Likelihood-Ratio-Index berechnet werden, der sich ergibt, wenn eine unabhängige Variable als zusätzliche Variable in ein Logitmodell aufgenommen wird. Der Zuwachs an Erklärungskraft ist aber genau genommen nur ein semi-partielles Zusammenhangsmaß, da zwar der Einfluß von Drittvariablen auf die abhängige Variable berücksichtigt wird, nicht jedoch der mögliche Einfluß dieser Drittvariablen auf die unabhängige Variable selbst bzw. umgekehrt der Einfluß der unabhängigen Variablen auf die Drittvariablen. Dies hat zur Folge, daß der Zuwachs an Erklärungskraft auch dann sehr geringe Werte aufweisen kann, wenn die unabhängige Variable auch bei Drittvariablenkontrolle sehr starke Effekte aufweist.

Wenn ein Logitmodell um eine zusätzliche erklärende Variable erweitert wird, kann sich der Wert von R' erhöhen, aber nicht verringern. Orientiert man sich allein am Wert von R', besteht daher die Gefahr, ein Modell mit vielen erklärenden Variablen zu bevorzugen, obwohl die einzelnen unabhängigen Variablen möglicherweise kaum zusätzliche Erklärungskraft bringen. Es kann daher sinnvoll sein, bei der Erklärungskraft die Anzahl der unabhängigen Variablen zu berücksichtigen. Ein Vorschlag hierzu besteht darin, bei der Berechnung des Likelihood-Ratio-Index zur Minimierungsfunktion $\mathcal{L}$ jeweils die Anzahl der geschätzten Regressionskoeffizienten eines Modells zu addieren bzw. statt der Werte der Minimierungsfunktion $\mathcal{L}$ die AIC-Werte zu verwenden. Der angepaßte („adjusted") Likelihood-Ratio-Index $\bar{R}'$ berechnet sich dann folgendermaßen:

$$\bar{R}' = 1 - \frac{\mathcal{L}_v + (K+1)}{\mathcal{L}_k + 1} = 1 - \frac{AIC_v}{AIC_k} \qquad (5.22)$$

Vergleicht man die Werte von R' mit denen des angepaßten Index $\bar{R}'$, zeigt sich, daß der angepaßte Index immer kleiner ist. Im Unterschied zu R' kann $\bar{R}'$ zudem auch negative Werte annehmen (so bei den Modellen M_4 und M_5). Inhaltlich bedeutet ein negativer Wert, daß ein Modell bei Berücksichtigung der Anzahl der Regressionskoeffizienten weniger gut erscheint als das Konstantenmodell.

Likelihood-Ratio-Indizes geben keine Informationen darüber, wie sich die Erklärungskraft auf die Kategorien der abhängigen Variablen verteilt. Es ist aber denkbar, daß die Realisationen einer Kategorie deutlich besser vorhergesagt werden können als die Realisationen der anderen Kategorie. Zur Untersuchung dieser Frage sind Klassifikationstabellen vorgeschlagen worden. In einer *Klassifikationstabelle* werden die vorhergesagten Werte der abhängigen Variablen den tatsächlich beobachteten Werten gegenübergestellt. Vorhergesagt wird dabei die Kategorie der abhängigen Variablen, die die größte geschätzte Wahrscheinlichkeit aufweist. Ist z.B. bei einem Fall die geschätzte Wahrscheinlichkeit der ersten Kategorie 0,6 und die der zweiten Kategorie 0,4, dann wird die erste Kategorie vorhergesagt.

Tabelle 5.11 zeigt eine solche Tabelle für das Logitmodell M_6. Das Modell sagt bei 519 (402 + 117) der 750 Befragten voraus, daß sie wählen werden. Von diesen Personen berichten aber nur 402 über eine Wahlbeteiligung. Somit sind gut 77% (402/519) der Prognosen einer Wahlbeteiligung korrekt. Bei den Nichtwählern ist der Anteil der korrekten Prognosen geringer. Hier sind nur knapp 56% (129/231) der Vorhersagen richtig. Die Bezeichnung „Klassifikationstabelle" kommt ursprünglich aus der Diskriminanzanalyse, in der es darum geht, beobachtete Werte möglichst korrekt zu klassifizieren. Da von den 504 Wählern der Stichprobe 402 auch vom Modell als Wähler identifiziert

Tabelle 5.11: Klassifikationstabelle für das Logitmodell M_6

beobachtete Werte	vorhergesagte Werte		Anteil korrekter Klassifikationen
	Wähler	Nichtwähler	
Wähler	402	102	79,76%
Nichtwähler	117	129	52,44%
Anteil korrekter Vorhersagen	77,46%	55,84%	70,80%[a]

a) Anteil korrekter Vorhersagen bzw. Klassifikationen insgesamt.

werden, beträgt der Anteil der korrekten Klassifikationen der Wähler knapp 80%. Von den Nichtwählern werden gut 52% (129/246) korrekt klassifiziert. Insgesamt werden knapp 71% (= (402 + 129)/750) der Befragten korrekt klassifiziert. Dieser Wert ist gleichzeitig auch der Anteil der insgesamt korrekten Prognosen.

Ein Nachteil von Klassifikationstabellen ist, daß sie den stochastischen Charakter des Logitmodells nicht berücksichtigen. Unabhängig davon, ob eine geschätzte Wahrscheinlichkeit 0,51 oder 0,99 beträgt, vorhergesagt wird immer die gleiche Kategorie. Bei schiefen Verteilungen kann dies die Konsequenz haben, daß eine Kategorie der abhängigen Variablen überhaupt nicht vorhergesagt wird, da die geschätzten Wahrscheinlichkeiten für diese Kategorie bei allen Fällen kleiner als 0,5 sind. Diese Schwäche einer Klassifikationstabelle wird bei der von McFadden vorgeschlagenen *Vorhersageerfolgstabelle* (engl. *prediction success table*) vermieden (vgl. McFadden 1979). Bei dieser Tabelle werden anstelle der vorhergesagten Kategorie die Wahrscheinlichkeiten der Kategorien aufsummiert. Der obere Teil von Tabelle 5.12 zeigt die Vorhersageerfolgstabelle für das Logitmodell M_6. Die Summe der geschätzten Wahrscheinlichkeiten einer Wahlbeteiligung der Befragten, die sich als Wähler bezeichnen, beträgt 362,686. Entsprechend ist der Wert 141,314 die Summe der geschätzten Wahrscheinlichkeiten der Wahlenthaltung. Analog ergeben sich die Werte für die Summen der geschätzten Wahrscheinlichkeiten der Befragten, die sich als Nichtwähler bezeichnen.

Teilt man diese Summen durch die Anzahl der Fälle, die jeweils aufsummiert werden, erhält man für jede Kategorie der abhängigen Variablen ein durchschnittliches geschätztes Wahrscheinlichkeitsprofil. Für unser Beispiel sind diese Profile im unteren Teil der Tabelle aufgeführt. Die durchschnittliche Wahrscheinlichkeit der Wahlbeteiligung beträgt bei Wählern knapp 72% (362,686/504). Die durchschnittliche Wahrscheinlichkeit der Wahlenthaltung

Tabelle 5.12: Vorhersageerfolgstabelle und Wahrscheinlichkeitsprofile für Modell M_6

Beobachtete Werte	summierte Wahrscheinlichkeiten		
	Wahlbeteiligung	Wahlenthaltung	Insgesamt
Wähler	362,686	141,314	504
Nichtwähler	141,314	104,686	246
Summe	504,000	246,000	750

Beobachtete Werte	Wahrscheinlichkeitsprofile		
	Wahlbeteiligung	Wahlenthaltung	Insgesamt
Wähler	71,96 %	28,04 %	100 %
Nichtwähler	57,44 %	42,56 %	100%
Insgesamt	67,20 %	32,80 %	100%
Erfolgsindex	4,76 %	9,76 %	

beträgt bei dieser Gruppe dann 28% (141,314/504). Bei den Nichtwählern ist die durchschnittliche Wahrscheinlichkeit der Wahlbeteiligung 57% (141,314/246) und die der Wahlenthaltung 43% (104,686/246). Je höher dabei die durchschnittliche Wahrscheinlichkeit für die tatsächlich realisierte Kategorie ist, desto besser läßt sich diese Kategorie vorhersagen.

Ohne Kenntnis der Werte der unabhängigen Variablen würde man die Wahrscheinlichkeiten aus der Häufigkeitsverteilung der abhängigen Variablen schätzen. Die Wahrscheinlichkeit der Wahlbeteiligung ist hier 67% (504/750), die der Wahlenthaltung 33% (246/750). Die Differenzen der Diagonalelemente in der Tabelle der Wahrscheinlichkeitsprofile von diesen Wahrscheinlichkeiten bezeichnet McFadden als Erfolgsindex. Für die Kategorie „Wahlbeteiligung" liegt der Erfolgsindex bei knapp 5% (71,96%-67,20%), bei der Kategorie „Wahlenthaltung" bei etwa 10% (42,56%-32,80%).

5.2.6 Modellmodifikation

Mit Hilfe statistischer Tests, aber auch mit Fitmaßen wie AIC und BIC und mit Maßen zur Erfassung der Erklärungskraft eines Modells wird letztlich versucht, ein Modell zu finden, daß theoretisch informativ ist und gleichzeitig mit den Stichprobendaten in Einklang steht. Oft führt die Schätzung eines Logitmodells nicht sofort zu befriedigenden Ergebnissen. So gilt etwa für unser Modell M_6, daß die meisten Koeffizienten nicht signifikant von null verschieden sind (vgl. Tabelle 5.8). Bei manchen Anwendungen gibt es auch nur wenige theoretische Anhaltspunkte, welche Variablen als unabhängige Variablen in Frage kommen. In solchen Fällen wird meist eine Vielzahl von unterschiedlichen Modellen geschätzt. Zur Gegenüberstellung der Modelle werden dann oft Tabellen benutzt, die wie Tabelle 5.10 summative Maße und Indizes für die einzelnen Modelle auflisten. Betrachtet man noch einmal diese Tabelle, scheint von allen aufgeführten Modellen das letzte Modell M_8 das relativ beste Modell zu sein. Obwohl es weniger unabhängige Variablen enthält als die Modelle M_6 und M_7, ist die Erklärungskraft gemessen in R' kaum geringer. Da die drei Modelle hierarchisch geschachtelt sind, können LR-Tests zur Entscheidung zwischen den Modellen M_7 einerseits und M_5 und M_6 andererseits herangezogen werden.

Nach (5.18) ergibt sich die Teststatistik für den LR-Test aus der doppelten Differenz der Minimierungsfunktion $\mathscr{L}$ zweier hierarchisch geschachtelter Modelle. Modell M_7 ist restringierter als Modell M_6, da in M_7 der in M_6 spezifizierte Einfluß der Parteipräferenz für die SPD ausgelassen wurde. Die Anwendung von (5.18) auf die Werte aus Tabelle 5.10 ergibt für die Teststatistik den Wert 0,80 (= 2 × (417,61 − 417,21)). Die Anzahl der zusätzlichen Restriktionen in M_7 beträgt eins. Wenn die Nullhypothese zutrifft, daß die Parteipräferenz für die SPD die Wahlbeteiligung nicht beeinflußt, ist die Teststatistik mit einem Freiheitsgrad χ^2-verteilt. Da der Wert 0,80 kleiner ist als der kritische Wert 3,84 der χ^2-Verteilung für $\alpha = 0,05$ und einen Freiheitsgrad (vgl. Anhang 3), kann die Nullhypothese bei einer Irrtumswahrscheinlichkeit von 5% nicht abgelehnt werden. Eine Parteipräferenz für die SPD hat also nach dem LR-Test keinen Einfluß auf die Wahlbeteiligung. Ähnliches ergibt sich beim LR-Test der Regressionsgewichte von Alter und Konfession. Der Vergleich der Minimierungsfunktionen der Modelle M_8 und M_7 ergibt eine Teststatistik von 0,56 (= 2×(417,89−417,61)). Das restiktivere Modell M_8 hat zwei Regressionskoeffizienten weniger als M_7. Wenn M_8 und nicht M_7 das korrekte Modell ist, dann ist die Teststatistik also χ^2-verteilt mit zwei Freiheitsgraden. Bei einer Irrtumswahrscheinlichkeit von 5% wird die Teststatistik wieder mit dem entsprechenden kritischen Wert der χ^2-Verteilung verglichen, der bei $\alpha = 0,05$ und zwei Freiheitsgraden 5,99 beträgt (vgl. Anhang 3). Da 0,56 kleiner ist als 5,99, kann die Nullhypothese nicht verworfen werden. Auch gegenüber Modell M_6 ist Modell M_8 nicht signifikant schlechter. Der LR-Test führt hier zu

Tabelle 5.13: Regressionskoeffizienten, Standardschätzfehler, Effekte und deren 95%-Konfidenzintervalle für Modell M_8

	Schätzung	SE	z	Effekt	95%-Intervall	
	β	$\hat{\sigma}_\beta$	$\beta/\hat{\sigma}_\beta$	e^β	von	bis
Konstante	−0,1603	0,1205	−1,33	0,8519	0,6727	1,0788
Alter × Konfession	0,0369	0,0038	9,71	1,0376	1,0299	1,0453
FDP	0,5135	0,2203	2,33	1,6711	1,0851	2,5736

einem Wert von 1,36 (= 2×(417,89−417,21)), der deutlich kleiner ist als der kritische Wert 7,81, der sich für $\alpha = 0,05$ und drei Freiheitsgraden ergibt.

Nicht nur der LR-Test, auch die Fitmaße AIC und BIC sprechen für Modell M_8. Verglichen mit allen anderen in Tabelle 5.10 aufgeführten Modellen sind die Werte von AIC und BIC hier am geringsten. Einzig und allein die Prognosekraft gemessen durch R' ist in M_8 etwas geringer als in M_6. Der oben vorgestellte LR-Test zwischen den beiden Modellen brachte jedoch keine signifikanten Unterschiede. Bezogen auf die Erklärungskraft bedeutet dies, daß der kleine Unterschied in R' nicht signifikant ist. Für den angepaßten Likelihood-Ratio-Index $\bar{R}'$ gilt sogar, daß der Wert bei M_8 größer ist als bei M_6. Das letzte Modell dürfte also angesichts der Daten das beste Modell sein.

Die Ergebnisse der Koeffizientenschätzung des Modells M_8 sind in Tabelle 5.13 festgehalten. Bis auf die Regressionskonstante sind alle Regressionskoeffizienten bei einer Irrtumswahrscheinlichkeit von 5% signifikant von null verschieden. Nach der Modellschätzung nehmen bei religiösen Personen die Odds, eher wählen zu gehen als nicht zu wählen, pro Lebensjahr um etwa 4% zu (Faktor: 1,0376). Bei nicht-religiösen Personen hat das Alter dagegen keinen Einfluß. Dagegen erhöht eine Parteipräferenz für die FDP die Odds um weitere 67% (Faktor: 1,6711).

Wir haben bereits bei der Vorstellung des GSK-Ansatzes und der Anwendung log-linearer Modelle darauf hingewiesen, daß Modellmodifikationen allein auf der Basis empirischer Kriterien leicht zu Fehlentscheidungen führen. Das gilt in gleichem Maße auch bei Logitmodellen für Individualdaten. So kann das relativ beste Modell „überangepaßt" sein, d.h. andere Stichproben aus der gleichen Population schlechter beschreiben. Berücksichtigt werden sollte auch, daß das mehrfache Testen am gleichen Datensatz problematisch ist, da hierdurch die Fehlerwahrscheinlichkeiten unkalkulierbar werden. Statistische Tests können daher nur Anhaltspunkte für die Wahl eines Modells bieten. Vermindern läßt sich die Gefahr der Auswahl eines überangepaßten

Modells, wenn zwei Stichproben vorliegen oder der Datensatz in zwei Teilstichproben geteilt werden kann und die eine Stichprobe zum Auffinden eines optimalen Modells genutzt wird, das anschließend in der zweiten Stichprobe getestet wird. Eine solche Strategie wird Kreuzvalidierung genannt.

Generell gilt, daß eine inhaltliche Interpretation eines Logitmodells wenig Sinn hat, wenn das Modell die beobachteten Daten nicht adäquat beschreibt. Es besteht dann die Gefahr, Artefakte als empirische Befunde zu deuten. Selbst wenn ein Logitmodell auf einen starken Zusammenhang zwischen den Variablen hinweist, ist dadurch noch nicht garantiert, daß Modellprognosen und beobachtete Daten übereinstimmen. Eine hohe Erklärungskraft eines Logitmodells ist nämlich auch dann möglich, wenn das Modell die tatsächliche Beziehungsstruktur nicht korrekt beschreibt. Ein Beispiel ist das oben erwähnte Problem der Separabilität. Umgekehrt ist nicht ausgeschlossen, daß ein Logitmodell die Daten gut beschreiben kann, obwohl die unabhängigen Variablen nicht sehr stark mit der abhängigen Variablen zusammenhängen. In der linearen Regression vergleicht man dazu die Vorhersagewerte eines Modells mit den Werten der abhängigen Variablen oder betrachtet die Verteilung der Residuen. In unserem Fall hat die abhängige Variable aber nur zwei Ausprägungen. Um dennoch zu einem detaillierteren Vergleich zwischen beobachteten Werten und Vorhersagewerten zu gelangen, ist es sinnvoll, wie in der Tabellenanalyse von den geschätzten Wahrscheinlichkeiten des Modells auszugehen und diese den beobachteten relativen Häufigkeiten gegenüberzustellen. Da wir hier aber Individualdaten analysieren, ist es im allgemeinen notwendig, zunächst die geschätzten Wahrscheinlichkeiten der einzelnen Fälle in Klassen mit annähernd gleichen Wahrscheinlichkeiten zusammenzufassen. Die erwarteten Häufigkeiten einer Kategorie ergeben sich dann einfach als Summe der geschätzten Wahrscheinlichkeiten für diese Kategorie, wobei über alle Fälle in der Klasse summiert wird. In Abbildung 5.6 sind am Beispiel unserer Modelle M_2 und M_8 für jeweils verschiedene solcher Klassen die beobachteten Häufigkeiten der Wähler und der Nichtwähler sowie die erwarteten Häufigkeiten der Wähler graphisch dargestellt. Der maximale Wertebereich der geschätzten Wahrscheinlichkeiten ist hierzu in 50 gleich breite Intervalle unterteilt worden.

Die Abbildung enthält eine ganze Reihe von Informationen. Betrachten wir zunächst nur den rechten Teil, der die Ergebnisse für das Modell M_8 beinhaltet. Zunächst fällt auf, daß sich die geschätzten Wahrscheinlichkeiten für die einzelnen Fälle nicht gleichmäßig über den gesamten Wertebereich verteilen. Dies ist eine Konsequenz der in der Stichprobe vorkommenden Merkmalskombinationen der unabhängigen Variablen, die in M_8 berücksichtigt wurden. Nach dem Modell hat nur die Parteipräferenz für die FDP sowie das Alter bei religiösen Personen einen Einfluß auf die Wahlbeteiligung. In der Stichprobe haben wir 246 konfessionslose Personen ohne Präferenzen für die FDP. Für alle diese Befragten beträgt nach dem Modell M_8 die Wahrscheinlichkeit, wäh-

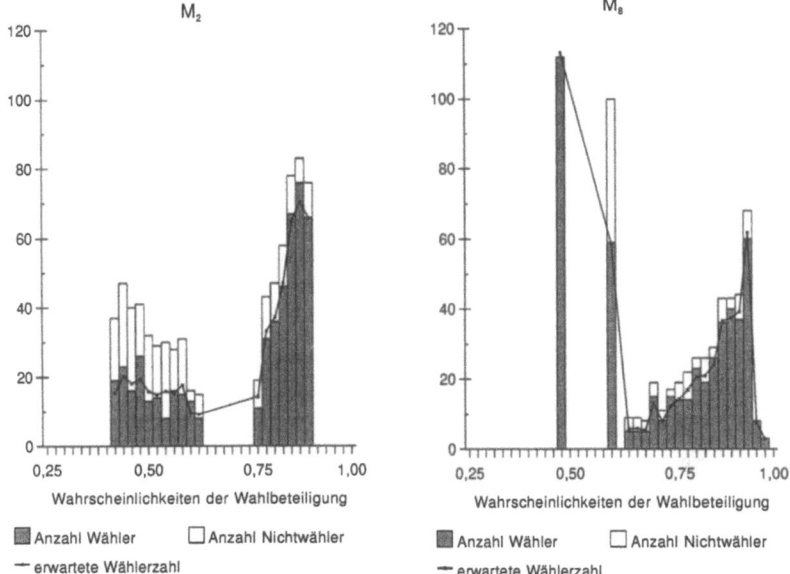

Abbildung 5.6: Beobachtete und geschätzte Wählerhäufigkeiten der Modelle M_2 und M_8

len zu gehen 0,46 (= $e^{-0,1603}/(1+e^{-0,1603})$). Aufgrund der Gleichheit der vorhergesagten Wahrscheinlichkeiten für diesen Personenkreis ergibt sich in der rechten Teilgrafik der Abbildung 5.6 eine hohe Säule direkt oberhalb des Wertes 0,5 (zur besseren Darstellung haben wir für diese sehr große Gruppe nur die Anzahl der Wähler in die Abbildung eingetragen). Die Säule rechts daneben steht für die 100 Befragten, die konfessionslos sind und eine Präferenz für die FDP haben. Für diesen Personenkreis beträgt die Wahrscheinlichkeit der Wahlbeteiligung 0,59 (= $e^{-0,1603 + 0,5135}/(1+e^{-0,1603 + 0,5135})$). Die übrigen Säulen stehen für religöse Personen. In Abhängigkeit vom Alter und einer eventuellen Präferenz für die FDP berechnen sich bei ihnen unterschiedliche Wahrscheinlichkeiten der Wahlbeteiligung. Alle Wahlwahrscheinlichkeiten sind nach M_8 aber stets höher als die der Konfessionslosen. Insgesamt gesehen liegen die vom Modell vorausgesagten Wahrscheinlichkeiten der Wahlbeteiligung bei den meisten Befragten über 0,5. Das Modell prognostiziert daher ein deutliches Überwiegen der Zahl der Wähler gegenüber der Zahl der Nichtwähler. Verstärkt wird diese Erwartung noch dadurch, daß selbst die geringste geschätzte Wahrscheinlichkeit der Wahlbeteiligung mit 0,46 relativ hoch ist. Nach dem Modell ist also Wählen eher der Normalfall und Nichtwahl die Ausnahme. Im Modell M_2 ist kein Interaktionseffekt spezifiziert. In der linken Teilgrafik wird deutlich, daß die modellimplizierten Wahrscheinlichkeiten hier in zwei klar voneinander getrennte Gruppen zerfallen. Die untere Gruppe enthält die Konfessionslosen, die obere Angehörige einer Religionsgemeinschaft.

Neben diesen Informationen über die Verteilung der modellimplizierten Wahrscheinlichkeiten, die über die Möglichkeiten einer einfachen Klassifikations- oder Vorhersageerfolgstabelle hinausgehen, ermöglicht die Abbildung aber vor allem auch eine Berurteilung der Angemessenheit des geschätzten Modells. Dazu werden in jeder Klasse die erwarteten Häufigkeiten der Wähler ihrer tatsächlichen Anzahl gegenübergestellt. In Abbildung 5.6 wird die tatsächliche Wählerzahl in einer Klasse durch den schraffierten Teil der zugehörigen Säule dargestellt. Die erwartete Anzahl ist jeweils durch ein kleines Quadrat symbolisiert, und alle Quadrate sind durch eine Linie verbunden. Ist das Quadrat im schraffierten Bereich, gibt es in der betreffenden Klasse mehr Wähler als erwartet. Ist es dagegen im nichtschraffierten Bereich einer Säule, gibt es weniger Wähler als erwartet.

Vergleicht man nun für die beiden Modelle M_2 und M_8 die erwarteten Häufigkeiten der Wähler mit den tatsächlichen Häufigkeiten der Wahlbeteiligung, so zeigen sich Unterschiede. Bei Modell M_2 weichen in einigen Klassen die erwartete Wählerzahlen deutlich von den tatsächlich beobachteten Werten ab. Bei Modell M_8 ergibt sich dagegen in allen Klassen eine recht gute Übereinstimmung zwischen erwarteten und beobachteten Häufigkeiten. Während die Grafik für M_2 darauf hinweist, daß das geschätzte Modell möglicherweise fehlspezifiziert ist, scheint zumindest dem Augenschein nach das Modell M_8 für die Stichprobendaten angemesen zu sein. Ein statistischer Test, ob Abweichungen in den Klassen noch als zufällige Stichprobenfehler tolerierbar sind, kann nach der sehr allgemeinen Methode von Andrews (1988) konstruiert werden. Die hierfür notwendigen Berechnungen sind jedoch aufwendig. Einfacher anzuwenden ist der Anpassungstest von Tsiatis (1980), der darauf beruht, die Menge der möglichen Ausprägungskombinationen der erklärenden Variablen in Klassen zu zerlegen und mit dem LM-Test zu prüfen, ob eine nominalskalierte Variable, die die Zugehörigkeit eines Falles zu einer der Klassen mißt, einen signifikanten Einfluß auf die Wahrscheinlichkeiten der abhängigen Variablen hat.

In Programmen zur Logitanalyse werden häufig zwei weitere Teststatistiken ausgedruckt, anhand derer die Angemessenheit eines Modells berechnet wird. Der erste Test verwendet den Wert der doppelten negativen Log-Likelihoodfunktion, der andere die Summe der quadrierten standardisierten Residuen. Beide Test sind direkte Übertragungen der nicht-konditionalen Tests L^2 und X^2 von log-linearen Modellen (vgl. Kapitel 3). Anders als bei der log-linearen Analyse mehrdimensionaler Tabellen ist die Anwendung bei Individualdaten jedoch problematisch. Bei Individualdaten sind nämlich in der Regel die Voraussetzungen an die Besetzungszahlen der Tabellenzellen nicht erfüllt.

Sinnvoll kann es dagegen sein, über eine Residuenanalyse nach Ausreißern zu suchen, d.h. nach Fällen, auf die das spezifizierte Logitmodell möglicherweise nicht zutrifft. Hierbei ist jedoch zu beachten, daß die Logik des statistischen Modells auch eine gewisse Anzahl von unwahrscheinlichen Fällen erwarten läßt. Wenn etwa die vorhergesagte Wahrscheinlichkeit einer Kategorie der abhängigen Variablen 0,95 beträgt, dann ist immerhin bei einem von 20 Fällen damit zu rechnen, daß gerade die andere Kategorie beobachtet wird. Diese Fälle grundsätzlich als Ausreißer zu identifizieren, wäre daher verfehlt. Falls aber Fälle mit geringen Realisierungswahrscheinlichkeiten weitere Gemeinsamkeiten aufweisen, kann dies ein wichtiger Hinweis darauf sein, daß die Stichprobe nicht homogen ist und z.B. eine wichtige unabhängige Variable nicht berücksichtigt wurde. Zur Identifikation von Ausreißern sind verschiedene Statistiken vorgeschlagen worden. Darüber hinaus sind auch Statistiken entwickelt worden, die einflußreiche Fälle identifizieren sollen, also Datenpunkte, die die geschätzten Werte der Regressionskoeffizienten überdurchschnittlich stark bestimmen. Aus Platzgründen können wir nicht auf Einzelheiten eingehen. Eine detaillierte Darstellung findet der Leser bei Fox (1984) und Hosmer/Lemeshow (1989).

5.3 Logitmodelle für polytome abhängige Variablen

In den bisher vorgestellten Logitmodellen war die abhängige Variable dichotom. Wir wollen nun Anwendungen betrachten, bei denen die abhängige Variable polytom ist, also drei oder mehr Ausprägungen hat. Falls die Kategorien eine Rangfolge bilden, können ordinale Logitmodelle verwendet werden. Sind die Kategorien der abhängigen Variablen dagegen ungeordnet, müssen die Beziehungen zu den unabhängigen Variablen mit dem multinomialen Logitmodell oder mit dem konditionalen Logitmodell analysiert werden. Für die unterschiedlichen Typen von Logitmodellen hat sich in der Literatur noch keine einheitliche Bezeichnung durchgesetzt. Dies gilt auch für die von uns gewählten Bezeichnungen „multinomiales Logitmodell" und „konditionales Logitmodell". In ökonometrischen Analysen wird das konditionale Logitmodell oft auch als logistisches Zufallsnutzenmodell bezeichnet.

5.3.1 Das multinomiale Logitmodell

Im binären Logitmodell werden die logarithmierten Odds (Logits) der beiden Kategorien der abhängigen Variablen als lineare Funktion der unabhängigen Variablen aufgefaßt. Im Unterschied zum dichotomen Fall können bei einer polytomen abhängigen Variable verschiedene Odds betrachtet werden (vgl. dazu auch Abschnitt 3.7.2). Wenn wir z.B. in unserem Beispieldatensatz die Parteipräferenz untersuchen wollen, können wir die Odds von SPD- versus

CDU-Präferenz, von FDP- versus CDU-Präferenz und von SPD- versus FDP-Präferenz bilden. Da wir auch im multinomialen Logitmodell die logarithmierten Odds als Funktion der unabhängigen Variablen auffassen, benötigen wir entsprechend mehrere Regressionsgleichungen. Ordnen wir einer Parteipräferenz für die SPD den Wert Eins zu, der Präferenz für die FDP den Wert Zwei und der Präferenz für die CDU den Wert Drei, erhalten wir bei der logistischen Regression der Parteipräferenz auf das Alter (x_1) drei Regressionsgleichungen:

$$\ln\left(\frac{\pi_1}{\pi_3}\right) = \beta_{0,1/3} + \beta_{1,1/3} x_1$$

$$\ln\left(\frac{\pi_2}{\pi_3}\right) = \beta_{0,2/3} + \beta_{1,2/3} x_1 \qquad (5.23)$$

$$\ln\left(\frac{\pi_1}{\pi_2}\right) = \beta_{0,1/2} + \beta_{1,1/2} x_1$$

Da die unabhängigen Variablen im multinomialen Logitmodell über mehrere Regressionskoeffizienten die einzelnen Logits beeinflussen, ist in (5.23) bei den Koeffizienten jeweils angegeben, auf welches Logit sich ein Koeffizient bezieht. Das Regressionsgewicht $\beta_{1,1/3}$ bezeichnet danach den Einfluß der unabhängigen Variable x_1 auf die Logits der Kategorien eins versus drei der abhängigen Variablen. Für die Schätzung der Regressionskoeffizienten benötigen wir allerdings nicht alle Gleichungen. Aus jeweils zwei Gleichungen läßt sich nämlich die dritte ableiten. So ergeben sich beispielsweise die Odds von SPD-Präferenz zu FDP-Präferenz durch Division der Odds von SPD-Präferenz zu CDU-Präferenz durch die Odds von FDP-Präferenz zu CDU-Präferenz:

$$\frac{\pi_1}{\pi_2} = \frac{\pi_1}{\pi_3} \bigg/ \frac{\pi_2}{\pi_3} \qquad (5.24)$$

Für die Logits gilt dann entsprechend:

$$\ln\left(\frac{\pi_1}{\pi_2}\right) = \ln\left(\frac{\pi_1}{\pi_3}\right) - \ln\left(\frac{\pi_2}{\pi_3}\right)$$
$$\beta_{0,1/2} + \beta_{1,1/2} x_1 = (\beta_{0,1/3} + \beta_{1,1/3} x_1) - (\beta_{0,2/3} + \beta_{1,2/3} x_1) \qquad (5.25)$$
$$= (\beta_{0,1/3} - \beta_{0,2/3}) + (\beta_{1,1/3} - \beta_{1,2/3}) x_1$$

In 5.23 ergeben sich die Regressionskoeffizienten der Logits der dritten Regressionsgleichung also aus der Differenz der Koeffizienten der ersten beiden Gleichungen. Generell gilt, daß bei einer abhängigen Variablen mit I Ausprägungen die insgesamt I×(I-1)/2 unterscheidbaren Odds bzw. Logits von jeweils zwei Ausprägungen durch I-1 unabhängige Modellgleichungen dargestellt werden können. Normalerweise wird bei allen der I-1 unabhängigen Odds bzw. Logits im Nenner der Quotienten jeweils die gleiche Kategorie verwendet, die dann als *Referenzkategorie* bezeichnet wird. Welche Ausprägung als Referenzkategorie gewählt wird, ist willkürlich und auch insofern unwichtig, als jederzeit eine Umrechnung der Modellgleichungen auf eine andere Referenzkategorie möglich ist.

Bevor wir für unsere Beispieldaten die Regressionskoeffizienten aus (5.23) schätzen, wollen wir zunächst die allgemeine Gleichung für das multinomiale Logitmodell vorstellen. Die abhängige polytome Variable hat i = 1,2,...,I Ausprägungen. $x_1, x_2, ..., x_K$ sind die unabhängigen (metrischen) Variablen, deren Einfluß auf die abhängige Variable untersucht werden soll. Wenn wir die letzte Kategorie I der abhängigen Variablen als Referenzkategorie wählen, ergeben sich folgende I-1 Logitgleichungen:

$$\ln\left(\frac{\pi_1}{\pi_I}\right) = \beta_{0,1/I} + \sum_{k=1}^{K} \beta_{k,1/I} x_n$$

$$\ln\left(\frac{\pi_2}{\pi_I}\right) = \beta_{0,2/I} + \sum_{k=1}^{K} \beta_{k,2/I} x_k \qquad (5.26)$$

$$... = ...$$

$$\ln\left(\frac{\pi_{I-1}}{\pi_I}\right) = \beta_{0,(I-1)/I} + \sum_{k=1}^{K} \beta_{k,(I-1)/I} x_k$$

Für die multiplikativen Modellgleichungen der Odds folgt dann:

$$\frac{\pi_i}{\pi_I} = \exp\left(\beta_{0,i/I} + \sum_{k=1}^{K} \beta_{k,i/I} x_k\right) \qquad (5.27)$$

$$= e^{\beta_{0,i/I}} \times e^{\beta_{1,i/I} x_1} \times .... \times e^{\beta_{K,i/I} x_K} \quad ; \quad i = 1,2,...,I-1$$

Die Umformung nach den Wahrscheinlichkeiten der Kategorien der abhängigen Variablen ergibt schließlich:

$$\pi_i = \frac{\exp\left(\beta_{0,i/I} + \sum_{k=1}^{K} \beta_{k,i/I} x_k\right)}{1 + \sum_{i=1}^{I-1} \exp\left(\beta_{0,i/I} + \sum_{k=1}^{K} \beta_{k,i/I} x_k\right)} \quad ; \quad i = 1, 2, \ldots, I-1$$

$$\pi_I = \frac{1}{1 + \sum_{i=1}^{I-1} \exp\left(\beta_{0,i/I} + \sum_{k=1}^{K} \beta_{k,i/I} x_k\right)}$$

(5.28)

Vergleicht man die Gleichungen mit den entsprechenden Formeln (5.10), (5.9) und (5.8) für das binäre Logitmodell, so wird sichtbar, daß das binäre Logitmodell ein Spezialfall des multinomialen Logitmodells ist, bei dem die abhängige Variable nur zwei Kategorien aufweist. Da sich viele Eigenschaften des binären Logitmodells auf den multinomialen Fall verallgemeinern lassen, können wir bei Schätzung, Interpretation und Tests der Modellparameter auf unserer Kenntnis des binären Logitmodells aufbauen.

Die Parameterschätzung erfolgt mit der ML-Methode. Tabelle 5.14 zeigt die Ergebnisse der logistischen Regression der Parteipräferenz auf das Alter in Jahren. Referenzkategorie ist die Präferenz für die CDU. Für die Logits von SPD- versus CDU-Präferenz ergibt sich eine Regressionskonstante von 0,073 und ein Regressionsgewicht von -0,005. Die entsprechenden Werte für die Logits von FDP- versus CDU-Präferenz lauten -0,113 und -0,019. Die Interpretation erfolgt ganz analog zum binären Logitmodell. Positive Vorzeichen der Regressionskoeffizienten weisen darauf hin, daß eine Zunahme bei der unabhängigen Variablen die Realisierungschance einer Kategorie relativ zur Referenzkategorie erhöht. Negative Werte verringern demgegenüber die Chancen. In Tabelle 5.14 hat Alter in beiden Regressionsgleichungen negative Regressionsgewichte. Mit steigendem Alter sinkt also sowohl die SPD- als auch die FDP-Präferenz relativ zu einer Parteipräferenz für die CDU. Zur Beurteilung der Höhe dieser Effekte wechseln wir von den linearen Logitgleichungen (5.26) zu den Effektkoeffizienten des multiplikativen Modells (5.27). Die letzte Spalte der Tabelle enthält die entsprechenden Werte, die sich wie beim binären Logitmodell durch den Antilogarithmus der Regressionskoeffizienten ergeben. Der Effekt des Alters auf die Odds von SPD- versus CDU-Präferenz beträgt danach 0,995: pro Lebensjahr sinken die Odds um 0,5% (Faktor: 0,995). Die Odds von FDP- versus CDU-Präferenz sinken pro Lebensjahr um 2% (Faktor: 0,981). Die Regressionskonstanten geben Auskunft über die Logits, wenn alle erklärenden Variablen den Wert Null aufweisen.

Um den Einfluß des Alters auf die Parteipräferenz umfassend zu betrachten, benötigen wir auch die Koeffizienten für die Odds von FDP versus SPD. Die Werte lassen sich aus den Daten in Tabelle 5.14 leicht berechnen (analog Glei-

Tabelle 5.14: Analyse der Parteipräferenz durch ein multinomiales Logitmodell mit der unabhängigen Variablen Alter

	Koeffizient β	SE σ_β	z β/σ_β	Effekt e^β
Logit SPD / CDU				
Alter	-0,005	0,0053	-0,96	0,995
Konstante	0,073	0,2476	0,30	1,076
Logit FDP / CDU				
Alter	-0,019	0,0069	-2,80	0,981
Konstante	-0,113	0,3047	0,37	0,893

Konstantenmodell: $2\mathcal{L}$ = 1549,358. Gesamtmodell: $2\mathcal{L}$ = 1541,388. LR-Test: L^2= 7,970, df = 2, p = 0,019, R' = 0,5%.

Quelle: Individualdaten (N = 750), vgl. Anhang 4.

chung 5.25). In Tabelle 5.15 ist diese Umrechnung von der Referenzkategorie CDU in die Referenzkategorien SPD und FDP exemplarisch vorgeführt. Der Regressionskoeffizient des Alters für die Logits SPD/FDP ist positiv (0,014). Pro Lebensjahr steigen die Odds daher um den Faktor 1,014 ($e^{0,014}$) an. Insgesamt ergibt sich somit folgendes Bild: Den größten Zusammenhang zwischen Alter und Parteipräferenz gibt es im Verhältnis von CDU- versus FDP-Präferenz. Pro Lebensjahr steigen die Odds um 1,9% an. Etwas geringer ist der Effekt von SPD versus FDP. Pro Lebensjahr beträgt hier der Anstieg zugunsten der SPD-Präferenz 1,4%. Die Odds von CDU versus SPD ändern sich schließlich pro Lebensjahr zugunsten der CDU-Präferenz um 0,5%. Die CDU profitiert also am stärksten von zunehmendem Alter. Bei der SPD-Präferenz steigen die Odds nur gegenüber der FDP. Relativ zur CDU verliert die SPD mit steigendem Alter Anhänger. Die FDP verliert schließlich gegenüber allen anderen Parteien.

Neben den geschätzten Regressionskoeffizienten und Effekten enthält Tabelle 5.14 Angaben über die Erklärungskraft des Modells (R') sowie die Standardfehler der Regressionskoeffizienten und weiteren Teststatistiken. Die z-Werte weisen darauf hin, daß das Alter nur bei den Odds von FDP- versus CDU-Präferenz auf dem 5%-Niveau signifikante Effekte aufweist, nicht jedoch bei den Odds von SPD versus CDU. Offen ist zunächst auch, ob der Effekt beim Verhältnis von SPD- versus FDP-Präferenz signifikant ist. In Tabelle 5.15 haben wir für den Regressionskoeffizienten den Wert 0,014 berechnet, nicht aber dessen Signifikanz. Da sich der Regressionskoeffizient aus der

Differenz zweier Regressionskoeffizienten ergibt, entspricht die Varianz der Differenz der Summe der quadrierten Standardfehler der Ausgangsgrößen minus deren doppelte Kovarianz. Die Kovarianz der Regressionskoeffizienten des Alters bei den Logits von SPD versus CDU und von FDP versus CDU ist 0,000013. Aus diesem Wert und den Standardfehlern in Tabelle 5.14 errechnen wir für die Varianz der Differenz einen Wert von 0.00005 (= $0,0053^2$+ $0,0069^2 - 2 \times 0,000013$). Die positive Quadratwurzel (= 0,007) ist dann der Standardschätzfehler des Alterseffektes auf die Odds von SPD- versus CDU-Präferenz. Der z-Wert ist somit 2,0 (= 0,014/0,007). Bei einer Irrtumswahrscheinlichkeit von 5% ist der Effekt signifikant von null verschieden.

Diese Vorgehensweise bei der Berechnung der Standardfehler und z-Werte von Regressionskoeffizienten für Logits, deren Gleichungen nicht direkt geschätzt werden, folgt der Logik der Schätzung und der Tests linearer Kontraste. Wir können diese Logik auch anwenden, um zu prüfen, ob eine unabhängige Variable überhaupt einen Effekt hat bzw. umgekehrt alle Regressionskoeffizienten einer unabhängigen Variablen in der Population null sind. Für den Test ist es hinreichend, die Signifikanz aller Koeffizienten einer erklärenden Variablen bei einer beliebigen Referenzkategorie zu prüfen. Wir können hierzu einen Wald-Test anwenden. In Tabelle 5.14 ist statt des Wald-Tests das Ergebnis eines Likelihood-Verhältnistests wiedergegeben. Die Teststatistik berechnet sich nach (5.18) aus der doppelten Differenz der negativen Log-Likelihoodfunktion des restringierten Modells M_r (hier: das Konstantenmodell) und des nicht-restringierten Modells M_u (hier: das Modell mit der Variablen Alter). Die Zahl der Freiheitsgrade (df) ergibt sich aus der Differenz der Anzahl der in beiden Modellen geschätzten Regressionskoeffizienten. Im Konstantenmodell werden nur die zwei Regressionskonstanten geschätzt. Das nicht-restringierte Modell enthält zwei zusätzliche Regressionsgewichte für die Effekte des Alters. Der Wert der LR-Teststatistik beträgt 7,97 (df = 2, p = 0,019).

Der Likelihood-Ratio-Index R' berechnet sich wie beim binären Modell nach (5.20). Der Wert der negativen Log-Likelihoodfunktion $\mathcal{L}_k$ des Konstantenmodells kann aus der Häufigkeitsverteilung der abhängigen Variablen berechnet werden:

$$\mathcal{L}_k = -\sum_{i=1}^{I} f_{+i} \times \ln\left(\frac{f_{+i}}{N}\right) \qquad (5.29)$$

In (5.29) steht f_{+i} für die Häufigkeit der Kategorie i der abhängigen Variable und N für die Gesamtfallzahl. Da in unserem Beispieldatensatz von den 750 Personen 286 die SPD präferieren, 131 die FDP und 333 die CDU, beträgt der Wert 774,7. In Tabelle 5.14 ist für das Konstantenmodell und das Modell mit der Variablen Alter jeweils der Wert der *doppelten* negativen Log-Likelihood-

Tabelle 5.15: Umrechnung von der Referenzkategorie CDU auf andere Referenzkategorien

Referenzkategorie SPD	FDP/CDU	–	SPD/CDU	=	β	Effekt e^β
Logit FDP/SPD						
Alter	-0,019	–	-0,005	=	-0,014	0,986
Konstante	-0,113	–	0,073	=	-0,186	0,830
Logit CDU/SPD						
Alter		–	-0,005	=	0,005	1,005
Konstante		–	0,073	=	-0,073	0,930

Referenzkategorie FDP	SPD/CDU	–	FDP/CDU	=	β	Effekt e^β
Logit SPD/FDP						
Alter	-0,005	–	-0,019	=	0,014	1,014
Konstante	0,073	–	-0,113	=	0,186	1,204
Logit CDU/FDP						
Alter		–	-0,019	=	0,019	1,019
Konstante		–	-0,113	=	0,113	1,120

funktion angegeben, für das Konstantenmodell also 1549,4. Obwohl der LR-Test ergeben hat, daß es bei einer Irrtumswahrscheinlichkeit von 5% einen signifikanten Zusammenhang zwischen Alter und Parteipräferenz gibt, ist die Erklärungskraft mit einem R'-Wert von n 0,5% nur sehr gering. Anstelle von R' können wir auch den angepaßten Index R̄' berechnen. Dabei ist zu berücksichtigen, daß das Konstantenmodell bei einer polytomen abhängigen Variablen mit I Ausprägungen I-1 Konstanten enthält:

$$\bar{R}' = 1 - \frac{\mathcal{L}_v + (K+1)(I-1)}{\mathcal{L}_k + (I-1)} = 1 - \frac{AIC_v}{AIC_k} \qquad (5.30)$$

In unserem Beispiel ergibt sich ein Wert von 0,3%. Die geringe Erklärungskraft unseres Modells legt es nahe, weitere unabhängige Variablen zu berücksichtigen. Zusätzlich zum Alter wollen wir die Effekte von Konfession und

Bildung auf die Parteipräferenz analysieren. Für die Konfession ist wieder die Dummykodierung gewählt worden. Bei der Bildung wird im Beispieldatensatz zwischen Hauptschulabschluß, Realschulabschluß, Abitur und Hochschulabschluß unterschieden. Für unser Beispiel unterstellen wir, daß die Distanzen zwischen zwei aufeinanderfolgenden Bildungsabschlüssen gleich groß sind, Bildung (x_2) daher als eine metrische Variable mit den Werten 1, 2, 3 und 4 aufgefaßt werden kann. Die Ergebnisse der ML-Schätzung sind in Tabelle 5.16 zusammengefaßt.

Gegenüber dem Modell mit Alter als einziger erklärender Variable hat sich die Erklärungskraft deutlich erhöht. R' ist von 0,5% auf 5,9% gestiegen. Für die einzelnen unabhängigen Variablen sind Wald-Tests aufgeführt, die die Hypothese prüfen, daß in der Grundgesamtheit alle Regressionsgewichte der betreffenden unabhängigen Variablen null sind. Danach haben nur Konfession und Bildung einen überzufälligen Einfluß auf die Parteipräferenz. Der Einfluß des Alters ist in diesem Modell dagegen nicht mehr signifikant von null verschieden. Tatsächlich sind die Regressionsgewichte des Alters bei allen Logits nahezu null. Deutliche Effekte weisen dagegen die beiden anderen erklärenden Variablen auf. Bei religiösen Personen nehmen die Odds von CDU versus FDP um den Faktor 7,184 (1/0,1392) zu. Relativ zur SPD nehmen die Odds der CDU um den Faktor 2,3399 zu (1/0,4274). Beim Vergleich von SPD und FDP steigen schließlich die Odds um den Faktor 3,0702. Bildung weist einen signifikanten Effekt auf das Logit von SPD- versus CDU-Präferenz auf. Steigt die Bildung um eine Einheit, sinken die Odds zugunsten der SPD um 20% (Faktor: 0,7960). Die Logits von FDP versus CDU und von SPD versus FDP werden durch die Bildung nicht signifikant beeinflußt. In der letzten Spalte von Tabelle 5.16 sind die nach (5.7) berechneten standardisierten Effekte aufgeführt. Der Vergleich mit den unstandardisierten Effekten zeigt, daß bei der Messung der Effekte in Standardabweichungen der unabhängigen Variablen die Unterschiede zwischen den Variablen geringer werden. Da das Alter bei der Berücksichtigung von Konfession und Bildung offenbar keinen Einfluß auf die Parteipräferenz hat, scheint es sinnvoll zu sein, diese Variable aus dem Modell zu entfernen. Wir wollen an dieser Stelle aber darauf verzichten und stattdessen gleich zum konditionalen Logitmodell übergehen.

5.3.2 Das konditionale Logitmodell

Im multinomialen Logitmodell beeinflußt jede unabhängige Variable die abhängige Variable über mehrere Regressionskoeffizienten. Der in gewisser Hinsicht umgekehrte Weg wird im konditionalen Logitmodell eingeschlagen. Hier werden die erklärenden Variablen jeweils einer Kategorie der abhängigen Variablen zugeordnet, wobei mehrere erklärende Variablen gemeinsame Regressionskoeffizienten haben. Zur Verdeutlichung dieser Logik des kon-

Tabelle 5.16: *Der Einfluß von Alter, Konfession und Bildung auf die Parteipräferenz*

	Logit	Koeffizient β	SE $\hat{\sigma}_\beta$	Z $\beta/\hat{\sigma}_\beta$	Effekt $\exp(\beta)$	standard. Effekt $\exp(\hat{\sigma}_x \beta)$
Alter (x_1)	SPD / CDU	-0,0004	0,0570	-0.07	0,9996	0,994
	FDP / CDU	-0,0038	0,0077	-0.49	0,9962	0,944
	SPD / FDP	*0,0034*	*0,0076*	*0.45*	*1,0034*	*1,053*
Konfession (d_1^B)	SPD / CDU	-0,8501	0,1760	-4,83	0,4274	0,655
	FDP / CDU	-1,9719	0,2467	-7,99	0,1392	0,374
	SPD / FDP	*1,1218*	*0,2457*	*4,57*	*3,0702*	*1,749*
Bildung (x_2)	SPD / CDU	-0,2281	0,0880	-2,59	0,7960	0,800
	FDP / CDU	-0,1317	0,1119	-1,18	0,8766	0,879
	SPD / FDP	*-0,0964*	*0,1132*	*-0,85*	*0,9081*	*0,910*
Konstante	SPD / CDU	0.7714	0,3269	2,36	2.1628	
	FDP / CDU	0.3702	0,4233	0,87	1.4480	
	SPD / FDP	*0.4012*	*0,4115*	*0,98*	*1.4936*	

Konstantenmodell: $2\mathcal{L}$ = 1549,358. Gesamtmodell: $2\mathcal{L}$ = 1458,634. LR-Test: L^2 = 90,724, df = 6, p < 0,001, R' = 5,9 %. Wald-Test Alter: W^2 = 0.262, df = 2, p = 0.877. Konfession: W^2 = 68,158, df = 2, p < 0,001. Bildung: W^2 = 6,763, df = 2, p = 0,034.

Quelle: Individualdaten (N = 750), vgl. Anhang 4.

ditionalen Logitmodells wollen wir uns ein einfaches Beispiel überlegen. Steht etwa anläßlich einer politischen Wahl eine Entscheidung zwischen mehreren Parteien an, so ist denkbar, daß die Sympathie für die jeweiligen Parteien die Wahl einer Partei beeinflußt. Die Sympathie läßt sich aber nicht in einer einzigen Variablen zusammenfassen, da eine Person jede Partei in unterschiedlichem Ausmaße sympathisch oder unsympathisch finden mag. Wir haben also für jeden Fall (bzw. Person) und jede Ausprägung der abhängigen Variablen einen eigenen Wert. Es scheint außerdem nicht unplausibel davon auszugehen, daß sich die jeweilige Höhe der Parteisympathie bei verschiedenen Parteien in gleichem Maße auswirkt, daß also beispielsweise eine hohe Sympathie zugunsten der CDU die relativen Wahlchancen der CDU genauso erhöht wie eine gleich hohe Sympathie zugunsten der SPD die Wahlchancen der SPD. Obwohl wir also pro Ausprägung der abhängigen Variablen eine eigene unabhängige

Variable haben, wirken diese vermutlich in gleicher Weise. Ihr Effekt sollte dann auch durch einen einzigen Regressionskoeffizienten beschreibbar sein.

In unserem Beispieldatensatz sind zwar keine Sympathiewerte für die einzelnen Parteien enthalten, eine ähnliche Argumentation kann jedoch auch für die Parteipräferenz gelten. Wenn wir für jede der Parteien eine dichotome 0/1-kodierte Designvariable bilden, die den Wert Eins aufweist, wenn die Parteipräferenz zugunsten dieser Partei ausfällt, erhalten wir drei dichotome erklärende Variablen, nämlich SPD-Präferenz (d_1^C), FDP-Präferenz (d_2^C) und CDU-Präferenz (d_3^C), die mit dem gleichem Effekt die Wahlentscheidung beeinflussen. Wenn π_1 die bedingte Wahrscheinlichkeit der Wahl der SPD, π_2 die der FDP und π_3 die der CDU bezeichnet, lauten die Modellgleichungen für das konditionales Logitmodell:

$$\pi_1 = \frac{e^{d_1^C \beta}}{e^{d_1^C \beta} + e^{d_2^C \beta} + e^{d_3^C \beta}}$$

$$\pi_2 = \frac{e^{d_2^C \beta}}{e^{d_1^C \beta} + e^{d_2^C \beta} + e^{d_3^C \beta}} \qquad (5.31)$$

$$\pi_3 = \frac{e^{d_3^C \beta}}{e^{d_1^C \beta} + e^{d_2^C \beta} + e^{d_3^C \beta}}$$

Generell berechnen sich die bedingten Wahrscheinlichkeiten für ein konditionales Logitmodell bei einer abhängigen Variable mit i = 1,2,...,I Ausprägungen und K × I unabhängigen Variablen x_{ki} wie folgt:

$$\pi_1 = \frac{\exp\left(\sum_{k=1}^{K} x_{k1} \beta_k\right)}{\sum_{i=1}^{I} \exp\left(\sum_{k=1}^{K} x_{ki} \beta_k\right)}$$

$$\pi_2 = \frac{\exp\left(\sum_{k=1}^{K} x_{k2} \beta_k\right)}{\sum_{i=1}^{I} \exp\left(\sum_{k=1}^{K} x_{ki} \beta_k\right)} \qquad (5.32)$$

$$\ldots = \ldots$$

$$\pi_I = \frac{\exp\left(\sum_{k=1}^{K} x_{kI}\beta_k\right)}{\sum_{I=1}^{I} \exp\left(\sum_{k=1}^{K} x_{ki}\beta_k\right)}$$

Wenn wir (5.32) mit (5.28) vergleichen, sehen wir, daß in den beiden Modellen die Positionen von unabhängigen Variablen und Regressionskoeffizienten ausgetauscht sind. Außerdem haben wir auch die Indizierung der unabhängigen Variablen und Regressionskoeffizienten ausgetauscht. Die unabhängige Variable x_{ki} beinflußt also über das Regressionsgewicht β_k die Kategorie i der abhängigen Variablen. Ein weiterer Unterschied besteht darin, daß wir beim konditionalen Logitmodell alle Ausprägungen der abhängigen Variablen gleich behandeln, also keine Referenzkategorie hervorheben. Schließlich fällt auf, daß in (5.32) keine Regressionskonstanten spezifiziert sind. Warum dies der Fall ist, wird klar, wenn wir von den Wahrscheinlichkeiten auf die Odds übergehen. Betrachten wir dazu das Verhältnis der Ausprägungen i und j der abhängigen Variablen:

$$\frac{\pi_i}{\pi_j} = \exp\left(\sum_{k=1}^{K}(x_{ki} - x_{kj})\beta_k\right) \quad (5.33)$$
$$= e^{(x_{1i}-x_{1j})\beta_1} \times e^{(x_{2i}-x_{2j})\beta_2} \times \ldots \times e^{(x_{Ki}-x_{Kj})\beta_k}$$

In die Odds gehen Differenzen von unabhängigen Variablen ein, die jeweils einen gemeinsamen Regressionskoeffizienten aufweisen. Bei Regressionskonstanten wäre die Differenz jedoch stets null (= 1-1). Möglich wird die Spezifikation von Regressionskonstanten erst nach einer Modifikation der Modellgleichungen (5.32), bei der wir jeder unabhängigen Variablen einen eigenen Regressionskoeffizienten zuordnen:

$$\pi_1 = \frac{\exp\left(\sum_{k=1}^{K} x_{k1}\beta_{k1}\right)}{\sum_{i=1}^{I} \exp\left(\sum_{k=1}^{K} x_{ki}\beta_{ki}\right)}$$

$$\pi_2 = \frac{\exp\left(\sum_{k=1}^{K} x_{k2}\beta_{k2}\right)}{\sum_{i=1}^{I} \exp\left(\sum_{k=1}^{K} x_{ki}\beta_{ki}\right)} \quad (5.34)$$

$$\ldots = \ldots$$

$$\pi_I = \frac{\exp\left(\sum_{k=1}^{K} x_{kI}\beta_{kI}\right)}{\sum_{I=1}^{I} \exp\left(\sum_{k=1}^{K} x_{ki}\beta_{ki}\right)}$$

In empirischen Anwendungen des konditionalen Logitmodells gehen oft einige unabhängige Variablen nach (5.34) und andere nach (5.32) in das Modell ein. Zur Unterscheidung wollen wir unabhängige Variablen x_{ki}, denen ein spezifisches Regressionsgewicht β_{ki} zugeordnet ist, als *alternativenspezifische Variablen* der Kategorie i bezeichnen. Wenn dagegen mehrere unabhängige Variablen $x_{k1}, x_{k2}, \ldots, x_{kI}$ über ein gemeinsames Regressionsgewicht β_k die Kategorien der abhängigen Variablen beeinflussen, sprechen wir von einer *generischen Variablen*. Die einzelnen unabhängigen Variablen x_{ki} sind dann Elemente dieser generischen Variablen.

Regressionskonstanten können nun als Regressionskoeffizienten von alternativenspezifischen Variablen mit dem konstanten Wert Eins aufgefaßt werden. Man spricht daher auch von *alternativenspezifischen Konstanten*. Wie beim multinomialen Logitmodell, bei dem bei einer abhängigen Variablen mit I Ausprägungen nur I-1 voneinander unabhängige Regressionsgleichungen und damit auch nur I-1 Regressionskonstanten geschätzt werden, können auch beim konditionalen Logitmodell nur I-1 alternativenspezifische Konstanten berücksichtigt werden. Würde für jede Ausprägung eine alternativenspezifische Konstante spezifiziert, gäbe es keine eindeutige Lösung mehr. Wie bei binären und multinomialen Logitmodellen geben alternativenspezifische Konstanten die Wahrscheinlichkeitsverteilung der abhängigen Variablen wieder, wenn alle übrigen generischen und alternativenspezifischen Variablen den Wert Null aufweisen.

Tabelle 5.17: Der Einfluß der Parteipräferenz auf die Wahlabsicht (Spezifikation als generische Variable)

	Koeffizient β	SE σ_β	z β/σ_β	Effekt $\exp(\beta)$
Parteipräferenz (d_1^C, d_2^C, d_3^C)	2,062	0,1196	17,24	7,862
Konstante: SPD	-0,273	0,1398	-1,95	0,761
Konstante: FDP	-1,252	0,1823	-6,86	0,286

Konstantenmodell: $2\mathcal{L}$ = 982,675. Gesamtmodell: $2\mathcal{L}$ = 578,278. LR-Test: L^2 = 404,397, df = 1, p < 0,001, R' = 41,2%.

Quelle: Individualdaten (N = 750), vgl. Anhang 4.

Wir wollen nun mit unserem Beispieldatensatz ein konditionales Logitmodell schätzen. Abhängige Variable ist die in unserem Beispieldatensatz enthaltene Variable Wahlabsicht zugunsten der drei Parteien SPD, FDP oder CDU. Personen, die nicht wählen, sind von der Analyse ausgeschlossen. Die Fallzahl reduziert sich dadurch von 750 auf 504 Personen, von denen 190 (37,7%) die SPD, 63 (12,5%) die FDP und 251 (49,8%) die CDU wählen. Unabhängige Variable ist die Parteipräferenz, deren Einfluß wir entsprechend (5.31) als generische Variable mit den Elementen d_1^C, d_2^C und d_3^C spezifizieren. Zusätzlich wollen wir zwei alternativenspezifische Konstanten für die SPD und die FDP schätzen. In Tabelle 5.17 sind die Ergebnisse der ML-Schätzung der Modellparameter wiedergegeben. Das Regressionsgewicht der generischen Variable Parteipräferenz beträgt 2,062. Wie bei allen Logitmodellen bezieht es sich auf die Logits, die sich durch Logarithmieren von Gleichung (5.33) ergeben:

$$\ln\left(\frac{\pi_i}{\pi_j}\right) = \sum_{k=1}^{K} (x_{ki} - x_{kj})\beta_k \qquad (5.35)$$

Wenn eine unabhängige Variable x_{ki} der Ausprägung i um eine Einheit größer ist als die entsprechende Variable x_{kj} der Ausprägung j, dann nehmen die Logits nach (5.35) um den Wert β_k zu. Im Unterschied zum multinomialen Logitmodell gilt dies nun nicht nur für das Verhältnis zur Referenzkategorie, sondern für alle Kategorien. In unserem Beispiel folgt daher als Interpretation des Regressionskoeffizienten der Parteipräferenz, daß die Logits um 2,062 zugunsten der Partei i zunehmen, wenn die Präferenz für i um eine Einheit größer ist als für Partei j. Anschaulicher ist wiederum die Interpretation des multiplikativen Modells (5.33). Der Effektkoeffizient von 7,862 (= $e^{2,062}$) besagt, daß sich die Odds der Wahl einer Partei i um den Faktor 7,862 erhöhen, wenn die Präferenz für i um eine Einheit höher als für Partei j ist. In unserem Fall läßt sich die Argumentation sogar noch weiter vereinfachen, da die unabhängigen Variablen x_{ki} keine metrischen Variablen, sondern 1/0-kodierte Designvariablen sind. Wenn x_{ki} also um eine Einheit größer sein soll als x_{kj} (und deren Differenz $(x_{ki}-x_{kj})$ dementsprechend gleich eins), dann kann das in unserem Fall nur dann auftreten, wenn Partei i präferiert wird ($d_i^C = 1$), Partei j dagegen nicht ($d_j^C = 0$); anders ausgedrückt, wenn Partei i also allen anderen vorgezogen wird. Diese Besonderheit berücksichtigend läßt sich nunmehr sagen: Die Odds, eher Partei i als Patei j auch tatsächlich zu wählen, sind für diejenigen, die eine Präferenz für i äußern, um den Faktor 7,862 größer. Da wir die Parteipräferenzen als Elemente einer generischen Variablen spezifiziert haben, gilt diese Aussage für jede der drei Parteien gleichermaßen. Eine Parteipräferenz für die SPD erhöht also die Odds, die SPD anstelle der FDP zu wählen, um den gleichen Faktor wie die Odds, die SPD statt der CDU zu wählen. Analog gilt dies auch für die Parteipräferenz zugunsten jeder anderen Partei. Eine Parteipräferenz für die FDP erhöht also die Odds der FDP zu allen anderen Parteien ebenfalls um den Faktor 7,862.

Da die alternativen spezifischen Konstanten die Logits festlegen, wenn alle übrigen Prädiktoren den Wert Null aufweisen, bestimmen sie in unserem Beispiel die geschätzte Wahrscheinlichkeitsverteilung von Personen ohne Parteipräferenz ($d_1^C = d_2^C = d_3^C = 0$). Die negativen alternativen-spezifischen Konstanten für SPD und FDP weisen darauf hin, daß nach dem Modell Personen ohne Par-teipräferenz die CDU eher wählen als SPD oder FDP. Die Odds von SPD zu CDU betragen 1/0,761 (= $1/e^{-0,273}$), die Odds von FDP zu CDU 1/0,286 (= $1/e^{-1,252}$).

Wir haben in unserem konditionalen Logitmodell unterstellt, daß die Parteipräferenz in gleicher Weise auf die Wahlabsicht wirkt. Wir wollen nun diese Annahme in Frage stellen und den Effekt der Parteipräferenz nicht als generische Variable spezifizieren, sondern über drei alternativenspezifische Variablen. Die Ergebnisse einer entsprechenden Modellschätzung sind in Tabelle 5.18 wiedergegeben. Von ihren Werten her unterscheiden sich die drei Regressionskoeffizienten der parteispezifischen Präferenzen deutlich. Während eine Parteipräferenz für die SPD die Odds der Wahl dieser Partei relativ zu allen anderen um den Faktor 5,548 erhöht, erhöht eine Parteipräferenz für die FDP die Odds der FDP um den Faktor 6,534. Eine Parteipräferenz für die CDU erhöht die Odds der CDU sogar um den Faktor 12,662. Ob diese unterschiedlichen Effekte aber auch signifikant sind, muß inferenzstatistisch abgesichert werden. Dies kann über einen Wald-Test erfolgen, bei dem zwei lineare Restriktionen geprüft werden: zum einen die Differenz der Regressionskoeffizienten der SPD-Präferenz und der FDP-Präferenz und zum anderen die Differenz der Koeffizienten der SPD-Präferenz und der CDU-Präferenz. Alternativ können wir den LR-Test anwenden und die zweifache Differenz der (negati-

Tabelle 5.18: Der Einfluß der Parteipräferenz auf die Wahlabsicht (Spezifikation über alternativenspezifische Variablen)

	Koeffizient β	SE σ_β	z β/σ_β	Effekt $\exp(\beta)$
SPD-Präferenz (d_1^C)	1,713	0,3239	5,29	5,548
FDP-Präferenz (d_2^C)	1,877	0,3659	5,13	6,534
CDU-Präferenz (d_3^C)	2,539	0,3302	7,69	12,662
Konstante: SPD	0,080	0,2825	0,28	1,084
Konstante: FDP	-0,956	0,3137	-3,05	0,384

Konstantenmodell: $2\mathcal{L}$ = 982,675. Gesamtmodell: $2\mathcal{L}$ = 578,278. LR-Test: L^2 = 406,846, df = 3, p < 0,001, R' = 41,4%.

Quelle: Individualdaten (N = 750), vgl. Anhang 4.

ven) Log-Likelihood-Werte der beiden Modelle aus Tabelle 5.17 und 5.18 berechnen. Die LR-Teststatistik beträgt 2,449 (= 578,278-575,829). Wenn die Nullhypothese zutrifft und die beiden Differenzen in der Population null sind, folgt die Teststatistik einer χ^2-Verteilung mit zwei Freiheitsgraden. Bei einer Irrtumswahrscheinlichkeit von 5% ist der kritische Wert 5,99 (vgl. Anhang 3). Die Nullhypothese kann also nicht abgelehnt werden. Obwohl die drei Regressionskoeffizienten sich sichtbar unterscheiden, ist es doch nicht aus-zuschließen, daß die tatsächlichen Werte der Grundgesamtheit gleich groß sind. Im Sinne einer sparsamen Modellierung ist daher das Modell mit generischer Variable dem Modell mit alternativenspezifischer Variablen vorzuziehen.

Durch die Möglichkeit, Regressionskoeffizienten alternativenspezifischer Variablen zu schätzen, ist das konditionale Logitmodell sehr flexibel (vgl. Kühnel 1993). Es ist so auch möglich, die Regressionskoeffizienten jedes multinomialen Logitmodells über ein konditionales Logitmodell zu schätzen. Die unabhängigen Variablen des multinomialen Logitmodells werden dazu als alternativenspezifische Variablen betrachtet. Da im multinomialen Logitmodell eine unabhängige Variable die Ausprägungen der abhängigen Variablen über mehrere Regressionsgewichte beeinflußt, wird bei der Schätzung als konditionales Logitmodell jede unabhängige Variable durch (I-1) identische alternativenspezifische Variablen repräsentiert, deren Regressionskoeffizienten sich auf jeweils unterschiedliche Kategorien der abhängigen Variablen beziehen. Für die Referenzkategorie werden keine unabhängigen Variablen spezifiziert.

Tabelle 5.19: Der Einfluß von Konfession und Bildung auf die Parteipräferenz

	Wirkung auf	Koeffizient β	SE σ_β	z β/σ_β	Effekt $\exp(\beta)$
Konfession (d^B_{11})	SPD	-0,840	0,1687	-4,98	0,432
Konfession (d^B_{12})	FDP	-1,975	0,2373	-8,32	0,139
Bildung (x_{31})	SPD	-0,190	0,0800	-2,38	0,827
Konstante: SPD	SPD	0,679	0,1951	3,48	1,971
Konstante: FDP	FDP	-0,030	0,1404	-0,21	0,971

Konstantenmodell: $2\mathfrak{L}$ = 1549,358. Gesamtmodell: $2\mathfrak{L}$ = 1450,113. LR-Test: L^2 = 89,244, df = 3, p < 0,001, R' = 5,8%. Wald-Test Konfession: W^2 = 74.047, df = 2, p < 0,001. Bildung: W^2 = 5,645 df = 1, p = 0,018.

Quelle: Individualdaten (N = 750), vgl. Anhang 4.

Möglich sind auch Mischformen, bei denen einige unabhängige Variablen die Ausprägungen der abhängigen Variablen wie im multinomialen Logitmodell beeinflussen und andere unabhängige Variablen als generische oder alternativenspezifische Variablen modelliert werden. Als Beispiel hierzu wollen wir noch einmal auf das multinomiale Logitmodell aus Tabelle 5.16 zurückkommen, bei dem die Parteipräferenz durch Alter, Konfession und Bildung erklärt wurde. Die Schätzung dieses Modells ergab, daß das Alter bei Kontrolle von Konfession und Bildung keinen signifikanten Effekt aufweist. Bei der Bildung war nur der Effekt bei den Odds von SPD- versus CDU-Präferenz signifikant. Es liegt nun nahe, ein Logitmodell zu formulieren, bei dem die nichtsignifikanten Effekte aus Tabelle 5.16 ausgelassen werden. Möglich ist dies, wenn wir das Modell als ein konditionales Logitmodell schätzen. Bei der Parteipräferenz steht der Wert Eins wieder für eine Präferenz zur SPD, der Wert Zwei für eine FDP-Präferenz und der Wert Drei für eine CDU-Präferenz. Die unabhängige Variable Konfession wird dann durch zwei 0/1-kodierte alternativenspezifische Designvariablen d^B_{11} und d^B_{12} repräsentiert (der zweite Index kennzeichnet jeweils die Ausprägung der abhängigen Variablen), die jeweils bei religiösen Personen den Wert Eins aufweisen. Bildung (x_{31}) geht als eine alternativenspezifische Variable für die Kategorie Eins („SPD") in das Modell ein. Inhaltlich bedeutet dies, daß Bildung die Odds von SPD- versus FDP-Präferenz in gleichem Ausmaß beeinflußt wie die Odds von SPD- versus CDU-Präferenz. Die Odds von FDP- versus CDU-Präferenz sind nach diesem Modell von der Bildung unabhängig. Wenn wir zusätzlich zwei alternativenspezifische Konstanten für die SPD und die FDP berücksichtigen, ergeben sich folgende Modellgleichungen:

$$\pi_1 = \frac{e^{\beta_1 + d_{11}^B \beta_{11} + x_{31}\beta_{31}}}{e^{\beta_1 + d_{11}^B \beta_{11} + x_{31}\beta_{31}} + e^{\beta_2 + d_{12}^B \beta_{22}} + e^0}$$

$$\pi_2 = \frac{e^{\beta_2 + d_{12}^B \beta_{22}}}{e^{\beta_1 + d_{11}^B \beta_{11} + x_{31}\beta_{31}} + e^{\beta_2 + d_{12}^B \beta_{22}} + e^0} \quad (5.36)$$

$$\pi_3 = \frac{e^0}{e^{\beta_1 + d_{11}^B \beta_{11} + x_{31}\beta_{31}} + e^{\beta_2 + d_{12}^B \beta_{22}} + e^0}$$

Da für die Referenzkategorie CDU-Präferenz keine eigene unabhängige Variable im Modell aufgenommen ist, wird diese Kategorie in der Modellgleichung durch e^0 (=1) symbolisiert. Die Ergebnisse der Schätzung sind in Tabelle 5.19 wiedergegeben. Mit einem R'-Wert von 5,8% ist die Erklärungskraft des Modells gegenüber dem ursprünglichen Modell (Tabelle 5.16) praktisch unverändert. Die zweifache Differenz der negativen Log-Likelihoodfunktion der beiden Modelle beträgt nur 1,479. Bei drei Freiheitsgraden und einer Irrtumswahrscheinlichkeit von 5% kann daher die Nullhypothese, daß Alter keinen Einfluß hat und Bildung nicht die Odds von FDP- zu CDU-Anhängern beeinflußt, nicht abgelehnt werden. Das negative Regressionsgewicht der alternativenspezifischen Variablen Bildung (x_{31}) weist darauf hin, daß mit steigender Bildung die Odds der SPD-Präferenz sowohl zur FDP- als auch zur CDU-Präferenz sinken. Der Veränderungsfaktor beträgt 0,827. Die Konfession beeinflußt über zwei Regressionsgewichte β_{11} und β_{22} die Parteipräferenz. Die Effekte sind daher wie im multinomialen Logitmodell zu interpretieren. Referenzkategorie ist hierbei die Präferenz für die CDU, für die kein eigener Koeffizient geschätzt wird. Ist eine Person religiös, sinken die Odds von SPD-versus CDU-Präferenz um den Faktor 0,432 (= $e^{-0,840}$). Die Odds von FDP-versus CDU-Präferenz sinken sogar um den Faktor 0,139 (= $e^{-1,975}$). Für die Odds von SPD- versus FDP-Präferenz folgt daraus, daß bei religiösen Personen die Odds um den Faktor 3,114 (= $e^{-0,840 - (-1,975)}$) höher sind als bei nicht-religiösen Personen.

5.3.3 Logitmodelle für ordinale abhängige Variablen

Im multinomialen Logitmodell wie im konditionalen Logitmodell wird die abhängige Variable als nominalskaliert aufgefaßt. Die Reihenfolge der Kategorien ist daher für diese Modelle unbedeutend. Hat eine Variable allerdings

Tabelle 5.20: Der Einfuß von Alter auf den Bildungsabschluß im multinomialen Logitmodell

	Kategorie[a]	Koeffizient β	SE σ_β	z β/σ_β	Effekt $\exp(\beta)$	Standard. Effekt $\exp(\beta\,\sigma_x)$
Alter	mittlere Reife	-0,0040	0,0058	-0.69	0,996	0,942
	Abitur	-0,0108	0,0082	-1.32	0,989	0,848
	Studium	-0,0629	0,0104	-6,06	0,939	0,384
Konstante	mittlere Reife	-0.4937	0,2703	-1,83	0,610	
	Abitur	-0.1389	0,3753	-3,03	0,320	
	Studium	0.6932	0,3782	-1,83	2,000	

a) Referenzkategorie: Hauptschulabschluß. Konstantenmodell: $2\mathscr{L}$ = 1726,029. Gesamtmodell: $2\mathscr{L}$ = 1680,441. LR-Test: L^2 = 45,588, df = 6, p < 0,001, R' = 2,6 %. Wald-Test Alter: W^2 = 37.342, df = 3, p < 0,001.

Quelle: Individualdaten (N = 750), vgl. Anhang 4.

ordinales Skalenniveau, so sind Aussagen über die Rangordnung der Kategorien dieser Variable inhaltlich interpretierbar. Bei der Bildung hat beispielsweise der Hochschulabschluß einen höheren Rang als das Abitur, das Abitur einen höheren Rang als die mittlere Reife und die mittlere Reife einen höheren Rang als der Hauptschulabschluß. Wir können versuchen, diese Information bei der Schätzung und Interpretation eines Logitmodells zu nutzen.

Betrachten wir dazu Tabelle 5.20. Wiedergegeben sind die Ergebnisse eines multinomialen Logitmodells mit der abhängigen Variablen Bildung und der unabhängigen Variablen Alter. Datenbasis sind alle 750 Fälle unseres Beispieldatensatzes. Als Referenzkategorie haben wir den Hauptschulabschluß als Kategorie mit dem geringsten Rang gewählt. Relativ zu dieser Kategorie weisen die Regressionsgewichte der unabhängigen Variablen Alter bei allen übrigen Kategorien negative Werte auf. Zunehmendes Alter bzw. die Zugehörigkeit zu einem früheren Geburtsjahrgang verringern also die Odds eines höheren Bildungsgrades relativ zum Hauptschulabschluß. Da die absoluten Beträge der Regressionsgewichte mit der Höhe des Bildungsgrades ansteigen, gilt für alle Kategorien, daß ihre Realisierung bei früheren Geburtsjahrgängen relativ zu geringeren Bildungsabschlüssen immer unwahrscheinlicher wird: Relativ zur mittleren Reife sinken die Chancen, das Abitur zu erreichen (-0,0108 - (-0,0040) = -0,0068), und relativ zum Abitur sinken die Chancen eines Hochschulabschlusses (-0,0629 - (-0,0108) = -0,0521). Das Logitmodell zeigt also, daß mit steigendem Alter die Chancen der Erreichung eines höheren Bildungsabschlusses sinken bzw. frühere Geburtsjahrgänge eher niedrigere Bildungsabschlüsse erreichen als spätere Jahrgänge.

Mit ordinalen Logitmodellen wird versucht, solche gerichteten Beziehungen durch einen einzigen Regressionskoeffizienten zu modellieren. Verschiedene ordinale Logitmodelle unterscheiden sich dadurch, wie Ranginformationen der ordinalen abhängigen Variable im Modell berücksichtigt werden. Die Logik entspricht der Vorgehensweise, wie sie bereits bei log-linearen Modellen vorgestellt wurde (vgl. Abschnitt 3.8). Wir wollen hier darauf verzichten, die einzelnen Modelle im Detail vorzustellen und uns nur auf das Modell der *kumulierten Logits (engl. cumulative logit model)* konzentrieren. Im diesem Modell werden die Kategorien der abhängigen Variable zu Dichotomien zusammengefaßt. Auf diese Weise werden ranghöhere Kategorien rangniedrigeren gegenübergestellt. Bei insgesamt I Kategorien sind I-1 verschiedene Dichotomisierungen möglich. Für jede Dichotomisierung wird eine eigene Logitgleichung formuliert:

$$\ln\left(\frac{\pi_2 + \pi_3 + \ldots + \pi_I}{\pi_1}\right) = \alpha_1 + \sum_{k=1}^{K} \beta_k x_k$$

$$\ln\left(\frac{\pi_3 + \ldots + \pi_I}{\pi_1 + \pi_2}\right) = \alpha_2 + \sum_{k=1}^{K} \beta_k x_k \quad (5.37)$$

$$\ldots$$

$$\ln\left(\frac{\pi_I}{\pi_1 + \pi_2 + \ldots + \pi_{I-1}}\right) = \alpha_{I-1} + \sum_{k=1}^{K} \beta_k x_k$$

In der Literatur finden sich gelegentlich geringfügig abweichende Formulierungen (vgl. Ludwig-Mayerhofer 1990). So werden oft Zähler und Nenner der Odds vertauscht und den Regressionskoeffizienten dafür negative Gewichte gegeben. Formal entsprechen die einzelnen Logitgleichungen denen binärer Logitmodelle. Die Regressionsgewichte für die unabhängigen Variablen sind allerdings gleichgesetzt. Jede unabhängige Variable hat in dem Modell also bei allen Dichotomisierungen stets den gleichen Effekt. Aufgrund dieser Restriktion ist das Modell (5.37) dem in Abschnitt 3.8 so bezeichneten „interval level approach" zuzurechnen. Für unser Beispiel des Einflusses des Alters auf die Bildung sind die Ergebnisse der ML-Schätzung des kumulierten Logitmodells in Tabelle 5.21 festgehalten. Das Regressionsgewicht des Alters beträgt $-0,0212$. Eine ein Jahr ältere Person hat danach also eine um den Faktor 0,979 geringere Chance, einen der höheren Abschlüsse anstelle eines der niedrigeren Abschlüsse zu erreichen. Der Effekt ist signifikant ($z = -4,6$ bzw. $L^2 = 21,7$). Die Erklärungskraft des Modells ist jedoch recht gering ($R' = 1,2\%$).

Tabelle 5.21: Der Einfluß von Alter auf den Bildungsabschluß im kumulierten Logitmodell

	Koeffizient β	SE σ_β	z β/σ_β	Effekt $\exp(\beta)$	Standard. Effekt $\exp(\beta\sigma_x)$
Alter	-0,0212	0,0046	-4,57	0,979	-0,175
α_1	0,8119	0,2148	7,78	2,252	
α_2	-0,4776	0,2159	-2,21	0,620	
α_3	-1,3665	0,2783	-5,98	0,260	

Konstantenmodell: $2\mathcal{L}$ = 1726,029. Gesamtmodell: $2\mathcal{L}$ = 1704,812. LR-Test: L^2 = 21,717, df = 1, p < 0,001, R' = 1,2 %.

Quelle: Individualdaten (N = 750), vgl. Anhang 4.

Diese Interpretation folgt der Logik der übrigen Logitmodelle. Für das kumulierte Logitmodell gibt es aber noch eine zweite Interpretation. Dazu wird die ordinal gemessene abhängige Variable als eine grobe Erfassung einer eigentlich metrischen Größe y* aufgefaßt. Die tatsächlichen Werte dieser Variablen sind jedoch nicht beobachtbar. Die Beziehung zwischen der unbeobachteten metrischen Variablen und der beobachteten kategorialen Variablen wird durch ein Schwellenwertmodell modelliert: Wenn y* kleiner oder gleich dem Schwellenwert τ_1 ist, wird die erste Kategorie beobachtet. Ist ein Wert von y* größer als τ_1, aber kleiner als ein zweiter Schwellenwert τ_2, wird die zweite Kategorie beobachtet. Die dritte Kategorie wird entsprechend beobachtet, wenn y* größer als τ_2 und kleiner oder gleich τ_3 ist. Analog ergeben sich die übrigen Kategorien, bis hin zur letzten Kategorie I, die beobachtet wird, wenn y* größer als τ_{I-1} ist. Wenn wir die kategoriale abhängige Variable in diesem Sinne als ungenaue kategoriale Messung einer metrischen Größe y* auffassen, dann ist es interessant, den Einfluß der erklärenden Variablen auf die metrische Variable y* zu modellieren. Wir wollen dazu annehmen, daß sich der Zusammenhang wie in (5.1) als eine lineare Regressionsgleichung darstellen läßt:

$$y^* = \beta_0 + \sum_{k=1}^{K} \beta_k x_k + \epsilon \qquad (5.38)$$

Falls nun weiter gilt, daß die Zufallsfehler ϵ der logistischen Dichteverteilung folgen, dann läßt sich zeigen, daß wir für die bedingten Wahrscheinlichkeiten der kategorialen Variable Funktionen erhalten, die formal mit den entsprechenden Gleichungen des kumulierten Logitmodells übereinstimmen. Dies bedeutet aber, daß wir das kumulierte Logitmodell auch als Schätzgleichung für das lineare Regressionsmodell (5.38) auffassen können. Das Regressionsgewicht β_k einer erklärenden Variable ist dabei eine Schätzung des unstandardisierten Regressionskoeffizienten dieser linearen Regression. Für die Regressionskonstanten α_i des kumulierten Logitmodells gilt, daß sie Schätzungen der Differenz des Schwellenwertes τ_i von der Regressionskonstanten β_0 sind.

Wenn wir annehmen, daß die Residuen in (5.38) logistisch verteilt sind, legen wir gleichzeitig implizit die Varianz der Residuen auf den Wert $\pi^2/3$ fest (≈ 3.29; π bezeichnet hier die Kreismeßzahl 3,14159...). Wie in jedem linearen Modell ergibt sich dann die Varianz der abhängigen Variablen y^* aus der Summe der Varianz der Zufallsfehler und der erklärten Varianz:

$$\sigma_{y^*}^2 = \sum_{k=1}^{K} \sum_{j=1}^{K} \beta_k \beta_j \sigma(x_k, x_j) + \frac{\pi^2}{3} \qquad (5.39)$$

In (5.39) steht $\sigma(x_k, x_j)$ für die Kovarianz der beiden unabhängigen Variablen x_k und x_j bzw. für die Varianz der Variablen, wenn $k = j$ ist. Aus (5.39) folgt, daß die Erweiterung des Modells um zusätzliche unabhängige Variablen stets die Varianz von y^* erhöht. Die unbeobachtete abhängige Variable wird dadurch also reskaliert. Es ist daher nicht sinnvoll, die geschätzten Regressionskoeffizienten von verschiedenen Modellgleichungen zu vergleichen. Eine Lösung dieses Problems besteht darin, anstelle der unstandardisierten die standardisierten linearen Regressionskoeffizienten zu betrachten. Wenn β_k das geschätzte Regressionsgewicht der unabhängigen Variablen x_k ist, berechnet sich das standardisierte Regressionsgewicht durch Division von β_k durch die Standardabweichung der abhängigen Variablen y^* und Multiplikation mit der Standardabweichung von x_k:

$$\beta_k \frac{\hat{\sigma}_{x_k}}{\hat{\sigma}_{y^*}} \qquad (5.40)$$

Da wir in (5.38) ein lineares Regressionsmodell spezifiziert haben, kann die Stärke des Zusammenhangs zwischen der unabhängigen Variablen und den erklärenden Variablen durch den Determinationskoeffizienten R^2 gemessen werden:

$$R_{y^*}^2 = \frac{\sum_{k=1}^{K}\sum_{j=1}^{K} \hat{\beta}_k \hat{\beta}_j \hat{\sigma}(x_k, x_j)}{\sum_{k=1}^{K}\sum_{j=1}^{K} \hat{\beta}_k \hat{\beta}_j \hat{\sigma}(x_k, x_j) + \frac{\pi^2}{3}} \qquad (5.41)$$

Für unser Beispiel der Erklärung von Bildung durch das Alter erhalten wir bei der Interpretation des kumulierten Logitmodells als lineare Regression einer unbeobachteten metrischen Variablen ein standardisiertes Regressionsgewicht von -0,175. Der Anteil der erklärten Varianz von y^* beträgt 3,05%. Der Wert ist etwas höher als der Wert von R', den wir für dieses Modell auf der Ebene der beobachteten Variablen erhalten haben (Tabelle 5.21). Insgesamt besteht also ein geringer negativer Zusammenhang zwischen Alter und Bildung.

Ob die direkte Interpretation des kumulativen Logitmodells gewählt wird oder die Interpretation als lineares Regressionsmodell hängt davon ab, ob die beobachtete kategoriale Variable als eine ungenaue Messung einer eigentlich metrischen Größe aufgefaßt werden kann. Bei der Messung von Einstellungen dürfte diese Sicht sicherlich vertretbar sein. In unserem Anwendungsbeispiel könnte man vielleicht argumentieren, daß der erreichte Bildungsabschluß ein grober Indikator für die tatsächliche Qualifikation einer Person ist. Ein Vorteil des kumulierten Logitmodells ist, daß die ursprüngliche Interpretation des ordinalen Logitmodells möglich bleibt, auch wenn man sich der Interpretation als lineares Regressionsmodell einer ungenau gemessenen metrischen Variablen nicht anschließt. Wie bei den log-linearen Modellen gilt aber auch für das hier vorgestellte kumulative Logitmodell, daß es sich streng genommen um einen „interval level approach" handelt, da die Regressionskoeffizienten der kumulativen Logits gleichgesetzt werden und damit bei der abhängigen Variable nicht allein Ranginformationen genutzt werden.

5.4 Alternative Modelle

Neben den bislang vorgestellten Modellen gibt es weitere logistische Modelle, auf die wir aus Platzgründen nicht näher eingehen können. Wir wollen am Ende dieses Kapitels aber wenigstens auf einige dieser Modelle hinweisen. Schließlich wollen wir auch mögliche Alternativen zu logistischen Analysen ansprechen.

5.4.1 Weitere Modelle

Bei der ML-Schätzung der Regressionskoeffizienten der Logitmodelle wird vorausgesetzt, daß die einzelnen Fälle in der Stichprobe statistisch unabhängig voneinander sind, die Modellgleichungen die bedingten Wahrscheinlichkeiten der Kategorien der abhängigen Variablen bei gegebenen Werten korrekt beschreiben und die Regressionskoeffizienten eines Modells nicht gleichzeitig auch Parameter der Wahrscheinlichkeitsverteilung der unabhängigen Variablen sind. Diese Bedingungen sind erfüllt, wenn das geschätzte logistische Modell die Beziehung zwischen der abhängigen Variablen und den unabhängigen Variablen korrekt erfaßt und die Fälle der Stichprobe durch eine einfache Zufallsauswahl gewonnen werden. In der Regel basieren Umfragedaten allerdings nicht auf einfachen Zufallsauswahlen. Die Auswirkungen unterschiedlicher Stichprobenpläne und die sich hieraus ergebenden Modifikationen werden in der Literatur ausgiebig diskutiert. Eine Einführung in diese Thematik findet der Leser bei Ben-Akiva und Lerman (1985).

Besondere Anforderungen an Analysemodelle liegen auch bei Paneldaten vor, bei denen Eigenschaften der Untersuchungseinheiten in einem Zeitraum mehrfach erhoben worden sind. Da die Meßwiederholungen auf denselben Untersuchungseinheiten beruhen, sind sie nicht unabhängig voneinander. Paneldaten müssen daher mit speziellen Panelmodellen analysiert werden. Während im Kontext linearer Modelle eine Reihe unterschiedlicher Panelmodelle entwickelt worden sind, steht die Entwicklung logistischer Panelmodelle noch ziemlich am Anfang. Einen gewissen Bekanntheitsgrad hat das von Chamberlain (1980) entwickelte *binäre Logitmodell für Paneldaten mit fixen Effekten* (für einen Überblick vgl. Andreß 1992).

Werden wichtige unabhängige Variablen nicht berücksichtigt, besteht die Gefahr von Fehlschlüssen. Wenn etwa Kategorien der abhängigen Variablen im multinomialen und konditionalen Logitmodell Gemeinsamkeiten aufweisen, die mit anderen Kategorien nicht bestehen, und wenn diese Gemeinsamkeiten nicht durch eine unabhängige Variable berücksichtigt werden, dann ist die den Modellen inhärente Annahme der *Unabhängigkeit von irrelevanten Alternativen (IIA-Annahme)* verletzt. Für solche Situationen sind *mehrstufige, geschachelte Logitmodelle (nested logit models)* vorgeschlagen worden. Die Gesamtmenge der Alternativen der abhängigen Variablen wird in Teilmengen „ähnlicher" Alternativen zerlegt. Jede Teilmenge kann als ein eigenes logistisches Modell aufgefaßt werden. Auf einer höheren Stufe erfolgt dann mit einem weiteren logistischen Modell die Auswahl einer Teilmenge. Hat ein geschachteltes Modell mehr als zwei Stufen, werden auf mittleren Stufen Auswahlen aus Klassen von Teilmengen betrachtet. Die Modelle auf einer tieferen Ebene werden also über Modelle auf einer höheren Ebene miteinander vernetzt. Aufgrund dieser baumartigen Struktur werden geschachtelte Modelle auch als *Entscheidungsbäume* bezeichnet. Einführungen in die Logik und

Schätzung dieser Modelle finden sich vor allem in ökonometrischen Arbeiten, im deutschsprachigen Raum z.B. bei Maier und Weiss (1990). Eine Anwendung werden wir in Kapitel 9 vorstellen.

Fehlspezifikationen können auch durch Meßfehler verursacht werden. In den in diesem Kapitel vorgestellten Logitmodellen wird angenommen, daß alle Variablen meßfehlerfrei sind. Wenn jedoch der durch ein Logitmodell spezifizierte Zusammenhang für Variablen gilt, deren Messungen fehlerbehaftet sind, dann können die Regressionskoeffizienten nicht konsistent geschätzt werden. Im Unterschied zum linearen Regressionsmodell gilt dies auch bereits dann, wenn nur die abhängige Variable Meßfehler aufweist. Wenn alle Variablen eines Modells kategorial sind, können Meßfehler in Logitmodellen für latente Variablen in latenten Klassenmodellen berücksichtigt werden (s. Kapitel 4). Vorschläge zur Berücksichtigung von Meßfehlern in den unabhängigen Variablen von Logitmodellen für Individualdaten geben Carrol u.a. (1984) und Stefanski und Carroll (1985).

Lineare Regressionsmodelle lassen sich zu linearen *Gleichungssystemen* verallgemeinern, in denen mehrere abhängige Variablen betrachtet werden. Solche Erweiterungen sind auch bei Logitmodellen möglich. Für die Modellschätzung ist die Unterscheidung zwischen rekursiven und nicht-rekursiven Gleichungssystemen wichtig. In nicht-rekursiven Gleichungssystemen treten „Schleifen" auf, d.h., die abhängige Variable einer Modellgleichung beeinflußt direkt oder indirekt ihre unabhängigen Variablen. Die gegenseitige Abhängigkeit der Variablen nicht-rekursiver Systeme erfordert spezielle Schätzmethoden. In rekursiven Modellen können die Modellgleichungen unabhängig voneinander geschätzt werden. Beispiele für simultane Gleichungssysteme von Logitmodellen und Hinweise auf weitere Literatur findet man bei Wrighley (1985) und bei Ronning (1991).

5.4.2 Alternativen zu logistischen Modellen

Wir haben in Abschnitt 5.2.3 bei der Diskussion nominalskalierter unabhängiger Variablen Logitmodelle (M_4 und M_5) geschätzt, in denen alle Variablen kategorial sind. Diese Modelle hätten auch als log-lineare Effektmodelle geschätzt werden können. Tatsächlich besteht eine enge Beziehung zwischen den in Kapitel 3 vorgestellten *log-linearen Modellen* und den logistischen Modellen für Individualdaten. Der wesentliche Unterschied besteht darin, daß wir bei Logitmodellen für Individualdaten nur die (bedingten) Wahrscheinlichkeiten der abhängigen Variablen betrachten, während wir bei den log-linearen Modellen die gemeinsame Verteilung aller Variablen einer Tabelle analysieren. Tatsächlich haben wir in Kapitel 3 gesehen, daß sich im Effektmodell der log-linearen Analyse die Modellparameter für die unabhängigen Variablen herauskürzen (vgl. Abschnitt 3.7.3). Solange wir keine Restriktionen über die Verteilung der unabhängigen Variablen machen, sind das log-lineare Modell und das Logitmodell für Individualdaten äquivalent. Bei gleicher Kodierung der unabhängigen Variablen ergeben sich die gleichen Regressionskoeffizienten und Standardfehler. Einen Vorteil haben logistische Modelle für Individualdaten aber bei metrischen unabhängigen Variablen: Durch die Beschränkung auf die bedingte Verteilung der abhängigen Variablen wird das Problem nichtbesetzter Tabellenzellen entschärft.

Wir haben am Anfang dieses Kapitels die OLS-Schätzung des linearen Wahrscheinlichkeitsmodells (5.3) u.a. deswegen verworfen, weil nicht garantiert ist, daß die Vorhersagewerte zwischen null und eins liegen. Bei der Regressionsfunktion (5.4) des Logitmodells ist dagegen sichergestellt, daß die geschätzten Wahrscheinlichkeiten in diesem Intervall liegen. Dies gilt aber auch für andere Funktionen. Tatsächlich wird diese Bedingung von allen (kumulierten) Wahrscheinlichkeitsverteilungen stetiger Variablen erfüllt. Von besonderer Bedeutung ist dabei die kumulierte Standardnormalverteilung, die wie die logistische Verteilung eine symmetrische, S-förmige Gestalt hat. Die Verwendung dieser Verteilungsfunktion führt zum (binären) Probitmodell:

$$\pi_1 = \Phi(\beta_0 + \beta_1 x) = \int_{-\infty}^{\beta_0 + \beta_1 x} \frac{e^{\frac{-z^2}{2}}}{\sqrt{2\pi}} dz \qquad (5.42)$$

Die Normalverteilung und die logistische Verteilung sind sich sehr ähnlich. Bei der Analyse einer dichotomen abhängigen Variablen kommen beide Modelle daher meist zu den gleichen Ergebnissen. Aufgrund der unterschiedlichen Varianzen der beiden Verteilungen sind die Regressionskoeffizienten allerdings erst nach einer Reskalierung vergleichbar. Analog zum kumulierten Logitmodell lassen sich Probitmodelle auch bei ordinalen abhängigen Variablen anwenden. Das ordinale Probitmodell ergibt sich, wenn in (5.38) bei den Zufallsfehlern ϵ anstelle der logistischen Verteilung eine Standardnormalverteilung angenommen wird. Sind die Kategorien der abhängigen Variablen ungeordnet, ergibt sich das multinomiale Probitmodell. Aufgrund der Komplexität der Schätzung, die die Berechnung multipler Integrale voraussetzt, wird dieses Modell nur sehr selten und nur bei abhängigen Variablen mit wenigen Kategorien angewendet. Ein Vorteil gegenüber dem multinomialen oder konditionalen Logitmodell besteht darin, daß beim multinomialen Probitmodell zusätzliche Modellparameter (nämlich die Korrelationen der Multinormalverteilung) zur Verfügung stehen und das Modell daher etwas allgemeiner ist (vgl. Maier/Weiss 1990). Auf der anderen Seite gibt es aber keine intuitive Interpretationen der Ergebnisse, wie dies mit Hilfe der Effektkoeffizienten in logistischen Modellen der Fall ist.

Noch allgemeiner sind semi-parametrische Modelle, die die funktionale Form der Regressionsfunktion nicht oder sehr allgemein spezifizieren. Ein

Beispiel für eine Anwendung bei einer dichotomen abhängigen Variablen geben Gabler, Laisney und Lechner (1990).

5.5 Literatur- und Programmhinweise

Wir haben bereits am Anfang von Kapitel 5.2 in einer Anmerkung darauf hingewiesen, daß sich bisher keine einheitliche Bezeichnung für die verschiedenen Logitmodelle für Individualdaten durchgesetzt hat. Dies liegt vermutlich auch daran, daß die Modelle in unterschiedlichen Disziplinen wie Biostatistik und Ökonometrie entwickelt wurden, die jeweils eigene Traditionen aufweisen und nur selten Berührungspunkte haben. In den Sozialwissenschaften im engeren Sinne sind die Modelle noch nicht so sehr verbreitet. Allerdings haben bereits 1977 Hanushek und Jackson in ihrem Lehrbuch statistischer Methoden für Sozialwissenschaftler ein Kapitel der Analyse diskreter abhängiger Variablen gewidmet und dabei auch das binäre und multinomiale Logitmodell vorgestellt. Eine inzwischen allerdings ein wenig veraltete Einführung in diese Thematik haben Aldrich und Nelson (1984) vorgelegt. Eine neuere Darstellung, die auch Logitmodelle der Tabellenanalyse umfaßt, stammt von Demaris (1992). Umfassende, verständliche und korrekte Darstellungen speziell für Soziologen liegen unseres Wissens zur Zeit nicht vor. Die Darstellung bei Urban (1993) versucht zwar, ohne größeren methodischen Formalismus auszukommen, ist aber an einigen Stellen fehlerhaft und daher aus unserer Sicht nicht ohne Einschränkungen zu empfehlen.

Der Leser, der sich intensiver mit der Materie beschäftigen will, muß daher auch weiterhin zu Darstellungen in Nachbardisziplinen greifen. Eine sehr umfassende und zudem deutschsprachige Darstellung haben Maier und Weiss (1990) vorgelegt. Knappere Darstellungen finden sich in allgemeinen Lehrbüchern, z.B. in Ronnings (1991) Lehrbuch der Mikroökonometrie. Eine überblicksartige Einführung in englischer Sprache gibt Cramer (1991). Die ökonometrischen Darstellungen behandeln auch die in 5.4 nur kurz erwähnten geschachtelten Logitmodelle. Etwas weniger an mathematischen oder statistischen Vorkenntnissen voraussetzend, aber doch umfassend ist die Darstellung in Wrigleys (1985) Lehrbuch zur kategorialen Datenanalyse für Geographen. Anwendungsorientiert sind auch die Arbeiten von Ben-Akiva/Lerman (1985), Hensher/Johnson (1981) und Hosmer/Lemeshow (1989). Die letztgenannte Arbeit konzentriert sich in erster Linie auf das binäre Logitmodell. Dies gilt auch für das neue Lehrbuch von Kleinbaum (1994).

Die Schätzung der Modelle ist inzwischen in vielen statistischen Programmsystemen realisiert.

Tabelle 5.22: Programme zur Schätzung von Logitmodellen

	Logitmodell			
Programm	binär	multinomial	konditional	kumuliert
SPSS	LOGISTIC REGRESSION	(MLOGIT)	(CLOGIT)	(OLOGIT)
SAS	LOGISTIC	CATMOD	PHREG	LOGISTIC
BMDP	LR	PR	2L	PR
SYSTAT	LOGIT	LOGIT	LOGIT	–
LIMDEP	LOGIT	LOGIT	DISCRETE	ORDERED
TDA	logit = 1	logit = 3	logit = 3	logit = 2

In Tabelle 5.22 haben wir dazu für einige Programmsysteme die jeweiligen Prozeduren angegeben, mit denen sich die Regressionskoeffizienten des binären, multinomialen, konditionalen und kumulierten Logitmodells schätzen lassen (vgl. auch Kühnel 1995). Neben den drei weit verbreiteten Programmpaketen SPSS, SAS und BMDP haben wir das im PC-Bereich bekannte SYSTAT, das stärker ökonometrisch ausgerichtete System LIMDEP und das vom Entwickler Götz Rohwer kostenfrei vertriebene TDA berücksichtigt.

6 Eine GSK-Analyse zum Zusammenhang von objektiven Lebensbedingungen und subjektivem Wohlbefinden

„Wie beurteilen Sie die wirtschaftliche Lage Ihres Haushalts insgesamt?" ist eine in der Umfrageforschung häufig gestellte Frage. Auf den ersten Blick könnte man meinen, daß einkommensschwache Haushalte diese Frage eher negativ beantworten. In vielen Untersuchungen zu objektiven Lebensbedingungen und subjektivem Wohlbefinden wurde jedoch festgestellt, daß Menschen sowohl unter ungünstigen Lebensbedingungen zufrieden als auch unter günstigen unzufrieden sein können. Wolfgang Zapf (1984) hat in diesem Zusammenhang von einem „Zufriedenheitsparadox" und einem „Unzufriedenheitsdilemma" gesprochen. Die Beobachtung einer nur teilweisen Übereinstimmung zwischen Lebensbedingungen und Wohlbefinden hat seit den siebziger Jahren eine Vielzahl empirischer Forschungen angestoßen, die sich explizit mit der *subjektiven* Wahrnehmung individueller Lebenslagen beschäftigen (vgl. die „Quality of Life Surveys" in verschiedenen Ländern oder die Wohlfahrtssurveys in der Bundesrepublik, z.B. Campbell et al. 1976, Glatzer/Zapf 1984). Die Forschungsergebnisse zeigen, daß dabei neben den objektiven Lebensbedingungen soziale Vergleichsprozesse und Prozesse der Anspruchsanpassung eine Rolle spielen. Die individuellen Standards, nach denen Menschen ihre Lebensbedingungen bewerten, werden beispielsweise dadurch erworben, daß sie ihre eigenen Lebensverhältnisse mit denen relevanter Anderer vergleichen. Auch ist zu erwarten, daß niemand langfristig mit Unzufriedenheit leben kann, ohne seelischen Schaden zu nehmen. Von daher besteht ein gewisser Druck, die eigenen Ansprüche an die objektiven Möglichkeiten anzupassen. Wir wollen diese Überlegung im folgenden für eine Analyse einkommensschwacher Haushalte nutzen: Wir untersuchen die Frage, wie diese Haushalte ihre prekäre ökonomische Lage beurteilen. Wir werden die einfache Hypothese testen, daß dabei neben dem tatsächlichen Einkommen der Haushalte insbesondere soziale Vergleichsprozesse eine Rolle spielen.

Methodisch geht es in diesem Kapitel (erneut) um eine theoretisch angeleitete Suche nach einem passenden GSK-Modell für einen vorliegenden Datensatz. Dabei benutzen wir extensiv lineare Kontraste und Residuenanalysen.

Der niedrige Stichprobenumfang macht besondere Anstrengungen bei der Auswahl der unabhängigen Variablen notwendig. Schließlich zeigen wir, wie man ordinale abhängige und metrische unabhängige Variablen analysieren kann.

6.1 Daten und Modell

Unter dem Titel „Lebenslagen privater Haushalte im unteren Einkommensbereich" wurde 1992 an der Fakultät für Soziologie der Universität Bielefeld ein Forschungsprojekt durchgeführt (im folgenden als *IMK-Umfrage* bezeichnet). Untersuchungsziel war die Erfassung von Lebenslagen im unteren Einkommensbereich durch eine standardisierte schriftliche Befragung in zwei mittleren Großstädten in Ost- und Westdeutschland. Insgesamt beteiligten sich an der Umfrage 188 Personen aus Bielefeld und 191 Personen aus Halle an der Saale (Andreß 1993). Im Mittelpunkt des Forschungsprojektes stand die Frage, wie Haushalte auf die mit niedrigem Einkommen, hohen Wohnkosten und schlechten Wohnbedingungen verbundenen Belastungen reagieren. Eine der Fragen, mit der wir uns in diesem Kapitel beschäftigen wollen, lautete: „Wie beurteilen Sie die wirtschaftliche Lage Ihres Haushalts insgesamt? Welche der folgenden Aussagen trifft für Sie zu?" Als Antwortmöglichkeiten waren vorgegeben: „a) Die wirtschaftliche Lage meines/unseres Haushaltes ist *ausgezeichnet*. Man kann sich fast alles leisten, was man will. b) Die wirtschaftliche Lage ist *zufriedenstellend* und ermöglicht mir/uns einen ausreichenden Lebensstandard. c) Die wirtschaftliche Lage ist zwar *bescheiden*, es reicht aber für das Wichtigste. d) Die wirtschaftliche Lage ist so *schlecht*, daß es oft schwierig ist, über den Monat zu kommen. e) Die wirtschaftliche Lage ist völlig *unzureichend*." Von allen 371 Befragten – sechs gaben keine gültige Antwort – bezeichneten 8% ihre wirtschaftliche Lage als ausgezeichnet, 54% als zufriedenstellend, 32% als bescheiden, 4% als schlecht und 2% als unzureichend.

In einer Zusammenfassung verschiedener Forschungsergebnisse zur Wahrnehmung und Bewertung von Haushaltseinkommen nennt Glatzer (1988) zwei Ansätze zur Erklärung unterschiedlicher Einkommenszufriedenheiten. Der erste Ansatz nimmt auf sozialstrukturelle Merkmale der Individuen Bezug, während der zweite Ansatz auf soziale Vergleichsprozesse abstellt. Als wichtige Determinanten des ersten Ansatzes werden die Variablen Alter, Geschlecht und Bildung angesehen: „Ein ‚Alterseffekt' macht sich oft in einer höheren Zufriedenheit alter Menschen bemerkbar; mit zunehmendem Alter paßt man seine Ansprüche an die erreichten Lebensziele an und wird aus diesem Grunde zufriedener. Der Faktor ‚Geschlecht' wird als bedeutsam angesehen, weil sich Frauen und Männer in ihren Berufs- und Lebenschancen unterscheiden. Frauen sind in vielen Lebensbereichen unzufriedener als Männer. Bildung beeinflußt die Zufriedenheit, weil sie die Kenntnis von Alternativen erhöht und ein höheres Anspruchsniveau fördert" (1988: 180). Beim zweiten Ansatz „wird Zufriedenheit erklärt mit der Diskrepanz zwischen dem eigenen Anspruchsniveau und den erreichten Lebensbedingungen. Darüber hinaus wird für wichtig angesehen, wie jemand die eigene Position im Vergleich zu seinen Bezugsgruppen definiert und welche Verbesserungen der eigenen Situation wahrgenommen werden" (1988: 180).

Dabei stellt sich natürlich die Frage, ob der erste Ansatz wirklich so grundsätzlich vom zweiten verschieden ist. Viele der im ersten Ansatz beschriebenen sozialstrukturellen Unterschiede können genausogut als Ergebnis sozialer Vergleichsprozesse interpretiert werden: z.B. die höhere Unzufriedenheit der Frauen, die ihre sozialen Chancen mit denen der Männer vergleichen. Der wesentliche Unterschied ist wohl vor allem erhebungstechnischer Natur: Beim zweiten Ansatz wird explizit gemessen, mit wem oder was sich das Individuum vergleicht und wie dieser Vergleich ausfällt. Glatzer nennt als Beispiele den wahrgenommenen Einkommensabstand zu Freunden, zu einem durchschnittlichen Bürger, zu den eigenen Einkommenserwartungen sowie zum eigenen Einkommen in früheren Jahren (1988: 188f.).

In der IMK-Umfrage wird zwar nicht direkt nach der Zufriedenheit mit dem Einkommen gefragt, jedoch sind Glatzer's Hypothesen eine sinnvolle Ausgangsbasis für die Modellierung der von den Befragten geäußerten Beurteilungen der eigenen wirtschaftlichen Lage. Wir haben unsere diesbezüglichen Überlegungen in Abbildung 6.1 zusammengefaßt. Das Modell enthält neben den genannten sozialstrukturellen Variablen mindestens einen Indikator sozialer Vergleichsprozesse. Die ausgewählten Personen wurden nämlich gefragt: „Wie würden Sie Ihre heutige wirtschaftliche Lage verglichen mit der vor einem Jahr beurteilen: wesentlich besser, etwas besser, gleich, etwas schlechter, wesentlich schlechter?"

Weiterhin ist angesichts der politischen Versprechungen im Zuge der Wiedervereinigung anzunehmen, daß sich die ostdeutschen Befragten bei der Beurteilung ihrer eigenen wirtschaftlichen Lage mit dem Weststandard vergleichen und die Diskrepanz zwischen Anspruch und Wirklichkeit die Wahrnehmung der eigenen Lage zusätzlich verschlechtert (vgl. die fast zeitgleich durchgeführte Spiegel-Umfrage: Spiegel 1993). Ob umgekehrt die westdeutschen Befragten ihre eigene wirtschaftliche Lage positiver wahrnehmen, weil sie verglichen mit dem ostdeutschen Lebensstandard ganz gut dastehen, ist zweifelhaft. Hier dürfte die relevante Vergleichsdimension eher die unmittelbare Vergangenheit sein, die durch ökonomische Prosperität und wirtschaftliche Sicherheit für die meisten Westbürger gekennzeichnet war, was nun angesichts zunehmender Vereinigungslasten immer mehr gefährdet ist. Die Existenz solcher unterschiedlicher Vergleichsprozesse kann jedoch nur vermutet werden, im Rahmen der IMK-Umfrage wurden sie jedenfalls nicht direkt er-

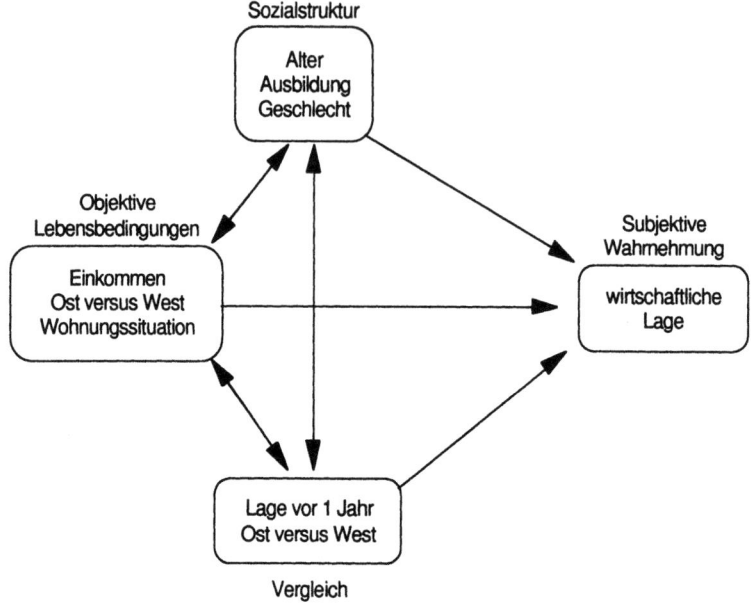

Abbildung 6.1: Determinaten der subjektiven Wahrnehmung der eigenen wirtschaftliche Lage

fragt. Außerdem erfaßt die Variable „Ost versus West" nicht nur die Auswirkungen von Vergleichsprozessen, sondern auch die unterschiedlichen Lebensbedingungen, die aufgrund des wirtschaftlichen Umbruchs im Osten natürlich für viele Hallenser zum Befragungszeitpunkt sehr viel schlechter waren als für ihre Bielefelder Mitbürger. Ähnlich wie das verfügbare Haushaltseinkommen ist also der Befragungsort auch ein Indikator für die objektiven Lebensbedingungen der Befragten.

Wenn es um die ökonomischen Belastungen von Haushalten mit niedrigem Einkommen geht, darf natürlich nicht die Wohnsituation und insbesondere nicht die Mietbelastung außer acht gelassen werden. Nach einer repräsentativen Untersuchung des Instituts für soziale Stadtentwicklung (Berlin) im Auftrag des Deutschen Mieterbundes war etwa ein Drittel der Mieter in Ostdeutschland durch die Erhöhung der Grundmieten zu Jahresbeginn 1993 in finanzieller Bedrängnis (Frankfurter Rundschau vom 25.3.93). Ähnliche Entwicklungen lassen sich auch aus westdeutschen Großstädten berichten. Zur Charakterisierung der objektiven Lebensbedingungen – insbesondere im unteren Einkommensbereich – gehört daher unserer Ansicht nach auch die Wohnsituation der Befragten.

6.2 Warum ist das ein Beispiel für kategoriale Datenanalyse

Wie in allen praktischen Datenanalyseproblemen geht es auch hier um die multivariaten Zusammenhänge zwischen verschiedenen Variablen mit unterschiedlichen statistischen Eigenschaften. Einige haben wenige diskrete Ausprägungen (z.B. die Variable wirtschaftliche Lage), andere können viele unterschiedliche Werte annehmen (z.B. Einkommen). Verschiedene Meßniveaus treten auf: nominale Merkmale wie z.B. Geschlecht, ordinale Merkmale wie z.B. wirtschaftliche Lage und metrische Merkmale wie z.B. Einkommen. Abbildung 6.1 legt weiterhin eine spezifische Analyseperspektive nahe: Es geht um die statistische *Abhängigkeit* eines Merkmals (wirtschaftliche Lage), im folgenden mit „Lage" abgekürzt, von einem Set unabhängiger Variablen – also um eine asymmetrische Fragestellung mit eindeutig festgelegten abhängigen und unabhängigen Variablen. Dafür liegen einige ausgearbeitete Hypothesen vor (s. oben), mit Blick auf die Vielzahl der im Rahmen der IMK-Umfrage erhobenen Merkmale lassen sich jedoch jederzeit weitere, mehr oder weniger plausible Zusatzhypothesen generieren, so daß der Weg zum endgültigen Modell aus einer Mischung von konfirmatorischen und explorativen Analysestrategien bestehen wird.

Entscheidend für die Auswahl der Analysemethode ist die Tatsache, daß es sich bei der abhängigen Variablen Lage um ein kategoriales Merkmal handelt. Daß es sich bei den meisten unabhängigen Variablen ebenfalls um kategoriale Merkmale handelt, ist dabei weniger bedeutsam. Einige mögen vielleicht einwenden, daß die Verwendung von Analyseverfahren für kategoriale Daten nicht die einzige Alternative ist, denn man könnte ordinale Merkmale, wie z.B. Lage, auch wie metrische Merkmale behandeln und den einzelnen Ausprägungen entsprechende Zahlenkodes zuordnen, die das „Ausmaß" der zugrundeliegenden Eigenschaft wiedergeben. Das hätte den Vorteil, daß mit einer metrischen abhängigen Variablen das ganze Instrumentarium der klassischen Regressionsanalyse eingesetzt werden könnte. Angesichts der geringen Zahl der Ausprägungen und der schiefen Antwortverteilung der Variablen Lage ist dieses Vorgehen in unserem Fall jedoch mehr als zweifelhaft. Anders wäre diese Situation zu beurteilen, wenn, wie bei vielen Untersuchungen zur Einkommenszufriedenheit, eine quasi-kontinuierliche Meßskala verwendet worden wäre (z.B. eine 11-Punkte-Skala wie etwa in den von Glatzer verwendeten Wohlfahrtssurveys). Bei einer nicht zu schiefen Antwortverteilung könnte man dann das Merkmal als quasi-metrische Variable betrachten. Diese Situation liegt in unserem Fall jedoch nicht vor. Gleichwohl interessiert natürlich die Frage, ob man nicht die ordinale Information der Variablen Lage oder die Metrik der Variablen Einkommen berücksichtigen kann, wenn man das für nötig hält. Zunächst stellen wir aber fest, daß es sich bei der hier vorliegenden Datenkonstellation um ein Problem kategorialer Datenanalyse handelt.

Wir werden dazu den GSK-Ansatz verwenden. Gegenstand der Untersuchung sind entweder die Anteile einzelner Ausprägungen der abhängigen Variablen oder statistische Maßzahlen, die sich aus diesen Anteilswerten berechnen lassen. Der GSK-Ansatz unterscheidet explizit zwischen abhängiger Variable und unabhängigen Variablen, von daher „paßt" er zu der in Abbildung 6.1 unterstellten asymmetrischen Fragestellung. Wie wir jedoch wissen, ist das nicht nur eine Eigenschaft des GSK-Ansatzes. Genausogut könnte man loglineare Modelle verwenden, die sich in entsprechende (asymmetrische) Logitmodelle umformen lassen (vgl. Abschnitt 3.7). Der GSK-Ansatz hat allerdings Vorteile, wenn es darum geht, bestimmte abgeleitete Funktionen der Anteilswerte zu modellieren. Wir werden von dieser Möglichkeit Gebrauch machen, wenn wir die ordinale Information der Variablen Lage berücksichtigen.

Damit die gewünschten Eigenschaften des WLS-Schätzverfahrens (Erwartungstreue, Effizienz) greifen und die Anwendung der Teststatistiken gerechtfertigt ist, müssen bestimmte Voraussetzungen gegeben sein. Alle hier zu untersuchenden Datenkonstellationen sind dem in Abschnitt 2.4 beschriebenen Typ (a) zuzurechnen und setzen daher mindestens 25 Fälle pro Subpopulation voraus. Diese Mindestbesetzung darf bei einem Viertel der Subpopulationen unterschritten werden, keine der Subpopulationen sollte aber weniger als 10 Fälle haben. Bei insgesamt 379 Befragten sind damit einer differenzierten multivariaten Auswertung enge Grenzen gezogen. Vorsichtig gerechnet können damit ca. 15–16 Subpopulationen (379/25 = 15,2) ausgewertet werden, also beispielsweise alle Kombinationen von vier dichotomen unabhängigen Variablen ($2 \times 2 \times 2 \times 2 = 16$). Diese Abschätzung gilt im übrigen nur, wenn sich alle Fälle gleichmäßig über alle Subpopulationen verteilen, was in der Praxis selten der Fall ist. Außerdem ist mit der ausreichenden Besetzung der Subpopulationen noch nicht gesichert, daß innerhalb einzelner Subpopulationen eine oder mehrere Ausprägungen der abhängigen Variablen unbesetzt bleiben. Damit wäre dann die dritte Anwendungsvoraussetzung des GSK-Ansatzes verletzt.

Es ist daher eine realistische Einschätzung, daß wir mit den vorliegenden Daten maximal eine (dichotome) abhängige mit vier (dichotomen) unabhängigen Variablen betrachten können. Ähnliche Überlegungen würden im übrigen auch für kategoriale Analyseverfahren mit ML-Schätzungen gelten. Schätztechnisch sind dabei zwar kleine Fallzahlen und Nullzellen nicht unbedingt ein Problem, jedoch kann man alle die Effekte nicht identifizieren, für die die erwarteten Häufigkeiten null sind. Abbildung 6.1 nennt aber schon sechs unabhängige Variablen für die abhängige Variable Lage und aus den anderen Merkmalen der IMK-Umfrage lassen sich ohne weiteres zusätzliche unabhängige Variablen benennen. In dieser Situation, die in der Forschungspraxis relativ häufig auftritt, sind mindestens zwei Analysestrategien denkbar:

a) Man bleibt innerhalb des durch das Ausgangsmodell 6.1 abgesteckten Rahmens und versucht, die darin ausgedrückte Grundannahme so weit es geht umzusetzen. Beispielsweise könnte man wie Glatzer die These vertreten, daß soziale Vergleichsprozesse einen sehr viel stärkeren Einfluß haben als sozialstrukturelle Merkmale. Man würde also zunächst den Einfluß objektiver Lebensbedingungen und sozialer Vergleiche abschätzen und dann untersuchen, welches sozialstrukturelle Merkmal *zusätzlich* noch einen Einfluß hat. Man würde also nicht alle Sozialstrukturmerkmale gleichzeitig, sondern jedes Merkmal einzeln prüfen, nachdem bereits bestimmte andere Effekte kontrolliert sind.

b) Man betrachtet alle potentiell erklärungskräftigen Variablen als gleichberechtigt und sucht aus diesem „Fundus" nacheinander die Merkmale heraus, die die beobachteten Unterschiede der Beurteilung der wirtschaftlichen Lage am besten beschreiben. Nacheinander bedeutet in diesem Fall, daß zunächst die besterklärende Variable ausgewählt wird und dann jeweils das Merkmal gesucht wird, das nach Kontrolle aller bereits ausgewählten Variablen die verbliebenen Unterschiede am besten erfaßt.

Die erste Analysestrategie löst das Problem durch eine Zusammenfassung wichtiger und unwichtiger Variablensets. Man könnte sie auch als schrittweise konfirmatorische Datenanalyse bezeichnen. Die zweite Strategie entspricht explorativen Auswahlverfahren, wie wir sie aus der schrittweisen Regression kennen.

Wenn es darum ginge, die Glatzer'schen Annahmen zu prüfen, dann würde man sich natürlich auf den ersten Ansatz beschränken. Ganz allgemein kann man sagen, daß der erste Ansatz immer dann vorzuziehen ist, wenn man bereits weitgehende theoretische Vorstellungen über den Gegenstandsbereich hat. Für die Zwecke dieser Auswertung haben wir jedoch den zweiten Ansatz verwendet, dessen Ergebnisse wir einleitend kurz zusammenfassen (Abschnitt 6.3). Die Effekte der damit selektierten Variablen auf die abhängige Variable Lage werden wir dann mit dem GSK-Ansatz untersuchen (Abschnitt 6.4). Das Kapitel endet mit zwei Erweiterungen dieses GSK-Modells, mit denen wir zum einen die ordinale Information der abhängigen Variablen Lage und zum anderen die Metrik der Einkommensvariablen berücksichtigen (Abschnitt 6.5).

6.3 Auswahl und Operationalisierung der untersuchten Variablen

Neben den in Abbildung 6.1 genannten Determinanten haben wir einige zusätzliche Merkmale in die Auswahl mit einbezogen, die im wesentlichen die Wohnsituation der Befragten charakterisieren und als weitere Indikatoren ökonomischer Belastungen fungieren können. Insgesamt stehen uns damit neun potentielle Prädiktoren der abhängigen Variablen Lage zur Verfügung: Alter, Ausbildung, Geschlecht, bedarfsgewichtetes Pro-Kopf-Einkommen, Befragungsort, wirtschaftliche Lage im Vergleich zum Vorjahr, Anzahl Räume pro Person, Mietanteil am Haushaltsnettoeinkommen, Anzahl der Wohnungsmängel. Angesichts der geringen Fallzahl ist es jedoch nicht besonders sinnvoll, sehr viele unterschiedliche Kategorien zu unterscheiden. Daher haben wir die Zielvariable zunächst in gute und schlechte Beurteilungen dichotomisiert: Mit Blick auf die Antwortverteilung unterscheiden wir eine mindestens zufriedenstellende wirtschaftliche Lage (N = 230) von den Lagen, die als bescheiden, schlecht oder unzureichend bezeichnet werden (N = 143). Alle metrischen Merkmale (Alter, Einkommen, Räume pro Person, Mietanteil, Anzahl Wohnungsmängel) wurden ebenfalls geeignet dichotomisiert. Beim Vergleich der wirtschaftlichen Lage mit dem Vorjahr haben wir die ursprünglich fünf Ausprägungen so zusammengefaßt, daß eine mindestens gleichbleibende wirtschaftliche Situation von Verschlechterungen unterschieden werden kann. In allen GSK-Analysen mit einer Vergleichsvariablen mit drei Ausprägungen (1. besser, 2. gleich, 3. schlechter) zeigt sich im übrigen kein signifikanter Unterschied zwischen der ersten und zweiten Ausprägung.

Diese Darstellung der Operationalisierung soll deutlich machen, welchen großen Stellenwert die Datenaufbereitung im Rahmen der statistischen Analyse hat. Dabei spielen nicht nur inhaltliche, sondern auch technische Vorgaben eine wesentliche Rolle – so z.B. in unserem Fall die Verwendung weniger Kategorien auf Grund der beschränkten Fallzahl. Entschieden werden diese Fragen an Hand von Plausibilitätsüberlegungen und empirischen Auswertungen. Man sollte sich aber darüber im klaren sein, daß die Zusammenfassung von Kategorien oder die Klassifizierung metrischer Variablen häufig mit Informationsverlusten verbunden ist. Von daher sollte man die Auswirkungen eines solchen Vorgehens immer an Hand alternativer Kodierungen überprüfen (vgl. Abschnitt 6.5).

Trotz dieser Bedenken haben wir es zunächst bei der dichotomisierter Form der neun unabhängigen Variablen belassen und uns der Frage zugewandt, welche davon die Variation der abhängigen Variablen Lage am besten beschreiben. Das von uns verwendete schrittweise Auswahlverfahren ist ausführlich bei Higgins und Koch (1977) beschrieben und soll hier nur in seinen Grundzügen zusammengefaßt werden: Als (globales) Maß des statistischen Zusammenhangs zwischen der/den unabhängigen Variable/n einerseits und der abhängigen Variablen andererseits verwendet es Pearson's Statistik X^2, die um die Anzahl der Freiheitsgrade korrigiert wird ($F = X^2/df$; ähnlich unter Verwendung von L^2, Gleichung 3.33). Im ersten Auswahlschritt wird die Variable ausgewählt, die in einer Kreuztabelle mit der abhängigen Variable den höchsten F-Wert aufweist. Im zweiten Auswahlschritt werden die verbliebenen unabhängigen Variablen zunächst mit dem zuerst ausgewählten Merkmal in einer Variablen kombiniert und dann die statistische Assoziation dieser Kombinationsvariablen mit der abhängigen Variablen bestimmt. Erneut wird die Variable ausgewählt, die (in Kombination mit der zuerst ausgewählten) den höchsten F-Wert aufweist. Im dritten Auswahlschritt müssen dann drei Variablen miteinander kombiniert werden, im vierten vier Variablen usw. Higgins und Koch benennen zwei chi-quadrat-basierte Stopkriterien, anhand deren man entscheiden kann, ab wann der Auswahlprozeß abgebrochen werden kann, weil die Erklärung der abhängigen Variablen nicht mehr signifikant verbessert wird. In unserem Fall (kleine Stichprobe) ist zusätzlich noch zu prüfen, ob mit der jeweils ausgewählten Variablen die Stichprobe nicht so weit differenziert wird, daß die Mindestbesetzung der Subpopulationen für den GSK-Ansatz nicht mehr gesichert und im übrigen auch die Verwendung der Chi-Quadrat-Verteilung für die Stopkriterien nicht mehr gerechtfertigt ist.

Die Anwendung dieses Auswahlverfahrens auf die Daten der IMK-Umfrage zeigte, daß die sozio-demographischen Merkmale und die Wohnungsvariablen vergleichsweise wenig zur Prognose der subjektiven Beurteilung der wirtschftlichen Lage beitragen. Als besterklärende Variablen wurden zuerst das Einkommen, dann der Vergleich mit dem Vorjahr und schließlich der Befragungsort ausgewählt. Durch Kombination der Variablen Ort mit den Variablen Einkommen und Vergleich entstehen insgesamt 8 Subpopulationen, von denen zwei – also ein Viertel – weniger als 25 Fälle haben, davon eine mit weniger als 10 Fällen (vgl. unten Tabelle 6.1). Diese Datenkonstellation ist wegen der einen Subpopulation mit $f_{3+} = 9$ für den GSK-Ansatz eigentlich nicht mehr akzeptabel, jedoch wird das Kriterium so knapp unterschritten, daß wir trotzdem die Variable Ort in der folgenden Auswertung berücksichtigt haben, zumal im Zuge des Wiedervereinigungsprozesses eine Analyse der Ost-West-Unterschiede besonders interessant ist. Im vierten Auswahlschritt wird dann jedoch überdeutlich, daß eine weitere Differenzierung – zumindest im Rahmen des GSK-Ansatzes – keinen Sinn mehr macht. Mehr als die Hälfte aller Subpopulationen hätte weniger als 25 Fälle, egal welche vierte unabhängige Variable ausgewählt würde.

6.4 Determinanten der Beurteilung der wirtschaftlichen Lage

Tabelle 6.1 zeigt die ausgewählten Merkmale, und wie die wirtschaftliche Lage in den insgesamt acht Subpopulationen beurteilt wird. Der Anteil der positiven Antworten ist erwartungsgemäß bei den Besserverdienenden höher. Natürlich bezeichnen auch diejenigen ihre aktuelle Situation eher als gut, deren wirtschaftliche Lage sich im Vergleich zum Vorjahr verbessert hat oder

Tabelle 6.1: Wirtschaftliche Lage nach Einkommen, Vergleich mit Vorjahr und Befragungsort

Ein-kommen	Vergleich zu Vorjahr	Ort	Befragte Insgesamt	Wirtschaftl. Lage			Haupteffektmodell	
				gut	schlecht	Anteil	Prognose	Residuum
hoch	gleich/besser	Hal	86	70	16	0,814	0,768	0,046
hoch	gleich/besser	Bi	77	67	10	0,870	0,911	-0,041
hoch	schlechter	Hal	9	4	5	0,444	0,448	-0,003
hoch	schlechter	Bi	16	10	6	0,625	0,591	0,034
niedrig	gleich/besser	Hal	59	26	33	0,441	0,466	-0,026
niedrig	gleich/besser	Bi	51	33	18	0,647	0,610	0,037
niedrig	schlechter	Hal	32	3	29	0,094	0,146	-0,052
niedrig	schlechter	Bi	41	16	25	0,390	0,289	0,101
Insgesamt			371	229	142			

Quelle: IMK-Umfrage 1992.

zumindest gleichgeblieben ist. Dabei fallen die Antworten in Bielefeld durchweg positiver aus als in vergleichbaren Situationen in Halle.

Tabelle 6.1 ist eine multivariate Kreuztabelle mit s = 8 Subpopulationen und r = 2 Zielkategorien. Wir werden im folgenden den Anteil der positiven Antworten mit einem additiven Modell analysieren. Dabei gehen wir von folgenden Hypothesen aus:

H_1 Verglichen mit Personen mit niedrigem Einkommen bezeichnen Personen mit hohem Einkommen ihre wirtschaftliche Lage eher als gut.

H_2 Verglichen mit Personen, deren wirtschaftliche Lage sich seit dem Vorjahr verschlechtert hat, bezeichnen Personen ihre aktuelle Situation eher als gut, wenn sich gegenüber dem Vorjahr Verbesserungen eingestellt haben oder die wirtschaftliche Lage weitgehend gleichgeblieben ist.

H_3 Verglichen mit den Hallensern bezeichnen die Bielefelder Befragten ihre wirtschaftliche Lage eher als gut.

6.4.1 Ein einfaches Haupteffektmodell

Spezielle Hypothesen über besondere Interaktionseffekte liegen nicht vor, so daß ein Haupteffektmodell [1,A,B,C] ein sinnvoller Ausgangspunkt unser Analysen ist:

$$\pi_{ijkl}^{ABC\bar{D}} = \beta_1^{\bar{D}} + \beta_{i1}^{A\bar{D}} + \beta_{j1}^{B\bar{D}} + \beta_{k1}^{C\bar{D}} \qquad (6.1)$$

$\pi_{ijkl}^{ABC\bar{D}}$ ist dabei die bedingte Wahrscheinlichkeit einer guten Beurteilung (D = 1) der eigenen wirtschaftlichen Lage für die Merkmalskombination A = i, B = j und C = k der drei unabhängigen Variablen A (Einkommen), B (Vergleich) und C (Ort). Da die abhängige Variable D (Lage) ein dichotomes Merkmal ist, genügt es, die erste Ausprägung zu betrachten. Das Modell unterscheidet vier Einflußfaktoren: den Durchschnitt $\beta_1^{\bar{D}}$ positiver Beurteilungen insgesamt, den Einfluß $\beta_{i1}^{A\bar{D}}$ des Einkommens, den Einfluß $\beta_{j1}^{B\bar{D}}$ des Vergleichs mit dem Vorjahr und den Einfluß $\beta_{k1}^{C\bar{D}}$ des Befragungsortes. Unter Verwendung zentrierter Effekte ergibt sich damit bei dichotomen unabhängigen Variablen jeweils ein zu schätzender Effekt: $\beta_{11}^{A\bar{D}}$, $\beta_{11}^{B\bar{D}}$ und $\beta_{11}^{C\bar{D}}$. Mit diesen drei Effekten und dem Durchschnittseffekt sollen nun die insgesamt acht Anteilswerte positiver Beurteilungen in Tabelle 6.3 prognostiziert werden. In Matrizenschreibweise sieht das Regressionsmodell daher folgendermaßen aus:

$$\begin{bmatrix} \pi_{1111}^{ABC\bar{D}} \\ \pi_{1121}^{ABC\bar{D}} \\ \pi_{1211}^{ABC\bar{D}} \\ \pi_{1221}^{ABC\bar{D}} \\ \pi_{2111}^{ABC\bar{D}} \\ \pi_{2121}^{ABC\bar{D}} \\ \pi_{2211}^{ABC\bar{D}} \\ \pi_{2221}^{ABC\bar{D}} \end{bmatrix} = \begin{bmatrix} 1 & +1 & +1 & +1 \\ 1 & +1 & +1 & -1 \\ 1 & +1 & -1 & +1 \\ 1 & +1 & -1 & -1 \\ 1 & -1 & +1 & +1 \\ 1 & -1 & +1 & -1 \\ 1 & -1 & -1 & +1 \\ 1 & -1 & -1 & -1 \end{bmatrix} \times \begin{bmatrix} \beta_1^{\bar{D}} \\ \beta_{11}^{A\bar{D}} \\ \beta_{11}^{B\bar{D}} \\ \beta_{11}^{C\bar{D}} \end{bmatrix} \qquad (6.2)$$

Damit haben wir für den Vektor **g** der jeweils ersten Anteilswerte das folgende Modell spezifiziert:

$$\mathbf{g} = \mathbf{X}_1 \boldsymbol{\beta}_1 \qquad (6.3)$$

Dabei bezeichnet $\mathbf{X}_1$ die Designmatrix und $\boldsymbol{\beta}_1$ den Parametervektor unseres Haupteffektmodells (Modell M_1). Wie in Kapitel 2 beschrieben, kann man die Parameter eines solchen Modells mit Hilfe einer gewichteten Kleinste-

Quadrate-Schätzung bestimmen. Für unser Modell M_1 ergibt sich der folgende geschätzte Parametervektor $\hat{\beta}_1$:

$$\hat{\beta}_1 = \begin{bmatrix} 0{,}529 \\ 0{,}151 \\ 0{,}160 \\ -0{,}072 \end{bmatrix}$$

Mit diesen Schätzungen können wir die Wahrscheinlichkeit positiver Beurteilungen vorhersagen, die man dann erwartet, wenn das Modell M_1 richtig ist. Für die erste Subpopulation würde diese Rechnung z.B. folgendermaßen aussehen:

$$\hat{\pi}_{1111}^{ABC\bar{D}} = 0{,}529 + 0{,}151 + 0{,}160 - 0{,}072 = 0{,}768$$

Ein Vergleich mit dem beobachteten Anteilswert 0,814 zeigt, daß dieser etwas größer ist. Dementsprechend ergibt sich ein positives Residuum von 0,046 (= 0,814 - 0,768).

Die Prognosen und Residuen für alle anderen Subpopulationen finden sich in Tabelle 6.1. Die gewichtete Quadratsumme aller acht Residuen ergibt die Teststatistik $W^2 = 5{,}69$ unseres Haupteffektmodells M_1. Bei df = 4 Freiheitsgraden (8 Subpopulationen minus 4 Parameter) hat dieser Wert eine implizite Signifikanz von p = 0,224 – ist also nach üblichen Standards nicht signifikant. Wir werden in einem zweiten Analyseschritt prüfen, ob sich die Anpassung durch geeignete Verfeinerungen des Modells noch verbessern läßt. Zunächst vergewissern wir uns jedoch, ob die geschätzten Haupteffekte signifikant von null verschieden sind. Dazu überprüfen wir mit Hilfe linearer Kontraste, wie sich die Modellanpassung verschlechtern würde, wenn man den jeweiligen Haupteffekt null setzen würde. Solche Tests einzelner Parameter werden routinemäßig von Programmen für den GSK-Ansatz berechnet, ohne daß der Benutzer eine Kontrastmatrix spezifizieren muß. In unserem Fall sind die entsprechenden konditionalen Teststatistiken $W_{r/u}^2 = 38{,}37$ (Einkommen), $W_{r/u}^2 = 35{,}54$ (Vergleich) und $W_{r/u}^2 = 11{,}73$ (Ort) allesamt bei einem Freiheitsgrad hoch signifikant (p<0,01) und deuten auf bedeutsame Unterschiede in der Beurteilung der wirtschaftlichen Lage hin. Dies war aufgrund der numerischen Größe der drei Effekte zu erwarten.

Eine genauere Inspektion der Residuen zeigt jedoch einige Abweichungen der Modellprognosen von den vorliegenden Daten. So ist beispielsweise der Anteil derjenigen, die in Bielefeld trotz niedrigem Einkommen und Verschlechterungen gegenüber dem Vorjahr ihre wirtschaftliche Lage als positiv bezeichnen, um zehn Prozentpunkte höher als vom Modell vorhergesagt (s. die achte Subpopulation in Tabelle 6.1). Da wir die Haupteffekte aller drei unabhängigen Variablen bereits berücksichtigt haben, läßt sich die Modellanpassung nur durch Berücksichtigung von Interaktionstermen verbessern. A priori haben wir jedoch keine inhaltlichen Hypothesen, welche Merkmale miteinander interagieren sollten. Man müßte daher die explorative Datenanalyse fortsetzen und nacheinander alle Interaktionsterme zweiter (AB, AC, BC) und dritter Ordnung (ABC) auf Signifikanz überprüfen. Bei solchen „überschaubaren" Ausgangstabellen wie Tabelle 6.1 sollte man jedoch untersuchen, ob die Residuen eine bestimmte systematische Struktur aufweisen, und dementsprechend das Modell abändern.

Im Prinzip läuft dieses Verfahren darauf hinaus, durch Einführung konditionaler Effekte das Modell an den Stellen „näher an die Daten heranzubringen", bei denen besonders große Residuen auftauchen. Die Aufdeckung einer bestimmten Struktur der Residuen – so sie überhaupt existiert – ist allerdings mehr eine „Kunst" als eine Methode. Allgemeingültige Regeln sind daher nur sehr schwer anzugeben. Bewährt hat sich jedoch folgendes Vorgehen: Man ordnet die Zeilen der multivariaten Kreuztabelle so an, daß die unabhängige Variable, deren Haupteffekt am größten ist, am langsamsten variiert, gefolgt von der Variablen, die den zweitgrößten Haupteffekt hat usw. In unserem Fall müßten die Zeilen also zuerst nach Einkommen, dann nach Vergleich und schließlich nach Ort sortiert sein. Dies ist in Tabelle 6.1 bereits der Fall.

Hintergrund dieser Empfehlung ist die Feststellung aus Kapitel 2, daß sich ein Interaktionseffekt immer in konditionale Haupteffekte auflösen läßt, wenn man statt des Haupteffektes einer der beiden (interagierenden) Variablen entsprechende konditionale Effekte einführt. Dabei sollte der numerisch kleinere Haupteffekt eliminiert werden. Die beschriebene Sortierung der Ausgangstabelle hat den Vorteil, daß sie zuerst die Bedingungen nennt (hier: Einkommen und Vergleich) und dann die Variable mit dem numerisch kleinsten Haupteffekt (Ort), die in geeignete konditionale Effekte aufzulösen ist.

Dies ist jedoch nur eine Empfehlung, die nicht ausschließt, daß es andere Möglichkeiten gibt, die Abweichungen zwischen Modell und Daten zu verringern. Natürlich sollte man nicht nur pures Datenfitting betreiben, sondern sich bei der Auswahl konditionaler Effekte auch von inhaltlichen Überlegungen leiten lassen. In unserem Fall könnte man z.B. argumentieren, daß die Menschen in Ost- und Westdeutschland ihre wirtschaftliche Lage nach ganz unterschiedlichen Maßstäben beurteilen und daher eine getrennte Analyse für beide Befragungsorte sehr viel angemessener wäre. Beide Möglichkeiten – konditionale Effekte und subgruppenspezifische Modelle – sollen im folgenden vorgestellt werden.

6.4.2 Ein Modell mit konditionalen Effekten

Auf den ersten Blick zeigen die Residuen in Tabelle 6.1 keine besonderen Auffälligkeiten (wenn man die Minimierung der Residualstreuung im Auge hat, sollte man eigentlich auch berücksichtigen, daß die Residuen durch den WLS-Algorithmus unterschiedlich gewichtet werden). Für die Befragten mit niedrigem Einkommen zeigt sich jedoch ein regelmäßiges Muster (-,+,-,+) von negativen und positiven Abweichungen: Der Anteil der positiven Beurteilungen wird in Halle überschätzt und in Bielefeld systematisch unterschätzt. Im oberen Einkommensbereich verteilen sich dagegen Über- und Unterschätzungen unsystematisch und in keinem Fall sind sie größer als 5 Prozentpunkte. Wir lassen daher unsere Hypothese H_3 fallen und testen stattdessen die Annahme H_4:

H_4 Hallenser und Bielefelder unterscheiden sich nur im unteren Einkommensbereich in der Beurteilung ihrer wirtschaftlichen Lage. Für Bezieher höherer Einkommen lassen sich keine Ost-West-Unterschiede feststellen.

H_4 unterstellt einen konditionalen Haupteffekt $\beta_{11\ 2}^{C\bar{D}|A}$ der Variablen Ort, der nur dann wirkt, wenn die Variable Einkommen die Ausprägung „niedrig" hat (A = 2). In Verbindung mit den Hypothesen H_1 und H_2 ergibt sich dann unser zweites Modell M_2 für den Anteil positiver Beurteilungen:

$$\mathbf{g} = \begin{bmatrix} 1 & +1 & +1 & 0 \\ 1 & +1 & +1 & 0 \\ 1 & +1 & -1 & 0 \\ 1 & +1 & -1 & 0 \\ 1 & -1 & +1 & +1 \\ 1 & -1 & +1 & -1 \\ 1 & -1 & -1 & +1 \\ 1 & -1 & -1 & -1 \end{bmatrix} \times \begin{bmatrix} \beta_1^{\bar{D}} \\ \beta_{11}^{A\bar{D}} \\ \beta_{11}^{B\bar{D}} \\ \beta_{11\ 2}^{C\bar{D}|A} \end{bmatrix} \quad (6.4)$$

Die Designmatrix $\mathbf{X}_2$ ist bis auf die letzte Spalte mit $\mathbf{X}_1$ identisch. Die letzte Spalte kennzeichnet den konditionalen Haupteffekt $\beta_{11\ 2}^{C\bar{D}|A}$ und hat daher bei den Subpopulationen (Zeilen) den Wert 0, in denen die Variable Einkommen die Ausprägung „hoch" aufweist (A = 1). Für dieses Modell M_2 ergibt sich der folgende geschätzte Parametervektor $\hat{\beta}_2$:

$$\hat{\beta}_2 = \begin{bmatrix} 0{,}542 \\ 0{,}153 \\ 0{,}151 \\ -0{,}127 \end{bmatrix}$$

Alle vier Effekte sind hoch signifikant (p<0,01). Im Vergleich zu Modell M_1 zeigt dieses Modell bei ebenfalls 4 Freiheitsgraden eine hervorragende Anpassung an die Daten (W^2 = 2,28, p = 0,684). Alle Residuen sind kleiner als 4 Prozentpunkte, nur in den beiden sehr schwach besetzten Subpopulationen mit hohem Einkommen, aber Verschlechterungen gegenüber dem Vorjahr wird der Anteil der positiven Beurteilungen nicht besonders präzise geschätzt. In Halle wird der Anteil um 9,9 Prozentpunkte unterschätzt und in Bielefeld um 8,2 Prozentpunkte überschätzt. Da die beiden Prognosen aber aufgrund der geringen Fallzahlen (f_{3+} = 9, f_{4+} = 16) auch den höchsten Standardfehler haben, sollten diese Abweichungen nicht überbewertet werden. Ein konditionaler Haupteffekt, der genau auf diese Subpopulationen abstellt (Einkommen = hoch und Vergleich = schlechter), verbessert jedenfalls Modell M_2 nicht wesentlich.

Aufgrund der Parameterschätzungen lassen sich die Daten wie folgt zusammenfassen: Im Durchschnitt bezeichnen 54,2% der Befragten ihre wirtschaftliche Lage als gut. Personen mit hohen Einkommen liegen 15,3 Prozentpunkte über diesem Durchschnitt und bezeichnen zu 69,5% (0,542+0,153) ihre Lage als gut. Personen mit niedrigem Einkommen liegen um den gleichen Betrag (-0,153) unter dem Durchschnitt (38,9% gut), da sich bei der gewählten Reparametrisierung (zentrierte Effekte) die Parameter zu null summieren müssen und der „ausgelassene" Effekt (hier: $\beta_{21}^{A\bar{D}}$) der negativen Summe der anderen entspricht (hier: $-\beta_{11}^{A\bar{D}}$). Hat sich die wirtschaftliche Lage gegenüber dem Vorjahr nicht verändert oder sogar verbessert, steigt dementsprechend der Anteil positiver Antworten um 15,1 Prozentpunkte auf 69,3%. Ist sie dagegen schlechter geworden, wird die aktuelle Lage um den gleichen Betrag negativer beurteilt (39,1% gut). In Bezug auf die Ost-West-Unterschiede liefert das Modell M_2 eine interessante Interpretation: Demnach sind die Daten mit der Hypothese vereinbar, daß die wirtschaftliche Lage nur im unteren Einkommensbereich von Hallensern und Bielefeldern unterschiedlich wahrgenommen wird. In dieser Einkommensgruppe bezeichnen nur 38,9% der Befragten ihre wirtschaftliche Lage als gut (s. oben). Die Hallenser (C = 1) liegen um 12,7 Prozentpunkte unter diesem Durchschnitt, die Bielefelder (C = 2) um 12,7 Prozentpunkte darüber. Dieser konditionale Effekt ist allerdings mit $\beta_{11\,2}^{C\bar{D}|A}$ = -0,127 der kleinste von allen drei Effekten.

6.4.3 Ein Modell mit zwei Subgruppen

Als nächstes greifen wir den Vorschlag auf, das Haupteffektmodell M_1 getrennt für die Hallenser (N = 186) und Bielefelder Daten (N = 185) zu schätzen. Die Schätzungen in beiden Datensätzen werden differieren und dementsprechend ergibt sich eine ortsspezifische Konstante, ein ortsspezifischer Einkommens- und ein ortsspezifischer Vergleichseffekt. Statt einer getrennten Auswertung kann man jedoch das gleiche Ergebnis auch mit dem gesamten Datensatz erzielen – das Modell muß nur entsprechende konditionale Haupteffekte für Einkommen und Vergleich enthalten, die zwischen den beiden Bedingungen (Ort = Halle) und (Ort = Bielefeld) unterscheiden. Weiterhin muß man noch den Haupteffekt der Variablen Ort berücksichtigen, um das unterschiedliche Niveau positiver Beurteilungen – die ortsspezifische Regressionskonstante – zu modellieren. Dieses dritte Modell sieht in Matrizenschreibweise folgendermaßen aus:

$$\mathbf{g} = \begin{bmatrix} 1 & +1 & 0 & +1 & 0 & +1 \\ 1 & 0 & +1 & 0 & +1 & -1 \\ 1 & +1 & 0 & -1 & 0 & +1 \\ 1 & 0 & +1 & 0 & -1 & -1 \\ 1 & -1 & 0 & +1 & 0 & +1 \\ 1 & 0 & -1 & 0 & +1 & -1 \\ 1 & -1 & 0 & -1 & 0 & +1 \\ 1 & 0 & -1 & 0 & -1 & -1 \end{bmatrix} \times \begin{bmatrix} \beta_1^{\bar{D}} \\ \beta_{1\,1\,1}^{A\bar{D}|C} \\ \beta_{1\,1\,2}^{A\bar{D}|C} \\ \beta_{1\,1\,1}^{B\bar{D}|C} \\ \beta_{1\,1\,2}^{B\bar{D}|C} \\ \beta_{1\,1}^{C\bar{D}} \end{bmatrix} \quad (6.5)$$

Für dieses Modell M_3 ergibt sich der folgende geschätzte Parametervektor $\hat{\beta}_3$:

$$\hat{\beta}_3 = \begin{bmatrix} 0{,}542 \\ 0{,}185 \\ 0{,}113 \\ 0{,}176 \\ 0{,}126 \\ -0{,}090 \end{bmatrix}$$

Mit insgesamt sechs Parametern und nur noch 2 Freiheitsgraden hat das Modell einen exzellenten Fit ($W^2 = 0{,}02$, $p = 0{,}990$). Im Durchschnitt bezeichnen 45,2% (0,542 - 0,090) der Hallenser und 63,2% (0,542 + 0,090) der Bielefelder ihre wirtschaftliche Lage als gut. Einkommens- und Vergleichseffekt sind wie in allen vorhergehenden Modellen in beiden Städten positiv, wobei allerdings der Effekt des Einkommens (0,185) und der Effekt der Variablen Vergleich (0,176) in Halle durchweg größer ist als in Bielefeld mit 0,113 und 0,126.

Gegenüber dem einfachen Haupteffektmodell M_1 ergeben sich also keine neuen Erkenntnisse, außer der Tatsache, daß sich Einkommensunterschiede und Veränderungen im Zeitablauf in Halle stärker auswirken als in Bielefeld. Bevor man diese Schlußfolgerung zieht, sollte man jedoch überprüfen, ob die Unterschiede zwischen beiden Städten nicht auch zufälliger Natur sein können – immerhin sind die numerischen Differenzen in keinem Fall größer als 10 Prozentpunkte. Zu prüfen wären also die beiden Nullhypothesen, daß die jeweiligen konditionalen Haupteffekte in Wahrheit identisch sind, so daß ihre Differenz gleich null ist: $\beta_{11\ 1}^{A\bar{D}|C} - \beta_{11\ 2}^{A\bar{D}|C} = 0$ bzw. $\beta_{11\ 1}^{B\bar{D}|C} - \beta_{11\ 2}^{B\bar{D}|C} = 0$. Da es sich hier um Parameterdifferenzen dreht, handelt es sich nicht um einen Standardtest, der von entsprechenden GSK-Programmen routinemäßig ausgeführt wird. Die entsprechenden Kontrastmatrizen müssen also explizit spezifiziert werden. Für den Differenzentest der Einkommenseffekte muß die Kontrastmatrix C dem Zeilenvektor [0 1 -1 0 0 0] entsprechen. Für den Differenzentest der Vergleichseffekte entspricht C dem Zeilenvektor [0 0 0 1 -1 0]. Die beiden konditionalen Teststatistiken $W_{r/u}^2 = 2,16$ (Einkommen) und $W_{r/u}^2 = 0,83$ (Vergleich) sind bei einem Freiheitsgrad (C hat jeweils eine Zeile) selbst auf dem 10%-Niveau nicht signifikant.

Natürlich kann man auch die kombinierte Hypothese testen, daß weder ein ortspezifischer Effekt des Einkommens noch ein ortspezifischer Effekt der Variablen Vergleich existiert. Dafür ist eine Kontrastmatrix aus zwei Zeilen notwendig, die jeweils den beiden genannten Zeilenvektoren entsprechen. Die entsprechende konditionale Teststatistik hat den Wert $W_{r/u}^2 = 5,67$ und ist bei zwei Freiheitsgraden (C hat zwei Zeilen) auf dem 5%-Niveau nicht signifikant ($p = 0,059$). Wir ziehen daraus die Schlußfolgerung, daß die numerischen Unterschiede zwischen Halle und Bielefeld genausogut zufälliger Natur sein könnten. Insofern liefert Modell M_3 tatsächlich keine neuen Erkenntnisse gegenüber dem einfachen Haupteffektmodell M_1.

Wenn die kombinierte Hypothese richtig ist und beide konditionalen Haupteffekte sich nicht unterscheiden, dann ist Modell M_3 mit Modell M_1 identisch. Dementsprechend muß die Differenz der nicht-konditionalen Teststatistiken beider Modelle ($W_1^2 - W_3^2 = 5,69 - 0,02 = 5,67$) dem Ergebnis $W_{r/u}^2 = 5,67$ unseres kombinierten Testes entsprechen. Gleiches gilt für die Differenz der Freiheitsgrade. Hier wird noch einmal deutlich, daß der kombinierte Test gleichzeitig die Verbesserung des Modells M_3 gegenüber dem Modell M_1 mißt. Mit $p = 0,059$ zeigen sich offensichtlich keine signifikanten Verbesserungen, so daß wir Modell M_3 aus der weiteren Suche nach dem passenden Modell ausscheiden und uns lediglich zwischen Modell M_1 und M_2 entscheiden müssen. Unsere Wahl fällt dabei eindeutig auf Modell M_2, weil es einerseits mit der gleichen Anzahl von Parametern einen besseren Fit erzielt und andererseits eine inhaltlich interessante Interpretation der Daten liefert, die in weiteren vergleichenden Analysen zwischen Ost- und Westdeutschland repliziert werden sollte.

6.5 Einige Erweiterungen

Um die vorherige Analyse durchführen zu können, war es angesichts der geringen Fallzahl notwendig, sich auf wenige Kategorien pro Variable zu beschränken. Damit sind häufig Informationsverluste verbunden, und wir wollen daher in einem letzten Analyseschritt überprüfen, ob die wesentlichen Untersuchungsergebnisse stabil bleiben, wenn wir die Daten weiter differenzieren. Das gibt uns gleichzeitig die Gelegenheit, einige weiterführende Möglichkeiten zu demonstrieren, die der GSK-Ansatz zur Analyse ordinaler und metrischer Variablen bietet. Dazu betrachten wir die abhängige Variable der vorherigen Analyse (Lage) und eine der unabhängigen Variablen (Einkommen) und modellieren sie jetzt als ordinales bzw. metrisches Merkmal. Wenn wir Daten in dieser Form differenzieren, geraten wir natürlich in praktische Probleme mit dem Stichprobenumfang:

- Die Einführung weiterer Kategorien bei den unabhängigen Variablen – z.B. weitere Einkommensklassen – erhöht die Anzahl der Subpopulationen, deren geringere Fallzahlen dann die Anwendung des GSK-Ansatzes ausschließen.
- Die Unterscheidung weiterer Zielkategorien – z.B. fünf Beurteilungsstufen der wirtschaftlichen Lage – erhöht das Risiko, daß innerhalb der einzelnen Subpopulationen Nullzellen auftreten.

Wir werden diesen Schwierigkeiten dadurch begegnen, daß wir zum einen nicht den gesamten Set von unabhängigen Variablen wie bisher überprüfen und zum anderen Nullzellen durch geeignete Zusammenfassung von Kategorien bzw. durch Addition einer Konstanten ausschließen.

6.5.1 Ordinale abhängige Variablen

Tabelle 6.2 zeigt die Verteilung auf alle fünf Beurteilungsstufen der ursprünglichen Frage, und wie erwartet treten mehrere Nullzellen auf. Die Antworten konzentrieren sich auf die Ausprägungen „ausgezeichnet" (N = 29), „zufriedenstellend" (N = 200) und „befriedigend" (N = 120) und lediglich 22 Befragte bezeichnen ihre wirtschaftliche Lage als schlecht oder unzureichend. In drei der vier Subpopulationen mit höherem Einkommen kommen diese beiden Ausprägungen überhaupt nicht vor.

Tabelle 6.2: Durchschnittliche Beurteilung nach Einkommen, Vergleich mit Vorjahr und Befragungsort

Ein-kommen	Vergleich zu Vorjahr	Ort	Befragte Insgesamt	Wirtschaftl. Lage					g_M	Residuum
				1	2	3	4	5		
hoch	gleich/besser	Hal	86	0	0	16	65	5	3,87	0,00
hoch	gleich/besser	Bi	77	0	0	10	47	20	4,13	0,02
hoch	schlechter	Hal	9	0	0	5	3	1	3,56	0,10
hoch	schlechter	Bi	16	0	2	4	9	1	3,56	−0,13
niedrig	gleich/besser	Hal	59	1	3	29	26	0	3,36	−0,10
niedrig	gleich/besser	Bi	51	2	1	15	31	2	3,59	0,14
niedrig	schlechter	Hal	32	2	7	20	3	0	2,75	−0,28
niedrig	schlechter	Bi	41	1	3	21	16	0	3,27	0,23
Insgesamt			371	6	16	120	200	29		

Quelle: IMK-Umfrage 1992.

In welcher Weise sich diese Nullzellen auswirken, hängt entscheidend davon ab, wie man die ordinale Information der abhängigen Variable nutzen will:
- Ein Vorschlag beruht darauf, daß man den einzelnen Ausprägungen Zahlenkodes zuordnet, die die Rangordnung der Ausprägungen widerspiegeln. Aus diesen Zahlen wird dann ein Durchschnittswert berechnet, der die durchschnittliche Bewertung der wirtschaftlichen Lage in der jeweiligen Subpopulation wiedergibt.
- Ein anderer Vorschlag modelliert stattdessen die Wahrscheinlichkeit, eher eine ranghöhere als eine rangniedrigere Kategorie auf der jeweiligen Skala anzugeben.

Der erste Vorschlag ist natürlich meßtheoretisch unbefriedigend, weil er mit der Durchschnittsbetrachtung eine ordinale Variable wie eine metrische Variable behandelt, zumal eine Rangordnung durch beliebige Zahlenfolgen ausgedrückt werden kann. Er ist jedoch numerisch sehr einfach umzusetzen, und seine Ergebnisse sind darüber hinaus leicht zu interpretieren. Der zweite Vorschlag unterliegt im übrigen – je nach Modellrestriktionen – ähnlichen Beschränkungen. Wir hatten ja bereits in der Einleitung in Kapitel 1 angedeutet, daß Modelle für ordinale Variablen nur unzureichend ausgearbeitet sind. Nach den in Abschnitt 3.8 diskutierten Unterscheidungen ist der erste Vorschlag dem sognannten „interval level approach" und der zweite Vorschlag dem „nominal level approach" zuzurechnen.

Durchschnittswerte

Wir beginnen mit dem ersten Ansatz, indem wir die fünf Ausprägungen mit den Zahlen 1 bis 5 kodieren (1 = unzureichend, 5 = ausgezeichnet). Der Durchschnittswert für die erste Subpopulation entspricht 3,87 (= (0×1 + 0×2 + 16×3 + 65×4 + 5×5)/86), d.h., im Mittel bezeichnen Hallenser mit hohem Einkommen und konstanter oder verbesserter wirtschaftlicher Lage ihre aktuelle Situation als befriedigend bis zufriedenstellend, eher aber als zufriedenstellend. Damit liegen sie auf der 5er-Skala höher als ihre Mitbürger mit niedrigem Einkommen und Verschlechterungen gegenüber dem Vorjahr, die nur einen Durchschnittswert von 2,75 erzielen. 3,87 ist nichts anderes als ein gewichteter Durchschnitt der fünf Punktwerte. Als Gewichte fungieren die Anteilswerte der fünf Kategorien: 0×1 + 0×2 + 0,186×3 + 0,756×4 + 0,058×5 = 3,87. Allgemein gilt für den Durchschnittswert $\bar{y}_i$ der Subpopulation i:

$$\bar{y}_i = p_{i1} \times 1 + p_{i2} \times 2 + p_{i3} \times 3 + p_{i4} \times 4 + p_{i5} \times 5 \qquad (6.5)$$

Ähnlich wie die zuvor betrachtete Funktion **g**, die jeweils den ersten Anteilswert einer Subpopulation erfaßte, sind also auch die Durchschnittswerte eine (lineare) Funktion der Anteilswerte. Damit ist das ganze Instrumentarium des GSK-Ansatzes anwendbar: Man kann eine Transformationsmatrix **A** angeben, die aus allen Anteilswerten **p** den Vektor **ȳ** aller Durchschnittswerte berechnet. Die Varianzen und Kovarianzen der Durchschnittswerte sind berechenbar, so daß schließlich Regressionsmodelle für die Durchschnittswerte mit der WLS-Methode geschätzt und getestet werden können.

Die statistischen Details sollen hier nicht weiter interessieren. Wir wollen lediglich wissen, ob die Verwendung von Durchschnittswerten substantiell andere Ergebnisse liefert als unser zuvor gefundenes Modell M_2. Aus Gründen der Einheitlichkeit bezeichnen wir unsere neue Funktion ebenfalls mit g_M, wobei wir mit einem Index M andeuten, daß es sich jetzt um durchschnittliche Zahlenkodes pro Subpopulation handelt (und nicht um die jeweils ersten Anteilswerte). Wir wollen prüfen, ob dieser Vektor von acht Durchschnittswerten ebenfalls durch ein Modell [1,A,B,C|A = 2] mit zwei Haupteffekten und einem konditionalen Effekt beschrieben werden kann. Wir verwenden daher die gleiche Designmatrix wie in unserem zweiten Modell:

$$g_M = X_4 \beta_4 \quad \text{mit } X_4 = X_2 \text{ und } \beta_4 = \beta_2. \qquad (6.7)$$

Die Teststatistik $W^2 = 10,73$ (df = 4, p = 0,030) dieses vierten Modells M_4 signalisiert eine sehr viel schlechtere Anpassung. Im Gegensatz zu Modell M_2, das den Anteil positiver Beurteilungen **g** betrachtete, ergeben sich jetzt bei der Modellierung durchschnittlicher Beurteilungen g_M signifikante Residuen.

Ein Blick auf die einzelnen Residuen in Tabelle 6.2 zeigt, wo das Modell besonders schlecht paßt: Im unteren Einkommensbereich wird der Durchschnittswert für die Hallenser regelmäßig überschätzt (negative Residuen) und für die Bielefelder regelmäßig unterschätzt (positive Residuen). Im Vergleich zur Analyse der Anteilswerte g sind die Residuen jetzt viel größer. Man muß dabei aber berücksichtigen, daß die Werte der abhängigen Variablen g_M – die Durchschnittswerte – ebenfalls sehr viel größer sind. Relativ gesehen, sind die Residuen also nicht wesentlich größer. Wir lassen daher den konditionalen Effekt $\beta_{11\ 2}^{C\bar{D}|A}$, der spezifisch auf diese Subpopulationen abstellt, fort und überprüfen statt dessen das einfache Haupteffektmodell [1,A,B,C]:

$$g_M = X_5\beta_5 \quad \text{mit } X_5 = X_1 \text{ und } \beta_5 = \beta_1. \tag{6.8}$$

Dieses Modell M_5 zeigt einen akzeptablen Fit ($W^2 = 3{,}07$, df = 4, p = 0,546), und jeder der vier Parameter ist auf dem 1%-Niveau signifikant. Die Parameterschätzungen lauten im einzelnen:

$$\hat{\beta}_5 = \begin{bmatrix} 3{,}513 \\ 0{,}262 \\ 0{,}228 \\ -0{,}140 \end{bmatrix}$$

Danach liegt der durchschnittliche Punktwert für alle Befragten bei 3,513. Die wirtschaftliche Lage wird also als befriedigend bis zufriedenstellend bezeichnet. Die Bezieher höherer Einkommen liegen 0,262 Punktwerte über dem Durchschnitt, beurteilen ihre wirtschaftliche Lage also durchweg positiver als die Bezieher niedriger Einkommen, die 0,262 Punktwerte unter dem Durchschnitt liegen. Ähnlich verhält es sich mit Veränderungen gegenüber dem Vorjahr: Verbesserungen oder Konstanz der wirtschaftlichen Lage führen zu einem positiveren (+0,228), Verschlechterungen dagegen zu einem negativeren Urteil (-0,228) als im Gesamtdurchschnitt. Wie vorher auch äußern sich die Hallenser eher kritischer als der Gesamtdurchschnitt (-0,14) und die Bielefelder eher positiver (+0,14).

Im Vergleich zum vorherigen Abschnitt interessiert natürlich die Frage, warum das Modell gerade für die Bezieher niedriger Einkommen angepaßt werden muß. Einige Hinweise finden sich dazu in Tabelle 6.2: Dort ist ersichtlich, daß nur in den Subpopulationen mit niedrigem Einkommen (fast) alle Kategorien genannt werden. Bei den höheren Einkommen beschränken sich die Antworten im wesentlichen auf die Kategorien 3–5. Es ist daher plausibel, daß eine Differenzierung der Antwortkategorien gerade für niedrige Einkommen einen Unterschied macht. Abschließend könnte man noch untersuchen, wie anfällig das Modell gegenüber der Kodierung der fünf Kategorien mit den Zahlen 1–5 ist, indem man Modell M_5 mit anderen Zahlenkodes neu schätzt. Inhaltlich wird mit den Kodes festgelegt, welcher Abstand zwischen den fünf Ausprägungen auf einem zugrundeliegenden Beurteilungskontinuum gelten soll. Zahlenkodes gleichen Abstands, wie etwa die Zahlen 1–5, besagen beispielsweise, daß der Unterschied zwischen „befriedigend" und „zufriedenstellend" genauso groß ist wie der Unterschied zwischen „zufriedenstellend" und „ausgezeichnet". Das ist eine ziemlich willkürliche Festlegung einer Intervallskala, die weder inhaltlich noch methodisch abgesichert ist, jedoch häufig plausible Ergebnisse liefert.

Kumulative Logits

In dem zweiten Vorschlag betrachtet man die Wahrscheinlichkeit, eine ranghöhere Kategorie als Kategorie j zu wählen, relativ zur Wahrscheinlichkeit, die Kategorie j oder eine rangniedrigere zu wählen. Bei j = 1,...,5 Kategorien gibt es genau vier Möglichkeiten, solche Wahrscheinlichkeiten zu betrachten: Kategorien 2, 3, 4 oder 5 versus Kategorie 1, (3,4,5) versus (1,2), (4,5) versus (1,2,3) sowie 5 versus (1,2,3,4). Man schätzt diese Wahrscheinlichkeiten durch kumulierte Anteilswerte. c_{ik} sei der kumulierte Anteil aller Kategorien j = 1 bis einschließlich j=k für Subpopulation i. Für die erste Subpopulation ist z.B. der kumulierte Anteil der ersten vier Kategorien c_{14} = 0,942, und dementsprechend beträgt die Wahrscheinlichkeit, in dieser Subpopulation maximal die Kategorie „zufriedenstellend" zu beobachten, 94,2%. Die Wahrscheinlichkeit aller ranghöheren Kategorien entspricht schließlich $1-c_{ik}$. Ähnlich wie bei den logistischen Regressionsmodellen betrachtet man nicht den einfachen Quotienten $(1-c_{ik})/c_{ik}$, sondern seinen natürlichen Logarithmus $\ln((1-c_{ik})/c_{ik})$ und bezeichnet diesen als *kumulatives Logit*. Damit ergibt sich ein multiplikatives Regressionsmodell. Ähnlich wie die zuvor berechneten Durchschnittswerte sind auch die kumulativen Logits eine Funktion der ursprünglichen Anteilswerte, wenn auch zu ihrer Berechnung mehr und vor allem nicht-lineare mathematische Operationen notwendig sind als bisher.

Eine differenzierte Analyse mit allen vier Vergleichen scheitert bei unseren Daten, weil für einige Vergleiche und Subpopulationen keine Beobachtungen vorliegen (Nullzellen in Tabelle 6.2). Selbst wenn man die beiden untersten und höchsten Kategorien zusammenfaßt und lediglich zwei Vergleiche betrachtet – (1,2) versus (3,4,5) und (1,2,3) versus (4,5) –, gibt es immer noch in den ersten drei Subpopulationen, also für fast alle Bezieher hoher Einkommen, in dem Kategorienpaar (1,2) keine Beobachtungen. In den genannten Subpopulationen ist damit der (kumulative) Anteil der ersten beiden Ausprägungen gleich null. Eine Anwendung des GSK-Ansatzes gerät damit in zwei Proble-

Tabelle 6.3: Kumulative Logits nach Einkommen, Vergleich mit Vorjahr und Befragungsort

Ein-kommen	Vergleich zu Vorjahr	Ort	Befragte Insgesamt	Wirtschaftl. Lage			3,4,5 versus 1,2	4,5 versus 1,2,3
				1–2	3	4–5		
hoch	gleich/besser	Hal	87,5	0,5	16,5	70,5	5,159	1,422
hoch	gleich/besser	Bi	78,5	0,5	10,5	67,5	5,050	1,814
hoch	schlechter	Hal	10,5	0,5	5,5	4,5	2,996	-0,288
hoch	schlechter	Bi	17,5	2,5	4,5	10,5	1,792	0,405
niedrig	gleich/besser	Hal	60,5	4,5	29,5	26,5	2,521	-0,249
niedrig	gleich/besser	Bi	52,5	3,5	15,5	33,5	2,639	0,567
niedrig	schlechter	Hal	33,5	9,5	20,5	3,5	0,927	-2,148
niedrig	schlechter	Bi	42,5	4,5	21,5	16,5	2,134	-0,455
Insgesamt			383	26	124	233		

Quelle: Tabelle 6.2 (alle Zellhäufigkeiten um 0,5 erhöht).

me: ein numerisches und eine schätztechnisches. Zum einen ist eine Division durch null bzw. der Logarithmus von null nicht definiert. Dieses numerische Problem würde bei anderen, nicht-logistischen Funktionen nicht auftreten. Viel wichtiger ist aber das schätztechnische Problem: Wenn ein Anteilswert null ist, dann bedeutet das gleichzeitig, daß der Schätzer der entsprechenden Wahrscheinlichkeit ebenfalls null ist wie auch ihre geschätzte Varianz. Mangels Daten würden wir also mit „Sicherheit" sagen, die entsprechende Kategorie existiert nicht – und das in einer Stichprobe, die per definitionem Zufallsfehler aufweist. Außerdem wäre eine gewichtete Kleinste-Quadrate-Schätzung nicht mehr anwendbar, da an dieser Stelle das Gewicht den Wert Null bekäme.

Da wir das Problem der Nullzellen nicht durch eine weitere Umstrukturierung der Ausgangstabelle umgehen können bzw. wollen, greifen wir den Vorschlag von Grizzle, Starmer und Koch (1969) auf und addieren zu allen Zellhäufigkeiten den Wert 0,5 (vgl. Tabelle 6.3). Diese „Korrektur" ist in unserem Fall sicherlich nicht unproblematisch, da wir in fast allen Subpopulationen mit hohem Einkommen einen Wert vorgeben, der nicht durch empirische Daten untermauert ist. Unsere Korrektur korreliert also hochgradig mit der Einkommensvariablen, und von daher kann die folgende Analyse nur didaktischen Wert haben. Wir hatten bereits in der Einleitung (Abschnitt 1.2.5) und in Kapitel 2 (Abschnitt 2.2.5) darauf hingewiesen, daß solche „Datenkorrekturen" immer die Schätzergebnisse beeinflussen und daß man daher immer verschiedene Korrekturwerte ausprobieren sollte. In diesem Fall kommt aber erschwerend die Korrelation der „Korrekturen" mit der Einkommensvariablen hinzu, so daß wir von einem Test verschiedener Korrekturwerte hier absehen.

Das methodisch Interessante an der folgende Analyse ist die Tatsache, daß wir pro Subpopulation zwei kumulative Logits zu betrachten haben (s. die beiden letzten Spalten in Tabelle 6.3). Wir müssen daher sowohl ein Regressionsmodell für den Vergleich der Kategorien (1,2) mit den Kategorien (3,4,5) als auch für den Vergleich von (1,2,3) mit (4,5) spezifizieren. Die abhängige Variable ist jeweils das kumulative Logit und dementsprechend gibt es Regressionsparameter für das erste und das zweite (kumulative) Logit. In Anlehnung an die bisherige Symbolik kennzeichnen wir die beiden kumulativen Logits mit einem L und dem Index 1 bzw. 2. Die beiden Regressionskonstanten lauten also beispielsweise β_1^L und β_2^L. Beide Regressionsmodelle lassen sich in einer Matrizen-Gleichung kombinieren, wenn man alle 2×8 = 16 kumulativen Logits als einen langen Vektor $\mathbf{g}_L$ auffaßt. Für ein Haupteffektmodell [1,A,B,C] sieht das folgendermaßen aus:

$$\mathbf{g}_L = \begin{bmatrix} 1 & 0 & 1 & 0 & 1 & 0 & 1 & 0 \\ 0 & 1 & 0 & 1 & 0 & 1 & 0 & 1 \\ 1 & 0 & 1 & 0 & 1 & 0 & -1 & 0 \\ 0 & 1 & 0 & 1 & 0 & 1 & 0 & -1 \\ 1 & 0 & 1 & 0 & -1 & 0 & 1 & 0 \\ 0 & 1 & 0 & 1 & 0 & -1 & 0 & 1 \\ 1 & 0 & 1 & 0 & -1 & 0 & -1 & 0 \\ 0 & 1 & 0 & 1 & 0 & -1 & 0 & -1 \\ 1 & 0 & -1 & 0 & 1 & 0 & 1 & 0 \\ 0 & 1 & 0 & -1 & 0 & 1 & 0 & 1 \\ 1 & 0 & -1 & 0 & 1 & 0 & -1 & 0 \\ 0 & 1 & 0 & -1 & 0 & 1 & 0 & -1 \\ 1 & 0 & -1 & 0 & -1 & 0 & 1 & 0 \\ 0 & 1 & 0 & -1 & 0 & -1 & 0 & 1 \\ 1 & 0 & -1 & 0 & -1 & 0 & -1 & 0 \\ 0 & 1 & 0 & -1 & 0 & -1 & 0 & -1 \end{bmatrix} \times \begin{bmatrix} \beta_1^L \\ \beta_2^L \\ \beta_{11}^{AL} \\ \beta_{12}^{AL} \\ \beta_{11}^{BL} \\ \beta_{12}^{BL} \\ \beta_{11}^{CL} \\ \beta_{12}^{CL} \end{bmatrix} \quad (6.9)$$

Die kumulativen Logits einer Subpopulation werden dabei jeweils in zwei Zeilen untereinander geschrieben. Jeden Effekt β gibt es zweimal – einmal für das erste und das andere Mal für das zweite (kumulative) Logit. Die De-

Tabelle 6.4: WLS-Schätzung für Modell M_6

Effekt	Schätzer	p	kumulatives Logit
Konstante	2,576	0,000	3,4,5 vs. 1,2
	0,220	0,103	4,5 vs. 1,2,3
Einkommen	0,529	0,067	3,4,5 vs. 1,2
	0,698	0,000	4,5 vs. 1,2,3
Vergleich	0,727	0,001	3,4,5 vs. 1,2
	0,679	0,000	4,5 vs. 1,2,3
Ort	-0,186	0,399	3,4,5 vs. 1,2
	-0,411	0,001	4,5 vs. 1,2,3

Quelle: Tabelle 6.3.

signmatrix enthält an den entsprechenden Stellen Nullen, damit nur die richtigen Parameter auf das jeweilige kumulative Logit wirken. Erneut hat also unser Regressionsmodell die Form

$$g_L = X_6 \beta_6 \qquad (6.10)$$

und da es sich bei g_L um eine Funktion der ursprünglichen Anteilswerte handelt, ist wiederum das Instrumentarium des GSK-Ansatzes anwendbar, wobei allerdings die Varianz-Kovarianz-Matrix näherungsweise mit der Delta-Methode bestimmt werden muß, da es sich wegen des natürlichen Logarithmus um eine nicht-lineare Funktion handelt. Alle geschätzten Effekte inkl. ihrer Signifikanzen für Modell M_6 finden sich in Tabelle 6.4.

Auf die Interpretation der einzelnen Effekte wollen wir aus Platzgründen nicht weiter eingehen. Insgesamt liefert das geschätzte Haupteffektmodell nach Maßgabe der Teststatistik $W^2=7,92$ (df = 8, p = 0,442) eine angemessene Beschreibung der Daten, was für ein Modell mit konditionalen Effekten [1,A,B,C|A = 2] analog Modell M_2 nicht gilt ($W^2 = 16,0$, df = 8, p = 0,042). In dieser Hinsicht werden also die Ergebnisse der Durchschnittswerte bestätigt. Allerdings sind nicht alle Haupteffekte signifikant. Für den Vergleich der Kategorien (3,4,5) mit den Kategorien (1,2) liegen offenbar nicht genügend Beobachtungen vor, um den Einkommens- und Ortseffekt nachweisen zu können. Alle Effekte haben jedoch das erwartete Vorzeichen. Sie deuten darauf hin, daß bei höheren Einkommen, bei konstanter oder verbesserter wirtschaftlicher Lage sowie in Bielefeld eher ranghöhere, also positivere Beurteilungen bevorzugt werden. Wir können sogar die Hypothese testen, daß die Effekte der drei unabhängigen Variablen für beide Vergleiche identisch sind, die Wahl der ranghöheren Kategorien daher immer nach dem gleichen Muster entschieden wird. Die zusammengesetzte Hypothese $\beta_{11}^{AL} = \beta_{12}^{AL}$, $\beta_{11}^{BL} = \beta_{12}^{BL}$ und $\beta_{11}^{CL} = \beta_{12}^{CL}$ kann mit der folgenden Kontrastmatrix überprüft werden:

$$\begin{bmatrix} 0 & 0 & 1 & -1 & 0 & 0 & 0 & 0 \\ 0 & 0 & 0 & 0 & 1 & -1 & 0 & 0 \\ 0 & 0 & 0 & 0 & 0 & 0 & 1 & -1 \end{bmatrix}$$

Es ergibt sich eine konditionale Teststatistik $W_{r/u}^2 = 1,89$, die bei 3 Freiheitsgraden noch nicht einmal auf dem 10%-Niveau signifikant ist (p = 0,595). Wir folgern daraus, daß die Rangordnung der Kategorien über das gesamte Spektrum der Skala relativ einheitlich beurteilt wird. Auch wenn die Modelle M_2, M_4 und M_6 nicht direkt vergleichbar sind (unterschiedliche Funktionen g, additive versus multiplikative Modelle), deutet die Tatsache, daß der konditionale Effekt für die unteren Einkommensgruppen nur in M_2 vorkommt, darauf hin, daß dieser Effekt ein Spezifikum der Dichotomisierung ist. Wie bereits angedeutet, sollte er anhand anderer Stichproben repliziert werden.

6.5.2 Metrische unabhängige Variablen

Abschließend wollen wir noch die Auswirkungen der Dichotomisierung der Einkommensvariablen untersuchen. Statt zwei Einkommensklassen unterscheiden wir nun vier, je nachdem, welchem Quartil das bedarfsgewichtete Haushaltseinkommen des Befragten zuzurechnen war. Wie vorher haben wir auch bei dieser Einteilung die ortspezifische Einkommensverteilung zugrundegelegt. Mit vier statt zwei Ausprägungen der Variable Einkommen hätte unsere ursprüngliche Tabelle ABCD insgesamt 4×2×2 = 16 Zeilen. Selbst bei Gleichverteilung wäre angesichts des Stichprobenumfangs nicht damit zu rechnen, daß alle Subpopulationen mindestens 25 Fälle haben. Wir haben also keine andere Wahl, als die Anzahl der unabhängigen Variablen einzuschränken, und lassen daher die Variable B (Vergleich) außer acht. Die Variable Ort können wir nicht weglassen, da wir sie benötigen, um die unterschiedliche Beurteilung der wirtschaftlichen Lage in Halle und Bielefeld sowie das unterschiedliche Einkommensniveau zu modellieren. Tabelle 6.5 zeigt unsere zusammengefaßte Kreuztabelle ACD. Wie erwartet steigt der Anteil positiver Beurteilungen mit der Position in der Einkommensverteilung, wobei die Hallenser Anteilswerte durchweg kleiner sind als die Bielefelder.
Ein einfaches Haupteffektmodell [1,A,C] hat insgesamt fünf Parameter, da neben der Konstanten und dem Ortseffekt jetzt 4-1 = 3 Effekte für die einzelnen Einkommensstufen berücksichtigt werden müssen (Modell M_7). Die Residualstreuung ist zwar nicht signifikant ($W^2 = 5,02$, df = 3, p = 0,170), aber auch nicht gerade gering angesichts der Menge der verwendeten Effekte (nur

Tabelle 6.5: Wirtschaftliche Lage nach Einkommensquartil und Befragungsort

Ort	Einkommen	in DM	Befragte Insgesamt	Wirtschaftl. Lage			Differenz $Q_i - Q_{i-1}$
				gut	schlecht	Anteil	
Hal	1. Quartil	−1087	45	9	36	0,200	
Hal	2. Quartil	1087–1422	47	20	27	0,426	0,226
Hal	3. Quartil	1422–1769	48	31	17	0,646	0,220
Hal	4. Quartil	1769–	47	43	4	0,915	0,269
Bi	1. Quartil	−1288	46	17	29	0,370	
Bi	2. Quartil	1288–1794	46	32	14	0,696	0,326
Bi	3. Quartil	1794–2445	47	33	14	0,702	0,006
Bi	4. Quartil	2445–	47	45	2	0,957	0,255
Insgesamt			373	230	143		

Quelle: IMK-Umfrage 1992.

3 Freiheitsgrade!). Das liegt natürlich daran, daß das Muster positiver Beurteilungen in den Quartilen der Einkommensverteilung zwischen Halle und Bielefeld stark differiert. Dies bekommt man nur dadurch in den Griff, daß man die Einkommenseffekte ortsspezifisch schätzt. Das entsprechende Modell [1,C, A|C] mit konditionalen Einkommenseffekten und dem Haupteffekt der Variablen Ort (Modell M_8) hat jedoch genausoviele Parameter wie Daten und entspricht damit dem saturierten Modell.

Die Anzahl der Parameter läßt sich nur dann wesentlich reduzieren, wenn es gelingt, die Effekte der einzelnen Einkommensstufen in einem Effekt zusammenzufassen. Hier ergeben sich interessante Anknüpfungspunkte zur Modellierung metrischer unabhängiger Variablen. Dort berücksichtigen wir ja auch nicht alle einzelnen Ausprägungen, sondern unterstellen einen bestimmten Funktionsverlauf – beispielsweise einen linearen, bei dem mit jeder Veränderung der unabhängigen Variablen um eine Einheit die abhängige Variable um den gleichen Betrag steigt oder sinkt. Ein Blick in Tabelle 6.5 zeigt, daß diese lineare Hypothese für die Einkommensquartile eine gewisse Berechtigung hat: Zumindest für Halle zeigt sich, daß der Anteil positiver Beurteilungen mit jedem Quartil um fast den gleichen Betrag zunimmt. In Bielefeld ist dieser Trend nicht ganz so deutlich, weil die beiden mittleren Quartile sich in ihrer Beurteilung kaum unterscheiden.

Wir bezeichnen die vier konditionalen Haupteffekte $\beta_{i11}^{AD|C}$ ($i = 1,...,4$) des Einkommens in Halle der Einfachheit halber mit β_1 bis β_4. Wenn die lineare Hypothese für Halle zutreffen soll, dann gilt für diese vier Effekte: $(\beta_2-\beta_1) = (\beta_3-\beta_2)$ sowie $(\beta_3-\beta_2) = (\beta_4-\beta_3)$. Beide Gleichungen implizieren im übrigen

$(\beta_2-\beta_1) = (\beta_4-\beta_3)$, so daß diese Identität nicht extra getestet werden muß. Berücksichtigt man weiterhin, daß bei Verwendung zentrierter Effekte der jeweils letzte Parameter (β_4) der negativen Summe $(-\beta_1-\beta_2-\beta_3)$ der anderen entspricht, dann ergibt sich nach einigen Umformungen die folgende zusammengesetzte Nullhypothese: $-\beta_1 + 2\beta_2 - \beta_3 = 0$ sowie $\beta_1 + 3\beta_3 = 0$. Sie kann mit der folgenden Kontrastmatrix getestet werden:

$$C_{8a} = \begin{bmatrix} 0 & 0 & -1 & 2 & -1 & 0 & 0 & 0 \\ 0 & 0 & 1 & 0 & 3 & 0 & 0 & 0 \end{bmatrix}$$

Die entsprechende Kontrastmatrix für Bielefeld lautet:

$$C_{8b} = \begin{bmatrix} 0 & 0 & 0 & 0 & 0 & -1 & 2 & -1 \\ 0 & 0 & 0 & 0 & 0 & 1 & 0 & 3 \end{bmatrix}$$

Und natürlich kann man auch die Hypothese testen, daß sowohl in Halle als auch in Bielefeld der Anteil linear zunimmt:

$$C_{8c} = \begin{bmatrix} 0 & 0 & -1 & 2 & -1 & 0 & 0 & 0 \\ 0 & 0 & 1 & 0 & 3 & 0 & 0 & 0 \\ 0 & 0 & 0 & 0 & 0 & -1 & 2 & -1 \\ 0 & 0 & 0 & 0 & 0 & 1 & 0 & 3 \end{bmatrix}$$

Es ergeben sich die folgenden konditionalen Teststatistiken:

a) $W^2_{r/u} = 0{,}17$, df = 2, p = 0,920,

b) $W^2_{r/u} = 3{,}81$, df = 2, p = 0,149,

c) $W^2_{r/u} = 3{,}98$, df = 4, p = 0,409.

Da sie alle drei nicht signifikant sind, ist davon auszugehen, daß der Anteil positiver Beurteilungen in beiden Orten linear mit der Einkommensposition zunimmt. Man beachte allerdings den relativ hohen W^2-Wert in Bielefeld, der darauf hindeutet, daß der lineare Trend in Bielefeld nicht durchgängig zu beobachten ist.

Leider kann man aus den Teststatistiken nicht entnehmen, um welchen Betrag der Anteil zunimmt. Dazu muß man einen entsprechenden linearen Effekt schätzen. $\beta^{Q\tilde{D}|C}_1$ sei der lineare Einkommenseffekt für Halle (C = 1), der angibt, um wieviel die positive Beurteilung der wirtschaftlichen Lage mit jedem Einkommensquartil Q_i zunimmt. $\beta^{Q\bar{D}|C}_2$ sei das entsprechende Gegenstück für Bielefeld (C = 2). Wie sollen nun die entsprechenden Spalten der Designmatrix kodiert werden? Betrachten wir dazu die bekannte bivariate Regressionsgleichung $\hat{y} = \beta_0 + \beta_1 x$. $\hat{y}$ sei unser Anteilswert. β_0 sei das Anfangsniveau dieses Anteilswertes und β_1 der Betrag, um den der Anteil mit jedem Quartil zunehmen soll. Wenn wir jetzt für x nacheinander die Zahlen 1, 2, 3 und 4 einsetzen, ergeben sich vier $\hat{y}$-Werte: $\hat{y}_1 = \beta_0 + \beta_1$, $\hat{y}_2 = \beta_0 + 2\beta_1$, $\hat{y}_3 = \beta_0 + 3\beta_1$ und $\hat{y}_4 = \beta_0 + 4\beta_1$, die alle die gewünschte Eigenschaft haben, daß sie sich genau um die Zahl β_1 unterscheiden.

Die Kodes 1, 2, 3 und 4 sind offenbar eine der möglichen Zahlenfolgen, die einen *gleichen* Abstand zwischen allen vier Anteilswerten unterstellen. Entscheidend sind daran nicht die absoluten Beträge der Zahlenkodes, sondern der Umstand, daß sie alle um den Wert 1 differieren. Eine andere Zahlenfolge mit der gleichen Eigenschaft – z.B. –1,5, –0,5, 0,5 und 1,5 – führt zu dem gleichen Resultat. Letztere hat für unsere Zwecke den Vorteil, daß die Summe der Kodes null ergibt und damit alle anderen zentrierten Effekte ihre gewohnte Interpretation (Abweichung vom Gesamtdurchschnitt) behalten. In Matrizenform sieht die Regressionsgleichung für ein Modell [1,C,Q|C] mit einem Haupteffekt für den Befragungsort und zwei linearen, ortsspezifischen Einkommenseffekten folgendermaßen aus:

$$\mathbf{g} = \begin{bmatrix} 1 & 1 & -1{,}5 & 0 \\ 1 & 1 & -0{,}5 & 0 \\ 1 & 1 & 0{,}5 & 0 \\ 1 & 1 & 1{,}5 & 0 \\ 1 & -1 & 0 & -1{,}5 \\ 1 & -1 & 0 & -0{,}5 \\ 1 & -1 & 0 & 0{,}5 \\ 1 & -1 & 0 & 1{,}5 \end{bmatrix} \times \begin{bmatrix} \beta^{\bar{D}}_1 \\ \beta^{C\bar{D}}_{11} \\ \beta^{Q\bar{D}|C}_1 \\ \beta^{Q\bar{D}|C}_2 \end{bmatrix} \tag{6.11}$$

In den beiden letzten Spalten der Designmatrix erkennt man die Kodierung der beiden linearen Effekte. Da es sich um ortspezifische (konditionale) Effekte handelt, tauchen in den entsprechenden Zeilen, in denen der jeweilige Effekt nicht auftritt, Nullen auf. Dieses neunte Modell M_9 paßt auf die Daten (W^2 = 3,98, df = 4, p = 0,409). W^2 entspricht im übrigen der konditionalen Teststatistik der Kontrastmatrix $\mathbf{C}_{8c}$. Der Fit kann aber noch wesentlich gesteigert werden, wenn man die beiden mittleren Bielefelder Quartile gleichsetzt. Dazu verwendet man in den letzten vier Zeilen der letzten Spalte von $\mathbf{X}_9$ die Zahlenkodes –1, 0, 0, 1 statt –1,5, –0,5, 0,5 und 1,5. In diesem zehnten Modell M_{10}

treten praktisch keine Residuen mehr auf ($W^2 = 0{,}51$, df = 4, p = 0,973). Der geschätzte Parametervektor lautet:

$$\hat{\beta}_{10} = \begin{bmatrix} 0{,}614 \\ -0{,}064 \\ 0{,}239 \\ 0{,}284 \end{bmatrix}$$

Danach bezeichnen im Durchschnitt 61,4% aller Befragten ihre aktuelle wirtschaftliche Lage als gut. Die Hallenser liegen 6,4 Prozentpunkte unter diesem Durchschnitt, die Bielefelder um den gleichen Betrag darüber. Unterteilt man die Einkommensverteilung in vier Viertel bzw. Quartile, dann ist die Beurteilung im untersten Quartil am schlechtesten und im obersten Quartil am besten. Genauer gesagt steigt der Anteil positiver Antworten in jedem Quartil in Halle um 23,9 Prozentpunkte und in Bielefeld um 28,4 Prozentpunkte. Dabei wurden allerdings in Bielefeld die beiden mittleren Quartile zusammengefaßt. In bezug auf die Ausgangsfrage muß man also sagen: Wenn die Unterschiede zwischen den Quartilen so groß sind, dann wird durch eine Dichotomisierung der Äquivalenzeinkommen am Median der Effekt des Einkommens eingeebnet und damit unterschätzt.

6.6 Literaturhinweise

Das schrittweise Auswahlverfahren in Abschnitt 6.3 wurde erstmals von Clarke und Koch (1976) für die Analyse von Strafverfahren verwendet. Eine weitere, epidemiologische Anwendung findet sich bei Higgins und Koch (1977), in der auch die statistischen Eigenschaften der beiden Stopkriterien kurz diskutiert werden. Automatisierte Verfahren zur Variablenauswahl in großen Kontingenztabellen werden von Langeheine (1984) vorgestellt. Die Verwendung kumulativer Logits bei der Analyse ordinaler Variablen wird bei Agresti (1984) diskutiert (vgl. auch Abschnitt 3.8 und 5.3). Zur Ersetzung von Nullzellen (Stichprobennullen) durch kleine Zahlenwerte verweisen wir auf die Diskussion in den Abschnitten 1.2.5 und 2.2.5.

Wie bei der Analyse einer dichotomen abhängigen Variablen ist auch bei Durchschnittswerten oder kumulativen Logits eine Transformation der Anteilswerte der Ausgangstabelle die eigentliche abhängige Variable. Weitere Einzelheiten zur Verwendung von Transformationsmatrizen für diese Berechnungen und zur Bestimmung der Varianzen und Kovarianzen von g finden sich bei Forthofer/Koch (1973) und Koch et al. (1977).

7 Eine log-lineare Kohortenanalyse der Religiosität

7.1 Das Problem

Die Unterschiede zwischen älteren und jüngeren Menschen sowie die Erklärung dieser Unterschiede sind schon immer kontrovers diskutiert worden. Eine weit verbreitete Meinung behauptet etwa, daß jüngere Personen dynamisch, flexibel und progressiv seien, da sie weniger zu verlieren haben. Ältere Personen seien demgegenüber unbeweglich, dogmatisch und konservativ, da sie sich bereits sozial etabliert haben. Selten beruhen solche Behauptungen jedoch auf solider empirischer und theoretischer Evidenz. In der Tat ist es nicht ganz einfach, die Frage nach der Art der Altersunterschiede und nach ihren Ursachen richtig und präzise zu formulieren, und noch schwieriger ist es, diese Frage zu untersuchen und zu beantworten.

Dies läßt sich an einem Forschungsprojekt über Religiosität zeigen, das sich mit der einfachen Frage beschäftigte: Steigt oder sinkt mit zunehmendem Alter die Religiosität von Personen? Die erste Schwierigkeit bei der Beantwortung dieser Frage besteht darin, eine operationale Definition von Religiosität zu finden, die sinnvolle Vergleiche zwischen älteren und jüngeren Personen ermöglicht. Wir nehmen hier sehr vereinfachend an, daß die Mitgliedschaft in einer Konfession bzw. die Religionszugehörigkeit eine brauchbare Operationalisierung des Konstrukts „Religiosität" ist.

Bahr hat 1970 einen Literaturüberblick über die Beziehung zwischen Lebensalter und Religionszugehörigkeit präsentiert. Die Faktoren, die die Religionszugehörigkeit innerhalb des Lebenslaufs beeinflussen, sind danach in den verschiedenen sozialen Positionen und Verantwortlichkeiten zu suchen, die Personen zu verschiedenen Zeitpunkten ihres Lebens einnehmen. So besetzen Personen in Abhängigkeit von ihrem Alter verschiedene Positionen innerhalb des Ausbildungs- und Wirtschaftssystems; sie unterscheiden sich nach Familienstand sowie nach Anzahl und Alter ihrer Kinder; sie sind in unterschiedlichem Maße in sozialen, politischen und anderen Organisationen aktiv. Darüber hinaus neigen die Älteren einerseits dazu, sich aus der Gesellschaft und ihren religiösen Organisationen zurückzuziehen, anderseits werden sie aber angesichts des nahenden Lebensendes in einem höheren Ausmaß religiös. Aus den Effekten dieser und ähnlicher Faktoren hat man sowohl den Schluß gezogen, daß Alter und Religionszugehörigkeit in einer kurvilinearen Beziehung zueinander stehen, als auch, daß zwischen Alter und Religiosität eine positive lineare Beziehung, eine negative lineare Beziehung oder gar keine Beziehung besteht. Für all diese sich (gegenseitig ausschließenden) Hypothesen über den Zusammenhang zwischen Alter und Religiosität läßt sich jeweils empirische Evidenz finden.

Neben den üblichen Gründen, die mit verschiedenen Operationalisierungen, verschiedenen Stichproben und verschiedenen Datenerhebungsmethoden zu tun haben, sind diese konfligierenden Forschungsergebnisse hauptsächlich durch Unterschiede der jeweiligen Forschungsdesigns verursacht. Die meisten dieser Forschungen verwenden Querschnittsdaten. Wenn aber jüngere und ältere Personen zu einem bestimmten Zeitpunkt miteinander verglichen werden, vergleicht man nicht nur Personen in verschiedenen Lebensabschnitten, sondern auch Personen aus verschiedenen Generationen; d.h., man untersucht Effekte des Lebenslaufs und Generationseffekte. In Querschnittsuntersuchungen sind daher Lebenslauf- und Kohorteneffekte vollständig miteinander vermischt (in diesem Kapitel werden die Begriffe Generation und Geburtskohorte bedeutungsgleich verwendet; siehe jedoch Buchhofer et al. 1970 und Hagenaars/Cobben 1978)

Auf der anderen Seite benutzen einige Umfragen Längsschnittdesigns. Dabei werden eine oder mehrere Generationen über Teilphasen ihres Lebenslaufs im Zeitablauf beobachtet. Dadurch sind Altersunterschiede in einer Generation nicht länger mit Kohorteneffekten vermischt, sondern reflektieren Effekte des Lebenslaufs. Aber auch die Altersunterschiede im Längsschnitt erfassen Lebenslauf-Effekte nicht präzise genug: Wenn eine Generation über eine längere Zeit beobachtet wird, wird ihr Verhalten nicht nur durch Alterungsprozesse (Lebenslauf) beeinflußt, sondern ebenfalls durch alle kleinen und großen Ereignisse, die in dieser Zeit stattfinden. Bezeichnet man diese Ereignisse mit dem Begriff „Periode", dann zeigt sich, daß in einem Längsschnittdesign Lebenslauf- und Periodeneffekte miteinander vermischt sind.

Es ist daher zu erwarten, daß Querschnittsanalysen Ergebnisse liefern, die sich in Bezug auf Altersdifferenzen von den Ergebnissen langfristiger oder kurzfristiger Längsschnittsstudien unterscheiden und daß keines dieser Designs unverzerrte Lebenslauf-Effekte ergibt. Im nächsten Abschnitt 7.2 soll gezeigt werden, wie man die Kohortenanalyse dazu benutzen kann, die mit einander verwobenen Effekte von Alter (Lebenslauf), Periode und Kohorte (Generation) zu entwirren. Die Ausführungen hierzu werden sehr kurz sein, allgemeine Einführungen finden sich in den Literaturhinweisen am Ende dieses Kapitels. In den Abschnitten 7.3 bis 7.7 werden dann verschiedene log-lineare Analysen einer sogenannten Kohortentabelle zur Religiosität präsentiert.

In diesem Kapitel werden die folgenden formalen Eigenschaften log-linearer Modelle beispielhaft gezeigt: die Modellierung von Daten einer Totalerhebung, die Behandlung struktureller Nullen und hierarchischer (geschachtelter) Designs, die Untersuchung (kurvi)linearer Trends und die Verwendung von Gleichheitsrestriktionen für log-lineare Parameter. Das Kapitel schließt mit einem kurzen Vergleich einer der log-linearen Analysen mit einer vergleichbaren additiven GSK-Analyse.

7.2 Kohortenanalyse

Ideale Daten für Schätzungen der Alterseffekte sind Daten mehrerer Generationen, die jeweils über ihren gesamten Lebenslauf beobachtet wurden. Solche Daten sind nur schwer zu erhalten. Trotzdem läßt sich aus den offiziellen Statistiken des Statistischen Amtes der Niederlande eine Kohortentabelle (vgl. Tabelle 7.1) konstruieren, die, gestaffelt in Altersintervallen von jeweils 10 Jahren, eine Periode von 80 Jahren überspannt und Informationen über den prozentualen Anteil holländischer Frauen enthält, die keiner Konfession angehören.

Auf den ersten Blick sieht Tabelle 7.1 wie eine normale Alter×Periode-Tabelle aus. Vergleiche der Zeilen ergeben Informationen über Unterschiede in der Religiosität verschiedener Altersgruppen zu einem bestimmten Zeitpunkt (da es sich in Tabelle 7.1 um die Anteile der Frauen *ohne* Konfession handelt, wurde die Variable Religiosität mit dem Buchstaben N abgekürzt, um daran zu erinnern, daß es sich um die Personen handelt, die *nicht* religiös sind). Durch einen Vergleich der Spalten erhält man Informationen über Periodendifferenzen für eine bestimmte Alterskategorie. Wegen des zehnjährigen Beobachtungsintervalls und den zehn Jahre umfassenden Altersklassen gehören jedoch alle Zellen einer bestimmten, von links oben nach rechts unten verlaufenden Tabellendiagonalen zu einer Generation, d.h. einer Geburtskohorte (zueinander gehörende Zellen einer Diagonalen werden daher mit K_1, K_2,...,K_{13} bezeichnet). Diagonale Vergleiche ergeben also Informationen über Kohortendifferenzen der Religiosität.

Aus dieser Darstellung wird unmittelbar deutlich, warum unterschiedliche Forschungsdesigns verschiedene Ergebnisse produzieren und wieso Effekte des Alters, der Periode und der Kohorte immer miteinander vermischt sind. Ein Vergleich der Zellen einer bestimmten Spalte zeigt, daß in allen Spalten die Anteile der Personen ohne Konfession sinken: ältere Menschen scheinen religiöser zu werden. Diese Altersdifferenzen sind jedoch immer mit Unter-

Tabelle 7.1: *Geschätzte Anteile (in Prozent) der Frauen ohne Konfession (N) nach Alter (A), Periode (P) und Kohorte (K) für die Niederlande*

Alter	Periode							
	P_1:1889	P_2:1909	P_3:1919	P_4:1929	P_5:1939	P_6:1949	P_7:1959	P_8:1969
A_1: 20–30	K_6 1,90 (424073)	K_7 4,78 (477213)	K_8 7,27 (563766)	K_9 13,87 (678369)	K_{10} 16,00 (732955)	K_{11} 17,40 (771277)	K_{12} 18,01 (772604)	K_{13} 23,93 (972343)
A_2: 30–40	K_5 1,61 (329112)	K_6 4,22 (395255)	K_7 7,25 (456050)	K_8 14,14 (548317)	K_9 16,54 (630027)	K_{10} 18,20 (705662)	K_{11} 19,12 (763242)	K_{12} 22,28 (768865)
A_3: 40–50	K_4 1,13 (250609)	K_5 3,13 (304630)	K_6 5,61 (374580)	K_7 11,94 (434779)	K_8 14,88 (524677)	K_9 17,18 (610472)	K_{10} 18,61 (666165)	K_{11} 22,04 (744917)
A_4: 50–60	K_3 0,85 (202859)	K_4 2,46 (225263)	K_5 4,17 (279687)	K_6 9,10 (344436)	K_7 12,23 (407527)	K_8 15,05 (480889)	K_9 17,62 (596582)	K_{10} 21,39 (625616)
A_5: 60–70	K_2 0,65 (151520)	K_3 1,88 (163241)	K_4 3,11 (184501)	K_5 6,72 (23798)	K_6 9,25 (282921)	K_7 11,90 (341830)	K_8 15,63 (436410)	K_9 19,41 (545782)
A_6: 70+	K_1 0,47 (100398)	K_2 1,30 (115437)	K_3 2,12 (129306)	K_4 4,66 (149319)	K_5 6,36 (183925)	K_6 8,24 (230684)	K_7 11,25 (319868)	K_8 15,25 (458434)

Die Prozentwerte wurden durch lineare Interpolation der entsprechenden Werte aus den jeweils nächstliegenden Volkszählungen (1899, 1909, 1920, 1930, 1947, 1960 und 1971) geschätzt. Absolute Häufigkeiten in Klammern.

Quelle: Hagenaars/Cobben (1978).

schieden zwischen den Generationen vermischt. Wenn die Zellen einer bestimmten Tabellendiagonale miteinander verglichen werden, d.h., wenn diese Generation über die Zeit hin beobachtet wird, sinken die Anteile der Personen ohne Konfession für jede Generation: d.h., Personen werden mit dem Alter zunehmend weniger religiös. Jedoch sind nun Alters- und Periodeneffekte miteinander vermischt. Verfolgt man schließlich eine bestimmte Zeile im Zeitablauf, zeigt sich, daß Unterschiede in den Anteilswerten aus Perioden- und Kohortendifferenzen resultieren.

Egal, wie wir diese Kohortentabelle lesen, es ist unmöglich, unverzerrte Schätzungen auch nur von einem der Effekte für Alter, Periode und Kohorte zu erhalten. Der Grund hierfür ist, formal ausgedrückt, daß es zwischen den drei unabhängigen Variablen Alter (A), Periode (P) und Kohorte (K) eine exakte lineare Beziehung gibt:

$$A = P - K \qquad (7.1)$$

Das Alter A entspricht exakt der Differenz zwischen dem Beobachtungszeitpunkt P und dem Geburtsdatum K. Sind die Werte für zwei der drei Variablen A, P oder K bekannt, steht der Wert für die dritte Variable fest. In der Sprache experimenteller Designs ausgedrückt: Es ist unmöglich, den dritten Faktor unabhängig von den zwei anderen zu variieren bzw. zu einem bestimmten Zeitpunkt zwei Personen zu finden, die das gleiche Alter haben, aber verschiedenen Kohorten angehören. Es sieht so aus, als ob man keine separaten Effekte für A, P und K identifizieren kann.

Es gibt viele Ansätze, dieses Identifikationsproblem zu lösen. Dazu muß man immer irgendwie die absolute lineare Abhängigkeit (7.1) von A, P und K auflösen. Verschiedene Ansätze wurden vorgeschlagen, um das zu erreichen. Einige dieser Ansätze beinhalten ausschließlich technische Lösungen, andere sind eher theoretisch orientiert. Ein sowohl technisch als auch theoretisch vielversprechender Ansatz zur Behandlung des Identifikationsproblems wird in den nächsten Abschnitten, insbesondere Abschnitt 7.6 entwickelt.

Zunächst beginnen wir jedoch damit, die Kohortentabelle aus verschiedenen Blickwinkeln zu betrachten, d.h. als Alter×Periode-Tabelle, als Alter×Kohorte-Tabelle und als Peride×Kohorte-Tabelle. Auf diese Weise sind zumindest Einsichten in mögliche Probleme und Fallstricke der Längsschnittanalyse möglich, die, wie gleich deutlich werden wird, auf anderen Wegen nicht gewonnen werden können. Wir beziehen uns dabei auf Tabelle 7.2, die im wesentlichen identisch ist mit Tabelle 7.1.

Wenn man versucht, unabhängige Schätzer der Effekte von Alter, Periode und Kohorte zu finden, denn macht das nur Sinn, wenn A, P und K voneinander unabhängige inhaltliche Bedeutungen haben. Alter, Periode und Kohorte sind jedoch zunächst einmal theoretische Konzepte, die jeweils auf eine Vielzahl zugrundeliegender Variablen verweisen. Mögliche Bedeutungen von Alterseffekten im Sinne von Lebenslauf-Effekte wurden bereits kurz angesprochen. Wir wollen daher noch kurz etwas zu den möglichen Bedeutungen von Periode und Kohorte sagen.

Das auffälligste Merkmal von Tabelle 7.2 bzw. 7.1 ist, daß der Anteil der Personen ohne Konfession über die Zeit in dramatischer Weise von 0,47% für die älteste Kohorte K_1 (Altersgruppe 70 und mehr Jahre) auf 23,93% für die jüngste Kohorte K_{13} (Altersgruppe von 20 bis 30 Jahre) angestiegen ist. Erklärungen dieses Trends verweisen üblicherweise auf die langfristigen Prozesse der Säkularisierung und eines zunehmenden Rationalismus, deren Anfänge auf den Beginn der Französischen Revolution und der industriellen Revolution datiert werden. Periodeneffekte sollten als Ergebnis dieser Prozesse verstanden werden, aber auch als Ergebnis der Ereignisse, die zwischen 1899 und 1969 in den Niederlanden auftraten, wie etwa die beiden Weltkriege, die große Depression in den 30er Jahren und das hohe Ausmaß an ökonomischem Wohlstand in den 20er und 60er Jahren. Genaue Aussagen dazu, wie diese Ereignis-

Tabelle 7.2: Mitgliedschaft in einer Konfession nach Periode, Alter und Kohorte

P. Periode	A. Alter	K. Kohorte	N. Konfession	
			1. ohne	2. mit
1. 1889	1. 20–30	6	806	41.602
	2. 30–40	5	530	32.381
	3. 40–50	4	283	24.778
	4. 50–60	3	172	20.114
	5. 60–70	2	99	15.054
	6. 70+	1	48	9.992
2. 1909	1. 20–30	7	2.281	45.440
	2. 30–40	6	1.668	37.858
	3. 40–50	5	954	29.510
	4. 50–60	4	554	21.972
	5. 60–70	3	307	16.017
	6. 70+	2	150	11.397
3. 1919	1. 20–30	8	4.099	52.278
	2. 30–40	7	3.306	42.299
	3. 40–50	6	2.102	35.357
	4. 50–60	5	1.166	26.802
	5. 60–70	4	574	17.876
	6. 70+	3	274	12.657
4. 1929	1. 20–30	9	9.409	58.428
	2. 30–40	8	7.753	47.079
	3. 40–50	7	5.191	38.287
	4. 50–60	6	3.134	31.309
	5. 60–70	5	1.564	21.715
	6. 70+	4	697	14.235
5. 1939	1. 20–30	10	11.727	61.568
	2. 30–40	9	10.421	52.582
	3. 40–50	8	7.807	44.661
	4. 50–60	7	4.984	35.769
	5. 60–70	6	2.617	26.575
	6. 70+	5	1.170	17.222
6. 1949	1. 20–30	11	13.420	63.708
	2. 30–40	10	12.843	57.723
	3. 40–50	9	10.488	50.559
	4. 50–60	8	7.237	40.852
	5. 60–70	7	4.068	30.115
	6. 70+	6	1.900	21.168

Forts. von Tabelle 7.2

P. Periode	A. Alter	K. Kohorte	N. Konfession	
			1. ohne	2. mit
7. 1959	1. 20-30	12	13.915	63.346
	2. 30-40	11	14.593	61.731
	3. 40-50	10	12.397	54.219
	4. 50-60	9	10.512	49.146
	5. 60-70	8	6.821	36.820
	6. 70+	7	3.600	28.387
8. 1969	1. 20-30	13	23.268	73.966
	2. 30-40	12	17.130	59.756
	3. 40-50	11	16.418	58.074
	4. 50-60	10	13.382	49.180
	5. 60-70	9	10.594	43.985
	6. 70+	8	6.993	38.850
Insgesamt			285.426	1.824.399

Quelle: Tabelle 7.1 (Häufigkeiten durch 10 dividiert).

se und Prozesse zur Mitgliedschaft in einer Konfession in Beziehung stehen, finden sich jedoch nicht in der Literatur.

Kohorteneffekte lassen sich wahrscheinlich am besten über Änderungen in der religiösen Erziehung sowohl im Elternhaus als auch im schulischen Bereich interpretieren. Aufgrund des Säkularisationstrends werden religiöse Werte und die Wichtigkeit religiöser Bindungen immer weniger in der Kindererziehung berücksichtigt. Auf diese Weise beginnt jede neue Kohorte auf einem niedrigeren Niveau religiöser Bindungen und trägt auf diese Weise den Zeitgeist der Periode in sich, innerhalb derer sie aufwuchs.

Man kann also annehmen, daß sowohl der Perioden- als auch der Kohorteneffekt den anhaltenden Säkularisierungsprozess widerspiegeln. Wenn Periode und Kohorte simultan betrachtet werden, repräsentieren die Kohorteneffekte vielleicht eher die kontinuierlich verlaufenden Prozesse, während der Einfluß konkreter Ereignisse, wie etwa der des Zweiten Weltkrieges, sich eher in den Periodeneffekten widerspiegelt.

7.3 Das Alter×Periode-Design

Während die Schätzung von log-linearen Modellen für Tabelle 7.2 im Rahmen des Alter×Periode-Designs keine speziellen Schwierigkeiten bereitet, ist die Wahl zwischen den Modellen bei den hier betrachteten Daten etwas komplizierter. Die üblichen Chi-Quadrat-Testverfahren können hier nicht angewendet werden. Erstens beziehen sich die Daten auf die niederländische Bevölkerung insgesamt und nicht auf eine Stichprobe aus dieser Population. Auch dann, wenn man die Population zu jedem in Frage stehenden Zeitpunkt als Zufallsstichprobe einer „Superpopulation" betrachtet, ist es nicht besonders hilfreich, statistische Testverfahren einzusetzen. Bei einem so großen Stichprobenumfang – die Gesamtzahl der Frauen in Tabelle 7.2 beträgt 2.109.825 – werden selbst sehr kleine, substantiell unbedeutende Effekte statistisch signifikant, was zur Zurückweisung aller nicht-saturierten Modelle führen würde.

Außerdem lassen sich die Standard-Testverfahren nicht verwenden, weil die Beobachtungen zu verschiedenen Zeitpunkten nicht unabhängig voneinander sind. Sie beziehen sich größtenteils auf dieselben Kohorten und enthalten infolgedessen dieselben Personen. Diese Abhängigkeit der Daten in der Zeit wird noch durch den Umstand vergrößert, daß Interpolationsverfahren verwendet werden mußten, um eine Kohortentabelle zu ermitteln, in der die 10-Jahres-Generationen exakt über die Zeit verfolgt werden können (siehe die Anmerkung zu Tabelle 7.1). Aus all diesen Gründen werden die Teststatistiken nur als deskriptive Anpassungsmaße behandelt, ohne hierbei Signifikanztests einzusetzen (siehe Abschnitt 3.5).

Das Logitmodell $\{AP,N\}$, in dem weder ein Alters- noch ein Periodeneffekt angenommen wird, führt zu extrem hohen Werten für die Teststatistiken L^2 und X^2 (Tabelle 7.3, Modell M_1), was angesichts der Gesamtzahl der Frauen zu erwarten war. Aber der Wert der deskriptiven „Test"statistik w (vgl. Abschnitt 3.5) ist auch hoch, zumindest hoch genug, um nach besser angepaßten Modellen zu suchen.

Die Einführung von Alterseffekten auf die Religiosität (Tabelle 7.3, Modell M_2) ändert diese hohen Werte kaum. In Anbetracht von $\hat{\delta}$ paßt Modell M_2 noch schlechter zu den Daten als Modell M_1. Eine deutliche Verbesserung tritt dann auf, wenn Periodeneffekte berücksichtigt werden. Für Modell M_3 $\{AP, PN\}$ sind die Werte von L^2 und w viel kleiner als für die vorherigen zwei Modelle. Auch wegen $\hat{\delta}$ müßte Modell M_3 gegenüber den Modellen M_1 und M_2 bevorzugt werden. Das Modell M_4 $\{AP,AN,PN\}$, in dem sowohl Alters- als auch Periodeneffekte berücksichtigt werden, verhält sich sogar noch besser: w ist sehr klein und $\hat{\delta}_{1/4}$ ist nahezu 1, was bedeutet, daß die Haupteffekte des Alters und der Periode auf Religiosität fast alle Abweichungen der beobachteten von den geschätzten erwarteten Häufigkeiten in Modell M_1 erklären. $\hat{\delta}_{3/4}$ zufolge ist auch Modell M_4 gegenüber Modell M_3 vorzuziehen, in dem nur

Tabelle 7.3: Teststatistiken des Alter×Periode-Designs

Modell	L²	X²	df	w	$\hat{\delta}_{r/u}$
M₁ {AP,N}	98.527,74	82.215,30	47	0,22	–
M₂ {AP,AN}	92.441,68	76.786,98	42	0,21	–0,05 (r=1,u=2)
M₃ {AP,PN}	12.182,96	11.111,75	40	0,08	0,85 (r=1,u=3)
M₄ {AP,AN,PN}	2.324,84	2.271,26	35	0,03	0,97 (r=1,u=4)
					0,78 (r=3,u=4)
M₅ {AP,AN,PN} + linear	13.629,21	12.882,24	45	0,08	0,78 (r=5,u=4)
M₆ {AP,AN,PN} + kurvilinear	5.012,90	4.995,71	43	0,05	0,43 (r=6,u=4)
					0,62 (r=5,u=6)

$\hat{\delta}_{r/u}$ berechnet auf der Basis eines Vergleiches des restringierten Modells r = i und des nichtrestringiertes Modells u = j.

Quelle: Tabelle 7.2.

Periodeneffekte präsent sind. Die Schätzungen der log-linearen Effekte des Alters und der Periode für Modell M₄ sind in Abbildung 7.1a,b in den mit A×P bezeichneten Kurven dargestellt. (In den Abbildungen 7.1 bis 7.3 werden die Effekte von Alter, Periode und Kohorte auf die Religiosität in Form der Parameter β des log-linearen Effektmodels dargestellt. Auf diese Weise kann man Unterschiede zwischen den Effekten direkt als Differenzen sehen. Im Text ziehen wir es dagegen vor, mit den Parametern γ des multiplikativen Effektsmodells zu arbeiten, die direkt in Form von Odds und Odds Ratios interpretiert werden können.)

Die Alterseffekte sind um vieles kleiner als die Periodeneffekte. Betrachtet man die maximalen $\hat{\gamma}$-Parameter des multiplikativen Effektmodells, ergibt sich $\hat{\gamma}^*_{max} = (\hat{\tau}^*_{max})^2 \approx 2$ für die Alterseffekte und $\hat{\gamma}^*_{max} \approx 21$ für die entsprechenden Periodeneffekte. Bei den Alterseffekten zeigt sich, daß die Odds ohne/mit Konfession für die zwei jüngsten Alterskategorien gleich sind, während sie ab dem Alter von 40 Jahren in zunehmendem Maße kleiner werden. Am Ende sind die Odds ohne/mit Konfession in den jüngeren Altersgruppen etwa zweimal so groß wie in der Gruppe der Ältesten. Gemäß einer von Bahr's (1970) Lebenslauf-Hypothesen nimmt die Bedeutung der Religion für Personen sukzessive zu, nachdem sie eine bestimmte soziale Position erreicht haben, die eigenen Kinder mehr und mehr unabhängig werden und das Lebensende sich nähert.

Die Odds ohne/mit Konfession nehmen über die gesamte Beobachtungsperiode zu, mit einem außergewöhnlich starken Zuwachs zwischen 1919 (P₃) und 1929 (P₄). Nach diesem Sprung gehen die Zuwächse, vermutlich unter

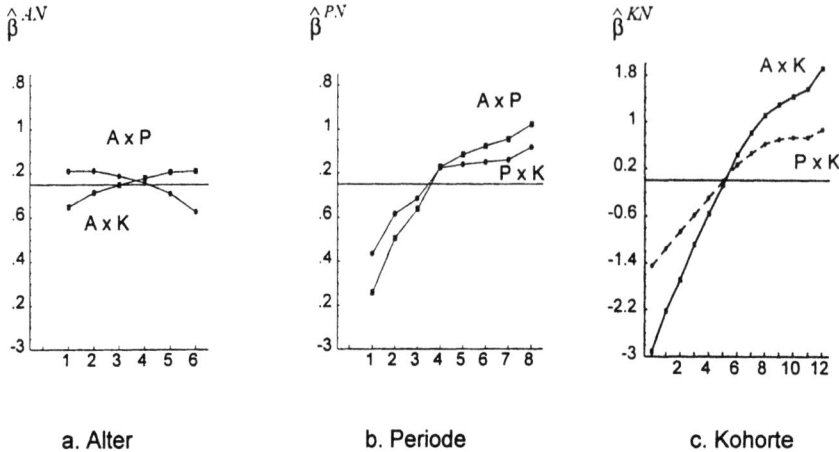

a. Alter   b. Periode   c. Kohorte

Quelle: Modelle M_4, M_{10} und M_{14}; Daten aus Tabelle 7.2.

Abbildung 7.1: Log-lineare Effekte (β) auf die Religiosität im (A)lter×(P)eriode-, (A)lter×(K)ohorte- und (P)eriode×(K)ohorte-Design

dem Einfluß der großen Depression und der zwei Weltkriege, ein wenig zurück. Es ist bemerkenswert, daß die Periodenkurve im Zeitraum 1959–69 wieder schneller zunimmt. Vielleicht hat der Einfluß des Zweiten Weltkriegs zu dieser Zeit bereits wieder abgenommen.

Angesichts der Form der Perioden- und Alterseffekte könnte eine gute Beschreibung der Daten eventuell mit einem sparsameren Modell geleistet werden, nämlich mit einem Modell, in dem für die Alters- und Periodeneffekte (kurvi)lineare Restriktionen angenommen werden. Ausgangspunkt ist das Modell {AP,AN,PN}, jedoch mit folgenden Restriktionen für die log-linearen Parameter:

$$\beta_i^{A\tilde{N}} = \beta^{*A}(i) + \beta^{**A}(i^2)$$
$$\beta_j^{P\tilde{N}} = \beta^{*P}(j) + \beta^{**P}(j^2)$$
(7.2)

i und j repräsentieren dabei die aufeinanderfolgenden Ausprägungen der Variablen Alter und Periode, die so kodiert wurden (z.B. 1,2,3 usw.), daß alle Ausprägungen gleiche Abstände haben. i^2 und j^2 sind die entsprechenden Quadrate dieser Kodes (z.B. 1, 4, 9 usw. – s. auch Hays 1981: Appendix D, Tabelle VII).

Wenn die quadratischen Terme i^2 and j^2 auf der rechten Seite der Gleichungen (7.2) weggelassen werden, nimmt man an, daß zwischen Alter und den Logits ohne/mit Konfession wie auch zwischen Periode und den Logits ohne/mit Konfession eine exakt lineare Beziehung besteht, d.h., daß die Odds ohne/mit Konfession mit einem konstanten Faktor zu- oder abnehmen, wenn Alter bzw. Periode um eine Einheit zunehmen. Die Testergebnisse für dieses linear restringierte Modell {AP,AN,PN} sind unter Modell M_5 in Tabelle 7.3 aufgeführt. Modell M_5 paßt nicht besonders gut zu den Daten, und man wird daher das weniger restringierte Modell M_4 vorziehen.

Ein besserer Fit ergibt sich, wenn man annimmt, daß die log-linearen Effekte in Modell {AP,AN,PN} eine kurvilineare, parabolische Form haben. In diesem Fall müssen beide Terme auf der rechten Seite von Gleichung (7.2) verwendet werden. Die Testergebnisse sind unter Modell M_6 in Tabelle 7.3 aufgeführt. Das kurvilineare Modell paßt besser zu den Daten als das lineare Modell. Ob allerdings Modell M_6 gegenüber Modell M_4 bevorzugt werden sollte, ist nicht eindeutig. Wenn man Gleichung (7.2) verwendet, um die Effekte $\beta_i^{A\tilde{N}}$ und $\beta_j^{P\tilde{N}}$ zu schätzen, stellt sich heraus, daß die Alterseffekte in Modell M_6 nahezu exakt den entsprechenden Schätzungen in Modell M_4 entsprechen. Für alle log-linearen Parameter $\beta_i^{A\tilde{N}}$ sind die absoluten Differenzen kleiner als 0,03. Die grafische Darstellung der kurvilinearen Effekte führt daher im wesentlichen zu der Kurve A×P in Abbildung 7.1a. Die Periodeneffekte in Modell M_6 kommen der Kurve A×P in Abbildung 7.1b relativ nahe, jedoch nicht genauso stark wie die Alterseffekte. Die Parabel der Periode „beginnt" gemäß Modell M_6 ein bißchen höher (um genau zu sein: 0,32 höher) und glättet den Sprung der Konfessionslosigkeit von P_3 auf P_4 (der parabolische Effekt für P_4 ist um 0,24 kleiner als in Abbildung 7.1b, Kurve A×P). Ansonsten sind sich die Periodeneffekte in Modell M_4 und M_6 sehr ähnlich.

In dem kurvilinear restringierten Modell M_6 sowie in dem weniger restringierten Modell M_4 sind die Alterseffekte in allen Perioden sowie die Periodeneffekte in allen Altersgruppen gleich. Durch Inspektion der Drei-Variablen-Effekte im saturierten Modell {APN} läßt sich überprüfen, ob dies eine sinnvolle Annahme ist. Dabei zeigt sich, daß die absoluten Werte der log-linearen Parameter $\beta_{ij}^{AP\tilde{N}}$ alle sehr klein sind, die meisten von ihnen nahezu null und keiner von ihnen größer als 0,28. Auch aus dieser Perspektive besteht also kein Grund, Modell M_4 (oder M_6) abzulehnen.

Trotzdem zeigen die hier nicht aufgeführten Drei-Variablen-Parameter $\beta_{ij}^{AP\tilde{N}}$ ein interessantes Muster: Sie sind alle positiv für die Zellen, die sich auf die Kohorten K_7, K_8 und K_9 beziehen, und negativ für nahezu alle anderen Zellen. Ein ähnliches Bild ergibt sich bei den (hier nicht aufgeführten) korrigierten Residuen für Modell {AP,AN,PN}, aus denen hervorgeht, daß auf Grundlage von Modell M_4 die Anteile der Personen ohne Konfession in den Zellen unterschätzt werden, die sich auf die Kohorten K_7, K_8 und K_9 beziehen. Für die Zellen der Kohorten K_1 bis K_5 und K_{10} bis K_{13} werden hingegen die Anteile überschätzt. Aufgrund dieser Ergebnisse könnte es sinnvoll sein zu untersuchen, was die Kohorten K_7, K_8 und K_9 von den anderen so unterscheidet. Im wesentlichen zeigen die Ergebnisse jedoch, daß Kohorteneffekte im Alter× Periode-Design einen störenden Einfluß haben.

7.4 Das Alter×Kohorte-Design

Die Alter×Periode-Tabelle 7.1 läßt sich in eine Alter×Kohorte-Tabelle umordnen. Aufgrund der Art und Weise, wie die Daten erhoben wurden, ist das Alter×Periode-Design ein balanciertes Design, das sich aus einer vollständiger Kreuzklassifikation der sechs Altersgruppen und acht Zeitperioden ergibt. Das Alter×Kohorte-Design ist demgegenüber ein hierarchisches (geschacheltes) Design, in dem die meisten Kohorten in Kombination mit nur wenigen Alterskategorien auftreten und keine der Alterskategorien bei allen Kohorten vorkommt. Da die Variable Alter sechs, die Variable Kohorte dreizehn und die Variable Konfession zwei Kategorien aufweist, hat die vollständige Alter×Kohorte× Konfession-Tabelle 6×13×2 = 78×2 Kategorien. Wie aus Tabelle 7.1 (oder 7.2) hervorgeht, enthalten jedoch nur 6×8×2 = 48×2 dieser 78×2 Zellen Daten. Da die Daten für Tabelle 7.1 durch ein Periode×Alter-Design erhoben wurden, führt die Verwendung eines Alter×Kohorte-Designs für die Daten aus Tabelle 7.1 notwendigerweise zu (78−48)×2 = 30×2 leeren Zellen, die strukturelle Nullen enthalten.

Die Existenz struktureller Nullen in Tabelle AKN führt zu einigen Komplikationen. Der Umstand, daß die meisten Kohorten in nur wenigen Alterskategorien beobachtet wurden, kann Konsequenzen für die Interpretation des Durchschnitteffektes $\beta^{\tilde{N}}$ haben, je nachdem, welche Identifikationsrestriktionen für die Parameter man verwendet. Wenn zum Beispiel in dem Effektmodell {AK,AN,KN} die üblichen Identifikationsrestriktionen verwendet werden, d.h., die Effekte nach Summation über den entsprechenden Index gleich null sind ($\Sigma_i \beta_i^{A\tilde{N}} = \Sigma_k \beta_k^{K\tilde{N}} = 0$), dann können zwar $\beta_i^{A\tilde{N}}$ und $\beta_k^{K\tilde{N}}$ in der üblichen Weise als Abweichungen vom Durchschnittseffekt $\beta^{\tilde{N}}$ interpretiert werden, $\beta^{\tilde{N}}$ selbst entspricht aber nicht länger den durchschnittlicher Logits ohne/mit Konfession in Tabelle 7.2. Verwendet man stattdessen Identifikationsrestriktionen, bei denen die gewichtete Summe der Kohorteneffekte null ist, wobei die Gewichte der Anzahl der Alterskategorien entsprechen müssen, die für die jeweilige Kohorte beobachtet werden, dann ergibt sich wieder die ursprüngliche Interpretation von $\beta^{\tilde{N}}$ (Fienberg/Mason 1978: Anm. 3). Da $\beta^{\tilde{N}}$ lediglich ein Skalierungsfaktor ist, wird eine solche Gewichtung hier unterlassen.

Die Definition von Interaktionstermen höherer Ordnung in hierarchischen (geschachtelten) Designs ist häufig schwierig, da einige dieser Terme logisch

Tabelle 7.4: Teststatistiken des Alter×Kohorte-Designs

Modell	L^2	X^2	df	w	$\hat{\delta}_{r/u}$
M_7 {AK,N}	98.527,74	82.215,30	47	0,22	–
M_8 {AK,AN}	92.441,68	76.786,99	42	0,21	-0,05 (r=7,u=8)
M_9 {AK,KN}	12.708,04	11.825,13	35	0,08	0,83 (r=7,u=9)
M_{10} {AK,AN,KN}	4.510,60	4.356,90	30	0,05	0,93 (r=7,u=10)
					0,59 (r=9,u=10)

$\hat{\delta}_{r/u}$ berechnet auf der Basis eines Vergleiches des restringierten Modells r = i und des nichtrestringierten Modells u = j.

Quelle: Tabelle 7.2.

nicht möglich sind, nämlich die Parameter, die zu den strukturelle Nullen gehören (in unserem Fall also einige der Drei-Variablen-Parameter $\beta_{ik}^{AK\tilde{N}}$). Der leichteste Ausweg hieraus besteht darin, die Parameter des saturierten Modells {AKN} dadurch zu schätzen, daß man eine Anzahl separater Analysen für Tabelle 7.4 durchführt: für jede Alterskategorie, um die Kohorteneffekte zu schätzen, und für jede Kohorte, um die Alterseffekte zu bestimmen. Diese separaten Analysen können in entsprechende Identifikationsrestriktionen für eine „komplette" Analyse der Daten in Tabelle 7.2 mit Modell {AKN} übersetzt werden. In diesem Fall addieren sich die Drei-Variablen-Parameter $\beta_{ik}^{AK\tilde{N}}$ nicht in der üblichen Weise zu null, wenn man über den Index i (= 1, 2, ..., I) oder k (= 1, 2, ..., K) summiert, sondern ihre Summe entspricht null für jede Zeile i und jede Spalte k, auch wenn es weniger als K Parameter $\beta_{ik}^{AK\tilde{N}}$ für die Zeile i und weniger als I Parameter $\beta_{ik}^{AK\tilde{N}}$ für die Spalte k gibt. Zusätzlich sind die Parameter $\beta_{ik}^{AK\tilde{N}}$ der beiden „extremen" Kohorten k = 1 und k = 13 null, da diese Kohorten nur für jeweils eine Altersgruppe beobachtet wurden: $f_{6\,1\,\ell}^{AKN}$ und $f_{1\,13\,\ell}^{A\,K\,N}$ werden bereits durch das Modell {AK,AN,KN} exakt reproduziert.

Für hierarchische (geschachtelte) Designs und Tabellen mit strukturellen Nullen kann auch die Bestimmung der Freiheitsgrade schwierig sein. Fienberg und Mason präsentieren eine Tabelle, in der die Freiheitsgrade für die meisten Modelle, die für die Analyse einer Kohortentabelle relevant sind, aufgeführt sind (Fienberg/Mason 1978: Tab. 6). In der folgenden Analyse wird die Anzahl der Freiheitsgrade durch einen einfachen Vergleich der Alter×Kohorte-Modelle mit den Alter×Periode-Modellen bestimmt.

In Modell M_7 {AK,N} in Tabelle 7.4 wird angenommen, daß die Odds ohne/ mit Konfession für alle Kombinationen von Alter und Kohorte gleich sind. Da dies die gleiche Annahme wie in Modell M_1 {AP,N} in Tabelle 7.3 ist und da Tabelle AK nur eine rearrangierte Tabelle AP ist, haben die Modelle M_1 und M_7 die gleichen geschätzten erwarteten Häufigkeiten und die gleichen Teststatistiken und Freiheitsgrade. Aus denselben Gründen gleicht Modell

{AK, AN} dem Modell {AP,AN}. Nach den Testergebnissen bringt die Einführung von Alterseffekten (Modell M_8 in Tabelle 7.4) keine Verbesserung der Modellanpassung von Modell M_7.

Die Hinzufügung von Kohorteneffekten macht hingegen einen Unterschied. Modell M_9 {AK,KN}, das mit keinem der Modelle in Tabelle 7.3 äquivalent ist, paßt besser zu den Daten als die Modelle M_7 und M_8. Modell M_9 hat 35 Freiheitsgrade, weil verglichen mit Modell M_7 zwölf unabhängige zusätzliche Kohorteneffekte geschätzt werden (die Variable Kohorte hat 12 Ausprägungen).

Modell M_{10}, in dem sowohl Alterseffekte als auch Kohorteneffekte berücksichtigt sind, erweist sich als das beste Modell. Die Anzahl der Freiheitsgrade in Modell M_{10} ist um fünf geringer als in Modell M_9, da Modell M_{10} im Vergleich zu Modell M_9 fünf zusätzliche unabhängige Alterseffekte enthält. Ein Vergleich der Testergebnisse in Tabelle 7.3 und 7.4 legt nahe, daß die Rolle der Kohorte im Alter×Kohorte-Design der Rolle der Periode im Alter× Periode-Design entspricht und daß das Alter in keinem der beiden Designs eine bedeutende Rolle spielt.

Die Art der Alterseffekte in Modell {AK,AN,KN} unterscheidet sich wesentlich von den Alterseffekten in Modell {AP,AN,PN}. Wie die A×K-Alterskurve in Abbildung 7.1a zeigt, haben die maximalen Alterseffekte $\hat{\gamma}^*_{max}$ beim Alter×Periode- und beim Alter×Kohorte-Design etwa dieselbe Größe, doch ist die Richtung der Effekte umgekehrt. Das Erreichen einer bestimmten sozialen Position, der Weggang der Kinder aus dem Elternhaus und das Alter sind jetzt offenbar mit einer geringeren Religiosität verbunden.

Die Kohorteneffekte in Modell {AK,AN,KN} sind in Abbildung 7.1c durch die Kurve A×K dargestellt. Obwohl diese Effekte mit einiger Vorsicht behandelt werden müssen - die jüngeren und die älteren Kohorten wurden maximal für ein paar Alterskategorien beobachtet –, zeigt sich, daß jede spätere Kohorte eine höhere Chance hat, nicht religiös zu sein. Die Kohorteneffekte sind sehr groß: $\hat{\gamma}^*_{max} \approx 125$.

Die Drei-Variablen-Effekte AKN im saturierten Modell {AKN} wie auch die Residualhäufigkeiten von Modell {AK,AN,KN} lassen sich am leichtesten durch den ausgelassenen Faktor Periode interpretieren: Für alle Zellen, die sich auf die Perioden P_4, P_5 und P_6 beziehen, werden die Chancen, keiner Konfession anzugehören, von Modell M_{10} unterschätzt, während diese Chancen für die übrigen Zellen und Perioden meistens überschätzt werden.

7.5 Das Periode×Kohorte-Design

Wenn das Periode×Kohorte-Design auf Tabelle 7.2 angewendet wird, haben wir erneut ein hierarchisches (geschachteltes) Design, das in ähnlicher Weise wie das Alter×Kohorte-Design zu behandeln ist.

Tabelle 7.5: Teststatistiken des Periode×Kohorte-Designs

Modell	L^2	X^2	df	w	$\hat{\delta}_{r/u}$
M_{11} {PK,N}	98.527,40	82.215,30	47	0,22	–
M_{12} {PK,PN}	12.182,89	11.111,75	40	0,08	0,85 (r=11,u=12)
M_{13} {PK,KN}	12.708,04	11.825,13	35	0,08	0,83 (r=11,u=13)
M_{14} {PK,PN,KN}	858,42	846,89	28	0,02	0,99 (r=11,u=14)
					0,90 (r=12,u=14)
					0,92 (r=13,u=14)

$\hat{\delta}_{r/u}$ berechnet auf der Basis eines Vergleiches des restringierten Modells r = i und des nicht-restringierten Modells u = j.

Quelle: Tabelle 7.2.

Die Teststatistiken für die verschiedenen Modelle sind in Tabelle 7.5 aufgeführt. Die Modelle M_{11}, M_{12}, und M_{13} entsprechen den Modellen M_1 bzw. M_7, M_2 bzw. M_8 und M_9. Sie wurden bereits oben diskutiert (siehe Tabelle 7.3 und 7.4). Neu ist das Modell M_{14} {PK,PN,KN}, welches in jeder Hinsicht exzellent zu den Daten paßt. Die Residualhäufigkeiten für Modell M_{14} sind kleiner als für jedes andere nicht-saturierte Modell, das bisher betrachtet wurde, und sie zeigen kein unmittelbar erkennbares Muster. Soweit ein systematisches Muster erkennbar ist, zeigt sich eine leichte Überschätzung des Anteilswertes der Personen ohne Konfession in den Zellen, die sich auf die Altersgruppen A_1 und A_6 beziehen. Für die Zellen der Altersgruppen A_2, A_3 und A_4 besteht eine leichte Tendenz zur Unterschätzung.

Die Perioden- und Kohorteneffekte des Modells M_{14} sind in Abbildung 7.1 in den Kurven P×K wiedergegeben. Die Form der Periodenkurve P×K in Abbildung 7.1b ist etwa dieselbe wie die Form der Periodenkurve A×P; nur die Größe der Periodeneffekte ($\hat{\gamma}^*_{max} \approx 7,5$) ist nun im Gegensatz zu dem maximalen Wert 21 des Alter×Periode-Designs kleiner. Ähnliches gilt für die Kohortenkurven P×K und A×K in Abbildung 7.1c ($\hat{\gamma}^*_{max} \approx 10$ im Gegensatz zu dem maximalen Wert 125 des Alter×Kohorte-Designs). Es hat den Anschein, als ob in Modell {AP,AN,PN} der Periodenfaktor die ausgelassenen Kohorteneffekte und in Modell {AK,AN,KN} der Kohortenfaktor die ausgelassenen Periodeneffekte teilweise absorbiert. Die unabhängigen Effekte der Kohorte und der Periode werden dagegen in Modell {PK,PN,KN} sichtbar (soweit die Alterseffekte ignoriert werden können).

Die Analysen jeweils zweier Faktoren lassen also vor allem vermuten, daß das Alter eine unbedeutendere Ursache der Religiosität ist als Periode und Kohorte. Dies ist nicht verwunderlich, da der enorme Anstieg der Personen ohne Konfession in der Zeit, die sich in Tabelle 7.1 beobachten läßt, nicht durch das Alter allein verursacht sein kann. Nichtsdestoweniger können die Alterseffekte nicht gänzlich außer Betracht gelassen werden. Wir sind jedoch unsicher über die Art der Beziehung, die zwischen Alter und Religiosität besteht. Es gibt empirische Evidenz sowohl für eine positive als auch für eine negative Beziehung. Dies wird verständlich, wenn wir uns vergegenwärtigen, daß in dem einen Fall die Alterseffekte mit den Periodeneffekten und in dem anderen Fall mit den Kohorteneffekten vermischt sind. Eine Analyse aller drei Faktoren ist daher erforderlich, um die tatsächlichen Effekte des Alters aufzudecken.

Sowohl die Kohorten- als auch die Periodeneffekte zeigen eine Zunahme des Anteils von Personen ohne Konfession im Zeitablauf. Darüber hinaus verweisen die Periodeneffekte auf eine Stabilisierung oder eine Verlangsamung dieses Trends zwischen 1929 und 1959 (vgl. Abbildung 7.1b). Perioden- und Kohorteneffekte scheinen unabhängige Effekte zu sein: Wenn man entweder die Effekte der Periode oder diejenigen der Kohorte aus dem Modell {PK,PN,KN} streicht, führt dies zu einem schlechter angepaßten Modell (vgl. Tabelle 7.5). Folglich ist ein Drei-Faktor-Design erforderlich, in dem Alters-, Perioden-, und Kohorteneffekte gleichzeitig berücksichtigt werden.

7.6 Das Drei-Faktor-Design: Alter×Periode×Kohorte

Ausgangspunkt unserer Schätzungen der unabhängigen Effekte des Alters, der Periode und der Kohorte wird das Modell {APK,AN,PN,KN} sein. Im Prinzip bezieht sich der Term APK dieses Modells auf die 6×8×13 = 624 Parameter, die dafür sorgen, daß die beobachtete Marginaltabelle APK, d.h. die Tabelle mit den Beziehungen der unabhängigen Variablen untereinander, exakt reproduziert wird. Aufgrund von Gleichung (7.1) und einer Inspektion der Tabelle 7.1 ergibt sich jedoch, daß die Marginaltabelle APK in unserem Fall nur 48 Zellen besitzt, die keine strukturellen Nullen enthalten. Daher bezieht sich der Term APK nur auf 48 Parameter (inkl. dem Durchschnittseffekt), und man könnte den Term APK in Modell {APK,AN,PN,KN} auch durch den Term AP oder PK oder AK ersetzen mit dem gleichen Ergebnis.

Wenn man das Logitmodell {APK,AN,PN,KN} auf die Daten in Tabelle 7.2 anwendet, führt dies aufgrund der linearen Abhängigkeit zwischen A, P und K (Gleichung 7.1) zwar zu eindeutigen Schätzungen der erwarteten Häufigkeiten, nicht aber zu eindeutigen Schätzungen der Effekte von A, P und K auf N. Um dieses Identifikationsproblem zu lösen, muß man die exakte lineare Abhängigkeit von A, P und K auflösen. Eine Möglichkeit, das zu tun, besteht darin, eine der drei Variablen A, P und K durch eines oder mehrere der zugrundeliegenden Konzepte zu ersetzen, die diese Variablen messen sollen. Zum Beispiel kann man Alter ersetzen durch die Variable Familienstand mit den Kategorien „ohne Partner/in", „mit Partner/in", „verheiratet, ohne Kinder", „verheiratet, mit Kindern zu Hause", „verheiratet mit Kindern außer Haus" (oder durch eine weniger traditionelle Unterteilung des Lebenslaufs). Diese Ersetzung eliminiert die exakte lineare Abhängigkeit zwischen A (nun: Familienstand), P und K.

Die Ersetzung des Alters durch den Familienstand kann indirekt erreicht werden, indem man das Alter so rekodiert, daß diejenigen Alterskategorien, die sich mehr oder weniger auf den gleichen Familienstand beziehen, die gleiche Kodierung erhalten. Auch auf diese Weise wird die exakte lineare Abhängigkeit in Gleichung (7.1) eliminiert, und es können Schätzungen für alle Effekte aller drei Variablen A, P und K auf N ermittelt werden. Unter formalen Gesichtspunkten ist diese Rekodierung identisch mit einer Gleichsetzung der Alterseffekte, die zur gleichen rekodierten Alterskategorie gehören.

Tatsächlich ist die Gleichsetzung zweier Alters-, zweier Perioden- oder zweier Kohorteneffekte ausreichend, um alle Effekte in Modell {APK,AN, PN,KN} identifizieren zu können (Mason/ Fienberg 1985). Egal welche konkrete Gleichheitsrestriktion gewählt wird, stets erhält man dieselben geschätzten erwarteten Häufigkeiten und Teststatistiken. Die Testergebnisse für das Modell {APK,AN,PN,KN} mit einer Gleichheitsrestriktion sind $L^2 = 62{,}29$, df = 24, $X^2 = 62{,}12$, w = 0,01. Die Anzahl der Freiheitsgrade läßt sich durch einen Vergleich des Modells {APK,AN,PN,KN} mit den oben diskutierten Zwei-Faktor-Modellen bestimmen, zum Beispiel mit dem Modell M_{14} {PK, PN, KN} in Tabelle 7.5. Modell {PK,PN,KN} hat 28 Freiheitsgrade. Der Term APK in dem Drei-Faktor-Modell {APK,AN,PN,KN} bezieht sich auf ebensoviele unabhängige Parameter wie der Term PK im Zwei-Faktor-Modell {PK,PN,KN}. Darüber hinaus enthalten beide Modelle die gleichen Perioden- und Kohorteneffekte. Jedoch lassen sich die Alterseffekte, die in Modell {APK,AN,PN,KN} enthalten sind, nicht in Modell {PK,PN,KN} finden. Da das Alter sechs Kategorien hat, müssen in dem Drei-Faktor-Modell fünf zusätzliche unabhängige Parameter $\beta_i^{A\tilde{N}}$ geschätzt werden. Trotzdem ist die Anzahl der Freiheitsgrade von {APK,AN,PN,KN} nicht 28 − 5 = 23, sondern 23 + 1 = 24, da eine zusätzliche Gleichheitsrestriktion eingesetzt wurde, um das Modell identifizierbar zu machen.

Angesichts der mehr als zwei Millionen Fälle sind die Werte der Teststatistiken unglaublich niedrig. Darüber hinaus muß man das Modell {APK,AN, PN,KN} angesichts des hohen Wertes für $\delta_{r/u}$ = 0,91 gegenüber dem bisher besten Modell (Modell M_{14}, Tabelle 7.5) vorziehen. Die korrigierten Residuen für das Drei-Faktor-Modell sind sehr gering – die meisten von ihnen sind nicht einmal „signifikant" – und zeigen kein auffälliges Muster. Es ist daher nicht erforderlich, das Modell {APK,AN,PN,KN} um zusätzliche Interaktionseffekte höherer Ordnung zu erweitern.

Ein sehr ernstes Problem bleibt jedoch bestehen. Obwohl jede einzelne Gleichheitsrestriktion zu denselben Testergebnissen und zu identifizierbaren Parameterschätzungen führt, können die Parameterschätzungen in Abhängigkeit von der Art der ausgewählten Gleichheitsrestriktionen sehr verschieden sein und sind dies auch in unserem Fall. Folglich ist die Auswahl der identifizierenden Gleichheitsrestriktionen sehr wichtig. In unserem Fall ist es vermutlich am sichersten, Gleichheitsrestriktionen für die Alterseffekte zu verwenden, da die vorherigen Analysen deutlich gemacht haben, daß die Alterseffekte sehr viel kleiner als die Perioden- oder Kohorteneffekte sind und sich in diesem Sinne sehr viel mehr ähneln. Aus theoretischen und praktischen Gründen (Hagenaars 1990) haben wir uns daher entschieden, die folgende Restriktion zu verwenden:

$$\beta_4^{A\tilde{N}} = \beta_5^{A\tilde{N}} \qquad (7.3)$$

Die entsprechenden Parameterschätzungen sind den Kurven in Abbildung 7.2 sehr ähnlich.

Im allgemeinen wird empfohlen, mehr als eine (Gleichheits-) Restriktion auszuprobieren. Generell werden verschiedene Sets von jeweils zwei oder mehr Gleichheitsrestriktionen zu verschiedenen geschätzten erwarteten Häufigkeiten und Teststatistiken führen. Folglich kann man überprüfen, welcher Set von Restriktionen am besten mit den Daten übereinstimmt. Einige Sets von jeweils zwei oder mehr Gleichheitsrestriktionen haben wir ausprobiert. Die Restriktionen, die wir a priori für unwahrscheinlich hielten, führten zu höheren Werten der Teststatistiken und ziemlich unglaubwürdigen Parameterschätzungen, während plausible Gleichheitsrestriktionen weitgehend den Ergebnissen in Abbildung 7.2 entsprachen. Das schließlich ausgewählte Modell war Modell {APN,AN,PN,KN} mit Restriktion (7.3) plus Restriktion $\beta_4^{P\tilde{N}} = \beta_5^{P\tilde{N}}$. Die Teststatistiken dieses Modells sind L^2 = 65,71, df = 25, X^2 = 65,61, w = 0,01. Vergleicht man dieses (restringierte) Modell mit dem (weniger restringierten) Modell mit nur einer Gleichheitsrestriktion auf der Basis von δ, führt dies zu $\delta_{r/u}$ = 0,01. Hieraus schließen wir, daß das stärker restringierte Modell auszuwählen ist.

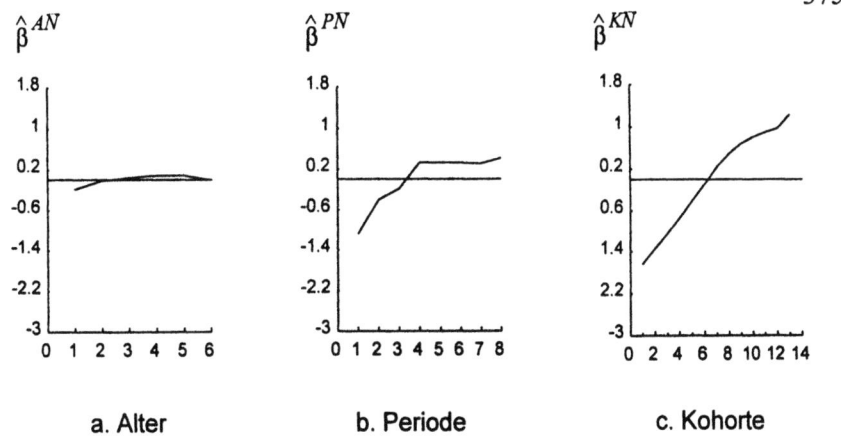

Abbildung 7.2: Log-lineare Effekte (β) auf die Religiosität im (A)lter×(P)eriode×(K)ohorte-Design

Die Parameterschätzungen sind in Abbildung 7.2 dargestellt. Die Kohorteneffekte sind danach die Hauptdeterminanten für Variationen der Religiosität ($\hat{\gamma}^*_{max}$ = 17,67), während die Periodeneffekte mit $\hat{\gamma}^*_{max}$ = 4,47 und die Alterseffekte mit $\hat{\gamma}^*_{max}$ = 1,32 eher marginal sind. Jede Kohorte hat einen höheren Anteil von Personen ohne Konfession als die ihr jeweils vorhergehende Kohorte, obwohl die Differenzen zwischen aufeinanderfolgenden Kohorten von Kohorte K_9 an abnehmen (außer bei der allerletzten Kohorte). Periodeneffekte bewirken eine Zunahme der Odds ohne/mit Konfession, ausgenommen für die Periode 1929 bis 1959, also die Jahre der großen Depression und der zwei Weltkriege (wobei zwei dieser Periodeneffekte gleichgesetzt wurden: $\beta_4^{P\tilde{N}} = \beta_5^{P\tilde{N}}$). Die Kohorteneffekte repräsentieren vermutlich den bereits erwähnten fortschreitenden Säkularisierungstrend, der durch die Ereignisse zwischen 1929 und 1959 nicht unterbrochen wurde, obwohl sich das Absinken der Kohortenkurve nach Kohorte K_9 (geboren um 1905) möglicherweise durch die zeitverzögerten Effekte der Periode 1929 bis 1959 erklären ließe. Das Wiederansteigen des Anteils Konfessionsloser für Kohorte K_{13} mag auf den Einfluß der „Protestgeneration" der 60er Jahre hinweisen, jedoch sollte man den Ergebnissen der ersten und letzten Kohorte nicht zuviel Bedeutung beizumessen, da sie lediglich für ein oder zwei Perioden und Alterskategorien beobachtet wurden. Zuverlässiger ist in dieser Hinsicht die Zunahme der Konfessionslosen in der Dekade 1959 bis 1969 nach dreißig Jahren der Stabilisierung, ein Periodeneffekt, der alle Kohorten- und Alterskategorien in gleichem Maße beeinflußt.

Geht man davon aus, daß die verwendeten Gleichheitsrestriktionen valide sind, dann ergeben sich auch unverzerrte Schätzungen der Alterseffekte, was angesichts der vollständig verschiedenen Ergebnisse der beiden Zwei-Faktor-Designs A×P und A×K (siehe Abbildung 7.1a) von besonderem Interesse ist. Die Alterskurve bestätigt mehr oder weniger das sogenannte „traditionelle Modell" von Bahr (1970). Die Religiosität nimmt ab, wenn Personen ihr Elternhaus verlassen, in den Arbeitsmarkt eintreten und eine eigene Familie gründen. Ein relativ niedriges Niveau der Religiosität bleibt erhalten, solange sich Personen aktiv im Haushalt, auf dem Arbeitsmarkt und andernorts engagieren. Mit dem Rückzug vom aktiven Leben und dem nahenden Lebensende nimmt schließlich die Religiosität wieder etwas zu.

Diese Ergebnisse stimmen teilweise mit den Ergebnissen des Zwei-Faktor-Designs überein, unterscheiden sich aber auch teilweise davon. Die zentralen Schlußfolgerungen sind jedenfalls, daß es für die Zeit zwischen 1929 und 1969 Belege für einen kontinuierlich fortschreitenden Säkularisierungstrend gibt, daß Personen angesichts der durch die große Depression und die Weltkriege bedingten miserablen Umstände Trost in religiösen Bindungen suchten und daß das Alter eine schwache kurvilineare Beziehung mit der Religiosität aufweist. Keine dieser Schlußfolgerungen läßt sich definitiv prüfen, doch konnten sie plausibel gemacht werden. Nur die Kohortenanalyse ist in der Lage, diese Effekte aufzudecken.

7.7 Ein Vergleich additiver und multiplikativer Modelle

In dem vorliegenden Buch werden sowohl multiplikative, log-lineare Modelle als auch additive GSK-Modelle diskutiert. Da Odds Ratios und Prozentsatzdifferenzen, die Kernkonzepte der log-linearen bzw. additiven Modelle, für (bedingte) Anteilswerte zwischen 0,20 und 0,80 mehr oder weniger lineare Beziehungen aufweisen, werden die Ergebnisse beider Analysen in vielen Fällen zu vergleichbaren Resultaten führen. Für Anteilswerte unter 0,20 oder über 0,80 können sich jedoch die Resultate erheblich unterscheiden. Dies läßt sich sehr schön anhand von Tabelle 7.1 zeigen, wo innerhalb der ältesten Kohorte K_1 nur 0,47% der Personen keiner Konfession angehören, während dieser Prozentsatz in der jüngsten Kohorte K_{13} auf 23,93% ansteigt.

Zur Illustration werden die bereits in Abbildung 7.1c präsentierten Schätzungen β der Kohorteneffekte des Periode×Kohorte-Designs, Modell {PK,PN, KN}, in Abbildung 7.3 erneut dargestellt. Mit denselben Daten wurde ein additives GSK-Modell geschätzt unter Zugrundelegung des analogen Modells mit den zwei Haupteffekten Periode und Kohorte. Dabei zeigte sich, daß Kohorte und Periode in Bezug auf die Größe der Effekte des additiven GSK-Modells mehr oder weniger den gleichen Einfluß auf Religiosität hatten, während Kohorte, wie wir gesehen haben, innerhalb der log-linearen Analyse einen sehr

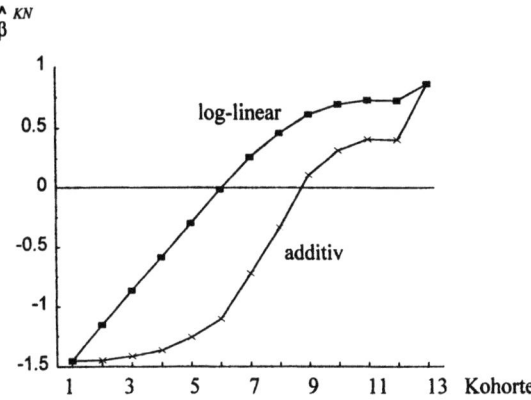

Abbildung 7.3: Vergleich multiplikativer (log-linearer) und additiver Effekte der Kohorte auf die Religiosität im Periode×Kohorte-Design

viel größeren Einfluß als Periode hatte. Darüber hinaus war auch die Form der beiden Periode-Kurven bzw. der beiden Kohorte-Kurven innerhalb der beiden Ansätze nicht identisch. Die Koborteneffekte des additiven Modells sind ebenfalls in Abbildung 7.3 dargestellt. Um die zwei Analyseergebnisse visuell vergleichbar zu machen, wurden die GSK-Effekte so linear transformiert, daß die Anfangs- und Endeffekte der GSK-Effekte mit den log-linearen Effekten übereinstimmen (diese Transformation beeinflußt natürlich nicht die Form der Kurve).

Es läßt sich deutlich erkennen, daß der Anteil Konfessionsloser den log-linearen Effekten zufolge linear, d.h. für die ersten acht Kohorten mit einem konstanten Faktor zunimmt. Dem additiven Modell zufolge ist diese Zunahme für die ersten fünf oder sechs Kohorten sehr gering; anschließend hat die Kurve mehr oder weniger die gleiche Form wie die log-lineare Kurve. Diese Differenz hat nichts damit zu tun, daß die log-linearen Schätzer mit der ML-Methode und die additiven Effekte mit der WLS-Methode ermittelt wurden. Angesichts des riesigen Stichprobenumfangs werden ML und WLS die gleichen Schätzer ergeben. Die Schätzung der log-linearen Effekte mit der WLS-Methode führte dann auch im wesentlichen zu denselben Schätzungen wie die ML-Schätzer der log-linearen Effekte.

Was ist das „richtige" Modell? Beide Modelle können insofern einen Anspruch auf Gültigkeit behaupten, als sie ein korrektes Bild von der Realität vermitteln. In Prozentsatzdifferenzen gemessen beginnt der Anstieg der Konfessionslosigkeit sehr langsam. In Odds (ohne/mit Konfession) gemessen zeigt sich ein gewaltiger konstanter Wandel in den älteren Kohorten. Beide Modelle haben jedoch sehr unterschiedliche inhaltliche Implikationen. Folgt man dem log-linearen Modell, beginnt die Säkularisierung sehr früh und sehr rapide. Das additive Modell vermittelt demgegenüber den Eindruck, als beginne die Säkularisierung eher langsam. Die Wahl zwischen beiden Modellen entscheidet sich letztlich auf Grundlage der Frage, ob man theoretische Gründe dafür anführen kann, eher in multiplikativen Effekten für Odds als in additiven Effekten für Prozentsatzdifferenzen zu denken. Einfache Regeln für die Entscheidung zwischen einem der beiden Ansätze gibt es nicht.

7.8 Literaturhinweise

Allgemeine Einführungen in die Kohortenanalyse finden sich bei Glenn (1977) und Hagenaars (1990: Kap. 7). Ein sehr umfassender, dafür aber etwas schwierigerer Überblick stammt von Mason und Fienberg (1985). Interessante Anwendungen auf deutsche Daten enthält Blossfeld (1986). Geschachtelte Designs, die zu strukturellen Nullen in den Tabellen führen, werden innerhalb der Klasse der log-linearen Modelle unter der Überschrift „unvollständige Tabellen" diskutiert: z.B. bei Bishop et al. (1975: Kap. 5) und bei Haberman (1979: Kap. 7). Eine allgemeine Diskussion, wie man lineare Zusammenhänge zwischen (ordinalen) Variablen in log-linearen Modellen behandeln soll, findet sich bei Ishii-Kuntz (1994) und – etwas umfassender – bei Clogg und Shihadeh (1994). Hagenaars (1990: Kap. 6) demonstriert die Verwendung von kurvilinearen (parabolischen) Beziehungen in log-linearen Analysen mit Längsschnittdaten. Haberman (1978, 1979) ist schließlich die beste Quelle für Hinweise auf alle möglichen Typen von linearen Restriktionen für die Parameter log-linearer Modelle.

8 Eine log-lineare Panelanalyse politischer Präferenzen

8.1 Einleitung

Regelmäßig durchgeführte freie und allgemeine Wahlen sind die Grundpfeiler der westlichen parlamentarischen Demokratien. Es verwundert daher nicht, daß Sozialwissenschaftler das Wahlverhalten und seine Determinanten intensiv untersucht haben. Seit den 50er Jahren, d.h. seit der Zeit der allerersten modernen Umfrageuntersuchungen, wurde eine Vielzahl von Wahlstudien durchgeführt, häufig in der Form von Paneluntersuchungen. Das grundlegende Merkmal von Paneluntersuchungen ist, daß hier über einen gegebenen Zeitraum hinweg wiederholt Messungen bei denselben Personen vorgenommen werden. Auf diese Weise ist es nicht nur möglich, Nettoänderungen im Zeitablauf auf Aggregatebene zu untersuchen (z.B. „Wieviele Personen präferieren die CDU sechs Monate und wieviele einen Monat vor den Wahlen?" oder „Sind die Nettoveränderungen des Wähler-potentials der CDU für Männer und Frauen verschieden?"). Man kann aber auch – und das ist kennzeichnend für Paneluntersuchungen – die Brutto-veränderungen auf Individualebene identifizieren. Selbst dann nämlich, wenn sich keine Nettoänderungen auf Aggregatebene beobachten lassen, kann es immer noch eine große Anzahl (sich gegenseitig kompensierender) individueller Änderungen geben. Da wir in Paneluntersuchungen für jede Person wissen, ob und in welche Richtung er oder sie sich verändert hat, können wir die verschiedenen Typen von Wechslern und Nichtwechslern zu anderen individuellen, stabilen und veränderlichen Merkmalen in Beziehung setzen.

In diesem Kapitel werden einige Anwendungen der log-linearen Panelanalyse mit und ohne latente Variablen auf Grundlage der Daten in Tabelle 8.1 vorgestellt. Diese Daten stammen aus einer west-deutschen Wahluntersuchung von 1989/1990 und wurden uns vom Zentralarchiv für empirische Sozialforschung in Köln zur Verfügung gestellt (ZA-Nr.1919). Die erste Befragungswelle wurde im November/Dezember 1989 durchgeführt, die zweite Welle im Mai/Juni 1990, die dritte Welle im Oktober/November 1990 und die vierte Welle im Dezember 1990 nach der Bundestagswahl. Die folgende Auswertung

Tabelle 8.1: *Partei- und Kandidatenpräferenz in Deutschland zum Zeitpunkt T_1 (Nov./Dez. 1989) und T_2 (Mai/Juni 1990).*

A	B	C=1 D=1	C=1 D=2	C=1 D=3	C=2 D=1	C=2 D=2	C=2 D=3	C=3 D=1	C=3 D=2	C=3 D=3	Insgesamt
1	1	59	1	16	1	12	4	1	1	2	97
1	2	5	0	2	0	2	0	0	0	0	9
1	3	31	2	44	0	8	4	0	0	7	96
2	1	0	0	0	0	8	2	0	0	0	10
2	2	3	0	2	0	160	27	0	1	5	198
2	3	2	1	10	3	131	87	0	0	6	240
3	1	3	0	0	0	1	1	0	0	0	5
3	2	0	0	0	1	3	0	0	1	1	6
3	3	8	0	18	0	9	13	0	2	33	83
Insgesamt		111	4	92	5	334	138	1	5	54	744

A. Parteipräferenz T_1, B. Kandidatenpräferenz T_1, C. Parteipräferenz T_2, D. Kandidatenpräferenz T_2, mit den Ausprägungen 1 = CDU bzw. CDU-Vorsitzender, 2 = SPD bzw. SPD-Vorsitzender und 3 = FDP bzw. FDP-Vorsitzender.

Quelle: Wahlstudie 1990 (ZA-Nr. 1919).

berücksichtigt lediglich die Daten der ersten und zweiten Welle (im folgenden auch Zeitpunkt T_1 und T_2).

In dieser Panelstudie wurde die Sympathie jedes Befragten für die größeren politischen Parteien und deren Kanzlerkandidaten resp. Vorsitzende auf einer 11-Punkte-Skala gemessen. Aus den Originalwerten dieser Sympathieskalen wurden die Variablen Parteipräferenz und Kandidatenpräferenz gebildet. Die Variable Parteipräferenz in Tabelle 8.1 gibt an, ob der höchste Sympathiewert des Befragten der CDU, der SPD oder der FDP galt. Die Variable Kandidatenpräferenz gibt an, für welchen Parteivorsitzenden resp. Kanzlerkandidaten (Kohl für die CDU, Lafontaine für die SPD, Genscher für die FDP) der Befragte am meisten Sympathie hatte. Befragte, die mehr als eine der oben genannten Parteien bzw. mehr als einen der oben genannten Kandidaten gleich stark präferierten, wurden aus der Untersuchung ausgeschlossen; ebenso die Befragten, deren größte Sympathien einer anderen Partei oder einem anderen Kandidaten galten, die nicht in der o.g. Liste vorkamen.

Es soll im folgenden untersucht werden, wie Veränderungen der Kandidaten- und Parteipräferenz der Befragten zueinander in Beziehung stehen. Die log-linearen Analysen werden sowohl auf der manifesten Ebene durchgeführt, um die manifesten Muster der beobachteten Daten zu beschreiben und zu erklären, als auch unter Verwendung log-linearer Modelle mit latenten Variablen, um tatsächliche („wahre") Veränderungen von scheinbaren Veränderungen zu trennen, die durch mangelnde Reliabilität und Validität der Messungen verursacht sein können.

8.2 Analysen auf der manifesten Ebene

8.2.1 Veränderungen des Zusammenhangs zwischen Partei- und Kandidatenpräferenz

Ein erster Schritt zur Analyse der Beziehungen zwischen Partei- und Kandidatenpräferenz besteht aus einer getrennten Analyse der Beziehungen zwischen beiden Variablen für jeden Meßzeitpunkt. Die notwendigen Daten dazu ergeben sich aus den Randhäufigkeiten AB und CD der Tabelle 8.1. Diese Randhäufigkeiten finden sich auch in Tabelle 8.2a,b.

Die Subtabellen (a) und (b) in Tabelle 8.2 enthalten eine Menge interessanter Informationen. Man beachte beispielsweise den im Zeitablauf zu beobachtenden Nettozuwachs der Popularität des SPD-Vorsitzenden Lafontaine (28,6% versus 46,1%) verglichen mit dem großen Nettoverlust des FDP-Vorsitzenden Genscher (56,3% versus 38,2%). Für die Beziehungen zwischen Partei- und Kandidatenpräferenz finden sich alle relevanten Informationen in den Subtabellen (c) und (d). Sie enthalten die Schätzungen der Zwei-Variablen-Parameter λ für das saturierte Modell {AB} bzw. {CD}.

Aus den Parameterschätzungen auf der Hauptdiagonalen der Subtabelle (c) wird ersichtlich, daß in der ersten Welle die Präferenzen für eine bestimmte Partei mit entsprechenden Präferenzen für ihren Vorsitzenden verbunden sind, insbesondere für CDU und SPD. Darüber hinaus tendieren Präferenzen für CDU und SPD dazu, sich gegenseitig auszuschließen, wie man anhand der Zellen außerhalb der Diagonalen von Tabelle 8.2c erkennen kann: Für jene, die die stärkste Präferenz für die CDU haben, ist es am unwahrscheinlichsten, daß sie gleichzeitig die stärkste Präferenz für den Vorsitzenden der SPD bekunden. Umgekehrt haben die, die die stärkste Präferenz für die SPD haben, die geringsten Sympathien für den Vorsitzenden der CDU. Die FDP spielt ihre Rolle als Partei zwischen den großen Volksparteien; eine Partei, die sowohl mit der CDU als auch mit der SPD eine Koalitionsregierung bilden kann. Dementsprechend zeigt sich, daß diejenigen, die die stärkste Präferenz für die CDU äußern, dazu tendieren, den SPD-Kandidaten abzulehnen, aber auch den FDP-Kandidaten, letzteren jedoch in einem weitaus geringeren Ausmaß. SPD-Sympathisanten lehnen ebenfalls den CDU- und den FDP-Kandidaten ab, letzteren jedoch sehr viel weniger.

Tabelle 8.2: Der Zusammenhang zwischen Partei- und Kandidatenpräferenz

a) T_1 erste Welle

A. Partei-präferenz	B. Kandidatenpräferenz			
	1. CDU	2. SPD	3. FDP	Insgesamt
1. CDU	13,0%	1,2%	12,9%	27,2%
2. SPD	1,3%	26,6%	32,3%	60,2%
3. FDP	0,7%	0,8%	11,2%	12,6%
Insgesamt	15,1%	28,6%	56,3%	100%

b) T_2 zweite Welle

C. Partei-präferenz	D. Kandidatenpräferenz			
	1. CDU	2. SPD	3. FDP	Insgesamt
1. CDU	14,9%	0,5%	12,4%	27,8%
2. SPD	0,7%	44,9%	18,5%	64,1%
3. FDP	0,1%	0,7%	7,3%	8,1%
Insgesamt	15,7%	46,1%	38,2%	100%

c) $\hat{\lambda}_{ij}^{AB}$ in Modell {AB}

A. Partei-präferenz	B. Kandidatenpräferenz		
	1. CDU	2. SPD	3. FDP
1. CDU	1,548	-1,093	-0,455
2. SPD	-1,303	1,420	-0,117*
3. FDP	-0,245*	-0,326	0,572

d) $\hat{\lambda}_{k\ell}^{CD}$ in Modell {CD}

A. Partei-präferenz	B. Kandidatenpräferenz		
	1. CDU	2. SPD	3. FDP
1. CDU	2,238	-1,915	-0,323*
2. SPD	-1,439	1,933	-0,494
3. FDP	-0,799*	-0,019*	0,817

*) $\hat{\lambda}$ nicht signifikant (p > 0,05).

Quelle: Tabelle 8.1.

Tabelle 8.2a ist eine quadratische Tabelle, d.h. eine Tabelle mit genauso vielen Spalten wie Zeilen. Eine quadratische Tabelle AB wird symmetrisch genannt, wenn die folgenden Restriktionen gelten:

$$F_{ij}^{AB} = F_{ji}^{AB} \quad \text{für} \quad i \neq j \quad (8.1)$$

In Bezug auf Tabelle 8.2a impliziert Symmetrie z.B., daß die Anzahl der Personen, die die stärkste Präferenz für die CDU haben, aber den Vorsitzenden der SPD bevorzugen, gleich der Anzahl der Personen ist, die als Partei die SPD präferieren, die höchste Sympathie jedoch für den Vorsitzenden der CDU aufbringen. In log-linearen Modellen wird Symmetrie durch die folgenden Parameterrestriktionen definiert:

$$\tau_i^A = \tau_j^B \quad \text{für} \quad i = j \quad (8.2)$$

und

$$\tau_{ij}^{AB} = \tau_{ji}^{AB} \quad \text{für} \quad i \neq j \quad (8.3)$$

Wenn wir das Symmetriemodell, d.h. Modell {AB} mit den Restriktionen (8.2) und (8.3) auf die Daten in Tabelle 8.2a anwenden, beträgt $L^2 = 384,88$ (und $X^2 = 304,63$). Die Anzahl der Freiheitsgrade ist in dem Symmetrie-Modell $I(I-1)/2 = 3$, wobei I der Anzahl der Kategorien von A (oder B) entspricht. Offensichtlich muß man das Symmetrie-Modell für Tabelle 8.2a zurückzuweisen.

Dies ist nicht überraschend, wenn wir die Randhäufigkeiten in Tabelle 8.2a betrachten. Die Randverteilungen einer symmetrischen Tabelle sind sich natürlich ähnlich. Diese Ähnlichkeit wird als marginale Homogenität bezeichnet und wird formal wie folgt definiert:

$$F_{i+}^{AB} = F_{+j}^{AB} \quad \text{für} \quad i = j \quad (8.4)$$

Danach gibt es offensichtlich keine beobachtete marginale Homogenität in Tabelle 8.2a. Es gibt beispielsweise viel mehr Sympathisanten des Vorsitzenden der FDP (Genscher) als der FDP selbst. Man stellt nämlich regelmäßig fest, daß öffentliche Funktionäre, z.B. Minister wie Genscher, häufig auch große Sympathien von Anhängern anderer Parteien erhalten. Aus diesem Grund könnte es interessant sein zu untersuchen, ob Tabelle 8.2a quasi-symmetrisch in dem Sinne ist, daß in ihr unter Berücksichtigung dieser allgemeinen Tendenz, die sich in den Differenzen zwischen den Randverteilungen widerspiegelt, keine speziellen anderen asymmetrischen Beziehungen zwischen den Variablen A und B erkennbar sind.

In log-linearen Begriffen entspricht das quasi-symmetrische Modell dem Modell {AB} mit den Restriktionen (8.3), nicht aber mit den Restriktionen (8.2). Das quasi-symmetrische Modell reproduziert die beobachteten Randverteilungen, ansonsten ist Tabelle AB, soweit es die verschiedenen Randverteilungen zulassen, symmetrisch. Die Anzahl der Freiheitsgrade des quasi-symmetrischen Modells entspricht $(I-1)(I-2)/2$. Für Tabelle 8.2a lauten die Testergebnisse $L^2 = 0,66$, df = 1, p = 0,42 ($X^2 = 0,67$). Das quasi-symmetrische Modell paßt sehr gut zu den Daten in Tabelle 8.2a. Wenn man also als Gesamttendenz berücksichtigt, daß man aus den o.g. Gründen stark ausgeprägte Sympathien resp. Antipathien eher für eine bestimmte Person hat als für die Partei, die von ihr geführt wird, gibt es darüber hinaus keine speziellen asymmetrischen Beziehungen zwischen der Präferenz für die Parteien und die Parteivorsitzenden. Die Zwei-Variablen-Parameter $\hat{\lambda}_{ij}^{AB}$ des quasi-symmetrischen Modells (hier nicht aufgeführt) folgen dem symmetrischen Muster der Restriktion (8.3).

Wenn das quasi-symmetrische Modell gültig ist und die Randverteilungen ähnlich sind, ist die zugehörige Tabelle symmetrisch: Symmetrie ist identisch mit Quasi-Symmetrie plus marginaler Homogenität. Da marginale Homogenität (MH) den einzigen Unterschied zwischen Quasi-Symmetrie (QS) und Symmetrie (S) darstellt, kann bei gegebener Gültigkeit des quasi-symmetrischen Modells ein konditionaler Test auf marginale Homogenität – d.h. ein Test der Restriktion (8.4) – durchgeführt werden, indem man die Differenz zwischen den Testergebnissen des symmetrischen und quasi-symmetrischen Modells betrachtet: $L^2_{MH} = L^2_S - L^2_{QS} = L^2_{S/QS}$ mit $df_{MH} = df_S - df_{QS}$. Die Testergebnisse für Tabelle 8.2a lauten: $L^2_{MH} = 384,88 - 0,66 = 384,22$, $df_{MH} = 3 - 1 = 2$. Wir ziehen daraus den Schluß, daß die Randverteilungen für Partei- und Kandidatenpräferenz sich statistisch signifikant voneinander unterscheiden.

All diese Analysen der Daten der ersten Welle können für die Daten der zweiten Welle in Tabelle 8.2b wiederholt werden. Subtabelle d) enthält die entsprechenden Parameterschätzungen für die Beziehung zwischen Partei- und Kandidatenpräferenz in der zweiten Welle. Hier ergeben sich mehr oder weniger dieselben Schlußfolgerungen wie für die erste Tabelle. Darüber hinaus ist es interessant zu sehen, daß sich die Stärke der Beziehung zwischen Partei- und Kandidatenpräferenz von der ersten zur zweiten Welle verstärkt hat. Wie auch in anderen Untersuchungen festgestellt, gleichen sich die Präferenzen für Parteien und Kandidaten nach Einsetzen des Wahlkampfes zunehmend an. Die Kandidaten werden mehr und mehr mit ihren Parteien identifiziert und die Befragten antworten konsistenter.

Eine Überprüfung der statistischen Signifikanz dieser Zunahme der Assoziation zwischen Partei- und Kandidatenpräferenz bereitet einige spezielle Schwierigkeiten. Wenn die Subtabellen (a) und (b) in Tabelle 8.2 aus zwei voneinander unabhängigen Stichproben stammen würden, wäre eine Überprüfung ziemlich einfach. Der Buchstabe E bezeichne die Variable Parteipräferenz, F die Variable Kandidatenpräferenz und T die Variable Zeit, wobei T = 1 Subtabelle (a) und T = 2 Subtabelle (b) bezeichnen soll. Sind unabhängige Stichproben gegeben, dann kann man mit dem log-linearen Modell {EF,T} die Hypothese überprüfen, ob beide Subtabellen in der Population vollständig identisch sind. Durch Verwendung des Modells ohne Drei-Variablen-Interaktion {EF,ET,FT} wird die Hypothese überprüft, ob die Beziehung zwischen E und F in beiden Subtabellen gleich ist, aber nicht notwendigerweise die entsprechenden Randhäufigkeiten der beiden Subtabellen. Wenn beide Modelle abgelehnt werden müssen, dann liefert der log-lineare Parameter $\hat{\lambda}^{EFT}_{mno}$ in Modell {EFT} Schätzungen für die Zu- oder Abnahme der Assoziation zwischen E und F.

Da die Daten in Tabelle 8.2 jedoch aus einer Paneluntersuchung stammen, enthalten die Subtabellen (a) und (b) dieselben Personen. Es handelt sich folglich um abhängige Beobachtungen, was bedeutet, daß die o.g. Standard-Testverfahren nicht anwendbar sind. Dieses Problem läßt sich umgehen, wenn man sich daran erinnert, daß die Subtabellen (a) und (b) in Tabelle 8.2 Randverteilungen von Tabelle 8.1 sind. Die (partielle) Ähnlichkeit der Subtabellen (a) und (b) ist identisch mit der (partiellen) marginalen Homogenität in Tabelle 8.1. Betrachtet man Tabelle 8.1 als eine zweidimensionale 9×9-Tabelle, kann ein konditionaler Test der marginalen Homogenität für Tabelle 8.1 auf dieselbe Weise durchgeführt werden, wie bereits oben für Tabelle 8.2a beschrieben. Die Teststatistiken für das Symmetrie-Modell für Tabelle 8.1 sind $L^2 = 132,77$, df = 36, p = 0,00 ($X^2 = 118,84$). Für das quasi-symmetrische Modell betragen sie $L^2 = 24,37$, df = 28, p = 0,66 ($X^2 = 23,17$). Der konditionale Test auf marginale Homogenität ergibt dann $L^2_{MH} = 108,40$, $df_{MH} = 8$, p = 0,00. Die Hypothese, daß es in Tabelle 8.1 eine vollständige marginale Homogenität gibt, mit anderen Worten, daß die Subtabellen (a) und (b) in Tabelle 8.2 vollständig gleich sind (analog zu dem Modell {EF,T}, das oben für unabhängige Stichproben beschrieben wurde), muß zurückgewiesen werden.

Wir sind jedoch an einer spezifischeren Nullhypothese als der der vollständigen Homogenität interessiert, nämlich an der Gleichheit der Beziehungen zwischen A und B bzw. C und D, d.h. der Identität von λ^{AB}_{ij} und λ^{CD}_{ij} für die Subtabellen (a) und (b) (analog dem Modell unabhängiger Stichproben {EF, ET,FT}). Die Subtabellen (a) und (b) in Tabelle 8.1 können aber bereits voneinander verschieden sein, wenn sich die Randverteilungen der Partei- und Kandidatenpräferenz im Zeitablauf geändert haben, ohne daß sich die Assoziation zwischen Partei- und Kandidatenpräferenz geändert hat. Wie oben festgestellt, lassen sich im Hinblick auf die Kandidatenpräferenz ziemlich große Nettoänderungen beobachten. Die interessierende Frage ist dann, ob die zwei Subtabellen sich soweit ähnlich sind, wie es die Änderungen in den Randverteilungen zulassen. In Bezug auf Tabelle 8.1 heißt das: Wir sind nicht daran interessiert, vollständige marginale Homogenität zu überprüfen, sondern nur partielle Homogenität, d.h., daß die Randverteilungen von AB und CD sich soweit ähnlich sind, wie es die beobachteten Differenzen zwischen den Verteilungen der einzelnen Variablen A und C sowie B und D zulassen.

Für einen konditionalen Test dieser partiellen marginalen Homogenität muß das Konzept partieller Symmetrie eingeführt werden, und dazu müssen wir zuerst Symmetrie für die vierdimensionale Tabelle ABCD definieren, wobei wir Tabelle 8.1 nicht wie zuvor als 9×9, sondern als 3×3×3×3-Tabelle auffassen. Analog zu Gleichung (8.1) impliziert Symmetrie für Tabelle 8.1

$$F^{ABCD}_{ijk\ell} = F^{ABCD}_{k\ell ij} \qquad (8.5)$$

Gleichung (8.5) impliziert eine große Anzahl komplizierter und nicht offensichtlicher Restriktionen für die log-linearen Parameter des Modells {ABCD}. Zuerst für die Ein-Variablen-Parameter:

$$\tau_i^A = \tau_i^C$$
$$\tau_j^B = \tau_j^D \qquad (8.6)$$

Dann für die Parameter, die die Beziehungen zwischen A und B bzw. C und D beschreiben:

$$\tau_{ij}^{AB} = \tau_{ij}^{CD} \qquad (8.7)$$

und für alle anderen Parameter:

$$\begin{aligned}
\tau_{ik}^{AC} &= \tau_{ki}^{AC} & \tau_{ijk}^{ABC} &= \tau_{kij}^{ACD} \\
\tau_{i\ell}^{AD} &= \tau_{\ell i}^{BC} & \tau_{ij\ell}^{ABD} &= \tau_{\ell ij}^{BCD} \\
\tau_{j\ell}^{BD} &= \tau_{\ell j}^{BD} & \tau_{ijk\ell}^{ABCD} &= \tau_{k\ell ij}^{ABCD}
\end{aligned} \qquad (8.8)$$

Die Teststatistiken des Symmetrie-Modells für Tabelle 8.1 wie auch die Teststatistiken für das quasi-symmetrische Modell wurden oben aufgeführt. In dem quasi-symmetrischen Modell, das die beobachteten Randverteilungen AB und CD exakt reproduziert, werden die Restriktionen (8.8) eingehalten, nicht jedoch die Restriktionen (8.6) und (8.7). Das partiell symmetrische Modell, demgemäß in Tabelle 8.1 Symmetrie herrscht, soweit es die beobachteten Differenzen zwischen den Verteilungen der einzelnen Variablen A und C sowie B und D zulassen, ergibt sich durch die Restriktionen (8.8) und (8.7) ohne Restriktion (8.6). Durch dieses partiell symmetrische Modell werden die Randverteilungen der einzelnen Variablen A, B, C und D exakt reproduziert (jedoch nicht die Randverteilungen der kombinierten Variablen AB und CD). Die Testergebnisse des partiell symmetrischen Modells für Tabelle 8.1 sind $L^2 = 37{,}19$, df = 32 (aufgrund der fehlenden Restriktion (8.6) vier Freiheitsgrade weniger als bei dem symmetrischen Modell), p = 0,24 ($X^2 = 36{,}54$).

Wenn partielle Homogenität definiert wird als marginale Homogenität in Tabelle ABCD, soweit es die beobachteten Differenzen zwischen den Randverteilungen von A und C sowie B und D zulassen, dann ist Quasi-Symmetrie plus partielle Homogenität identisch mit partieller Symmetrie in Tabelle ABCD. Deshalb ergibt sich, analog zu dem konditionalen Test der vollständigen Homogenität, der oben beschrieben wurde, ein konditionaler Test auf partielle Homogenität (PMH) durch einen Vergleich der Testergebnisse des quasi-symmetrischen Modells (QS) mit denen des partiell symmetrischen Modells (PS). Für Tabelle 8.1 gilt: $L^2_{PMH} = L^2_{PS} - L^2_{QS} = L^2_{PS/QS} = 12{,}82$, $df_{PMH} = df_{PS} - df_{QS} = df_{PS/QS} = 4$, p = 0,012. Obwohl die Testergebnisse an der Grenze zwischen 0,01 und 0,05 liegen, ergibt sich, wenn man wie an anderen Stellen in diesem Kapitel das 5% Signifikanzniveau zugrundelegt, die vorläufige

Schlußfolgerung, daß sich die Subtabellen 8.2a) und (b) statistisch signifikant voneinander unterscheiden, selbst dann, wenn man berücksichtigt, daß die Randverteilungen von A und C wie auch die von C und D voneinander abweichen. Mit anderen Worten: Die Differenzen zwischen den entsprechenden λ-Koeffizienten in den Subtabellen (c) und (d) sind statistisch signifikant. Mit Vorsicht läßt sich hieraus schließen, daß sich die Befragten hinsichtlich ihrer Präferenzen für Parteien und Vorsitzende zu einem späteren Zeitpunkt der Wahlkampfes konsistenter verhalten als zu Beginn desselben.

Eine interessante nächste Frage ist dann, wie diese größere individuelle Konsistenz zustandekommt: ob dadurch, daß im Laufe der Zeit die Parteipräferenz einer Person umschlägt in eine entsprechende Präferenz für den Parteivorsitzenden oder umgekehrt. Die Antwort auf diese Frage steht in Verbindung mit der Stabilität von Partei- und Kandidatenpräferenzen, einem Thema, das im nächsten Abschnitt behandelt wird.

8.2.2 Veränderungen der Partei- und der Kandidatenpräferenz im Zeitablauf

Die beobachteten Veränderungen der Partei- und der Kandidatenpräferenz zwischen den beiden Panelwellen sind in Tabelle 8.3 in den Subtabellen (a) und (b) dargestellt. Tabelle 8.3 enthält ebenfalls die log-linearen Zwei-Variablen-Effekte λ_{ik}^{AC} und $\lambda_{j\ell}^{BD}$ des Modells {AC} für Subtabelle (c) bzw. des Modells {BD} für Subtabelle (d).

Sowohl bei der Partei- als auch bei der Kandidatenpräferenz zeigt sich im Zeitablauf eine klare Tendenz zur Konsistenz. Für beide Subtabellen (c) und (d) in Tabelle 8.3 haben die geschätzten Zwei-Variablen-Parameter auf der Hauptdiagonalen hohe positive Werte, insbesondere für die CDU und die SPD sowie für die Vorsitzenden der CDU und der SPD. Darüber hinaus scheint die Stabilität der Parteipräferenz im Zeitablauf etwas größer zu sein als die Stabilität der Kandidatenpräferenz, insbesondere für SPD und FDP. Die Übergangsmatrizen (a) und (b) sind definitiv nicht symmetrisch. Die Testergebnisse des Symmetrie-Modells für Subtabelle (a) sind $L^2 = 18,47$, df = 3, p = 0,00 ($X^2 = 17,95$). Für Subtabelle (b) betragen sie $L^2 = 87,69$, df = 3, p = 0,00 ($X^2 = 82,18$). Das quasi-symmetrische Modell paßt demgegenüber sehr gut zu den Daten: Für Subtabelle (a) beträgt $L^2 = 1,34$, df = 1, p = 0,25 ($X^2 = 1,34$), für Subtabelle (b) beträgt $L^2 = 0,03$, df = 1, p = 0,86 ($X^2 = 0,03$).

Aus den geschätzten Zwei-Variablen-Parametern des quasi-symmetrischen Modells (hier nicht aufgeführt) kann gefolgert werden, daß sich insbesondere CDU und SPD hinsichtlich der Veränderungen der Parteipräferenz gegenseitig ausschließen (vgl. auch die Häufigkeiten f_{12} und f_{21} mit den Häufigkeiten f_{13} und f_{31} in Tabelle 8.3c). Wenn sich die Präferenzen für die FDP ändern, dann mehr in Richtung der CDU als in Richtung der SPD (vgl. die Häufigkeiten f_{13}

Tabelle: 8.3   Veränderungen der Partei- und der Kandidatenpräferenz im
                Zeitablauf

a) Parteipräferenz					b) Kandidatenpräferenz				
A. erste Welle T_1	C. zweite Welle T_2				B. erste Welle T_1	D. zweite Welle T_2			
	1. CDU	2. SPD	3. FDP	Insgesamt		1. CDU	2. SPD	3. FDP	Insgesamt
1. CDU	21,5%	4,2%	1,5%	27,2%	1. CDU	8,6%	3,1%	3,4%	15,1%
2. SPD	2,4%	56,2%	1,6%	60,2%	2. SPD	1,2%	22,4%	5,0%	28,6%
3. FDP	3,9%	3,8%	5,0%	12,6%	3. FDP	5,9%	20,6%	29,8%	56,3%
Insgesamt	27,8%	64,1%	8,1%	100%	Insgesamt	15,7%	46,1%	38,2%	100%

c) $\hat{\lambda}_{ik}^{AC}$ in Modell {AC}				d) $\hat{\lambda}_{j\ell}^{BD}$ in Modell {BD}			
A. erste Welle T_1	C. zweite Welle T_2			B erste Welle T_1	D. zweite Welle T_2		
	1. CDU	2. SPD	3. FDP		1. CDU	2. SPD	3. FDP
1. CDU	1,287	-0,844	-0,444	1. CDU	1,236	-0,835	-0,401
2. SPD	-1,065	1,590	-0,525	2. SPD	-0,863	1,010	-0,147*
3. FDP	-0,222*	-0,746	0,968	3. FDP	-0,373	-0,175	0,548

*) $\hat{\lambda}$ nicht signifikant (p > 0,05).

Quelle: Tabelle 8.2.

und f_{31} mit den Häufigkeiten f_{23} und f_{32} in Tabelle 8.3c). Für die Kandidatenpräferenz lassen sich ähnliche Schlußfolgerungen ziehen, mit der einen Ausnahme, daß, wenn sich die Präferenz für den FDP-Kandidaten Genscher ändert, dieses etwas häufiger in Richtung der SPD (Lafontaine) als in Richtung der CDU (Kohl) erfolgt.

Um zu überprüfen, ob diese und andere Unterschiede zwischen den Veränderungen in der Partei- und Kandidatenpräferenz, d.h. zwischen den Subtabellen 8.3a und 8.3b statistisch signifikant sind, muß noch einmal Tabelle 8.1 herangezogen werden. Sie muß zu diesem Zweck so umgeordnet werden, daß die Zeilenvariable zur kombinierten Variable AC (Parteipräferenz zum Zeitpunkt T_1 und T_2) und die Spaltenvariable zur kombinierten Variable BD (Kandidatenpräferenz zum Zeitpunkt T_1 und T_2) wird. Da die Tests für die umgeordnete Tabelle 8.1 in einer ähnlichen Weise funktionieren wie die Tests für die Orginaltabelle 8.1, die im vorigen Abschnitt besprochen wurden, sind hier keine weiteren Erklärungen notwendig. Die Testergebnisse des Symmetrie-Modells für die umgeordnete Tabelle 8.1 sind $L^2 = 507{,}43$, df = 36, p = 0,00 ($X^2 = 391{,}23$). Für das quasi-symmetrische Modell ergibt sich $L^2 = 13{,}47$, df = 28, p = 0,99 ($X^2 = 11{,}15$). Für das partiell symmetrische Modell, das die beobachteten Randverteilungen der einzelnen Variablen A, B, C und D exakt reproduziert, betragen sie $L^2 = 28{,}01$, df = 32, p = 0,67 ($X^2 = 34{,}20$). Die Teststatistiken für das vollständige Homogenitätsmodell sind deshalb L^2_{MH} = 493,96, df_{MH} = 8, p = 0,00, d.h., es besteht keine vollständige marginale Homogenität in der umgeordneten Tabelle 8.1. Die Übergangsmatrizen der Partei- und Kandidatenpräferenz (Subtabellen a und b in Tabelle 8.3) sind in der Population definitiv voneinander verschieden. Dies ist angesichts der eher großen Differenzen zwischen den Randverteilungen der Partei- und Kandidatenpräferenz zu beiden Zeitpunkten nicht verwunderlich. Die interessantere Frage ist, ob bei gegebenen Unterschieden in den Randverteilungen die Veränderungen in den beiden Subtabellen ansonsten gleich sind: Mit anderen Worten, gibt es, bedingt durch die beobachteten Verteilungen der einzelnen Variablen A, B, C und D, eine partielle Homogenität in der umgeordneten Tabelle 8.1? Die Testergebnisse für die partielle Homogenität in der umgeordneten Tabelle 8.1 sind $L^2_{PMH} = 14{,}54$, $df_{PMH} = 4$, p = 0,006. Es gibt keine partielle Homogenität in der umgeordneten Tabelle 8.1 und dementsprechend sind die jeweiligen λ -Parameter in den Tabellen 8.3c) und (d) verschieden voneinander. Unsere obigen Ausführungen über unterschiedliche Veränderungen der Partei- und der Kandidatenpräferenz werden also bestätigt.

8.2.3 Modifizierte Pfadmodelle für Veränderungen der Partei- und Kandidatenpräferenz im Zeitablauf

In Abschnitt 8.2.1 zeigte sich, daß die Assoziation zwischen Partei- und Kandidatenpräferenz in Verlauf des Wahlkampfes zunimmt. Darüber hinaus zeigte sich, daß die Parteipräferenz ein etwas stabileres Merkmal als die Kandidatenpräferenz ist, zumindest für (den Vorsitzenden der) SPD und (den Vorsitzenden der) FDP (Abschnitt 8.2.2). Hieraus läßt sich vermuten, daß die Parteipräferenz vielleicht ein etwas grundlegenderes Merkmal ist als die Kandidatenpräferenz und daß sich die Kandidatenpräferenz eher der Parteipräferenz anpaßt als umgekehrt. Die Gültigkeit dieser letzten Vermutung kann durch ein entsprechendes Kausalmodell untersucht werden, in dem die Veränderungen beider Merkmale explizit zueinander in Verbindung gesetzt werden. Ein bekanntes, zugleich aber auch heftig kritisiertes Kausalmodell ist das 2-Wellen-2-Variablen-Panaldesign mit kreuzverzögerten Effekten (engl. cross-lagged panel correlation technique). Das Kausal-modell, das diesem Ausatz zugrundeliegt, ist in Abbildung 8.1a dargestellt. Es entspricht dem log-linearen Modell {AB,AC,AD,BC,BD}.

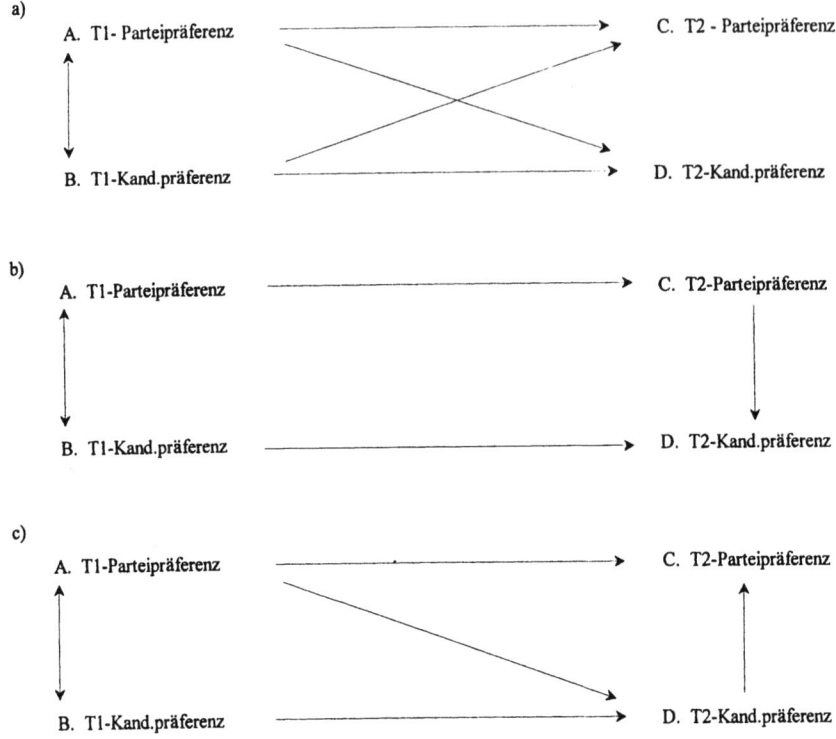

Abbildung 8.1: Modelle mit kreuzverzögerten Panelkorrelationen

Der Kern dieses Ansatzes ist der Vergleich der kreuzverzögerten Effekte $\lambda_{i\ell}^{AD}$ und λ_{jk}^{BC}. Wenn $\lambda_{i\ell}^{AD}$ größer ist als der entsprechende λ_{jk}^{BC} Schätzwert, wird gefolgert, daß die Parteipräferenz eher die Kandidatenpräferenz determiniert als umgekehrt. Wenn $\lambda_{i\ell}^{AD}$ kleiner ist als λ_{jk}^{BC}, geht man davon aus, daß die Kandidatenpräferenz die Parteipräferenz determiniert, vorausgesetzt natürlich, daß das Modell in Abbildung 8.1a für die Population zutrifft.

Die Testergebnisse für Modell {AB,AC,AD,BC,BD} mit den Daten aus Tabelle 8.1 sind $L^2 = 241,62$, df = 52, p = 0,00 ($X^2 = 348,02$). Das Modell in Abbildung 8.1a paßt also nicht zu den Daten und kann in dieser Form nicht verwendet werden, um zu bestimmen, welches der beiden Merkmale die eigentliche Ursache ist: die Partei- oder die Kandidatenpräferenz.

Erweitert man das Modell um die Drei-Variablen-Effekte λ_{ijk}^{ABC} und $\lambda_{ij\ell}^{ABD}$ zu Modell {ABC, ABD}, ergibt das keinen besseren Modellfit. Hilfreich ist aber die Hinzufügung des Effektes $\lambda_{k\ell}^{CD}$. Das Modell {AB,AC,AD,BC,BD, CD} paßt nahezu perfekt zu den Daten in Tabelle 8.1: $L^2 = 34,78$, df = 48, p = 0,92 ($X^2 = 39,67$). Die Parameter dieses Modells sind jedoch schwierig zu interpretieren. Das liegt daran, daß die kreuzverzögerten Effekte $\lambda_{i\ell}^{AD}$ und λ_{jk}^{BC} in Abbildung 8.1a nur dann zur Beantwortung der Frage benutzt werden können, welches der beiden Merkmalen die eigentliche Ursache ist, wenn die direkten Effekte $\lambda_{k\ell}^{CD}$ unberücksichtigt bleiben. Sobald es zum Zeitpunkt T_2 direkte Effekte der beiden Merkmale aufeinander gibt, können die beiden kreuzverzögerten Effekte nicht mehr für diese Zwecke benutzt werden. Erstens ist die Interpretation des direkten Effektes $\lambda_{k\ell}^{CD}$ zum Zeitpunkt T_2 unklar: Handelt es sich um einen direkten Effekt von Parteipräferenz (C) auf Kandidatenpräferenz (D) oder umgekehrt oder beides? Für das Ausgangsproblem „Welches ist die eigentliche Ursache?" ist das eine entscheidende Frage. Je nachdem, wie man diese Frage beantwortet, müssen zweitens die kreuzverzögerten Effekte $\lambda_{i\ell}^{AD}$ und λ_{jk}^{BC} ganz unterschiedlich geschätzt werden, wenn man den Prinzipien der modifizierten Pfadanalyse folgt, die wir in Abschnitt 3.7.3 beschrieben haben. Wir werden das im folgenden zeigen, wenn wir die Daten aus Tabelle 8.1 zuerst unter der Annahme, C verursacht D, und dann unter der Annahme, D verursacht C, analysieren (vgl. Abbildung 8.1b,c).

Die modifizierte Pfadanalyse muß mit einer Analyse der beobachteten Marginaltabelle AB beginnen. Das Unabhängigkeitsmodell {A,B} ist für diese Tabelle zurückzuweisen (L^2 = 314,99, df = 4, p = 0,00, X^2 = 316,52). Die entsprechenden Parameterschätzungen für das saturierte Modell {AB} wurden bereits in Tabelle 8.2c präsentiert und in Abschnitt 8.2.1 diskutiert.

Da zuerst die Kandidatenpräferenz D zum Zeitpunkt T_2 als die endgültige abhängige Variable betrachtet wird, ist die nächste in Betracht zu ziehende Tabelle die Marginaltabelle ABC mit der Parteipräferenz C zum Zeitpunkt T_2 als abhängiger Variable. Die Modelle {AB,C} und {AB,BC} sind definitiv zurückzuweisen (p = 0,000). Die Modelle {AB,AC} (L^2 = 18,28, df = 12, p = 0,11, X^2 = 14,32) und {AB,AC,BC} (L^2 = 10,14, df = 8, p = 0,26, X^2 = 7,06) passen gut zu den Daten. Es ist daher nicht notwendig, auf das saturierte Modell {ABC} zurückzugreifen. Die Ergebnisse der konditionalen Tests legen nahe, anstelle von Modell {AB,AC,BC} das sparsamere Modell {AB,AC} zu akzeptieren: $L^2_{r/u}$ = 8,14, df = 4, p = 0,09. Diese Entscheidung wird bestärkt durch die Inspektion der $\hat{\lambda}_{jk}^{BC}$-Parameter des Models {AB,AC,BC} (hier nicht aufgeführt). Keiner von diesen ist signifikant und ihre Größe zeigt ein unregelmäßiges und schwer zu interpretierendes Muster. Gemäß Modell {AB,AC} wird die Parteipräferenz zum Zeitpunkt T_2 (C) nur durch den direkten Effekt der Parteipräferenz zum Zeitpunkt T_1 (A), nicht aber durch die Kandidatenpräferenz zum Zeitpunkt T_1 (B) beeinflußt. Wie aus dem Aggregierungstheorem folgt (vgl. Abschnitt 3.6), sind die Parameterschätzungen $\hat{\lambda}_{ik}^{AC}$ in Modell {AB,AC} gleich den Schätzungen, die in Subtabelle 8.3c aufgeführt und in Abschnitt 8.2.2 diskutiert wurden.

Schließlich müssen noch die Effekte auf die endgültige abhängige Variable Kandidatenpräferenz zum Zeitpunkt T_2 (D) in der kompletten Tabelle ABCD (Tabelle 8.1) untersucht werden. Die Modelle, in denen es keine Effekte von A, B oder C auf D gibt ({ABC,D}), in denen nur eine der unabhängigen Variablen eine direkte Beziehung zu D hat ({ABC,AD}, {ABC,BD} oder {ABC,

CD}), in denen nur direkte Effekte von A und B auf D ({ABC,AD, BD}) oder nur direkte Effekte von A und C auf D ({ABC,AD,CD}) berücksichtigt werden, passen nicht zu den Daten (p = 0,000). Die Modelle {ABC,BD,CD} (L^2 = 31,10, df = 44, p = 0,93, X^2 = 48,53) und {ABC,BD,CD,AD} (L^2 = 24,23, df = 40, p = 0,98, X^2 = 23,69) passen dagegen sehr gut zu den Daten. Von den beiden letztgenannten wird aufgrund der konditionalen Teststatistiken das sparsamere Modell {ABC,BD,CD} ausgewählt: $L^2_{r/u}$ = 6,87, df = 4, p = 0,14.

Das gesamte Kausalmodell, das aus diesen Analysen resultiert, ist in Abbildung 8.1b dargestellt. Die Teststatistiken für die Überprüfung dieses Modells als ganzes sind L^* = 18,28 + 31,10 = 49,38, df^* = 12 + 44 = 56, p = 0,72. Die Beziehung zwischen A und B und der direkte Effekt zwischen A und C in diesem Gesamtmodell wurden bereits oben diskutiert, nicht hingegen die direkten Effekte von B und C auf D.

Die Schätzung der Effekte von B und C auf D ist nicht problemlos. Die Anwendung des Modells {ABC,BD,CD} auf Tabelle 8.1 führt zu geschätzten erwarteten Zellhäufigkeiten von null, da die reproduzierte beobachtete Marginaltabelle ABC ebenfalls einige Nullen enthält. Es ist eine „Korrektur" dieser Daten notwendig, um die geschätzten Nullen zu eliminieren. Drei Korrektur-Verfahren wurden verwendet. Zuerst wurde zu allen Zellen der Tabelle 8.1 ein Betrag von 0,001 addiert und mit diesem korrigierten Datensatz das Modell {ABC,BD,CD} geschätzt. Anschließend wurde dasselbe Verfahren verwendet, wobei diesmal zu jeder beobachteten Zellhäufigkeit ein Betrag von 0,01 addiert wurde. Schließlich wurde, da Modell {AB,AC,BC} ganz gut zu der Marginaltabelle ABC paßte, ohne geschätzte Nullen zu produzieren, Tabelle 8.1 geglättet, indem der Term ABC durch AB,AC,BC ersetzt und das Modell {AB,AC,BC,BD,CD} statt {ABC,BD,CD} für die Original-Tabelle 8.1 geschätzt wurde. Alle drei Methoden führten nahezu exakt (bis auf zwei Dezimalstellen) zu denselben Parameterschätzungen $\hat{\lambda}^{BD}_{j\ell}$ und $\hat{\lambda}^{CD}_{k\ell}$. Die Parameterschätzungen selbst werden hier nicht aufgeführt, doch werden die wichtigsten Resultate kurz beschrieben.

Das Mittel der auf der Diagonalen liegenden Schätzungen $\hat{\lambda}^{BD}_{j\ell}$ (für j = ℓ) ist 0,56 und das Mittel der jenseits der Diagonalen liegenden Schätzungen $\hat{\lambda}^{BD}_{j\ell}$ (für j ≠ ℓ) ist -0,28, ohne daß die einzelnen wesentlich um diese Mittelwerte streuen. Die partielle Stabilität der Kandidatenpräferenz unter Kontrolle der Parteipräferenz zum Zeitpunkt T_1 und T_2 ist viel geringer als die Gesamtstabilität in Marginaltabelle BD (siehe Tabelle 8.3b,d). Darüber hinaus und im Widerspruch zu Tabelle 8.3d ist die partielle Stabilität der Kandidatenpräferenz für den Vorsitzenden der FDP nicht geringer als für die Vorsitzenden der CDU und SPD. Die Schätzungen $\hat{\lambda}^{CD}_{k\ell}$ für den direkten Einfluß der Parteipräferenz auf die Kandidatenpräferenz in der zweiten Welle sind faktisch gleich der entsprechenden Assoziation in Marginaltabelle CD (Tabelle 8.2 b,d). Daraus folgt, daß die Kandidatenpräferenz zum Zeitpunkt T_2 (D) stärker durch die Parteipräferenz zum Zeitpunkt T_2 (C) beeinflußt wird als durch die

Kandidatenpräferenz zum Zeitpunkt T_1 (B). Vorausgesetzt also, das Modell in Abbildung 8.1b ist gültig, dann sind die wesentlichen Schlußfolgerungen all dieser Ergebnisse: Die Parteipräferenz ist ein stabileres Merkmal als die Kandidatenpräferenz, die Parteipräferenz hat einen starken direkten simultanen Einfluß auf die Kandidatenpräferenz und es existieren keine signifikanten direkten kreuzverzögerten Einflüsse.

Wie wir oben sahen, besteht jedoch eine alternative Analysemöglichkeit darin, die Kandidatenpräferenz zum Zeitpunkt T_2 als Ursache der Parteipräferenz zum Zeitpunkt T_2 anzusehen (D beeinflußt C). Das Endergebnis dieser Analyse ist in Abbildung 8.1c dargestellt. Der Ausgangspunkt war auch hier die beobachtete Tabelle AB, auf die das saturierte Modell angewendet wurde. Die nächste Marginaltabelle, die es zu betrachten galt, war Tabelle ABD (und nicht, wie zuvor, Tabelle ABC). Die Modelle {AB,D}, {AB,AD} und {AB, BD} zeigten einen sehr schlechten Modellfit (p = 0,000). Das Modell {AB, AD,BD} zeigte demgegenüber eine ziemlich gute Anpassung an die Daten (L^2 = 6,37, df = 6, p = 0,61, X^2 = 6,10). Schließlich wurde Tabelle ABCD analysiert, um die Effekte auf C zu bestimmen, was zu dem Modell {ABD, AC,DC} führte. Dieses Modell zeigte eine sehr gute Anpassung an die Daten (L^2 = 33,47, df = 44, p = 0,88, X^2 = 42,00). Aufgrund der Ergebnisse der konditionalen Tests (hier nicht aufgeführt) erwies es sich jedem anderen Modell überlegen. Die Teststatistiken für das Gesamtmodell in Abbildung 8.1c sind schließlich L^* = 6,37 + 33,47 = 39,84, df^* = 6 + 44 = 50, p = 0,85.

Die beiden Modelle (b) und (c) in Abbildung 8.1 passen sehr gut zu den Daten in Tabelle 8.1. Sie haben jedoch sehr verschiedene Implikationen. Ohne weitere Daten, insbesondere ohne zusätzliche Messungen zu mehreren, vorzugsweise näher beieinanderliegenden Zeitpunkten ist es jedoch unmöglich, definitiv zu entscheiden, welches Modell der Realität näher kommt.

Dennoch lassen sich Gründe nennen, weshalb Modell (b) Modell (c) vorgezogen werden könnte. Erstens ist Modell (b) sparsamer als Modell (c), denn es gibt in Modell (b) mehr Freiheitsgrade als in Modell (c). Erweisen sich mehrere Modelle gegenüber den Daten als gleich gut, so sind die restringierten Modellen den weniger restringierten Modellen vorzuziehen. Zweitens sind einige der (hier nicht aufgeführten) Ergebnisse von Modell (c) etwas schwierig zu interpretieren. Es ist sonderbar, wenn die Kandidatenpräferenz als Ursache der Parteipräferenz betrachtet wird und dementsprechend $\hat{\lambda}_{k\ell}^{CD}$ in dem Modell in Abbildung 8.1c sehr große Werte hat, aber gleichzeitig nach den Ergebnissen dieses Modells die Stabilität der Parteipräferenz sehr viel größer ist als die Kandidatenpräferenz und die Parteipräferenz zum Zeitpunkt T_1 (A) einen starken Einfluß auf die Kandidatenpräferenz zum Zeitpunkt T_2 (D) hat, während die Kandidatenpräferenz zum Zeitpunkt T_1 (B) überhaupt keinen Einfluß auf die Parteipräferenz zum Zeitpunkt T_2 (C) hat. Daher ist das beste Modell für die Daten in Tabelle 8.1 das Modell in Abbildung 8.1b. Die Muster der Assoziationen und Veränderungen, die in den vorherigen zwei Abschnitten beschrieben wurden, werden also adäquat durch ein Kausalmodell beschrieben, in dem Parteipräferenz ein sehr stabiles Merkmal ist, sehr viel mehr als die Kandidatenpräferenz, in dem es keine kreuzverzögerten Effekte gibt, in dem aber die Parteipräferenz zu jedem Zeitpunkt die Kandidatenpräferenz bestimmt.

8.3 Modelle mit latenten Variablen

8.3.1 Meßmodelle

Die implizite Annahme aller bisher durchgeführten Analysen ist, daß die Variablen in Tabelle 8.1 vollständig zuverlässige und gültige Indikatoren der theoretischen Konzepte Kandidaten- und Parteipräferenz sind. Von den beobachteten Veränderungen wird angenommen, daß sie den realen („wahren") Veränderungen entsprechen und nicht durch Meßfehler verursacht wurden. Diese implizite Annahme kann getestet werden, indem Modelle definiert werden, in denen die Möglichkeit von Meßfehlern explizit berücksichtigt wird, also durch Modelle mit latenten Variablen.

Das restriktivste Modell ist in diesem Zusammenhang ein Modell, in dem angenommen wird, daß alle vier Variablen lediglich Indikatoren eines latenten stabilen Charakteristikums sind, nämlich der politischen Präferenz (X). Alle beobachteten Veränderungen in Tabelle 8.1 sind diesem Modell zufolge lediglich Konsequenzen der Tatsache, daß A, B, C und D nicht perfekte Indikatoren dieser latenten Variable X sind. Von X wird dabei angenommen, daß sie in Übereinstimmung mit den manifesten Variablen drei Kategorien aufweist. Formal wird also angenommen, daß das Standardmodell latenter Klassen {AX,BX,CX,DX} mit einer trichotomen latenten Variable X in der Population gültig ist. Dieses Modell ist in Abbildung 8.2a abgebildet. Für Tabelle 8.1 muß es definitiv zurückgewiesen werden: $L^2 = 197{,}61$, df = 54, p = 0,00 ($X^2 = 312{,}06$).

Der Hauptgrund, warum das latente Variablenmodell nicht zu den Daten paßt, könnte darin bestehen, daß es in Wahrheit zwei verschiedene stabile latente Variablen gibt, nämlich Y als trichotome latente Variable Parteipräferenz mit den Indikatoren A und C und Z als trichotome latente Variable Kandidatenpräferenz mit den Indikatoren B und D. Dieses Modell mit zwei latenten Variablen, das in Abbildung 8.2b dargestellt ist, paßt ebenfalls nicht zu den Daten: $L^2 = 149{,}88$, df = 48, p = 0,00 ($X^2 = 253{,}10$). Wenn dieses Modell mit zwei latenten Variablen zu den Daten gepaßt hätte, dann würde die geschätzte erwartete Marginaltabelle YZ die tatsächliche Assoziation zwischen Kandidaten- und Parteipräferenz wiedergeben, korrigiert um die Meßfehler der Indikatoren.

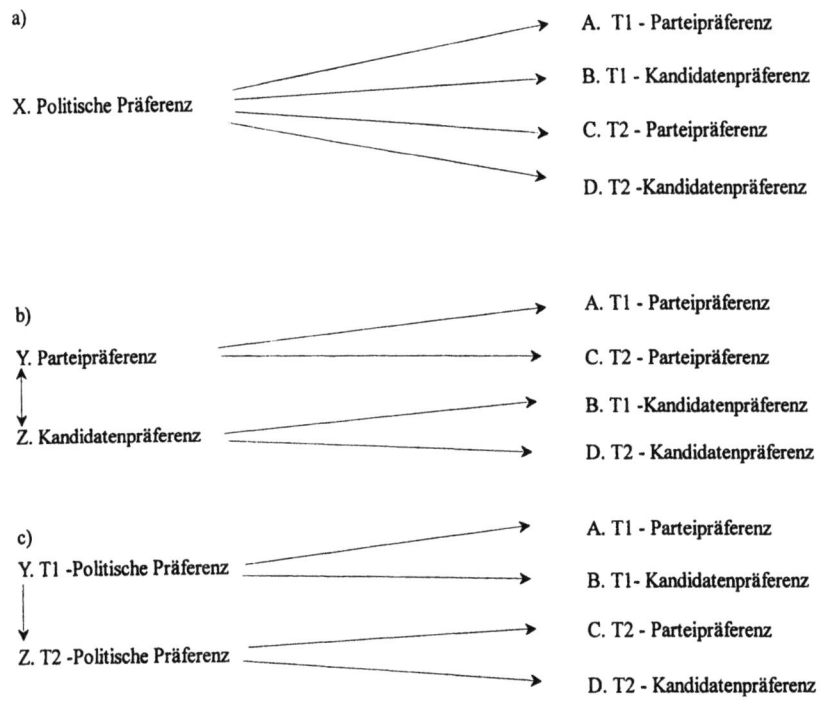

Abbildung 8.2: Verschiedene Meßmodelle

Ein anderer Grund für das Versagen des Modells mit einer latenten Variablen könnte sein, daß die manifesten Variablen zwar richtigerweise als Indikatoren nur einer zugrundeliegenden Charakteristik aufgefaßt wurden, jedoch fälschlicherweise angenommen wurde, daß diese Charakteristik über die Zeit hin stabil ist. Um diese Möglichkeit zu untersuchen, wird das Modell in Abbildung 8.2c spezifiziert, in dem A und B Indikatoren von Y, der politischen Präferenz zum Zeitpunkt T_1 sind, und C und D Indikatoren von Z, der politischen Präferenz zum Zeitpunkt T_2. Aber auch dieses Modell muß zurückgewiesen werden: $L^2 = 96,99$, df = 48, p = 0,00 ($X^2 = 119,82$). Wäre dieses Modell akzeptabel gewesen, hätte die latente Übergangsmatrix YZ die tatsächlichen Veränderungen der politischen Präferenz gezeigt, frei von scheinbaren Veränderungen, die durch Meßfehler verursacht werden.

Eine mögliche Schlußfolgerung aus all diesen Analysen könnte sein, daß es zwei zugrundeliegende und sich ändernde Charakteristika gibt, aus denen sich vier latente Variablen V, W, Y und Z ergeben, von denen jede mit nur einer manifesten Variable verbunden ist (A, B, C bzw. D). Diese Möglichkeit soll hier jedoch nicht weiter verfolgt werden. Generell ist es nicht zu empfehlen, latente Variablenmodelle zu analysieren, in denen jede latente Variable nur

Tabelle 8.4: Auswirkungen der Fernseh-Dokumentationsserie auf die Sympathien für neofaschistische Parteien

Sympathien für neofaschistische Partein		A. Zuschauer der Fernseh-Dokumentationsserie		
B. Vorher	C. Nachher	1. regelmäßig	2. unregelmäßig	Insgesamt
1. ja	1. nein	81	326	407
	2. ja	10	89	99
2. nein	1. nein	10	89	99
	2. ja	11	484	495
	Insgesamt	112	988	1100

Quelle: s. Text

einen Indikator besitzt. Um solche Modelle identifizierbar zu machen, muß üblicherweise eine große Anzahl nicht überprüfbarer a priori-Annahmen gemacht werden.

Natürlich ist es möglich, einige der vielen andere Arten der in der Literatur vorgeschlagenen latenten Klassenmodelle auszuprobieren. Der Zweck dieses Abschnitts liegt jedoch nicht darin, ein beliebiges passendes latentes Variablenmodell zu suchen, wie auch immer dies aussehen mag. Vielmehr geht es darum herauszufinden, ob einige plausible alternative Erklärungen für die Beziehungen in Tabelle 8.1 existieren, die mögliche Meßfehler berücksichtigen und die eine Alternative zu den manifesten Analysen darstellen, von denen oben berichtet wurde. Die Tatsache, daß die in diesem Abschnitt vorge-stellten Meßmodelle nicht zu den Daten passen, gibt mehr Vertrauen in die Ergebnisse der manifesten Analysen. Jedenfalls können die manifesten Ver-änderungen und Assoziationen in Tabelle 8.1 nicht durch einige naheliegende Modelle erklärt werden, die Meßfehler berücksichtigen.

Damit soll aber nicht abgestritten werden, daß Meßfehler insbesondere in der Panelanalyse zu irreführenden Schlußfolgerungen führen können (und häufig führen werden). Dies soll im nächsten und letzten Abschnitt unter Verwendung eines anderen Datensatzes gezeigt werden.

8.3.2 Meßfehler und Veränderungen

In den größeren Städten der Niederlande nimmt die Anzahl der Jungwähler mit Sympathien für neofaschistische Parteien stetig zu. Aus diesem Grund wurde eine Serie von Dokumentationsfilmen im lokalen Fernsehen gesendet, um die

*Tabelle 8.5: Veränderungen der Sympathien für neofaschistische Parteien
unter den regelmäßigen Zuschauern der Dokumentationsserie*

	C. Sympathien nachher		
B. Sympathien vorher	1. nein	2. ja	Insgesamt
1. nein	89,0%	11,0%	100%
2. ja	47,6%	52,4%	100%
Insgesamt	81,3%	18,7%	100%

Quelle: Tabelle 8.4.

Zielgruppe der städtischen Jugendlichen über die Hintergründe faschistischer Bewegungen in Gegenwart und Vergangenheit aufzuklären. Dokumentationsfilme dieser Art wurden ein ganzes Jahr lang einmal monatlich gesendet. Parallel hierzu wurde eine Untersuchung gestartet, um die Auswirkungen dieser Serie zu evaluieren. Zu Beginn dieser Serie und ein paar Wochen nach der letzten Sendung wurde jeweils eine Zufallsstichprobe von 1100 jungen Menschen zwischen 15 und 25 Jahren aus bestimmten innerstädtischen Wohngebieten über ihre Sympathien für faschistische Parteien befragt. Die Daten sind in Tabelle 8.4 dargestellt.

Tabelle 8.5 wurde aus Tabelle 8.4 abgeleitet und betrifft nur die Jugendlichen und jungen Erwachsenen, die die Serie regelmäßig gesehen haben. Sie zeigt, daß die große Mehrheit (89,0%) der Befragten, die bereits zu Anfang keine Sympathien gegenüber Neofaschisten zeigten, diese negative Einstellung über die ganze Serie beibehielt. Demgegenüber zeigte sich bei fast der Hälfte (47,6%) der Befragten, die anfangs Sympathien für die neofaschistischen Parteien äußerten, eine Einstellungsänderung hin zu einer negativeren Beurteilung dieser Parteien.

Die Differenz zwischen den Übergangswahrscheinlichkeiten der beiden Gruppen in Tabelle 8.5 (11,0% und 47,6%) ist in der Tat dramatisch (und statistisch signifikant). Dieses Ergebnis könnte dadurch erklärt werden, daß unter denen, die die Serie regelmäßig schauten, Personen mit Sympathien für neofaschischen Parteien eine Minderheit darstellten und daß auf diese „Minderheit" sozialer Druck ausgeübt wurde, ihre Meinung zu ändern. Eine andere Erklärung wäre, daß diese „Minderheit" ihre Einstellung unter dem Einfluß der Dokumentationsserie geändert hat. Die letztere Möglichkeit hat mit der Ausgangsfrage dieser Untersuchung zu tun: Hat die Serie Einfluß auf das Wissen über faschistische Bewegungen und demzufolge auf die Sympathien für neofaschistische Parteien?

Aus den Daten in Tabelle 8.4 läßt sich berechnen, daß unter den Befragten, die die Serie regelmäßig schauten, der Prozentsatz derjenigen mit einer negati-

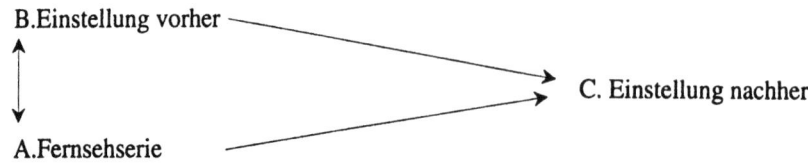

Abbildung 8.3: Log-lineares Kovarianzmodell für die Daten aus Tabelle 8.4

ven Einstellung gegenüber faschistischen Bewegungen zum Zeitpunkt nach Abschluß der Serie größer war als unter den Befragten, die die Serie nicht regelmäßig schauten (81,3% vs. 42,0%). Da es sich hierbei jedoch nicht um eine experimentelle Untersuchung handelt, können Zuschauer und Nicht-Zuschauer bereits zu Beginn der Serie unterschiedliche Parteisympathien gehabt haben, was auch tatsächlich der Fall war. Um den Effekt der Fernsehdokumentation (A) auf die Sympathien für neofaschistische Parteien nach Abschluß der Serie (C) eindeutig bestimmen zu können, ist es daher notwendig, die anfänglichen Einstellungsdifferenzen zu kontrollieren, indem man die Einstellungen zu Beginn (B) konstant hält, d.h., indem man die Beziehung zwischen A und C mit Hilfe des log-linearen Kovarianzmodells {AB,AC,BC} untersucht, das in Abbildung 8.3 dargestellt ist.

Modell {AB,AC,BC} paßt recht gut zu den Daten in Tabelle 8.4: $L^2 = 1,89$, df = 1, p = 0,17 ($X^2 = 1,98$). Es ist nicht notwendig, das saturierte Modell {ABC} mit dem Drei-Variablen-Effekt λ_{ijk}^{ABC} zu verwenden. Dieser Effekt ist sehr klein und nicht signifikant ($\lambda_{111}^{ABC} = -0,101$, $\hat{\sigma}_\lambda^2 = 0,072$). Eliminiert man aus Modell {AB,AC,BC} den entscheidenden direkten Effekt λ_{ik}^{AC}, führt dies zu dem unangepaßten Modell {AB,BC} mit $L^2 = 17,11$, df = 2, p = 0,00. Aus der Größe des Effektparameters $\lambda_{11}^{AC} = 0,279$ ($\hat{\sigma}_\lambda^2 = 0,075$) in Modell {AB,AC,BC} läßt sich schließen, daß die Fernsehserie einen moderaten, statistisch signifikanten direkten Effekt auf die Sympathien für neofaschistische Parteien hat und daß die Bereitstellung von Informationen zu einer negativeren Einstellung gegenüber den Neofaschisten führt. Man kam daher zu dem Ergebnis, daß die Fernsehserie junge Menschen erfolgreich vor den Gefahren des Neofaschismus gewarnt hat, obwohl nur ein kleiner Prozentsatz der Zielgruppe erreicht wurde. Die Serie sollte daher fortgesetzt werden, wobei weitere Versuche unternommen werden sollten, einen größeren Zuschauerkreis zu erreichen.

Diese Art von Auswertungen ist typisch für Panelanalysen. Jedoch ist sie in diesem Fall (und sehr wahrscheinlich auch in anderen Fällen) in hohem Maße irreführend. Tatsächlich handelt es sich bei den Daten in Tabelle 8.4 um fiktive

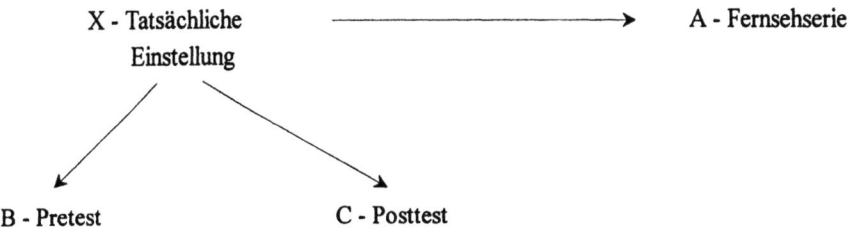

Abbildung 8.4: Kausaldiagramm für die Daten aus Tabelle 8.4

Daten, die nach einem Schema konstruiert wurden, das mit den obigen Schlußfolgerungen nichts zu tun hat und diesen sogar widerspricht. Konkret wurde angenommen, daß 10% der Befragten diese Serie regelmäßig schauen, 90% hingegen nicht oder nur unregelmäßig. Für die regelmäßigen Zuschauer wurde angenommen, daß 90% keine Sympathien für neofaschistische Parteien haben, während 10% eher eine positive Einstellung haben sollten. Für die Personen, die die Serie nicht sehen, sollten die entsprechenden Prozentsätze 40% bzw. 60% betragen. Des weiteren wurde angenommen, daß die individuellen Sympathien stabil bleiben und sich über den ganzen Untersuchungszeitraum nicht ändern.

Diese zugrundeliegenden (und stabilen) Sympathien sollten jedoch nicht vollkommen fehlerlos beobachtet werden. Die Wahrscheinlichkeit, den richtigen Wert bei der Messung vor Beginn der Serie (Pretest) zu beobachten, sollte, so die Annahme, für jede einzelne Person 0,90 betragen (und entsprechend die Wahrscheinlichkeit einer Fehlklassifikation 0,10). Die gleichen Wahrscheinlichkeiten einer Fehlklassifikation wurden für die Messung nach Beendigung der Serie (Posttest) angenommen, unabhängig davon, welche Werte die Pretest-Messung ergab. Abgesehen von Rundungsfehlern führten diese Annahmen für N = 1100 zu den Daten in Tabelle 8.4.

Abbildung 8.4 ist die Darstellung des Kausaldiagramms dieser Annahmen: Es gibt eine nicht direkt beobachtete, latente (und stabile) Parteisympathie X, die die Befragten darin beeinflußt, sich die Serie im Fernsehen anzuschauen. Ebenso gibt es zwei nicht vollständig zuverlässige Indikatoren A und B der zugrundeliegenden Parteisympathie X. Das Diagramm in Abbildung 8.4 stellt ein latentes Klassenmodell bzw. ein log-lineares Modell mit einer latenten Variable dar (Modell {XA,XB,XC}). Mit drei dichotomen Indikatoren ist das Modell mit zwei latenten Klassen exakt identifiziert. Es paßt perfekt zu den Daten in Tabelle 8.4 und reproduziert selbstverständlich die Parameterwerte, die verwendet wurden, um diese Daten zu konstruieren. Die entsprechenden „Schätzungen" der Parameter sind in Tabelle 8.6 aufgeführt.

Tabelle 8.6: Ein Modell latenter Klassen für die Wirkungen der Fernsehserie

X. Tatsächliche Einstellung (latente Klasse)		A. Zuschauer der Serie $\hat{\pi}_{it}^{AX}$		B. Sympathie vorher $\hat{\pi}_{jt}^{BX}$		C. Sympathie nachher $\hat{\pi}_{kt}^{CX}$	
X_t	$\hat{\pi}_t^X$	1. ja	2. nein	1. nein	2. ja	1. nein	2. ja
1	0,45	0,20	0,80	0,90	0,10	0,90	0,10
2	0,55	0,02	0,98	0,10	0,90	0,10	0,90
		$\hat{\tau}_{11}^{AX} = 1{,}86$		$\hat{\tau}_{11}^{BX} = 3{,}00$		$\hat{\tau}_{11}^{CX} = 3{,}00$	
		$\hat{\lambda}_{11}^{AX} = 0{,}623$		$\hat{\lambda}_{11}^{BX} = 1{,}099$		$\hat{\lambda}_{11}^{CX} = 1{,}099$	

$L^2 = 0$, df = 0, p = 0

Quelle: Tabelle 8.4.

Wenn wir nicht gewußt hätten, wie diese Daten zustande gekommen sind, wäre es auf Basis der empirischen Informationen nicht möglich gewesen, zwischen dem latenten Klassenmodell in Abbildung 8.4 und dem manifesten Kovarianzmodell in Abbildung 8.3 zu entscheiden. Die Implikationen der beiden rivalisierenden Modelle sind jedoch sehr verschieden. Gemäß dem latenten Klassenmodell ändert niemand seine Parteisympathie, und da es keine tatsächlichen („wahren") Veränderungen gibt, gibt es auch keine dramatischen Unterschiede in den Übergangswahrscheinlichkeiten zwischen denen, die zur Pretest-Messung mit neofaschistischen Parteien sympathisieren, und jenen, die das zur Pretest-Messung nicht tun (wie es in Tabelle 8.5 den Anschein hat). (Und soweit Meßfehler tatsächliche, aber „zufällige" Fluktuationen der zugrundeliegenden Eigenschaft widerspiegeln, wurden sie hier für alle Personen gleichgesetzt, weil die Wahrscheinlichkeit einer Fehlklassifikation für alle gleich 0,10 gesetzt wurde.) Weiterhin gibt es gemäß dem latenten Klassenmodell nicht einen einzigen Effekt der Fernsehserie (A) auf die Sympathie für neofaschistische Parteien bei der Posttest-Messung (C). Die Schlußfolgerungen aus dem log-linearen Kovarianzmodell sind an dieser Stelle irreführend: Sie reflektieren lediglich die Verzerrungen, die sich durch die Meßfehler ergeben. Man sieht an diesem Beispiel, wie schnell sich Fehlschlüsse ergeben können, auch wenn, wie in diesem Fall, die Wahrscheinlichkeit einer Fehlklassifikation eher gering ist. Da Meßfehler überall von Bedeutung sind und insbesondere verzerrende Einflüsse auf die Analyse von Veränderungen haben können, sind log-lineare Modelle mit latenten Variabelen unverzichtbare Werkzeuge, um den Forscher zumindest auf die Möglichkeit aufmerksam zu machen, daß die Schlußfolgerungen einer ausschließlich manifesten Analyse sehr falsch sein können.

8.4 Literaturhinweise

Diejenigen, die nicht mit Längsschnittanalysen vertraut sind, sollten zunächst ein entsprechendes Lehrbuch wie etwa Plewis (1985) oder Engel/Reinecke (1994) konsultieren. Hagenaars (1990) präsentiert einen allgemeinen Überblick über log-lineare Längsschnittanalyse inkl. der Verwendung latenter Variablen. Spezielle Themen werden exzellent bei Von Eye (1990), Von Eye/ Clogg (1994) und Dale/Davies (1994) behandelt. (Quasi-)Symmetrie, marginale Homogenität und andere Modelle für die Analyse von Übergangsmatrizen werden in den Lehrbüchern von Bishop et al. (1975), Haberman (1979) und Agresti (1990) diskutiert. Die Arbeit von Luijkx (1994) enthält einen umfassenden Überblick über die log-lineare Analyse von Übergangsmatrizen im Kontext von Untersuchungen sozialer Mobilität. Vor kurzem haben Lang und Agresti (1994) einen sehr allgemeinen Ansatz log-linearer Analyse entwickelt, der Restriktionen zur Spezifikation marginaler Homogenität beinhaltet und verspricht, viele Probleme kategorialer Längsschnittanalyse zu lösen.

9 Gibt es den rationalen Wähler? Eine Logitanalyse zur Erklärungskraft des Rational-Choice-Ansatzes in der empirischen Wahlforschung

Lassen sich Wahlbeteiligung und Wahlverhalten als Ergebnis rationaler Entscheidungen auffassen? Dies ist die Fragestellung der in diesem Kapitel vorgestellten Untersuchung. Die Thematik „Wahlverhalten" hatten wir als Beispiel bereits in den Kapiteln 1–5 des Grundlagenteils verwendet. Während wir dort aber mit einem Datensatz gearbeitet haben, den wir eigens für unsere Beispielrechnungen konstruiert haben, wollen wir nun neuere empirische Daten zum Wahlverhalten analysieren. Mit finanzieller Unterstützung der Fritz Thyssen Stiftung wurden in der Woche vor der Landtagswahl in Nordrhein-Westfalen im Mai 1995 Telefoninterviews durchgeführt, in denen Daten entsprechend den Konzepten der Theorie des rationalen Wählers erhoben wurden. Wir werden zunächst die theoretischen Überlegungen kurz vorstellen (Abschnitt 9.1). In Abschnitt 9.2 werden wir dann berichten, wie die Konzepte in die Fragen der Telefoninterviews umgesetzt worden sind. Anschließend werden wir mit den in Abschnitt 5.2 vorgestellten binären Logitmodellen untersuchen, wie gut sich die beabsichtigte Wahlbeteiligung vorhersagen läßt (Abschnitt 9.3). Neben binären Logitmodellen werden wir auch das kumulative Logitmodell aus Abschnitt 5.3.3 anwenden. Personen, die sich nicht an der Wahl beteiligen, bezeichnen wir im folgenden mangels eines besseren Begriffs als Nichtwähler. In einem weiteren Analyseschritt werden mit dann mit den in Abschnitt 5.3.2 vorgestellten konditionalen Logitmodellen sowohl das Nichtwählen als auch für die Wähler die Wahl einer Partei vorhersagen (Abschnitt 9.4). Wir werden dabei auf das Problem stoßen, daß eine der Anwendungsvoraussetzungen für multinomiale und konditionale Logitmodelle, nämlich die Unabhängigkeit von irrelevanten Alternativen, nicht gegeben ist. Zur Lösung dieses Problems werden wir im letzten Analyseschritt (Abschnitt 9.5) eine Modifikation des konditionalen Logitmodells vorstellen und anwenden, bei der wir ohne diese Anwendungsvoraussetzung auskommen. Es handelt sich hierbei um mehrstufige Logitmodelle oder Entscheidungsbäume.

9.1 Die Determinanten des Wahlverhaltens nach der Theorie des rationalen Wählers

Im Rational-Choice-Ansatz (im folgenden als RC-Ansatz bezeichnet) wird grundsätzlich davon ausgegangen, daß eine Handlung nur dann ausgeführt wird, wenn sie relativ mehr Vorteile bzw. weniger Nachteile verspricht als alle anderen Handlungsmöglichkeiten, die in der jeweiligen Situation in Frage kommen. Verhalten, das dieser Grundannahme des Ansatzes genügt, wird rationales Handeln genannt. Angewendet auf die Untersuchung von Wahlbeteiligung und Nichtwählen wird entsprechend versucht, die Situation des rationalen Wählers vor einer Wahl zu modellieren. Aufbauend auf der klassischen Arbeit von Anthony Downs (1957) haben William H. Riker und Peter C. Ordeshook (1968) die Nutzen- und Kostenargumente des Wählens in der Formel

$$V = p \times B + D - C$$

zusammengefaßt. Das V (für „Voting") auf der linken Seite der Formel steht für den *Nettonutzen der Wahlbeteiligung*, also das Ergebnis des Abwägens der Vor- und Nachteile der Wahlbeteiligung gegenüber dem Nichtwählen. Ein Wahlberechtigter beteiligt sich nur dann an einer Wahl, wenn das Abwägen der Vor- und Nachteile zu einem positiven Ergebnis führt, V also größer null ist.

Die erste in der obigen Gleichung aufgeführte Nutzenkomponente des Nettonutzens der Wahlbeteiligung ist das sogenannte *Parteiendifferential* B. Der Buchstabe „B" steht hierbei für „Benefit", d.h. den erwarteten relativen Vorteil, den der Wahlsieg einer Partei gegenüber dem Wahlsieg einer anderen Partei mit sich bringt. In der ursprünglichen ökonomisch orientierten Ausrichtung von Downs bezieht sich das Parteiendifferential ausschließlich auf die erwartete (wirtschaftliche) Wohlfahrtsänderung aufgrund der Regierungstätigkeiten einer Partei (vgl. Downs 1957, Fiorina 1981). Daneben gibt es eine weniger auf wirtschaftlichen Überlegungen beruhende Konzeption, nach der das Parteiendifferential auch durch die unterschiedlichen Positionen der Parteien und Wähler bei Ideologien, Werten und aktuellen politischen Themen (den sogenannten „Issues") bestimmt wird. Diese Konzeption des Parteiendifferentials wird insbesondere in räumlichen Distanzmodellen der Wahlentscheidung angewendet, in denen der Abstand der Positionen der Wähler zu den Positionen der Parteien zur Erklärung der Wahlentscheidung herangezogen wird (vgl. Enelow/Hinichs 1990, Pappi 1989, Zipp 1985).

Das Parteiendifferential ist die Größe, die nach dem RC-Ansatz bestimmt, welche Partei gewählt wird, nämlich die Partei, deren Wahl den relativ größten Vorteil verspricht. Gleichzeitig wird über das Parteiendifferential auch (mit-)

entschieden, ob überhaupt gewählt wird. Bei dieser zweiten Funktion des Parteiendifferentials wird diese Größe mit der *subjektiven Wahrscheinlichkeit* p (für „probability") multipliziert, daß die eigene Stimme den Wahlsieg der favorisierten Partei herbeiführt bzw. den Sieg einer anderen Partei verhindert. Zu beachten ist, daß es hierbei nicht um die generelle Wahrscheinlichkeit des Wahlsiegs der bevorzugten Partei geht, sondern um den Beitrag der eigenen Stimme hieran. Begründet wird die Multiplikation des Parteiendifferentials mit der Wahrscheinlichkeit der Herbeiführung des Wahlsiegs durch das Argument, daß das Parteiendifferential keinen Einfluß auf die Wahlbeteiligung haben sollte, wenn der Wahlsieg auch ohne den eigenen Beitrag erreicht werden kann bzw. durch die eigene Stimme der Wahlsieg einer anderen Partei nicht verhindert werden kann. In beiden Fällen würde sich der aus dem Wahlergebnis resultierende Nutzen bzw. Schaden durch das eigene Handeln nicht beeinflussen lassen. Ereignisse, die durch das eigene Handeln nicht berührt werden, die also unabhängig davon sind, wie sich eine Person verhält, sind für eine rationale Bewertung von Handlungsalternativen aber grundsätzlich irrelevant.

Angesichts der normalerweise sehr großen Anzahl von Wahlberechtigten ist die Bedeutung der eigenen Stimme für den Ausgang der Wahl nahezu vernachlässigbar. Dies gilt auch dann, wenn nur ein Teil der Wahlberechtigten tatsächlich wählt. Es läßt sich jedoch zeigen, daß die Einflußstärke um so mehr zunimmt, je knapper der (erwartete) Wahlausgang ist (vgl. Brennan/ Lomaski 1993). Aber selbst bei einem sehr knappen Ausgang einer Bundes- oder Landtagswahl dürften es doch mehrere hundert oder tausend Stimmen sein, die die Parteien voneinander trennen. Es ist daher eigentlich zu erwarten, daß das Parteiendifferential für den rationalen Wähler praktisch keinen Einfluß auf die Wahlbeteiligung haben dürfte. Da auf der anderen Seite die Wahlbeteiligung zu unvermeidbaren Kosten führt, scheint es für rational entscheidende Wahlberechtigte günstiger zu sein, nicht zu wählen. Tatsächlich beteiligen sich jedoch sehr viele Bürger an politischen Wahlen. Die Schlußfolgerung, daß ein rationaler Bürger nicht wählen würde, erscheint somit geradezu paradox.

Diese „Paradoxie des Nichtwählens" stellt eine Herausforderung für den Ansatz des rationalen Wählers da und wird von anderen Ansätzen als Einwand gegen die Theorie herangezogen. Konsequenterweise sind eine Reihe von Überlegungen angestellt worden, wie sich diese Paradoxien lösen läßt. Es erscheint beispielsweise nicht ausgeschlossen, daß bei den Wählern eine Fehlperzeption über den Einfluß der einzelnen Stimme auf den Wahlausgang besteht. In der Wahlwerbung und in den Medien wird vor Wahlen regelmäßig die Bedeutung jeder einzelnen Stimme betont. Möglicherweise wird dies in der Bevölkerung nicht im Sinne eines allgemeinen Votums zur Wahlbeteiligung gedeutet, sondern als Beleg dafür, daß die persönliche Stimme den Wahlausgang wirksam beeinflussen kann. Dann wäre in der Formel für den Nettonutzen der Wahlbeteiligung die Einflußwahrscheinlichkeit p deutlich größer null und das Parteiendifferential B für die Entscheidung zwischen Wahlbeteiligung und Nichtwählen relevant.

Bereits bei Downs (1957) findet sich das Argument, daß das Parteiendifferential nicht die einzige Nutzenkomponente ist, die für eine Wahlbeteiligung spricht. So bringe die Existenz eines demokratischen Systems (Wohlfahrts-) Vorteile gegenüber einem nichtdemokratischen System. Da die Demokratie aber nur über eine hinreichende Wahlbeteiligung langfristig garantiert ist, führt die Wahlbeteiligung unabhängig vom Wahlausgang zu dem langfristigen Nutzen des Erhalts des demokratischen Systems. Riker und Ordeshook (1968) bezeichnen diese Komponente als *Bürgerpflicht*. In der Formel für den Nettonutzen der Wahlbeteiligung wird hierfür das Symbol D (für „Duty") verwendet.

Insgesamt gesehen scheint daher der individuelle Nutzen der Wahlbeteiligung eher gering zu sein. Auf der anderen Seite gibt es aber eine *Kostenkomponente* C (für „Cost"), die bei jeder Wahlbeteiligung unabhängig vom Wahlausgang anfällt. Diese Kosten entstehen einerseits dadurch, daß sich der Wähler Informationen beschaffen muß, um sich zwischen den Parteien entscheiden zu können. Die Entscheidung selber kann ebenfalls Kosten verursachen. Außerdem beansprucht die Wahlhandlung selbst zumindest eine gewisse Zeit, die auch anders genutzt werden könnte. Allerdings dürften alle genannten Kostenfaktoren in der Regel nicht sehr hoch sein. Zum einen wird politische Informiertheit in der Regel positiv beurteilt, so daß die Informationsbeschaffung über die Wahlalternativen nicht nur für die Wahlentscheidung nützlich ist, sondern in Gesprächen auch soziale Anerkennung bieten kann. Zum anderen wird ein Wahlberechtigter möglicherweise gar nicht umhin kommen, sich mit der Wahl zu beschäftigen, da in Wahlkampfzeiten Parteien, Medienberichterstattung und vermutlich auch persönliche Gespräche um dieses Thema kreisen. Die Kosten der Entscheidung dürften ebenfalls eher gering ausfallen und höchstens bei Personen ins Gewicht fallen, denen alles Politische sehr fremd ist und kompliziert erscheint. Schließlich wird auch der letzte Kostenfaktor eher gering zu veranschlagen sein. Der Gang zur Urne und das Ausfüllen der Wahlunterlagen oder auch die Briefwahl werden in der Regel nicht sehr viel Zeit beanspruchen, die auch durch anderen Tätigkeiten ausgefüllt sein könnte.

Zusammenfassend läßt sich festhalten, daß die klassische Konzeption des Nettonutzens der Wahlbeteiligung nach der Formel von Riker und Ordeshook zu der Schlußfolgerung führt, daß sowohl von der Nutzen- als auch von der Kostenseite nur wenige Anreize für aber auch gegen eine Wahlbeteiligung sprechen. John H. Aldrich (1993) bezeichnet entsprechend das politische Wahlverhalten als eine „low cost-low benefit"-Situation und kommt zu dem eher resignativen Ergebnis, daß sich die Wahlbeteiligung vermutlich nur sehr schlecht prognostizieren läßt. Ob nämlich der Nettonutzen insgesamt positiv oder negativ ist, wird von Person zu Person stark variieren und letztlich von idiosynkratischen Bewertungen abhängen, die sich einer systematischen Erfassung entziehen. In ähnlicher Richtung argumentiert auch Reinhard Zintl (1989), wenn er meint, daß sich der RC-Ansatz in erster Linie für Handlungserklärungen in Hochkostensituationen heranziehen läßt. Auf der anderen Seite weist Zintl aber auch darauf hin, daß Hochkostensituationen nicht nur durch schwerwiegende ökonomische Konsequenzen gekennzeichnet sein müssen. Hochkostensituationen können sich auch als Folge sozialer Bewertungen einstellen. Handlungsregelmäßigkeiten können darauf hinweisen, daß möglicherweise aufgrund sozialer Einflußnahme eine (nicht-ökonomische) Hochkostensituation besteht. Ob eine solche soziale Hochkostensituation beim Wahlverhalten vorliegt, ist empirisch zu prüfen.

9.2 Operationalisierung der Konzepte

Unsere empirische Untersuchung zur Theorie des rationalen Wählers basiert auf einer Umfrage, bei der etwa eintausend zufällig ausgewählte Wahlberechtigte kurz vor der Landtagswahl 1995 in Nordrhein-Westfalen in zwanzig- bis dreißigminütigen computerunterstützten Telefoninterviews von professionellen Interviewern des Erhebungsinstituts FORSA befragt worden sind. Gegenstand der Befragung war neben dem beabsichtigten Wahlverhalten die Erfassung der Größen, die nach dem RC-Ansatz das Wahlverhalten bestimmen. Die im folgenden verwendeten Bezeichnungen für Variablen und Regressionskoeffizienten sind nicht mit der Notation aus den anderen Kapiteln identisch, sondern orientieren sich an der Notation des RC-Ansatzes.

Für die Messung des Parteiendifferentials wurde die weitere Konzeption verwendet. Insgesamt vier Indikatoren wurden dazu herangezogen. Für den ersten Indikator wurde nach einer offenen Frage nach den wichtigsten Problemen in Nordrhein-Westfalen gefragt, ob und gegebenenfalls welche Partei ganz generell die Probleme am besten bewältigen kann. Darüber hinaus wurde erfragt, ob und welche Partei die eigenen persönlichen politischen Vorstellungen und Interessen am besten vertreten kann. In einer dritten Frage wurde erfaßt, welcher Kandidat für das Amt des Ministerpräsidenten bevorzugt würde, Johannes Rau von der SPD oder Helmut Linssen von der CDU. Im Kontext des RC-Ansatzes unterstellen wir bei dieser Frage, daß die Präferierung eines Kandidaten im Sinne einer besseren Regierungsleistung der SPD oder aber der CDU gewertet werden kann. Als letzter Indikator wurde schließlich nach der Bewertung der Parteien im letzten Landtag gefragt. Dabei konnten „Zensuren" von eins bis fünf für die Leistung vergeben werden. Bereits bei Downs findet sich der Hinweis, daß die retrospektive Bewertung der vergangenen Leistungen von Kandidaten bzw. Parteien durch die Wähler als Indikator für das zukünftige Verhalten verwendet werden kann.

Für das Logitmodell zur Vorhersage der Wahlbeteiligung wurde aus der Präferenz für einen der beiden Kandidaten eine 0/1-kodierte Dummyvariable B_1 gebildet, die den Wert Eins annimmt, wenn ein Kandidat präferiert wird, und den Wert Null, wenn kein Kandidat präferiert wird. Analog sind die Dummyvariablen B_2 und B_3 berechnet. B_2 hat den Wert Eins, wenn einer Partei eine größere Kompetenz als anderen Parteien zugewiesen wird. B_3 ist eins, wenn eine Partei die Interessen des Befragten besser vertritt als andere Parteien. Die retrospektiven Leistungsbewertungen der einzelnen Parteien werden für die Vorhersage der Wahlbeteiligung durch einen Index b_4 zusammengefaßt, der die Differenz zwischen der besten und der schlechtesten Bewertung einer Partei mißt.

Das Gewicht p, mit dem das Parteiendifferential nach der Formel von Riker und Ordeshook multipliziert wird, wurde über die Frage operationalisiert, wie groß die Bedeutung der eigenen Stimme für den Ausgang der Landtagswahl eingeschätzt wird. Befragte, die der eigenen Stimme keine oder fast keine Bedeutung beimessen, haben bei der Dummyvariablen P den Wert Null, alle anderen den Wert Eins.

Unabhängig vom Ausgang einer Wahl kann die Wahlbeteiligung durch die Bürgerpflicht zur Wahlteilnahme erhöht werden. Wir unterscheiden in unserer Analyse innerhalb dieser Komponente D der Formel von Riker und Ordeshook eine verinnerlichte Wahlnorm von dem sozialen Druck zur Wahlteilnahme. Letzterer wurde indirekt erfaßt, indem jeweils gefragt wurde, ob die Mehrheit der Verwandten, der Freunde, der Arbeitskollegen und der Nachbarn wählen oder nicht wählen geht. Aus den Antworten wurde ein Index d_1 gebildet, der um eins zunimmt, wenn die Mehrheit in einer der genannten Gruppen wählt, und um eins abnimmt, wenn die Mehrheit in einer Gruppe nicht wählt. Unwissenheit über das Wahlverhalten in einer Gruppe verändert den Wert des Index nicht.

Für die Erfassung der verinnerlichten Wahlnorm haben wir die Zustimmung zu vier Aussagen erhoben: „In der Demokratie ist es die Pflicht jedes Bürgers, sich regelmäßig an Wahlen zu beteiligen" (D_2), „Nicht zu wählen, würde meiner Persönlichkeit widersprechen" (D_3), „Bei Bundestagswahlen gehe ich eher wählen als bei Landtagswahlen" (D_4) und „Ich könnte mir vorstellen, meine Unzufriedenheit mit der Politik durch Nichtwählen zu zeigen" (D_5). Befragte, die der jeweiligen Aussage zustimmen, erhalten bei den entsprechenden Dummyvariablen D_2, D_3, D_4 oder D_5 den Wert Eins, die übrigen den Wert Null.

Der letzte Faktor beinhaltet die Kostenkomponente. Ganz analog zur verinnerlichten Wahlnorm ist er in unserer Analyse über die Zustimmung zu drei Aussagen erfaßt worden: „Manchmal ist die ganze Politik so kompliziert, daß jemand wie ich gar nicht versteht, was vorgeht" (C_1), „Die Teilnahme an der kommenden Landtagswahl hält mich von wichtigeren Dingen ab" (C_2) und „Ich finde es schwierig, mich zwischen den Parteien entscheiden zu müssen" (C_3). Zustimmung zu einer der Aussagen führt wieder zum Wert Eins bei der entsprechenden Dummyvariablen.

Ein nicht zu unterschätzendes Problem bei empirischen Untersuchungen zur Wahlbeteiligung über Umfragen besteht darin, daß die geäußerte Wahlbeteiligungsabsicht deutlich über der tatsächlichen Wahlbeteiligung liegt. Dies ist nicht völlig überraschend. Wenn die Wahlbeteiligung nicht unwesentlich durch eine Wahlnorm bestimmt wird, wird sich diese Wahlnorm auch bei der Frage nach der Beteiligungsabsicht auswirken und dazu führen, daß ein Teil der befragten Personen aufgrund der existierenden Wahlnorm Wahlbeteiligung signalisiert, bei der tatsächlichen Wahl aber nicht wählen wird. Problematisch ist die dadurch verursachte Überschätzung der Wahlbeteiligung in Umfragen vor allem dann, wenn gleichzeitig auch die Beziehungen zwischen den Determinanten der Wahlbeteiligung und der tatsächlichen Wahlbeteiligung verzerrt werden. Um diese Frage zu klären, benötigt man Daten, bei denen die tatsächliche Wahlbeteiligung und die geäußerte Wahlbeteiligung verglichen werden. In der Bundesrepublik sind solche Daten aus rechtlichen Gründen kaum erhältlich. Untersuchungen aus Staaten, in denen sozialwissenschaftlichen Untersuchungen die tatsächliche Wahlbeteiligung über Wahlregisterauszüge zur Verfügung gestellt wurde, sind glücklicherweise zu dem Ergebnis gekommen, daß die Überschätzung der Wahlbeteiligung in Umfragen die Zusammenhänge zwischen der Wahlbeteiligung und deren Determinanten nicht wesentlich verzerrt (vgl. Swaddle/Heath 1989).

In der vorliegenden Analyse wurde die Wahlbeteiligungsabsicht über folgende Frage erfaßt: „Werden Sie am 14. Mai bei der Landtagswahl in Nordrhein-Westfalen wählen, werden Sie nicht wählen, oder sind sie noch unentschieden, ob sie wählen oder nicht wählen werden?" Von 997 Befragten, die auf diese Frage antworteten, waren 44 unentschlossen und 52 „bekennende" Nichtwähler. In einer Nachfrage wurden Personen mit Wahlabsicht nach der Partei gefragt, die sie wählen werden. Für die binären Logitmodelle haben wir aus den Antworten auf die Eingangsfrage eine dichotome Variable gebildet, die den Wert Eins annimmt, wenn ein Befragter angibt, noch unentschlossen zu sein oder nicht wählen zu wollen. Bei den ordinalen Logitmodellen unterscheiden wir Nichtwähler (Kode 1), Unentschlossene (Kode 2) und Wähler (Kode 3). Bei der simultanen Analyse von Wahlbeteiligung und Parteienwahl werden Nichtwähler und Unentschlossene als (potentielle) Nichtwähler klassifiziert und bei den Wählern zwischen Wählern von SPD, CDU, FDP und Bündnis 90/Die Grünen unterschieden.

9.3 Logitanalysen von Wahlbeteiligung und Nichtwahl

Die oben vorgestellte Formel des Nettonutzens läßt sich nicht direkt in eine empirische Analyse umsetzen, da der Nettonutzen eine theoretische Größe ist, die nicht direkt beobachtbar ist. Beobachtbar ist allein das (beabsichtigte) Wahlverhalten. Um dieses mit den Faktoren des Nettonutzens zu verknüpfen, wird angenommen, daß der Nettonutzen der Wahlbeteiligung genau dann größer null ist, wenn eine Person sich an Wahlen beteiligt. Für die empirische Analyse wird nun weiter unterstellt, daß sich der tatsächliche Nettonutzen aus zwei Komponenten zusammensetzt: zum einen aus einer in der Regel linearen Funktion der erhobenen Indikatoren möglicher Nutzenkomponenten und zum anderen aus einer Residualgröße ϵ. Die Residualgrößte läßt sich als Zusammenfassung von nicht erfaßten Nutzenkomponenten auffassen. Es wird angenommen, daß diese Größe zufällig über die Personen der Stichprobe variiert. Man spricht daher auch von der Zufallsnutzenkomponente. Umgekehrt wird die Funktion der beobachteten Nutzenindikatoren als deterministische Nutzenkomponente bezeichnet. Durch die Zufallskomponente wird das Modell zu einem sogenannten Zufallsnutzenmodell (random utility model). Ob sich nämlich eine Person an einer Wahl beteiligt oder nicht, hängt nun nicht mehr allein von den erhobenen Nutzenkomponenten ab, sondern auch von den zufälligen Realisationen der (unbeobachteten) Zufallskomponente. Als Konsequenz läßt sich bei Kenntnis der deterministischen Nutzenkomponente nur eine Wahrscheinlichkeit angeben, daß eine Person wählt oder aber nicht wählt.

Um das Zufallsnutzenmodell empirisch anwenden zu können, ist es notwendig, eine Verteilungsannahme für die Residuen zu treffen. Wird hierbei angenommen, daß die Residuen der einzelnen Handlungsalternativen von den deterministischen Nutzenkomponenten sowie untereinander unabhängig sind und der sogenannten Extremwertverteilung folgen, dann folgt daraus für die beobachtbaren Handlungen, daß sie sich bei zwei Alternativen durch ein binäres und bei mehr Alternativen durch ein konditionales Logitmodell beschreiben lassen (vgl. Fuchs/Kühnel 1994, Maier/Weiss 1990). Die Logik der Herleitung entspricht der, die wir in Kapitel 5.3.3 beim kumulativen Logitmodell kennengelernt haben, als wir dieses Logitmodell als eine lineare Regression einer unbeobachteten abhängigen Variable auf erhobene unabhängige Variablen auffaßten. Beim Zufallsnutzenmodell gehen die Nutzenindikatoren der deterministischen Nutzenkomponente als unabhängige Variablen in das Modell ein. Wenn das Logitmodell mit den nach der Theorie des rationalen Wählers relevanten Prädiktoren das Wahlverhalten gut prognostizieren kann, spricht dies für die Theorie. Anderenfalls scheint es sinnvoller, nach anderen theoretischen Ansätzen Ausschau zu halten.

Im ersten Schritt der Analyse konzentrieren wir uns auf die Frage, ob bei der deterministischen Nutzenkomponente tatsächlich entsprechend der Formel von Riker und Ordeshook ein (linearer) Interaktionseffekt des Einflusses der eigenen Stimme auf den Wahlausgang mit den Indikatoren des Parteiendifferentials besteht. Dazu schätzen wir zwei Logitmodelle: zum einen ein binäres Logitmodell mit Haupteffekten und linearen Interaktionseffekten und zum anderen ein Logitmodell ohne die Interaktionseffekte. Der Likelihood-Verhältnis-Test (LR-Test) zwischen diesen beiden Modellen prüft, ob die Interaktionseffekte zu einer signifikanten Modellverbesserung führen. Ist dies der Fall, ist noch das Vorzeichen der Interaktionseffekte zu betrachten. Nach der Theorie des rationalen Wählers sollte das Parteiendifferential nur dann einen Einfluß haben, wenn der eigenen Stimme Einfluß zugesprochen wird. Wir erwarten also positive Interaktionseffekte zwischen den Indikatoren des Parteiendifferentials und dem Einfluß der eigenen Stimme.

In der Formel von Riker und Ordeshook steht nur der lineare Interaktionseffekt p×B. Die beiden Haupteffekte p und B gehen dagegen nicht als zusätzliche unabhängige Variablen in die Gleichung ein. Daraus folgt, daß für die Messung der beiden Größen Ratioskalenniveau unterstellt wird. Anderenfalls würden die bei einem niedrigeren Meßniveau zulässigen Transformationen das zusätzliche Vorliegen von Haupteffekten und einer Regressionskonstante implizieren. Soll diese strenge Annahme für die gemessenen Indikatoren nicht vorausgesetzt werden, ist es daher notwendig, auch Haupteffekte zu schätzen (vgl. Jagodzinski/Weede 1981). In unserem Ausgangsmodell mit Interaktionseffekten werden somit insgesamt 18 Regressionskoeffizienten geschätzt: Neben der Regressionskonstante handelt es sich um den Haupteffekt des Einflusses der eigenen Stimme, den vier Haupteffekten der Indikatoren des Parteiendifferentials, den vier linearen Interaktionseffekten, den fünf Indikatoren der ergebnisunabhängigen Nutzenkomponente D und den drei Indikatoren für die Kostenkomponente C. Nach Ausschluß von 47 Fällen ohne zulässige Antworten auf die in die Analyse eingehenden Fragen basiert die Schätzung auf 955 Fällen.

Der Wert der doppelten negativen Log-Likelihood-Funktion beträgt bei diesem Modell 338,786. Im zweiten Modell ohne die vier Interaktionseffekte steigt der Wert auf 340,235. Die Differenz der beiden Werte ist die LR-Teststatistik der Nullhypothese, daß die Interaktionseffekte keine Verbesserung der Vorhersage der Wahlbeteiligung bringen (vgl. Gleichung 1.8b und 5.18). Wenn die Nullhypothese zutrifft, ist die Teststatistik mit vier Freiheitsgraden χ^2-verteilt. Da die Differenz zwischen 340,235 und 338,786 nur 1.449 beträgt, kann die Nullhypothese nicht abgelehnt werden (p = 0,8536). Aber auch das sparsamere Modell ohne lineare Interaktionsefekte ist noch unbefriedigend, da mehrere Regressionskoeffizienten selbst auf dem 10%-Niveau nicht signifikant von null verschieden sind. Eine schrittweise Reduzierung führt zu einem Modell, bei dem von den Indikatoren des Parteiendifferentials nur die Kandidatenpräferenz (B_1) übrigbleibt. Signifikant ist außerdem der Haupteffekt des Einflusses der eigenen Stimme (P). Im Modell enthalten sind zunächst noch alle Indikatoren der ergebnisunabhängigen Komponente D und der Beteiligungskosten C. Die doppelte negative Log-Likelihood-Funktion beträgt 342,051. Gegenüber dem Modell ohne Interaktionseffekte ist diese Zunahme der Minimierungsfunktion nicht signifikant ($L^2 = 1,816$, df = 3, p = 0,6115).

Von den drei Indikatoren der Wahlbeteiligungskosten sind nur die Entscheidungskosten (C_3) auf dem 10%-Niveau signifikant von null verschieden. Der z-Wert des ersten Indikators (C_1) liegt allerdings nur sehr knapp über dem 10%-Niveau. Von den Regressionskoeffizienten der drei Kostenindikatoren ist der Wert der Opportunitätskosten (C_2) mit 0,525 am höchsten, dessen z-Wert mit 1,2 aber am geringsten. Insgesamt liegen die Koeffizienten der drei Indikatoren nicht sehr auseinander. Dies wirft die Frage auf, ob es nicht möglich ist, das Modell dadurch sparsamer zu gestalten, daß die drei Effekte gleichgesetzt werden. Um dies zu prüfen, wurde eine neue Variable c gebildet, die sich aus der Summe der drei Dummyvariablen C_1, C_2 und C_3 ergibt. Wird diese neue Variable anstelle der drei ursprünglichen Dummyvariablen in das Modell aufgenommen, erhöht sich der doppelte Wert der negativen Log-Likelihood-Funktion geringfügig um 0,554 auf 342,605. Bei zwei eingesparten Regressionskoeffizienten ist diese Zunahme nicht signifikant (p = 0,7581).

Bevor wir zu einem weiteren Modell kommen, wollen wir noch kurz überlegen, wieso wir bei dieser Modellmodifikation die Logik des LR-Tests anwenden dürfen. In dem Modell mit der Summenvariable c schätzen wir für diese unabhängige Variable einen Regressionskoeffizient $\hat{\beta}_c$. Wenn wir nun für c die drei Summanden einsetzen, erhalten wir:

$$\hat{\beta}_c \times c = \hat{\beta}_c \times (C_1 + C_2 + C_3) = \hat{\beta}_c \times C_1 + \hat{\beta}_c \times C_2 + \hat{\beta}_c \times C_3$$

Durch die Einführung der Summenvariable werden also die drei Regressionskoeffizienten der Dummyvariablen C_1 bis C_3 auf den gleichen Wert restringiert. Anstelle von drei Koeffizienten wird nun nur noch ein gemeinsamer Koeffizient geschätzt. Da das restringierte Modell ein Spezialfall des ursprünglichen Modells ist, kann der LR-Test angewendet werden.

Die gleiche Logik können wir auch für die vier Dummyvariablen D_1 bis D_4 verwenden, die wir als Indikatoren für eine verinnerlichte Wahlnorm in das Modell aufgenommen haben. Alle vier Indikatoren sind in allen Analysen signifikant von null verschieden. Außerdem unterscheiden sich ihre Regressionskoeffizienten nicht sehr deutlich. Bildet man nun eine neue Variable d_2, die der Summe der vier Dummyvariablen entspricht, nimmt die Minimierungsfunktion bei Verwendung der Summenvariable anstelle der Ausgangsgrößen nur um 3,22 auf einen Wert von 345,825 zu. Bei drei eingesparten Regressionskoeffizienten ergibt sich auch hier, daß diese Differenz nicht zu einer signifikanten Verschlechterung des Modells führt (p = 0,3582).

Tabelle 9.1: Binäre Logitmodelle zur Prognose der Wahlbeteiligung

Modell		Anzahl Parameter	2$\mathfrak{L}$	R'
M_1	$[1,P,B_1,B_2,B_3,b_4,P \times B_1, P \times B_2, P \times B_3, P \times b_4,$ $d_1,D_2,D_3,D_4,D_5,C_1,C_2,C_3]$	18	338,786	43,6%
M_2	$[1,P,B_1,B_2,B_3,b_4,$ $d_1,D_2,D_3,D_4,D_5,C_1,C_2,C_3]$	14	340,235	43,4%
M_3	$[1,P,B_1,d_1,D_2,D_3,D_4,D_5,C_1,C_2,C_3]$	11	342,051	43,1%
M_4	$[1,P,B_1,d_1,D_2,D_3,D_4,D_5,c]$	9	342,605	43,0%
M_5	$[1,P,B_1,d_1,d_2,c]$	6	345,825	42,4%

$c = C_1 + C_2 + C3$, $d_2 = D_2 + D_3 + D_4 + D_5$.

Quelle: Wahlstudie NRW 1995 (N = 955).

In Tabelle 9.1 sind die Ergebnisse der einzelnen Modifikationsschritte noch einmal zusammengefaßt. In der letzten Spalte ist die Erklärungskraft der Modelle, gemessen über den Likelihood-Ratio-Index R', festgehalten. Mit Werten über 40% ist die Vorhersagekraft bei allen Modellen sehr hoch. Der Wert für das letzte Modell liegt nur geringfügig unter dem Wert des ersten Modells. Der LR-Test zwischen den beiden Modellen ergibt einen L^2-Wert von 7,839. Bei 12 Freiheitsgraden ist diese Teststatistik nicht signifikant (p = 0,8550). Obwohl im letzten Modell 12 Koeffizienten gegenüber dem Ausgangsmodell eingespart werden, ist die Vorhersagekraft praktisch unverändert.

Als Zwischenergebnis bleibt festzuhalten, daß es möglich ist, mit einem sehr sparsamen Modell die Wahlbeteiligung recht gut vorherzusagen. Zu bedenken ist allerdings, daß wir bei der Messung der Nichtwähler sehr großzügig waren und auch solche Personen als Nichtwähler klassifizierten, die angeben, daß sie noch unsicher sind, ob sie wählen oder nicht wählen. Um zu prüfen, ob diese Dichotomisierung angemessen ist, könnte man alternativ ein Modell schätzen, in dem die Nichtwähler von den Wählern und Unentschlossenen unterschieden werden. Wir wollen statt dessen ein kumulatives Logitmodell schätzen, bei dem wir die drei Kategorien der erfragten Wahlbeteiligungsabsicht als eine ordinale Variable auffassen. Bei der Vorstellung dieses Modells in Kapitel 5 haben wir erwähnt, daß es auch als ein lineares Regressionsmodell interpretiert werden kann, bei dem die abhängige Variable unbeobachtet ist und statt dessen nur eine ordinale Indikatorvariable zur Verfügung steht (vgl. Abschnitt 5.3.3). Wenn wir den Nettonutzen der Wahlbeteiligung als eine solche unbeobachtete abhängige Variable auffassen und die drei Kategorien der Wahlbeteiligungsabsicht als ordinale Indikatorvariable, scheint diese Interpretation für unsere Fragestellung angemessen zu sein. Trifft diese Sichtweise zu, dann sollten sich die Regressionskoeffizienten des kumulativen Logitmodells nicht wesentlich von den Koeffizienten des binären Logitmodells unterscheiden, da die Dichotomisierung der Indikatorvariable sich ja nicht auf die Regressionskoeffizienten der latenten abhängigen Variablen auswirkt. Aufgrund des Informationsverlusts ist allerdings mit einer geringeren Effizienz der Schätzung, also größeren Standardfehlern, zu rechnen.

In Tabelle 9.2 haben wir die Ergebnisse des binären Logitmodells (M_5) und des ordinalen Logitmodells (M_6) gegenübergestellt. Bei der Interpretation der Koeffizienten ist zu beachten, daß wir in beiden Modellen aufgrund der gewählten Kodierung jeweils das Nichtwählen prognostizieren. Negative Regressionskoeffizienten bedeuten also, daß die Odds, eher nicht zu wählen als zu wählen, sinken. Obwohl das binäre Modell dem Modell M_5 aus Tabelle 9.1 entspricht, gibt es geringfügige Abweichungen, da nach der Entfernung der nicht signifikanten Indikatoren des Parteiendifferentials die Zahl der gültigen Fälle von 955 auf 973 ansteigt. In Tabelle 9.1 hatten wir die Fallzahl konstant gehalten, um LR-Tests anwenden zu können. Trotz der etwas höheren Fallzahl ist die Erklärungskraft nicht gesunken. Daß das binäre Logitmodell die Wahlbeteiligung recht gut erklären kann, zeigt sich auch bei einer Klassifikationstabelle. Obwohl die abhängige Variable sehr schief verteilt ist - der Anteil der Nichtwähler beträgt nur 9,7 % (94 von 973) -, sind von den 62 als Nichtwähler prognostizierten Fällen der Stichprobe tatsächlich 48 (= 77.4%) auch tatsächlich Nichtwähler. Insgesamt sind 93.8% aller Prognosen auf Basis der modellimplizierten maximalen Kategorienwahrscheinlichkeiten korrekt.

Der Vergleich des binären Modells mit dem ordinalen Modell ergibt, daß der Likelihood-Ratio-Index R' beim ordinalen Modell mit 36,7% um beinahe 7 Prozentpunkte niedriger liegt. Dieser Unterschied sollte allerdings nicht inhaltlich interpretiert werden. Er ist eine Folge davon, daß – abgesehen von den Regressionskonstanten – mit der gleichen Anzahl von unabhängigen Variablen im ordinalen Modell drei Ausprägungen der abhängigen Variable zu prognostizieren sind, im binären Modell dagegen nur zwei. Tatsächlich ist der L^2-Wert des LR-Tests der fünf Regressionsgewichte im ordinalen Modell mit einem Wert von $L^2 = 274,389$ sogar etwas höher als der entsprechende Wert von $L^2 = 268,485$ im binären Modell. Da das ordinale Modell effizientere Schätzungen ergibt, ist auch dieses Ergebnis erwartungsgemäß. Interessant ist ein Vergleich der Regressionskoeffizienten der beiden Modelle. Die Koeffizienten weisen eine sehr große Ähnlichkeit auf. Geringfügige Abweichungen gibt es nur bei den Beteiligungskosten und bei dem Teilnahmedruck durch das soziale Umfeld. Aber auch diese Unterschiede sind von der Größenordnung her so gering, daß sich hierdurch die inhaltliche Interpretation nicht ändert. Diese Ähnlichkeit kann als eine Bestätigung der Angemessenheit des Modells gedeutet werden. Offenbar macht es keinen großen Unterschied für die Analyse der Wahlbeteiligung, ob wir die drei Kategorien als ordinale Größe auf-

Tabelle 9.2: Ergebnisse des binären und des ordinalen Logitmodells

	dichotomes Modell M₅	ordinales Logitmodell M₆	
	β	β	$\delta_x \beta / \delta_y$
Einfluß der eigenen Stimme (P)	-1,102	-1,070	-0,126
Kandidatenpräferenz (B_1)	-1,149	-1,112	-0,175
Teilnahmedruck (d_1)	-0,406	-0,477	-0,245
verinnerlichte Wahlnorm (d_2)	-1,202	-1,115	-0,457
Beteiligungskosten (c)	0,343	0,260	0,106
Konstante(n)	0,410	1,606	
		0,484	

Modell M₅: 2ℒ = 349,500, L² = 268,485, df = 5, p < 0,001, R' = 43,4 %.
Modell M₆: 2ℒ = 473,523, L² = 274,389, df = 5, p < 0,001, R' = 36,7 %, R² = 50,6%.

Quelle: Wahlstudie NRW 1995, N = 973.

fassen oder dichotomisieren. Was sich dadurch ändert, sind allein die Schwellenwerte, über die der unbeobachtete Nettonutzen mit der beobachteten Indikatorvariablen verknüpft ist.

In der letzten Spalte von Tabelle 9.2 sind die standardisierten Regressionskoeffizienten der linearen Regression mit der latenten metrischen abhängigen Variablen aufgeführt (vgl. Gleichung 5.40). Den größten Effekt hat danach die verinnerlichte Wahlnorm vor dem Druck durch das soziale Umfeld. Den relativ geringsten Effekt haben die Wahlbeteiligungskosten. Alle Regressionskoeffizienten sind sowohl im binären als auch im ordinalen Logitmodell auf dem 5%-Niveau signifikant von null verschieden.

Was bedeutet dieses Ergebnis für die Theorie des rationalen Wählers? Einerseits scheinen die Analysen den Ansatz zu bestätigen, da die aus der Theorie abgeleiteten Prädiktoren die Wahlbeteiligung recht gut prognostizieren können. Auf der anderen Seite hat sich aber gezeigt, daß der nach der Theorie erwartete Interaktionseffekt zwischen dem Einfluß der eigenen Stimme und dem Parteiendifferential nicht besteht. Stattdessen hat der Einfluß der eigenen Stimme alleine einen deutlichen Einfluß. Wenn jemand der Ansicht ist, daß die eigene Stimme einen Einfluß auf den Wahlausgang hat, steigen (nach der Schätzung des binären Logitmodells) die Odds, eher zu wählen als nicht zu wählen, um den Faktor 3,011 (= $1/e^{-1{,}102}$). Bemerkenswert ist dabei, daß immerhin ungefähr 90% der Befragten der Ansicht sind, daß die eigene Stimme Einfluß auf den Wahlausgang habe. Dieser hohe Wert weist darauf hin, daß die

Mehrheit der Befragen entweder keine zutreffende Kenntnis über den realen Einfluß einer Stimme auf den Wahlausgang hat oder aber die Frage nach dem Einfluß der eigenen Stimme eher im Sinne einer Frage nach dem Funktionieren der Demokratie interpretiert. Die Korrelation der Antworten auf die Frage nach dem Einfluß der eigenen Stimme mit der Zufriedenheit über das Funktionieren der Demokratie liegt allerdings nur bei ungefähr 0,2.

Problematisch für die Theorie des rationalen Wählers mag auch erscheinen, daß von den Indikatoren des Parteiendifferentials ausgerechnet nur der, der vielleicht am wenigsten als eine gute Operationalisierung des Parteiendifferentials aufgefaßt werden kann (die Kandidatenpräferenz), einen signifikanten Effekt auf die Wahlbeteiligung hat. Immerhin haben die Indikatoren der auch nach der Theorie wichtigen ergebnisunabhängigen Komponenten einen starken Einfluß auf die Wahlbeteiligung. Interessant erscheint uns dabei, daß neben der verinnerlichten Wahlnorm auch der Teilnahmedruck durch das soziale Umfeld eine nicht zu vernachlässigende Größe ist. Im Sinne der Theorie des rationalen Wählers ist schließlich auch, daß die Kosten der Wahlbeteiligung tatsächlich eine Rolle spielen. Alles in allem läßt sich das Ergebnis dieser Analyse vielleicht so zusammenfassen, daß zwar eine sehr enge Auffassung der Theorie des rationalen Wählers eher nicht zuzutreffen scheint, daß aber eine etwas liberalere Auffassung durchaus mit den Daten vereinbar ist. Dabei scheint insbesondere die soziale Verpflichtung zur Wahlteilnahme einen sehr starken Effekt zu haben. Im Sinne von Zintl scheint es sich also tatsächlich um eine Art soziale Hochkostensituation zu handeln.

9.4. Simultane Analyse von Wahlbeteiligung und Parteienwahl mit konditionalen Logitmodellen

In einem weiteren Analyseschritt wollen wir neben der Nichtwahl auch die Wahl der einzelnen Parteien betrachten. Die abhängige Variable hat nun fünf Ausprägungen: neben der Nichtwahl unterscheiden wir die Wahl von SPD, CDU, FDP und Bündnis 90/Die Grünen. Wähler anderer Parteien werden aufgrund zu geringer Fallzahlen ausgeschlossen. Dies betrifft 10 Befragte. Da es sich bei Angaben zur Wahl einer Partei um eine Frage handelt, die viele Befragte nicht beantworten wollen oder können, reduziert sich die Zahl der Fälle bei dieser Analyse um weitere 86 Personen, die auf die Frage nach der Parteienwahl die Antwort „weiß nicht" gaben, sowie um 89 Personen, die die Antwort zur Parteienwahl verweigerten.

Nach der Theorie des rationalen Wählers wird die Wahl einer spezifischen Partei ausschließlich durch das Parteiendifferential bestimmt. In der Umsetzung des Modells in ein konditionales Logitmodell haben wir für jede der vier

Parteien Dummyvariablen für die Problemlösungskompetenz und die Interessenvertretung gebildet. Die Dummyvariablen haben den Wert Eins, wenn der entsprechenden Partei Kompetenz zugesprochen wird, anderenfalls den Wert Null. Zwei weitere Dummyvariablen für die beiden Kandidaten für das Amt des Ministerpräsidenten haben den Wert Eins, wenn Johannes Rau bzw. Helmut Linssen als Kandidat präferiert wird. Schließlich liegen für jede der vier Parteien Angaben zur retrospektiven Bewertung während der letzten Legislaturperiode vor. Zur Vereinfachung der Interpretation sind die „Zensuren" umgepolt, so daß der Wert eins eine sehr schlechte Bewertung und der Wert 5 eine sehr gute Bewertung beinhaltet.

Solange wir nur an der Entscheidung zwischen Wahlbeteiligung und Nichtwahl interessiert sind, reicht es aus, den Nettonutzen in einer Gleichung zu formulieren, da die Kosten des Wählens gleichzeitig Nutzenargumente für das Nichtwählen sind. Bei mehr als zwei Alternativen wird dagegen für jede Alternative eine eigene Nutzengleichung aufgestellt. Bei der Gleichung für das Nichtwählen benutzen wir die unabhängigen Variablen, die sich bereits im binären und ordinalen Logitmodell bewährt haben. Der geschätzte Nutzen $\hat{V}_{Nichtwahl}$ wird also über die Gleichung

$$\hat{V}_{Nichtwahl} = \hat{\beta}_{Kand} \times B_1 + \hat{\beta}_{Einfluß} \times P + \hat{\beta}_{Norm} \times d_1 + \hat{\beta}_{Umwelt} \times d_2 + \hat{\beta}_{Kosten} \times c$$

geschätzt. In die Gleichungen für die einzelnen Parteien gehen die jeweiligen Dummyvariablen K_{SPD}, K_{CDU}, K_{FDP} bzw. $K_{Grüne}$ der Problemlösungskompetenz, I_{SPD}, I_{CDU}, I_{FDP} bzw. $I_{Grüne}$ der Interessenvertretung sowie die retrospektiven Bewertungen r_{SPD}, r_{CDU}, r_{FDP} und $r_{Grüne}$ ein. In der Gleichung für die SPD wird noch ein zusätzlicher Effekt für deren Spitzenkandidat Johannes Rau (S_{Rau}) spezifiziert. Analoges gilt für die Gleichung der CDU und deren Kandidat Linssen ($S_{Linssen}$). Die Regressionskoeffizienten für die Problemlösungskompetenz, die Interessenvertretung und die retrospektiven Bewertungen sind für die vier Parteien gleichgesetzt. Eine Ausnahme bildet die retrospektive Bewertung der SPD. Da diese Partei vor der Wahl die Regierung stellte, wird für sie ein eigener Koeffizient geschätzt. Die Theorie des rationalen Wählers führt zu der Erwartung, daß der Einfluß der retrospektiven Bewertung der SPD größer ist als die entsprechenden Koeffizienten für die anderen Parteien, da die Regierungsleistungen eine bessere Prognose der zukünftigen Leistungen erlauben als die Leistungen der Parlamentsarbeit der drei Oppositionsparteien. Außerdem haben wir für die vier Parteien Regressionskonstanten spezifiziert. Die geschätzten Nutzenfunktionen der Parteien haben also folgende Form:

$$\hat{V}_{SPD} = \hat{\beta}_{SPD} + \hat{\beta}_{Kompetenz} \times K_{SPD} + \hat{\beta}_{Vertretung} \times I_{SPD} + \hat{\beta}_{r,SPD} \times r_{SPD} + \hat{\beta}_{Rau} \times S_{Rau}$$

$$\hat{V}_{CDU} = \hat{\beta}_{CDU} + \hat{\beta}_{Kompetenz} \times K_{CDU} + \hat{\beta}_{Vertretung} \times I_{CDU} + \hat{\beta}_{retro} \times r_{CDU} + \hat{\beta}_{Linssen} \times S_{Linssen}$$

$$\hat{V}_{FDP} = \hat{\beta}_{FDP} + \hat{\beta}_{Kompetenz} \times K_{FDP} + \hat{\beta}_{Vertretung} \times I_{FDP} + \hat{\beta}_{retro} \times r_{FDP}$$

$$\hat{V}_{B90} = \hat{\beta}_{B90} + \hat{\beta}_{Kompetenz} \times K_{B90} + \hat{\beta}_{Vertretung} \times I_{B90} + \hat{\beta}_{retro} \times r_{B90}$$

Bei der empirischen Anwendung eines Zufallsnutzenmodells ergeben die deterministischen Nutzenkomponenten die Logitgleichungen der unabhängigen Variablen des konditionalen Logitmodells. In unserer Anwendung bilden daher die fünf geschätzten Nutzenfunktionen die Gewichte für die Ausprägungen der abhängigen Variable im konditionalen Logitmodell. Die geschätzten Wahrscheinlichkeiten der Kategorien der abhängigen Variablen berechnen sich dann wie folgt:

$$\hat{\pi}_{SPD} = \frac{\exp(\hat{V}_{SPD})}{\exp(\hat{V}_{SPD}) + \exp(\hat{V}_{CDU}) + \exp(\hat{V}_{FDP}) + \exp(\hat{V}_{B90}) + \exp(\hat{V}_{Nichtwahl})}$$

$$\hat{\pi}_{CDU} = \frac{\exp(\hat{V}_{CDU})}{\exp(\hat{V}_{SPD}) + \exp(\hat{V}_{CDU}) + \exp(\hat{V}_{FDP}) + \exp(\hat{V}_{B90}) + \exp(\hat{V}_{Nichtwahl})}$$

$$\hat{\pi}_{FDP} = \frac{\exp(\hat{V}_{FDP})}{\exp(\hat{V}_{SPD}) + \exp(\hat{V}_{CDU}) + \exp(\hat{V}_{FDP}) + \exp(\hat{V}_{B90}) + \exp(\hat{V}_{Nichtwahl})}$$

$$\hat{\pi}_{B90} = \frac{\exp(\hat{V}_{B90})}{\exp(\hat{V}_{SPD}) + \exp(\hat{V}_{CDU}) + \exp(\hat{V}_{FDP}) + \exp(\hat{V}_{B90}) + \exp(\hat{V}_{Nichtwahl})}$$

$$\hat{\pi}_{Nichtwahl} = \frac{\exp(\hat{V}_{Nichtwahl})}{\exp(\hat{V}_{SPD}) + \exp(\hat{V}_{CDU}) + \exp(\hat{V}_{FDP}) + \exp(\hat{V}_{B90}) + \exp(\hat{V}_{Nichtwahl})}$$

Bei 793 Fällen weist das Modell eine sehr hohe Erklärungskraft auf: Der Likelihood-Ratio-Index beträgt 61,2%. Der einzige auf dem 10%-Niveau nicht signifikante Effekt ist der Einfluß der Dummyvariable für eine Kandidatenpräferenz (B_1) auf die Nutzenfunktion des Nichtwählens. Das Auslassen des Effekts erhöht die doppelte negative Log-Likelihood-Funktion nur sehr geringfügig um 0,434. Bei einem Freiheitsgrad ist diese Zunahme nicht signifikant ($p = 0,51$). Das resultierende Modell hat eine hohe Vorhersagekraft und läßt sich recht gut interpretieren. Die Beteiligungskosten erhöhen die Odds, eher nicht zu wählen als zu wählen, während sie mit einer Zunahme der Wahlnorm und des Beteiligungsdrucks durch das soziale Umfeld sinken. Einen negativen Effekt auf das Nichtwählen hat auch eine Einschätzung des Einflusses der eigenen Stimme. Die Indikatoren des Parteiendifferentials haben keinen direkten Effekt auf die Nutzenfunktion der Nichtwahl, sondern wirken nur auf die Wahl einer spezifischen Partei. Durch die Erhöhung der Odds für die Wahl einer Partei besteht aber ein indirekter Effekt auf die Nichtwahl.

Nicht aufgenommen haben wir in unserem Logitmodell eine Größe, die nach allen bisherigen Analysen eine herausragende Rolle bei der Prognose der Parteienwahl hat. Es handelt sich um die Parteineigung, die in der Bundesrepublik in der Regel durch folgende Frage erfaßt wird: „Viele Leute neigen in der Bundesrepublik längere Zeit einer bestimmten Partei zu, obwohl sie auch ab und zu eine andere Partei wählen. Wie ist das bei Ihnen: Neigen Sie ganz allgemein gesprochen einer bestimmten Partei zu? Wenn ja, welcher?" Wir haben die Parteineigung zunächst bewußt außen vor gelassen, da die Frage aus einer anderen Forschungstradition kommt und nach der Frageformulierung eher eine emotionale Bindung an eine Partei ausdrückt als eine rationale Entscheidung.

Wir wollen nun jedoch prüfen, ob die zusätzliche Berücksichtigung der Parteineigung noch eine weitere Verbesserung der Prognosekraft ergibt. Dazu haben wir die Antworten auf die Parteineigungsfrage in vier 0/1-kodierte Dummyvariablen N_{SPD}, N_{CDU}, N_{FDP} und N_{B90} umgesetzt, die den Wert Eins aufweisen, wenn ein Befragter eine Parteineigung für die jeweilige Partei nennt. Wenn man diese Dummyvariablen als alternativenspezifische Variablen in das Modell aufnimmt und dabei die Regressionskoeffizienten für die vier Parteien gleichsetzt, dann erhöht sich der LR-Index R' noch einmal deutlich auf einen Wert von 66,7%. Da sich die Fallzahl durch drei fehlende Angaben bei der Parteineigung auf 790 reduziert, können wir hier keinen LR-Test durchführen. Der hohe Anstieg der Vorhersagekraft ist aber auch ohne Test aussagekräftig.

Die Berücksichtigung der Parteineigung erhöht nicht nur die Erklärungskraft des Modells. Es ändern sich auch einige der geschätzten Regressionskoeffizienten. Offenbar war im bisherigen Modell die Zuweisung von Problemlösungskompetenz und die retrospektive Leistungsbewertung mit der Parteineigung konfundiert. Während die Regressionskoeffizienten dieser beiden Größen sinken, verändern sich die übrigen Regressionskoeffizienten kaum. Diese Analyse verdeutlicht noch einmal, daß eine hohe Vorhersagekraft noch nicht bedeutet, daß die Koeffizienten des Modells bedenkenlos als kausale Effekte gedeutet werden können. Dies gilt nicht nur bei Logitanalysen, sondern generell bei der Anwendung von linearen und nichtlinearen Regressionsmodellen.

Die Ergebnisse des konditionalen Logitmodells mit Berücksichtigung der Parteineigung sind als Modell M_7 in Tabelle 9.3 festgehalten. Nach Angaben über die Fallzahl, die Minimierungsfunktion und den LR-Index sind die geschätzten Regressionskoeffizienten wiedergegeben. Der erste Block von Koeffizienten bezieht sich auf die Nutzenfunktionen der Parteiwahl. Wenn sich ein Koeffizient nicht als Folge einer Gleichheitsrestriktion auf alle vier Parteien bezieht, ist die jeweilige Partei genannt. Der Wert 1,83 des Effekts des

Kandidaten Rau auf die SPD weist also darauf hin, daß die Präferierung dieses Kandidaten die Odds der SPD zu allen anderen vier Ausprägungen um den Faktor 6,234 (= $e^{1,83}$) erhöht. Wenn keine Partei genannt wird, gilt ein Effekt für alle vier Parteien. Wenn also ein Befragter meint, daß eine der vier Parteien seine Interessen vertritt, erhöht dies die Odds, diese Partei zu wählen, um den Faktor 9,143 (= $e^{2,213}$). Der durch eine gepunktete Linie abgetrennte zweite Block bezieht sich auf die Regressionskoeffizienten der Nutzenfunktion des Nichtwählens. In Modell M_7 verringern sich die Odds der Nichtwahl um den Faktor 0,391 (= $e^{-0,938}$), wenn ein Befragter der Ansicht ist, daß seine Stimme Einfluß auf das Wahlergebnis hat.

Wir hatten bei der Vorstellung der Analysemodelle für kategoriale Daten mehrfach darauf hingewiesen, daß bei allen statistischen Modellen eine Reihe von Modellannahmen vorausgesetzt werden. In der Regel ist es nicht möglich, alle Annahmen zu prüfen. Wir können bei unserem konditionalen Logitmodell aber wenigstens eine wichtige Annahme prüfen. Wie wir bei der Vorstellung der Modelle gezeigt haben, folgt aus den Modellgleichungen für das konditionale Logitmodell, daß bei der Betrachtung von Odds nur diejenigen unabhängigen Variablen eine Rolle spielen, die in der Modellgleichung für die beiden bei einem Odd betrachteten Kategorien vorkommen (vgl. Gleichung 5.33). Unabhängige Variablen für andere Kategorien sind irrelevant. Aus dieser Annahme der Unabhängigkeit von irrelevanten Alternativen folgt, daß es im Prinzip keine Rolle spielt, ob man ein Logitmodell für alle Kategorien einer abhängigen Variablen spezifiziert oder aber nur für eine Teilmenge. Die geschätzten Regressionskoeffizienten sollten sich nicht sehr stark unterscheiden.

Wir können in unserer Analyse diese Annahme prüfen, indem wir z.B. ein Logitmodell spezifizieren, daß sich nur auf die vier Parteien der Parteienwahl bezieht. Nichtwähler werden also bei dieser Analyse ausgeschlossen. Dies hat natürlich zur Folge, daß alle unabhängigen Variablen, die sich auf die Nutzenfunktion des Nichtwählens beziehen, nicht in das Modell aufgenommen werden können. Außerdem muß in dem reduzierten Modell für eine der vier Parteien die Regressionskonstante ausgelassen werden, da bei einer abhängigen Variable mit vier Ausprägungen nur drei Konstanten identifiziert sind. Ansonsten ist das Modell aber unverändert. Die Ergebnisse sind als Modell M_8 in Tabelle 9.3 aufgeführt. Die Fallzahl hat sich um die 86 Nichtwähler auf 704 reduziert. Die Erklärungskraft ist deutlich höher, was darauf hinweist, daß die unabhängigen Variablen sehr gut in der Lage sind, zwischen den vier Parteien zu unterscheiden. Am bedeutsamsten sind allerdings die deutlichen Veränderungen der verbleibenden Regressionskoeffizienten. Zum Teil gibt es ganz drastische Änderungen. So steigt der Regressionskoeffizient für die Interessenvertretung von 2,213 auf 2,858 und der Koeffizient für die retrospektive Bewertung der SPD steigt von 0,141 auf 0,640. Umgekehrt sinkt der Wert der Präferierung von Helmut Linssen zugunsten der CDU von 1,035 auf 0,668. Noch deutlicher fallen die Unterschiede aus, wenn man auf die Ebene der

Tabelle 9.3: Ergebnisse der konditionalen und mehrstufigen Logitanalysen

	Regressionskoeffizienten für Modell				
	M_7	M_8	M_9	M_{10}	M_{11}
Rau auf SPD	1,830	1,962	1,679	1,953	1,783
Linssen auf CDU	1,035	0,668	0,903	0,698	0,710
Vertretung	2,213	2,858	2,707	2,875	2,876
Kompetenz	0,955	1,827	1,614	1,824	1,748
Leistung					0,805
– auf SPD	0,141	0,640	0,187	0,605	
– auf CDU, FDP, B90	0,575	0,869	0,603	0,864	
Parteineigung	1,809	2,256	2,184	2,265	2,274
Einfluß	-0,938	-	-1,068	-1,089	-1,114
Wahlnorm	-1,268	-	-1,344	-1,157	-1,161
Beteiligungsdruck	-0,475	-	-0,453	-0,440	-0,435
Beteiligungskosten	0,198	-	0,358	0,396	0,387
Kandidatenpräferenz	-	-	-0,525	-1,120	-1,179
Interessenvertretung	-	-	1,467	-0,088	-
Kompetenz	-	-	1,369	0,344	-
Parteineigung	-	-	1,495	0,155	-
Parteienwahl	-	-	-	0,215	0,165
N	790	704	790	790	790
$2\mathcal{L}$	664,150	333,616	620,089	601,224	603,700
R'	66,7%	77,0%	68,9%	69,9%	69,7%

Quelle: Wahlstudie NRW 1995.

Effektkoeffizienten übergeht und dazu die Antilogarithmen der Regressionskoeffizienten betrachtet. So steigt b eispielweise der Effekt der Interessenvertretung von 9,143 (= $e^{2,213}$) um fast das Doppelte auf einen Wert von 17,400 (= $e^{2,858}$) an.

Da sich die Koeffizienten jeweils auf die gleichen Odds beziehen, sollten sich die Werte eigentlich nur geringfügig unterscheiden. Mit Hilfe eines Spezifikationstests von Jerry Hausman und Daniel McFadden (1984) ist es möglich, die Differenz der Koeffizienten mit einem Chi-Quadrat-Test auf Signifikanz zu prüfen. Da die Teststatistik nicht standardmäßig in Programmen zur Logitanalyse programmiert ist, benötigt man für die Realisierung Erfahrung in der Matrizenrechnung. Angesichts der großen Differenzen können wir uns den Test hier allerdings sparen. Es erscheint auch so sehr unplausibel, daß die Annahme der Unabhängigkeit von irrelevanten Alternativen erfüllt ist. Doch was bedeutet dies für unsere Analyse?

Zunächst beinhaltet dieses Ergebnis nur, daß es für die Analyse unserer fünf Ausprägungen der abhängigen Variablen nicht egal ist, ob vier oder fünf Alternativen betrachtet werden. Die geschätzten Odds, z.B. eher SPD als CDU zu wählen, unterscheiden sich, wenn man nur die Parteien betrachtet oder wenn man zusätzlich die Möglichkeit der Nichtwahl berücksichtigt. Dies ist vermutlich eine Folge davon, daß wir nicht alle relevanten unabhängigen Variablen in unser Modell aufgenommen haben. Bezogen auf die Nutzenfunktionen bedeutet dies, daß die Residuen der fünf Ausprägungen nicht unabhängig voneinander sind. Wir haben aber oben erwähnt, daß diese Annahme bei der Ableitung des (konditionalen) Logitmodells als Zufallsnutzenmodell vorausgesetzt wird. Da das Auslassen der Nichtwahl die Regressionskoeffizienten verändert, kann vermutet werden, daß es die Nutzenfunktion der Nichtwahl ist, die Probleme bereitet. Möglicherweise korrelieren die Residuen des Nutzens der Nichtwahl mit den Residuen der Parteienwahl.

Die beste Möglichkeit, dieses Problem zu lösen, besteht darin, zusätzliche unabhängige Variablen in das Modell aufzunehmen. Wenn die Residuenkorrelation durch unberücksichtigte unabhängige Variablen verursacht wird, kann man sie durch die Aufnahme dieser unabhängigen Variablen beseitigen. Voraussetzung ist aber, daß die entsprechenden unabhängigen Variablen im Datensatz vorhanden sind. Um welche Variablen mag es sich in unserer Analyse handeln? Gehen wir noch einmal zurück zur Formel von Riker und Ordeshook. Vergleicht man die Formel mit unserer Modellspezifikation, so fällt auf, daß die Indikatoren des Parteiendifferentials herausgefallen sind und nur indirekte Effekte aufweisen. Beim binären Modell hatte dagegen zumindest die Kandidatenpräferenz einen signifikanten direkten Effekt. Vielleicht sollte doch noch einmal versucht werden, Indikatoren des Parteiendifferentials direkt auf die Nutzenfunktion des Nichtwählens wirken zu lassen.

Wir berücksichtigen dazu bei der deterministischen Nutzenkomponente der Alternative „Nichtwahl" wieder die 0/1-kodierte Dummyvariablen B_1, B_2 und B_3 aus dem binären Logitmodell. Zusätzlich nehmen wir hier eine 0/1-kodierte Dummyvariable B_4 auf, die den Wert Eins hat, wenn zu irgendeiner der vier Parteien eine Parteieigung besteht. Diese vier Dummyvariablen gehen also als alternativenspezifische Variablen für die Ausprägung „Nichtwahl" in das Modell ein. Die Ergebnisse sind als Modell M_9 in Tabelle 9.3 festgehalten. Von den vier zusätzlichen Dummyvariablen ist nur der Effekt der Kandidatenpräferenz (-0,525) nicht signifikant. Die übrigen drei unabhängigen Variablen weisen dagegen recht große und signifikante Regressionskoeffizienten auf. Interessanterweise sind diese Effekte positiv: 1,467, 1,369, 1,495. Wenn also eine Person eine Parteineigung hat, es eine Partei gibt, die ihre Interessen vertritt oder die kompetent ist, dann steigen jeweils die Odds der Nichtwahl, sinkt also umgekehrt die Wahrscheinlichkeit einer Wahlbeteiligung. Ein solches Ergebnis widerspricht aber allen Erfahrungen.

Dieses auf den ersten Blick paradoxe Ergebnis löst sich auf, wenn man sich noch einmal vergegenwärtigt, daß der Wert Eins bei diesen Dummyvariablen nur dann auftreten kann, wenn auch eine entsprechende alternativenspezifische Dummyvariable für eine Partei den Wert Eins aufweist. Wenn beispielsweise eine Person eine Parteineigung für die SPD aufweist, erhöhen sich die Odds der SPD zur CDU, der SPD zur FDP und der SPD zu Bündnis 90/Die Grünen um den Faktor 8,882 ($e^{2,184}$). Gleichzeitig weist aber auch die Dummyvariable Parteineigung in der Gleichung für die Ausprägung „Nichtwahl" den Wert Eins auf. Die Odds, eher SPD zu wählen als nicht zu wählen, steigen daher nicht um 8,882, sondern nur um den Faktor 1,992 (= $e^{2,184-1,495}$). Der positive Effekt der Parteineigung auf das Nichtwählen reduziert also den ebenfalls positiven und größeren Effekt der Parteineigung auf die Wahl einer bestimmten Partei. Analoges gilt für die Effekte der Interessenvertretung und der Problemlösungskompetenz. Die Interpretationslogik entspricht hier genau der, die wir bereits beim multinomialen Logitmodell in Kapitel 5.3.1 kennengelernt haben.

Dadurch, daß zusätzliche unabhängige Variablen in die Nutzenfunktion der Nichtwahl aufgenommen wurden, sinkt die Möglichkeit, daß die Zufallsnutzenkomponente der Nichtwahl mit den Nutzenkomponenten der übrigen Handlungsalternativen korreliert ist. Vergleicht man die Regressionskoeffizienten, zeigt sich, daß die Koeffizienten von Modell M_9 den entsprechenden Koeffizienten von Modell M_8 ähnlicher sind als den Koeffizienten von Modell M_7. Dies gilt nicht für die beiden Koeffizienten der retrospektiven Parteienbewertung. Diese unabhängige Variable haben wir aber auch nicht in der Gleichung für die deterministische Nutzenkomponente der Nichtwahl berücksichtigt. Unsere Ergebnisse weisen darauf hin, daß wir das Problem des Fehlens der Unabhängigkeit von irrelevanten Alternativen formal dadurch lösen können, daß wir alle unabhängigen Variablen der Nutzenfunktionen der Parteien auch in die Nutzenfunktion der Nichtwahl aufnehmen. Der Nachteil dieser Vorgehensweise ist aber, daß unser Modell dadurch komplexer und unübersichtlicher wird. Außerdem sind möglicherweise nicht alle Effekte signifikant. Wir wollen daher einen anderen Weg einschlagen und ein Logitmodell spezifizieren, daß bei Beibehaltung der Sparsamkeit des konditionalen Logitmodells die Annahme der Unabhängigkeit von irrelevanten Alternativen nicht grundsätzlich voraussetzt.

9.5 Mehrstufige Logitmodelle zur Analyse von Wahlbeteiligung und Wahlverhalten

Die Ergebnisse unserer Logitanalysen weisen darauf hin, daß die Annahme der Unabhängigkeit von irrelevanten Analysen verletzt ist, weil die Indikatoren des Parteiendifferentials zwar sehr gut die Wahl einer Partei vorhersagen, aber nicht genügend in der Nutzenfunktion der Nichtwahl berücksichtigt sind. Eine mögliche Lösung besteht nun darin, anstelle eines konditionalen Logitmodells ein zweistufiges Logitmodell zu schätzen. Auf der obersten Stufe dieses Modells wird die Entscheidung zwischen Wahlbeteiligung und Nichtwahl betrachtet und auf der unteren Stufe die Entscheidung unter den Parteien. Im Prinzip entspricht diese zweistufige Sichtweise der klassischen Wahlforschung, in der Analysen zur Parteienwahl unabhängig von Analysen zur Wahlbeteiligung durchgeführt wurden. Eine vollständige Trennung zwischen den beiden Stufen erscheint allerdings nach der Theorie des rationalen Wählers kaum angemessen zu sein, würde sie doch voraussetzen, daß eine Person zunächst unabhängig von den zur Auswahl stehenden Parteien entscheidet, ob sie wählt oder nicht wählt, um sodann eventuell in einer zweiten Entscheidung zwischen den Parteien zu wählen. Naheliegender ist es, daß die Entscheidung auf der unteren Ebene der Parteien Auswirkungen auf die obere Ebene der Wahlbeteiligung hat. Genau diese Möglichkeit wird in mehrstufigen Logitmodellen realisiert.

Die Logik der Modelle ist eigentlich sehr einfach. Die Gesamtheit der Ausprägungen der abhängigen Variablen wird in mehrere disjunkte Teilmengen unterteilt. Zur Verdeutlichung wollen wir die Ausprägungen der abhängigen Variablen durch die beiden Indizes i und g kennzeichen, wobei g die Gruppe bezeichnet, zu der eine Ausprägung i der abhängigen Variablen gehört. Die Wahrscheinlichkeit π_i der Ausprägung i läßt sich dann formal als Produkt der Wahrscheinlichkeit π_g der Gruppe g und der bedingten Wahrscheinlichkeit $\pi_{i|g}$ der Ausprägung i, gegeben die Gruppe g, schreiben:

$$\pi_i = \pi_g \times \pi_{i|g}$$

Wir können nun für die Gesamtheit der Ausprägungen in jeder Gruppe g ein separates Logitmodell schätzen. Darüber hinaus können wir ein weiteres Logitmodell schätzen, daß die Wahrscheinlichkeit der Wahl einer Gruppe schätzt. Ausprägungen dieses Logitmodells auf der höheren Stufe sind also nicht die ursprünglichen Ausprägungen, sondern die einzelnen Gruppen. Wenn wir die Modelle unabhängig voneinander schätzen und unterschiedliche unabhängige Variablen verwenden, unterstellen wir, daß die beiden Ebenen voneinander getrennt sind. Die Grundidee des mehrstufigen Logitmodells besteht nun darin, die Ergebnisse der Logitmodelle auf der unteren Stufe in einer neuen Variable zusammenzufassen und als unabhängige Variable in das Modell auf der oberen Stufe einfließen zu lassen. Diese neue Variable ist nun nichts anderes als der natürliche Logarithmus des Nenners der Logitgleichungen auf der unteren Ebene.

Zur Verdeutlichung wollen wir uns ein einfaches Beispiel denken, bei dem die vier Ausprägungen einer abhängigen Variablen in zwei Gruppen a und b mit je zwei Ausprägungen unterteilt sind. Die erste Gruppe umfaßt die Ausprägungen 1 und 2, die zweite die Ausprägungen 3 und 4. Auf der untersten Ebene liegen dann zwei dichotome Logitmodelle vor. Wenn wir davon ausgehen, daß jede Entscheidung auf der untersten Ebene durch jeweils eine alternativenspezifische Variable x_i (i = 1,2,3,4) determiniert wird und wir der Einfachheit halber Regressionskonstanten auslassen, erhalten wir auf der untersten Ebene die beiden folgenden Modelle:

$$\pi_{1|a} = \frac{\exp(\beta_1 x_1)}{\exp(\beta_1 x_1) + \exp(\beta_2 x_2)}, \quad \pi_{2|a} = \frac{\exp(\beta_2 x_2)}{\exp(\beta_1 x_1) + \exp(\beta_2 x_2)}$$

und

$$\pi_{3|b} = \frac{\exp(\beta_3 x_3)}{\exp(\beta_3 x_3) + \exp(\beta_4 x_4)}, \quad \pi_{4|b} = \frac{\exp(\beta_4 x_4)}{\exp(\beta_3 x_3) + \exp(\beta_4 x_4)}$$

Die Logarithmen der Nenner der Logitmodelle der unteren Ebene gehen als unabhängige Variablen in das Modell auf der oberen Stufe ein. Wenn wir für das Modell auf der oberen Ebene keine weiteren unabhängigen Variablen spezifizieren, erhalten wir also folgende Modellgleichung:

$$\pi_a = \frac{\exp\left(\beta_a \ln\left(e^{\beta_1 x_1} + e^{\beta_2 x_2}\right)\right)}{\exp\left(\beta_a \ln\left(e^{\beta_1 x_1} + e^{\beta_2 x_2}\right)\right) + \exp\left(\beta_b \ln\left(e^{\beta_3 x_3} + e^{\beta_4 x_4}\right)\right)}$$

$$\pi_b = \frac{\exp\left(\beta_b \ln\left(e^{\beta_3 x_3} + e^{\beta_4 x_4}\right)\right)}{\exp\left(\beta_a \ln\left(e^{\beta_1 x_1} + e^{\beta_2 x_2}\right)\right) + \exp\left(\beta_b \ln\left(e^{\beta_3 x_3} + e^{\beta_4 x_4}\right)\right)}$$

Was ist der Vorteil einer solchen mehrstufigen Modellspezifikation? Dazu überlegen wir uns, wie die Ergebnisse auf der unteren Ebene in das Modell auf der oberen Ebene einfließen. Angenommen die Regressionskoeffizienten β_a und β_b seien null. Dann gehen die Ergebnisse der unteren Ebene überhaupt nicht in die obere Ebene ein. In unserem Beispiel wären die beiden Logitmodelle für die Alternativen 1 und 2 sowie für 3 und 4 unabhängig voneinander.

Ferner hätten wir auf der oberen Ebene eine Gleichverteilung zwischen den Gruppen a und b. Das letztere könnte sich ändern, wenn wir auf der oberen Ebene Regressionskonstanten und/oder gruppenspezifische unabhängige Variablen spezifizieren. Wenn dagegen die beiden Regressionskoeffizienten β_a und β_b gerade eins wären, würde sich das Modell auf der oberen Ebene herauskürzen, wenn wir die Wahrscheinlichkeiten der Ausprägungen 1 bis 4 der abhängigen Variablen als Produkt der bedingten Wahrscheinlichkeiten und der Gruppenwahrscheinlichkeiten schreiben. Das Modell würde sich dann zu einem einfachen konditionalen Logitmodell mit vier Ausprägungen reduzieren. Falls schließlich die Regressionsgwichte β_a und β_b weder genau null noch genau eins sind, dann läßt sich zeigen, daß die Annahme der Unabhängigkeit von irrelevanten Alternativen zwar auf der Ebene der einzelnen Teilmodelle gilt, aber nicht mehr zwischen den Ausprägungen unterschiedlicher Teilmodelle vorausgesetzt wird.

Das mehrstufige Logitmodell enthält also auf der einen Seite das einfache konditionale Logitmodell als Spezialfall. Es ist aber gleichzeitig aufgrund der zusätzlichen Modellparameter allgemeiner. Mit dem Modell läßt sich zudem prüfen, ob sich Teilmengen von Alternativen unabhängig voneinander analysieren lassen bzw. ob bei mehrstufigen Entscheidungen die einzelnen Stufen voneinander unabhängig sind. Schließlich läßt sich das Modell auch noch auf mehr als zwei Stufen verallgemeinern. Dabei gehen auf jeder höheren Stufe die Logarithmen der Nenner der Logitmodelle der nächsttieferen Stufe als unabhängige Variablen ein.

Wir wollen nun sehen, ob wir die Logik mehrstufiger Logitmodelle auf unser Analyseproblem anwenden können. Dazu spezifizieren wir auf der unteren Ebene ein Modell, daß zwischen den vier Parteien unterscheidet. Im Prinzip handelt es sich um das bereits als Modell M_8 in Tabelle 9.3 wiedergebene Modell. Auf der höheren Ebene unterscheiden wir zwischen Wahlbeteiligung und Nichtwahl, wobei wir zusätzlich zu den unabhängigen Variablen der Nutzenfunktion der Nichtwahl den Logarithmus des Nenners des Logitmodells der Parteienwahl als weitere unabhängige Variable in das Modell aufnehmen. Bei einer getrennten Schätzung der einzelnen Logitmodelle können wir allerdings die Koeffizienten auf der höheren Stufe nicht effizient und mit korrekten Standardfehlern schätzen, da eine der unabhängigen Variablen dieses Modells keine beobachtete Größe ist, sondern das Ergebnis einer vorausgehenden Schätzung. Dieses Problem läßt sich umgehen, wenn man alle Logitmodelle gleichzeitig in einem einzigen Schritt mit der ML-Methode schätzt. Die Ergebnisse einer solchen simultanen Schätzung sind als Modell M_{10} in Tabelle 9.3 wiedergegeben.

Betrachten wir zunächst den Wert der Minimierungsfunktion $2\mathfrak{L}$. Verglichen mit den Modellen M_7 und M_9 ist ein deutlich niedrigerer Wert zu beobachten. Da die Analysen auf den gleichen Fällen beruhen, Modell M_7 eine restriktive Version von Modell M_9 und Modell M_9 eine restriktive Version von

Modell M_{10} ist, können wir die Modelle mit LR-Tests gegeneinander testen. Daß dies auch für den Vergleich der Modelle M_9 und M_{10} gilt, wird deutlich, wenn man sich klar macht, daß das Modell M_9 als ein zweistufiges Logitmodell aufgefaßt werden kann, bei dem der Regressionskoeffizient, der die Ergebnisse des Modells auf der unteren Stufe (Parteienwahl) auf die obere transformiert, auf den Wert Eins fixiert ist. Die LR-Tests zeigen, daß Modell M_7 gegenüber Modell M_9 verworfen werden muß ($L^2 = 44,061$, df = 4, p<0,001) und Modell M_9 gegenüber Modell M_{10} ($L^2 = 18,865$, df = 1, p<0,001). Das zweistufige Logitmodell paßt also deutlich besser zu den Daten als die einstufigen Modelle. Die Regressionskoeffizienten der unabhängigen Variablen der Parteienwahl sind bei diesem Modell erwartungsgemäß den Koeffizienten des reduzierten Modells M_8 sehr ähnlich. Das Problem, daß das Nichtwählen die Voraussetzung der Unabhängigkeit von irrelevanten Alternativen verletzt, dürfte damit gelöst zu sein.

Das zweistufige Logitmodell enthält einen weiteren Regressionskoeffizienten, der die Ergebnisse der unteren Stufe nach oben transformiert. Dieser Regressionskoeffizient ist in der untersten Zeile von Tabelle 9.3 aufgeführt. Der Wert von 0,215 besagt, daß die Parteienwahl nicht unabhängig von der Wahlbeteiligung zu sehen ist. Inhaltlich läßt sich der Wert als ein zusammenfassender Effekt der Indikatoren des Parteiendifferentials auf die Wahlbeteiligung interpretieren. Neben diesem Effekt ist nur der Effekt der Kandidatenpräferenz als eigener Prädiktor der Nutzenfunktion des Nichtwählens auf dem 10%-Niveau signifikant von null verschieden. In einem letzten Modell werden daher die Dummyvariablen für Problemlösungskompetenz, Interessenvertretung und Parteineigung aus dem Modell der oberen Stufe entfernt. Außerdem sind im Modell der unteren Stufe die beiden Koeffizienten der retrospektiven Leistungsbewertung gleichgesetzt. Die Ergebnisse sind in der letzten Spalte von Tabelle 9.3 festgehalten. Die Vorhersagekraft verringert sich hierdurch nicht signifikant. Die LR-Teststatistik ist bei einem Wert von 2,576 bei vier Freiheitsgraden nicht signifikant (p = 0,649).

9.6 Diskussion

Unsere Analyse hat uns über einige Zwischenschritte zu einem Modell geführt, daß mit den Daten vereinbar erscheint und die Wahlbeteiligung und Parteienwahl recht gut prognostizieren kann. Der LR-Index R' beträgt knapp 70%. Trotz dieser hohen Erklärungskraft läßt sich das Modell einfach interpretieren. Die Auswahl unter den vier betrachteten Parteien wird auf fünf Größen zurückgeführt. Gewählt wird eine Partei, wenn sie die Interessen einer Person vertritt, Problemlösungskompetenz hat, eine gute retrospektive Leistungsbewertung erhält oder wenn eine Parteineigung zu dieser Partei besteht. Für die beiden großen Parteien SPD und CDU zahlt es sich zudem aus, wenn der jeweilige Kandidat für das Amt des Ministerpräsidenten präferiert wird. Diese Größen zusammen erhöhen zudem die Wahrscheinlichkeit der Wahlbeteiligung. Außerdem führt das Vorliegen einer Kandidatenpräferenz noch zu einer weiteren Steigerung der Odds, eher zu wählen als nicht zu wählen. Diese Odds nehmen auch zu, wenn der eigenen Stimme Bedeutung zugemessen wird, wenn eine Wahlnorm besteht oder durch die soziale Umgebung ein Beteiligungsdruck ausgeübt wird. Sie sinken, wenn mit der Wahlbeteiligung Opportunitäts- oder Entscheidungskosten verbunden werden.

So einfach und naheliegend das Modell ist, für die Theorie des rationalen Wählers bedeutet dies nur zum Teil eine Bestätigung. Bei einer großzügigen Interpretation lassen sich zwar alle Größen irgendwie als Nutzenindikatoren interpretieren. Zu bedenken ist aber, daß etwa die Parteieigung auch ohne die Theorie des rationalen Wählers in ein Modell zur Erklärung des Wahlverhaltens aufgenommen würde. Ähnliches gilt auch für die anderen Indikatoren des Parteiendifferentials und für die Wahlnorm. Letztlich wären es lediglich die Beteiligungskosten und vermutlich auch der Druck der sozialen Umwelt, die ohne Rekurs auf den RC-Ansatz wahrscheinlich eher nicht in die Analyse aufgenommen worden wären. Zu bedenken ist auch, daß der von der Theorie geforderte Interaktionseffekt des Einflusses der eigenen Stimme mit dem Parteiendifferential nicht besteht und daß bei der retrospektiven Parteienbewertung der Effekt der Bewertungen der Regierungspartei SPD entgegen den Erwartungen nicht größer ist als die Effekte der Bewertungen der Oppositionsparteien. Am treffendsten läßt sich das Ergebnis daher vermutlich im Sinne einer sehr weichen RC-Auffassung interpretieren, wie sie kürzlich von Brennan und Lomaski (1993) in ihrer Theorie des expressiven Wählens formuliert worden ist.

Interessant ist das Ergebnis aber auch aus methodischer Sicht. Es hat sich gezeigt, daß eine unkritische Anwendung von Logitmodellen nicht unproblematisch ist. Zwar mag man zu Schätzungen kommen, die gute Vorhersagen erlauben. Gültige Kausalaussagen sind aber damit noch nicht garantiert. In unserem Anwendungsfall konnten wir die Verletzung der Annahme der Unabhängigkeit von irrelevanten Alternativen durch ein mehrstufiges Logitmodell lösen.

9.7 Literatur- und Programmhinweise

Leser, die sich intensiver mit der Anwendung des Rational-Choice-Ansatzes in der Wahlforschung beschäftigen wollen, seien auf die klassische Arbeit von Anthony Downs hingewiesen, die auch in deutscher Übersetzung vorliegt. Ein weiterer „Klassiker" in diesem Bereich ist neben dem bereits genannten Aufsatz von William Riker und Peter Ordeshook deren Monographie „An Introduction to Positive Political Theory" (1973). Neuere Überlegungen auf diesem Gebiet werden von Geoffrey Brennan und Loren Lomaski in ihrem Buch „Democracy and decision" (1993) präsentiert.

Hinweise zu den in diesem Kapitel verwendeten Logitmodellen haben wir bereits in Kapitel 5 gegeben. Zu wiederholen ist insbesondere der Verweis auf die Monographie von Gunther Maier und Peter Weiss (1990), die sehr ausführlich auf die Logik von Zufallsnutzenmodellen eingehen. Für die simultane Schätzung mehrstufiger Logitmodelle stehen zur Zeit kaum Analyseprogramme zur Verfügung. Eine bemerkenswerte Ausnahme ist das Programmpaket LIMDEP von William Greene (1995) in der Version 7, mit dem bis zu vierstufige Logitmodelle geschätzt werden können. Dieses Programm haben wir auch für unsere Analyse verwendet.

Anhänge

A1 Elementare Matrixalgebra

Komplexe mathematische Zusammenhänge lassen sich in der Sprache der Matrixalgebra oft einfacher darstellen. An einigen Stellen dieses Buches mußten wir diese Möglichkeit nutzen. Für Leser, die sich noch nicht mit Matrixalgebra beschäftigt haben, wollen wir daher in diesem Anhang kurz deren wichtigste Grundkonzepte vorstellen.

A1.1 Was ist eine Matrix?

Eine Matrix kann als eine zweidimensionale Tabelle aufgefaßt werden, deren Einträge Zahlen, Parameter oder Variablen sind. Die Anzahl der Zeilen und Spalten bestimmt die *Ordnung* oder *Dimension* einer Matrix. Eine Matrix der Ordnung n×m hat n Zeilen und m Spalten. Die Einträge werden als *Zellen* oder *Elemente* bezeichnet. Eine Matrix der Ordnung n×m enthält n mal m Elemente. Beispiele:

$$\mathbf{A} = \begin{pmatrix} 1 & 2 & 3 \\ 4 & 5 & 6 \\ 7 & 8 & 9 \\ 10 & 11 & 12 \end{pmatrix} \qquad \mathbf{B} = \begin{pmatrix} 1 & 1 & 2 & 2 \\ 1 & 2 & 3 & 4 \\ 1 & 3 & 2 & 4 \end{pmatrix}$$

Die Matrix **A** hat die Dimension 4×3, die Matrix **B** hat dagegen die Dimension 3×4. Ein spezielles Matrixelement wird durch Zeilen- und Spaltenindizes angesprochen, wobei sich der erste Index auf die Zeile und der zweite auf die Spalte bezieht. Das Element in der zweiten Reihe und dritten Spalte der Matrix **A** ist also a_{23}. In unserem Beispiel ist es die Zahl 6. Einige Typen von Matrizen haben spezielle Bezeichnungen:

- Die kleinstmögliche Matrix hat nur eine Zeile und eine Spalte und enthält somit nur eine einzige Zahl. Im Kontext der Matrixalgebra werden solche Matrizen minimaler Ordnung als *Skalare* bezeichnet.
- Hat eine Matrix nur eine Zeile, aber mehrere Spalten, spricht man von einem *Zeilenvektor*. Umgekehrt ist eine Matrix mit mehreren Zeilen und nur einer Spalte ein *Spaltenvektor*. Bei der Identifizierung der Elemente eines Vektors wird i.a. nur ein Index verwendet, der sich bei einem Zeilenvektor auf die Spalte und bei einem Spaltenvektor auf die Zeile bezieht.
- Hat eine Matrix genau so viele Zeilen wie Spalten, handelt es sich um eine *quadratische Matrix*. Die (Haupt) Diagonale einer quadratischen Matrix umfaßt die Elemente, bei denen Spalten- und Zeilennummer identisch sind.

- Sind alle Elemente oberhalb *und* unterhalb der Hauptdiagonalen einer quadratischen Matrix null, handelt es sich um eine *Diagonalmatrix*.
- Sind alle Elements oberhalb *oder* unterhalb der Diagonale einer quadratischen Matrix null, spricht man auch von einer *unteren* bzw. *oberen Dreiecksmatrix*.
- Eine *symmetrische Matrix* ist eine quadratische Matrix, deren Elemente an der Diagonale gespiegelt sind. Das Element der n-ten Zeile und m-ten Spalte ist also mit dem Element der m-ten Zeile und n-ten Spalte identisch. Elemente ober- oder unterhalb der Hauptdiagonalen einer symmetrischen Matrix werden bei der Darstellung oft ausgelassen.
- Eine *Einheitsmatrix* (**I**) ist eine Diagonalmatrix mit den Diagonalelementen eins.

Beispiele:

$$\mathbf{x} = \begin{pmatrix} x_1 \\ x_2 \\ x_3 \end{pmatrix} \qquad \mathbf{C} = \begin{pmatrix} 1 & 0 & 0 \\ 0 & 2 & 0 \\ 0 & 0 & 3 \end{pmatrix} \qquad \mathbf{D} = \begin{pmatrix} 4 & 1 & 2 \\ 1 & 5 & 3 \\ 2 & 3 & 6 \end{pmatrix}$$

x ist ein Spaltenvektor, dessen drei Elemente die Variablen x_1 bis x_3 sind. **C** ist eine Diagonalmatrix der Dimension 3×3. **D** ist eine symmetrische 3×3-Matrix.

Matrizen und Vektoren werden im Text und in Gleichungen immer fett gedruckt, um sie von Skalaren zu unterscheiden. Als Symbole verwenden wir für Matrizen immer große Buchstaben, für Vektoren dagegen kleine Buchstaben.

A1.2. Was ist Matrixalgebra?

Die Matrixalgebra beinhaltet Regeln zum Rechnen mit Matrizen. Die wichtigsten Regeln beziehen sich auf das Transponieren, Addieren, Subtrahieren und Invertieren von Matrizen.

Transponieren einer Matrix
Transponieren bezieht sich auf das Vertauschen von Zeilen und Spalten einer Matrix. Nach der Transponierung enthält die erste Zeile die Elemente der ersten Spalte vor der Transponierung, die zweite Zeile die Elemente der zweiten Spalte und so fort. Zur Kennzeichnung der Transponierung wird ein hochgestellter Strich (') oder ein hochgestelltes T (^{T}) verwendet. Dieses Symbol wird gelegentlich auch zur Kennzeichnung von Zeilenvektoren verwendet. Wenn **X** eine Matrix mit n Zeilen und m Spalten ist, hat die transponierte Matrix **Y** = **X'** m Zeilen und n Spalten. Das Element x_{ij} wird durch Transponieren zum Element y_{ji}. Beispiel:

$$\mathbf{A} = \begin{pmatrix} 1 & 2 & 3 \\ 4 & 5 & 6 \\ 7 & 8 & 9 \\ 10 & 11 & 12 \end{pmatrix} \rightarrow \mathbf{A}' = \begin{pmatrix} 1 & 4 & 7 & 10 \\ 2 & 5 & 8 & 11 \\ 3 & 6 & 9 & 12 \end{pmatrix}$$

Addition und Subtraktion zweier Matrizen
Zwei Matrizen der Dimension n×m werden durch Addieren bzw. Subtrahieren der korrespondierenden Elemente addiert oder subtrahiert. Es ist daher notwendig, daß die Anzahl der Zeilen und Spalten der beiden Matrizen übereinstimmt. Da im obigen Beispiel **A** eine 4×3-Matrix ist und **B** eine 3×4-Matrix, können die Matrizen weder addiert noch subtrahiert werden.

Es ist aber möglich, **B** von der transponierten Matrix **A'** abzuziehen oder **B** und **A'** zu addieren. Beispiel Subtraktion:

$$\mathbf{A'} - \mathbf{B} = \begin{pmatrix} 1 & 4 & 7 & 10 \\ 2 & 5 & 8 & 11 \\ 3 & 6 & 9 & 12 \end{pmatrix} - \begin{pmatrix} 1 & 1 & 2 & 2 \\ 1 & 2 & 3 & 4 \\ 1 & 3 & 2 & 4 \end{pmatrix} = \begin{pmatrix} 0 & 3 & 5 & 8 \\ 1 & 3 & 5 & 7 \\ 2 & 3 & 7 & 8 \end{pmatrix}$$

Multiplikation zweier Matrizen
Zwei Matrizen werden multipliziert, indem elementweise die Zeilen der linken Matrix mit den Spalten der rechten Matrix multipliziert und aufaddiert werden. Beispiel:

$$\begin{array}{ccccc} \mathbf{A} & \times & \mathbf{B} & = & \mathbf{E} \end{array}$$

$$\begin{pmatrix} 1 & 2 & 3 \\ 4 & 5 & 6 \\ 7 & 8 & 9 \\ 10 & 11 & 12 \end{pmatrix} \times \begin{pmatrix} 1 & 1 & 2 & 2 \\ 1 & 2 & 3 & 4 \\ 1 & 3 & 2 & 4 \end{pmatrix} = \begin{pmatrix} 6 & 14 & 14 & 22 \\ 15 & 32 & 35 & 52 \\ 24 & 50 & 56 & 82 \\ 33 & 68 & 77 & 112 \end{pmatrix}$$

Im Beispiel ergibt sich das Element e_{11} durch Addition der Produkte der Elemente aus der ersten Reihe von **A** und der ersten Spalte von **B**: $1 \times 1 + 2 \times 1 + 3 \times 1 = 6$. Analog gilt für das Element e_{23}, daß die Summe der Produkte der Elemente aus der zweiten Reihe von **A** und der dritte Spalte von **B** verwendet werden müssen: $4 \times 2 + 5 \times 3 + 6 \times 2 = 35$.

Aus dieser Regel folgt, daß die Anzahl der Spalten der linken Matrix eines Matrizenprodukts mit der Anzahl der Zeilen der rechten Matrix übereinstimmen muß. Anderenfalls ist das Matrizenprodukt nicht definiert. Wir können daher in unserem Beispiel zwar das Produkt **A**×**B** bilden und auch das Produkt **B**×**A**, aber nicht das Produkt **A'**×**B**. Obwohl sowohl **A**×**B** als auch **B**×**A** existieren, sind die resultierenden Matrizen verschieden. **A**×**B** hat die Dimension 4×4, während **B**×**A** eine 3×3-Matrix ist:

$$\begin{array}{ccccc} \mathbf{B} & \times & \mathbf{A} & = & \mathbf{F} \end{array}$$

$$\begin{pmatrix} 1 & 1 & 2 & 2 \\ 1 & 2 & 3 & 4 \\ 1 & 3 & 2 & 4 \end{pmatrix} \times \begin{pmatrix} 1 & 2 & 3 \\ 4 & 5 & 6 \\ 7 & 8 & 9 \\ 10 & 11 & 12 \end{pmatrix} = \begin{pmatrix} 79 & 45 & 51 \\ 70 & 80 & 9 \\ 67 & 77 & 87 \end{pmatrix}$$

Bei der Multiplikation zweier Matrizen kommt es also darauf an, in welcher Reihenfolge die zu multiplizierenden Matrizen stehen. Die Matrix **E** ergibt sich, wenn die Matrix **A** *von rechts* mit der Matrix **B** multipliziert wird; die Matrix **F** erhält man dagegen, wenn die Matrix **A** *von links* mit der Matrix **B** multipliziert wird.

Von der allgemeinen Regel der Matrizenmultiplikation gibt es eine Ausnahme: Danach ist es immer möglich, eine beliebige Matrix mit einem Skalar oder einen Skalar mit einer beliebigen Matrix zu multiplizieren. Dazu wird jedes Element der Matrix mit dem Skalar multipliziert.

Die Matrizenmultiplikation ermöglicht es, mehrere lineare Gleichungen durch eine einzige Matrizengleichung zu ersetzen. Angenommen, die Variablen y_1, y_2 und y_3 sind Linearkombinationen von vier Ausgangsvariablen x_1, x_2, x_3 und x_4:

$$y_1 = \beta_{10} + \beta_{11} \times x_1 + \beta_{12} \times x_2 + \beta_{13} \times x_3 + \beta_{14} \times x_4$$
$$y_2 = \beta_{20} + \beta_{21} \times x_1 + \beta_{22} \times x_2 + \beta_{23} \times x_3 + \beta_{24} \times x_4$$
$$y_3 = \beta_{30} + \beta_{31} \times x_1 + \beta_{32} \times x_2 + \beta_{33} \times x_3 + \beta_{34} \times x_4$$

Wie leicht nachzurechnen ist, lassen sich die drei Gleichungen in einer Matrizengleichung zusammenfassen, bei der sich der Spaltenvektor y als Produkt der Matrix B mit einem Spaltenvektor x ergibt:

$$\mathbf{y} = \mathbf{B} \times \mathbf{x}$$

$$\begin{pmatrix} y_1 \\ y_2 \\ y_3 \end{pmatrix} = \begin{pmatrix} \beta_{10} & \beta_{11} & \beta_{12} & \beta_{13} & \beta_{14} \\ \beta_{20} & \beta_{21} & \beta_{22} & \beta_{23} & \beta_{24} \\ \beta_{30} & \beta_{31} & \beta_{32} & \beta_{33} & \beta_{34} \end{pmatrix} \times \begin{pmatrix} 1 \\ x_1 \\ x_2 \\ x_3 \\ x_4 \end{pmatrix}$$

Um in der Gleichung auch die Konstanten β_{10}, β_{20} und β_{30} zu berücksichtigen, enthält der Vektor x zusätzlich zu den drei Ausgangsvariablen x_1, x_2 und x_3 als erstes Element eine Konstante mit dem Wert Eins (1).

Invertieren einer quadratischen Matrix
Die Multiplikation einer Zahl mit ihrer Inversen ergibt eins. Eine Analogie der Matrizenrechnung ist die *Invertierung* einer quadratischen Matrix. Das Analogon zur Zahl Eins ist dabei die Einheitsmatrix. Wie man sich anhand eines Beispiels verdeutlichen kann, ändert sich eine n×m-Matrix A nicht, wenn man sie von links mit der n×n Einheitsmatrix $\mathbf{I_n}$ oder von rechts mit der m×m-Einheitsmatrix $\mathbf{I_m}$ multipliziert: $\mathbf{I_n} \times \mathbf{A} = \mathbf{A}$ und $\mathbf{B} \times \mathbf{I_m} = \mathbf{B}$.

Die *Inverse* einer Matrix ist nun so definiert, daß sich die Einheitsmatrix ergibt, wenn man die Inverse von links oder von rechts mit der Ausgangsmatrix multipliziert. Die Inverse einer Matrix wird durch ein hochgestelltes -1 gekennzeichnet. $\mathbf{G}^{-1}$ ist also die Inverse der Matrix $\mathbf{G}$. Aus dieser Eigenschaft einer Inversen folgt, daß die Invertierung einer Matrix *nur* für quadratische Matrizen definiert ist. Beispiel:

$$\mathbf{G} \times \mathbf{G}^{-1} = \mathbf{I} \qquad \mathbf{G}^{-1} \times \mathbf{G} = \mathbf{I}$$

$$\begin{pmatrix} 1 & 2 \\ 2 & 5 \end{pmatrix} \times \begin{pmatrix} 5 & -2 \\ -2 & 1 \end{pmatrix} = \begin{pmatrix} 1 & 0 \\ 0 & 1 \end{pmatrix} \qquad \begin{pmatrix} 5 & -2 \\ -2 & 1 \end{pmatrix} \times \begin{pmatrix} 1 & 2 \\ 2 & 5 \end{pmatrix} = \begin{pmatrix} 1 & 0 \\ 0 & 1 \end{pmatrix}$$

Es ist nicht garantiert, daß die Inverse einer quadratischen Matrix existiert. Ähnlich wie kein inverses Element zur Zahl Null existiert, gibt es auch quadratische Matrizen, die nicht invertiert werden können. Solche nichtinvertierbaren Matrizen werden *singulär* genannt. Umgekehrt heißen quadratische Matrizen, deren Inverse existiert, *regulär*.

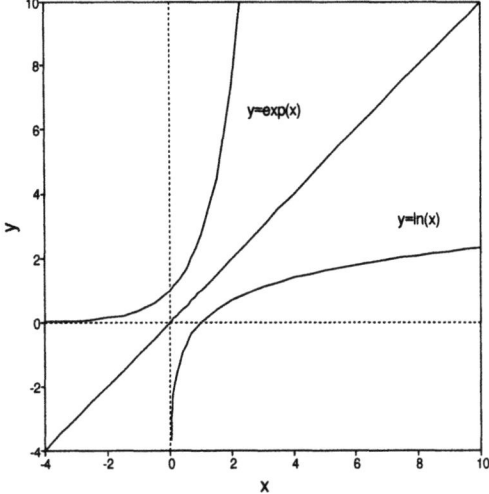

Abbildung A2.1: Graph der Funktionen exp(x) und ln(x)

Die Multiplikation einer Matrix mit ihrer Inversen ist das Substitut für die in der Matrixalgebra nicht existierende Division zweier Matrizen. Dazu ein Beispiel:

$$\begin{aligned} \mathbf{G\,H} &= \mathbf{M} \\ \mathbf{G^{-1}\,G\,H} &= \mathbf{G^{-1}\,M} \\ \mathbf{I\,\,\,H} &= \mathbf{G^{-1}\,M} \\ \mathbf{H} &= \mathbf{G^{-1}\,M} \end{aligned}$$

Für die Berechnung von Inversen gibt es verschiedene Algorithmen. Da diese Berechnung bei größeren Matrizen sehr aufwendig ist, wird sie in der Regel dem Computer überlassen.

A2 Logarithmus und Exponentialfunktion

Die Exponentialfunktion und der natürliche Logarithmus beruhen beide auf der *Euler'schen Konstanten* e, die auf fünf Nachkommastellen gerundet dem Wert 2,71828 entspricht. Die Exponentialfunktion einer Variablen x bezeichnen wir mit e^x oder exp(x). Den natürlichen Logarithmus einer Variablen x bezeichnet man mit $\log_e(x)$ (sprich: Logarithmus von x zur Basis e) oder kurz ln(x). Tabelle A2.1 und Abbildung A2.1 zeigen, welche Funktionswerte exp(x) bzw. ln(x) für einige ausgewählte x-Werte annehmen.

Der natürliche Logarithmus ist die *Umkehrfunktion* der Exponentialfunktion. Wenn $y = e^x$ gilt, dann entspricht $\ln(y) = \ln(e^x)$ und $\ln(e^x) = x$. Aus Tabelle A2.1 erkennen wir beispielsweise, daß die Exponentialfunktion für x = 2,0 den Wert $y = e^2 = 7{,}38906$ ergibt. Berechnet man anschließend den natürlichen Logarithmus dieser Zahl, erhält man wiederum den Wert $\ln(y) = \ln(7{,}38906) = 2{,}0$. Graphisch erkennt man diese Eigenschaft an der Tatsache, daß die Funktion y = ln(x) der Funktion y = exp(x) entspricht, wenn man letztere an der Diagonalen

Tabelle A2.1: exp(x) und ln(x) für einige ausgewählte Werte

x	exp(x)		x	ln(x)
-10,0	$e^{-10} = 1/e^{10}$	= 0,00005	0,00005	-10,000000
-5,0	$e^{-5} = 1/e^{5}$	= 0,00674	0,00674	-5,000000
-1,0	$e^{-1} = 1/e$	= 0,36788	0,36788	-1,000000
0,0	e^{0}	= 1,00000	1,00000	0,000000
0,5	$e^{0,5} = \sqrt{e}$	= 1,64872	1,64872	0,500000
			2,00000	0,693147
1,0	$e^{1} = e$	= 2,71828	2,71828	1,000000
			4,00000	1,386294
1,5	$e^{1,5}$	= 4,48169	4,48169	1,500000
2,0	e^{2}	= 7,38906	7,38906	2,000000
3,0	e^{3}	= 20,08554	20,08554	3,000000
4,0	e^{4}	= 54,59815	54,59815	4,000000

zwischen erstem und drittem Quadranten des Koordinatenkreuzes spiegelt (vgl. Abbildung A2.1).

Die Umkehrung gilt natürlich auch in umgekehrter Richtung: Wenn y = ln(x) gilt, dann entspricht exp(y) = exp(ln(x)) und exp (ln(x)) = x. Aus Tabelle A2.1 erkennt man z.B., daß der natürliche Logarithmus der Zahl 4,48169 dem Wert 1,5 entspricht und die Exponentialfunktion für x = 1,5 wiederum den Wert 4,48169 ergibt. Man bezeichnet daher die Funktion exp(x) auch als *Antilogarithmus* der Zahl x.

Für die Exponentialfunktion und den natürlichen Logarithmus gelten die üblichen Rechenregeln für Potenzen und Logarithmen. Wir machen dabei insbesondere von vier Regeln Gebrauch:

1. Produkt von Potenzen: $e^{a} \times e^{b} = e^{a+b}$
   Beispiel: $3^2 \times 3^3 = 9 \times 27 = 243$. Gegenprobe: $3^{2+3} = 3^5 = 243$.

2. Logarithmus eines Produktes: ln(a×b) = ln(a) + ln(b)
   Beispiel: ln(2,71828×1,64872) = ln(2,71828) + ln(1,64872). Aus Tabelle A2.1 entnehmen wir die entsprechenden Werte 1,0 bzw. 0,5, deren Summe 1,5 ergibt. Gegenprobe: Das Produkt 2,71828×1,64872 ergibt den Wert 4,48169 und der natürliche Logarithmus dieser Zahl entspricht ln(4,48169) = 1,5.

3. Logarithmus eines Quotienten: ln(a/b) = ln(a)-ln(b)
   Beispiel: ln(4,48169/1,64872) = ln(4,48169)-ln(1,64872) = 1,5-0,5 = 1,0. Da der Quotient 4,48169/1,64872 den Wert 2,71828 ergibt und ln(2,71828) = 1,0 entspricht, läßt sich auch Regel 3 nachvollziehen.

4. Logarithmus einer Potenz: $\ln(a^b) = b \times \ln(a)$
   Beispiel: $\ln(2^2) = 2 \times \ln(2) = 2 \times 0{,}693147 = 1{,}386294$. Aus Tabelle A2.1 erkennt man, daß der natürliche Logarithmus von $2^2 = 4$ ebenfalls $1{,}386294$ ergibt.

Konkret benutzen wir den natürlichen Logarithmus, um zwei methodische Probleme zu lösen: a) zur einfacheren Maximierung von Likelihood-Funktionen und b) zur Transformation von multiplikativen Regressionsmodellen in linear-additive Modelle.

a) Um das *Maximum einer Funktion* analytisch zu bestimmen, muß man die Funktion differenzieren. Die sogenannte erste Ableitung der Funktion läßt sich oft sehr viel einfacher berechnen, wenn die Ausgangsfunktion lediglich aus Summen besteht. Nach der zuvor genannten Regel 2 entspricht der Logarithmus eines Produktes der Summe der Logarithmen der einzelnen Terme. Von dieser Regel (in Verbindung mit Regel 4) wird z.B. beim Übergang von Gleichung (1.6) auf Gleichung (1.7) Gebrauch gemacht.

b) Die klassische Regressionsanalyse beruht auf linearen Modellen. *Multiplikative Modelle* haben, wie wir gesehen haben, für kategoriale Daten jedoch einige Vorteile. Gleichung (1.3) zeigt beispielsweise ein multiplikatives Regressionsmodell für die Odds: $\pi_{jp}/\pi_{jm} = \gamma_0 \times \gamma_1^{x_j}$ (j = o,w). Unter Verwendung der Regeln 2 und 4 ergibt sich daraus wieder ein lineares Modell (genauer: ein log-lineares Modell): $\ln(\pi_{jp}/\pi_{jm}) = \ln(\gamma_0) + \ln(\gamma_1) \times x_j$ mit den Regressionskoeffizienten $\ln(\gamma_0)$ und $\ln(\gamma_1)$.

A3 Chi-Quadrat- und Standardnormalverteilung

df	α=0,25	α=0,1	α=0,05	α=0,025	α=0,01	α=0,005	α=0,001
			χ^2-Verteilung				
1	1,323	2,706	3,841	5,024	6,635	7,879	10,828
2	2,773	4,605	5,991	7,378	9,210	10,597	13,816
3	4,108	6,251	7,815	9,348	11,345	12,838	16,266
4	5,385	7,779	9,488	11,143	13,277	14,860	18,467
5	6,626	9,236	11,070	12,833	15,086	16,750	20,515
6	7,841	10,645	12,592	14,449	16,812	18,548	22,458
7	9,037	12,017	14,067	16,013	18,475	20,278	24,322
8	10,219	13,362	15,507	17,535	20,090	21,955	26,124
9	11,389	14,684	16,919	19,023	21,666	23,589	27,877
10	12,549	15,987	18,307	20,483	23,209	25,188	29,588
11	13,701	17,275	19,675	21,920	24,725	26,757	31,264
12	14,845	18,549	21,026	23,337	26,217	28,300	32,909
13	15,984	19,812	22,362	24,736	27,688	29,819	34,528
14	17,117	21,064	23,685	26,119	29,141	31,319	36,123
15	18,245	22,307	24,996	27,488	30,578	32,801	37,697
16	19,369	23,542	26,296	28,845	32,000	34,267	39,252
17	20,489	24,769	27,587	30,191	33,409	35,718	40,790
18	21,605	25,989	28,869	31,526	34,805	37,156	42,312
19	22,718	27,204	30,144	32,852	36,191	38,582	43,820
20	23,828	28,412	31,410	34,170	37,566	39,997	45,315
21	24,935	29,615	32,671	35,479	38,932	41,401	46,797
22	26,039	30,813	33,924	36,781	40,289	42,796	48,268
23	27,141	32,007	35,172	38,076	41,638	44,181	49,728
24	28,241	33,196	36,415	39,364	42,980	45,559	51,179
25	29,339	34,382	37,652	40,646	44,314	46,928	52,620
26	30,435	35,563	38,885	41,923	45,642	48,290	54,052
27	31,528	36,741	40,113	43,195	46,963	49,645	55,476
28	32,620	37,916	41,337	44,461	48,278	50,993	56,892
29	33,711	39,087	42,557	45,722	49,588	52,336	58,301
30	34,800	40,256	43,773	46,979	50,892	53,672	59,703
40	45,616	51,805	55,758	59,342	63,691	66,766	73,402
50	56,334	63,167	67,505	71,420	76,154	79,490	86,661
60	66,981	74,397	79,082	83,298	88,379	91,952	99,607
70	77,577	85,527	90,531	95,023	100,425	104,215	112,317
80	88,130	96,578	101,879	106,629	112,329	116,321	124,839
90	98,650	107,565	113,145	118,136	124,116	128,299	137,208
100	109,141	118,498	124,342	129,561	135,807	140,169	149,449
			Standardnormalverteilung				
z	0,674	1,282	1,645	1,960	2,326	2,576	3,090

A4 Datenliste

Die folgende Tabelle enthält die Individualdaten des im Text verwendeten Datensatzes. Für insgesamt 750 Personen sind der Reihe nach die Werte der folgenden Variablen aufgeführt: a) Fallnummer, b) Wahlbeteiligung, c) Alter, d) Konfession, e) Parteipräferenz, f) Bildung und g) Wahlabsicht.

a	b	c	d	e	f	g	a	b	c	d	e	f	g	a	b	c	d	e	f	g
1	1	57	1	1	2	3	35	0	42	1	0	1	0	69	1	27	1	2	4	2
2	0	23	0	1	4	0	36	1	54	1	0	2	1	70	0	58	0	2	1	0
3	1	60	1	1	1	2	37	1	47	1	2	1	3	71	1	60	0	1	1	1
4	1	38	1	2	1	3	38	1	51	1	0	1	1	72	1	21	0	0	2	1
5	0	67	1	2	2	0	39	1	70	1	2	1	3	73	1	66	1	0	1	3
6	1	55	0	0	1	1	40	0	25	0	0	1	0	74	0	28	0	2	3	0
7	0	50	1	2	2	0	41	1	50	0	2	1	3	75	1	23	1	0	1	1
8	1	68	0	1	1	1	42	1	40	0	0	3	1	76	1	29	1	2	2	3
9	1	52	1	0	3	3	43	1	53	1	0	2	1	77	0	37	0	0	2	0
10	1	56	0	0	1	1	44	1	38	1	0	1	3	78	0	24	1	0	1	0
11	1	34	0	0	1	1	45	1	56	1	1	1	3	79	1	37	0	0	1	1
12	1	19	0	1	4	2	46	0	23	1	2	1	0	80	1	31	1	1	2	2
13	1	29	1	1	2	2	47	0	53	0	1	1	0	81	1	50	0	2	2	3
14	0	45	1	2	4	0	48	1	45	0	0	3	1	82	0	40	0	0	1	0
15	1	20	1	1	1	3	49	1	19	0	0	2	1	83	1	62	0	2	1	3
16	1	65	1	2	2	3	50	1	45	1	0	2	3	84	0	54	0	2	1	0
17	1	59	1	0	1	1	51	1	49	1	0	3	1	85	0	43	0	0	1	0
18	1	35	0	0	4	2	52	1	42	0	1	1	2	86	1	26	0	1	2	2
19	0	27	1	1	4	0	53	0	22	1	2	1	0	87	0	30	0	2	2	0
20	1	67	1	2	1	3	54	1	49	0	2	1	3	88	0	39	0	1	3	0
21	1	52	1	2	2	3	55	0	46	0	0	1	0	89	1	49	1	2	2	3
22	1	70	1	0	1	1	56	0	61	1	2	2	0	90	0	49	0	2	1	0
23	1	40	0	2	2	3	57	0	43	1	0	2	0	91	0	19	0	2	4	0
24	1	32	1	2	1	3	58	1	70	0	2	1	3	92	1	66	1	2	1	3
25	1	35	1	2	4	3	59	0	49	0	0	1	0	93	1	46	0	0	1	1
26	1	23	0	2	2	3	60	0	59	0	1	1	0	94	0	55	0	2	2	0
27	1	30	1	2	4	2	61	1	50	0	0	1	1	95	0	60	0	0	3	0
28	1	62	1	0	1	1	62	1	42	0	0	2	1	96	0	23	1	1	4	0
29	1	18	0	1	2	2	63	1	21	1	2	1	3	97	1	32	0	2	2	3
30	0	23	0	0	1	0	64	1	66	1	2	1	3	98	0	45	0	2	1	0
31	1	34	1	2	4	3	65	1	70	1	0	2	1	99	0	49	0	2	1	0
32	1	21	1	2	1	3	66	1	30	0	0	2	1	100	1	35	1	2	1	1
33	0	29	1	2	3	0	67	1	26	0	1	2	2	101	1	60	1	0	1	1
34	1	53	1	2	4	3	68	0	36	0	2	1	0	102	0	25	0	0	2	0

a	b	c	d	e	f	g	a	b	c	d	e	f	g	a	b	c	d	e	f	g
103	1	53	1	0	1	1	145	0	24	0	1	2	0	187	1	41	1	2	1	3
104	0	22	0	1	2	0	146	1	25	0	0	1	1	188	0	43	1	2	4	0
105	1	61	1	2	1	3	147	1	63	0	1	1	1	189	0	50	0	1	2	0
106	0	51	0	2	2	0	148	0	65	1	2	3	0	190	1	30	0	0	2	1
107	0	49	0	0	1	0	149	1	70	1	0	2	3	191	1	63	1	1	1	3
108	0	21	0	0	2	0	150	1	68	0	0	1	1	192	0	50	0	2	3	0
109	0	30	1	2	1	0	151	1	39	1	0	1	1	193	1	47	1	0	1	1
110	0	27	0	2	1	0	152	0	46	0	2	1	0	194	0	65	0	2	2	0
111	1	61	0	1	1	3	153	0	67	1	0	2	0	195	1	19	0	1	2	1
112	1	44	0	0	1	1	154	0	25	1	2	1	0	196	1	55	1	0	1	1
113	1	23	1	0	1	1	155	1	47	0	1	1	1	197	1	35	0	1	3	1
114	1	41	1	2	1	3	156	1	50	1	0	2	1	198	0	52	0	2	3	0
115	1	70	1	1	1	3	157	1	53	1	2	2	3	199	0	29	0	0	2	0
116	0	50	0	2	4	0	158	0	66	0	0	1	0	200	1	25	0	0	1	1
117	0	19	0	2	4	0	159	1	47	1	2	2	3	201	1	31	0	1	2	3
118	0	57	0	0	2	0	160	0	70	0	1	1	0	202	0	65	0	0	3	0
119	1	61	1	0	1	1	161	1	31	1	2	1	3	203	1	37	1	2	3	3
120	0	36	0	2	2	0	162	0	36	0	2	3	0	204	1	54	1	2	1	3
121	1	35	1	2	1	3	163	1	39	1	0	2	1	205	1	47	1	2	4	3
122	1	53	1	2	1	3	164	1	28	1	0	3	3	206	0	63	1	0	1	0
123	1	33	0	0	2	1	165	1	42	1	2	1	3	207	1	26	0	0	1	1
124	1	32	0	0	1	1	166	1	20	1	0	3	1	208	1	46	0	0	1	1
125	0	39	0	0	1	0	167	1	50	1	1	3	2	209	1	42	1	2	2	3
126	1	26	1	2	1	3	168	0	28	0	0	1	0	210	1	40	1	2	3	3
127	0	42	0	2	1	0	169	1	50	1	0	3	1	211	0	19	1	2	1	0
128	0	21	1	0	2	0	170	1	47	1	2	1	1	212	0	20	0	0	2	0
129	1	58	1	1	2	2	171	0	25	0	2	4	0	213	0	18	0	0	2	0
130	1	65	1	0	1	1	172	1	64	1	2	1	3	214	0	47	0	0	2	0
131	1	70	1	2	1	3	173	0	40	0	2	2	0	215	1	62	1	2	1	3
132	1	23	1	0	1	1	174	1	62	1	2	1	3	216	0	32	0	1	4	0
133	1	39	1	0	4	3	175	1	24	0	2	1	3	217	1	57	1	2	1	3
134	1	25	1	2	1	3	176	1	18	1	2	4	3	218	1	52	0	1	1	1
135	1	55	1	2	1	3	177	1	34	0	1	1	1	219	1	54	1	2	2	3
136	1	68	1	0	3	2	178	1	54	1	2	2	3	220	1	51	1	0	3	1
137	1	56	1	0	1	1	179	1	40	1	2	1	3	221	0	55	0	2	1	0
138	0	26	1	2	1	0	180	1	32	1	2	1	3	222	1	60	1	0	1	1
139	0	20	0	1	1	0	181	0	27	0	0	2	0	223	1	43	1	0	2	3
140	1	32	0	0	1	1	182	1	65	1	1	2	2	224	0	20	0	1	1	0
141	0	53	1	0	3	0	183	1	54	1	2	2	3	225	1	53	1	2	1	3
142	1	19	0	2	1	3	184	0	45	0	0	1	0	226	1	21	0	2	3	3
143	1	40	0	0	1	1	185	0	34	0	0	2	0	227	0	47	0	1	1	0
144	0	23	0	2	3	0	186	1	40	1	0	1	1	228	0	24	0	2	2	0

a	b	c	d	e	f	g	a	b	c	d	e	f	g	a	b	c	d	e	f	g
229	1	46	1	2	4	3	271	1	68	1	2	1	3	313	0	45	0	2	3	0
230	0	27	0	0	4	0	272	1	49	1	0	1	1	314	1	38	1	0	2	1
231	1	35	1	0	1	1	273	1	55	1	2	3	3	315	0	31	0	2	4	0
232	1	50	0	0	2	1	274	0	35	0	0	2	0	316	1	70	0	0	1	1
233	0	21	0	1	3	0	275	1	23	0	2	1	3	317	1	58	1	2	1	3
234	1	25	1	0	3	1	276	1	27	1	0	2	1	318	1	28	1	2	4	3
235	0	46	0	0	1	0	277	1	63	1	2	2	3	319	0	49	0	0	2	0
236	1	52	1	2	2	3	278	1	36	1	2	1	3	320	1	70	1	0	1	1
237	1	66	1	2	1	3	279	1	67	1	2	2	1	321	1	33	1	0	2	1
238	1	32	0	1	1	2	280	1	45	1	0	1	1	322	1	31	1	2	4	3
239	1	47	1	2	1	3	281	0	54	0	1	1	0	323	1	18	0	0	1	3
240	1	57	1	2	1	3	282	0	59	0	1	2	0	324	0	27	0	1	3	0
241	1	32	0	0	1	1	283	1	19	0	1	1	2	325	0	20	0	0	4	0
242	1	22	0	2	4	3	284	1	47	1	0	2	1	326	1	29	0	1	1	3
243	1	27	1	2	1	3	285	1	58	1	0	2	1	327	1	24	0	2	2	3
244	0	42	1	2	1	0	286	0	57	1	0	1	0	328	1	45	0	1	2	2
245	0	35	0	0	1	0	287	1	63	0	0	1	1	329	1	61	1	2	1	3
246	1	46	0	2	1	3	288	0	51	1	0	1	0	330	0	50	0	2	3	0
247	0	38	0	0	1	0	289	1	42	0	1	3	2	331	1	67	1	2	1	3
248	1	69	1	0	2	1	290	0	32	0	0	1	0	332	1	41	0	1	3	2
249	0	40	0	0	1	0	291	0	46	0	2	1	0	333	1	69	1	0	2	2
250	1	22	0	2	1	1	292	0	30	0	2	1	0	334	1	39	0	1	1	2
251	1	68	1	2	2	3	293	1	63	1	1	2	2	335	1	50	0	0	1	3
252	0	21	0	1	1	0	294	0	43	0	2	1	0	336	1	48	1	2	1	3
253	1	35	1	0	1	2	295	1	50	1	2	1	3	337	1	58	0	1	2	2
254	1	36	1	2	3	3	296	1	40	0	2	4	2	338	0	37	1	0	1	0
255	1	50	1	2	2	1	297	1	69	1	2	1	3	339	0	38	0	0	1	0
256	0	68	1	2	2	0	298	0	23	0	2	2	0	340	0	48	0	2	3	0
257	1	58	0	1	1	2	299	0	28	0	2	1	0	341	1	32	1	0	2	1
258	0	34	1	0	1	0	300	1	23	1	2	1	3	342	1	36	1	2	1	3
259	0	23	0	1	2	0	301	1	48	1	0	1	1	343	1	64	1	2	1	3
260	0	62	1	2	1	0	302	1	38	1	0	1	3	344	0	60	0	0	1	0
261	0	36	0	2	2	0	303	1	55	1	0	2	1	345	1	47	1	2	3	3
262	0	52	1	2	2	0	304	0	31	0	0	3	0	346	0	66	0	1	1	0
263	1	64	0	2	1	3	305	1	66	0	0	1	1	347	1	23	0	0	1	1
264	0	40	0	2	3	0	306	1	69	1	2	1	3	348	0	31	0	0	2	0
265	1	25	1	2	1	3	307	1	61	1	0	1	1	349	1	41	0	2	1	1
266	1	70	1	2	1	3	308	0	35	1	2	2	0	350	1	34	0	1	4	2
267	1	41	0	2	1	1	309	1	40	1	2	4	1	351	0	19	0	2	4	0
268	1	58	1	2	2	3	310	0	19	0	2	4	0	352	0	31	0	0	1	0
269	1	65	1	0	1	3	311	1	43	1	0	1	1	353	1	30	1	2	1	3
270	1	58	0	1	1	1	312	0	64	1	2	1	0	354	1	19	0	2	1	3

a	b	c	d	e	f	g	a	b	c	d	e	f	g	a	b	c	d	e	f	g
355	1	56	0	2	1	3	397	1	61	0	1	1	1	439	1	68	1	2	2	3
356	0	29	1	2	2	0	398	0	22	0	0	1	0	440	1	27	0	2	2	3
357	1	54	1	2	1	3	399	1	21	0	2	3	3	441	1	67	0	0	2	1
358	1	58	1	0	1	1	400	1	52	1	0	1	1	442	1	48	1	2	2	3
359	1	53	0	1	1	1	401	1	42	0	0	1	1	443	0	22	0	2	2	0
360	1	40	1	2	1	1	402	1	20	1	0	1	1	444	1	48	0	2	1	3
361	1	47	1	2	2	3	403	1	67	1	2	1	3	445	1	41	0	2	1	3
362	1	31	0	1	1	2	404	0	43	0	2	1	0	446	1	37	0	1	2	2
363	0	57	1	0	2	0	405	1	66	1	0	2	1	447	1	67	1	0	1	1
364	0	70	1	0	2	0	406	1	31	0	1	1	2	448	1	19	0	0	1	1
365	0	18	0	2	4	0	407	1	38	1	2	1	3	449	1	57	1	2	2	3
366	1	58	1	0	4	1	408	1	32	1	2	1	3	450	0	29	0	2	2	0
367	1	40	1	2	2	3	409	0	45	0	0	1	0	451	1	64	1	0	1	1
368	1	68	1	2	2	3	410	1	64	1	2	3	3	452	1	56	1	2	1	3
369	1	65	1	2	2	3	411	0	64	1	2	1	0	453	1	18	1	0	1	3
370	1	64	1	0	1	1	412	0	36	1	2	1	0	454	1	58	1	2	3	3
371	1	28	0	0	1	1	413	1	29	1	2	4	3	455	1	20	0	0	4	3
372	1	62	0	2	3	3	414	0	47	0	0	1	0	456	1	69	1	2	2	3
373	0	54	1	2	4	0	415	1	56	0	2	1	1	457	1	70	1	2	2	3
374	0	34	0	0	2	0	416	0	24	0	0	1	0	458	1	22	1	0	1	1
375	1	44	1	2	1	3	417	1	70	1	2	1	3	459	1	21	0	1	1	2
376	1	64	1	2	2	3	418	0	43	0	1	1	0	460	1	62	1	2	2	3
377	0	68	0	0	1	0	419	1	61	1	0	2	2	461	1	47	0	1	2	2
378	1	51	0	1	2	1	420	0	33	0	0	1	0	462	1	70	1	2	2	3
379	0	48	0	0	3	0	421	0	46	0	0	4	0	463	1	34	1	0	1	3
380	1	32	1	0	2	3	422	1	25	1	2	1	3	464	1	62	1	0	1	1
381	1	24	0	0	1	1	423	1	55	1	2	2	3	465	1	51	1	2	1	3
382	1	20	0	1	3	2	424	1	61	1	0	1	1	466	0	28	1	0	1	0
383	0	26	0	1	2	0	425	1	40	1	2	2	3	467	0	29	0	1	3	0
384	0	36	1	0	1	0	426	1	34	0	0	2	1	468	1	52	1	2	1	3
385	0	20	0	0	1	0	427	1	38	1	0	1	1	469	1	27	0	2	2	3
386	0	49	0	0	3	0	428	1	29	1	1	2	3	470	1	46	1	0	4	2
387	1	65	1	2	1	3	429	0	34	1	0	1	0	471	0	22	0	1	3	0
388	0	29	0	0	2	0	430	0	62	1	0	1	0	472	1	36	0	0	2	1
389	1	20	0	0	1	1	431	1	63	0	0	1	3	473	1	55	1	2	1	3
390	0	50	1	2	1	0	432	0	20	0	0	4	0	474	0	30	0	2	2	0
391	1	32	0	1	4	2	433	0	42	0	0	1	0	475	1	62	1	0	3	1
392	0	25	0	1	1	0	434	1	63	0	0	1	3	476	0	21	0	0	1	0
393	1	20	0	0	2	1	435	1	67	1	1	1	1	477	1	50	1	2	1	1
394	0	53	1	2	3	0	436	0	36	0	2	3	0	478	1	27	0	0	2	1
395	1	28	0	1	2	3	437	0	37	1	0	4	0	479	1	53	1	0	1	1
396	0	27	0	0	4	0	438	0	44	0	0	1	0	480	1	57	1	0	1	1

a	b	c	d	e	f	g	a	b	c	d	e	f	g	a	b	c	d	e	f	g
481	1	24	0	2	2	3	523	1	38	0	0	4	1	565	1	59	1	2	1	3
482	1	27	0	1	1	2	524	1	39	1	0	1	1	566	0	33	1	1	2	0
483	0	22	1	0	4	0	525	0	18	0	1	1	0	567	1	57	1	2	1	3
484	1	63	1	0	1	1	526	0	46	0	0	1	0	568	1	50	0	1	2	2
485	1	30	1	0	1	1	527	0	66	0	0	2	0	569	1	46	1	2	4	3
486	1	50	1	2	1	3	528	1	52	1	0	1	1	570	0	19	0	0	4	0
487	0	57	0	2	1	0	529	1	43	1	2	1	3	571	1	60	1	0	1	1
488	1	60	0	1	2	3	530	1	50	1	2	1	3	572	0	55	0	0	2	0
489	1	21	0	1	4	2	531	1	57	1	0	1	1	573	1	22	0	2	2	1
490	0	49	1	2	2	0	532	1	70	1	0	1	1	574	1	50	1	2	1	3
491	1	58	1	2	2	3	533	1	28	0	0	1	1	575	1	54	1	0	1	3
492	0	26	1	0	1	0	534	0	36	1	2	1	0	576	1	43	0	0	3	1
493	0	43	1	2	1	0	535	0	48	0	2	1	0	577	1	40	0	0	1	1
494	0	54	0	0	2	0	536	0	34	0	1	1	0	578	1	67	1	2	1	3
495	0	46	0	1	1	0	537	1	42	1	0	1	1	579	1	55	0	1	1	2
496	1	33	1	0	1	1	538	1	26	0	2	2	3	580	1	46	1	0	1	2
497	1	48	1	2	1	3	539	1	70	1	0	2	1	581	1	65	1	0	1	1
498	1	22	0	2	2	3	540	0	32	1	2	1	0	582	1	38	1	0	2	1
499	1	60	1	2	3	3	541	0	62	1	0	1	0	583	0	39	1	2	1	0
500	1	41	1	0	1	1	542	1	30	1	0	1	1	584	0	35	1	2	2	0
501	0	27	0	2	2	0	543	1	39	1	2	1	1	585	1	27	1	1	2	2
502	1	27	1	2	1	3	544	1	29	1	2	2	3	586	0	32	0	0	2	0
503	0	43	0	1	3	0	545	1	40	0	1	2	2	587	1	40	1	2	1	3
504	0	41	1	2	1	0	546	1	42	1	0	1	1	588	0	47	0	0	1	0
505	0	26	1	2	1	0	547	1	64	1	2	1	3	589	1	62	1	1	1	2
506	0	28	0	2	1	0	548	1	58	1	2	1	1	590	1	22	0	0	1	1
507	1	47	1	2	1	3	549	1	53	0	0	4	1	591	1	55	1	2	1	3
508	1	42	1	1	1	1	550	1	62	1	2	1	3	592	1	19	1	0	1	1
509	1	54	1	2	1	3	551	1	34	0	1	1	1	593	0	43	1	2	4	0
510	1	61	1	2	2	3	552	0	29	0	2	2	0	594	1	35	1	2	1	3
511	1	43	1	0	1	1	553	1	39	1	2	1	3	595	1	48	1	0	1	3
512	0	18	1	0	1	0	554	1	31	1	1	3	2	596	1	56	0	0	2	1
513	1	49	1	2	3	3	555	1	53	1	0	2	1	597	0	58	0	1	2	0
514	0	23	0	1	1	0	556	0	58	0	2	2	0	598	1	36	1	1	1	3
515	0	24	0	2	4	0	557	1	40	1	2	1	3	599	1	18	0	1	1	3
516	1	55	0	2	1	3	558	0	36	0	0	1	0	600	1	40	1	0	2	1
517	0	62	0	2	2	0	559	1	65	0	1	1	3	601	1	41	0	1	1	1
518	1	51	1	0	1	1	560	1	47	1	0	4	2	602	1	44	1	0	3	2
519	1	50	1	2	2	3	561	1	54	0	0	3	1	603	0	63	1	2	3	0
520	1	66	1	0	2	1	562	0	28	0	2	4	0	604	1	53	1	2	2	3
521	1	33	0	1	4	2	563	0	39	0	2	3	0	605	0	24	1	2	3	0
522	1	25	0	1	1	1	564	0	49	1	1	4	0	606	1	59	1	2	3	3

a	b	c	d	e	f	g	a	b	c	d	e	f	g	a	b	c	d	e	f	g
607	1	31	0	1	2	2	649	1	36	1	0	1	1	691	1	62	1	2	1	1
608	0	29	0	1	3	0	650	1	51	1	2	2	3	692	1	43	1	0	1	1
609	1	62	0	0	1	1	651	0	20	0	2	1	0	693	1	69	1	0	1	1
610	1	32	0	1	4	2	652	0	64	1	2	1	0	694	1	59	1	1	3	2
611	1	49	1	2	4	3	653	1	63	0	0	2	1	695	0	18	1	2	4	0
612	1	37	1	2	1	3	654	1	47	0	0	3	1	696	0	20	0	1	2	0
613	1	23	1	0	2	1	655	1	50	1	2	1	3	697	1	52	0	2	1	1
614	0	23	0	2	4	0	656	0	38	0	0	2	0	698	1	60	0	0	1	3
615	1	70	1	2	1	3	657	0	36	0	1	1	0	699	0	51	1	2	1	0
616	1	40	1	0	2	1	658	0	41	0	0	3	0	700	1	54	0	0	2	1
617	1	50	1	2	2	3	659	1	55	1	2	1	3	701	0	48	1	2	1	0
618	0	37	1	2	1	0	660	1	44	1	0	1	1	702	1	60	1	0	2	1
619	1	58	1	2	2	3	661	1	63	1	0	1	1	703	1	27	1	0	2	1
620	1	31	0	2	4	1	662	0	43	0	1	1	0	704	0	46	0	0	4	0
621	1	55	1	0	3	2	663	1	46	1	0	1	1	705	1	51	1	2	1	3
622	0	38	1	2	3	0	664	0	20	0	1	1	0	706	1	67	0	0	2	2
623	1	41	1	2	2	3	665	1	32	1	2	1	1	707	0	27	0	1	4	0
624	1	25	1	2	1	2	666	0	59	0	1	1	0	708	1	20	0	2	2	3
625	1	31	1	2	2	3	667	0	44	0	0	3	0	709	0	56	0	0	1	0
626	1	64	1	2	1	3	668	1	49	1	1	2	3	710	1	55	0	2	1	3
627	1	23	0	2	2	1	669	1	66	0	1	2	2	711	0	51	0	0	1	0
628	1	42	1	0	2	1	670	0	18	0	1	2	0	712	0	54	0	0	1	0
629	1	65	1	2	2	3	671	1	63	1	2	3	3	713	1	65	1	2	2	3
630	1	54	1	1	1	3	672	1	50	0	0	1	1	714	1	52	1	1	2	2
631	0	29	0	0	3	0	673	1	29	0	1	2	2	715	1	59	1	2	1	3
632	0	59	0	1	1	0	674	1	68	1	2	2	3	716	1	58	1	2	1	3
633	1	28	1	0	1	1	675	1	40	1	2	4	3	717	1	33	0	1	2	2
634	1	33	1	2	3	3	676	1	41	1	1	1	3	718	1	51	0	0	2	3
635	0	56	0	1	1	0	677	1	27	1	2	4	3	719	1	19	0	0	1	1
636	1	18	1	2	1	3	678	1	18	1	2	1	3	720	1	57	0	1	1	3
637	1	51	1	0	1	1	679	1	68	1	2	1	3	721	1	31	1	2	1	3
638	1	34	0	0	1	1	680	1	22	0	2	4	3	722	1	18	0	1	1	3
639	0	69	0	2	3	0	681	1	33	0	1	1	2	723	1	35	0	1	2	2
640	1	33	1	0	1	1	682	1	61	1	2	3	3	724	1	64	0	2	1	3
641	1	34	1	2	2	1	683	0	68	0	0	2	0	725	1	38	0	1	3	2
642	1	29	0	0	4	2	684	1	57	1	2	1	3	726	1	54	1	2	2	1
643	1	28	1	2	3	3	685	1	50	0	0	1	1	727	0	22	1	2	2	0
644	0	25	0	1	3	0	686	1	42	0	2	2	3	728	1	45	1	1	1	3
645	0	33	1	0	3	0	687	0	48	0	0	1	0	729	1	58	1	2	2	3
646	1	53	1	2	1	3	688	1	25	1	2	1	3	730	1	66	1	2	1	3
647	0	33	0	0	2	0	689	1	54	1	1	1	3	731	1	36	1	2	4	3
648	0	18	1	0	4	0	690	1	38	0	0	1	1	732	0	40	0	0	2	0

a	b	c	d	e	f	g	a	b	c	d	e	f	g	a	b	c	d	e	f	g
733	1	19	0	2	1	3	739	0	28	0	0	4	0	745	1	59	1	2	2	3
734	1	66	1	2	1	3	740	1	60	1	2	2	3	746	1	26	1	2	1	3
735	1	62	1	0	1	1	741	1	19	0	0	1	3	747	1	66	1	1	1	1
736	0	32	0	2	4	0	742	1	29	1	0	2	1	748	1	59	1	0	1	1
737	1	59	1	2	1	3	743	1	51	1	2	1	3	749	1	25	1	2	3	3
738	1	35	0	2	4	3	744	1	25	0	0	3	1	750	1	30	1	2	1	3

A5 Diskette zum Buch

Zu diesem Buch ist eine Diskette erhältlich, die gegen einen Unkostenbeitrag per Post oder kostenlos per Internet vom ersten Autor angefordert werden kann:

Prof. Dr. Hans Jürgen Andreß, Fakultät für Soziologie
Universität Bielefeld, Postfach 100131
33501 Bielefeld
hja@sozjur.uni-bielefeld.de
http://www.uni-bielefeld.de/~hjawww/ahk/disk/

Die Diskette enthält drei Programme NONMET II (für den GSK-Ansatz), ℓEM (für log-lineare Modelle mit und ohne latente Variablen) und TDA-QR (für logistische Regressionsmodelle). Darüber hinaus findet man auf der Diskette Daten und Programme zu allen im Text verwendeten Beispielen.

Literaturverzeichnis

Agresti, A. (1984): *Analysis of ordinal categorical data.* New York: Wiley
Agresti, A. (1990): *Categorical data analysis.* New York: Wiley
Agresti, A./Chuang, C./Kezouh, A. (1987): Order-restricted score parameters in association models for contingency tables. *Journal of the American Statistical Association, 82,* 619–623
Aitkin, M. (1980): *A note on the selection of loglinear models. Biometrics, 36,* 173–178
Akaike, H. (1973): Information theory and an extension of the maximum likelihood principle. S. 267–281 in: B.N. Petrov/B.F. Csaki (eds.), *Second international symposium on information theory.* Budapest: Academiai Kiado
Akaike, H. (1987): Factor analysis and AIC. *Psychometrika, 52,* 317–332
Alba, R.D. (1988): Interpreting the parameters of log-linear models. S. 258–287 in: J.S. Long (ed.), *Common problems/proper solutions: avoiding error in quantitative research.* Newbury Park: Sage
Aldrich, J.H. (1993): Rational choice and turnout. *American Journal of Political Science, 37,* 246–278
Aldrich, J.H./Nelson, F.D. (1984): *Linear probability, logit and probit models.* Beverly Hills: Sage
Amemiya, T. (1981): Qualitative response models: a survey. *Journal of Economic Literature, 19,* 1483–1536
Anderson, T.R./Zelditch, M. (1975): *A basic course in statistics — with sociological applications.* 2nd edition. New York: Holt
Andreß, H.J. (1985): Lineare Modelle der Arbeitslosigkeitsdauer. Analyse gruppierter Zeitdauern mit Hilfe der Minimum-Chi-Quadrat-Methode (GSK-Ansatz). *Allgemeines Statistisches Archiv, 69,* 337–361
Andreß, H.J. (1992): Logistische Regressionsmodelle für Panel-Daten – Analyse dichotomer Variablen im Zeitverlauf unter besonderer Berücksichtigung unbeobachteter Heterogenität. S. 35–66 in: H.J. Andreß/J. Huinink/H. Meinken/D. Rumianek/W. Sodeur/G. Sturm, *Theorie, Daten, Methoden: neuere Modelle und Verfahren in den Sozialwissenschaften.* München: Oldenburg
Andreß, H.J. (1993): *Zur Erreichbarkeit von Privathaushalten im unteren Einkommensbereich mit schriftlichen Befragungen.* Arbeitspapier Nr. 4 des Projektes „Versorgungsstrategien privater Haushalte im unteren Einkommensbereich". Bielefeld: Universität Bielefeld
Andrews, D.W.K. (1988): Chi-square diagnostic tests for econometric models: introduction and applications. *Journal of Econometrics, 37,* 135–156
Bahr, H.M. (1970): Aging and religious disaffiliation. *Social Forces, 49,* 60–71

Barnes, S.H./Kaase, M. (eds.) (1979): Political action: mass participation in five western democracies. Beverly Hills: Sage

Bedall, F. K. (1974): Zur Analyse mehrdimensionaler Häufigkeitstabellen. *Zeitschrift für Sozialpsychologie, 5*, 108–114

Ben-Akiva, M./Lerman, S.R. (1985): *Discrete choice analysis: theory and application to travel demand.* Cambridge: The MIT Press

Bhakpar, V.P. (1966): A note on the equivalence of two criteria for hypotheses in categorical data. *Journal of the American Statistical Association, 61*, 228–235

Bishop, Y.M./Fienberg, S.E./Holland, P.W. (1975): *Discrete multivariate analysis: theory and practice.* Cambridge: MIT Press

Blalock, H.M. jr. (1982): *Conceptualization and measurement in the social sciences.* Beverly Hills: Sage

Blossfeld, H-P. (1985): Career opportunities in the Federal Republic of Germany: a dynamic approach to the study of life course, cohort, and period effects. *European Sociological Review, 2*, 208–225

Bollen, K.A. (1989): *Structural equations with latent variables.* New York: Wiley

Bollen, K.A./Long, J.S. (eds.) (1993): *Testing structural equation models.* Newbury Park: Sage

Bonett, D.G./Bentler, P.M. (1983): Goodness-of-fit procedures for the evaluation and selection of log-linear models. *Psychological Bulletin, 93*, 149–166

Bozdogan, H. (1987): Model selection and Akaike's information criterion (AIC): the general theory and its analytical extension. *Psychometrica, 52*, 345–370

Bradburn, N.M. (1983): Response Effects. S. 289–328 in: P.H. Rossi/J.D. Wright/A.B. Anderson (eds.), *Handbook of survey research.* New York: Academic Press

Brennan, G./Lomaski, L. (1993): *Democracy and decision. The pure theory of electoral preference.* Cambridge: Cambridge University Press

Brier, S.S. (1978): The utility of systems of simultaneous logistic response equations. S. 119–129 in: K.F. Schuessler (ed.), *Sociological Methodology 1979.* San Francisco: Jossey-Bass

Buchhofer, B./Friedrichs, J./Lüdtke, H. (1970): Alter, Generationsdynamik und soziale Differenzierung. Zur Revision des Generationsbegriffs als analytisches Konzept. *Kölner Zeitschrift für Soziologie und Sozialpsychologie, 22*, 300–334

Buse, A. (1982): The likelihood ratio, Wald, and Lagrange multiplier tests: an expository note. *The American Statistican, 36*, 153–157

Campbell, A./Converse, Ph.E./Rodgers, W. (1976): *The quality of American life. Perceptions, evaluations, and satisfactions.* New York: Russel Sage Foundation

Carroll, R.J./Spiegelman, C.H./Lan, K.K.G./Bailey, K.T./Abott, R.D. (1984): On errors-in-variables for binary regression models. *Biometrika, 71*, 19–25

Chamberlain, G. (1980): Analysis of covariance with qualitative data. *Review of Economic Studies, 47*, 225–238

Clarke, S.H./Koch, G.G. (1976): The influence of income and other factors on whether criminal defendants go to prison. *Law and Society Review, 11*, 57–92

Clogg, C.C. (1981): New developments in latent structure analysis. S. 215–246 in: D.J. Jackson/E.F. Borgatta (eds.), *Factor analysis and measurement in sociological research.* Beverly Hills: Sage

Clogg, C.C./Eliason, S.R. (1987): Some common problems in loglinear analysis. *Sociological Methods and Research, 16*, 8–44

Clogg, C.C./Shihadeh, E.S. (1994): *Statistical models for ordinal variables.* Thousand Oaks: Sage

Cohen, J. (1977): *Statistical power analysis for the behavioral sciences.* New York: Academic Press
Cramer, J.S. (1991): *The logit model: an introduction for economists.* London: Edward Arnold
Croon, M.A. (1990): Latent class analysis with ordered latent classes. *British Journal of Mathematical and Statistical Psychology, 43,* 171–192
Dalal, O.R./Fowlkes, E.B./Hoadley, B. (1989): Risk analysis of the Space Shuttle: Pre-Challenger prediction of failure. *Journal of the American Statistical Association, 84,* 945–957
Dale, A./Davies, R.B. (eds.) (1994): *Analyzing social and political change.* London: Sage
Demaris, Alfred (1992): *Logit modeling: practical applications.* Newbury Park: Sage
Downs, A. (1957): *An economic theory of democracy.* New York: Harper (Deutsche Übersetzung: Ökonomische Theorie der Demokratie, Tübingen: Mohr 1968)
Durkheim, E. (1960) [1897]: *Le suicide. Etude de sociologie.* Paris: Presses Universitaires de France
Eliason, S.R. (1993): *Maximum likelihood estimation: logic and practice.* Newbury Park, CA: Sage
Enelow, J.M./Hinich, M.J. (eds.) (1990): *Advances in the spatial theory of voting.* Cambridge: Cambridge University Press
Engel, U./Reinecke, J. (1994): *Panelanalyse: Grundlagen, Techniken, Beispiele.* New York: de Gruyter
Erikson, R./Goldthorpe, J.H. (1992): *The constant flux: a study of class mobility in industrial nations.* Oxford: Oxford University Press
Evers, M./Namboodiri, N.K. (1978): On the design matrix strategy in the analysis of categorical data. S. 86–111 in: K.F. Schuessler (ed.), *Sociological Methodology 1979.* San Francisco: Jossey-Bass
Eye, A. von (ed.) (1990): *Statistical methods in longitudinal research.* Vols. 1,2. Boston: Academic Press
Eye, A. von/Clogg, C.C. (eds.) (1994): *Latent variable analysis: applications for developmental research.* Thousand Oaks: Sage
Fahrmeier, L./Hamerle, A. (eds.) (1984): *Multivariate statistische Verfahren.* Berlin: De Gruyter
Fay, R.E. (1986): Causal models for patterns of nonresponse. *Journal of the American Statistical Association, 81,* 354–365
Fenech, A.P./Westfall, P.H. (1988): The power function of conditional log-linear model tests. *Journal of the American Statistical Association, 83,* 198–203
Fienberg, S.E. (1978): A note on fitting and interpreting parameters in models for categorical data. S. 112–118 in: K.F. Schuessler (ed.), *Sociological Methodology 1979.* San Francisco: Jossey-Bass
Fienberg, S.E. (1980): *The analysis of cross-classified categorical data.* Cambridge: MIT Press
Fienberg, S.E./Mason, W.M. (1978): Identification and estimation of age-period-cohort models in the analysis of discrete archival data. S. 1–67 in: K.F. Schuessler (ed.), *Sociological Methodology 1979.* San Francisco: Jossey-Bass
Fiorina, M.P. (1981): *Retrospective voting in American national elections.* New Haven: Yale University Press
Forthofer, R.N./Koch, G.G. (1973): An analysis for compounded functions of categorical data. *Biometrics, 2,* 143–157
Forthofer, R.N./Lehnen, R.G. (1981): *Public program analysis: a new categorical data approach.* Belmont, CA: Wadsworth

Fox, J. (1984): *Linear statistical models and related methods. With applications to social research.* New York: Wiley

Frankfurter Rundschau (25.3.93): Jeder dritte Ostmieter in finanzieller Bedrängnis.

Friedrichs, J. (1980): *Methoden empirischer Sozialforschung.* Reinbek: Rowohlt

Fuchs, D./Kühnel, St.(1994): Wählen als rationales Handeln: Anmerkungen zum Nutzen des Rational-Choice-Ansatzes in der empirischen Wahlforschung. S. 305–364 in: Klingemann, H.D./Kaase, M. (Hrsg.), *Wahlen und Wähler. Analysen aus Anlaß der Bundestagswahl.* Opladen: Westdeutscher Verlag

Gabler, S./Laisney, F./Lechner, M. (1990): Semi-nichtparametrische Maximum-Likelihood Schätzung im binären Regressionsmodell. *ZUMA-Nachrichten, 27,* 49–53

Glatzer, W. (1988): Die Wahrnehmung und Bewertung der Haushaltseinkommen. S. 167–189 in: U.P. Reich (Hrsg.), *Aufgaben und Probleme der Einkommensstatistik.* Göttingen: Vandenhoeck & Ruprecht

Glatzer, W./Zapf, W. (eds.) (1984): *Lebensqualität in der Bundesrepublik. Objektive Lebensbedingungen und subjektives Wohlbefinden.* Frankfurt/New York: Campus

Glenn N.D. (1977): *Cohort analysis.* Beverly Hills: Sage

Gohkale, D.V./Kullback, S. (1978): *The information in contingency tables.* New York: Marcel Dekker

Goldberg, D.P. (1972): *The detection of psychiatric illness by questionaire.* London: Oxford University Press

Goodman, L.A. (1972a): A modified multiple regression approach to the analysis of dichotomous variables. *American Sociological Review, 37,* 28–46

Goodman, L.A. (1972b): A general model for the analysis of surveys. *American Journal of Sociology, 77,* 1035–1086

Goodman, L.A. (1973a): The analysis of multidimensional contingency tables when some variables are posterior to others: a modified path analysis approach. *Biometrika, 60,* 179–192

Goodman, L.A. (1973b): Causal analysis of data from panel studies and other kinds of surveys. *American Journal of Sociology, 78,* 1135–1191

Goodman, L.A. (1974a): The analysis of systems of qualitative variables when some of the variables are unobservable: a modified latent structure approach. *American Journal of Sociology, 79,* 1179–1259

Goodman, L.A. (1974b): Exploratory latent structure analysis using both identifiable and unidentifiable models. *Biometrika, 61,* 1179–1259

Goodman, L.A./Kruskal, W.H. (1954): Measures of association for cross-classifications. *Journal of the American Statistical Association, 49,* 732–764

Greenacre, M.J. (1984): *Theory and applications of correspondence analysis.* London: Academic Press

Greenacre, M.J. (1993): *Correspondence analysis in practice.* London: Academic Press

Greene, W.H. (1995): *LIMDEP Version 7.0. User's Manual.* Bellport NY: Econometric Software, Inc

Grizzle, J.E./Starmer, C.F./Koch, G.G. (1969): Analysis of categorical data by linear models. *Biometrics, 25,* 489–504

Haberman, S.J. (1978): *Analysis of qualitative data. Vol. 1: Introductory topics.* New York: Academic Press

Haberman, S.J. (1979): *Analysis of qualitative data. Vol. 2: New developments.* New York: Academic Press

Hagenaars, J.A. (1988): Latent structure models with direct effects between indicators: local dependence models. *Sociological Methods and Research, 16,* 379–405

Hagenaars, J.A. (1990): *Categorical longitudinal data: log-linear panel, trend, and cohort analysis*. Newbury Park: Sage

Hagenaars, J.A. (1993): *Loglinear models with latent variables*. Newbury Park: Sage

Hagenaars, J.A./Cobben, N.P. (1978): Age, cohort, and period: a general model for the analysis of social change. *The Netherlands Journal of Sociology [Sociologia Neerlandica], 14*, 59–92

Hagenaars, J.A./Halman, L.C. (1989): Searching for ideal types: the potentialities of latent class analysis. *European Sociological Review, 5*, 81–96

Hanushek, E. A./Jackson, J. E. (1977): *Statistical methods for social scientists*. New York: Academic Press

Hausman, J./McFadden, D. (1984): Specification tests for the multinomial logit model. *Econometrica, 52*, 1219–1240

Hays, W.L. (1981): *Statistics*. New York: Holt, Rinehart & Winston

Heinen, A.G. (1993): *Discrete latent variable models*. Tilburg: Tilburg University Press.

Heinen, A.G. (1996): Latent Class and Discrete Latent Trait Models: similarities and differences. Advanced Quantitative Techniques in the Social Sciences Series, vol. 6. Thousand Oaks: Sage Publications

Hensher, D.A./Johnson, L.W. (1981): *Applied discrete-choice modeling*. New York: Wiley

Higgins, J.E./Koch, G.G. (1977): Variable selection and generalized chi-square analysis of categorical data applied to a large cross-sectional occupational health survey. *International Statistical Review, 45*, 51–62

Horowitz, J.L. (1983): Statistical comparison of non-nested probabilistic discrete choice models. *Transportation Science, 17*, 319–350

Hosmer, D.W./Lemeshow, St. (1989): *Applied logistic regression*. New York: Wiley

Hout, M. (1989): *Following in father's footsteps: social mobility in Ireland*. Cambridge: Harvard University Press

Inglehart, R. (1971): The silent revolution in Europe: intergenerational change in post-industrial societies. *American Political Science Review, 65*, 991–1017

Inglehart, R. (1977): *The silent revolution: changing values and political styles among western publics*. Princeton: Princeton University Press

Ingelhart, R. (1990): *Culture shift in advanced industrial society*. Princeton: Princeton University Press

Ishii-Kuntz, M. (1994): *Ordinal log-linear models*. Thousand Oaks: Sage

Jagodzinski, W./Weede, E. (1981): Testing curvilinear propositions by polynomial regression with particular reference to the interpretations of standardized solutions. *Quality and Quantity, 15*, 447–463

Johnson, W.D./Koch, G.G. (1978): Linear models analysis of competing risks for grouped survival times. *International Statistical Review, 46*, 21–51

Kaufman, R.L./Schervish, P.G. (1986): Using adjusted crosstabulations to interpret log-linear relationships. *American Sociological Review, 51*, 717–733

Kaufman, R.L./Schervish, P.G. (1987): Variations on a theme: More uses of odds ratios to interpret log-linear parameters. *Sociological Methods and Research, 16*, 218–255

Kerlinger, F.N./Pedhazur, E.J. (1973): *Multiple regression in behavioral research*. New York: Holt, Rinehart & Winston

King, G. (1989): *Unifying political methodology: the likelihood theory of statistical inference*. New York: Cambridge University Press

Kleinbaum, D.G. (1994): *Logistic regression: a self-learning text*. New York/Berlin/Heidelberg: Springer

Knoke, D./Burke, P.J. (1980): *Log-linear modeling*. Beverly Hills: Sage

Koch, G.G./Imrey, P.B./Reinfurt, D.W. (1972): Linear model analysis of categorical data with incomplete response vectors. *Biometrics, 28*, 663–692

Koch, G.G./Johnson, W.D./Tolley, H.D. (1972a): A linear models approach to the analysis of survival and extent of disease in multidimensional contingency tables. *Journal of the American Statistical Association, 67*, 783–796

Koch, G.G./Landis, J.R./Freeman, J.L./Freeman, D.H./Lehnen, R.G. (1977): A general method for the analysis of experiments with repeated measurement of categorical data. *Biometrics, 33*, 133–159

Küchler, M. (1979): *Multivariate Analyseverfahren*. Stuttgart: Teubner

Küchler, M.P./Wides, J. (1981): *Economic perceptions and the '76 and '80 presidential votes*. Papier zur ASA-Tagung, Toronto (erschienen als ZUMA-Arbeitsbericht 1982/03 beim Zentrum für Umfragen, Methoden und Analysen e.V., Mannheim)

Kühnel, St.M. (1993): Sparsame Modellierung mit logistischen Zufallsnutzenmodellen. *ZA-Information, 31*, 70–92

Kühnel, St.M. (1995): Programme zur Logitanalyse von kategorialen abhängigen Variablen auf Individualdatenebene. *Historische Sozialforschung, 20*, 63–87

Landis, J.R./Koch, G.G. (1979): The analysis of categorical data in longitudinal studies of behavioral development. S. 233–261 in: J.R. Nesselroade/P.B. Baltes (eds.), *Longitudinal research in the study of behavior and development*. New York: Academic Press

Lang, J.B./Agresti, A. (1994): Simultaneously modeling joint and marginal distributions of multivariate categorical responses. *Journal of the American Statistical Association, 89*, 625–632

Langeheine, R. (1984): Explorative Techniken zur Identifikation von Strukturen in großen Kontingenztabellen. *Zeitschrift für Sozialpsychologie, 15*, 254–268

Langeheine, R. (1986): Log-lineare Modelle. S. 122–195 in: J. von Koolwijk/M. Wieken-Mayser (eds.), *Techniken der empirischen Sozialforschung. Band 8: Kausalanalyse*. München: Oldenburg

Langeheine, R./Rost, J. (eds.) (1988): *Latent trait and latent class models*. New York: Plenum Press

Lazarsfeld, P.F. (1955): Interpretation of statistical relations as a research operation. S. 115–125 in: P.F. Lazarsfeld/M. Rosenberg (eds.), *The language of social research*. New York: Free Press

Lazarsfeld, P.F./Henry, N.W. (1968): *Latent structure analysis*. Boston: Houghton Mifflin

Lee, C./Khan, M. M. (1978): Factors related to the intention to have additional children in the United States: a reanalysis of data from the 1965 and 1970 national fertility studies. *Demography, 15*, 337–344

Lee, E.S./Forthofer, R.N./Lorimer, R.J. (1989): *Complex survey designs. Analyzing complex survey data*. Newbury Park, CA: Sage

Lehnen, R.G./Koch, G.G. (1974): Analyzing panel data with uncontrolled attrition. *Public Opinion Quarterly, 38*, 40–56

Long, J.S. (1984): Estimable functions in loglinear models. *Sociological Methods and Research, 12*, 399–432

Long, J.S. (1987): A graphical method for the interpretation of multinominal logit analysis. *Sociological Methods and Research, 15*, 420–446

Long, J.S. (ed.) (1988): *Common problems/proper solutions: avoiding error in quantitative research*. Newbury Park: Sage

Ludwig-Mayerhofer, W. (1990): Multivariate Logit-Modelle für ordinalskalierte abhängige Variablen. *ZA-Information, 27*, 62–88

Luijkx, R. (1994): *Comparative loglinear analyses of social mobility and heterogamy*. Tilburg: Tilburg University Press

Magidson, J./Swan, J./Berk, R. (1981): Estimating nonhierarchical and nested log-linear models. *Sociological Methods and Research, 10*, 3–49

Maier, G./Weiss, P.(1990): *Modelle diskreter Entscheidungen. Theorie und Anwendung in den Sozial- und Wirtschaftswissenschaften*. Wien: Springer

Mantel, N./Haenszel, W. (1959): Statistical aspects of the analysis of data from retrospective studies of disease. *Journal of the National Cancer Institute, 22*, 719–748

Mason, W.M./Fienberg S.E. (eds.) (1985): *Cohort analysis in social research: beyond the identification problem*. New York: Springer Verlag

McCutcheon, A.L. (1987): *Latent class analysis*. Newbury Park: Sage

McFadden, D. (1974): Conditional logit analysis of qualitative choice behavior. S. 105–142 in: P. Zarembka (ed.), *Frontiers in econometrics*. New York: Academic Press

McFadden, D. (1979): Quantitative methods for analysing travel behaviour of individuals: some recent developments. S. 279–318 in: D.A. Hensher/P.R. Stopher (eds.), *Behavioral travel modelling*. London: Croom Helm

Mood, A.M./Graybill, F.A./Boes, D.C. (1974): *Introduction to the theory of statistics*. Tokyo: McGraw-Hill

Mooyaart, A./Van der Heijden, P.G. (1992): The EM-algorithm for latent class analysis with constraints. *Psychometrika, 57*, 261–269

Mulaik, S.A./James, L.R./Van Alstine, J./Bennett, N./Lenni, S./Stilwell, C.D. (1989): Evaluation of goodness-of-fit indices for structural equation models. *Psychological Bulletin, 105*, 430–445

Neymann, J. (1949): Contributions to the theory of the chi square test. S. 230–273 in: *Proceedings of the First Berkeley Symposium on Mathematical Statistics and Probability*. Berkeley: University of California Press

O'Grady, K.E./Medoff, D.R. (1988): Categorical variables in multiple regression: some cautions. *Multivariate Behavioral Research, 23*, 243–260

Pappi, F.U. (1989): Räumliche Modelle der Parteienkonkurrenz: Die Bedeutung ideologischer Dimensionen. S. 5–28 in: J.F. Falter (Hrsg.), *Wahlen und politische Einstellungen in der Bundesrepublik Deutschland*. Frankfurt a.M.: P. Lang

Plewis, I. (1985): *Analysing change: measurement and explanation using longitudinal data*. Chichester: John Wiley

Popper, K.R. (1959): *The logic of scientific discovery*. London: Hutchinson

Raftery, A.E. (1986): Choosing models for cross-classifications. *American Sociological Review, 51*, 145–146

Raftery, A.E. (1993): Bayesian model selection in structural equation models. S. 163–180 in: K.A. Bollen/J. S. Long (eds.), *Testing structural equation models*. Newbury Park: Sage

Rao, J.N./Thomas, D.R. (1988): The analysis of cross-classified categorical data from complex sample surveys. S. 213–270 in: C.C. Clogg (ed.), *Sociological Methodology 1988*. Washington DC: American Sociological Association

Read, T.R./Cressie, N.A. (1988): *Goodness-of-fit statistics for discrete multivariate data*. New York/Berlin/Heidelberg: Springer

Reynolds, H.T. (1977): *The analysis of cross-classifications*. New York: Free Press

Riker, W.H./Ordeshook, P.C. (1968): A theory of the calculus of voting. *American Political Science Review, 62*, 25–42

Riker, W.H./Ordeshook, P.C. (1973): *An introduction to positive political theory*. Englewood-Cliffs, NJ: Prentice-Hall

Ronning, G. (1991): *Mikro-Ökonometrie*. Berlin: Springer

Rosenberg, M. (1968): *The logic of survey analysis*. New York: Basic Books

Schorb, A.O./Schmidbauer, M. (1973): *Aufstiegsschulen im sozialen Wettbewerb: Entwicklung und Hintergründe unterschiedlicher Bildungsbeteiligung in Bayern*. Schriften des Staatsinstituts für Bildungsforschung und Bildungsplanung. Stuttgart: Klett

Schwarz, G. (1978): Estimating the dimensions of a model. *Annals of Statistics, 6*, 461–464

Segers, J.H./Hagenaars, J.A. (eds.) (1980): *Sociologische onderzoeksmethoden. Deel II — Technieken van causale analyse*. Assen: Van Gorcum

Silvapulle, M.J. (1981): On the existence of maximum likelihood estimators for the binomial response model. *Journal of the Royal Statistical Society, B, 36*, 111–147

Smith, K.W. (1976): Marginal standardization and table shrinking: aids in the traditional analysis of contingency tables. *Social Forces, 54*, 669–793

Spiegel (1993): Erst vereint, nun entzweit. Spiegel-Umfrage über die Einstellung der West- und Ostdeutschen zueinander. *Der Spiegel, 3/1993*, 52–62

Statistisches Bundesamt (ed.) in Zusammenarbeit mit dem Wissenschaftszentrum Berlin für Sozialforschung und dem Zentrum für Umfragen, Methoden und Analysen, Mannheim (1992): *Datenreport 1992. Zahlen und Fakten über die Bundesrepublik Deutschland*. Bonn: Band 309 der Schriftenreihe der Bundeszentrale für politische Bildung

Stefanski, L.A./Carroll, R.J. (1985): Covariate measurement error in logistic regression. *The Annals of Statistics, 13*, 1335–1351

Steiger, J.H. (1979a): The relationship between external variables and common factors. *Psychometrika, 44*, 93–97

Steiger, J.H. (1979b): Factor indeterminacy in the 1930's and the 1970's: some interesting parallels. *Psychometrika, 44*, 157–167

Swaddle, K./Heath, A. (1989): Official and reported turnout in the British general election of 1987. *British Journal of Political Science, 19*, 537–570

Tennant, C. (1977): The general health questionaire: a valid index of psychological impairment in Australian populations. *Medical Journal of Australia, 2*, 392–394

Terwey, M. (1989): Zum „Postmaterialismus" in der Bundesrepublik der 80er Jahre: Eine exemplarische Analyse mit den Daten des kumulierten ALLBUS 1980–86. *ZA-Information, 25*, 36–43

Tsiatis, A.A. (1980): A note on a goodness-of-fit test for the logistic regression model. *Biometrika, 67*, 250–251

Turner, C.F./Martin, E. (eds.) (1984): *Surveying subjective phenomena*. Vols. 1,2. New York: Russell Sage Foundation

Urban, D. (1993): *Logit-Analyse. Statistische Verfahren zur Analyse von Modellen mit qualitativen Response-Variablen*. Stuttgart: Fischer

Vermunt, J.K. (1996): Log-linear Event History Analysis: a general approach with missing data, latent variables, and unobserved heterogeneity. Tilburg (NL): Tilburg University Press

Wald, A. (1943): Tests of statistical hypotheses concerning general parameters when the number of observations is large. *Transactions of the American Mathematical Society, 54*, 426–487

Wheaton, B. (1987): Assessment of fit in overidentified models with latent variables. *Sociological Methods and Research, 16*, 118–154

Wickens, T.D. (1989): *Multiway contingency analysis for the social sciences*. Hillsdale: Lawrence Erlbaum

Winship, C./Mare, R.D. (1983): Structural equations and path analysis for discrete data. *American Journal of Sociology, 89*, 54–110

Winship, C./Mare, R.D. (1989): Loglinear models with missing data: a latent class approach. S. 331–367 in: C.C. Clogg (ed.), *Sociological Methodology 1990*. London: Basil Blackwell

Wrighley, N. (1985): *Categorical data analysis for geographers and environmental scientists*. London: Longman

Yamane, T. (1976): *Statistik. Ein einführendes Lehrbuch*. Frankfurt/Main: Fischer

Zapf, W. (1984): Individuelle Wohlfahrt – Lebensbedingungen und wahrgenommene Lebensqualität. S. 13–26 in: W. Glatzer/W. Zapf (Hrsg.), *Lebensqualität in der Bundesrepublik. Objektive Lebensbedingungen und subjektives Wohlbefinden*. Frankfurt: Campus

Zintl, R. (1989): Der Homo-Oeconomicus: Ausnahmeerscheinung in jeder Situation oder jedermann in Ausnahmesituation. *Analyse und Kritik, 11*, 52–69

Zipp, J.F. (1985): Perceived representatives and voting: an assessment of the impact of „choices" vs. „echos". *American Political Science Review, 79*, 50–61

W. Polasek

Schließende Statistik
Einführung in die Schätz- und Testtheorie für Wirtschaftswissenschaftler

1996. XVI, 423 S. 37 Abb., 44 Tab. Brosch. **DM 49,80**; öS 363,60; sFr 44,50
ISBN 3-540-61731-0

In diesem Lehrbuch zur schließenden (induktiven) Statistik werden die grundlegenden Methoden der Schätz- und Testtheorie auf einführenden Niveau für Studenten der Wirtschaftswissenschaften dargestellt. Neu ist in diesem Buch ein „dualer" Zugang, in dem die klassische und die Bayes-Theorie gemeinsam dargestellt werden. Alle Methoden werden ausführlich an Beispielen erklärt.

W. Stier

Empirische Forschungsmethoden

1996. XII, 409 S. 21 Abb., 51 Tab. Brosch. **DM 55,-**; öS 401,50; sFr 48,50 ISBN 3-540-61393-5

Nach Darlegung der Grundlagen empirischen Arbeitens werden die wichtigsten ein- und mehrdimensionalen Skalierungsverfahren, die praktisch wichtigsten Auswahlverfahren und Instrumente der Datenerhebung dargestellt. Dieses Lehrbuch legt besonderen Wert auf leichte Lesbarkeit, so daß der Leser ohne spezielle Vorkenntnisse mit den praktisch wichtigsten Werkzeugen impirischer Forschung vertraut gemacht werden kann.

W. Assenmacher

Deskriptive Statistik

1996. XIII, 252 S. 44 Abb. Brosch. **DM 36,-**; öS 262,80; sFr 32,50 ISBN 3-540-60715-3

Dieses Lehrbuch gibt einen umfassenden Überblick über Methoden der deskriptiven Statistik, die durch einige Verfahren der explorativen Datenanalyse ergänzt wurden. Die zahlreichen statistischen Möglichkeiten zur Quantifizierung empirischer Phänomene werden problemorientiert dargestellt. Es soll ein fundiertes Verständnis für statistische Methoden geweckt werden. Dieses wird durch repräsentative Beispiele unterstützt. Übungsaufgaben mit Lösungen ergänzen den Text.

J. Janssen, W. Laatz

Statistische Datenanalyse mit SPSS für Windows
Eine anwendungsorientierte Einführung in das Basissystem und das Modul Exakte Tests

2., neubearb. Aufl. 1997. XIV, 636 S. 357 Abb., 119 Tab.
Brosch. **DM 65,-**; öS 474,50; sFr 57,50
ISBN 3-540-61915-1

Für den erfahrenen SPSS-Anwender bietet das Buch eine umfassende, detaillierte und anschauliche Behandlung des Basissystems, so daß das Buch auch als Nachschlagewerk genutzt werden kann.

Preisänderungen vorbehalten • d&p.BA 62515/SF

Springer-Verlag · Postfach 31 13 40 · D-10643 Berlin
Tel.: 030 / 82 787 - 0 · http://www.springer.de

Bücherservice
Fax 0 30 / 82 787 - 3 01 · e-mail: orders@springer.de

G. Piehler, D. Sippel, U. Pfeiffer

Mathematik zum Studieneinstieg
Grundwissen der Analysis für Wirtschaftswissenschaftler, Ingenieure, Naturwissenschaftler und Informatiker

3., verb. Aufl. 1996. XVIII, 440 S. 163 Abb., 46 Tab. Brosch. **DM 49,80**; öS 363,60; sFr 44,50
ISBN 3-540-60840-0

Die Studiengänge der Wirtschaftswissenschaften, Technik, Naturwissenschaften und Informatik kommen ohne Mathematik nicht aus. Dieses Buch schließt die Lücke zwischen Schulwissen und der zu Beginn eines Studiums vorausgesetzten Mathematikkenntnisse. Es eignet sich hervorragend zum Selbststudium.

W. Rödder

Wirtschaftsmathematik für Studium und Praxis 1
Lineare Algebra

1996. XXII, 233 S. 36 Abb., 13 Tab. Brosch. **DM 36,-**; öS 262,80; sFr 32,50 ISBN 3-540-61706-X

Inhaltsübersicht:
Lineare Zusammenhänge in der Wirtschaft. - der 2-dimensionale Vektorraum R^2. - der n-dimensionale Vektorraum Rn. - Matrizen. - Lineare Gleichungssysteme und Matrixgleichungen. - Determinanten. - Eigenwerte und quadratische Formen. - Spezielle Teilmengen des Rn und ihre Eigenschaften. - Vorbereitung auf die Lineare Programmierung. - Lösungen zu den Übungsaufgaben.

W. Rödder, G. Piehler, H.-J. Kruse, P. Zörnig

Wirtschaftsmathematik für Studium und Praxis 2
Analysis I

1996. XXII, 227 S. 52 Abb., 14 Tab. Brosch. **DM 36,-**; öS 262,80; sFr 32,50 ISBN 3-540-61715-9

Inhaltsübersicht:
Funktionen einer Variablen. - Differentialrechnung für Funktionen einer Variablen. - Integralrechnung. - Lösungen zu den Übungsaufgaben.

W. Rödder, P. Zörnig

Wirtschaftsmathematik für Studium und Praxis 3
Analysis II

1996. XX, 175 S. 29 Abb., 1 Tab. Brosch. **DM 36,-**;
öS 262,80; sFr 32,50 ISBN 3-540-61716-7

Inhaltsübersicht:
Differentialrechnung für Funktionen mehrerer Variabler. - Extrema bei Funktionen mehrerer Variabler. - Differential- und Differenzengleichungen. - Einige ökonomische Funktionen. - Lösungen zu den Übungsaufgaben.

Preisänderungen vorbehalten • d&p.BA 62515/SF

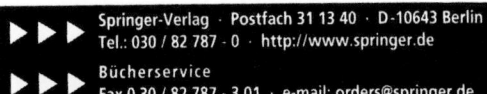

▶ ▶ ▶ Springer-Verlag · Postfach 31 13 40 · D-10643 Berlin
Tel.: 030 / 82 787 - 0 · http://www.springer.de

▶ ▶ ▶ Bücherservice
Fax 0 30 / 82 787 - 3 01 · e-mail: orders@springer.de

MIX
Papier aus verantwortungsvollen Quellen
Paper from responsible sources
FSC® C105338

If you have any concerns about our products,
you can contact us on
ProductSafety@springernature.com

In case Publisher is established outside the EU,
the EU authorized representative is:
Springer Nature Customer Service Center GmbH
Europaplatz 3, 69115 Heidelberg, Germany

Printed by Libri Plureos GmbH
in Hamburg, Germany